中國近代史研究叢書 2

兩岸新編中國近代史
—民國卷（下）

王建朗、黃克武 編

蘭臺出版社

目　錄

第十六章　善後大借款析論：
民國財政的奠基與民族主義的激盪

　　1911 年的革命，武昌舉事不過 4 閱月，清室即宣布退位，孫中山亦辭去臨時政府大總統職務，臨時參議院選舉袁世凱及黎元洪為大總統及副總統。1912 年 3 月 8 日，臨時參議院制定頒布《中華民國臨時約法》，隨後，袁世凱於 3 月 10 日在北京就職，組織內閣，掌理國是。袁世凱面對一個舊時代秩序已然崩解、新政權基礎尚未及時鞏固的緊張局面。他接手時的臨時政府，對外，國際社會以不干涉之名而遲未承認中國共和體制，對內，中央地方財源均竭而兵變危機頻傳。想要穩定時局，並非易事。

　　為了突破內外交迫的困境，新政府保證繼承前清條約與承認列強在華既得權益，並且在內閣總理唐紹儀主持下，進行一場引進外資以改造中國財政體質的國際借款談判。此一談判，中國方面的主事者由唐紹儀而熊希齡至周學熙，談到次年 4 月 26 日簽字，此即日後所稱之「第一次善後大借款」（reorganization loan）。

　　此次借款金額 2500 萬英鎊，由英、法、德、俄、日五國銀行團承做，為期 47 年，利率 5%，因發行折扣率 10% 及傭金 6% 而實收 84%，並且因鹽稅抵押及聘任洋籍財政顧問問題，從議定之日起即備受爭議，國會質疑其違法，輿論批評其喪權。恰在此時，國民黨指責袁氏利用改造借款，擴張實力排除異己，於是發動二次革命號召討袁。及至二次革命失敗，袁世凱解散國會，策動帝制。自此之後，「改造借款」一詞遂與袁世凱的政治活動密不可分，同時也

---

* 本章由林美莉撰寫。

坐實了列強對華施展經濟控制的強大野心，成為此一課題的論述主流。[1]

近年來，論者開始關注在善後大借款進行期間，國際因素有何相互糾葛以及主事者如何在民初黨派政爭色彩濃烈的政治風潮之下另闢戰場。[2]本章一方面將觀察中外議約代表如何在民族情緒與現實利益之中應變攻防，奠定新興民國的財政基礎；另一方面，由於外國銀行團在議定借款的過程中，提出監理財政及整理鹽務的要求，引起國人強烈反感，雖然中國到最後還是接受了列強要求，由此激發出來的民族情緒，卻進而成為日後推動五四運動的歷史源頭。

一、借款為立國之本

1911 年 11 月底，清朝出使日本大使汪大燮從東京傳回數份國際上對於中國革命局勢的評論資料。其中有一份論及列強此時對交戰雙方暫採不干涉態度，但未來必定會為了維護在華權益而有所作為的報導：

> 此次事變，其損害之及於通商者，列國之所遭遇雖各不相同，然香港及日本兩地所蒙之聚夥響殆，有不可以推測者。又況滿、漢兩族之虐

---

1 周一匡的〈民國政治史講話之三：喪失國權的善後大借款〉（《鍛鍊》1944 年第 3 期，第 26—32 頁）一文說此一借款「乘臨時參議院將次結束時提出報告，而到正式國會開會時，又詭稱早經臨時參議院通過，不再依法提出」，而且「數額之巨從來未有，條件極為苛刻」，嚴詞批評袁世凱違法喪權。王綱領的《民初列強對華貸款之聯合控制——兩次善後大借款之研究》（東吳大學中國學術著作獎助委員會，1982）一書利用中外檔案，研究兩次善後大借款的議定經過及影響，並在結論（第 238 頁）中指出，第一次借款議定之後，黃興解散了南京留守軍隊，袁世凱則使用指定用途外餘款購買軍火，因而決定了二次革命的勝敗局勢。蘇黎明的〈六國銀行團與善後大借款〉（《贛南師範學院學報》1997 年第 2 期，第 74—77 頁）及〈善後大借款的惡債典型分析〉（《漳州師範學院學報（哲學社會科學版）》2001 年第 1 期，第 68—72 頁）都強調改造借款讓袁世凱得以結束南京臨時政府與裁遣南方軍隊，並且批評此款用於清償積欠外債及賠款，產生壟斷中國鹽稅抵押權與監理中國財政的不良作用。

2 賀水金於 1995 年發表〈重評善後大借款〉（《江漢論壇》1995 年第 5 期，第 46—50 頁）一文，是目前所見少數對此次借款給予良好評價的著作。賀水金引述 1913 年 11 月 5 日《申報》上墨西哥向法國借 2000 萬鎊為期 40 年的款項，利率 6％，折扣率 10％的事實，推證善後大借款的利率基本上符合當時國際市場行情。至於引起國人嚴詞批判的聘用洋員稽核鹽務和審計用途、損害中國財政主權及喪失鹽稅支配權等問題，賀水金認為袁世凱藉由外國稽核鹽務的契機，明令禁止地方政府插手鹽稅徵收，加上外國稽查員建立一套現代化稅收管理制度，讓兩淮鹽稅從 1913 年 6 月底開始整核，到當年年底即由 18.9 萬元增加到 210 萬元，1914 年更達 810 萬元，績效斐然。對於外國銀行團壟斷民初借款，賀水金的評價是在當時中國政府還沒有能力直接進入國際金融市場，外國銀行團的操作讓中國避免因缺乏經驗而承受風險和損失。不過，議定借款過程並非是其關注焦點。其後雖有數篇與善後大借款相關的著作，大致上仍又回到惡債批評。值得注意的是陳禮茂及馬軍合著的〈妥協與抗爭：熊希齡與善後大借款〉（《史林》2003 年第 4 期，第 23—29 頁）一文，利用新近整編出版的熊希齡函電，回顧議定借款的經過。

殺，尤為人道上所不忍坐視之事。他日若長此不能平和，則列強為維持共通之利益起見，當善為開導，借圖支那（特不言清國而稱之曰支那）之安全，此固與不干涉主義毫無所衝突也。至以通商上之損害而言，列國之間有直接與稍稍間接之差別，因此雖有謂善導之機尚未來者，然要之時勢所至，固已日迫一日矣。至列國之所謂善導，果用若何之手段，則姑守秘默，以待異日。[3]

與 11 年前的庚子拳變不同的是，辛亥革命是內部紛爭，起事者並未向列強宣戰，而清室對於宣告獨立的各省也未斷然鎮壓。簡言之，此時中國還沒有失序到讓列強有介入內政的理由。列強深知，在對峙情況明朗之前，中立是最好的選擇。隨著袁世凱與南方漸有相持之勢，當時日本媒體即斷言，袁世凱此時籌集軍費，將成為列強透過政治借款而對中國事變「有所作為」的著力點。此一政治借款不可能由個別一兩個國家承做，而分析國際資本市場形勢，法國必將在中國籌借外資活動扮演主導角色。後續的發展，確實也符合外界觀察所指出的方向，唯一的推斷錯誤是袁世凱並沒有選擇對大清帝國效忠，舉借外債轉而成為民國政府的立國急務。[4]

發動革命需要資金，維持革命更需要資金。臨時政府在南京成立之後，財政狀況吃緊，被視為孫中山不得不辭去臨時大總統的決定性因素。[5]南京臨時政府曾由頗負興辦實業時譽的張謇出面，規劃以江蘇鹽稅作為抵押，向洋

3 《列國舉動之一致》（錄《萬歲新聞》1911 年 11 月 21 日），中研院近代史研究所檔案館藏《外務部檔》：02-10-032-03-016「休戰議和之新局面」。以下所引外務部、外交部檔案所同，略。

4 〈列強干涉之端乎〉（譯東京《二六新聞》）分析如下：「美國對清素持積極投資政策，其所以然者，乃美大統領之積極政策，與歐洲金融界資本家聯合而成也，非美國經濟界必致之勢，蓋美國之企業費，常仰給於英法市場，豈有餘力投資清國者耶。即使美國在清投資成功，其資金仍須仰給英法，其實美國不過借他人之力以扶持其在清勢力耳，故此時美國以單獨意思借款於北京政府之事，恐屬子虛。德國之對清政策及國情亦與美國相同。唯法國之政策國情適與德、美相反，法國除每年以二十億左右之資金投之海外，以求利殖之外，亦無施行其積極帝國政策之必要，並亦無施行之意，法國每年以餘資投海外，故其世界金融界勢力實在他之上，其在北京金融界勢力亦然。故無論過去、將來，列強斷不能不恃法國金融，以應清國大借款，蓋本國實無此大資本也。若謂法國果肯借款與清國，則其現在消極的國是不相容，況法國以投資政策為立國之基礎，資本家若應他國之公債，必須政府之承認，固列國資本家無不受政府之指導而借款與他國政府，而法國對於國民資本運用特有監督之義務，以現在之實而論，能借大款與清國者唯法國一國而已。」見《外務部檔》：02-10-032-03-016「休戰議和之新局面」。

5 朱志騫：《南京臨時政府財政問題之研究（民國元年一月—四月）：中山先生辭讓臨時大總統的金錢因素》，知音出版社，1992。

商借款 1000 萬兩，得到的響應是各國政府飭令所屬國民「勿應此項借款」。[6]
由此觀之，臨時政府籌募資金失利，與列強保持中立、要求本國商人不得介入
革命有直接的關係。

袁世凱在北京就職，南京臨時政府由黃興留守，南北兩個政府的政務和
軍餉開銷，都由北京來負責籌措支付。此時清室已經退位，北京政府不但不能
像過去數月一樣從皇室內務府得到款項，還須籌措即將支付的優待清室經費。
北京政府急於理財，但地方各省一時之間無法上繳經費，外國銀行因其政府仍
然要求不准對華貸款，來自本國民間借款數額稀少，加上南京留守不斷急電要
求支付軍餉，北京政府的處境與數月之前南京臨時政府相比之下，沒有更好，
只有更差。

在辛亥革命之前，晚清中國由於進行新政改革，各省耗費財力於整頓交
通機關和灌溉疏水設備等基礎建設，致使藩庫存銀銳減，地方財政吃緊，而民
間長期以來在「做官三年可以納福」的印象影響之下，對官府信用不具信心，
內債成績向來不佳。[7]革命之後，為能盡速安定局面，舉借外債勢所必然。北
京政府由內閣總理唐紹儀出面，向英、法、德、美四國銀行團商談 6000 萬英
鎊的借款。銀行團質疑唐紹儀毫無規劃，交涉失敗。唐紹儀商請清末政壇素有
理財能手之稱的熊希齡擔任財政總長，熊在幾經勸說而終於首肯之前，寫了
一封長信給唐，說當時全國歲出逾 6 億兩，紙幣已增發至 3 億元，物價暴漲，
情勢危殆。[8]一個月後，熊希齡在 4 月 14 日致袁世凱的電文中說，他接手財政
總長時，政府只有存銀 3 萬餘兩，如果再沒有款項周轉的話，共和政府即將
垮臺。[9]在此情況下，熊希齡贊同「舍大借款無以支持危局」的決策，但也認
為「借款而不預定用途，注重生產，徒使歸於消耗，恐以後更無借款之資格，
國其不國」。因此，熊在交涉借款之前，先致電各省都督，請其「速飭財政司，
分別臨時、常年開列數目，先行電達北京，以便匯總預算，為借款理財之準

6　〈日本公使伊集院彥吉照會〉（宣統三年十一月），《外務部檔》：02-24-008-02-062「革
　　軍借款事已轉達帝國政府由」。
7　松井石根、《清國ノ現勢》（明治 44 年 5 月）、日本防衛研究所戰史研究センター史料室、
　　支那／參考資料／ 2、32、52 頁。
8　〈熊希齡致唐紹儀函〉（1912 年 3 月），《熊希齡先生遺稿》第 5 冊，上海書店出版社，
　　1998，第 4267—4268 頁。
9　〈熊希齡致袁世凱電〉（1912 年 4 月 14 日），《熊希齡先生遺稿》第 1 冊，第 264 頁。

備」。[10]

　　熊希齡重啟與國際銀行團的借款協商，銀行團則於 1912 年 5 月 5 日提出監視裁兵與監督財政兩項要求，中外談判有破裂之勢。根據熊希齡在當天致陳其美的電報，銀行團懷疑唐紹儀濫用借款，刻意接濟南京及上海的革命部隊，因此要求派遣外國武官，會同華籍官員，親至部隊，點名發餉，同時也要求在財政部內派駐外籍核算員，監督財政收支項目。熊希齡認為銀行團的這兩項要求，「無異日本之待朝鮮，抵死不能承認」，一旦談判破局，當局也只好發布緊急命令，停止三個月的軍鈔兌換。[11]由此觀之，對成立不久的北京政府而言，外國對華的軍政和財政監督，遠比發不出軍餉釀成兵變更為危險。

　　當熊希齡與銀行團談判借款與墊款事務時，南京留守黃興發出急電，要求北京撥款，給列強造成中國局勢不穩的印象。此間過程，頗值一述。黃興 5 月 15 日發出的急電說：「此間軍隊伙食，已數日不能發給，今日有數處竟日僅一粥。每日索餉者門為之塞，危險情形日逼一日。加以急報密陳，日必數十至，嘩潰之勢已漸發端，二日之內倘再無款救寧，大亂立至。興德薄能鮮，支持至今，實已才盡力竭。此後東南大局，如有變亂，則興不能負此責任」。[12]熊希齡立即回電說中國銀行「濫行為兌換軍鈔，多方搜括，甚至將該行房地抵押，其窮蹙已達極點，故以財政言之，中國目前可謂無國家矣」，而財政部內「部庫僅存六萬，現尚欠一百五十萬，無法可設，專恃借款，而銀行團因我愈急，彼心愈疑，要求監督權亦愈堅」。[13]中外交涉至 5 月 24 日，監督撤兵作罷，但監理財政則仍無法豁免，最後決定在財政部之外，另設經理墊款核算處，由財政部與銀行團各派一位核算員，管理銀行團的支付墊款。[14]

　　談判結果出爐之後，黃興等人提出發起國民捐以救危亡，熊希齡立即表示贊成，並籌劃擴大範圍成為國民公債，期盼「此舉有著，即使目前支用外人墊款，吾人受此數月之苦痛，不轉瞬即可償還，振我民氣」。[15]不過，6 月 9

10　〈熊希齡致黎元洪副總統暨各省都督議會通電〉（1912 年），《熊希齡先生遺稿》第 1 冊，第 319 頁。
11　〈熊希齡致黃興電〉（1912 年 5 月 5 日），《熊希齡先生遺稿》第 1 冊，第 276 頁。
12　〈黃興致袁世凱、唐紹儀、熊希齡通電〉（1912 年 5 月 15 日），《熊希齡先生遺稿》第 1 冊，第 289 頁。
13　〈熊希齡複黃興電〉（1912 年 5 月 15 日），《熊希齡先生遺稿》第 1 冊，第 290 頁。
14　〈熊希齡通電〉（1912 年 5 月 24 日），《熊希齡先生遺稿》第 1 冊，第 304 頁。
15　〈熊希齡通電〉（1912 年 5 月 28 日），《熊希齡先生遺稿》第 1 冊，第 312 頁。

日國務院以「國民捐為人民血誠所積，不便支用軍餉」，讓財政部依然無款可用，理財依舊須回到商借外款一途。事後，熊希齡回顧談判過程，不無氣惱地致電黃興，稱當初談判簽字「即係我公屢電告急，迫如星火所致」，因以「公所謂，二日之內無款接濟，大禍立至。近已兩旬，尚無危險。當時公果以實情告齡與唐總理，何至迫而簽字」。[16] 也就是說，熊希齡覺得黃興的告急電文讓他在評估己方忍受財政缺口的能力時做了低估判斷，以至於對外交涉時難以強作堅持。

商借外款雖然失利，熊希齡仍在 6 月 12 日趁日本與俄國尚未加入國際借款之前，發函通知四國銀行團，請其墊借 600 萬兩，墊款項納入未來議定合約之中，以保留繼續協商的可能性，否則將向國外不屬四國銀行團體系的其他財團籌借財源。[17] 及至日俄兩國加入國際銀行團，熊宣布縮減借款額度，從唐紹儀原提案的 6000 萬鎊減至 1000 萬鎊，熊的考慮是「六國銀行團志在壟斷經濟，少借固不能應我之急，但無論為數若干，彼若允借，即須在外發行債券，債券上必須由外交代表簽字，因簽字之故，彼各國不得不承認民國，關係固甚大也」。[18]

既然興借外款與國交承認兩不可分，中國自不能斬斷與六國銀行團的正常聯繫管道；交手的六國銀行團也知此理，先回應可允中國的墊款要求，但又延遲交付。與此同時，上海總商會在 6 月 18 日致電英國政府，以中國「秩序一日不能回復，商業一日不能流通」，對各國亦不利，希望英國政府「勸令銀行團酌改該團所開嚴厲之條件」。英國外務大臣回復上海總商會道：「至今各銀行團之舉動，本國政府均以為然，且凡有合同借款，倘若銀行團視其條款不足擔保所借，必須正當合理之花銷，暨不足擔保妥實抵押確能償本利之質物者，均不能催勸各銀行團出借」，表明支持銀行團的態度。[19] 由於中外雙方僵持不下，熊希齡於 7 月 1 日致電銀行團稱：「本國如病者待診，醫久不至，生命可危，斷不能呆守一醫，以致自誤，茲特函詢，應請貴銀行團確定一最速

16　〈熊希齡致黃興電〉（1912 年 6 月 10 日），《熊希齡先生遺稿》第 1 冊，第 325 頁。

17　〈熊希齡致趙鳳昌電〉（1912 年 6 月），《熊希齡先生遺稿》第 1 冊，第 343 頁。

18　〈熊希齡致譚延闓電〉（1912 年 6 月 28 日），《熊希齡先生遺稿》第 1 冊，第 347 頁。

19　〈上海總商會致英政府電〉（1912 年 6 月 18 日）及英使復電均見《神州日報》1912 年 8 月 23 日、アジア歷史資料センター、編號 B04010806400、《支那改革借款》、52 頁。

複答日期，逾期不復，即各自由」。[20] 六國銀行團收到熊的來電後採取冷淡處理，熊希齡於 7 月 7 日與陸徵祥商議，由外交部出面致函各國駐華公使，希其「飭各銀行團關於一千萬鎊能否照辦等情形迅速答覆」。陸徵祥回復道：「備函痕跡太著，大總統意請次長向各使面托，請呈顏次長酌奪辦理」，意即請外交部次長顏惠慶出面協調。[21]

顏惠慶的行動並無成效，因為熊希齡在 7 月 8 日再與滙豐銀行和銀行團會議時，請求墊款數百萬以「接濟各省」，為銀行團當面拒絕。熊立即表示：「墊款無著，只得令各省自行設法，或由中央另籌他法，以救目前之急」。不過，熊隨後在致銀行團的信中，不無官樣文章地說：「本國中央政府貴銀行團交誼素摯，本總長深信貴銀行團倫敦資本團覆信之後，尚可為將來用款，重與貴銀行團磋商一切」，實質上呈現出中國仍然試圖維持雙方溝通的可能性。[22]

對熊希齡而言，1912 年 7 月 8 日的磋商失敗，是其負責交涉以來最為艱苦的一次經驗。熊抱著借不到外款的心理準備，對各省都督發出電報請其設法自籌地方經費。從熊希齡 7 月 10 日發給廣東都督胡漢民的電文，可以看到此次決裂之所以如許嚴重，主要是外國又踩到了監督中國財政的談判底線：

> 六國銀行團因我內閣搖動，又生枝節，要求大借款四條。一、藉口唐所許五年交款六千萬鎊，要求經理全國借債五年經理權。二、鹽務須仿海關辦法，委洋人管理。三、財政部延顧問員，關於借款合同簽字。四、稽核處永久不撤，權力加大。齡以其無理取鬧，嚴行拒絕。嗣議改為一千萬之借款，該銀行團允電倫敦商權，迄今兩禮拜，尚未回復，屢催罔應，意在延宕其期，乘我危急，以達目的。此次幸稍預備，未為所敗，該銀行團遂運動各國公使，轉電各國政府相助……乃致書銀行團，謂墊款無著，本國政府只得另行設法，現在談判中止，三月初三日所許優先權，自然無效。業已別商借款，惟非旦夕所能辦到，須預籌兩月餉款，以備不虞。本部庫空如洗，務乞迅速設法匯解北京數十萬金，苟能支持

---

20 〈熊希齡致六國銀行團函〉（1912 年 7 月 1 日），アジア歴史資料センター、編號 B04010805700、《支那改革借款》、26 頁。

21 〈熊希齡致陸徵祥函〉（1912 年 7 月 7 日），《外交部檔》：03-20-010-01-004「借款仍議改一千萬鎊請達各使飭銀行團能否照辦迅復」。

22 〈熊希齡致六國銀行團函〉（1912 年 7 月 9 日），アジア歴史資料センター、編號 B04010805700、《支那改革借款》、87 頁。

兩月，他項借款一成，自可內外通融。[23]

　　不過，對中國主政者而言，銀行團前曾撥款300萬兩以稍救燃眉，顯見其並非完全不可合作，其後因為財政監督問題而造成談判決裂，這並非其樂見的結果。[24] 由於預料短期之內談判難以恢復，中國官民各方試圖另尋外國其他財源。

二、突破網羅的中外攻防

　　對六國銀行團協商失利，熊希齡於1912年7月15日引咎辭職，周學熙繼任，國人繼續尋思其他可能的外國借款管道，目標轉向比利時、奧地利等國銀行以及歐洲工業大廠。中國駐義外交代表吳宗濂8月14日向外交部建議：

> 竊念此次借款決裂，實與我國前途、列強公認大有妨礙，而我國軍民之反對墊款條件，雖出於愛國熱忱，其實頗多誤會盲從，深文周內，今者事敗垂成，不知公眾果已有良法彌補否。試為通盤籌算，此中無形損失蓋數十百倍於前之贖回粵漢鐵路也……蓋全球銀市，除日俄本非富足，可置不論外，其餘四國則固操世界金融之牛耳也（如欲破已散銀行團之惡計，非請其政府指令不為功），舍此他圖，竊恐多難應命。然於晦盲閉塞之中，姑作生面別開之計，無已，其惟有求諸比奧諸銀行及德之克虜卜、英之阿模斯德郎、法之克魯蘇等廠乎。蓋此款雖已中止，其情形與六國銀行團事大不相同，奧國本曾請入六國銀行團而未能如願，設與彼等商訂借款，其或有成，殆居多數（以上二國本自有股票公市，可無須借資他國）。若克廠等則皆以製造軍火船隻鐵路著名，且與我國素有交涉，況乎此後我國所需必多，似不妨徑予將來定貨之約，請其先行借我若干兆鎊，以濟燃眉，或不致全遭拒絕也……及今而速與比奧及克廠等商借，竊請可由總長直托各該國之駐京公使，或即飭我國駐在各該國之代表為之先容，如有邊際，再行從長開議，期收完美之效果，以救目前之困難，似亦一策也。[25]

　　外交部贊同避開銀行團壟斷勢力，另向國外工商廠家借款的做法，訓令

23　〈熊希齡致胡漢民電〉（1912年7月10日），《熊希齡先生遺稿》第1冊，第366頁。
24　高勞：〈銀行團借債及墊款之交涉〉，《東方雜誌》第9卷第1號，1912年，第5—10頁。
25　〈吳宗濂致外交部函〉（1912年8月14日），《外交部檔》：03-20-010-01-012「擬請另與比奧及克廠商議借款免受六國團抑制」。

駐外使節分往接觸，於是有駐英代表劉玉麟與英商克利士（Birch Crisp & Co.）借款交涉，以及駐俄使館代辦鄭延禧也曾向法商克侯索洽商借款及訂購工業產品的行動。

劉玉麟與英商克利士商談借款 1000 萬英鎊，在 1912 年 8 月 30 日完成簽約，經國務院轉呈大總統提交參議院追認。[26] 然而，這次借款活動，因為合同在送交英國駐北京公使朱爾典（J. N. Jordan）備案時，朱爾典以此案與「本國政府向貴國政府聲明之各節不符，本大臣惜難按照貴部所請備案，理合將原送合同奉璧」，不同意備案，而英商也不願為此案甘冒違逆國策之險，借款遂至失敗。[27]

鄭延禧在 9 月 27 日呈報一份長達 20 頁的函件，敘述前往英國及法國的借款情形。這次交涉由捐客賀爾飛居中牽線，鄭延禧在 8 月 6 日到達倫敦，與某銀行家會面。據鄭的認知，此次借款「已在北京訂立，復在森彼得堡簽押，各方面均已議妥」，議定利息 5 釐，為期 10 年，而其赴英之行乃為領款。但在與銀行家見面後，對方卻說：「中比所訂借款合同係一年後還清，而中奧所訂借款合同則係六釐起息」，現在條件太差，不願出借，於是又在 8 月 6 日修改條件為期 4 年，經理費 1%。稍後，銀行家又在 8 月 13 日修改條件，以「中國時局尚未大定，前擬四年為期一層，為時太久，現止可一年為期；繼謂原定經理費百分之一，未免太少，須加至百分之二」，鄭延禧也只好表示接受。隨後，該銀行家以英國政府警告他若「不聽政府命令，私自借與中國，如以後中國無力償還，不得向政府申說，且從此政府與銀行斷絕往來」，前議作罷。8 月 20 日，鄭延禧抵達巴黎，與賀爾飛介紹的法國某銀行家碰面，該銀行家表示：「此事牽動各國，其中並有政治性質，事關重大，不能不告知政府，一經告知，勢必竭力相阻」，突破之道在於「將定造用品與借款連而為一，半係借款，半係用品，是則互相支配」，於是議定借款 6000 萬法郎，一半定造用品，一半現金。到了 9 月 9 日，銀行家表示：「借款之事已與首相言過，首相謂法國亦在六國銀行團之內，若私自借與中國，實使政府為難，此事可否從緩再

26　〈財政部諮外交部〉（天字第 3345 號，1912 年 10 月 4 日），《外交部檔》：03-20-010-01-018「六國銀行團要求太苛已與英京培克立公司商借款項」。

27　〈外交部收英朱使節略〉（天字第 3531 號，1912 年 10 月 11 日），《外交部檔》：03-20-010-02-001「送回培克立公司合同礙難備案」。

議」，借款又成泡影。[28]

　　經歷與六國銀行團交涉及嘗試工商借款失利後，熊希齡於9月22日提出其撰寫的《借款條例》，總結過去5個月中外攻防的經驗，並且預籌將來談判再開時的各項準則。熊希齡把借款數額定在2500萬英鎊，並且根據中國的還款能力，訂出地方配合辦法。熊認為辛亥革命後，「各國嚴守中立，南北財政，均蹈於危險之極點」，是和議得以速就的原因。清末各項借款均由政府直接與銀團商議，列強在華使節無庸置喙，然而，北京兵變後，「銀團請轉各國公使批准」成為談判基礎，其直接結果就是原本單純的經濟交涉轉變為複雜的政治交涉。熊期望正在商談中的英國財團可以商借到1000萬英鎊，專供作中國行政費，接下來，只須再向銀行團商借1500萬鎊，可以減輕負擔。政府以興辦印花和驗契兩項新稅案增加稅收，同時也推行鹽斤加價和地畝租捐，應可及時清償。[29]可惜，到了10月初，洽商許久的英國財團1000萬英鎊借款宣告失敗。不管此際中國是否心生懊悔，共和成立以來的迭次兵變，讓各國政府及其派駐在北京的外交使節，堂而皇之地把經濟交涉變為政治交涉。與此同時，各國政府又強烈制止國內財團私下與中國訂約，雖然，其後由於美國退出六國銀行團，局勢再度發生微妙的變化，而列強攤在世人眼前，質疑中國無力償債，據以強勢主張監督財政與管理鹽稅之尖銳議論，仍是中國當局無法規避脫逃的核心議題。

　　經過數月沉寂，六國銀行團中勢力最強的法國政府於1912年10月23日由其駐北京公使康德（A. M. R. Conty）派員到中國外交部，表明願意調停銀行團與中國借款事。從談話記錄看來，法國頗為積極，提出的待解決問題也很具體：

> 法使又嘗通知銀行代表，謂法政府所深望者，乃借款條件雖一面必須保守，務求不可免之抵押物主義，然一面仍宜以相當之詞申明之，俾中政府得承認之。法使且謂，如要使中政府承認此項條件，則其中不可用管理等字樣。法使又嘗對銀行團表示願意，謂開續議時，銀行團不必派六個代表，至多留以三人為限。再對於中國政府方面，現有二要點，

28　〈駐俄使館代辦鄭延禧函外交部〉（1912年9月27日），《外交部檔》：03-20-010-02-002「與賀爾飛父子另向英法銀行借款均被該政府阻止情形」。

29　〈熊希齡函〉（1912年9月22日），《外交部檔》：03-20-010-01-020「印送借款條議」。

其關係續議事甚為細密，不妨於此時說明之。一，如能詳細指明應撤各項軍人，則深為便利，前稱八十萬之數，不過用以表示兵令多耳，現在頃照大概總數報告詳細情形，證明各省確有之兵數。二，按八月三十日駐英華使與格列斯魄公司所簽之合同第十四款，中國續借時，如該銀行團所開之條件與他銀行團所開等一便宜，則該銀行團應有優先權等語，此所開條件四字，究係何指，是否係指借款之價格及其利息之多寡，抑係指合同之大概情形，該第十四款將來不免生出事實上之難處，如此格列斯魄公司之合同得歸在六國銀行團賬上，則此種難處可免矣，但此須研究磋商多日。以上問題，於未開議之前，中政府似宜首先答覆。[30]

在這次的提案中，取消了「管理」的字樣，以爭取中國重新回談判桌前。但是，相對的，在實質問題上也並未放鬆，即對於中國如何辦理裁兵，以及稍前中國在英國與商團議定千萬英鎊借款的後續善後。面對法國主動釋出的善意，外交部決定「派幹員赴館詳探辦法」。

六國銀行團之所以願意重啟協商，與此前中國四處尋找工商財團進行借款或訂貨有直接的關係。雖然各國政府極力制止國內財團對中國的借款活動，中國還是成功借到幾次小規模的款項，這令六國銀行團甚為不懌。當時法國報紙曾有以下的報導：

中國於其允許之件未免虛飾，而於其要請預先墊款時又多詭計，緣其請求墊款已經商允之條件未能履行也。聞自六國銀行團與中政府停議商議後，該銀行團又自行開議，研究此項條件可否減讓，並商議對於鹽務鹽稅之事可否只限於一二省而不普及全國。論理，若此數省鹽稅改良辦法後已足敷擔保之用，則其他各省當然置諸不問。記者以為，銀行團可不致解散，惟各宗小借款冠以實業借款之名者，實大不利於該團，即照上年十二月揚子碼頭借款，以漢陽鐵廠及華商招商局為擔保之日東借款、安諾克伯借款，以及現在第得里克森之電車借款是也。記者甚怪夫德公使之不阻止德人之款貸與中政府，深盼其餘五政府出而抗議，否則銀行團之解散，而後演競爭之劇矣。記者最後之忠告，則切盼該團亟求團

30　〈外交部致趙秉鈞總理、周學熙總長函稿〉（1912 年 10 月 24 日），《外交部檔》：03-20-003-03-003「法館交來說帖一件當飭譯漢文並抄錄原件希查核賜復」。

結，蓋該團之力，足能停止中國借款之紊亂也。[31]

六國銀行團意識到，如果讓小額借款繼續存在，恐將引起惡性競爭，反而使中國政府趁機得利。

中國政府為求快速解決財政缺口問題，也願意繼續與六國銀行團談判改造借款。中外雙方探詢彼此要求，只待解決兩個問題即可達成共識。第一個問題是列強要求中國政府必須對南北交戰期間外人所受損失負責賠償，第二個問題是為確保借款擔保品的鹽稅收入穩定起見，中國必須同意派駐洋員稽核。陸徵祥與周學熙會商之後，於 1913 年 1 月 15 日回復六國銀行團：

> 中國政府允將南北交戰期內，外人在交戰地所實受之直接損失，查明情形，酌予賠償，是以中國政府將此次借款二千五百萬鎊內劃出二百萬鎊，備充前項賠償之用。至何者應行賠償，及賠償之數則如何酌給，可由各使館開明詳細清單，送與中國政府查閱後，交仲裁委員會酌定辦理。此項仲裁委員會之組織權限與辦法，再行協定。

> 中國政府現因整頓鹽務，業由財政部制定章程，設立稽核造報所，其總所內應用洋會辦，分所內應用洋協理，以資襄助。又審計處擬定章程，設立稽核室，專司考核外債用途，用洋稽核員，會同華員辦理，並擬聘用外洋財政大家，充審計處顧問。屆時六國駐京大臣可備私函，向外交部詢問所聘顧問係屬何人，權限若何，以及延聘合同內定何條件，外交部即將中國政府所擬聘之人及所擬之合同，亦備私函簽復，惟此項來往函件，彼此言明係屬祕密。[32]

六國銀行團接獲中國提出的方案，於 1 月 21 日由法國公使康德與日本公使伊集院彥吉連袂拜會陸徵祥，代表六國財行團與中方會商。伊集院提出：「此次革命受損各洋人一事，貴部節略內所答覆者，僅限於武漢戰界內所受損傷者，然洋人因此次之革命受有損傷者，何止武漢一隅，中國各處均有之，今立此限制，頗不以為公允。至於聘用財政顧問，本以合同一時難定，且不便以此事載在借款合同內，彼此乃商妥以公函，詢問貴政府有無其事，貴國亦以公函

31 〈外交部收簡要新聞一份〉（1912 年 10 月 26 日），《外交部檔》：03-20-010-02-010「法國亞細亞報論銀行團宜固結以抵抗中國」。

32 〈外交部致六國駐京公使密函〉（1913 年 1 月 15 日），《外交部檔》：03-20-011-01-005「銀團接倫敦電與前議有修改之處另擬稿抄送」。

答覆，乃貴部之節略易公函為私函，使團亦不能表其同意。」陸徵祥則回應：
「關於聘用顧問一事，一般國民反對極力，各國政府誠不宜干預之，中國政府
本允聘財政顧問，但有鑒於前財政總長熊君之因此而事受國民排擊，故亦欲各
國不干預，之用私函，即所以避各國有干預我國用人行政之嫌」。陸徵祥並且
表示，此次「中國亦開誠佈公，停止各小借款，以與六國銀行團商議借款，凡
可遷就者，無不遷就，今既議而無成，甚為可惜。中國需用鉅款甚急，不能不
另向他處籌借款項，今日貴大臣等所議各款，係根據於借款條件，今借款既停
議，則此次提議各件，亦宜暫行擱置不議」，協商又有破裂之勢。[33]

三、現實困境與歷史記憶的疊合

　　熊希齡在其議商借款時發出的函電中曾經提到，中國之所以抗拒國際監
督，其原因是銀行團的要求與日本對待朝鮮的做法如出一轍。日本由馬關條約
取得對朝鮮的宗主權，在「改良內政」的名義下，陸續接管朝鮮的司法、兵政
及員警權。每一次接管，時任日本駐北京公使伊集院彥吉奉命遞交照會文書，
直到宣統二年七月二十四日（1910 年 8 月 18 日），伊集院正式告知朝鮮將
與日本合併，距離辛亥革命之起，不過一年有餘，國人對於日本如何吞併朝鮮
的過程可以說是記憶猶新，殷鑒不遠。

　　以伊集院彥吉在宣統元年九月七日（1909 年 10 月 20 日）向清廷提出日
本辦理韓國司法的照會為例，時人可以很容易地在報刊上讀到日韓協約上面開
宗明義寫著：「日韓兩國政府為改良韓國司法及監獄事，以期確實保護韓國臣
民並駐韓國外國臣民及人民之生命財產，與鞏固韓國財政之基礎起見」而訂定
條約。對弱國而言，強國為「確保人民生命財產」而施加的「改良」，就是強
國體制全盤取代弱國傳統。於是，在這次協約當中，韓國政府同意「在韓國之
司法及監獄事務認為完備以前，允將司法及監獄事務委任日本國政府」（第一
條），把執行權拱手交給日本政府，由日方選定「有一定資格之日本人及韓國
人，任用韓國內日本裁判所及監獄官吏」（第二條）。[34]

　　日本接管朝鮮司法不到一年，伊集院彥吉即向清廷正式告知日韓兩國即

33　〈陸徵祥會見日伊使、法康使談話紀錄〉（1913 年 1 月 21 日），《外交部檔》：03-20-
　　011-01-012「兩使言關於賠款用人各節之答覆不合總長謂銀團不墊款中國則籌小借款」。
34　〈日本公使伊集院彥吉照會〉（宣統元年九月七日），《外務部檔》：02-19-010-01-046「韓
　　國司法事務據日韓協約已委託日本辦理訂十一月一日起實行」。

將合併。伊集院在與外務部官員會談時的官式措詞是：「此事由來已久，自四年前韓國歸日本保護後，日本即擬改良其內政，故凡司法、兵政、員警等權均由日本辦理，何如數年來進步甚遲，且地方時有不安之事，不能盡保護之責，故決意實行日韓合併，以期永保和平。」更何況，日本實質接管韓國政務已歷數年，「合併條約不過表面事」。[35]在對外刊佈的兩國合併宣言上面，則書寫著「日本國皇帝陛下及韓國皇帝陛下，因兩國間有特殊而又親密之關係，欲謀增進相互之幸福，並確保東洋之平和，深信莫如將韓國合併於日本，兩國乃決定締結合併條約」的文句。[36]新近成立的北京政府官員，在這次借款談判之中，又看到「改良內政」和「確保和平」這些十分刺眼的字眼。

晚清時期已與列強有過交手經驗的唐紹儀和熊希齡，對於他國軍力保障己國和平會有什麼結果，前有辛丑議和的屈辱，後有朝鮮失國的借鑑，他們對此不能不感到戒懼。1912年5月9日，熊希齡回復銀行團，聲明北京和南京的軍隊發餉都有固定數額，且將依法造冊公開，外界不須對此有所質疑，堵住外國指稱中國軍隊常見濫發餉吃空缺的聲浪，接著指出，外國軍官監督裁兵的要求，必定引起人民強烈反彈，務必撤銷此議。同時，熊也保證中國政府對外借款的安全性，請銀行團給中國自行提出改革鹽務計畫的機會，作為借款擔保品。[37]

中外交涉至5月24日，外國銀行團為了避免中國輿論的強烈反彈，不再堅持必須派遣武官會同華官點名發餉。但是，銀行團不相信中國政府能夠自己規劃鹽政改革方案，他們舉出晚清鐵路借款已經聘用外籍司賬來查帳的既成事實，毫不讓步。最後，雙方協商決議，在財政部的機關編制之外，設立經理墊款核算處，由財政部與銀行團各派出一位核算員，會同核算及管理支付墊款專案，並且聲明此項帳目只適用於銀行團對中國政府墊款的用途。[38]熊希齡在談判結果公開之後，由於受到輿論抨擊，而且各省民意機關紛紛派遣代表赴京，要求取消此條，於5月29日發出通電「國民既經反對借債條款，即係希齡外

35 〈日本公使伊集院彥吉照會〉（1910年8月18日），《外務部檔》：02-19-010-03-037「告知日韓合併事」。

36 《外務部檔》：02-19-010-03-038「日韓合併條約及宣言書」。

37 〈熊希齡復銀行團函〉（1912年5月9日），《熊希齡先生遺稿》第5冊，第4276—4267頁。

38 〈熊希齡通電〉（1912年5月24日），《熊希齡先生遺稿》第1冊，第304頁。

交失敗之咎，自應退避賢路，以謝天下」，表明辭意，借款事務也隨之停頓。[39]

　　國際社會對於中國官民反對監督財政的激烈態度，頗表不以為然。駐俄使館代辦鄭延禧的報告指出，列強認為，中國此時提出 6000 萬英鎊借款，數額過鉅，加上自辛亥革命爆發以來，包括庚子賠款在內的各項借款本息都未按期支付，顯示中國的財務管理已經出現嚴重缺失。再就現實而論，晚清政府部門內雇用洋人早已不乏先例，散佈在鐵道、郵政和稅關等各機關，人數超過數百，此次的所謂監督財政，只不過是聘請外人來管理帳目，為中國整理財政，可說有益無損。至於已作罷論的中外武官會同發餉及監理裁兵，列強也提出解釋，這是因為「南方兵隊甚眾，軍律不一，往往有剋扣軍餉之事，此次各國要求監視，無非欲使軍餉實數發給，且軍隊既行減少，則財政自然寬裕」。[40] 總而言之，中國財政本已困窘，參與革命陣營的軍隊又多非正規訓練，成員來源複雜，愈發加重財政負擔，此際中國的貸款條件比起清朝政府時代還要差，外國為保障貸款能夠回收，當然要提出監督的要求。

　　議定外國借款失利，北京政府改募內債，在 5 月底時籌得 50 萬兩，但這數額與積欠未付 2000 萬兩庚子賠款，以及預估至少 1000 萬英鎊的歲支需求而言，只能說是涓滴之於汪洋。此時國人有提出不兌現紙幣的構想，引起國際批評，認為此舉將使各國在華紙幣成為「墓中殉葬品」。[41] 在國內財源短缺的壓力下，中國嘗試協商調整借款金額，從 6000 萬英鎊降為 1000 萬英鎊，沒有得到銀行團的正式回應，於是又宣布將另籌他法，目標是國外不隸屬六國銀行團的其他財源，試圖突破網羅。然而，在劉玉麟與英商的 1000 萬英鎊借款，以及鄭延禧與法商借款的活動，均因該國政府制止而相繼失敗之後，解決財政缺口的大額借款，最後還是要回到與六國銀行團繼續洽商一途。六國銀行團經過中外交鋒的歷程，對於保障貸款安全的具體做法，也逐步達成明確共識，那就是監管鹽稅。

　　對於中國積極與其他不屬六國銀行團之列的財團洽商借款的做法，英國

39　〈致趙竹君羅宜六君並各報館電〉（1912 年 5 月 29 日），《熊希齡先生遺稿》第 1 冊，第 304 頁。

40　〈駐俄使館代辦鄭延禧函〉（1912 年 5 月 30 日），《外交部檔》：03-20-010-01-003「報告俄政府借款意見係監督財政解散軍隊」。

41　〈駐俄使館代辦鄭延禧譯呈 5 月 31 日新時報〉（1912 年 6 月 24 日），《外交部檔》：03-20-010-01-003「譯呈俄京新時報對於中國論說」。

公使朱爾典於 9 月 25 日謁見袁世凱總統之時，提出中國政府大開對外借款門戶，不管利息輕重，日後將招致外國以兵力索債的下場。袁世凱反駁道，中國向六國銀行團之外的財團借款，實是逼不得已。銀行團不願鬆口監督財政，即使中國政府願意接受這個條件，送到參議院也絕無可能通過。此時已屆中秋，政府立即要支付清室經費及各省軍費，勢必要借得小額款項，以維持社會秩序。接著談到鹽稅管理問題，朱爾典直接挑明立場：「六國團肯以鹽務作抵，係六國銀團用人自行整理也。本大臣在華三十餘載，而中國所行新政略有起色而能作實在抵押者，只有稅關暨京奉鐵路而已，然此二事皆借西人之力而於帳目有西人會計左右其事也。若華人自行新政如粵漢鐵路、山西礦務，皆成虎頭蛇尾之勢，其餘更不必論矣。中國果能自行整頓鹽務，使其發達到底，是乃英國政府及本大臣之所屬望，然以晚往而測將來，恐非易事也」。言下之意，中國政府想要拿到借款，除了交出鹽稅管理的權限，別無選擇。袁世凱表示，國民必定反對外國監理鹽稅的做法，嚴重的話甚至可能激起排外情緒，一旦事態發展到難以掌控的局面，袁世凱自身政權可能不保，各國在華權益損失也難以預料。[42]

六國銀行團並不滿意袁世凱的說辭。因為，他們發現，事實上，中國在與英商克利士治談 1000 萬英鎊借款時，就是拿鹽稅來作為擔保品。不在六國銀行團之列的義大利公使斯箙爾紮（C. C. Sforza），代表列強的共同利益，向中國政府提出正式抗議。其理由是，按照辛丑和約第六款規定，鹽政收入已經納入支應賠款的項目。中國政府在未知會各國之前，即以此稅作為抵押，直接損及各國既得權益。[43] 中國政府面對抗議，由外交部回復，稱辛丑和約所稱的擔保賠款之鹽政各進項，是指舊有鹽課，而作為新借款抵押的鹽稅，則是指辛丑之後才產生的鹽斤加價等各項羨餘，因此並沒有違約另抵，對列強的既得權益也不會有任何損害。[44]

在法國公使康德的調停之下，中外雙方在 1912 年 10 月下旬重回談判桌。

42 〈英使朱爾典偕參贊巴爾敦晉詢大總統問答〉（1912 年 9 月 25 日），《外交部檔》：03-20-010-01-015「因六國銀團梗議另借他款英使請廢比約」。

43 〈外交部收義館函〉（天字第 3240 號，1912 年 10 月 1 日），《外交部檔》：03-20-010-01-016「鹽款已抵賠款茲復抵借款有背辛丑和約特行抗議」。

44 〈外交部通商司節略稿〉（宙字第 84 號，1912 年 10 月 15 日），《外交部檔》：03-20-010-02-003「新借款指抵之鹽稅係辛丑以後羨餘之課並非違約另抵希查照轉達」。

中國政府為取得借款，同意外國鹽稅監理之議。中外雙方解除談判障礙之後，議定各項借款條件，並在 12 月 27 日送交臨時參議院議決通過，俾於該年年底之前清償積欠款項。臨時參議院討論借款中英文合同時，因有議員提出，此項借款以「維新」作為合同名稱並不確當，財政總長周學熙即席回復可予改議他詞。[45]

經過漫長的協商折衝，中國當政者雖然爭得免除監督裁兵之議而得以保存顏面，現實財政困局則令其不得不同意以管理財政帳務與整頓鹽稅事務，換取國際借款的支持。從中國官員在往來文書之中不斷出現的對日本吞併朝鮮引以為鑒的戒慎言辭，吾人方能理解，為何北京政府在交涉借款時，一直不願接受外國銀行團提出的「改造」（reorganization）借款名稱。因為，在當時的國際環境，「改良」或是「改造」同樣都屬於列強展示優越感的詞彙，不時牽動著弱國敏感的民族情緒神經，而「維新」一詞，更令國人直接聯想到日本在東亞興起的經驗，於是，最後出現在中方借款文書中的，乃以「善後」一詞來取代。

四、民族情緒之挑起

當周學熙等人在 1912 年 12 月 27 日帶著與六國銀行團協商的文件合同，到參議院尋求支持之後，商借外款案只待正式簽字，即可告一段落。然而，12 月 31 日早晨，法國公使康德與日本公使伊集院彥吉，再度拜會陸徵祥和周學熙，提出必須在合約之中，正式納入賠償外人在辛亥革命南北交戰期間所遭受損失，以及聘用外籍財政顧問及派駐洋員稽核兩項條款。伊集院彥吉公使並且說：「非先行解決此兩問題，借款恐終無成。」這一新要求讓借款案又添變數。[46]

陸徵祥回答：「外間已紛傳此次借款係有政治關係，今竟欲加入此兩問題於借款合同內，豈非竟如所傳。且賠償受損乃另一問題，與借款無涉，聘用財政顧問等員，係財政總長分內應辦事，似宜仍由財政總長先行將借款定議。蓋賠償一事，應行研究者甚多，非一二日所能收效者，豈不因此而誤借款之進

45　〈善後借款合同經參議院通過情形紀實〉，《外交部檔》：03-20-012-01-027「函送借款合同參議院通過情形紀實」。

46　〈陸徵祥、周學熙會見日伊使、法康使談話紀錄〉（1912 年 12 月 31 日），《外交部檔》：03-20-011-01-002「革命損失賠償及聘用財政顧問之問題」。

行乎。」法國公使回應道「此次借款有政治關係，無足諱者」，如果不先解決賠償問題，即使借款合同簽字，法國也將拒絕發行債券。於是，中外雙方決議在原先已議定的 2500 萬英鎊借款金額之外，再多借 200 萬英鎊，並指定為賠償外人損失之用途。

續談管理財政問題時，周學熙說：「現在已多有謠言，謂財政受外人之監理，用人之權亦操之外人，以故若將聘用財政顧問等員載在借款合同內，更易引起國人之反對。本國政府對於聘用外人之有名望者有學問經驗者，相助為理，已久懷此意，各使當表同情，但於借款合同內加入此條，則政府反覺為難。」因此，他建議不要載入合同正文，而以附件或是彼此互易照會的方式來解決問題。法國公使回答說：「借款條件原有管理財政一層，但須為中國政府承認，方允借款，但承認之法，載在合同或另行訂定，原可通融。」周學熙接著表示：「如能給一封信，詢問聘用外人條件薪數等事，當必明白答覆。」法國與日本兩國公使對陸、周的回應表示滿意，同意將告知其他有關各國此一會談結果。

然而，1913 年 1 月 15 日陸徵祥發出致銀行團的信函後（已見前述），外國公使團由法日兩國公使出面，於 1 月 21 日前往外交部求見陸徵祥。此次會面，外方由日使伊集院彥吉主談，法使未置一詞。伊集院稱，前次關於賠償問題及財政監理這兩大問題的會談結果，和這次外交部提出的函件內容相比，可說是「盡翻前議」。陸徵祥有所辯駁，雙方立場不一，會談不歡而散。之後，外交部祕書顧維鈞往見美國公使嘉樂恆（W. J. Calhoun），並在兩人的會談記錄中，記下中外雙方對於力爭權益的認知差異。[47] 顧維鈞首言：

> 此次本國政府與六國銀行團續議大借款，原冀有成效，以應種種急需，所以對於銀團提出之條件，始終和衷通融，再三讓步，先則應許統一議訂借款之權，特發令任委財政總長獨管借款事宜以專責任，次又應許取消谷利斯浦借款合同第十四款，付出賠償費十五萬鎊，嗣又允許聘請洋員裏理審計及整頓鹽務事宜。及至草合同已起稿，銀團又要求本國政府通電各省，分別承認擔保指定擔保物，而本國政府因需款孔亟，不得不委曲求全，又允許照辦，業經回復銀團。夫前後退讓至此地步，

47　〈祕書顧維鈞謁見美使嘉樂恆問答錄〉（1913 年 1 月 21 日），《外交部檔》：03-20-003-03-006「美銀團墊款事」。

亦不可不謂至矣盡矣，然仍無滿意之效果。蓋於約定畫押之日，銀行團代表忽稱，現因巴爾幹問題吃緊，金融機關塞閉不靈，墊款一層斷難辦到等語，想此必是實情，本國政府深知銀行團之難處，借款因而不克告成，本國政府尤深歉仄，惟望將來巴爾幹風潮稍靜後，仍可商議其事。至於目前乃需款方殷，緩不濟急，不得不向別處商借，以應當今燃眉之需。

嘉樂恆則說：

貴國國庫空乏如洗，需款之急，朝不待暮，故亦以為貴國急應向他處告借。前日本公使嘗謂公使團曰，銀團既難撥付墊款，自應任中國自由向他處籌借，不當阻撓云等語。然推考此次借款合同所以不能成立之原因，似亦不能盡行歸咎銀團。蓋本公使回憶此次續議開始之初，法使奉政府訓條，要求二端，舍此不願承認借款合同，聘請洋員辦理審計借款用度，整頓鹽政以固擔保，一也，允許對於革命時法人所受損失，承認全行賠償之主旨，二也。六國公使於是開特別會議，英、德、日、俄公使咸以法政府之條件為然，本國公使對於聘請洋員負審計用度整理擔保品一層深表同情，至於賠償一層不無反對，然念巴黎為全球金融之惟一機關，設法政府不准發售貴國債券，則借款之議必難告成，故亦從而允之，遂公同議決，舉法、日二使為代表，進謁周、陸二總長，代達法政府提出之二條。嗣據二使報告，要求二條，業經貴國政府允許，六國公使遂頗滿意，以為此次借款可告成矣。詎數日前接貴國政府來函，一反前議所允聘請洋員辦理審計鹽政一條，並未將擬聘之人之姓名國籍聘用年期職掌權限詳細開單交議，至於賠償一條，又忽限制於戰線內所受之損失，六國公使閱此函文頗不滿意。

顧維鈞立刻追問：「然則此次銀團宣告不能撥付墊款之實在原因，不在巴爾幹問題，而在此乎？」嘉樂恆回答：

巴爾幹事不過目前之障礙，本公使所述者乃是根本之難處……貴國政府現在不願允許者，付所擬聘請之洋員以審計用度承認否認支票之權及切實管理擔保品之權，然此二項非第為保護債主之權利起見，蓋於貴國財政前途亦有益也。質言之，貴國大員中糜耗與侵吞公款者時有所聞，

> 今欲袪此惡習，堅人信用，則非聘請洋員，稽查借款之用度，整理擔
> 保之入款大宗不能也……現在貴國進款涓滴無增，而出項與時並進，
> 若長此不圖改良，則貴國之將有國家破產之患也，定如日月之出沒，
> 不可不及早圖之。

美使的回答，充分顯示出中外雙方對於聘用洋員稽查用度的歧見，中方
設不讓步則無法得到借款，成為後續商談的主要障礙。

法日兩國公使將會談結果帶回六國使團，其他國家也迅速有所反應。英
國公使於 1 月 23 日發出一份節略，表示對中方更動原已應許事項的舉動，難
以「視為妥當」，措辭雖然委婉，態度卻相當強硬。[48] 為了避免事態走向公開
決裂，陸徵祥於 1 月 30 日與朱爾典會面，雙方決定同時取消關於此事的外交
節略，重新提案。次日，陸徵祥與朱爾典再度會談。朱爾典代表六國使團，向
中國正式聲明二事：（1）賠償外人因革命所受損失一事，暫訂賠償金額 200
萬英鎊，將來須視實際情況而有所增減。（2）關於委任顧問一事，要求在「所
訂合同於未簽押於前，須預先知照六國公使」，其意即「所委任之顧問須得
六國公使之同意」。[49] 陸徵祥同意朱爾典的提案，雙方註銷先前發送的外交節
略。[50]

1913 年 2 月 3 日，周學熙接到六國使團詢問：「所擬聘為顧問及官員之
外人係屬何人權限？」[51] 這三位聘用洋員包括：鹽務處稽核造報總所會辦歐森
（J. F. Oiesen，丹麥籍）、審計處稽核外債室洋稽核員戎普（C. Rump，德國籍）
和審計處顧問羅希（Prof. L. Rossi，義大利籍）。[52] 使團認為，中方回報的顧
問人選，丹麥和義大利都不在借款出資國之列，出資最多的英法兩國更被排除
在外，用意顯係在借重第三國力量來抗衡銀行團的壓力。於是，六國銀行團在
3 月 3 日向中國提出洋籍顧問的國籍分配，包括「鹽務處用英人一名，德人一

48　〈英館節略〉（1913 年 1 月 23 日），《外交部檔》：03-20-011-01-014「准答覆一月九日
　　節略難視為妥善」。
49　〈陸總長接見英朱使問答〉（1913 年 1 月 31 日），《外交部檔》：03-20-011-01-019「贊
　　同取消節略」。
50　〈陸徵祥致周學熙函稿〉（1913 年 2 月 1 日），《外交部檔》：03-20-011-01-021「已函駐
　　使取消節略」。
51　〈英館節略〉（地字第 1995 號，1913 年 2 月 3 日），《外交部檔》：03-20-011-01-022「請
　　示聘用外人為顧問之權限條件及合同條件」。
52　〈周學熙函陸徵祥〉（1913 年 2 月 4 日），《外交部檔》：03-20-011-01-023「送聘員合同」。

名副之，國債所科長聘用德人，審計處洋員人數原擬聘用洋員一人，改為法俄各一人」。

銀行團的舉動激怒了周學熙，周於 3 月 11 日以一封措辭強烈的信函，表明不願在聘用洋員問題方面再做讓步。周學熙在此函中回顧過去數月與銀行團交手的不愉快過程，先是 1 月 26 日接到銀行團要求在「簽押合同之前，應由各本國公使將所有鹽務稽核審計處顧問國債所科長業經聘定可用之洋員，並經訂立相當之合同，先行通知本團」，周學熙即延聘三名洋員，並將其經歷回復銀行團。六國銀行團在 3 月 3 日提出的洋員國籍分配，根本不顧中國感受。周並且在信末說：「歐洲各報大都詆毀敝國，然各國以欠款未償相責，而各國之舉動則阻我來源，弗令清償；各國以新政未舉相責，而各國之行為則多阻我集資，弗令進行。在敝國庶事延誤受虧甚鉅，實難再為遷延。至此次議商借款，屢承貴銀行團盛意，本總長深為感謝，不意枝節叢生，致令預備簽押之件竟成畫餅，不能見諸實行，尤深惋惜。此種情節，誠如二月五日尊函所謂，顯非能力所能為，不能擔負責任也」。[53] 中外協商，幾經波折，至此又再度停擺。

五、各有所得的賽局

旬日之後，傳來美國新總統威爾遜（T. W. Wilson）反對美國財團繼續參與對華借款的消息。根據報導，威爾遜因「借款條件內屬於該團所負責任，似有侵犯中國行政之獨立，並恐啟干預中國內政之漸，且謂此項條件既用特別稅作抵，又須用洋員管理，如此抵押執行，我美政府若涉足其中，勢必有應負之責，然核於我民主國宗旨實大相背」，因而不贊成財團繼續辦理六國聯合借款案。[54] 美國退出六國銀行團，北京政壇的解讀是美國打算單獨先行承認中華民國，此後「列強利害衝突日益激烈，於是美國得俟可乘之機，進取一己利益」。[55] 對於此一新發展，英國外務大臣在下議院表示：「英國對於中國借款政策未嘗改變，銀行團並無限制中國財政自由之事，所慮者中國到處借款，毫

53　〈周學熙函〉（1913 年 3 月 11 日）、アジア歴史資料センター、編號 B04010810400、《支那改革借款》、67—69 頁。
54　〈譯 1913 年 3 月 20 日太晤士報〉，《外交部檔》：03-20-011-02-011「譯送泰晤士報駐美訪員關於美總統反對六國借款來電」。
55　許家慶：〈日人評論美國之脫離六國借款團〉，《東方雜誌》第 9 卷第 11 號，1913 年，第 58—61 頁。

無限制，自行破壞其信用。」[56] 中國政府隨後發表聲明，否認外國銀行團對中國用人有支配權，但大借款未正式宣布決裂以前，決不再以鹽務為抵押品。[57] 五國銀行團再與中方聯繫，同意利率由 5.5％ 調降為 5％，並表示尊重中國政府自由選聘洋員的權力。中外雙方重啟談判，待借款合同約文底定，袁世凱於 4 月 22 日以密令方式任命趙秉鈞、陸徵祥、周學熙三人全權會同簽字。[58] 4 月 26 日借款合同完成簽字手續，外交部並依據合同第五款規定，於 4 月 28 日以正式公文照會駐北京之英國、德國、法國、俄國及日本五國公使，完成換文程序，各國正式在外交文書上面承認中華民國。[59]

借款合同簽約消息傳出，參議院中的國民黨議員立即在 4 月 29 日提出質詢：「此次借款一案，臨時參議院不過贊成大意，並未全案議決，遽行簽字」，「而條件內容秘不宣示，人心惶惑，咸目政府為違法喪權」，要求國務總理、外交總長和財政總長出席答覆。[60] 由於在會場上曾議決此次借款無效，外交部立即發出照會給五國公使，重申「借款合同本諸法律繼續有效」，其文云「照得一千九百一十三年五釐利息金鎊大借款合同，業於本月二十六日簽押，茲特正式照會，以備存案。查此次所簽之借款同本諸法律，係現時中國政府及繼續政府必須遵守之契約，此情已於本月二十四日由本部達知，發公使轉再聲明，以為信守可也」。[61] 法國公使為此特在次日往見外交總長陸徵祥，直言：

> 昨日參議院已議決大借款為無效，此種消息設一傳至巴黎，則中國債票之價值當見跌落，蓋不知中國內情之法人，視參議院如法之上議院，該院不認可之借款，將來誰負償還之責，危險之報資無人肯，為此債票跌價之因也。今惟有請貴政府向參議院接洽，挽回此認借款為無效之決議，使法人知此項之借款乃政府與國民間認可負責之件，方不與市上

---

56 〈德華社電〉（1913 年 3 月 29 日），《外交部檔》：03-20-011-02-007「英外務大臣宣言並無限制中國財政自由」。

57 〈震旦政潮‧一月以來大借款問題之真相：大借款不可推測之前途，資本團會議善後辦法〉，《震旦》1913 年第 3 期，第 174 頁。

58 〈國務院公函〉（二年密字第 727 號，1913 年 4 月 22 日），《外交部檔》：03-20-011-02-013「任趙秉鈞等全權會同簽字命令」。

59 〈周學熙致陸徵祥函〉（1913 年 4 月 28 日），《外交部檔》：03-20-012-01-002「墊款合同請速送各該公使」。

60 〈抄送參議員湯漪等質問書〉（1913 年 4 月 29 日），《外交部檔》：03-20-012-01-011「抄送參議員湯漪等質問書」。

61 〈外交部致五國公使照會〉（1913 年 4 月 29 日），《外交部檔》：03-20-012-01-007「聲明借款合同本諸法律繼續有效」。

售票事妨礙。前日參議院張議長來見，本公使曾云，貴院作事宜從大處落墨，所謂大者何，即維持貴國之信用於海外是也，信用一失，求資無望，至於政府借款之手續，對於參議院是否合宜，此乃細節，本公使不過問。可忠告貴國，對外信用關係重大，毋因小忿而摧殘之，望貴總長於挽回參議院之趨向，盡力能於數日內或一星期內有一電，通告各報，聲明參議院與政府得同意，則善矣。

陸徵祥回答道：「自磋商借款以來，政府時派人赴參議院報告進行情狀，因得有參議院之認可，始能繼續進行」，並保證將有電報通知各駐外使館借款協商過程，故「現時參議院之舉動，誠為少年人無閱歷之行動」。[62]

袁世凱在 4 月 30 日致函參議院正副議長張繼及王正廷，從現實需要的角度提出解釋：「大借款內容概略，迭據國務員報稱，早向臨時參議院說明，曾邀同意。現以應還積欠庚子賠款二千萬逾期已久，俄使催索甚急，此外洋款到期者亦紛紛要求償清，如再遷延，前欠各款均有抵押，勢必橫加干涉，大有破產之虞。此時雖賴數友國從中維持，而一方意存破壞者，仍不遺餘力，每於粗有成議時，忽合忽離，變幻莫測，民國前途，至為危險。近日多方調停，已可定議，破壞一方面暫無異詞，稍有猶豫，險象環生，且賠款洋款逾期過久，倘又生變，必致牽動大局，窮於因應，實難負此責任，是以特將定議各款，迅速簽字。」[63] 參眾兩院並不滿意，咨請負責簽字的國務總理、財政總長及外交總長，於 5 月 5 日出席議會答覆。[64]

周學熙未親自赴議會答詢，但提供了一份公開的書面資料，說明借款案經過臨時參議院應出席議員過半數人數的正式討論與議決，並由議長宣布「合同今日已全通過，政府應趕緊辦畢，備印文到院備案」，完全符合法定程序。[65] 然而，不論周學熙如何解釋，江西都督李烈鈞、廣東都督胡漢民及安徽都督柏文蔚仍於 5 月 5 日當日發出通電，反對此一借款。孫中山更於 5 月 6 日發表

62 〈陸徵祥會見法康使談話紀錄〉（1913 年 4 月 30 日），《外交部檔》：03-20-012-01-013「請挽回參議院之不認可」；03-20-012-01-012「詢簽押後南方風潮並請用丹人為顧問」。

63 〈袁世凱致張繼、王正廷函〉（1913 年 4 月 30 日），《外交部檔》：03-20-012-01-014「抄送關於大借款簽押情形致參議院正副議長函」。

64 〈國務院函外交部〉（1913 年 5 月 4 日），《外交部檔》：03-20-012-01-020「參眾兩院質問請總理及財政外交總長出席答覆」。

65 〈善後借款合同經參議院通過情形紀實〉，《外交部檔》：03-20-012-01-027「函送借款合同參議院通過情形紀實」。

宣言，勸告各國政府及人民阻止銀行貸款給北京政府，以免用作軍費，促成國內戰爭。袁世凱立即在5月7日諮文參眾兩院，聲明「善後借款合同簽訂手續並無不完」，不過，此時國人的注目焦點，已經從借款程序合法與否，轉移到一觸即發的政爭戰事。

在國內政局激變之中，日本透過議定改造借款而展現出對華鹽務利益的強烈企圖心，是另一令當局感到棘手的問題。1913年4月22日下午，借款協商甫告一段落，日本公使伊集院立即求見陸徵祥，要求由日人擔任東三省鹽務會辦，並且希望爭取更多職位，留下了一份極為詳盡的記錄。

> 伊云：本國政府對於借款之事毫無他意，元來顧問一事本列入條件之中，嗣因顧全貴國之體面，並鑒於國民之輿論，外交團始行退讓，改為由貴國政府延聘。既屬延聘，應屬於貴國之自由，故本國政府對於顧問一職，並不要求加入，惟各省鹽務會辦，本國人必須多派，此當日在六國使團中曾經言及者，已荷各公使之同意。近聞天津鹽務會辦為日本人鄭姓者，其他各省並無日本人，擬請將日本人多派數名。而東三省鹽務會辦，並聞有派美國人之消息，竊以美日感情近頗不洽，前聞美國頗有排斥日人之說，如果以美人為東三省會辦，日本國民必疑中國政府故意派定美人，以監督日本，反恐惹起國民之誤會，特請改派日人為東三省鹽務會辦。況山東鹽務會辦已派德人，則東三省改派日本人，亦未為不便。

> 總長云：以美國人為東三省鹽務會辦，貴大臣自何處得此消息？

> 伊云：聞之于周總長。

> 總長云：本總長尚未聞知，至美人排斥日本人之說，本總長亦曾聞之，此事直接雖為排斥日本，間接實排斥東亞也，容再商之財政總長。

> 伊云：尚有應請注意者，鹽務會辦一職，元來借款合同所商定者為會辦，今貴國政府取送合同，多為協辦。又凡派各省鹽務會辦，須與稅務司接洽，亦為商定之事，今則事由蔡廷幹先生獨行派定，萬一各國公使提出抗議，反恐延誤時日，應請格外注意。

> 總長云：此言誠然，容轉達之，不過協辦與會辦，亦無甚差異耳。[66]

---

66 〈陸總長接見日伊使問答〉（1913年4月22日），《外交部檔》：03-20-011-02-017「請

　　伊集院公使提出要求之時，借款合同尚未正式簽字。他消息靈通，得知出任全國鹽務稽核總所總辦的蔡廷幹已經決定讓美國參與會辦東北鹽務，於是直接找上舊誼陸徵祥，希圖挽回局面。

　　陸徵祥於 4 月 25 日派僉事施履本到日使館，說他已經把伊集院的要求帶到國務院討論，轉達日本的期望，眾議等到借款成功後再來商辦。[67] 陸徵祥在借款議定之後的 4 月 29 日，致函國務總理趙秉鈞與財政總長周學熙，告知「東三省及他省聘用日人為鹽務會辦一事，該國政府甚為注意」，並把日使來函與外交部派員面告的記錄抄送給趙、周二人。[68] 然而，到了 6 月 6 日，伊集院公使由日本駐營口領事報告得知，財政部設立奉天鹽務稽核造報分所，專司管理東三省鹽務，並已聘美籍人士巴爾穆（Palmar）擔任該所協理，伊集院立即提出抗議。依照伊集院的說法，外交部在 4 月 25 日派人轉告的信息是：東三省尚未聘定鹽務負責人選，國務院在討論時也同意，將來在延聘時必請日本人充當此職。[69] 中國政府由蔡廷幹在 6 月 7 日親自出面往訪伊集院，說該名美籍人士在借款契約簽訂之前即已經錄用，且與奉天鹽務稽核造報分所經理有合作經驗，基於遵守契約與推動業務的考慮，不宜貿然撤換。[70] 伊集院公使不滿意中國方面的說明，並說早已彙報政府，日人可在東三省取得鹽務協辦職位，請日本政府事先找好適任人選，以備選任。中國若不同意給予日人此一職位，即是背信。[71] 隨後，陸徵祥與代理國務總理段祺瑞、代理財政總長梁士詒商議之後，通知伊集院公使，東三省鹽務協辦一職業已決定而不能改易，但可以把一席地方鹽務會辦人選，即營口分所協理一職給予日本。[72] 伊集院仍不滿意，於 6 月 26 日致電蔡廷幹，希望在確保兩席地方鹽務協理之外，再取得其他地方職位。

　　多派日本人為各省鹽務會辦」。

67　〈施履本函〉（1913 年 4 月 25 日），《外交部檔》：03-20-011-02-027「東省及他省聘日人為鹽務會辦政府允為易商」。

68　〈外交總長致國務總理、財政總長函稿〉（1913 年 4 月 29 日），《外交部檔》：03-20-012-01-004「抄送關於東省及他省聘日人為鹽務會辦紀略」。

69　〈伊集院彥吉函陸徵祥〉（1913 年 6 月 6 日），《外交部檔》：03-20-012-02-016「詢東省鹽務會辦是否延聘美人」。

70　〈伊集院彥吉致牧野外務大臣報告〉（1913 年 6 月 7 日），アジア歷史資料センター、編號 B04010835800、《支那改革借款》本邦人傭聘第一卷／分割 2、3 頁。

71　〈陸徵祥致段祺瑞、梁士詒函〉（1913 年 6 月 10 日），《外交部檔》：03-20-012-02-018「日使詢東省鹽務會辦延聘美人一節如何答覆」。

72　〈伊集院彥吉致牧野外務大臣電〉（1913 年 6 月 25 日），アジア歷史資料センター、編號 B04010835800、《支那改革借款》本邦人傭聘第一卷／分割 2、7 頁。

蔡廷幹立即回函拒絕，表示「分所只有十處，用人無多，除貴國鄭永昌、河野岩男二君遵囑派往天津營口外，其餘英、法、德、俄諸國均有薦員，每多不過兩員」，總算以必須兼顧列強公平分配的原則，勉強打消了伊集院公使的攻勢。[73]

北京政府為反擊國民黨攻擊借款為非法之舉，透過陸徵祥在 1913 年 5 月 14 日與日使伊集院彥吉談話，公開聲明：「此次借款並非供政府之揮霍，所有賠款、代各省清還債款、優待皇室經費、整頓鹽務等費，均一一開列清楚，不可更議，彼等不知其詳，甚以為此嘵譊。」[74] 核對其合同文字及日後實際執行，並非虛語。再就借款債票的發售情況觀之，5 月 21 日倫敦債市甫發售半小時即已認購逾額六倍，22 日即因超額停售。由於銷售良好，國外媒體讚譽「袁總統處中國財政困難，急需外款，竟能於光復之後，對於建設一切，均能得手，已足征其行政之才能，此次借款，只作行政善後經費之用，更可堅固袁總統所立之地位」。同時，債券完售的事實，證明「中國信用名譽素著，各國協商訂立借款條約，與夫五國政府對於借款合同，認明現在中國政府及其繼續之人，完全擔負責任，當無危險之虞」。[75] 另外，值得一提的是，1914 年 3 月，善後借款簽約屆滿一年之際，周學熙即依據合同第六款「倘一周年鹽務收入，足敷擔保各借款債務，及敷付次年上半年息之用，則直隸山東河南江蘇四省，按月應交保息之款，即行停止」的規定，命令核算 1913 年 4 月 26 日以來的鹽稅收入，準備與銀行團磋商那項在簽約之初最令國人言之痛心的鹽稅監理之務。[76]

1913 年善後大借款議定之後，不旋踵間，歐洲巴爾幹半島從綏靖緊張而至爆發第一次世界大戰，日本趁歐洲列國無暇東顧，迅速發展在華勢力。即以先前力爭未獲的東北鹽務而論，東三省鹽運使雖在中央政府的強力授意之下，曾在 1913 年與日本鹽業會社訂約籌劃運銷工作，但隨後即以東北情況特殊，

73 〈蔡廷幹致伊集院彥吉電〉（1913 年 6 月 26 日）、アジア歷史資料センター、編號 B04010835800、《支那改革借款》本邦人傭聘第一卷／分割 2、24 頁。

74 〈陸徵祥會見日本伊使談話紀錄〉（1913 年 5 月 14 日）、《外交部檔》：03-20-012-01-030「詢大借款風潮如何」。

75 〈劉玉麟電〉（1913 年 5 月 21 日）、《外交部檔》：03-20-012-01-041「本日認票逾額六倍」；〈路透電〉（1913 年 5 月 22 日）、《外交部檔》：03-20-012-02-001「記債票定購過額及中國信用名譽」。

76 〈對於善後借款第六款之計畫〉，《談鹽叢報》第 12 期，第 94 頁。

實施專賣官運制度，前約無形取消。日本商民為了打破專賣限制，甘冒禁令肆行走私，引起國人的普遍反感。[77] 及至袁氏帝制失敗，北京政府再議以鹽稅餘利作為抵押，向五國銀行團商借第二次善後大借款 1 億元。然在尚未成議之前，社會輿論已指出，此次協商，德國因戰事而被摒除於銀行團之外，日本則極力乘機包攬，且更有提出增列常關與地租作為抵押之傳聞，國家利權的損失將比第一次善後大借款更為嚴重。[78] 果然，經過第二次善後借款，日本立刻在中國鹽務機關取得強勢的領導權。在 1917 年時，日本除了原先已取得兩席協理（長蘆分所的鄭永昌和奉天分所的河野嚴男），又多取得兩席協理（揚州分所的高洲太助和兩浙分所的大河平隆則）以及兩席助理員（山東分所的小泉土之丞和松江分所的杉本久太郎）。原先領導東北鹽務的美籍洋員巴爾穆，改任吉黑榷運局稽核員兼顧問，調離實權。[79]

　　第一次世界大戰結束之後，日本取得德國在華利權，中國拒簽巴黎和約，掀起以「外爭主權、內除國賊」為號召的五四運動。五四前後的各種期刊報章在陳述政府如何淪喪主權之時，總會討論到善後大借款對於財政監管和鹽稅整理等列強宰制的鐵證。梁啟超在為《鹽政雜誌》撰寫序文時即指出，自從善後大借款要求管理鹽政以來，世界各國強權介入中國鹽政，表現出「我不整理，人將代我整理，我不改革，人將代我改革」的姿態，而且，「歐美日本各報紙近發一致之言論，以為鹽政不歸歐美人管理，永無改革之日」。[80] 值得注意的是，從晚清以來的「東洋」和「西洋」概念出發，梁啟超在談世界強權的實際作為時，也把日本和歐美並列。

　　這項在議定之時充滿國際外交角力，在議定之後又覆蓋國內軍政鬥爭的改造借款，在短短一年之間，滿足了各方的需要：列強得以保障其在華外債賠款安收無虞，共和中國的北洋派主政者得以獲取財源及穩定政權，至於堅決站在反對借款立場的國民黨，則從反袁戰事確立其發動革命的合理性。同時，

77　〈夏詒霆函〉（1916 年 7 月 8 日）、アヅア歷史資料センター一、編號 B10073677300、《支那二於ケル本邦人ノ塩密輸出入密売買取締二關スル件》、102 頁。

78　〈借款交涉：第二次善後大借款〉，《新青年》第 2 卷第 3 期，1916 年，第 80 頁。

79　丁恩（Sir Richard Morris Dane）：〈改革鹽務報告書〉（1922 年 10 月），《國家圖書館藏民國稅收稅務檔案史料彙編》第 6 冊，全國圖書館文獻縮微複製中心，2008，第 2788—2790 頁。

80　梁啟超：〈鹽政雜誌序〉，《國家圖書館藏民國稅收稅務檔案史料彙編》第 32 冊，第 15639 頁。

國人透過觀察借款協議的各國交手人物，加深對美國的好感，痛惡日本的強橫。日本在辛亥革命鼎革之際的借款議約之時，極盡趾高氣昂，執行期間卻毫無實際出資，而後又因為經歷袁氏帝制的政局動盪與世界大戰的霸權重整，順利強奪東北地方鹽務，享盡一切權益。亦即，在兩次善後借款議定過程之中占盡一切便宜的日本，比其他同樣也在欺侮中國的西方列強國家更為險惡，自此之後，成為彙集國人眾憤於一身的帝國主義代表。

　　辛亥革命之後，不論是南京臨時政府抑或北京政府，都面臨由於國際暫守中立而國內募款失利所造成的嚴重財政危機。袁世凱主政之後，為打破局面，在唐紹儀、熊希齡和周學熙等人的主持下，進行與國際銀行團協商籌借外債工作。國人所稱之第一次善後大借款，解決了推翻清朝之後共和中國的外交承認問題，也提供北京政府處理後續對外賠償及整編內政的理財基礎。

　　回顧長達一年的借款協商過程，北洋政府對於列強提出監督財政與管理鹽務的要求，幾經僵持停議。由於列強提出的監理問題，讓中國官民立即與記憶猶新的日本併吞朝鮮的歷史記憶聯想在一起。列強則從現實方面提出反駁，以中國停付賠款借款本息，喪失財務管理能力，而且晚清政府部門如鐵道、郵政和稅關內已雇用數百名洋人，此次外人為中國管理帳目，對華有益無損。中國方面的協商代表最後不得不屈服在財政需要和外交承認的雙重壓力之下，以主動延聘洋員的方式，簽訂借款合同。不過，由於中國官民十分排斥晚清以來被世界列強不斷使用的「改造」或是「維新」等具有強烈民族優越感的名詞，而由為革命破壞後之「善後」以建新國的用字詞彙所取代。

　　在這次借款的檔案資料和歷史文獻當中，可以看到日本當局在借款合同簽字之後，如何介入東北鹽務的強勢作為，令人印象深刻。可以說，五四運動強烈的反日情緒，實乃種因於這次借款，並且主導了現代中國民族主義的後續發展。

第十七章　從銀元到法幣：民國幣制演進

　　民國初立，承繼清季銀銅複本位制，實際是屬以銀元為主的亂局；終結亂象步入正軌則在實施法幣。本章抓緊銀元與法幣這兩大要素來考察民國幣制，對民國幣制的演進就一目了然。近代中國幣制改革之艱難，不惟貨幣本身紛紜錯雜，且牽連甚廣。諸如國家財政困難、中央與地方權利之衝突、銀錢業者之操縱，乃至稅吏玩法、奸商投機及中外關係、涉外利權等問題，均為幣制改革之障礙。尤其嚴重者，幣制之變動亦涉及外商在華投資及經貿權益。當時英美諸國為推展商務，亦期望中國整頓貨幣，但日俄等反以利害不同，多所掣肘。因而每言改革，列強必一傅眾咻，喧騰爭攘，難以進行。可知中國近代之幣制改革，實非單純貨幣問題，而為涉及政治、外交、社會、經濟等外在環境相關因素之大難事。因而對此問題之研究，亦必須從錯綜複雜之歷史背景一併探討，始克有濟。

一、銀元時代的降臨：廢兩改元

　　白銀在中國為稀少珍貴金屬，自中西交通漸開，白銀與西式銀元隨著交通與中外貿易發展而源源流入，方便國人作為貨幣使用。16 世紀末葉西式銀元始流入，至 19 世紀下半葉，國際貿易暢通後，西方銀元才大量湧入，並以其面值流通市面。由於西方銀元的形式、重量、成色較為一致，使用簡便，且鑄工精細，易於辨識與分合、攜帶或移轉。這些正是銀兩的缺失。製錢則太瑣細，一串千文，劣幣、偽幣夾雜其中，數目亦不等，結算費時費事，對漸趨頻繁的交易已難因應，而紙鈔又無全國性公正可靠的發行機構。因此外國銀元

---
* 本章由卓遵宏撰寫。

很快受到國人歡迎，迅速擴散流通。外國銀元以西班牙（本洋）、墨西哥（鷹洋）、英（站人洋）、美及中南美洲等流入最多。其他各國亦紛紛以成色接近的銀元，到中國交易，這些外國銀元統稱為「洋錢」或「貿易銀」。

洋錢的含銀量只有 9 成，中國人卻習慣用十足的白（紋）銀換取外國貿易銀，吃虧難免。由於列強在華勢力不斷增強，外商來華增多，外國銀元也隨之大量湧入，在沿海沿江港鋪逐漸成為流通貨幣。外國銀元既受歡迎，加上外商也有意哄抬，例如要求中國商人用外國銀元付款等，遂使外國銀元的市價不斷提升，後來竟超過鑄銀價格，於是就有外商用外國銀元收購中國紋銀，運出國外販賣圖利。歷代政府雖管制錢，但採分散鑄錢，除中央外，各地亦分別鑄發，各省都可隨時奏請設立鑄幣廠，自行按戶部制定的標準鑄造管理，僅法理上受戶部節制。各省因鑄錢有利可圖，紛紛設局鑄造銅幣，追求鑄幣利潤，競鑄的結果不僅成色不一，也因過度鼓鑄而貶值。製錢是民間生活的基本貨幣，銅幣既貶，各省又濫鑄，成色益劣，正如民初梁啟超所說：「近數年來，以各省濫發銅元之故，致物價騰貴，民生凋敝，實為全國人民切膚之痛。」[1]

自 19 世紀下半葉，國內多民變，雲南回變使該省銅產量頓減；而太平軍與捻軍又擾亂銅礦運銷，使銅價飛漲，許多鑄錢局因缺銅礦而減產或停鑄，製錢奇缺，即所謂「銅貴錢荒」。當朝野苦無對策解救錢荒時，兩廣總督張之洞適時於 1887 年奏准購置機器試鑄銀元，1890 年新式造幣廠竣工，生產西方圓形中間無孔，每枚重庫平 7 錢 2 分，成色 9 成，幣面鐫有龍形的銀元流通市面，國人稱為「龍洋」。[2] 1893 年，張之洞調湖廣總督，復在湖北創辦造幣廠，繼續鑄造銀元。不論國人自製的銀元或外國流入的銀元，在清末民初通稱為「大洋」。機鑄銀元式樣既美，重量成色劃一，深受商民歡迎。其時列強都已改採金本位，國際銀價長期大幅下跌，白銀既豐且廉，過去飽受缺銀之苦的各省，也開始大量鑄造銀元，結果造成銀幣取代紋銀的景象。

由於朝廷缺乏有力的領導者及必需的財力後盾，改革並未全面實施，反而產生許多負面效果。甲午戰後，財金問題更趨嚴峻，1902 年清廷要求沿江沿

1　梁啟超：〈各省濫鑄銅元小史〉，《飲冰室合集·文集之二十一》，中華書局，1989，第13—23 頁。
2　中國人民銀行總行參事室編《中國近代貨幣史資料》第 2 輯，中華書局，1964，第 671—672 頁。

海各省督撫仿鑄銀元籌款救急。翌年，戶部也在天津籌建鑄銀廠，命名為「造幣總廠」，1905年竣工，開機造幣，名為「大清銀幣」。清末全國通行的硬幣多達數十種，最受民間喜愛的是銀元。1912年民國肇建，百廢待舉，政府無心關照貨幣，貨幣市場更顯混亂，商民依舊沿襲使用清末的貨幣。1912年3月造幣總廠被亂兵搶劫，建築被燒毀，清代造幣總廠與新建銀元制度也就此終結。1913年北京政府在原址重建造幣總廠，1914年重建完成，到1928年再度關閉。

　　民初造幣總廠銀幣流通市面的先後有：袁世凱1元銀幣、袁世凱共和紀念幣、袁世凱洪憲元年幣及徐世昌像仁壽同登紀念幣、曹錕像雙旗紀念銀幣、段祺瑞像執政紀念幣、張作霖像海陸軍大元帥紀念幣等流通幣與紀念幣。天津總廠可說是北洋時期主要的造幣廠，此外全國22省官銀錢局中，18省開鑄銀元。分散鑄幣、亂建濫鑄的結果是銀元的輕重厚薄，各地區、各時期均有所不同，價值亦有差異，同時也因過度鼓鑄而貶值。[3] 一般言之，民初1銀元約等於130銅元，約可買150個雞蛋；一個普通工人每月的薪水僅得2—3個銀元，1銀元對普通家庭而言，算是不小的數目。紙幣的氾濫一如銀銅幣，清末除中央特許銀行發行紙幣外，各地方銀行及一些舊式的官銀錢號仍本傳統，繼續自行發行各種紙幣。

　　武昌起義，獨立各省軍需、官餉與建設，在在需款孔亟，因而不僅加快鑄造銀銅幣等，同時也採最簡易方式——發行軍用鈔票以應急，於是各種紙幣五花八門。據研究，湖北軍政府發行銀圓票1種；湖南官私銀行發行各式銀圓票、銀兩票與銅票6種；山西票10種；雲南銀圓票6種；貴州銀圓票6種；江蘇軍用鈔票與銀圓票7種；浙江軍用票與公債券5種；廣西銀行券2種；安徽發行銀圓券與軍用鈔票4種；福建軍務公債票、銀圓票、銀輔幣與銅幣計10種；廣東銀圓票、銀毫與銅仙10種；四川軍用銀票、銀幣與銅幣10種；而上海的中國銀行、中國通商銀行、交通銀行與中華銀行也發行新幣數十種，總計就不下百種。[4] 加上民初各地濫印濫發紙幣，造成紙幣的價值低落，引起物價上漲。各類地方紙幣實際購買力大為下降，平均實質市價僅為發行面額的

3　Wen-pin Wei, *The Currency Problems in China* (New York: Columbia University Press, 1914), p.48.
4　丁張弓良：《中國軍用鈔票史略》，浙江大學出版社，2003，第56—100頁；吳籌中等編著《辛亥革命貨幣》，寧夏人民出版社，1986，第12—37頁。

70%左右，不少地方的紙幣期票價值甚至只有發行面額的 50%。

北洋政府雖然想整頓紙幣發行的亂象，1915 年 10 月公布《取締紙幣條例》，但政令難行，效果不大，只有少數如浙江興業、四明等商業銀行暫時停止發行紙鈔或減少發行量，以領用中國銀行兌換券作取代。大多數省的官銀錢號與銀行仍舊我行我素，繼續濫發紙鈔。[5] 清末走入地方化歧途的幣制改革，到民元以後更為複雜化，各地貨幣在很大程度上脫離中央的監督，此亦使地方勢力增強。

1914 年 2 月，為籌劃整頓幣制、劃一銀幣，袁政府頒布《國幣條例》13 條，這是中國歷史上第一部有關本位鑄幣的法規，但體系並不周密完備。以銀幣為無限法償的本位貨幣，實行的是「銀本位制度」，規定以庫平純銀 6 錢 4 分 8 釐為單位，定名為元；1 元銀幣，總重 7 錢 2 分，銀 89，銅 11。[6] 根據《國幣條例》，造幣總廠於 1914 年 12 月、江南造幣廠於 1915 年 2 月開鑄 1 元銀幣，因幣面鐫刻袁世凱頭像，故俗稱為「袁大頭」或「袁頭幣」。這種新銀幣式樣新穎，形制統一，因此發行以後，商民都樂於使用，不論沿海沿江市鎮或內陸農村都順利通行，上海金融市場首先取代各省自鑄的銀元即龍洋，加之北洋政府順勢於 1915 年 8 月取消龍洋行市，市面上也逐漸取代外國銀元，流通於全國。

袁死後，1916—1928 年，軍閥據地稱雄，強者先後主導中央，然汲汲營營於擴張武力，忽略國家建設；地方軍人則擁兵自重，甚或割據一方，目無法紀，毫不受法令與中央約束，國家行政幾近癱瘓。是時雖有如梁啟超有志於改革幣制的財經首長，但總是「千頭萬緒、欲理還亂」，無具體成果呈現。時銀元越鑄越多，通行區域越來越廣，種類也特別繁多，鑄造時地不一，廠別各異，重量、成分無統一標準，因此價值不盡相同，並有軍閥私鑄版等問題。例如四川軍閥，各據一方亂政，幾乎每個防區軍閥都有幾個造幣廠，且銀元銅錢越鑄越濫，坐噬百姓。川民恨之入骨，成都造幣廠門口曾被貼有「造孽廠」的標籤，川人常稱貨幣為「禍孽」。[7]

5　中國人民銀行總行參事室編《中國近代貨幣史資料》第 3 輯，上海人民出版社，1986，第 1074—1077、1092—1094 頁。

6　〈國幣條例〉，見《政府公報》第 631 號，1914 年。

7　參見〔美〕羅伯特‧柯白《四川軍閥與國民政府》，殷鐘崍等譯，四川人民出版社，1985，第 33—39 頁。

　　但貨幣市場自然演進，銀元逐步取代其他幣種，成為市面上流通最普遍的貨幣。儘管銀兩在貨幣市場中已經逐漸被銀元取代，因鑄幣的不統一，導致銀元的不統一，銀兩制度並未完全廢止，大宗交易仍長期以銀兩為計算單位，成為虛銀兩制。總而言之，在北伐統一前，政經的分裂，導致貨幣的繁複零亂。此前近代的過渡貨幣問題，足以影響國計民生，對正在轉型為近代工商貿易的社會經濟，更是障礙重重。著名經濟學者馬寅初 1925 年 8 月在上海學生聯合會演講時說道：貨幣不統一，以致「各省往來，幾若異國，故（上海）規元不能通用於漢口，（漢口）洋例不能通用於上海」。即以京津而論，慣例「天津不用錠，北京不用寶」，如京商與津商相互採購貨物，天津向用行平白寶（重 50 兩），北京向用長錠十足銀（重 10 兩），因此兩地商人需向錢莊或銀行兌換對方貨幣，以支付差額。兌換之時，不免受到折扣盤剝。如此一來，兩地交易無利可得，商品不能流通，勢必導致市場蕭條。

　　馬寅初又列舉東北商人與滬商交易之麻煩。張作霖規定：「嚴禁現銀輸出，每人只能帶出 50 元。」當時東北實行的流通券奉票（紙幣），不能用於上海，滬商不接受。如果要付款，只有「間接匯兌」，商人只好購買日金，送至大連，托朝鮮銀行匯至日本，又由日金匯至上海，滬商得將日金賣出兌換成上海的規元使用。如是往來，除銀行從中盤剝外，如果中日經濟絕交，就必須另起爐灶，困難更多。[8] 如此一國之內，有如他國，經濟貿易當然不能發達。

　　1910 年《幣制則例》及 1913 年《國幣條例》之頒布，理論上已確定以銀元為本位貨幣。大體言之，嗣後財經當局、專家學者以及銀行界人士均朝此目標努力，但由於軍閥割據，政局擾攘，以致統一貨幣的目標，遲遲未能實現。北伐統一後，整理全國貨幣之可行性提高。自第一次世界大戰結束，銀價高漲的因素消失，國際白銀產量與日俱增，而銀需求量則日漸減少，銀產量供過於求，價格開始暴跌。倫敦標準銀價與英鎊的比價，至 1931 年 2 月，竟跌至最高峰時的 1/5。[9] 銀價低落，對仍以銀作為主要貨幣的中國有很大的影響，有識之士與銀錢、企業界對幣制問題的討論與建言，也都催促政府加速進行貨幣改革。

　　1928 年底國家統一大體完成，國民政府也有意承繼彰顯孫中山重視金融

8　參見〈中國經濟之分裂〉，《馬寅初演講集》第 3 集，北京晨報社，1926，第 171—174 頁。
9　趙蘭坪：《現代中國貨幣制度》，中華文化出版委員會，1955，第 38 頁。

貨幣的理念，唯茲事體大，仍需審時度勢，於戒慎恐懼中在與金融界，尤其是與銀行界溝通的基礎上逐步推進，才能構建現代化貨幣金融體系。概觀言之，1928—1937 年，政府在內憂外患中，推動改革與建設的理想，其中以統一幣制、整理稅務、修築鐵公路與發展實業最具成效，被西人譽為「黃金十年」。[10]然而其時政府處境仍極艱困，內憂外患不斷，財源極少，支出又大，中央掌握的只有長江下游江浙幾省，其他省表面上歸順，收入卻不繳中央。占總收入80％—90％以上的關、鹽、統三大稅收，因清季訂定不平等條約，及北洋政府向外舉債而早被抵押用罄。加上 1929 年世界經濟大蕭條，各國不敢向外投資，且戰事頻仍，軍費開支龐大，中國經濟可說是百病之軀。至 1920 年代以降，中國成為世界上極少數沿用銀幣的國家，此時西方國家已先後改採金本位幣制，紛紛拋出白銀，銀隨著華僑匯款回國與各國在華投資，源源流入中國。白銀不斷流入，充裕幣材也便利銀元的鑄造，助長了銀元氣勢。

1928 年 3 月，浙江省政府即向國民政府提呈《統一國幣應先實行廢兩改元案》。[11] 6—7 月的全國經濟、財政會議上，財政部鑒於要實質統一全國、發展經濟，就必須先解決貨幣問題，因此均以「確定幣制」作為會議的主要議題之一。[12] 經濟會議決議統一通貨，並確立國幣鑄發權專屬國府，設立中央銀行，授予其獨占紙幣發行權，其他銀行紙幣限期收回，統一紙幣發行權。[13] 財政會議整理財政大綱中「確定幣制方針」，宣示貨幣政策根本之計，在「宜遵總理錢幣革命計畫」。[14] 兩會均議決廢兩改元案。北伐結束後停鑄「袁大頭」，改以民元版開國紀念幣孫中山像版舊模，略改英文幣名等，由南京、天津、浙江、四川等造幣廠鼓鑄。此銀元較「袁大頭」略小，坊間稱之為「孫小頭」。因其時市場各銀元成色、重量仍有不同，故大宗交易與結算，還使用銀兩為計算單位，不同的銀元轉換為銀兩，有不同的折讓，實際上當時的貨幣仍屬兩、元並用，對統一市場的形成頗為不利。

10　1951 年 9 月魏德邁（A. C. Wedemeyer）在美國國會演講時稱，這 10 年是公認的黃金十年。見 Paul K. T. Sih ed., *The Strenuous Decade: China's Nation-Building Efforts, 1927-1937* (N. Y.: St. John's University Press, 1976), p.26.

11　〈統一國幣應先實行廢兩改元案〉，卓遵宏編《抗戰前十年貨幣史資料》（以下簡稱《貨幣史資料》）（1），「國史館」，1985，第 99—101 頁。

12　中國人民銀行總行參事室編《中華民國貨幣史資料》第 2 輯，上海人民出版社，1991，第60 頁。

13　全國經濟會議祕書處編《全國經濟會議專刊》，學海出版社，1972，第 114—142 頁。

14　賈士毅：《民國財政史續編》第 1 編，臺灣商務印書館，1962，第 203、206—207 頁。

到 1930 年代初期，「袁大頭」與「孫小頭」兩種銀元已流通甚廣，因此各界均以為統一貨幣正是其時，其中以廢兩改元最被關注。1929 年 3 月，國民黨第三次全國代表大會已有「統一貨幣之鑄造權與紙幣之發行權，使外國貨幣不得充斥於國內之市場」的議論，[15] 但政府因其時世界經濟危機，外部環境不佳，國內經濟亦受影響，一時不敢輕舉變動。同年美國經濟專家甘末爾（E. W. Kemmerer）應財政部之邀，抵華籌謀幣制新猷，提出逐步採行金本位的建議案，引起政府和金融業進一步的討論和思考，然未付諸實行。

此後的貨幣政策，即搖擺於現實與理想間，思慮於紙幣、銀本位與金匯兌本位制中。總而言之，統一初期，種種現實困難，使得政府無法立即從事幣制改革。1930 年代中國處境仍艱危，1931 年長江大水、西南半獨立事件，加上日軍節節進逼，九一八事變爆發，日本在東北建立「滿洲國」，翌年的「一·二八」事變，1933 年日軍進兵熱河與長城諸口，威脅華北，隨後企圖使華北特殊化，外患由隱而顯，形勢岌岌可危。內憂外患相繼加速農工商業凋敝，各地金融市場備受衝擊，尤以「一·二八」事變，日軍突襲上海，作為金融中心的上海貨幣市場，更面臨極大壓力。半年間日軍多次挑釁，都選在中國經濟的重地東北和上海，且又值世界經濟大恐慌，因此中國的經濟飽受衝擊，影響東北輕重工業、上海工商經貿甚鉅，對中國皆屬致命的打擊，迫使政府在危機處理中，只能逆境中尋找出路。

「一·二八」淞滬戰事歷時不久，但深深影響了沿海精華地區的貨幣信用，事變期間，內地錢莊無法依期前往上海結帳，金融市場瀕於癱瘓，人民紛紛收藏銀兩，拋出銀元。戰事結束，上海銀行、錢莊紛紛要求內地以現金清帳，上海存銀量遂大增。1931 年底上海白銀存底為 2.66 億銀元，至 1932 年底達 4.38 億銀元，到 1933 年 3 月更達 4.72 億銀元。[16] 上海因銀元量多，價格趨軟；內地則因經濟蕭條，銀元需求量減少，價格也隨之跌落。人民收藏銀兩，拋出銀元，致銀根枯竭，影響國家經濟，形勢逼人非改不可。為挽救市面危機，並使長久呼籲的廢兩改元早日實現，國民政府把握良機，積極協調上海金融界配合推動廢兩改元。

15　《中國國民黨財政政策》，中國國民黨黨史會藏，第 54 頁。
16　Arthur N. Young, *China's Nation-Building Effort, 1927-1937: The Financial and Economic Record* (Stanford: Hoover Institution Press, 1971), p.200, table 18.

　　1932 年 7 月財政部部長宋子文與上海銀錢業人士非正式會商，決定廢兩改元原則：（1）實行廢兩改元，完全採用銀元統一幣制；（2）舊幣仍可使用；（3）每元法價決定後，即開始鑄造新幣。隨後組織廢兩改元研究會，由央行副總裁陳行出任主席，其餘委員有上海金融工商人士貝淞蓀、胡筆江、劉鴻生等。會後財政部決定實行廢兩改元，因勢利導期能事半功倍，[17] 1933 年 3 月 1 日公布：自是月 10 日起先從上海實施《廢兩改元令》，規定以上海市面通用銀兩 7 錢 1 分 5 釐合銀元 1 元為法定換算率，停開洋釐行市，所有銀行錢莊均應以銀元為本位幣，並具體規定銀兩銀元換算辦法。此時上海鑄幣廠已正式更名為中央造幣廠，3 月 3 日立法院通過《銀本位幣鑄造條例》及《銀兩銀本位幣換算計算法》，8 日公布。

　　法令規定明確細緻，如銀本位幣之鑄造，專屬於中央造幣廠（第一條）；銀本位幣定名曰元，總重 26.6971 公分，銀 88、銅 12，即含純銀 23.493448 公分（第二條）；銀本位幣之形式由財政部擬定（第三條）；凡公私款項及一切交易，用銀本位幣授受（第八條）等。[18] 舊有之 1 元銀幣，暫准與銀本位幣值流通。[19] 換言之，此後所有稅款、交易及結帳以銀本位幣元為單位。3 月 10 日起上海市及江蘇省內首先施行廢兩改元，凡公私款項及一切交易，按此定率用銀幣收付，[20] 亦即所有公私款項之收付、債權債務之清算、交易稅收、國外匯兌以及各商店之貨物市價，均改用銀元計算，上海錢業公會之洋釐行市同日停開。中央造幣廠於 3 月開鑄新幣，新版銀本位幣幣值為 1 元，正面有孫中山側面像及紀年，背面是雙桅帆船圖案，新銀元比「袁大頭」略小，含銀量亦較低，俗稱「孫頭」或「船洋」。7 月新銀元開始流通，財政部復委託中中交三行，合組上海銀元銀兩兌換管理委員會，管理銀元銀兩之兌換、調節，以免市面供求滯礙。

　　上海實施廢兩改元，進行得非常順利，財政部進一步決定 4 月 6 日起在全國實行，並於 4 月 5 日發表公告，規定翌日所有公私款項與訂立契約票據

17　〈財政部部長宋子文提議銀本位幣鑄造條例提案〉，卓遵宏編《貨幣史資料》（1），第 165—166 頁。

18　〈銀本位幣鑄造條例〉、〈財政部上海實行廢兩改元令〉，見中央銀行經濟研究處編《金融法規彙編》，商務印書館，1937，第 3 頁。

19　〈關於銀問題之契約節略〉，卓遵洪編《貨幣史資料》（1），第 165—171 頁。

20　〈中央政治會議第 346 次會議紀錄〉，秦孝儀主編《中華民國重要史料初編——對日抗戰時期緒編》（以下簡稱《緒編》）（3），中國國民黨黨史會，1981，第 442 頁。

及一切交易，須一律使用銀幣；並規定以前所訂之契約等，若以銀兩收付，應以上海 98 規元銀 7 錢 1 分 5 釐折合銀幣 1 元為標準，並以銀幣收付，上海以外地區則按 4 月 5 日申匯行市先行折合 98 規元，再換算銀幣。財政部又於同日公布：以後新立契約、票據與公私款項之收付及一切交易仍用銀兩者，法律上無效。其持有銀兩者，需請中央造幣廠代鑄銀幣，或送交當地中中交三行兌換銀幣行使。[21]

上項布告發出後，上海、漢口、天津等處銀業公會均立即開會決議一致遵令辦理，實行廢兩改元。此三埠為中國首要之商業重心，三埠順利廢兩帶動全國貨幣走向。此外，上海重要外商銀行如滙豐、花旗等，亦於同日舉行聯席會議，決議支持改元政策。同年 9 月，財政部令中外銀行錢莊，將庫存寶銀彙報交送三行，兌換新幣或廠條（相當 1000 銀元的銀塊）。寶銀收兌工作，直到 1935 年 8 月，因民間已無流通寶銀才停止，支配中國貨幣千餘年的銀兩制度遂告終結。

中國銀幣本位制也進一步趨向統一與穩固。廢兩改元是順應世界貨幣與經濟的發展趨勢，對過去繁雜混亂的貨幣做出大整理，是中國幣制史上可貴的進步，沿用千餘年的銀兩制度退出歷史舞臺，從此貨幣趨於統一，在發展經濟和便利民生兩方面均有積極作用。

實施改元後，兩元兌換之利消失，銀（兩）匯（兌）自此絕跡，錢莊與外國銀行的利源大受打擊，地位一落千丈；反之，政府對金融市場的控制力與貨幣政策的推動力因而增強。況且當時係西方經濟大蕭條初期，由於中國實行銀本位，一時間反獲得部分好處，由是更獲得國人信賴與擁護，為隨後法幣政策的實施奠定基礎。但改元不久，便受到美國白銀政策的衝擊，不少銀元剛進入流通領域，即被運往海外販賣圖利。其時政府的財力與造幣能力有限，新鑄銀元尚無法完全取代舊銀元，因而中國的法定通貨銀元，並未因此而統一。改元雖然成功，但相對於國際上先進國家貨幣而言，銀本位仍屬落後。惟廢兩改元已擴大國家銀行的活動機能與作用，有利於國家銀行紙幣的推行，為嗣後實施法幣政策定下初基。

21　參見〈國民政府廢兩改元訓令〉，卓遵宏編《貨幣史資料》（1），第 172—173 頁。

二、白銀危機與法幣制度的建立

1920 年代末世界經濟形勢快速逆轉，1929 年美國股市大崩盤，隨即爆發世界性經濟大恐慌。英、美、日等先進國家放棄金本位幣制，改採「外匯傾銷」策略，貶值貨幣，以提高國外競爭力，達到刺激出口的目的，這是向外傾銷商品與爭奪國外市場的非常手段。然中國仍用銀本位，無法如此機動改變貨幣價值，遂致改元只有短期的榮景，便急速惡化。此時美國回歸孤立主義，特立獨行，見世界經濟景氣逆轉而各國又改變經濟政策，為轉嫁國內危機，國會在 1933 年 3 月通過為金融危機紓困的法案，賦予羅斯福總統動用防止黃金囤積的權力。隨後羅斯福即宣布黃金國有政策，從市場收回大量黃金，運用黃金作準備來增印紙鈔。同年 7 月世界經濟會議在倫敦召開，來自全球 66 國代表商討如何因應經濟衰退，振興國際貿易，以及穩定國際貨幣。

宋子文代表中國與會，希冀獲得國外支持，[22] 然而事與願違。當時美國每年產銀約占世界總產量的 66%，是世界最大的產銀國。美國白銀派議員高呼銀價低落對美貨出口不利，只有提高銀價才能刺激用銀國的購買力，而打開美貨銷路。會中此派議員也戮力運動與會各國簽訂白銀協定，承諾共同採取措施限制銀產銷量及增加銀購買力來穩定銀價。協定簽訂後，世界銀價隨之上漲，國人見銀價上漲，紛起拋出紙幣，收藏銀幣，結果紙幣紛紛回籠，銀準備也每下愈況。當時中國財政困窘，無力進行改革幣制。宋束手無策，無奈於 1933 年 10 月辭去行政院副院長及財政部部長職，改由中央銀行總裁孔祥熙繼任。此後國際銀價持續大漲，中國白銀大量外流圖利，1934 年 2 月上海銀行公會鑒於事態日趨嚴重，致電羅斯福，力陳提高銀價對兩國均屬不利，勿使銀價突然高漲；9 月財政部也三次照會美國。美國虛應其事，無補實際。[23]

中國空前的貨幣與經濟危機，出現在 1934 年下半年。美國銀礦主聯合議員促使國會於 1934 年 5 月通過購銀法案，6 月總統簽字生效。該法案授權財政部在國內外收購白銀，使銀準備占金銀準備的 1/4，達到黃金存量貨幣價值

22　1933 年 4 月宋電蔣介石云：參加世界經濟會議求取外援助。汪精衛也電蔣雲：宋告知財政已走入絕路，如得美國經濟援助始有生機。見「國史館」藏《蔣中正總統案・特交案・一般資料》：170190、221318。以下所引「國史館」藏檔案，館藏略。

23　培梯：〈從白銀抗議到白銀徵稅〉，《新中華雜誌》第 2 卷第 20 期，1934 年，第 4 頁；《申報年鑑》，申報社，1935，第 5 頁。

的 1/3，且最高收購銀價為每盎司值 1.29 美金。[24] 如此高價巨額收購，立刻促使世界白銀價格飛騰。紐約銀價從 7 月到次年 5 月，由每盎司 0.4625 美元升至 0.7437 美元。此時仍為銀本位的中國深受其害，世界銀價高漲，中外銀價懸殊，外國在華銀行以運銀出口有利可圖，遂不顧銀為中國貨幣經濟血脈所繫，暗將存銀大批運售國外。中外投機者也紛紛收購白銀，裝運出口販售，使國內白銀大量外流。

上海原存銀 5.44 億元，至 1934 年底，已有 2.57 億元被運往國外。[25] 因此 1934 年 4 月到 1935 年 11 月，中國白銀儲備從約 6.02 億元下降到 2.88 億元。[26] 中國存銀驟然大量外流，造成貨幣供給大失血，使通貨緊縮，資金奇緊，國人苦於缺乏交易中準，商民購買力急遽下降，物價下跌，利率也急速上升，景氣蕭條，工商百業凋零，市面人心不穩，時聞銀行擠兌，許多銀行與錢莊因此倒閉。貨幣匯價被迫升值，嚴重打擊出口貿易。工商企業周轉不靈，停業倒閉所在皆是，導致金融恐慌，並可能隨時爆發更嚴重的經濟危機。連美國也承認「我們收購白銀達敲骨吸髓的程度」。[27] 美國白銀政策使中國實施不足兩年的銀本位搖搖欲墜。

財政部為免銀外流而告罄，於 1934 年 10 月採取緊急處置，徵收銀出口稅與平衡稅，運大條寶銀及其他銀類出口，徵出口稅 10%，運銀幣或廠條出口，出口稅減鑄費 2.25%，實征 7.75%。如倫敦銀價折合上海匯價，與央行匯價相差數，仍有不足時，按不足額加徵平衡稅。[28] 銀出口稅與平衡稅的徵收，雖遭到中外不肖商人的強烈反對，但最高當局不計犧牲，堅持貫徹。[29] 但中國海岸線綿延甚長，邊境遼闊，且香港、東北均非國民政府權力所及，益以治外法權與租界障礙，防範走漏甚為不易。此時中日局勢微妙，日本浪人倚仗特殊勢力，武裝私運頗為猖獗，上海日商甚至將白銀交予日艦強運出口。國民政府不得已乃限制國內現銀自由移運，沿海各口運銀必須攜帶證件，個人旅行亦限

24　L. Y. Shen, China's Currency Reform (Shanghai: The Mercury Press, 1941), p. 171. 美國產銀 7 州之議員卻占國會席位的 1/3，力量不容忽視。

25　〈中國白銀問題：1935 年 5 月中國致美國來華經濟考察團備忘錄〉，卓遵宏編《貨幣史資料》（2），第 89 頁。

26　徐藍：《英國與中日戰爭（1931—1941）》，北京師範學院出版社，1991，第 75 頁。

27　轉引自〔美〕亞瑟・恩・楊格《一九二七至一九三七年中國財政經濟情況》，陳澤憲、陳霞飛譯，中國社會科學出版社，1981，第 249 頁。

28　《關於銀問題之契約節略》，國民政府檔案：財 0-2.3-1。

29　〈蔣中正電孔祥熙指示白銀出口稅應堅持到底〉，秦孝儀主編《緒編》（3），第 444 頁。

制攜帶數量，並制定偷運銀幣類出洋懲罰辦法，對情節嚴重者處以極刑，但收效不大。[30]至1935年2月，上海錢莊宣布清理者8家，以後又續有2家，5月底，明華、美豐（外商）等銀行及榮康等20餘家錢莊相繼倒閉。[31]國民經濟有崩潰之虞，時人稱為「經濟國難」。[32]

　　日本乘機步步進逼，使兩國關係更趨惡化，國民政府只能忍辱求全，暗中則加速建設積極備戰。其時中國仍是一個貧窮落後、軍閥仍割據的國家，中日兩國不僅軍力懸殊，財經實力亦有極大的差距，國民政府遂百般退讓。1935年日本變本加厲，放言給予中國貸款以渡過貨幣危機，來達成獨占中國財經利權之目的。宋子文於1935年1月致電返美述職的美國駐蘇大使布里特（Britt），述說中國困境，請求其協助向美國政府求援，稱：「我認為中國的經濟，尤其是貨幣面臨不可避免的危機可能在3、4月間……像我們這樣組織不健全的國家裡，又當日本要控制中國，目前正逼著攤牌的時候，屆時中國政府只能做出如下的選擇：不是在苛刻的經濟條件下接受日本的貸款，就是面臨著事實上是日本人庇護下各省使用不同的貨幣。」[33]宋希冀美國提供巨額貸款來協助中國穩定貨幣，以便擺脫白銀危機及防範日本的侵凌。

　　早於1928年11月，中央銀行創建時，宋子文即在開幕式上說，創建該行的目的是要「統一國家的幣制，統一全國的金庫，調劑國內的金融」；且強調以茲作為改善金融體制、進行幣制改革的主幹。[34]央行成立之初，在信譽與貨幣發行量上遠不及官商合營根深柢固的中交兩銀行，因此財政部多方設法將中交兩行納入國家直接管理的範圍，俾結合三大銀行之力以發揮更大的力量，1928年10月，曾先後改組中交兩行，強制增加官股，總行均由北平遷到上海，俾便就近指揮。1935年3月，財政部發行公債，籌募資金擴張央行資本，使其資本額由2000萬元提升到1億元，旋又迫使中交兩行增資改組，官股取得優勢，從此兩行完全聽命於中央。孔祥熙說明：「改組中、交兩行，增加政府

30　〈偷運銀幣等出洋准照危害民國緊急治罪法辦理〉，卓遵宏編《貨幣史資料》（2），第77—80頁；另參 W. Y. Lin, *The New Monetary System of China* (Chicago: The University of Chicago Press, 1936), p.71.

31　〈財政報告〉，財政部檔案。另據謝菊曾《1935年上海白銀風潮》（《歷史研究》1965年第3期，第90—93頁），僅上海就倒閉銀行12家、錢莊11家。

32　趙蘭坪：《現代中國幣制》，第87頁。

33　引自董長芝、馬東玉編《民國財政經濟史》，遼寧師範大學出版社，1997，第172頁。

34　〈中央銀行開幕志要〉，中國銀行經研室編《全國銀行年鑒》（1937年），第A5頁。

資本，俾於救濟改革幣制之設施上，得以與中央銀行通力合作，借收事半功倍之效。」[35] 是年 5 月《中央銀行法》公布實施。當代金融史學者對此持肯定的看法，認為「在中國首次較全面地確立了中央銀行制度，對貨幣發行、外匯管理和金融市場的有序運作，具有重要意義」。[36] 在政府大力推進下，該行紙幣得以快速流通，到 1935 年底，發行量已增長 28 倍。10 月央行又創立中央信託局，資本額為 1000 萬元，借資吸收資金，宣導民間儲蓄，防止資金外流，並運用信託業務，對抗外商經營的儲蓄與獎券等事業。從此央行的實力遠超出其他各銀行，在 1934—1935 年的金融恐慌期間，央行聯合中交兩行放款救濟艱困的中國實業銀行、中國通商銀行等，許多金融機構經此救濟方得重整繼續經營。從此三行成為實力堅強的銀行團，為來日幣制改革做有力的後盾。

中國經濟瀕臨枯竭，最高及財政當局（蔣與孔）均有頗深的危機感，密商不斷。[37] 財政部派常務次長兼錢幣司司長徐堪負責研擬新幣制，徐一面與楊格（A. N. Young）、林樞（F. B. Fynth）、洛克哈托（O. C. Lookhart）等外籍顧問暗中籌劃改革方案，[38] 一面諮詢國內學者專家及江浙資本集團的重要人士。

6 月，徐慎思熟慮國內財經實情，外參各國幣制，草擬實施法幣政策辦法。[39] 其基本原則一是以紙幣取代銀元，將新貨幣與白銀完全脫鉤；二是新貨幣的發行需有一定的準備金。採用紙幣政策，必要條件在於發行銀行的金融實力，由於政府國庫空虛，無力籌措改革資金，只得向美、英、法等國求援。法國反應冷淡；美國亦漠不關心，甚至不考慮如此「會給中國帶來什麼樣的後果」。[40] 此時日本見機不可失，不請自來，提出「中日經濟提攜」方案，擬由正金、臺灣、三井、朝鮮、三菱 5 家銀行共同出資 2 億日元，在上海設立信

35　孔祥熙：〈1934 年會計年度及該期以後財政情況報告〉，《銀行週報》第 20 卷第 45 號，1936 年，第 3 頁。

36　吳景平：〈蔣介石與戰前國民政府的財政金融政策〉，載呂芳上主編《蔣中正日記與民國史研究》下冊，世界大同出版公司，2011，第 434 頁。

37　《蔣介石日記》1935 年 1 月 17 日與 2 月 28 日都記：與孔數次密商財政、金融與幣制事，應以統制金融與幣制為財政命脈。（美國斯坦福大學胡佛研究所藏蔣介石日記手稿影印件，藏所下略）3 月 22 日再繳密電孔與國民黨中央祕書長葉楚傖云：國家社會瀕破產，癥結在「金融、幣制與發行之不能統一」。見〈蔣介石致葉楚傖孔祥熙養未機渝電〉，《蔣中正總統檔案‧革命文獻‧財政經濟類》：002-020200-00033-020。

38　Arthur N. Young, *China's Nation-Building Effort, 1927-1937*, pp. 229-230.

39　徐堪：〈自述〉，《徐可亭先生文存》，徐可亭文存編委會，1970，第 5—6 頁。

40　參見 "Roosevelt to Henry Morgenthau, Jr, Secretary of Treasure," in Edgar B. Nixon ed., *Franklin D. Roosevelt and Foreign Affairs*, vol. 2, 1935 (Cambridge, Mass.: Harvard University Press, 1969), p. 306.

用借款，以救濟中國金融。[41] 英國政府判斷，中國貨幣即將崩潰，故擬借此介入中國幣制改革，俾能恢復往日在華經濟勢力，遂決定派遣首席經濟顧問李滋羅斯（F. Leith. Ross）來華，協助國民政府進行幣制改革。1935 年 6 月英國告知派員協助挽救金融，給中國送來一線希望。徐堪雖擬具的法幣政策辦法受到蔣孔宋之支持，[42] 然李滋羅斯即將來華，加上國際形勢微妙，故暫未付之施行。

此時日本變本加厲，華北危急不斷，蔣介石於 1934 年發表《敵乎？友乎？》一文，希望日本懸崖勒馬，以免造成難以彌補之傷痛，然日本卻全然不顧。蔣見戰爭難以避免，遂決定以西南為抗日基地，密令滬寧地區準備作為初期對日抵抗戰地，並決定敦促實施已擬具富有彈性的法幣政策案，俾能支持戰時財政需求。1935 年 8 月，蔣反復思考統一發行、停止兌現之可能性後，「決定鈔幣統一發行政策」，[43] 遂陸續電催及早改革幣制，實施統一發行。[44] 9 月蔣在峨嵋軍官訓練團講課時特別指出：「有篇遺教……大家應當注意研究，並拿來教導國民的，就是所謂：錢幣革命……照社會進化的趨勢，紙幣一定會取金銀之地位而代之，成為惟一的錢幣。」[45] 可見蔣對錢幣革命、實施法幣政策的重視。

9 月李滋羅斯抵達上海，卻傳來英國不欲單獨貸款給中國的消息。[46] 此消息迅速流傳，遂致流言紛起，投機風氣再熾。蔣介石於日記中對孔祥熙倚重英使頗不以為然，痛心其不及時自力實施幣制改革，也表現出對英國特使的失望，並透露其對貨幣改革之渴望實與日本侵略有極大關係。[47] 10 月，上海商民對國幣已失去信心，投機者或將資本外移，或搶購標金外匯，[48] 上海外商銀

41　參見美國駐華大使詹森 1935 年 4 月 18 日致 Roy Howard 信，轉引自 Russell D. Buhite, T. Nelson, *Johnson and American Policy Toward China, 1925-1941* (East Lansing: Michigan State University, 1968), p. 118

42　徐堪：〈自述〉，《徐可亭先生文存》，第 5—6 頁。

43　見《蔣介石日記》，1935 年 8 月 16、23 日。

44　〈蔣委員長致孔部長統一發行令有否發表電〉（1935 年 8 月 26 日）、〈蔣委員長致孔部長告以統一發行務於意、阿開戰之前先行實施電〉（1935 年 9 月 8 日），秦孝儀主編《緒編》（3），第 444—445 頁。

45　蔣中正：〈實施錢幣革命〉，卓遵宏編《貨幣史資料》（1），第 91—92 頁。

46　〈美國外交文件〉（1935 年）卷 3，第 542 頁，轉引自政協文史資料研究委員會編《法幣、金圓券與黃金風潮》，文史資料出版社，1991，第 13 頁。

47　《蔣介石日記》，1935 年 9 月 30 日。

48　財團法人金融研究會《中華民國幣制と金融》第一部銀問題，東京：金融研究會，1936，248 頁。

行乘機操縱，匯價暴跌。至 10 月下旬，蔣已「決定法幣政策」，[49] 步步逼使財政部採取斷然措施。11 月 2 日，孔祥熙前往上海歡迎美國副總統迦納（J. N. Garner）過境中國。他目睹滬市人心惶惑，投機居奇之風瀰漫，標金外匯公債拆息價格離奇，體悟若再不急圖改革，將不可收拾。是日適美財政部答允向中國購銀。3 日午後 4 時，孔於財政部上海辦事處召集銀行界領袖，討論實施新貨幣政策辦法。是日晚孔以實施法幣政策就教於李滋羅斯，後者欣表贊同。[50]

　　11 月 3 日晚，孔祥熙連夜發出呈請實施法幣政策的江電給國民政府主席林森等，又發出宣告實施法幣政策的支電給國民政府等，其中包括中央與地方單位及相關民間團體。[51] 在英國拒絕貸款，日本又武裝威脅以索取中國財政金融利權的雙重逼迫下，國民政府遂大膽採取破釜沉舟的根本性措施，企圖一勞永逸，從此擺脫金融危機與國際金銀價格升降的影響。[52] 這項幣制的根本改革，標榜為採用孫中山宣導的錢幣革命精義，以紙幣取代銀元。禁止白銀在市面流通，中國才能使貨幣與白銀脫離關係，擺脫世界銀價漲落影響，改變在國際貿易中的不利地位。簡而言之，幣制改革是脫離困境的唯一出路。孔計畫向美國售銀 1 億盎司，並將大量銀元運往倫敦出售，所得款項全部分別存入紐約與倫敦的銀行，作為新幣的外匯準備金。在售銀期間，滙豐銀行以 3 釐低息向中國提供 200 萬英鎊貸款，作為機動準備。[53]

　　1935 年 11 月 3 日財政部頒布《緊急安定貨幣金融辦法》6 項，即通稱的法幣政策，其主要內容如下：（1）自本年 11 月 4 日起，以中中交三行發行之鈔票為法幣。一切公私款項收付，概以法幣為限，不得行使現金，違者沒收。（2）三行以外，曾經財政部核准發行之銀行鈔票，現在流通者，准其照常行使。其發行數額與流通之總額，以截至 11 月 3 日止為限。（3）設發行準備管理委員會辦理準備金之保管、發行及收換事宜。（4）凡持有銀、銀幣等者應自 11 月 4 日起，交由發行準備管理委員會，或兌換為法幣。（5）舊有契

49　《蔣介石日記》，1935 年 10 月 26 日。
50　稚言：〈中國實施新貨幣政策〉，《國聞週報》第 12 卷第 44 號，1935 年，第 11 頁。
51　參見〈貨幣金融管理法令——財政部長孔呈請實施法幣政策江電〉、〈改定貨幣政策〉，《國民政府檔案》：211.12.10122、10111。
52　見《蔣中正總統檔案・特交文電・領袖事功》卷 1 上冊「伍、領導國家建設案——改革政經」。
53　見資耀華等〈國民黨政府在法幣改革前後依附帝國主義和彼此間鉤心鬥角的內幕〉，轉引自《法幣、金圓券與黃金風潮》，第 10—25 頁。

約於到期日，概以法幣結算收付。（6）三行無限買賣外匯，以穩定法幣對外匯價。[54]

　　法幣政策的實施是中國近代貨幣史上最徹底的一次幣制改革，其作用、意義及影響至深且鉅。法幣對內不兌現，為示民於信，除以現金做準備外，一切完糧納稅均可用，另以無限制買賣外匯來穩定匯價。該政策實施後金融危機得以舒緩，國內混亂的金融開始步上正軌，經濟發展呈現新氣象。[55] 此後法幣的價值基礎不再是銀，換言之其價值已脫離銀價，具有無限償還能力的貨幣，是邁入現代化管理的幣制和具有彈性的通貨。法幣的問世，是中國歷史上第一次全面流通不兌現的鈔票。法幣制度對穩定貨幣市場具有非常功效，持之以久，國家對經濟的控制力必得以強化，而各地方勢力，甚至租界洋行的利益則遭到削弱。此一變革對嗣後的影響重大，因其集中準備，統一發行，不僅鞏固當前的財政基礎，而且取得人民信賴後，即可彈性調節發行量，對日後備戰與戰時財政卓具功效。

　　然法幣政策實施之初流言紛起，謂該計畫係李滋羅斯所擬定。故李滋羅斯在政策發布後，即數次公開闢謠說：「本人對中國政府，並未提出任何周密完整之計畫。」是中國「決定以其本身之資源，制定一不兌換之管理貨幣。」[56] 英國外務部、財政部均堅決否認法幣政策為李滋羅斯所擬定，法幣對外匯率亦非李滋羅斯的建議。[57] 事後徐堪說，他「獨居南京郊區……草定實施法幣政策辦法6條」。[58] 惟此方案最後雖由徐獨自擬稿，但亦應看到，美財政顧問與上海金融界精英之參與研討與規劃，擴大了徐對新通貨管理的認識，才有如此成果。參與其事的楊格也表示：「很久以來財政部外籍專家與孔、宋研討法幣政策，李滋羅斯抵華前，財政部已擬妥一個詳細的幣制改革方案。10月2日，李滋羅斯抵華未滿一個月，孔、宋即請其審閱改革計畫，此為一個月後公布實

54　參見〈財政部關於施行法幣布告〉，《中華民國金融法規檔案資料選編》上冊，第401—403頁。

55　參見石毓符《中國貨幣金融史略》，天津人民出版社，1984，第279頁。

56　《中央日報》1935年11月6、8日；《申報》1935年11月6日。詳情參見 E. Kann, "China's Currency Reform of 1935 in Retrospect," *Far Eastern Economics Review*, August 19, 1954，轉引自瑜亮《孔祥熙》，臺灣省政府，1958，第73頁。

57　倫敦哈瓦斯1935年11月4日電，見《申報》1935年11月5日、《中央日報》1935年11月6日。

58　徐堪：〈自述〉，《徐可亭先生文存》，第5—6頁；可參見卓遵宏《徐堪傳》，《中華民國名人傳》第8冊，近代中國社，1988，第316—317頁。

施的法幣政策。」[59] 上述均足以證明法幣政策實由國人擬定，可惜許多人不細查原委，以為法幣政策只是一時不得已的救急應變措施，或以為係李滋羅斯的傑作。現今檔案的陸續公開，澄清此疑點，使真相得以大白。

　　法幣政策之公布，正值國人對銀本位貨幣失去信心，金融市場與國家經濟瀕臨崩潰之時，因此該政策一經公告，即得到各地區、各行業的支持。本來傳統中國社會對紙幣戒慎恐懼，因元明清官方紙幣寶鈔，以迄近代咸豐寶鈔、民初洪憲及軍閥印製之紙票，無一不膨脹過度而貶值或無法兌現，造成民間不信任紙鈔。法幣政策未公布前，上海已有流言，稱政府將大量發行鈔票，膨脹貨幣。及法幣政策發布，若干投機商及不明事理者爭相搶購現銀，囤積銅元，使原本枯竭之白銀與銅錢更形缺乏，因此實施初期各地均有通貨不足、物價上漲之現象。[60] 但國民政府快速建立人民對法幣之信心，各地方政府亦配合金融機構與警憲共同維持市場穩定。往昔政府對混雜的貨幣均束手無策，而國民政府卻能短期內獲得各地各界支持，收回國家貨幣發行權，實屬不易。

　　上海為全國金融中心，主事者事先已與當地金融、工商各界洽商研討，使上海成為推行法幣政策之中心。實施法幣後，中央對各省貨幣之整理不遺餘力，江浙皖贛閩兩湖豫等省，素親向中央，故竭力擁護法幣政策。其他各省則異常複雜，東北、新疆等非國民政府管轄所及，而許多各自鑄印貨幣的地區，其較著者有河北、四川及兩廣。由於日本華北駐軍嫉視，河北宋哲元不敢輕舉妄動，而平津卻能不顧強敵環伺，毅然支持法幣政策。山東韓復榘、綏遠傅作義雖與中央關係不深，亦先後實施法幣政策。[61] 四川地方銀行鈔票、廣東毫券、廣西紙幣等地方鈔票，早已各成系統，長期不受中央節制。四川濫鑄發鈔票，複雜冠全國，準備空虛，匯價低落，接受法幣後按各銀幣所含純銀數換給法幣，收回舊鈔，川民大悅。[62] 關內除兩廣多年置外於南京，不欲追隨外，其餘均先後使用法幣。[63]

59　Arthur N. Young, *China's Nation-Building Efforts, 1927-1937,* pp. 229-230.
60　上海情況參見傅斯年〈這個樣子的宋子文非走開不可〉，《傅孟真先生集》第 5 冊（下），傅孟真先生遺著編輯委員會編印，1952，第 180 頁。南京、天津情況分見《中央日報》1935 年 11 月 7、8、10 日。
61　《中央日報》1935 年 11 月 7 日。
62　秦孝儀主編《緒編》（3），第 445 頁。
63　〈粵省通過發行準備管委會章程〉，《銀行週報》第 19 卷第 46 期，1935 年，第 3 頁；〈粵省贊同新幣制消息〉，《中央日報》1935 年 11 月 7、8 日。

　　兩廣不僅自行鑄印錢幣，連計算單位也不同。法幣實施前，中央曾多方與廣東當局磋商，俾兩廣幣制同時改革，未被接受。但其準備空虛，信用不良，物價因之騰貴。1936 年 7 月粵省歸順中央，時粵券發行量已達 2.5 億元。[64]財政當局於 8 月發行整理廣東金融公債，以資補足準備之短缺，至翌年 6 月，復進一步改革粵幣，責成三行及廣東省銀行，以法幣兌換毫券，毫幣逐步收回。廣東省幣制整理後，金融安定，人民稱便。[65]廣西至 1937 年 12 月，也主動要求改用法幣。[66]香港亦加入了改行紙幣行列。

　　抗戰爆發前，除少數地區外，全國以法幣流通，同時由於法幣流通範圍不斷擴大，發行量急速擴張，使全國貨幣逐漸走向統一與現代化，金融日趨健全，工商各業逐漸復甦，經濟得以發展。法幣政策施行成果顯著，政府因此能主導財政金融，故七七事變爆發，國民政府一改往昔委屈不敢還手態度，決心抗戰。

　　對中國實行法幣政策，英美與西歐各國大體能保持友好立場，企望中國穩定貨幣，復甦經濟，有利貿易推展。而日本蓄意侵華，竟圖獨占中國經濟，故對幣制改革，極盡曲解、阻撓與破壞之能事。日本首先以不當之邏輯推斷貨幣改革必定失敗，認為準備不足，沒有人才，又未得到各國之諒解，故絕不可能成功；並謂白銀國有會造成政治社會不安，白銀集中後會被濫用；且認為中國必定會向英國借款，而遭受脅迫加入英鎊集團，使英國取得債權與財政監督權，致中國財政陷入困境。日本還指責中國未徵得日人諒解而求助英人，將使中日兩國感情惡化，造成東亞不安，稱日本為維護東亞秩序，不得不干預。[67]以此論點出發，日本採取威脅恫嚇態度，企圖迫使中國變更政策，並縱容其在華商民與浪人從事不合作及破壞舉動。

　　國民政府對日人無理行徑，嚴密注意並以外交方式尋求解決，未採取激烈對抗方式，冀局勢穩定後，日本會知難而退。事實證明，幣制改革除加深日本之疑懼與侵略外，日本終未達成阻撓中國幣制改革之目的。此一事件，亦促

64　參見余捷瓊《中國新貨幣政策》，商務印書館，1937，第 85 頁。

65　高素蘭編注《蔣中正總統檔案‧事略稿本》第 38 冊，「國史館」，2012，第 49—54、137—142 頁。

66　秦孝儀主編《緒編》（3），第 450 頁。

67　《駐日大使館報告日人對中國改革幣制之態度》（1935 年 11 月 5—6 日），見 Ann Trotter, *Britain and East Asia, 1933-1937* (LSE Monographs in International Studies), pp. 165-167.

成國人對日本野心之認識，幣制改革後，抗日情緒益發激昂。[68] 新貨幣政策以緊急命令頒行，法制規章未及完備，人民對法幣制度之認識與信心均顯不足。財政部複接納各方反應，謹慎籌劃，修正法令，頒布規章，設立機構，再接再厲，擴大績效，推進不懈，充分顯示領導幣制現代化之意向與能力。

財政部於實施之日先在上海成立發行準備管理委員會，以辦理三行發行法幣準備金之保管及檢查。該會隨即調查各銀行發行準備金與收兌現銀工作。[69] 由於美國已承諾向中國採購白銀 5000 萬盎司，1936 年 5 月，《中美白銀協定》簽字，美國將向中國續購銀 7500 萬盎司，所得美元存入紐約的美國銀行作為法幣發行準備，以維持法幣匯率，[70] 從而使存入英國的法幣準備金約有 2500 萬英鎊，存入美國的法幣準備金約有 1.2 億美元。1936 年初，中國農民銀行也取得與三行同等的法幣發行權，但以 1 億元為限，時人稱之為四行。[71] 這也標誌著中中交農等政府銀行體系更形鞏固。[72]

在輔幣方面，央行於 1936 年 2 月開始發行 5 分、10 分、20 分鎳質輔幣及 1 分、半分銅質輔幣，廢除舊有之銀角、銅元，建立十進制的現代貨幣體系。實施法幣後，白銀不再作為貨幣，但仍是換取外匯最便捷的媒介，因此政府積極收兌白銀，除建立法幣發行的準備外，並運售海外，換取外匯，以穩定匯價，增強法幣的國內外幣信。雖民間尚藏有相當數量的現銀，但無須諱言，自此法幣快速進入市場，替代銀元成為人人接受的通貨。自法幣開始流通，半年之間流通額達 9 億餘元，到 1937 年 6 月更達 14 億餘元，占當時貨幣流通額的 80%。[73]

早在法幣改革之初，孔祥熙即計畫將貨幣發行集中於央行，改組該行為中央準備銀行，成為超然機關，以「全力保持全國貨幣之穩定，後享有發行專

68　見 "The Ambassador in China (Johnson) to be the Secretary of State," Nov. 9, 1935, *Foreign Relations of the United States* (*FRUS*), p. 561.

69　〈發行準備管理委員會章程〉，《中央日報》1935 年 11 月 5 日。

70　參見 FRUS, 1935, pp. 632-633, 641-642；張壽賢《陳光甫先生傳略》，上海銀行，1977，第 83—84 頁。

71　中國人民銀行金融研究所編《中國農民銀行》，中國財政經濟出版社，1980，第 190—194 頁。

72　參見吳景平〈蔣介石與戰前國民政府的財政金融政策〉，載呂芳上主編《蔣中正日記與民國史研究》下冊，第 436 頁。

73　抗戰時期政府財經戰略研究組編著《抗日戰爭時期國民政府財政經濟戰略措施研究》，西南財經大學出版社，1988，第 77 頁。

權」，[74] 故初擬另三行只給予兩年的發行權，作為過渡期，冀望於兩年後央行得獨享發行專權。[75] 至 1936 年底，央行發行額已增至 3.3 億元，而同時的中行為 4.6 億元，交銀為 3 億元，農銀為 1.6 億元。[76] 可見央行在政府的大力扶持下實力已經逼近資深的中行，更在交農兩行之上，但未及兩年即爆發抗戰，不得以延緩此計畫。

法幣政策實施後，1937 年農產品的價格恢復到 1931 年的水準，人民生活水準提高，購買力增強，促進了經濟發展。在檢視法幣政策實施後的匯價、物價、國際貿易、工商業、農業經濟情況後，王世鼎得出如下結論：「自新貨幣政策實施後，金融寬鬆，物價提高，國際貿易發達，厚植工商業發展之基礎，而農村經濟之回甦，銷路之興旺，使工商業之發展，更盛極一時。」[77] 一般研究者也有類似的看法：法幣政策實施後，「出現了幾十年來未曾有過的貿易順差，出口超過了進口。國外對於中國出口貨物的需求，增加了農業生產者的購買力，到 1937 年上半年，進口比前一年同期增加了 40%」。[78] 研究軍閥的學者則從國家由形式統一逐步邁向實質統一的視角檢視法幣政策，如有學者指出，法幣取代四川幾家銀行發行的鈔票，四川即納入國民政府的經濟軌道。[79] 貨幣改革促進了經濟狀況的改善，也相應提升了政府的威望和國民的信心。《大公報》的社論說：「在最近幾個月內，國人的信心好像又死而復甦。」[80] 美國大使詹森（N. T. Johnson）在 1937 年 4 月寫道：「觀察家……不會不為中國政府……推行經濟建設計畫的活力，而留下深刻印象。」[81]

三、法幣盛極而衰終至崩潰

1937 年 7 月盧溝橋事變、平津告急後，京滬人心浮動，上海出現提存潮，

74　參見陳行〈我國中央銀行之進展〉，《中央銀行月報》新 3 卷第 10 期，1948 年，第 309 頁；《全國銀行年鑒》（1936 年），第 43 頁。

75　楊培新：《舊中國的通貨膨脹》，上海三聯書店，1963，第 65 頁。

76　沈雷春：《中國金融年鑒》，文海出版社，1979，第 40—41 頁；另參見壽充一等編《中央銀行史話》，第 2—3 頁。

77　王世鼎：《新貨幣政府實錄》，財政建設學會，1937，第 52 頁。

78　《抗日戰爭時期國民政府財政經濟戰略措施研究》，第 78 頁。

79　Robert A. Kapp, *Szechwan and the Chinese Republic: Provincial Militarism and Central Power, 1911-1938* (New Haven: Yale University Press, 1973), pp. 119-120.

80　見《大公報》1936 年 12 月 13 日。

81　見 Arthur N. *Young, China's Wartime Finance and Inflation,1937-1945* (Cambridge, Mass.: Harvard University Press, 1965), p. 30.

蔣介石立即指示徐堪組織臨時性的金融管理機構。據徐回憶云：「事變後數日，委座以戰時金融措施關係重要……面飭本席迅組金融委員會，負執行國策之責。當由委座親定委員名單，並由本席請以宋董事長（子文）為委員長。」[82] 此後宋雖名義上「從旁協助」，卻是幕後有力推手，有相當的表現，如擬定限制提存、鼓勵存款的《非常時期安定金融辦法》等。[83]

　　8月9日日軍突襲上海虹橋機場，上海人心震盪，提存更形擁擠，而各銀行錢莊到期應收款項，多不能如期收訖，市面流通貨幣頓感吃緊。13日晨，財政部為穩定局勢，俾討論妥善辦法，乃令上海各銀行錢莊休業兩天。[84] 經縝密研討，財政部於8月15日頒布《非常時期安定金融辦法》，規定自翌日起，每戶每週只可提領活期存款5%，以法幣150元為限。至於公司、工廠、商店與機關等存款，如係支付工資或與軍事有關者，照常支取，俾能安定金融，節制不必要的消耗，防止資金外逃，又無礙於正常資金運用與後方資源開發。[85] 至8月底，上海金融已稍見穩定，為便利小額存戶支取，財政部於31日宣布准許300元以下的小額存款，一次提取，不受每週提取5%的限制。[86]

　　財政部為凝聚金融業力量，厚增抗戰實力，於淞滬戰役爆發後，責令四行在上海組聯合辦事處（簡稱「四聯總處」），統一管理資金。8月16日該處在法租界開業，暫由宋子文負責，「每日開會一次或數次不等」，「凡財政部決定之措施，如安定金融辦法等」均經該處贊襄或執行。[87] 10月底孔祥熙出訪歐美回國，該處交由孔主持。11月上海與華東戰局失利，四行陸續內遷，該處亦移至漢口，不久又遷到重慶。[88] 前此該處屬鬆散協調性機構，對四行尚少強制性機能，1939年9月國民政府公布《戰時健全中央金融機構辦法綱要》，決定合組聯合辦事總處，負責辦理政府有關戰時金融政策的特種業務，

82　〈徐堪談四聯總處成立的經過〉，重慶市檔案館、重慶市人民銀行金融研究所編《四聯總處史料》（上），檔案出版社，1993，第66頁。

83　〈宋子文致蔣電〉（1937年8月1日），《蔣中正總統檔案‧特交檔案‧金融（一）》：002-080109-001-003-012a；參見吳景平〈蔣介石與戰時國民政府金融政策的制定與實施〉，《蔣介石與現代中國再評價國際學術研討會論文集》上冊，中研院近代史研究所，2011，第5頁。

84　財政部年鑑編纂處編《財政年鑑續編》下冊，商務印書館，1943，第210—211頁。

85　孔祥熙：〈五屆五中全會財政工作報告〉，《民國檔案》1986年第2期，第74頁。

86　衛挺生：〈戰時金融之錯誤與救濟〉，載清岑編《抗戰文選》第3輯，拔提書局，1938，第65頁。

87　《四聯總處史料》（上），第66頁。

88　民國年鑑社編《中華年鑑》（1948年）下冊，第1155頁。

由是其職權大為提升。總處設理事會，由四行負責人及財政部代表共同組成，為最高決策機構，主席由國民政府特派，財政部授權主席於非常時期得總攬四行一切事務，有權對四行做便宜措施，或代行職權。[89] 蔣介石以農民銀行理事長身分，擔任理事會主席，成為強勢的金融領導中心。總處不僅可代行四行職權，且擁有政府戰時金融決策大權，居統帥全國金融之地位。

此外，為穩固幣值，1937年8月底國防最高會議通過《總動員計畫大綱》，提出對通貨、匯兌、金融業務及金融機構等實施管理。11月上海淪陷，租界成為「孤島」。當時租界內流通的仍是法幣，在強大的拋售法幣、搶購外匯的壓力下，法幣嚴重貶值，自此上海外匯市場不穩。1938年2—3月，蔣介石分別與孔祥熙、宋子文商定統制外匯辦法及外匯管理辦法。[90] 1938年4月，國民黨臨時全國代表大會通過《抗戰建國綱領決議案》，明定要「鞏固法幣，統制外匯，管理進出口貨，以安定金融」。[91] 1938年8月至1940年5月召開的歷屆參政會，屢有參政員提出鞏固法幣、防止資金外流與維持外匯等案，[92] 可知朝野上下均對安定法幣予以極大的關注。其間蔣介石也俟機電告羅斯福：日本侵略，幣制壓力極為嚴重，「盼貸我現金以維持幣制」。[93]

國民政府也在努力嘗試各種有助於穩定法幣的辦法，法幣政策實施後，即先後頒布各項收兌銀幣銀類辦法。洎乎抗戰爆發，為充裕外匯基金，防止資金向外逃逸，杜絕敵偽奪取，復加強收兌工作。1937年9月公布的《金類兌換法幣辦法》規定：人民持有生金、金器及黃金製品，向四行及郵政局等兌換法幣，可增給手續費3%—5%，以資鼓勵。10月施行細則頒布，以增進實施之功效。[94] 該辦法頒布後，四聯總處即派員前往戰區周遭，以法幣兌收庫藏銀幣。11月，財政部又分別擬定收集金銀各類實施辦法。[95] 國民政府將收集的白

89　《中華民國金融法規檔案資料彙編》上冊，第634—635頁。

90　葉健青編注《蔣中正總統檔案・事略稿本》第41冊，「國史館」，2010，第203—204、254頁。

91　《中國國民黨歷次會議宣言及重要決議案彙編》第2冊，中國國民黨中執會訓委會編印，1941，第845頁；秦孝儀主編《中華民國重要史料初編——對日抗戰時期第四編戰時建設》（1），中國國民黨黨史會，1988，第50頁。

92　詳情參見〈國民參政會對於鞏固法幣、節制資金外流案之決議及對維持外匯等建議案，交由國民政府令行政院籌劃實施〉，見《國民參政檔案》：002-000000395A。

93　詳情參見〈蔣中正電羅斯福日本侵略，幣制壓力嚴重，盼貸我現金以維持幣制〉，《蔣中正總統檔案・革命文獻・對美外交：財經援助（一）》：002-020300-00030-031。

94　《財政金融資料輯要》第7篇，「財政部」編印，1952，第26頁。

95　孔祥熙：《五屆五中全會財政工作報告》，第72頁；戴銘禮：〈抗戰三年來之貨幣管理〉，

銀陸續運售美國，換取外匯存於海外，以穩固法幣準備，不僅增強了法幣的外匯準備，對於法幣信用之維護與戰時財政金融力量之增進，亦居功厥偉。

為防止資金逃避，平衡國際收支，統制對外貿易，1938 年 5 月，財政部發布「關於戰時鞏固法幣地位、統制外匯、節制發行、穩定物價方針」，指出：「凡可增厚法幣準備之方法，均應積極進行，凡可減損法幣地位之用途，均應極力防止。」[96] 6 月，財政部再頒布命令，對旅客由內地到港澳、廣州灣等通商口岸，所攜帶法幣、外幣及金銀製品等，都有嚴格的限制。[97]

幣制改革前後，財政部積極爭取國外援助，以穩定貨幣。七七事變次日，孔祥熙在美國與美方初步達成協議，美方將向中國購銀 6200 萬盎司，並提供 5000 萬美元貸款，協助穩定法幣，維持法幣對美元的匯價。其後更有大額購銀與貸款的協商案，後因中日戰事擴大，且雙方具體條件未達成一致而未執行。[98] 類似情形也發生在中英借款談判中，英國 8 月初答應貸款 2000 萬英鎊，亦因中日戰事擴大而遭英內閣會議否決。[99] 至 10 月下旬，宋子文又在香港向英方接洽借款，中國駐英大使郭泰祺與英籍顧問羅傑斯（Cyril Rogers）也在倫敦進行外匯借款。英國曾認真考慮協助方式，期望與美法聯合提供貸款，但未為美法接受。到 1939 年 2 月下旬，英內閣原則通過 500 萬鎊的外匯借款。中英雙方遂正式簽署協定，設置總額為 1000 萬英鎊的中英第一次平準匯兌基金，由滙豐銀行投資 300 萬英鎊，麥加利銀行投資 200 萬英鎊，中交兩行也共同投入 500 萬英鎊，用於港滬的外匯市場，共同維持英鎊匯價。[100]

為有效管理與運用平準基金及取信英國，旋成立中英平準匯兌基金委員會，由羅傑斯任主席。平準基金的設立，固對維持法幣的匯價具有相當幫助，但戰時支出大增，在抗戰前兩年，政府支出年增 33％，而歲入年下降 63％，

《經濟彙報》第 2 卷第 1、2 期合刊，1940 年，第 68 頁。

96　中國第二歷史檔案館編《中華民國史檔案資料彙編　第五輯第二編　財政經濟》（4），
　　江蘇古籍出版社，1997，第 536 頁。

97　《中華民國史檔案資料彙編　第五輯第二編　財政經濟》（4），第 483 頁。

98　參見吳景平〈美國和抗戰時期中國的平準基金〉，《近代史研究》1997 年第 5 期，第 76—
　　78 頁。

99　分見〈美國駐英大使致國務卿電〉（1937 年 8 月 12 日），*FRUS, 1937*, vol. 4, pp. 620-621；〈郭
　　泰祺致孔祥熙電〉（1938 年 7 月 14 日），秦孝儀主編《中華民國重要史料初編　第三編
　　戰時外交》（2），第 202 頁。

100　《中華民國貨幣史資料》第 2 輯，第 445—449 頁；另參見〈宋子文電蔣中正平衡外匯基
　　金為一千萬鎊原則英政府已贊同〉，《蔣中正總統檔案・革命文獻・對英外交：軍經
　　援助》：002-000000395A。

加上日偽方面不斷以法幣套取外匯，[101] 以及投機商的推波助瀾，使平準基金窮於應付，法幣的匯價也不可避免跌落。平準基金委員會成立後，即按法幣 1 元合英鎊 8.25 便士的匯價，在上海與香港公開發售。

1939 年，財政部做出兩個導致抗戰中後期法幣發行額快速增發的決策。其一，1 月宣布：「為適應社會籌碼需要，並協濟國、地兩方庫款周轉起見」，對法幣發行額「酌為合理之增加」。其二，9 月公布《鞏固金融辦法綱要》，規定除金銀和外匯外，還可以短期商業票據、貨物棧單、生產事業投資（即股票）與公債充當法幣的準備金，公債最多可占準備金總額的 40％。[102] 這兩項決策使法幣發行額限制更形寬鬆，法幣發行量如脫韁野馬，快速上升，從而導致長期的通貨膨脹、物價上漲與匯率跌落。

1937 年 6 月底法幣發行額為 14.1 億元，至 1938 年底增發至 23.1 億元，可見抗戰初期的一年半間，法幣發行額僅增 9 億元，只是戰前發行額的 63.82％。但 1939 年底至 1944 年底，每年分別增至 42.9 億元、78.7 億元、151 億元、344 億元、754 億元、1895 億元，到 1945 年 8 月抗戰勝利時更高達 5569 億元，是 1937 年的近 395 倍。[103] 1939 年 10 月，上海法幣牌價已跌至 4 便士；到 1940 年 5 月初，法幣的市價更下跌至 3.125 便士或 0.045 美分，7 月，平準基金會外匯存底僅餘 200 萬英鎊，甚至一度停止售匯。[104]

匯市的不穩迅速波及黃金與麥、麵粉、棉紗等，其價格大幅上漲，使管理戰時外匯工作陷入重重困難。幸有 1940 年 7 月，三行與滙豐銀行的代表訂立總額為 300 萬英鎊的 B 種平準基金的協議，其中滙豐出資 100 萬英鎊，三行出資 200 萬英鎊。[105] 此外，財政部令外銷貨品依照商人運貨出口及結售外匯辦法規定，所得外匯以法定匯率售予中交兩行，換取法幣。還應該指出的

---

101 此方面的著述甚豐，請參見當時人徐日洪〈上海的法幣〉，重慶《大公報》1942 年 9 月 16、17 日；戴建兵〈金錢與戰爭——抗戰時期的貨幣〉、〈抗日戰爭時期國民政府貨幣戰時策略初探〉，《九一八事變與抗日戰爭——第三屆海峽兩岸抗日戰爭史學術研討會論文集》，中正文教基金會，2011，第 313—322 頁；林美莉〈抗戰時期的貨幣戰爭〉，臺灣師範大學歷史研究所，1996；新近解密的情報局檔案，見《戴笠先生與抗戰史料彙編·經濟作戰》，「國史館」，2011，第 307—396 頁。
102 孔祥熙：〈抗戰三年來之財政與金融〉、〈抗戰四年來之財政與金融〉，重慶《大公報》1940 年 7 月 7 日、1941 年 1 月 1 日。
103 關吉玉：《民國四十年來之財政》，經濟研究社，1976，第 133—135 頁。
104 《中華民國貨幣史資料》第 2 輯，第 458 頁。
105 瑜亮：《孔祥熙》，第 102 頁。

是，戰前海外僑匯，平均每年 3 億—4 億元，為中國外匯收入之大宗。抗戰爆發後，為便利僑胞匯款，財政部先函令中中兩行設法在海外增設分行，並委託國外其他銀行代收匯款，繼又責成中中兩行與閩粵兩省銀行及兩省僑批業、郵政儲金匯業局等，組成僑匯收兌金融網，[106] 令中行總其成。此舉不僅充分便利僑胞匯款回家，充實法幣準備，復可集中僑匯，支持抗戰。

1941 年初，上海匯率更形疲軟，情勢堪憂，靠原有的平準基金難以為繼。英國又於 4 月再提供 500 萬英鎊，在華盛頓簽署中英新平準基金協議，設立新的基金，但須在上海、香港維持匯率穩定。[107]同日中美也在華盛頓簽署協議，美方提供 5000 萬美元，中國政府提供 2000 萬美元，共同設立中美平準基金。後依據蔣介石的意見，中英、中美兩基金合併為中英美聯合平準基金。三國議定基金委員會設委員 5 人，中方為陳光甫、席德懋、貝祖貽，美方為福克斯（A. M. Fox），英方為霍伯器（E.L.Hall.Patch），陳光甫擔任主席。決定外匯政策的機關完全由中方人員組成，由蔣介石主持。[108] 總計第一次中英平準基金，動用 274.6 萬鎊，1941 年第二次中英平準基金，動用 287 萬餘鎊。1941 年中美平準基金實際動用 1000 萬美元。[109]

戰爭對任何交戰國財政經濟之破壞摧殘，均難以估計。欲在戰亂中維持貨幣的穩定，本屬極其艱困，甚至可說是不可能的任務，尤其在尚未具有健全金融體系的中國。[110]抗戰爆發初期的 21 個月，法幣發行尚稱穩定。1938 年 10 月武漢、廣州相繼失守，沿海沿江經濟精華區陸續喪失，國民政府撤守的後方，除少數城市外，大部分為落後貧窮的農牧地區。以這樣落後的經濟形態，支持消耗極大的近代戰爭，財政之困絀可想而知。經歷多年的苦戰，其他籌款辦法如增稅、募捐與舉（公、外）債、吸收存款等，收效甚微，國民政府於是鋌而走險，陷入濫發鈔票的陷阱中。換言之，抗戰中後期起改採以發鈔為主的戰時財政政策後，國民政府用盡辦法仍無法彌補大量財政赤字，唯一快速

106　〈孔祥熙在國民黨五屆五中全會上的財政工作報告〉，《民國檔案》2006 年第 1 期。
107　參見 Arthur N. Young, *China and the Helping Hand, 1937-1945* (Cambridge: Harvard University Press, 1963), pp. 182-187.
108　〈宋子文致蔣介石電〉（1941 年 1 月 24 日），《蔣中正總統檔案・革命文獻・對美外交：財經援助（一）》：002-020300-00030-054-001x。
109　吳景平：〈美國和抗戰時期中國的平準基金〉，《近代史研究》1997 年第 5 期。
110　參見卓遵宏〈孔祥熙的財政觀〉，《近代中國歷史人物論文集》，中研院近代史研究所，1993，第 304—312、377—378、416—417 頁。

簡便的辦法，就是增加貨幣發行量來補救。戰時負責規劃及指揮金融與經濟的四聯總處，即為此籌謀穩定法幣措施，首先於 1940 年 3 月制定《經濟三年計畫》與《金融三年計畫》，4 月再制定《經濟三年計畫實施辦法》與《金融三年計畫——二十九年度實施計畫》。四聯總處預計三年內國庫虧短將達法幣 105 億元，除以增加稅收、公債、募捐來補救外，只得增發法幣 60.5 億元。而《金融三年計畫》則以穩定法幣、調節法幣流通額、防止通貨膨脹與設法緊縮開支、穩定外匯與嚴防敵偽破壞貨幣經濟為鵠的。戰時開源往往可望而不可即，因而政府仍冀望以調節法幣流通額來彌補，1940 年度擬推廣法幣在內地的流通額，相當於增發 8 億元，推行小額幣券 4 億元，保持法幣在華北、華中、華南游擊區的流通額約 15 億元。[111] 經此努力，1940 年底以前，法幣發行量雖增加甚多，但尚未失控。

1941 年以後，法幣發行量劇增，幣值下跌，物價也隨之急漲，出現嚴重的通貨膨脹。1941 年 2 月，羅斯福特使居里（Laughlin Currie）訪問重慶時，建議貨幣由央行統一發行。[112] 蔣介石也認為此時再不補救，局勢將不可收拾。3 月蔣令四聯總處加強「限制四行發行鈔券，改由央行統一發行」，稱此為最急要務，須限期完成。[113] 11 月蔣接見美財政部代表柯克朗（H. M. Cochran），特別強調，抗戰以來「軍事方面並無危險，當可操勝算，經濟方面危機日迫」，而「經濟崩潰危險較軍事為烈」，希望美國給予貸款，並稱貸款將存於美國，指定為平準匯市補充基金，使民眾心理上對法幣有信仰。[114] 1941 年財政部與央行、四聯總處會商，先後擬具《統一發行辦法》與《統一發行實施辦法》等。

1942 年 5 月，四聯總處理事會通過《中中交農四行業務劃分及考核辦法》，確定央行主要業務為集中發行鈔票、統籌外匯支付、調劑金融市場等。7 月 1 日頒布的《統一發行辦法》規定：自即日起，所有法幣之發行統由央行集中辦理。其他三行所有法幣，亦移交央行發行。各省銀行或地方銀行發行之

111　見〈金融三年計畫——二十九年度實施計畫〉（1940 年 4 月 9 日），《四聯總處史料》（上），第 158—162、174—177 頁。

112　〈居里致蔣委員長〉（1941 年 3 月），秦孝儀主編《中華民國重要史料初編　第三編戰時外交》（1），第 602—603 頁。

113　《四聯總處史料》（中），第 47 頁。

114　周美華編注《蔣中正總統檔案‧事略稿本》第 47 冊，「國史館」，2010，第 426—427、437—441 頁。

小額紙幣，由央行接收，不得繼續發行。該辦法重新劃分任務：（1）中行業務主要為發展與扶助國際貿易、辦理與國際貿易有關事業的貸款及投資、經理政府國外款項的收付、經辦進出口外匯及僑匯等；（2）交行業務為辦理工礦、交通與生產事業的貸款及投資等；（3）農行業務為辦理土地金融、農業生產貸款與投資、合作事業的放款等。三行業務均受央行委託執行。[115]至此三行發鈔權全被取消，實行貨幣統一發行與四行專業劃分，現代的央行制度及政府銀行體系至此方告確立。

財政部隨後又頒行《中央銀行接收省鈔辦法》，以集中整理地方券鈔，由是央行可收回所有銀行的貨幣。各省與地方銀行奉令一年後，已發行鈔券與準備金90％以上繳央行。[116]至1942年底，接收各行貨幣工作完成。故中國法幣由央行統一發行，事實上1943年才實現。[117]據財政部統計，央行共收回中行貨幣3億元，交行1.37億元，農行1.27億元。[118]這是有史以來中國第一次統一紙幣，法定紙幣遂通行全國。[119]

1942年羅斯福特使威爾基（W. L. Willkie）訪問重慶。事後他在《天下一家》中寫道：那時重慶物價比戰前增高5—60倍，每月上漲率約為10％。[120]物價高漲是因法幣擴大發行，尤其1939年以後增發額占銀行墊款的比重越來越大，最低為76.6％，最高竟然超過100％，都遠超過1937—1938年的25％。（參見表17-1）

表17-1　1937—1944年法幣增發額占國家銀行墊款的百分比

財政年度	法幣增發額（億元）	國家銀行墊款（億元）	前者占後者的百分比（％）
1937—1938	3	12	25.0
1938年下半年	6	9	66.7
小計	9	21	42.8

115　《中華民國史檔案資料彙編　第五輯第二編　財政經濟》（3），第22頁。
116　《中華民國貨幣史資料》第2輯，第349—350頁。
117　陸民仁：〈抗戰時期的經濟與財政〉，載秦孝儀主編《中華民國經濟發展史》第2冊，近代中國社，1983，第697頁。
118　《中華民國貨幣史資料（1924—1949）》第2輯，第336—346頁。
119　張公權：〈中國貨幣與銀行的朝向現代化〉，載薛光前編《艱苦建國的十年》，正中書局，1971，第166頁。
120　轉引自吳相湘《第二次中日戰爭史》（下），綜合月刊社，1974，第847—848頁。

1939	20	23	87.0
1940	36	38	94.7
1941	72	94	76.6
1942	193	201	96.0
1943	410	409	100.2
1944	1141	1401	81.4
小計	1872	2166	86.4

資料來源：楊蔭溥著《民國財政史》，中國財政經濟出版社，1985，第163頁。
說明：（1）1938年度因改歷年制，故1938年度只含7—12月。（2）1938年下半年、
1939年、1943年所占百分比重新計算訂正。

由於法幣發行量大增，物價不斷上漲，使財政更趨困難，形成了通脹與財政的惡性循環。抗戰雖獲最後勝利，但是國家的總體經濟與建設力量幾乎破壞殆盡，留下的是殘破家園、饑民遍地、滿目瘡痍與嚴重的通脹。[121]百廢待舉尤以整頓貨幣最為急迫，堪稱經濟建設之首要任務。然而尚未生養休息，又捲入更激烈的內戰，且國民黨軍接連失利，各種改革措施難以施展，戰費來源只能靠發行法幣，物價持續上漲。從1946年3月至1947年2月，政府開放外匯市場並拋售黃金、美元，企圖收回法幣，緊縮通貨，以維持法幣幣值，緩和物價上漲。但拋售黃金及外匯收回的法幣與增發的法幣額相比，不過是杯水車薪。[122]

原本抗戰末期，美國許以黃金援助以解決通貨膨脹問題，遂有黃金儲蓄辦法的頒布，以儲蓄一定數額的法幣可換回黃金若干的方法，期以收回過度發行的法幣。1947年2月馬歇爾調處失敗離華，美援貸款無著，龐大的財政赤字使物資匱乏、物價飆漲，通貨膨脹日甚一日，加上國共局勢大逆轉，促發金價猛漲，民眾搶購黃金，引起「黃金風潮」。[123]其間總計拋售黃金達353萬兩，占庫存黃金的60%，回籠法幣9989億元。[124]政府黃金已近枯竭，不得不停止拋售。此後通貨膨脹勢不可當，法幣的發行量至1948年8月上升到

---

121 趙蘭坪：《通貨外匯與物價》下冊，作者自印，1944，第458—471頁；王璧岑：《通貨膨脹論》，商務印書館，1948，第17—23、27頁。
122 參見「教育部建國史編委會」主編《中華民國建國史》第5篇（3），「國立編譯館」，1990，第1180頁。
123 秦孝儀主編《中華民國經濟發展史》第2冊，第156頁。
124 《法幣、金圓券與黃金風潮》，第156頁。

604.6 兆元，三年間增加近 109 倍。原先發行的黃金儲蓄也無法兌現，由是失信於民，人心浮動，[125] 反政府的運動更形激烈，國民黨已無力掌控社會。由表 17-2 可見，抗戰結束後，法幣發行累積額令人忧目驚心。

表 17-2　1945—1948 年法幣發行累積額

單位：億元

時間	法幣發行額	備註
1945 年 8 月	5569	吳岡本
1945 年 12 月	10319	賈士毅本
1946 年 6 月	21170	賈士毅本
1946 年 8 月	23761	吳岡本
1946 年 12 月	37261	賈士毅本
1947 年 6 月	99351	吳岡本
1947 年 8 月	136974	賈士毅本
1947 年 12 月	331886	賈士毅本
1948 年 6 月	2625353	賈士毅本
1948 年 8 月 19 日	6046428	改用金圓券前夕。賈士毅本
1948 年 8 月 21 日	6636946	吳岡本

資料來源：吳岡著《舊中國通貨膨脹史料》，上海人民出版社，1958，第 96 頁；賈士毅著《民國財政史》第 3 編（下），臺灣商務印書館，1962，第 790 頁。

由表 17-2 可見，抗戰勝利後三年，法幣發行額增加了 1190 倍，較戰前則增加了 47 萬多倍，法幣膨脹的危機，實已至不可收拾的地步。全國人心惶惶，工商交困，物價波動愈大，週期愈短，進而推演成更嚴重的惡性通貨膨脹。法幣信用已回天乏術，國民政府不得已決定以金圓券替代法幣，1948 年 8 月 19 日公布財政緊急處分令，其要旨如下：（1）即日起以金圓為本位幣，每圓之法定含金量為 0.22217 公分，由央行發行，十足準備，十足流通使用，發行總額以 20 億元為限。（2）法幣及與東北流通券停止發行，並限期收兌；分別以 300 萬元與 30 萬元折合金圓 1 元，限於 1948 年 11 月 20 日以前兌換。（3）金圓券，分為 1 元、5 元、10 元、50 元、100 元五種；輔幣為角與分，10 分為 1 角，10 角為 1 元。（4）人民持有之黃金、白銀、銀幣及外國幣券限期收兌，逾期任何人不得擁有。[126]

125　參見《蔣介石日記》，1945 年 4 月「反省錄」、1947 年 2 月 12 日。
126　節錄〈金圓券發行辦法〉、〈人民所有金銀外幣處理辦法〉條文，參見吳岡《舊中國通

重新發行新貨幣取代舊貨幣，如果新貨幣的發行量和發行準備能夠維持一個合理比例，或許可以重新建立金融秩序。然而金圓券發行之初，雖嚴格限制 20 億元發行額度，但是面對迅速擴大的財政赤字，發行額很快就完全失控，民間對金圓券也毫無信心。至 1949 年 5 月 23 日，國民政府不得不停止發行金圓券，時金圓券發行額已高達 1095000 餘億元，以 1948 年 8 月底發行 5.44 億元為基數，膨脹了近 20.12 萬倍，[127] 物價則膨脹 128 萬倍。[128] 1949 年 5 月底，中共軍隊占領上海，經濟瀕臨崩潰邊緣，金圓券更窒礙難行，各地紛紛以銀元代替流通，廣州更以港幣為計算單位。1949 年 7 月 2 日，代總統李宗仁公布《銀元及銀圓兌換券發行辦法》，規定以銀元為國幣單位，以 1 元為本位幣，恢復銀本位制。每 1 銀元含純銀 23.493448 公分，十足準備，以 1 銀圓券等於 5 億元金圓券收兌，十足兌現。[129] 時國庫調撥困難，銀圓券兌換工作推展不順利，人民多心懷恐懼，時常發生擠兌。一旦人民對貨幣喪失信心，貨幣制度便瀕於崩潰。至 1949 年 12 月初，國民黨政府撤離大陸，銀圓券也告終結。

四、法幣制度的歷史地位

國民政府成立後，先為金貴銀賤所苦，隨後又因長江大水災、九一八事變及「一·二八」事變相繼發生，深深影響沿海精華地區的貨幣信用，人民紛紛收藏更具實質的銀兩，拋出銀元。上海銀錢業也要求內地錢莊以現金清帳，上海存銀量遂大增。上海因銀元量多，價格趨軟；內地則因經濟蕭條，銀元需求量也減少，價格跌落。洋釐暴跌，商民遂收藏銀兩，拋出銀元，市面銀兩幾已絕跡。市況如此，影響國家財政經濟，形勢予人改革良機。1933 年 3 月，財政部公布先從上海試辦廢兩改元，以挽救市場危機。由於上海進行順利，財政部旋宣布自 4 月 5 日起，全國實施改元，白銀一律收歸國有。支配國人千餘年的銀兩制度至此廢除，從而使國內貨幣漸趨於統一，在便利交易與社會經

貨膨脹史料》，第 100—105 頁；賈士毅《民國財政史》第 3 編（下），第 791—792 頁。

127　《財政金融資料輯要》第 7 篇，第 30—31 頁；賈士毅《民國財政史》第 3 編（下）第 802 頁記：至 1949 年 6 月底，金圓券發行額為 130 萬億元；而季常佑《金圓券幣史》（江蘇古籍出版社，2001）第 198—199 頁則記為 679459 億元。

128　參見吳岡《舊中國通貨膨脹史料》，第 154—173 頁「上海與重慶重要商品、生活必需品躉售、生活必需品物價指數表」。

129　參見賈士毅《民國財政史》第 3 編（下），第 791—792 頁。

濟發展上均具積極作用，奠定了實施法幣政策的初基，是中國幣制現代化的先聲。

廢兩不久，美國實施購銀政策，國際銀價暴漲，國內存銀大量外流，市面銀根奇緊，商民苦於缺乏交易中準，購買力急遽下降，經濟蕭條，加以中國貨幣的被迫升值，嚴重打擊了出口貿易，工商企業與銀錢業周轉不靈，停業倒閉所在皆是。為避免經濟崩潰，國民政府於 1935 年 11 月 4 日實施「緊急安定貨幣金融」辦法，明定「以中、中、交三行所發行之鈔票為法幣。所有完糧納稅，及一切公私款項之收付，概以法幣為限，不得行使現金」，一般稱之法幣政策。法幣政策是借助形勢而將符合時代潮流且夢想已久，又遲遲不敢落實的舉措一舉實行，其後更在萬分艱辛的抗戰中，繼續完成統一發行的現代貨幣制度。法幣政策不僅為挽救一時之難，在引導國家幣制現代化，健全國家財政與復甦經濟、繁榮社會、樂利民生上也都深具貢獻。

國民政府因實施法幣政策而獲得總攬全國貨幣的發行與收繳權，借此充分掌握現金和集中貴重金屬金銀等，以此向國外購買軍火，這也預籌即將面對的戰時通貨不足、財政失衡等問題。及七七事變爆發，國民政府決心抗戰，其中重要關節即在有無靈活的貨幣制度，來支撐金融財經的應變能力。事變後第三天，蔣介石密令將上海各銀行庫存白銀與鈔票，從速移運後方。若不行紙幣則白銀無法集中移運，政府也無財力抗戰。事實上，抗戰一爆發，國用即感嚴重不足，每年國家的各項收入只占總支出的 1/4 強，其餘的近 3/4 只好發行法幣借墊彌補。抗戰的第一年，銀行及民間企業或海外尚有部分彌補資金，其後就全靠擴大發行法幣來因應。[130]

一般人很難察覺法幣密切了民眾與國民政府的關係。敏銳的日本經濟學者木村增太郎 1938 年即指出：「法幣已使中國民眾與其政府，結成不可分割之強固連鎖矣！中國民眾為維持其所有之法幣價值計，更非絕對擁護國民政府不可。」「今日中國民眾對於以國民政府為背景的法幣，一定會有：倘若國民政府崩潰，法幣或許要變為廢紙的感覺。貨幣可以當作生命，民眾……自不得不去擁護國民政府，國民政府於此便有了權威。總之，國府與中國民眾是由法

---

130 詳見卓遵宏〈抗戰爆發後穩定法幣的應變措施──對照檔案看歷史（1937—1939）〉，中國社會科學院近代史研究所民國史研究室編《一九三〇年代的中國》上冊，社會科學文獻出版社，2006，第 354—369 頁。

幣而結合著，這也就是蔣氏所以能夠一直高叫著抗日的根本要素。」「國民政府實行貨幣制度的根本改革……是引起這次中日事變的根本要素，我以為萬一貨幣制度改革失敗，此次事變絕不致發生。」其結論是「中國無 1935 年之幣制改革，則無 1937 年之抗戰」。[131] 美籍財政顧問楊格則指出：「1935 年幣制改革是一個決定性的轉捩點，它成功地穩定外匯率，並制止通貨緊縮，因而為經濟注入新的力量，加強對未來的信心。」[132]

　　一些國人對此也有清醒的認識，與木村增太郎同時，中國經濟學家方顯廷指出：「（法幣使）垂危之我國金融界幸得賴以維持。」[133] 蔣介石於 1941 年第三次全國財政會議致辭：「到如今抗戰已經四年，不僅國家財政沒有什麼危險的現象，而且只有一天一天地健全穩固……財政之所以尚能維持到如此程度者，就是由於法幣政策之成功。」[134] 1943 年參謀總長何應欽也指出：「戰爭開始之時，敵人預料我們最多只能支持一年半載……殊不知此後在財政方面意外的堅強……能供應無缺，不虞匱乏，這才使我們的軍事行動穩定下來。要之現代……戰爭所需無一不賴財政之維持，戰爭之勝負，視財政有無辦法。」[135] 陳光甫也說：「抗戰之成在於法幣，若無法幣，必更艱難。」[136]

　　戰後研究金融的學者也多充分肯定法幣政策，如旅美著名經濟學者劉大中評論說：「中國後來能在 1937—1941 年單獨抵抗日本的侵略，貨幣改革有重大的貢獻。」[137] 當代學者戴建兵認為：「抗戰初期的法幣是中國人民奮起抵抗侵略，與敵進行殊死搏鬥的經濟、貨幣戰的主力……支持政府的重要經濟武器。」綜上，可清楚得知，國民政府因見法幣情況良好才敢奮起抗戰，民眾則因見政府不惜代價維護法幣才堅定保存法幣。全國從淪陷區到偏遠落後的山區均能一體認同法幣，支持抗日戰爭，政府才得堅持抗戰。

131　木村增太郎：〈法幣與日圓在中國：日本經濟學者評論我國法幣絕對成功〉（上、下），重慶《時事新報》1939 年 2 月 27、28 日；另參見徐日洪〈上海的法幣〉，重慶《大公報》1942 年 9 月 16 日。

132　〔美〕楊格：《一九二七至一九三七年中國財政經濟情況》，第 456 頁。

133　方顯廷：〈統制經濟與中國〉，《中國經濟研究》上冊，商務印書館，1938，第 59 頁。

134　第三次全國財政會議祕書處編《第三次全國財政會議彙編》，學海出版社影印版，1971，第 10 頁。

135　瑜亮：《孔祥熙》，第 245 頁。

136　陳光甫：〈五十年來之中國金融〉，中國通商銀行編《五十年來之中國經濟——中國通商銀行創立五十周年紀念冊》，文海出版社影印版，1973，第 36 頁。

137　見 Paul K. T. Sih ed., *The Strenuous Decade: China's Notion-Building Efforts, 1927-1937*, p. 168.

　　法幣制度原屬完備合宜的現代幣制，卻被日本侵略、戰時破壞而未發揮應有的功效，反而因其發行具有的彈性，成為通貨膨脹的元兇。戰時及戰後由財政拖累貨幣，造成惡性通貨膨脹，此為近代世界史上屢見不鮮之事。例如第一次世界大戰中，德國出現惡性通貨膨脹，戰後的 1923—1924 年則達到最嚴重的惡性通脹，1922 年最高的貨幣面值是 5 萬馬克，1923 年則為 1 百兆馬克，在最嚴重的時候，800 億馬克幣只能兌換 1 美元。前車可鑒，從法幣政策實施之日起，國民政府即設法維持法幣的穩定與信譽，並為此汲汲尋覓國外貸款援助。

　　這也是英美等國能夠在面對戰爭衝擊時伸手援助的重大理由。因為貨幣的穩定與信譽，不只是維繫中國人心士氣的根源，也是維繫國際商務貿易的要件。抗戰前期法幣的穩定，與中外平準匯兌基金的大力支撐有著密切關係；及抗戰中後期法幣匯價無法穩定，法幣的信譽與幣值遂如江河日下，一瀉不可收。戰後貶值的法幣及後繼的金圓券、銀圓券，使國家機體與民心一蹶不振，終至政權易手。

第十八章　近代中國銀行業的變遷：以官商互動為中心

中國銀行業近百餘年的發展，是整個社會轉型進程的重要組成部分，在金融史的著作中占有很大的比重；[1] 在經濟史的著作中，也或多或少都有提到。本章將梳理自鴉片戰爭以降百來年中國本國銀行業變遷的基本脈絡，著重相應的制度構建，剖析銀行業變遷中的官商之間、政商之間的互動博弈關係。

一、晚清近代銀行業的興起

通常認為，民國以降中國金融業形成了三足鼎立的格局：錢莊、外商銀行和華資銀行。

錢莊作為本土經營性金融機構，其產生可以追溯到明中葉。[2] 在上海，根據確切文字記載，錢莊在清乾隆年間已經形成獨立的行業。[3] 說到銀行，雖然清前期在廣州已有稱為「銀行」的行業，並有其同業組織「忠信堂」即銀行會館，[4] 但本質上依然是本土舊式金融機構。一方面，錢莊在中國早期工業化進程中的邊緣化和解決政府財政金融危機方面的無可作為，極大地突顯了華資新式銀行業應勢而生的客觀必然性；另一方面，錢莊又是華資銀行業（尤其是政

---

* 本章由吳景平撰寫。

1　中國內地第一部系統敘述自古至今中國金融演變的通史類研究著作，為李飛、趙海寬、許樹信、洪葭管主編的 6 卷本《中國金融通史》，中國金融出版社 2003—2008 年陸續出版。其中第 2—5 卷涵蓋了 1840—1949 年這一時段。

2　明神宗萬曆五年（1577），右僉都御史龐尚鵬曾奏准「設立錢鋪，以市鎮中殷實之家充任」。引自張國輝《中國金融通史》第 2 卷，中國金融出版社，2003，第 15 頁。

3　「蓋自乾隆至今，垂二百年，斯園閱世滄桑，而隸屬錢業如故。」見《上海錢莊史料》，上海人民出版社，1960。

4　參見楊端六《清代貨幣金融史稿》，三聯書店，1962，第 365 頁。

府銀行之外諸多商業銀行）賴以建立人際關係網路和形成市場網路方面重要的本土資源；而在 20 世紀二三十年代金融業與政府的互動中，錢莊業與銀行業互為最密切的奧援，以至於「銀錢業」成為一個固定的常用詞。

在中國，最早出現的作為近代意義上的新式金融機構銀行，是外商銀行。第一次鴉片戰爭結束不久，英商銀行便率先登陸中國，以後各國銀行紛紛進入主要口岸城市，在華洋貿易、對華貸放、吸收高端階層存款，以及在證券、保險、金銀和外匯行市、國際匯兌等業務方面，確立了主導性甚至壟斷性的地位，給中國本土金融業帶來很大的衝擊和激烈的甚至生死意義的競爭。應當說明的是，自 1845 年英國在香港設立麗如銀行，到 1897 年出現第一家中國人自辦銀行，50 多年時間裡在華外國銀行已經達 20 餘家。近代在華外商金融機構應當被看作完整意義的中國金融業的組成部分，其在中國市場上攻城掠地、所向披靡，既是中外關係領域不平等關係、列強在華種種特權和勢力範圍使然；但外商銀行獨立於洋行開拓新市場的進取精神，以及在資金的獲取和運用、新業務新市場的拓展培育、國際化等方面不容爭辯的優勢，是刺激與催生華資新式銀行業的因素之一，並且是華資銀行業基本制度建構和經營管理的主要借鏡，甚至在某些領域是重要的合作夥伴。對於不同時期、不同情況下的外資銀行的作用，特別是與華資銀行業的關係，應做客觀、具體的分析和評價。

作為國人自辦的第一家新式銀行——中國通商銀行，是在 1897 年才正式問世的。但早在 1846 年，魏源在《海國圖志》中便簡要介紹了英國的銀行制度並竭力推崇。太平天國後期，洪仁玕提出過「興銀行」，容閎也提出創立銀行制度的建議。到了甲午戰爭前夕，早期維新派的代表人士鄭觀應在其著名的《盛世危言》中，有「銀行」專章，詳述近代銀行的職能、作用、資金來源、業務、鈔券發行等基本方面。而在 19 世紀七八十年代興辦洋務企業的高潮中，國人已有自辦銀行的計畫和籌備活動。

1876 年春，《申報》曾刊出一則簡訊，稱洋務企業家唐廷樞向福建巡撫丁日昌提出「由中國糾聚股份設一大銀行，在東洋各埠及英京倫敦亦設分行」。值得注意的是緊接著上述簡訊的評語：「此信確與否，固尚未悉，惟商客無銀行往來，生意必不能暢行。前聞廣商議出三十萬銀設一生意公司，以走東西兩洋，如無銀行以濟其後，則華商於客地或有所需，將何以設措耶？至

若外國銀行，既非熟識，自難予求予取。」[5] 可見，當時已經把開設華資銀行與商人的異地甚至海外經商聯繫在一起了。稍後的報導把唐廷樞向丁汝昌提議設立的銀行稱之為「中國銀行」，香港的西文報紙刊有所擬章程，額定股本為200 萬元。不久，關於華商擬設銀行又有進一步的消息：「前述華商擬設銀行一舉，茲聞已議章程，資本共二百萬元，分作兩萬股，每股百元，先付十元，次付四十元，終付五十元，限十閱月付清，並不准西商入股云。其總行設在廣東，至香港、上海、汕頭、福州、天津等處，亦將逐次開設也。」[6] 這裡已經比較具體提到了開設銀行要採取召集股本的方式、分期逐次繳齊股款、僅限國人認股的規定。

1877 年，又有報導稱「華人擬在天津設一銀行，計本銀共 30 萬兩」，「由招商局人司理其事」。1882 年，亦有關於華人「欲在上海仿照西法開一大銀行」，「廣幫商人之富裕者可糾以入股」的報導。[7] 儘管相應的銀行並未隨即設立經營，但體現了本國資本工商經濟的發展和資本集聚，正呼喚著華資銀行的誕生。

1882 年，《申報》還刊登了一份實質是官督商辦「有限國家銀行」的章程，主要內容為，招股 1000 萬關平兩，分為 10 萬股；盡照洋商公司章程辦事，總局設北京，上海分設總局，各地設分局；國家向各總分局簡派京外大員督辦，經股東推舉、督辦查核產生總辦；主要業務包括經辦國家借款國外購貨出洋官員廉俸等匯兌、代理國庫收支、代理各省官款收發、收存海關收入、開具銀票等。[8] 這一章程體現的觀點有：通過招股開辦國家銀行，而非動用國家庫款；實行股份化的公司制度而非政府機構；國家委派大員督辦銀行開辦；銀行高層管理人員由股東推選、官派大員認定；各層次各種用途的官款均可由銀行經理。

甲午之役中國戰敗後，浩大的軍費開支尤其是巨大的賠款負擔，使得清政府上下意識到，單憑財政手段和傳統金融模式，已經無法維繫財經運作，遑論產生新的收入，必須從幣制金融領域探尋變法自強大計。自光緒二十一年

5　〈中國擬設銀行〉，《申報》1876 年 3 月 18 日。
6　〈華商新設銀行紀略〉，《申報》1876 年 5 月 20 日。
7　引自張國輝《中國金融通史》第 2 卷，第 295—296 頁。
8　〈謹擬有限國家銀行章程恭呈憲覽〉，《申報》1886 年 1 月 27 日。

（1895）閏五月清廷發布令各省籌擬變法自強的上諭之後，不斷有奏摺論及設立新式銀行。如順天府尹胡燏棻當月即上變法自強折，提出了從中央到地方設立「官銀行」的主張：「於京城設立官家銀行歸戶部督理，省會分行歸藩司經理，通商碼頭歸關道總核。」銀行業務主要為印行鈔票、辦理軍餉官俸之出入授受及查核、放款、押款，並指出了用人必須按照西法，用商務之章程，杜官場之習氣，慎選精明廉潔之人，綜計出入。[9] 當年底，御史張仲炘提出的《請發鈔票鑄銀元設銀行》的奏摺中，除了「在京先設官銀行，凡各省會暨通商口岸俱一律分設」的主張與胡燏棻的奏摺相同外，對於銀行的基本制度和業務範圍有較具體的設想：京直各省之公款，向之存於官銀號及錢店者，均令改存銀行；各省銀錢應歸併銀行鑄造；發行鈔票於本銀外只准多開三成；一切捐繳支發之項，概以銀錢搭半；銀行章程仍仿商辦，所有官銀號、匯票莊可勸令合入銀行，並成大股；先撥銀四五百萬作為鐵路官股，由銀行廣招商股，逐漸興築；軍務或大工程可向銀行借用，照例計息，無須仰給外人；參考泰西銀行章程，斟酌妥善，以期有利無弊。[10] 縱觀該奏摺，主要以新式銀行統領原由官商舊式金融機構承擔的業務，乃至將這些機構整合入銀行之內，改變政府在舉借債務方面對外資銀行的仰賴，同時在制度構建方面強調仿行商辦和參考西方銀行。稍後，恭親王奕訢和戶部尚書敬信等奉旨查核張仲炘的這份奏摺時，雖然對於奏摺各項具體條款的可行性不無質疑，但總的結論是提議「特簡大臣承辦」設立官銀行，「當於承辦之先，博考西俗銀行之例，詳稽中國票號之法，近察日本折閱復興之故，遠征歐美顛撲不破之章，參互考證，融會貫通，擬定中國銀行辦法，諮會籌商妥定，即由戶部指撥專款，請旨開辦。」[11] 這些關於設立新式銀行必要性的認識，是此後盛宣懷著名奏摺中關於設立銀行主張的前聲。在朝廷重臣之中，通過開設新式銀行而擺脫財經困境和相應整理幣制，已經不是個別人的孤立主張，而是清廷內部相當程度上的共識。

　　光緒二十二年九月二十六日，洋務企業重要代表、時任督辦鐵路事務大臣盛宣懷在《條陳自強大計折》中，具體提出了設立「商辦銀行」的主張：

　　　　銀行昉於泰西，其大旨在流通一國之貨財，以應上下之求給。立法既善

9　中國人民銀行總行參事室編《中國近代貨幣史資料》第 1 輯（下），中華書局，1964，第637 頁。
10　《中國近代貨幣史資料》第 1 輯（下），第 641 頁。
11　《中國近代貨幣史資料》第 1 輯（下），第 641—642 頁。

於中國之票號、錢莊，而國家任保護，權利無旁擾，故能維持不敝。各國通商以來，華人不知務此，英、法、德、俄、日本之銀行乃推行來華，攘我大利。近年中外士大夫灼見本末，亦多建開銀行之議。商務樞機所繫，現又舉辦鐵路，造端宏大，非急設中國銀行，無以通華商之氣脈，杜洋商之挾持。議者謂國家銀行，當全發幣本，簡畀大官，通行鈔票，由部造發，如英法等國，財賦皆出入於銀行，是戶部之外府也。然中外風氣不同，部鈔殷鑒未遠，執官府之制度，運貿易之經綸，恐窒礙滋多，流弊斯集；或致委重洋人，取資洋款，數千萬金，咄嗟立辦，其詞甚甘，其權在彼，利害之數未易計度。——臣惟銀行者，商家之事，商不信，則力不合；力不合，則事不成。欲慎始而圖終，必積小以成大。請簡派大臣，遴選各省公正殷實之紳商，舉為總董，號召華商，招集股本五百萬兩，先在京都、上海設立中國銀行，其餘各省會口岸，以次添設分行，照泰西商例，悉由商董自行經理……各省官司向銀行借貸，應照西例，由總行稟明戶部批准，以何款抵還，方能議訂合同。歐洲國債數千百萬皆由銀行籌辦，印發債券，應收年息歸行取付，大信不渝，集事自易。嗣後京外撥解之款，可交匯，以省解費；公中備用之款，可暫存，以取子息；官造銀元，尚不通行盡利者，可由銀行轉輸上下，官得坐收平色之利。銀行用人辦事，悉以滙豐章程為準則。合天下之商力，以辦天下之銀行。但使華行多獲一分之利，即從洋行收回一分之權。並照西例，俟有餘利，酌量提捐歸公，預定章程遵守，商民既交得其便，國家即陰受其益。俟將來官商交孚內外，政法變通盡利，再行籌設國家銀行，與商行並行不悖，庶幾早見措施，以免空言無補。[12]

這段已經被視作近代中國金融史特別是銀行史的經典文句，除了提到新式銀行優於本土傳統的票號錢莊、可資收回被洋商和外國銀行攘奪之利益、有利於發展本國實業特別是修建鐵路外，在官商關係方面，強調了新設之銀行是「商行」、招商股、「悉由商董自行經理」，而非「官銀行」、「國家銀行」，但指出，這一「商行」須得到清廷批准，由「簡派大臣」主持銀行總董之遴選、招集股本和開設總分行；由戶部掌控銀行向地方當局提供借貸的批准權；規定

12　〈盛宣懷奏呈自強大計折附片〉（光緒二十二年九月二十六日），謝俊美編《中國通商銀行》（盛宣懷檔案資料選輯之五），上海人民出版社，2000，第3—4頁。

了銀行經營中的以下利益當歸清廷：節省京外撥款之解費，備用公款子息，銀元流通之平色之利。雖然關於設立本國新式銀行的必要性和迫切性的主張，曾分別為其他有識之士提及，但正是盛宣懷從設新式銀行的主旨到操作層面進行了整合，且與總理衙門、軍機處及其他方面的重要官員溝通，達成基本共識，最後獲得奏准設立。

1897 年中國通商銀行的設立，標誌著華資新式銀行業的產生，可視為中國金融現代轉型的一件大事。朝野有識之士多年呼籲建立本國銀行，屢議屢輟，政府職能部門逐漸形成共識，最終獲得奏准。由此為發端，華資銀行逐漸成為中國金融業的主導性力量。

中國通商銀行的資本和營運資金的來源，體現了官商關係在推動華資銀行業萌生上所起的作用。

通商銀行創立時，額定資本 500 萬兩，先收半數 250 萬兩，1897 年 7 月即實收 2131350 兩，其中輪船招商局和電報局所認股款即達 90 萬兩，盛宣懷本人名下為 73 萬兩，總董張振勳 10 萬兩、嚴筱舫 5 萬兩。可以認為，通商銀行的主要投資者由官督商辦新式企業、盛宣懷等洋務派官僚、部分新式商人三部分所組成。

通商銀行並沒有嚴格意義的官股，但開辦時戶部撥存官款 100 萬兩，規定年息 5 釐，另自 1903 年起每年還本 20 萬兩，於 1907 年底還清。郵傳部在通商銀行也開有存款戶，款額最高時達 248 萬元。此外，從 1897 年到 1911 年，滬寧、京漢、粵漢、華北、汴洛、滬甬杭等鐵路在通商銀行的存款，合計達 547 萬兩。官督商辦企業也在通商銀行有大量存款，如輪船招商局在通商銀行成立後的第一年裡存款達 325 萬兩；仁濟和保險公司存款 40 萬兩，1905 年存款額達 90 萬兩。[13] 上述官款、路款和官督商辦企業的存款，在數額上大大超過一般私人存款，為設立初期的通商銀行的營運提供了主要資金，同時也獲得了可觀的利息收益。通商銀行在資金運用方面，則主要有錢業拆借、工礦業和洋行放款，雖然工礦業放款中官督商辦企業占有較大比例，但總體來看屬於「在商言商」。

中國通商銀行的醞釀籌設以及初期運作，成為爾後中國出現新式銀行業

13　參見張國輝《中國金融通史》第 2 卷，第 309—310 頁。

和相應制度構建的先聲。不久，在清末新政的框架內，先後設立了戶部銀行和交通銀行。

1905 年清政府設立了被定位為「中央銀行」的戶部銀行。[14] 根據戶部擬訂之《試辦銀行章程》，戶部銀行額定資本 400 萬兩，分 4 萬股，戶部認 2 萬股，為最大股東，得派總辦、副總辦各 1 人，另由股東舉理事 4 人。戶部銀行發行之鈔票准予公私出入款項一律通用；一切庫款官款，均准以該行紙幣照繳；各省解部款項並准一體解兌；辦理戶部出入之款項；戶部銀行有整齊幣值之權。1908 年戶部改為度支部後，戶部銀行改為大清銀行，資本總額增至 1000 萬兩，官股占比例亦為 50%。根據奏准的《大清銀行則例》，進一步明確大清銀行享有如下特權：代國家發行紙幣，經理國庫及公家一切款項，代國家發行新幣。大清銀行由度支部簡派正監督、副監督各 1 人，另由股東總會公舉理事 4 人，呈准度支部派充；各分行總辦由銀行呈准度支部奏派，經理、協理、司賬等員由銀行職員公同選派，呈度支部備案。[15] 總體看來，戶部（大清）銀行是官股占有一半的國家銀行，政府在確立制度章程、高層管理人事、確定特權等方面，有著支配性的定位，承擔著清廷重要的財政與金融職能。

1907 年郵傳部奏准設立了交通銀行，資本最初額定 500 萬兩，郵傳部認股 200 萬兩，占 40%；招募商股 300 萬兩，占 60%，其中以官僚和金融企業界人士為主。根據該行章程，「交通銀行純用商業銀行性質」，「係官商合辦之業」，「官股、商股本無歧異」，但作為「最大股東」的郵傳部派定交通銀行總理和協理各 1 人，專管總分行事；「總理、協理均聽郵傳部堂官命令」；總行、分行均定派總辦 1 人，酌派副辦 1 人，有辦事全權；另由郵傳部派出總稽查 1 人，隨時赴行專司稽查之責。交通銀行被賦予總司京漢路贖路一切存款匯款，經理收發贖路債票、股票之權限，同時擔任郵傳部管理下之輪、路、電、郵各局所存儲匯兌揭借等事。[16] 交通銀行主要人事由郵傳部決定，經營管理亦受郵傳部直接監管。

晚清設立的華資新式銀行，除了中國通商銀行、戶部銀行、交通銀行外，

14　據光緒三十四年正月三十日度支部尚書載澤折：「臣部所設銀行原名戶部銀行，即為中央銀行。」見《中國近代貨幣史資料》第 1 輯（下），第 1044 頁。

15　〈大清銀行則例〉，《中國近代貨幣史資料》第 1 輯（下），第 1045—1048 頁。

16　〈交通銀行奏定章程〉（光緒三十三年十一月初四日郵傳部奏頒），交通銀行總行編《交通銀行史料》第 1 卷，中國金融出版社，1995，第 172—181 頁。

還有 10 餘家，其中較有影響的有：[17]

信成銀行，係無錫籍實業家周廷弼於 1906 年在上海設立，股本 50 萬元，先後於無錫、南京、天津、北京設立分行。

浙江興業銀行，由浙路公司於 1907 年在杭州設立，股本 100 萬元，上海、漢口設分行。

四明商業儲蓄銀行，由寧波籍商人李雲書、虞洽卿等人集股，於 1908 年在上海設立，股本 150 萬兩，漢口、寧波設分行。

浙江省銀行，1909 年由浙江官銀號改組而來，設於杭州，官商合股，1915 年改組為浙江地方實業銀行。

北洋保商銀行，由華洋商人集資 400 萬兩，於 1910 年在天津設立。

廣西省銀行，1909 年由廣西官銀錢號改組而來，設於桂林。

直隸省銀行，1910 年由天津銀號改組而來。

湖南省銀行，1911 年由湖南官錢局改組而來。

殖邊銀行，1911 年設立於天津。

福建省銀行，1907 年原福建官銀號改組為福建官銀行，1911 年改為福建省銀行。

除了上述專門針對國家銀行的《試辦銀行章程》、《大清銀行則例》之外，清政府還於 1908 年頒發了《銀行通行則例》共 15 條，較明確地規定了銀行的業務範圍、申請開設銀行核准註冊的基本程序和申報內容、銀行開業後按期向政府申報資產和收支情況並須向社會公布，但對於銀行開辦資本未設最低限額。該則例還規定，凡是開設店鋪經營所列銀行業務的，無論用何店名牌號，總稱之為銀行，皆有遵守該則例之義務，各地商設票莊、銀號、錢莊等，均須遵例註冊。而對於各省官辦或官商合辦之行號，亦須限期申報註冊，並遵守則例；官辦行號每省會商埠只准設立一所，商辦金融機構的數目則無相應的限制。[18]同年，清政府還頒布了多個關於銀行業的條例，如《銀行註冊章程》、《儲

17　以下見中國銀行研究室編《全國銀行年鑒》（1937 年）；張國輝《中國金融通史》第 2 卷，第 330─335、344 頁。

18　〈銀行通行則例〉（光緒三十四年正月十六日奏准），中國第二歷史檔案館、中國人民銀行江蘇省分行、江蘇省金融志編委會合編《中華民國金融法規檔案資料選編》（上），檔案出版社，1989，第 145─148 頁。

蓄銀行則例》、《殖業銀行則例》。[19] 可以認為，至少在文本上，已經形成了
華資銀行業建制性法規體系的初步框架。

　　在晚清的最後十餘年時間裡，「是時社會經濟環境，對新式銀行之需要，
尚未見迫切。同時票號及錢莊，滿布各地，營業極為發展；外商銀行更挾其經
濟勢力，盤踞於通都大埠，在在予新興銀行以無形之阻力。」[20] 在此環境下，
華資新式銀行業得以萌生和初步發展，已屬不易。如前所述，清廷對於設立新
式銀行必要性的認識並付諸實施，確實滯後於實際需要，加上財政拮据，直到
20 世紀初戶部銀行設立，清廷才開始以庫款作為股本直接開辦官銀行；但是
對於官督商辦企業資本和個人資本進入銀行業，清政府並未設置過高的門檻，
無論是參股政府銀行，還是獨資設立地方性商業銀行。另外，在官商合股的戶
部（大清）銀行和交通銀行中，官股的主導地位和商股權益之間並沒有發生大
的衝突。這既與清政府的合法性資源依然存在有關，也因為當時針對商人和民
間資本的制度安排較為寬鬆。

二、民國北京政府時期銀行業的發展

　　1912 年民國肇興，民族工商業與社會經濟進入近代以來的黃金時期，加
上北京政府的財政需求和內債政策，都為華資銀行業的新發展提供了客觀需
求。

　　北京政府延續了清政府較為寬鬆的民間資本銀行准入政策，明令「仍暫
照前清度支部奏定各種則例及註冊章程辦理。凡有設立銀行號者，仰即轉飭遵
照辦理可也」。[21] 在 1918 年 3 月北京政府財政部編輯之《現行銀行法令輯要》
中，依然列有前述《銀行通行則例》、《銀行註冊章程》、《儲蓄銀行則例》、
《殖業銀行則例》。1924 年北京政府頒布《銀行通行法》，規定銀行資本總
額須達 50 萬元，至少須收足 1/2 以上方能開業。[22] 這也是自晚清以來相關法
規中首次對銀行最低資本額的規定。另外，北京政府時期在幣制與鈔券發行、
銀行與金融管制、證券物品交易和郵政儲金等特種金融方面，頒布不下數十種

19　《中華民國金融法規檔案資料選編》（上），第 148—156 頁。
20　楊蔭溥：〈五十年來之中國銀行業〉，載《五十年來之中國經濟——中國通商銀行創立
　　五十周年紀念冊》，中國通商銀行編印，1947，第 40 頁。
21　〈財政部致京師商務總會令稿〉（1912 年 9 月 18 日），《中華民國金融法規檔案資料選編》
　　（上），第 145 頁。
22　《中華民國金融法規檔案資料選編》（上），第 287 頁。

法規，其中《國幣條例》在國幣單位名稱、重量、成色、輔幣等方面，基本沿用了宣統二年（1910）《幣制則例》的內容，並且基本按照條例的規定鑄發了「袁頭」銀元，發行後受到歡迎，在制度文本和實際流通兩方面體現了銀元的國幣即本位幣地位，這對於當時中國銀行業的經營與市場運作，無疑是穩定因素，也為國民政府時期完成廢兩改元打下了基礎。

進入民國之後，各大商埠「市面日漸恢復，設立銀行號者絡繹不絕」。[23] 1912 年當年新設立華資銀行就有 14 家，直逼晚清設立銀行總數 17 家。從 1912 年至 1927 年，新設銀行總數竟達 185 家。[24] 華資銀行的資本得到迅速增長。1912 年華資銀行資本總額為 2713 萬元，1915 年增至 5197 萬元，1920 年增至 8808 萬元，1925 年增至 16914 萬元，為 1912 年的 6.2 倍。[25] 其中尤其以北四行（鹽業、金城、大陸、中南）、南三行（上海商業儲蓄、浙江興業、浙江實業）兩大區域性銀行群體的崛起，標誌著中國商業銀行（或商營銀行）開始成為銀行業不可忽視的力量。無論政府財政還是新式工礦商貿交通事業，都對其寄予厚望。

北四行的發起人和投資者中，軍閥、官僚的投資占較大比重，如金城銀行的大股東倪嗣沖、王郅隆，鹽業銀行首任董事長張鎮芳；中南銀行的創辦者是南洋僑商黃奕住。北四行並沒有官股，但與北京政府關係較密切。北四行聘請了銀行界知名人士出任總經理，如鹽業銀行的吳鼎昌、金城銀行的周作民、大陸銀行的談荔孫、中南銀行的胡筆江等。北四行的資本額大，業務網點多，重點在北方，吸收了大量存款。在資金運用方面，鹽業銀行偏重公債和外幣債券，大陸銀行較多購買房地產，金城銀行和中南銀行則偏重工業放款和投資。如金城銀行 1927 年的工業放款與鐵路放款合計占放款總額的 40.1%，在實業界有著較大影響。[26] 北四行之間在資金運用、市場開拓和主要業務方面均有合作，特別是四行聯合事務所、四行準備庫和四行儲蓄會的設立及成功運作，是商業銀行之間實質性合作的成功範例，對於增加華資商業銀行在金融市場的份額，擴大對社會各界、各領域的影響，起著重要的作用。

23　《中華民國金融法規檔案資料選編》（上），第 145 頁。
24　參見〈全國銀行年鑒〉（1937 年）；《五十年來之中國經濟——中國通商銀行創立五十周年紀念冊》，第 41 頁。
25　參見洪葭管《中國金融史》，西南財經大學出版社，2001，第 211 頁。
26　參見洪葭管《中國金融史》，第 217 頁。

南三行的投資人主要是江浙籍商人，其高層管理者熟悉財經事務且具有開拓進取精神，如上海商業儲蓄銀行總經理陳光甫、浙江興業銀行總經理徐新六、浙江實業銀行總經理李銘。南三行的業務重點在以上海為中心的長三角地區，尤其關注工商經濟與服務社會。如上海商業儲蓄銀行開設小額帳戶，推行銀兩、銀元並用，銀元存款亦給利息，極大便利了中小工商業者和一般客戶，並設立旅行部，以後發展為中國旅行社。浙江興業銀行總行於 1915 年由杭州遷至上海，其宗旨為振興實業，一向重視對華資工商業的放款投資，工業放款投資始終是各項放款中的重點，涉及範圍包括鋼鐵、機器製造、化工、煤礦、水電動力、紡織、麵粉、造紙、印刷等多個行業。[27] 浙江實業銀行係由原浙江地方實業銀行的商股獨立出來後設立，以上海為總行。浙江實業銀行規模雖然不大，但與外商的業務往來非常多，外資企業存戶有美商慎昌洋行、上海電話公司、上海電力公司、滬西電力公司、英商德士哥洋行、綸昌洋行等。該銀行一直比較重視儲蓄業務，開創了零存整付儲蓄，受到社會各界的歡迎。[28] 南三行之間合作關係密切，如互兼董事監事、互開戶頭、以互相存款方式通融頭寸；互相代理收解；提供擔保品即可隨時透支。南三行不滿北洋軍閥的統治，曾公開支持上海中國銀行抵制停兌令，並支持國民黨發動的北伐戰爭和建立南京國民政府。

辛亥革命的發生摧毀了清朝的統治，起義獨立各省的大清銀行亦受到衝擊，原有的產權結構面臨重整，從而衍生出圍繞民國時期國家銀行的官商關係的博弈。

1912 年南京臨時政府成立後，原大清銀行商股聯合會呈文臨時大總統孫中山，強調「商民固有之權利自未可稍加損失」，要求將大清銀行改組為中國銀行，原有之官股 500 萬兩即行消滅，備抵此次戰爭地點各行所受之損失及一切之濫賬，原商股 500 萬兩一律改為中國銀行股本，定期另換股票。[29] 經孫中山批准後，中國銀行於 1912 年 2 月 5 日在上海開業，由江西省大清銀行總辦吳鼎昌為第一任監督。但是，原大清銀行商股聯合會的要求未及落實，不

27　參見盛慕傑、朱鎮華〈浙江興業銀行的盛衰〉，載《舊上海的金融界》（《上海文史資料》第 60 輯），上海人民出版社，1988，第 111 頁。

28　參見馬炳榮〈浙江實業銀行〉，載《舊上海的金融界》，第 132—133 頁。

29　中國銀行總行、中國第二歷史檔案館合編《中國銀行行史資料彙編》上編（1），檔案出版社，1991，第 1—2 頁。

久南京臨時政府解體，袁世凱政府在北京成立後，同年 5 月原大清銀行商股聯合會向北京政府財政部呈文，提出三種方案：一為商辦，即取消原有官股，換給商股新股票，所欠股利推算加入股本；二為官辦，政府一次還清商股 500 萬兩；三為官商合辦，政府派總裁 1 員，股東公選副總裁 1 員。北京政府財政部決定清理而非改組大清銀行，但沒有按商股會提出一次還清商股 500 萬兩的辦法，而是分 4 年退還商股、分 3 年退還商欠。至 1916 年，共退還商股商欠本息 6656821.84 兩。[30]

北京政府一方面清還原大清銀行商股，另一方面確定重建後的中國銀行的產權制度，宣布中國銀行採取股份有限公司制度，額定股本 6000 萬元，政府認墊 3000 萬元，先交 1/3 即 1000 萬元。然而，北京政府的財政狀況很快陷入窘境，從 1912 年 8 月 1 日起到 1913 年 3 月 3 日，財政部五次向中國銀行撥股款總計才 2930587.16 元，後來到 1917 年 11 月才勉強達到 500 萬元。[31]與此同時，北京政府不得不同意中國銀行於 1915 年、1917 年和 1921 年三次招收商股。最初確定的商股額度為 1000 萬元，由於時局動盪，工商界「人人視投資為畏途，欲求商股募足全額，於勢有所未能」，從 1915 年到 1917 年兩年裡僅收到股款 3643300 元。[32]於是，中國銀行副總裁張嘉璈特赴上海向商業銀行、交易所及各紗廠勸募，結果南三行以及上海證券、金業、麵粉、糧食各交易所，申新、寶成等紗廠反響強烈。北京、天津工商界也增加了認股，至 1922 年共募得商股 1481 萬餘元，使得中國銀行股本總額達到 1976 萬餘元。至於政府官股方面，由於政府財政狀況江河日下，不得不以中國銀行官股作為押品向工商界金融界借款，到期無法償付，只得作價變賣，過戶於債權人。到 1924 年 4 月，500 萬元官股中已經有 495 萬元被抵押轉售，僅剩 5 萬元。[33]一方面是北京政府的「敗家子」財政導致官股商股化，另一方面是商股不斷擴大，中國銀行成立後僅十餘年，實際上已經成為商股占絕大部分的銀行。不過，這一產權性質的轉變得以實現，至少說明北京政府還是尊重市場邏輯的，

30　《中國銀行行史資料彙編》上編（1），第 15—16、39 頁。

31　〈王克敏、張嘉璈至財政總長呈文〉（1917 年 11 月 5 日），《中國銀行行史資料彙編》上編（1），第 83—86 頁。

32　〈財政部呈大總統文〉（1917 年 11 月 12 日），《中國銀行行史資料彙編》上編（1），第 122 頁。

33　〈財政部致中國銀行總管理處函〉（1924 年 4 月 21 日），《中國銀行行史資料彙編》上編（1），第 87—88 頁。

接受了中國銀行商股坐大的現實。

　　中國銀行主要負責人的產生方式也體現了官商之間的博弈。1915 年修正通過的中國銀行則例，明確規定中國銀行總裁、副總裁均由政府簡任，任期 5 年；董事、監事由股東總會選任，任期 3 年。財政部還可以直接派監理官 1 人，監視中國銀行一切事務。[34] 這表明，當政府撥款為資本主要構成部分時，中國銀行最高層人士的產生方式必然直接納入官僚體制，並且隨著政局的變動，中國銀行總裁、副總裁更換頻仍，於行務大有窒礙。與此同時，隨著商股的增加，商股代表的訴求必然也會日益強烈，尤其是要求總裁、副總裁應於理事中產生，與官員任命體制有所區隔。1917 年第二次招收商股期間，官商之間關於總裁、副總裁的產生方式及任期的分歧公開化，最後以政府方面一定的讓步告終，即改為董事、監事由股東總會選任，總裁、副總裁由董事中簡任；總裁、副總裁任期以董事之任期為限，董事以 4 年為一任。至於監理官仍由財政總長派出。[35] 這樣，雖然總裁、副總裁仍然為政府任命制，但相應人選理事身分的規定，使得總裁、副總裁的產生還是離不開股東總會選舉的基礎，商股的權利和意願，畢竟在相關的制度設計中有所體現了。1919 年，北京政府試圖重新控制該行高層人事任命權，由國會通過恢復舊則例的議案。對此，上海中行股東誓不承認國會之決議；漢口、山東、安徽、北京等地的中行股東也一致反對。部分商股甚至要求退還股本，另組商業銀行。在商股權益意識強烈而及時的訴求之下，北京政府沒有選擇的餘地，只好做出讓步，沒有對中國銀行則例進行相應的改動。

　　另一家晚清設立的官商合資的政府銀行交通銀行，進入民國之後，改由北京政府交通部主管。1914 年由大總統頒行的《交通銀行則例》明確股本 1000 萬兩中，40％為原郵傳部官股，60％為商股，營業種類除了一般商業銀行業務之外，被賦予「掌管特別會計之國庫金」、「受政府之委託分理金庫」、「受政府之委託，專理國外款項及承辦其他事件」、「受政府之特許發行兌換券」等特權，[36] 顯然已經具備國家銀行的性質。作為商股始終占多數的政府銀行，

34　〈修正中國銀行則例〉（1915 年 9 月 30 日），《中國銀行行史資料彙編》上編（1），第 115—118 頁。

35　〈修正中國銀行則例〉（1917 年 11 月 20 日），《中國銀行行史資料彙編》上編（1），第 119—121 頁。

36　〈交通銀行則例〉（1914 年 4 月 7 日），《中華民國金融法規檔案資料選編》（上），第

其總理、協理原由郵傳部委派，1914 年改由股東會選出，呈交通部轉財政部存案，幫理由交通部委派。[37]

北京政府時期的中交兩行停兌風波，集中體現了官商之間、政商之間的較量。

1916 年北京政府發出的停兌令，其直接目的是要通過中交兩行的停兌，使得北京政府渡過財政困境。中交兩行開業以來，一方面發行鈔票流通市面，另一方面向政府提供墊款。

民初中交兩行的鈔票發行額本來並不大，中國銀行 1913 年發行額僅 502 萬元，交通銀行 1914 年底的發行額也只有 893 萬元。到 1915 年底即袁世凱「洪憲」登極前夕，中國銀行的發行總額已增至 3844 萬元，交通銀行發行總額也增至 3729 萬元，而兩行鈔票發行的現銀準備均不及發行額的 30%。同時，兩行都向北京政府提供了巨額墊款，1915 年底中國銀行的墊款已達 1204 萬元，交行墊款更高達 4750 萬元，墊款額竟占其全部放款的 94%，占全部存款的 72%。[38]更糟糕的是這些墊款收回無望。在停兌令下達之前，交通銀行曾以「金融萬急，連上三緘」，懇請財政部歸還部分墊款，以解燃眉之急，然而財政部毫無回應，交行也無可奈何。[39]一般說來，如果「在商言商」，銀行發鈔和墊款，屬於常態業務，無可厚非；如果規範操作，風險應在有效控制之下。問題是在北京政府的財經政策下，有著官股和享有「國家銀行」特權的中交兩行，在發鈔和向政府墊款兩方面，來自政令的壓力和盈利預期的誘惑，都是難以抵擋的。

1916 年 5 月北京政府下令中交兩行停兌，直接侵害了兩行鈔票持幣人的權益，兩行如果遵令停兌，必然信譽受損，中國銀行的商股股東和客戶的利益也將受到損害；作為中交官股的直接投資人，北京政府也因中交停兌而透支其信用。

中國銀行上海分行經理宋漢章素以保護商股利益著稱，副經理張嘉璈亦力持維護銀行信用和對客戶負責的理念。收到北京政府的停兌令之後，宋張兩

174—176 頁。

37　中國人民銀行總行參事室編《中華民國貨幣史資料》第 1 輯，上海人民出版社，1986，第157 頁。

38　參見洪葭管《中國金融史》，第 205 頁。

39　《中華民國貨幣史資料》第 1 輯，第 197 頁。

人當即進行緊急磋商，認為如照命令執行，則中國之銀行將從此信用掃地，永無恢復之望。而中國整個金融組織亦將無由脫離外商銀行之桎梏。隨即經過核算庫存和對應付擠兌的能力做充分估計，他們認為足敷數日兌現付存之需，應可渡過擠兌及提存風潮；即使不敷兌現與提存，尚有其他資產可以抵押變現，提供兌現付存準備；縱令竭其所有而仍屬不敷，亦必能邀民眾諒解，明瞭經理人員維持信用，負責到底之苦心，而寄其希望於不受政府非法支配之銀行，足以維護中國金融之生命。因此宋張毅然決定拒受北京命令，照常兌現付存。[40]這一主張得到了上海中國銀行股東的充分肯定。在獲悉國務院停兌令後，上海中國銀行股東聯合會即宣稱：「金融樞紐首在銀行，中央銀行又為銀行之母，此時驟行停頓，則金融樞紐立時破壞，是無異國家宣告破產、銀行宣布停閉，況滬行為中外觀瞻所系，欲自保全必自滬始」，「中央命令萬難服從，滬行鈔票勢難停兌」；[41]並公布五條辦法：由股東聯合會推選監察人到行監察，將全行財產負債及發行準備金移交外國律師代為保管，再由外國律師委託宋漢章、張嘉璈二人繼續營業；所發鈔票，隨時兌現，不得停付；一切本行存款，均屆期立兌；以後政府不得提用款項，一切均按普通銀行營業辦理；將來如逢商家有損失，均由本會向南北政府交涉，歸正式政府承認。[42] 5 月 15 日，上海中國銀行致電國務院、財政部，據理力爭，明確表示了繼續維持兌現的態度：「此次中央院令，停止中交兩行兌現付存，無異宣告政府破產，銀行倒閉，直接間接宰割天下同胞，喪盡國家元氣，自此之後，財政信用一劫不復。滬上中國銀行由股東決議，通知經理照舊兌鈔付存，不能遵照院令辦理，千萬合力主持，飭中行遵辦，為國家維持一分元氣，為人民留一線生機，幸甚。」[43]股東聯合會還發函、通電，爭取社會輿論和有關方面的同情支持；並致函上海商會轉知各業，重申上海中行決定照常兌現，以免各業誤會；同時發電外國駐滬領事團和江蘇都督馮國章表示上述立場。[44]很顯然，中國銀行商股股東維護自身和客戶的共同利益，是其決定拒絕停兌令的基本動因。

　　上海中國銀行抗拒停兌令，也得到了南三行為代表的各商辦銀行和上海

40　《中國銀行行史資料彙編》上編（1），第 295 頁。
41　《中國銀行行史資料彙編》上編（1），第 272 頁。
42　朱鎮華：《中國金融舊事》，中國國際廣播出版社，1991，第 147 頁。
43　《中國銀行行史資料彙編》上編（1），第 265 頁。
44　參見洪葭管《中國金融史》，第 206 頁。

商界的全力支持。如浙江興業銀行在上海中國銀行的領券和存款達數百萬元，一旦停兌，不僅這部分資金將成為壞帳、爛帳，而且勢必將對整個上海社會經濟金融發生不良影響，於是浙興率先以該行資產向本國和外國銀行抵押現款，支持上海中國銀行維持兌現。浙江實業銀行和上海商業儲蓄銀行等在滬其他商業銀行也竭誠資助，維持中國銀行正常營業。[45]

上海中國銀行堅持繼續兌現，挺過了擠兌風潮，站穩了在上海乃至全國性金融市場上的地位，維護了股東、客戶和持券人的權益，並為日後擺脫北京政府的控制打下了基礎。而在北京地區，遵從停兌令的中交兩行的紙幣即「京鈔」，遭到了市場的唾棄，兩行在以後多年難以擺脫這一陰影。

1921 年 11 月發生第二次停兌風潮後，中國銀行、交通銀行與北洋政府的關係進一步疏遠。交通銀行原來商股便占多數，1922 年 6 月的股東大會，選舉張謇為總理、錢新之為協理，南方商界的勢力占據上風，提出了交通銀行的新方針：「發行獨立，準備公開，清理舊欠，拒絕借款（指軍政借款）」。交通銀行的額定資本於 1922 年改 2000 萬元，先收 1000 萬元。如同中國銀行的情況，交通銀行的官股被北京政府作為獲得墊款的押品，因無法償付本息逐步被變賣為商股，如 1925 年北京政府以官股 60 萬元向金城、鹽業、大陸和中國實業銀行抵借 30 萬元，三個月後無法歸還，官股被變賣。到 1928 年交通銀行官股僅剩 78 萬元，商股則有 693 萬元。[46]

北京政府時期的中國銀行和交通銀行，在特權、資力、市場份額等方面有著普通商業銀行無法企及的優勢，這兩家銀行的則例和章程體現了當時對政府銀行的扶持和監管，都甚於一般銀行。但是，中交兩行卻在相當長的時間裡為政府財政所「綁架」，無法正常開展業務經營，由於政局動盪，政府財政和金融主管機構主官變動頻繁，金融業被政府定位於外庫，許多政策甚至規章帶有明顯的短期性，或朝令夕改，或只是一紙具文。再從產權構成實際狀況來看，在商股所占股額大甚至遠超出官股的情況下，商股的權益和主張均得不到尊重，徒具股份制公司之表，實際經營管理仍在政府操縱和直接控制之下。尤其是 1916 年和 1921 年的兩次擠兌、停兌，不僅使中交兩行的信譽收到重挫，也使得整個本國新式銀行業的現代化進程出現反復。只是因為北洋時期政局動

45　朱鎮華：《中國金融舊事》，第 146—147 頁。
46　《中華民國貨幣史資料》第 1 輯，第 155 頁。

盡，政府財政破產，無法繼續控制金融業，在商股主導下的中交兩行業務重心轉向工商業，業務經營方面才逐步走出困境，重新啟動現代轉型的步伐。

三、南京國民政府時期銀行業的新動向

通過推翻北京政府而建立的新的中央政權南京國民政府，是中國國民黨主導的政權，在發展經濟尤其是金融建設方面，繼承了孫中山的不少主張。早在反滿革命年代，孫中山就提出過「錢幣革命」的主張，辛亥革命後，由他擔任臨時大總統的南京臨時政府在改組清理大清銀行的基礎上建立了中國銀行，積極籌劃統一造幣廠，規劃了包括商業、惠工、海外匯業、興農、殖邊、農業和儲蓄銀行在內的多種規章制度文本，體現了構建現代化銀行體系的取向。待到 1928 年 6 月北京政府垮臺後，基本統一關內的國民政府定都南京，繼承和光大了孫中山重視銀行建設的理念，推行了一系列銀行制度的建設，至 1937 年抗戰爆發，南京國民政府在幣制與鈔券發行、銀行與金融管制、外匯管理、存放款業務、匯兌儲蓄業務、特種與合作金融、綜合類等方面，制定頒布了100 多個法規，遠遠超過晚清和北京政府時期。如從最初公布的中央銀行條例、章程，到正式頒行《中央銀行法》，可以說在中國首次較全面地確立了中央銀行制度，對貨幣發行、外匯管理和金融市場的有序運作具有重要意義。普通商業銀行制度方面，1928 年的《銀行註冊章程》要求凡開設銀行，均需先擬具章程，呈財政部核准；核准之後，方得招募資本；再經驗資註冊、發給營業執照後，方得開始營業；原有銀行合併或增減資本，也需要另行核准註冊，並規定「凡開設銀行，經營存款、放款、匯兌、貼現等業務，須依本章程註冊，凡經營前項之業務不稱銀行而稱公司、莊號或店鋪者，均須依本章程辦理」，體現了把錢莊、票號、銀樓等傳統金融機構納入統一監管的趨向。1931 年公布的《銀行法》共 51 條，則體現了金融業從准入、組織、經營實行規範化的取向。

另外，針對長期以來中國銀行業紙幣發行失控、準備不足的頑症，國民政府先是制定了有關銀行兌換券的發行、印製、運送方面的章程條例，後來頒行《銀行兌換券發行稅法》，對各銀行紙幣發行流通進行監控；又通過了《銀行收益稅法》、《儲蓄銀行法》等法規。除了直接針對銀行（也包括錢莊）本身及其發行和業務經營的法規之外，國民政府還陸續頒行了《交易所法》、《交

易所交易稅條例》、《保險法》、《票據法》、《郵政儲金法》、《郵政國內匯兌法》等，使銀行業務和非銀行金融業務都有基本的法規得以遵循。

在幣制改革方面，值得提及的是 1933 年的廢兩改元和 1935 年的法幣政策。廢兩改元，在確立銀元的國幣地位的文本方面，與 1910 年、1914 年的兩個法規並無本質的區別；關鍵的區別是「廢兩」，即抽去了銀兩的價值尺度、流通手段、支付手段的合法性，僅僅作為具有儲藏手段的貴金屬和本位幣材。這一改革的另一重大作用是抽去了本土錢莊業的市場定價權，鞏固了華資銀行業獨立進行聯合準備、票據交換的新的安排。而法幣改革朝著廢除貴金屬本位、統一貨幣發行邁出了關鍵的步伐，化解了國際市場匯率波動對中國財政金融的損害，同時推進了政府銀行之間的合作並確立起在金融業的主導地位。法幣政策一方面規定：「以中央、中國、交通三銀行所發行之鈔票為法幣，所有完糧、納稅及一切公私款項之收付，概以法幣為限，不得行使現金，違者全數沒收，以防白銀之偷漏」；另一方面收回了各商業銀行的發行權，並且要求「將流通總額之法定準備金，連同已印未發之新鈔及已發收回之舊鈔，悉數交由發行準備管理委員會保管」。[47] 法幣政策對於政府銀行和一般商業銀行，其利益關係當然是不同的；此後華資銀行業中的「官」「商」對比，在貨幣發行數額方面，已經不再是多與少的比較，而是有和無的差別；而商業銀行發行準備金的集中，亦可解讀為被政府所占有了，官商之間有著明顯的利益博弈。但是，發行統一是近代貨幣制度的必然要求，也是建立現代銀行體系的基本前提之一，各商業銀行發行權的被收回是題中應有之義。在經濟危機和金融恐慌之下，各發行銀行隨時面臨著提存與擠兌的壓力，正常業務經營難以為繼，整個金融市場面臨著信用鏈中斷的可能。商業銀行被收去了發行權，不復有維持相應貨幣信用的義務；政府銀行獨占發行權的同時，也就無法推卸維護幣制和市場穩定的責任，政府的信用、合法性權威性和有效運作，都成為金融穩定的抵押品。

南京國民政府作為中央政權的頭十年裡，華資銀行數量和資力都有了前所未有的增長，並且形成了較完備的銀行體系。

從 1928 年到 1936 年間，新設華資銀行達 128 家，其中除了中國農民銀

47　〈財政部關於施行法幣布告〉（1935 年 11 月 3 日），《中華民國金融法規檔案資料選編》（上），第 402 頁。

行之外，絕大部分屬於商辦銀行。加上此前設立的，扣除停業的，1937 年 6 月底全國開業的華資銀行共有 164 家，其分行數更高達 1627 家。[48]

全國銀行總行中，政府銀行為中央、中國、交通和中國農民 4 家，省市地方銀行 25 家，其餘 135 家均為商業銀行，包括商業儲蓄銀行 80 家，農工銀行 31 家，專業銀行 15 家，華僑銀行 9 家。1937 年中央、中國、交通、中國農民四家政府銀行實收資本總額 1.675 億元，全國商業銀行實收資本總額 8324.3968 萬元；中中交農四行放款總額為 19.139 億元，占全國各銀行放款總額的 55.2％；四行存款總額為 26.764 億元，占全國各銀行存款總額的 58.8％。[49] 雖然數量上一般商業銀行數占絕大多數，但在資產和市場業務方面，政府銀行占據明顯的優勢。

南京國民政府成立後，1928 年全國意義的中央銀行在上海正式成立，《中央銀行條例》明確規定「中央銀行為國家銀行，由國民政府設置經營之」；「中央銀行資本總額定為國幣二千萬元，由國庫一次撥足，開始營業」。該條例雖然也談到了中央銀行可以招集商股，但設置了幾方面的限制條件：因業務上之必要，理事會決議，監事會同意，呈請國民政府核准；並且規定商股額不得超過資本總額的 49％。[50] 1935 年 5 月頒布的《中央銀行法》規定，在「必要時」且經過相應批准程序招集商股時，商股總數不得超過資本總額的 40％，其中法人所購商股必須達資本總額 30％以上時，始許本國人民經財政部部長允准後入股。[51] 然而，事實上整個大陸時期中央銀行都沒有實行股份公司制度，沒有招集過商股，其組織架構並無股東會、董事會。中央銀行設總裁、副總裁，分別由國民政府特任和簡任。中央銀行還設理事會、監事會，成員均由國民政府特派。總裁綜理全行事務，並為理事會之主席。南京國民政府時期，中央銀行總裁基本上由財政部部長兼任。1945 年之後，央行總裁與財政部部長兩個職位才不再由同一人兼任。

在晚清政府和北京政府頒布的國家銀行法規中，國家銀行一方面享有其

48　《五十年來之中國經濟——中國通商銀行創立五十周年紀念冊》，第 42 頁。
49　《全國銀行年鑒》（1937 年）。
50　〈國民政府頒布之中央銀行條例〉（1928 年 10 月 5 日），《中華民國金融法規檔案資料選編》
　　（上），第 529—530 頁。
51　〈中央銀行法〉（國民政府 1935 年 5 月 23 日訓令公布），《中華民國金融法規檔案資料選編》
　　（上），第 597 頁。

他銀行不具備的特權，又得以經營一般銀行業務。這一安排在 1928 年的《中央銀行條例》和 1935 年的《中央銀行法》中，基本上得以維持。1936 年和 1937 年，國民政府一度積極籌備把中央銀行改組為中央儲備銀行，準備在 1937 年上半年完成相應的立法。[52] 中央儲備銀行將不再從事一般商業銀行業務，除了獨享貨幣發行權外，著重通過貨幣政策、銀行監管和提供再貼現，發揮穩定金融的功能，旋因抗戰軍興，中央儲備銀行制度未能建立起來。1942 年實行中中交農四行專業化，此後中央銀行基本不再經營一般銀行業務，中央銀行的制度在文本和實踐中均得以確立。

如果說，制度設計和實際資本構成兩方面的因素決定了中央銀行自身不存在官商關係的話，那麼中國銀行和交通銀行則經歷了與政府關係的整合，定性為政府特許銀行，股本構成中官股絕對控股，高層人事安排重新洗牌，北京政府後期的獨立化被制止，經營管理被置於國民政府控制之下，商股的地位也不可避免地下降。

1928 年國民黨取得了北伐的勝利，確立起南京國民政府作為中央政權的地位。國內政局的這一重大變動，直接導致了工商經濟和金融中心的南北區域變遷。

應當指出，北伐期間中國銀行和交通銀行對國民革命軍方面已經有所支持，雖然雙方的關係尚在磨合之中。如 1927 年 5 月，上海中國銀行總經理宋漢章承諾捐助 400 萬元，交付 200 萬元之後，餘款 200 萬元未能及時續交，對此蔣介石大怒，直指「此等商人毫無信義可言，何必客氣」，電令該行限期補足 1000 萬元。[53] 當時蔣介石將銀行業視作予取予求之錢庫，對市場等價交換法則並無半點尊重。在此高壓之下，交通銀行通過虞洽卿帶話給蔣介石，表示願意「先借給紙幣二千萬元」，蔣頗為滿意。[54] 不管怎樣，在強勢的國民黨和沒落的北洋軍閥之間，中交兩行沒有太多的選擇餘地。

52　蔣介石曾催促立法院加快立法進程，「儲備銀行法務望於此一二星期內通過為盼」。見〈蔣介石致立法院祕書長梁寒操轉立法院長孫科電〉（1937 年 6 月 12 日），「國史館」藏《蔣中正總統檔案》：002-010200-00176-043-001a。以下所引《蔣中正總統檔案》藏所同，略。
53　〈蔣介石致俞飛鵬電〉（1927 年 5 月 20 日），《蔣中正總統檔案》：002-010100-00008-059-001x。
54　〈蔣介石致張靜江電〉（1927 年 5 月 2 日），《蔣中正總統檔案》：002-010100-00008-008-001x。

待到北京政府覆亡不久，1928 年 11 月中國銀行和交通銀行便將總行自北平遷至上海。中交兩行中樞機構南遷，是國民政府相應銀行體制構建的一部分，當時國民政府公布的《中國銀行條例》和《交通銀行條例》，明確規定兩行的總行設於上海。[55] 但這也是兩行自身業務發展的需要。隨著北洋政權的徹底垮臺，中國政治中心的南移已成定局，南北工商經濟的景氣狀況也呈截然不同的兩重天。中國銀行對 1928 年北平與上海開展金融業務的環境做了如下比較：「北平入春以來，因南北軍事未經解決，交通又復阻滯，以致銀根枯窘，各業均受影響，倒閉時有所聞，迨至首都南遷，市面更形蕭條。」「（上海）本年春初，時局尚在軍事進展之中，各業咸具戒心，市面因之停頓，迨至夏間，兵戎既戢，交通恢復，商業始呈活潑之象，金融亦漸寬舒。」[56] 交通銀行最初談到遷滬原因時稱：「（交行）總管理處，原在北京，茲因國都設寧後，內部公務，諸多不便，特將北平總管理處遷入滬行。此後對外一應公務，均由滬行總管理處辦理。」[57] 這裡只是談到了政治因素。但稍後即談到南北工商業狀況之對比是交行決定南遷的重要原因：「北京原非商戰之地，十數年來，滄桑幾變……雖一般金融界漸注意工商事業，究未能儘量發揮。本年中央財政，市面金融，上下交困，殆臻極點。銀行業務，直接受其影響，應付困難，不言而喻……上海為我國最大商埠，實南北金融之中心。」[58] 中交兩行中樞機構如果不相應南遷，無論是財政性還是與工商性金融業務的競爭中，都將處於不利的地位。換言之，中交兩行總部的南遷無疑也代表了商股的利益和意願。

在北京政府後期，中國銀行與交通銀行的資本構成已經商股化，其業務方針注重工商經濟而與政府保持距離，雖然兩行名義上依然是政府銀行並享有相應的特權。在南京國民政府時期，中交兩行兩度增資改組，銀行性質、資本構成及與政府的關係，都起了重大變化。

1928 年隨著中央銀行在上海設立以及中交兩行總部的南遷，國民政府對中交兩行進行了第一次增資改組。中國銀行改組為政府特許之國際匯兌銀行，交通銀行改組為政府特許之發展全國實業之銀行。中國銀行資本總額 2500 萬元，其中官股為 500 萬元；交通銀行資本總額 1000 萬元中，官股為 200 萬元。

55　《中華民國金融法規檔案資料選編》（上），第 539、551 頁。

56　《中國銀行行史資料彙編》上編（3），第 1979、1975 頁。

57　《銀行週報》第 12 卷第 40 期，1928 年。

58　《銀行週報》第 12 卷第 46 期，1928 年。

即兩行官股均占資本總額的 20%。政府指派的官股董事、監察人，均占兩行董事、監察人總數的 1/5；兩行董事選出常務董事 5 人，政府在常務董事中指派董事長 1 人；常務董事選出總經理 1 人，報財政部備案。總體看，這次增資改組後，中交兩行成為以商股為主的政府特許銀行，並體現了商業銀行的業務方針。

　　1935 年國民政府對中交兩行再次增資改組。中行新增加官股 1500 萬元，在 4000 萬元股本中，官股達 2000 萬元即占 50%；交行新增加官股 1000 萬元，在 2000 萬元股本，官股達 1200 萬元即占 60%。值得一提的是，國民政府對於中交兩行新增官股，都是以民國 24 年金融公債的預約券撥充的。在人事方面，中交兩行各 21 名董事，其中官董 9 人；監察人 7 人中，官方指派 3 人。在中交兩行的董事和監察人中，官派代表均為 3/7，略低於官股比例。這次增資改組採取了突然發出行政命令的方式，事先沒有經過股東會議，違反了 1928 年《中國銀行條例》和《交通銀行條例》的有關規定。[59] 至於增資後官股的比例，財政部起初提出的方案是中交兩行的官股均增加到 60%，只是因為中國銀行商股表示了強烈的反對，才改為 50%。在國民政府方面，這次中交改組的意義不僅在於提高官股的比例，更重要的是為取消各商業銀行的發行權、實行不兌現的法幣政策掃除障礙。正如蔣介石在致國民黨高層的密電中所言：「國家社會皆瀕破產，致此之由，其癥結乃在金融幣制與發行之不能統一。其中關鍵，全在中交兩行固執其歷來吸吮國脈民膏之反時代之傳統政策，而致國家與社會於不顧，若不斷然矯正，則革命絕望，而民命亦被中交二行所斷送。此事實較軍閥割據破壞革命為尤甚也。今日國家險象，無論為政府與社會計，只有使三行絕對聽命於中央，徹底合作，乃為國家民族惟一之生路。」蔣介石還強調，必須變動中國銀行的高層人事，即把堅持商業銀行方針的總經理張嘉璈調離：「聞中行總經理張公權君有意辭職，弟意應即勸其決心完全脫離中國銀行關係，而就政府其他任命，或調任其為中央銀行副總裁，俾其專心致力於中央銀行之發展，促成國家之統一，則公私兩全，是為至意。」[60] 除了

59　〈中國銀行條例〉第二條：「中國銀行因業務上之必要須增加資本時，得有股東總會議決，呈請財政部核准增加之。」〈交通銀行條例〉第五條：「交通銀行因業務上之必要須增加資本時，得有股東總會議決，呈請財政部核准之。」見《中華民國金融法規檔案資料選編》（上），第 539、554 頁。

60　〈蔣介石致葉楚傖電〉（1935 年 3 月 22 日），《蔣中正總統檔案》：002-020200-00033-020。

張嘉璈被調離外，原董事長李銘也被迫辭職。根據財政部的提名，宋子文以董事長的身分掌管中國銀行，再經宋子文提名，由宋漢章出任總經理。至於交通銀行的董事長胡筆江、總經理唐壽民，雖然沒有官方的職銜，由於持與政府合作的態度，[61] 在這次增資改組中沒有更動。

國民政府在對中交兩行進行第二次增資改組的同時，還把原豫鄂皖贛四省農民銀行改組為中國農民銀行，資本額 1000 萬元，分為官股和商股。官股即財政部認股 250 萬元（1935 年實撥 225 萬元）；其他名義上的商股有：黃埔撫恤委員會 100 萬元，遺族學校 100 萬元，武嶺學校 25 萬元，中央軍校同學會撫恤會 250 萬元，其餘 12 個省政府各認股 25 萬元。[62] 中國農民銀行董事長是孔祥熙，蔣介石為理事會主席，下設總經理主持日常事務，但重大人事和業務均報蔣介石批准決定。在四省農民銀行時期，曾計畫在陸軍各師部設立儲蓄部並籌備消費合作等事項，各省分行要求在各鄉舉辦農民合作社，業務重點在軍隊和農村金融。[63] 待到改組為中國農民銀行之後，性質定為國民政府之特許銀行，「為供給農民資金，復興農村經濟，促進農業生產之改良進步」，業務範圍除了合作社放款、農業與水利放款、經營農業倉庫之外，還包括抵押放款和保證信用放款、票據承受或貼現、收受存款及儲蓄、代理收解各種款項、匯兌及同業往來、買賣有價證券，等等。[64] 1936 年 2 月，中國農民銀行還獲得了法幣發行權。

中國農民銀行的設立及其總行由漢口遷往上海，標誌著中中交農四大政府銀行體系正式形成，政府實行金融統制的基礎已經具備。同年 11 月實行法幣政策，取消其他商業銀行的發行權，廢除銀本位，通過政府銀行獨享發行和集中各商業銀行的發行準備金，做到了「白銀國有」，更確切地說，是白銀的「國民政府所有」。近代以來華資銀行業的官商關係到了一個轉捩點，即國家金融資本壟斷地位的強化和民營金融資本的非主流化。

61　蔣介石曾電示孔祥熙：「交通銀行唐壽民如對政府能服從，則不必多事更張，此亦安定人心之一法也。」見〈蔣介石致孔祥熙電〉（1937 年 3 月 27 日），《蔣中正總統檔案》：002-080200-00277-031-001a。交通銀行董事長胡筆江亦保留，至 1937 年 4 月成立第七屆董事會，財政部仍指派胡筆江為董事長。

62　「中國農民銀行股東、股權及代表姓名一覽表」，中國人民銀行金融研究所編《中國農民銀行》，中國財政經濟出版社，1980，第 35 頁。

63　〈蔣介石致郭外峰電〉（1935 年 7 月 5 日），《蔣中正總統檔案》：002-010200-00087-031-001x。

64　〈中國農民銀行條例〉（民國二十四年六月四日公布），《中國農民銀行》，第 332—333 頁。

　　大體自中中交農政府銀行體系形成起，開始了華資銀行業官商關係博弈的另一典型案例，即被稱為「小三行」的四明、中國通商、中國實業三家老牌商業銀行幾乎同時陷於擠兌、發行準備金不敷抵繳的困境，通過人事變動及增加官股，最終成為官股占絕對多數、業務經營完全為政府控制的官商合辦銀行。在這一波金融恐慌發生之前，「小三行」在整個金融市場中居於較重要的地位。據統計，在 1934 年度政府銀行與商業銀行合計的營業總額中，中國實業銀行為 106688912.57 元，位居第 8 位；四明銀行為 78103598.97 元，居第 11 位；中國通商銀行為 63649730.39 元，居第 12 位。[65] 這三家商業銀行都具有發行權，都存在著發行準備不足、經營管理不善的問題，在 1934—1935 年的金融恐慌衝擊下，都發生了無法應對的擠兌。「小三行」只得接受中中交三行的救濟，成為政府銀行的債務方；而在法幣政策實施後，「小三行」發行準備空虛、根本無法依法足額繳交的情況暴露無遺，銀行運作陷於停頓。「小三行」高層管理被政府代表接管的情況十分相似：中國實業銀行董事長兼總經理劉晦之先辭去總經理職務，由中央銀行國庫局總經理胡孟嘉代理該行總經理（1936 年 6 月去世），董事會改組以後，財政部指派原中央銀行經濟研究處處長傅汝霖為董事長，原中央銀行業務局副局長周守良為總經理。[66] 四明銀行董事長兼總經理孫衡甫也是先辭去總經理，由全體董監聘原中央信託局局長葉琢堂代理總經理，後改聘中央銀行南京分行經理李嘉隆出任總經理；董事會改組後，財政部指派稅務署署長吳啟鼎擔任董事長。[67] 中國通商銀行董事長兼總經理傅筱庵則直接辭去兩個職位，由董事會議公推該行常務董事杜月笙為董事長，同時聘原中央銀行業務局局長顧詒穀為總經理。[68]

　　「小三行」改組過程中，對於原有股本，國民政府方面僅同意按 10% 折算，後商股董事力爭，才允諾按 15% 折算。於是四明銀行原有商股折減為 33.75 萬元，財政部另撥公債 366.25 萬元作為官股；中國通商銀行原有商股折減為 52.5 萬元，另撥公債 347.5 萬元充作官股；中國實業銀行原有商股折成 52.6 萬元，加入公債 347.4 萬元作為官股。這樣，在資本構成方面，政府

65　潘恆敏：〈各銀行信託公司儲蓄會二十三年度營業報告統計〉，《中央銀行月報》第 4 卷第 9 號，1935 年，第 1893 頁。

66　胡若谷：〈先父胡孟嘉事略〉，《檔案與史學》1997 年第 3 期；《北京金融史料・銀行篇》（3），中國人民銀行北京市分行金融研究所編印，1990，第 204 頁。

67　上海市檔案館藏四明商業儲蓄銀行檔案：Q279-1-59、62、63。

68　上海市檔案館藏中國通商銀行檔案：Q281-1-9。

資本占了絕對優勢。這種人事和資本的雙重控制，與先前對中國銀行和交通銀行的增資改組所奉行的原則是完全一致的。正如當時報刊所指出的：「現三行改組後，已與中央、中國、交通等三銀行打成一片，協作努力」；「自該銀行改組之後，已與中央中國交通三銀行互相聯絡，成為相關一系統」。[69]

應當看到，與國民政府對中交兩行增資改組時採取的「突然襲擊」方式不同，「三小行」接受政府銀行救濟、加入官股以及重大人事變動，都是由「小三行」提出要求，並且經由三行董事會決議的。在新擔任「小三行」高層管理者的人選確定之前，政府還與「小三行」方面洽商，聽取意見，以示鄭重。[70]另外，對「小三行」的救濟和增資改組是否必要，還應當聯繫當時的客觀實際。已經有學者指出：「這三家銀行在 1935 年金融危機時被兼併，置於官僚資本信用體系控制之下，固然是蔣介石實施金融壟斷的產物，也說明它們本身經營管理上的嚴重缺陷。」[71]「小三行」準備空虛，發行失控，經營管理不善，資金周轉難以持續，股價下跌，投資人利益遭受損失，局勢十分嚴峻；如果聽之任之，隨著「小三行」的破產停閉，商股、債權人乃至客戶的權益更將無法得到保障，因此「小三行」方面當然盼望引入外來資金，無論是政府銀行的救濟還是加入官股；同樣，業界、社會和政府等各方面，都不願意看到業已十分脆弱的信用鏈因「小三行」危機而導致更嚴重後果。所以，「小三行」接受救濟和增資改組後的業績和效果，市場的相關反應，以及商股、債權人與客戶的利益與評價，都是構成該案例不可忽視的部分。

四、抗戰時期及戰後銀行業的國家資本化

從 1937 年抗日戰爭爆發到 40 年代後期，中國華資銀行業發生了一系列變化。

抗戰爆發前，中國西部省區金融業發展滯後，除重慶金融業相對較為發達外，其餘貴州、甘肅等省，甚至沒有一家銀行總行設立。據統計，1937 年

69　《錢業月報》第 15 卷第 9 號，1935 年；《中行月刊》第 11 卷第 3 期，1935 年。

70　孔祥熙曾於 1937 年 3 月 26 日向蔣介石報告：「為四明銀行事，弟已派美顧問林樞赴滬，對於董事長總經理人選，正與孫鶴皋（衡甫）俞佐亭接洽，俟得到伊等同意決定後，即發表。至吳啟鼎稅務署長職，亦已免去。」見《蔣中正總統檔案》：002-080106-00074-010-002x。蔣介石則要求孔「出國以前農民與四明二總經理須派定發表」。見〈蔣介石致孔祥熙電〉（1937 年 3 月 27 日），《蔣中正總統檔案》：002-080200-00277-031-001a。

71　洪葭管：《中國金融通史》第 4 卷，中國金融出版社，2008，第 92 頁。

全國銀行總行共 164 家，其中設於川、康、滇、桂、陝、寧、新 7 省的銀行總行只有 23 家，占全國的 14%。[72] 抗戰爆發後，隨著正面戰場戰線的西移和國民政府的西遷，經濟重心向後方轉移，大量人口從東部及沿海遷移至大後方，於是中央、中國、交通、農民等國有銀行，以及大批省營、民營銀行，紛紛將其總行遷往以重慶為中心的大後方，開設分支機構，推進有關業務。

　　抗戰時期四大政府銀行在內地的發展，主要基於戰時軍事、政治與經濟諸方面需要，而非簡單地與商業銀行爭利。鑒於民營銀行多在後方城市設立行處，財政部提出加速完成西南西北金融網的計畫，要求中央、中國、交通、農民四行在凡後方與軍事、政治、交通及貨物集散有關之城鎮鄉市，至少有一行設立機構；地點稍偏僻者，四行短期內不能顧及者，責成省銀行務必前往設立分支行處，以一地至少有一行為原則。[73] 至 1940 年 3 月 20 日，四行所設立的分支行已達 171 處，其中四川 60 處、雲南 25 處、貴州 21 處、廣西 22 處、廣東 4 處、湖南 5 處、陝西 15 處、甘肅 11 處、青海 2 處、寧夏 1 處、西康 5 處。[74] 到 1941 年底，中中交農四行在各地的分支行處總數已達 469 處。[75] 另外至 1943 年底，各省省地方銀行設立各級機構共 360 個。[76]

　　除了四大政府銀行，抗戰時期後方私營銀行即一般的商業銀行，也有相當快的發展。抗戰爆發後，隨著國民政府和諸多工礦企業內遷，貿易中心西移，原來的經濟中心和金融中心城市上海受到極大的衝擊，貿易額急劇下降，各種押款也無從料理，金融業出路困難，「各銀行既感淪陷區之無業可營，港滬租界地之範圍狹小，惟有將其游資散之於農村，爰於抗戰之初，即有若干銀行隨政府內遷，在川、湘、粵、桂、滇、黔各省籌設分支，入後紛至逕來」。據統計，到抗戰爆發一年後的 1938 年 7 月底，南方和西南地區銀行總支行共 322 家，其中廣東 81 家、廣西 48 家、湖南 50 家、貴州 4 家、四川 128 家、雲南 11 家。[77] 以四川為例，抗戰爆發前四川境內商業銀行，重慶有 28 家，其

72　《全國銀行年鑒》（1937 年），A9 頁。
73　《五十年來的中國經濟——中國通商銀行創立五十周年紀念冊》，第 46 頁。
74　〈完成西南西北金融網方案〉（1940 年 3 月 30 日），重慶市檔案館、重慶市人民銀行金融研究所合編《四聯總處史料》（上），檔案出版社，1993，第 191 頁。
75　〈四聯總處三十年度工作報告〉，《四聯總處史料》（上），第 197—198 頁。
76　《五十年來的中國經濟——中國通商銀行創立五十周年紀念冊》，第 46 頁。
77　中國人民銀行上海市分行金融研究室編《金城銀行史料》，上海人民出版社，1983，第 684—685 頁。

他各縣市有 47 家。抗戰爆發不久，重慶成為西南乃至整個大後方的金融中心。到 1942 年，重慶的商業銀行有 23 家總行、14 家分行、6 家支行、17 家辦事處，共計 60 家。在四川，商業銀行有 10 家總行、35 家分行、9 家支行、114 家辦事處，共計 168 家。其他內地省分的商業銀行機構數為：西康省 13 家，陝西省 12 家，甘肅省 4 家，廣西省 11 家，雲南省 42 家，貴州省 9 家。[78] 戰前一些著名的商業銀行，如「南三行」中的上海商業儲蓄銀行、浙江興業銀行，「北四行」中的金城銀行、大陸銀行、鹽業銀行、中南銀行，「小四行」中的中國國貨銀行、中國實業銀行等，或將總行遷往後方，或將業務重心放在後方，在戰時後方的金融市場中，起到了重要的作用。而為了遏制通貨膨脹的勢頭，政府最高當局也直接要求關注「各行儲蓄總額與競賽」，[79] 甚至命令「各行集中遊資，提高其利率」。[80] 在管理方面，則要求各省銀行及商業銀行，必須向政府銀行詳細報告有關押款、放款、存貸、儲蓄等業務情況。[81] 這些措施也促使各商業銀行加強展開相應業務。

　　戰時國民政府加強了對於商業銀行的監管。根據 1940 年頒布的《非常時期管理銀行暫行辦法》，銀行經收普通存款，應以所收存款總額 20％ 為準備金，轉存當地中中交農四行任何一行，並由收存行給以適當存息；銀行運用存款，以投資生產建設事業及聯合產銷事業為原則，承做抵押放款應以各該行業正當商人為限，押款請求展期者應考察其貨物性質，如係民生日用品必需品應限令贖取出售，不得展期；銀行不得直接經營商業或囤積貨物；承做匯往口岸匯款應以購買日用必需品及擴展必需品之業為限；銀行應每旬造具存款、放款、匯款報告表，呈送財政部查核，財政部得隨時派員檢查銀行帳冊簿籍、庫存狀況及其他有關文件。[82] 其中尤其關於存款準備金的要求，意味著商業銀行 1/5 的存款額將完全不得支配，且存在政府銀行的利息只有年息 8 釐，低於一般存款利息；政府銀行與商業銀行經營同樣業務的話，商業銀行明顯處於不利地位。對此，各商業銀行的意見頗大。有鑑於此，1942 年 7 月國民政府在實行四行專業化分工的同時，規定各銀行應將存款準備金改由中央銀行集中收

78　中國第二歷史檔案館編《中華民國史檔案資料彙編第五輯第二編財政經濟》（4），江蘇古籍出版社，1997，第 605—606 頁。
79　《蔣介石日記》，1940 年 4 月 6 日，斯坦福大學胡佛研究所藏。藏所下同，略。
80　《蔣介石日記》，1940 年 8 月 18 日。
81　《蔣介石日記》，1940 年 8 月 22 日。
82　《中華民國金融法規檔案資料選編》（上），第 642 頁。

存；以現金繳存存款準備金者，其利率一律提高為年息 1 分。[83]

到了 1943 年 1 月，國民政府鑒於商業銀行和地方銀行數量諸多，經營管理良莠不齊，頗多資力薄弱者，無法發揮正常作用，遂通過修訂《非常時期管理銀行暫行辦法》，明確規定新設銀行除縣銀行外，一概不得設立，銀行設立分支行處，應先呈請財政部核准；凡已開業而尚未申請註冊之銀行，應於本辦法公布命令到達之日起一個月內，呈請財政部補行註冊；銀行非經呈奉財政部特准，不得買賣外匯。[84] 蔣介石還電示財政部部長孔祥熙，要求對於「各地公私銀行之開設，財部應有嚴格之規定，不可漫無限制，任其自設」。「至於目前各地之銀行，仍應調整減少。凡非必要之銀行，應令停止營業」。[85] 由於新設銀行難以獲得批准，一些銀號、錢莊便申請增資後更改名稱為銀行，對此蔣介石還令飭財政部，必須合併三家以上業已登記的銀號或錢莊，方准立案。[86] 大體上自此開始，國民政府對於商業銀行和地方銀行的政策，由原先的大力鼓勵設立，改為嚴格限制新設，加強對這些銀行的檢查和監理。

四聯總處的設立和強化，既是戰時政府銀行體系新變動，也對整個銀行業產生了重大影響。1935 年 4 月初國民政府完成了對於中交兩行的官股化程序，但是蔣介石認為還需要加強對中中交三行的統制，已經設想由中央銀行總裁和中交兩行的董事長，組成一個「總攬三行業務」的「聯合機關」，「而以財政部長兼任該機關之主席，對政府監督三行負其全責」。[87] 抗戰爆發之後，根據蔣介石的指示，中中交農四行先後組成了聯合貼放委員會和聯合辦事處，協調四行之間的貼放業務，對各商業銀行與錢莊調劑頭寸頗多裨益。聯合辦事處是一個協調性機構，對中央、中國、交通、中國農民各行都不能下達強制性的命令。但它對於統制金融、推進戰爭初期經濟政策的實施，起了重要的作用。四行聯合辦事處先後向國民政府軍事委員會屬下的工礦調整委員會、

83 〈財政部關於提高銀行繳存普通存款準備金利率令〉（1942 年 7 月 16 日），《中華民國金融法規檔案資料選編》（上），第 662—663 頁。
84 〈修正非常時期管理銀行暫行辦法〉（1943 年 1 月 7 日），《中華民國金融法規檔案資料選編》（上），第 671—672 頁。
85 〈蔣介石關於限制各地公私銀行開設的手令〉（1943 年 2 月 3 日），《中華民國金融法規檔案資料選編》（上），第 674 頁。
86 〈蔣介石關於限制錢莊銀號設立代電〉（1943 年 3 月 1 日），《中華民國金融法規檔案資料選編》（上），第 677 頁。
87 〈蔣介石致孔祥熙電〉（1935 年 4 月 3 日），《蔣中正總統檔案》：002-020200-00033-022-001x、002x。

農產調整委員會、貿易調整委員會，以及經濟部工礦調整處、農本局和財政部貿易委員會等機構，調撥了大量急需的資金。[88] 四行聯合辦事處還直接向內遷的民營廠礦提供資金上的幫助，至 1938 年底，貸助民營廠礦內遷和復工的款額達 850 萬元。此外，到 1939 年 12 月，四行的聯合貼放總額達 63645 萬元。[89]顯然，四行聯合辦事處對於集中四大政府銀行的資力並提高使用效率，協助內地工業體系的建立和完善，緩解內地資金的緊窘狀況，有著直接的積極作用。

　　1939 年 9 月 8 日，國民政府宣布設立「中央、中國、交通、中國農民四銀行合組聯合辦事總處，負責辦理政府戰時金融政策有關各特種業務」；四聯總處設理事會，由中央銀行總裁、副總裁，中國、交通兩行的董事長、總經理，中國農民銀行理事長、總經理，以及財政部的代表共同組成；理事會是最高權力機構和決策機構，實行主席負責制，主席由國民政府特派之，「總攬一切事務」，「財政部授權聯合總處理事會主席在非常時期內，對中央、中國、交通、農民四銀行可為便宜之措施，並代行之職權」。[90] 蔣介石以中國農民銀行理事長的身分，擔任四聯總處理事會的主席。作為中央銀行、中國銀行和交通銀行最高負責人的孔祥熙、宋子文、錢永銘，則為四聯總處理事會的常務理事。

　　實體性的四聯總處的設立，尤其是蔣介石親自擔任四聯總處理事會的主席，標誌著戰時黨政軍高度集中的決策體制和賦予蔣介石最高決定權的制度安排，已經擴展到了政府銀行體系。事實上，自 1935 年完成對於中交兩行的改組和實施法幣政策之後，華資銀行業官商之間的統制與被統制格局已經確立，以民營資本為主體的商業銀行在經營方針和市場份額方面，基本上處於被安排的地位，以往曾經的官商之間互相制衡局面不復存在。倒是政府銀行之間業務經營上各自為政、資源配置和利益劃分失衡，越來越多地引起最高決策者的關注和不滿。在決定四聯總處改組前夕，蔣在日記中寫道：「金融機關如不能由中央統制，則無疑養癰致患，豈子文一人而已也。」[91] 四聯總處的設立及相應體制的設計，針對的不是商業銀行而是政府銀行，是要確立起對於四大政府銀行的統制，進而言之是確立起蔣介石本人對於各政府銀行的直接命令權。

88　〈徐堪致蔣介石呈稿〉（1941 年 8 月 1 日），《四聯總處史料》（上），第 5 頁。
89　《四聯總處史料》（上），第 5 頁。
90　〈戰時健全中央金融機構辦法綱要〉（1939 年 9 月 8 日國民政府公布），《中華民國金融
　　法規檔案資料彙編》（上），第 634—635 頁。
91　《蔣介石日記》，1939 年 7 月 29 日。

當然，面對作為一個整體的政府銀行體系，商業銀行無論是個體還是群體，在官商關係方面話語權越來越少了。

　　無論從四聯總處最高機構的組成人員還是從其職權來看，它不僅在四行之間起協調作用，而且是一個在四行之上起指導、監督、考核作用的新的機構。改組後的四聯總處的權限範圍較廣，包括全國金融網之設計分布、四行券料之調劑、資金之集中與運用、四行發行準備之審核、受託小額幣券之發行與領用、四行聯合貼放、內地及口岸匯款之審核、外匯申請之審核、戰時特種生產事業之聯合投資、戰時物資之調劑、收兌金銀之管理、推行特種儲蓄、其他四行聯合應辦事項、四行預算決算之覆核。[92] 根據這些規定，四聯總處的職權涉及金融和社會經濟兩大領域。與此相應的，四聯總處下設戰時金融委員會和戰時經濟委員會，來實施其具體職權。

　　改組後的四聯總處統一了在各地的下屬組織，在業務重要地區設立分處，次要地區設立支處，以督導國家金融機構在各地的分支機構。原在各地設立的貼放分會均歸併於當地的分支處。至 1940 年 1 月，已設重慶、成都、上海、香港、杭州、宜昌、福州、貴陽、桂林、長沙、西安、衡陽、南昌、昆明、蘭州等 15 個分處，內江、自流井、敘府、嘉定、瀘州、萬昌、北碚、寧波、吉安、泉州、永安、梧州、零陵、常德、南鄭、柳州、西寧等 17 個支處。各分支處下設文書、業務、會計、調查、農貸、儲蓄等組，[93] 填補和增強了四行在大後方地區機構設置的空白與薄弱之處。通過數目多、分布地域廣的分支處的活動，國民政府得以控制戰時後方地區的金融事務和經濟事務，甚至把經濟、政治影響擴大到日偽地區。

　　四聯總處對戰時經濟和金融進行了規劃。1940 年 3 月 30 日，四聯總處正式提出了《經濟三年計畫》和《金融三年計畫》，同年 4 月 9 日，又分別制定了《經濟三年計畫實施辦法》和《金融三年計畫二十九年度實施計畫》。經濟、金融三年計畫及其實施辦法，成為 1940 年之後四聯總處工作的基本依據，同時也在相當程度上規範了國民政府的經濟和金融基本政策。這方面的工

92　〈中央、中國、交通、農民四銀行聯合辦事總處組織章程〉（1939 年 10 月 2 日），《四聯總處史料》（上），第 70 頁。

93　〈四聯總處關於1940年分支處組織演變情況的報告〉（1940 年），《四聯總處史料》（上），第 127 頁。

作是四大政府銀行中的任何一家都無法單獨完成的。

　　四聯總處較早就採取了扶植中央銀行的措施。如 1940 年實行軋現制度，規定由中央銀行對政府銀行實行總軋帳；自 1942 年初起，規定由中央銀行集中辦理票據交換。特別是 1942 年 5 月起擬訂的《中中交農四行業務劃分及考核辦法》和《統一發行實施辦法》，規定中央銀行的主要業務為集中鈔券發行、統籌外匯收付、代理國庫、匯解軍政款項、調劑金融市場，但不再從事一般銀行業務。中國、交通、農民三行的法幣發行權被中止，業務經營範圍得以明確。於是，中央銀行制度在文本上基本確立，其實際運作中如何處理與各政府銀行的關係也有了制度規範。

　　戰時在日偽占領區，中中交農系統各經營機構大部分撤退，日偽則分別設立過「聯合準備銀行」（總行設於北平）、「華興實業銀行」（總行設於上海）、「中央儲備銀行」（總行設在南京）、「蒙疆銀行」（總行設於張家口），加上九一八事變後在東北設立的「滿洲中央銀行」（總行設在長春）。未及撤出的中國銀行和交通銀行的機構，則被日偽強迫增資改組，納入傀儡銀行體系。商業銀行除了部分資力撤往後方之外，大部分繼續經營，並有較多新設。以上海為例，到 1945 年抗戰勝利，銀行總數已經達到 193 家，較戰前增加近 3 倍。其中除了部分是 1937 年抗戰爆發前開設，30 餘家為太平洋戰爭之前向國民政府註冊設立，其餘 120 餘家商業銀行都是在日本占領上海租界後設立的。[94]

　　抗戰勝利後，銀行業先是經歷了復員、接收和清理，即後方地區的政府銀行、商業銀行有相當部分遷回收復區，日資和其他敵性銀行、傀儡政權銀行被接收，占領時期開業的銀行被停業清理。隨著戰爭的結束和戰後經濟的復員，全國範圍內一度金融業務興旺，無論政府銀行還是一般商業銀行，均有大量增設。以 1937 年 6 月底和 1946 年底比較，全國銀行業總行從 164 家增加到 574 家，其中國營銀行為中中交農加上中信局、郵儲局 6 家，省市營銀行從 26 家增加為 381 家，一般商業銀行的總行由 134 家達到 187 家；分支行總數從 1627 家增加到 3070 家，其中國營銀行由 491 家增加為 846 家，省市營銀行由 464 家增加為 1239 家，商業銀行由 672 家增加為 985 家。[95] 但

94　《五十年來的中國經濟——中國通商銀行創立五十周年紀念冊》，第 43 頁。
95　「歷年全國銀行類別表」，引自朱斯煌編《民國經濟史》下冊，銀行週報社，1947，第 495 頁。

1946 年 4 月，國民政府頒行《財政部管理銀行辦法》，加強了銀行監管，重點為一般商業銀行。一是停止批准新設銀行，限制設立分支行。規定除了縣銀行之外，一律不得新設銀行；商業銀行設立分支行處應先呈請財政部核准，且財政部規定限制增設分支行處的地方不得請求增設，甚至不得移設；在主要業務方面，再度規定銀行經收普通存款（包括活期和定期）須以現款繳存準備金於中央銀行或指定代理銀行；銀行非經批准不得買賣外匯及金銀；對於貸款放款的規範化和附屬業務、禁止業務等，也有目確的限定。[96] 商業銀行的基本業務額雖然比抗戰初期有明顯增長，但與政府銀行相比，市場份額在下降。如以存款計，1937 年底商業銀行存款總額達 11.15 億元，占全部銀行存款總額的 33.7%，但到 1948 年 6 月底，雖然商業銀行存款總額高達法幣 275271.65 億元，占全部銀行存款總額的比重卻下降到了 12.8%。另外，上述 1937 年底商業銀行存款數可折合黃金 9772129 兩，但 1948 年 6 月底的存款數折合黃金僅為 245997 兩。[97] 如果考慮到物價指數上漲、法幣貶值的因素，商業銀行可以支配的資力更是大大縮水了。

1947 年 7 月，國民政府頒行了《銀行法》，共 10 章、119 條。由於中央銀行有《中央銀行法》，其他政府銀行各有特定法規，所以這部《銀行法》是關於一般商業銀行制度的較詳盡的法規。與一年前的《銀行管理辦法》相比，《銀行法》對於上繳存款準備金的比例有所調低，形式也從現金改為可以國債、公司債等有價證券抵充。然而從整體來看，戰後國民政府在制定與一般商業銀行利益收關的重大政策方面，以政府銀行和國家資本為本位，商業銀行完全沒有話語權。如戰後法幣收兌中儲券的比例遲遲未決，最後定為 1 元法幣收兌 200 元中儲券，給原日偽占領區廣大民眾造成極大的損失，也牽涉諸多商業銀行資本和資金額的縮水。特別是 1948 年 8 月 19 日起實施的《財政經濟緊急處分令》，包括發行金圓券，收兌金銀外幣，登記外匯資產，整理財政、加強管制經濟，這些都關係到各商業銀行的利益。尤其是「限期收兌人民所有黃金、白銀、銀幣及外國幣券，逾期任何人不得持有」；以及強令普通商業行莊公司向中央銀行申報移存金銀外幣。[98] 需要指出的是，自晚清華資銀

96　〈財政部管理銀行辦法〉（1946 年 4 月 17 日公布），《中華民國金融法規檔案資料彙編》（上），第 697—700 頁。

97　見洪葭管《中國金融通史》第 4 卷，第 511 頁。

98　〈人民所有金銀外幣處理辦法〉（1948 年 8 月 19 日），《中華民國金融法規檔案資料選編》

行開始發行紙幣以來，金銀歷來作為發行的現金準備，是紙幣得以流通的價值基礎。1935 年實行法幣政策時，雖然禁止使用銀幣，但並不禁止持有；各發行銀行的發行準備要集中，但各銀行完全可以保留非發行準備的金銀，外幣的持有更不成問題，法幣政策實施後，中中交三行在近三年時間裡實行無限制買賣外匯。可以這樣說，金圓券政策從設計到實施，都包含著如下目的，即支配乃至占有商業銀行和其他民營金融機構的金銀外幣資產。這是近代以來歷次幣制改革所未曾有過的安排。而伴隨著金圓券政策破產的，不僅僅是諸多商業銀行的金銀外幣資產的雲飛煙滅，也是金圓券的名義發行者中央銀行以及炮製和固執這一荒唐政策的國民黨政權在大陸的覆亡。

　　百餘年來近代中國銀行業的變遷，留給後人值得記取的內容應當是很多的。迄今為止，在中國真正稱得上百年老店的銀行不多。創辦於 1897 年的中國第一家銀行中國通商銀行，沒有垮在其創立者盛宣懷手中，在政府銀行救濟和增資後也挺過了 1930 年代的金融危機，但於 1950 年代經過改造而消亡。1987 年成立招商銀行時，只考慮到與所屬招商局的名稱一致，失去了讓中國通商銀行這一老店獲得新生的機會。創立於 1912 的中國銀行歷經坎坷，其名稱算是延續了下來。創立於 1907 年的交通銀行，1949 年之後曾經停辦，1980 年代得以恢復建制，營業至今。銀行是專門從事貨幣信用業務的企業，貨幣信用是要靠積累的，要靠每一筆業務中的講信用持之以恆；毀掉銀行的信用很容易，恢復卻很難。銀行的信用是靠善待客戶確立起來的，說到底是要履行對社會的運作、經濟的運作應守的信用。

　　近代中國銀行業的變遷，所體現的當然不光是官商關係、政商關係。尤其商業銀行作為企業，最根本的是處理與客戶、同業的關係，處理與社會方方面面的關係。銀行能夠向客戶提供安全優質高效的服務，向投資人即股東提供穩定的說得過去的回報，就是盡到了銀行的社會責任。然而，銀行的准入和監管，就會涉及「官」，就會產生官商關係、政商關係。問題是進入民國以來，政府在對待銀行的問題上，其取向往往倒退到部分倡設銀行的前清重臣的境界，即借開設銀行解決財政需要，視銀行為予取予求的外庫。更甚者，則是把銀行業視作官股和國家資本的領地，實行全面統制，使得銀行業的民營資本處

（上），第 482─484 頁。

境維艱。後世當權者抓住銀行不放，當然不能算錯，但大都忘記盛宣懷的如下名言：「銀行者，商家之事，商不信，則力不合；力不合，則事不成。」商家，商海博弈者也，銀行必須講求商業精神，包括誠信、公平、等價等，必須重信守諾；進而言之，只有理解和信守商業精神，才是銀行業走向百年輝煌的不二法門。

說得更明確些，國家（中央政府）不是不可以對銀行業搞統制，不是不可以發行不兌現的紙幣（如法幣和金圓券）。但是，權利和義務是不能割裂的，在國家資本統制銀行業包括發行不兌現紙幣的同時，國家（中央政府）也就無法推卸維護幣制和金融市場穩定的責任，政府的信用、合法性權威性和有效運作，都成為幣制和金融穩定的抵押品。正因為如此，抗戰勝利之後政府一系列金融政策措施缺乏民意基礎，而且政府統制演化成寡頭獨斷，人治代替黨治，卻依然無法制止惡性通貨膨脹，法幣與金圓券的相繼垮臺，國家行局信用喪失殆盡，民營資本銀行任憑擺佈，實際資本嚴重縮水，除了囤積居奇、投機牟利之外無法維持，金融體系、金融制度和市場完全崩潰，這一切必然導致包括一般工商業者、商營行莊業者在內的廣大民眾對失信的當政者的徹底絕望。這或許是戰後國民黨在大陸統治迅速覆亡的原因之一。

第十九章　階級和職業：
1930—1940年代上海銀行界的政治和經濟動態

一、上海銀行界研究概論

　　學界對上海資產階級的研究，自 1980 年代以來方興未艾。其中，以討論
與國民政府關係，尤以對所謂「江浙財閥」[1]的研究成果為最多。[2]不過，近年
出現了新的趨勢。首先，討論上海資產階級與國民政府關係於時間上有所延
伸，由北伐統一下移至抗日戰爭，由討論與國民政府關係轉移到與日本或汪精
衛政府，甚至於中華人民共和國成立初期與新政權關係。[3]不過，在抗戰結束

---

* 本章由李培德撰寫。

1　「江浙財閥」一般被認為是政治用語，指具經濟實力，影響能達全國，與帝國主義和封建
　　勢力關係密切，出身江浙的資本家階級，他們支持蔣介石於 1927 年策動四一二反共政變和
　　「剿共」的中國內戰，1935 年後開始衰落而被四大家族吸收成為附庸。對江浙財閥最早提
　　出系統說法的，是 1929 年由南滿洲鐵道株式會社上海事務所出版的《浙江財閥》。此外，
　　山上金男整理了包括上海市商會、各大金融機構和國民政府財金經濟委員會的名單，指出
　　成員多由江浙兩省人士壟斷，且有互相重疊跡象。見山上金男《浙江財閥論—その基本的
　　考察》、日本評論社、1938。

2　參見 Parks M. Coble, *The Shanghai Capitalists and the Nationalist Government, 1927-1937* (Cambridge,
　　MA: Council on East Asian Studies, Harvard University, 1980); Joseph Fewsmith, *Party, State, and Local
　　Elites in Republican China:Merchant Organizations and Politics in Shanghai, 1890-1930* (Honlulu:
　　University of Hawaii Press, 1985); Andrea L. McElderry, "Robber barons or national capitalists:
　　Shanghai bankers in Republican China," *Republican China*,vol. 8, no. 4 (1985), pp. 42-67; Marie-Claire
　　Bergère, *The Golden Age of the Chinese Bourgeoisie, 1911-1937* (Cambridge & New York: Cambridge
　　University Press, 1989); Marie-Claire Bergère, "Shanghai capitalists and the transition from nationalist
　　to communist regime (1948-1952)," in Lee Yungsan & Liu Ts'ui-jung eds., *China's Market Economy in
　　Transition* (Taipei: Academic Sinica, Institute of Economics, 1990), pp. 515-536.

3　參見 Parks M. Coble 的系列成果：*Chinese Capitalists in Japan's New Order: the Occupied Lower
　　Yangzi, 1937-1945* (Berkeley: University of California Press, 2003); "Chinese Bankers in the Crossfire,
　　1937-1945," in C. Y. Y. Chu & R. K. S. Mak eds., *China Reconstructs* (Lanham, Md.: University
　　Press of America, 2003), pp.161-177; "Chinese Capitalists in Wartime Shanghai, 1937-1945: A Case

至新中國成立甚至以後的一段期間裡，有關上海資產階級與國共兩黨關係的研究，始終不多。其次，由討論廣義的資產階級細分到對金融、工業等界別的專論，以「企業家」（entrepreneur）和「專業經理」（professional manager）來取代原來「江浙財閥」的統稱，在一定程度上中國只有「財閥」而沒有金融階級，只有攀附政權的資本家而沒有講求地位獨立、專業知識的「銀行家」看法。[4]

　　隨著近年包括銀行檔案的逐步公開和個別銀行家個人資料的整理，作為最主要的金融組織——銀行的歷史重新被學界關注，銀行在中國經濟發展中扮演的角色需重新解釋。1930 年代和 1940 年代對於上海的銀行業來說，可謂極之重要但又錯綜複雜。第一，在這兩個年代裡銀行業快速發展，達到高峰。第二，隨著經濟發展，大量服務性企業在上海出現，上海的職員階層不斷擴大，不過由於階級利益的不同，引發了不少勞資糾紛和各種企業內部的人事管理問題。第三，國民政府在此期間積極推行金融改革和經濟統制政策，沒有銀行界的支持，任何措施都不可能順利推行。第四，中國的內憂外患使政府更容易爭取到銀行界的支持，有利於推行各種以舒緩政府財政壓力為目的的政策，但當合作關係消失，利益上的矛盾便會浮現出來。第五，世界經濟發展對中國的影響加大，美國白銀政策直接影響中國金融市場之穩定。處於這樣動盪不安的環境中，對銀行業的經營者和從業人員來說，會產生怎樣的影響？

　　過去學界對上海銀行界的研究，多集中討論資本家而非中下層的職員階級。正如表 19-1 所示，「銀行家」（banker）與「事務員」（officer）、「雇員」（employee）最大的分別在於前者是經營銀行之首腦，後兩者是負責執行之事務者，包括經理和一般職員，而職員之中，還可細分行員及雇員。顯然，

Study of the Rong Family Enterprises," in Christian Henriot & Wen-hsin Yeh eds., *In the Shadow of the Rising Sun: Shanghai under Japanese Occupation* (Cambridge: Cambridge University Press, 2004), pp.46-65; "Zhou Zuomin and the Jincheng Bank," in Sherman Cochran ed., *The Capitalist Dilemma in the China's Communist Revolution* (Ithaca: Cornell University East Asia Program, 2014), pp.151-174. 另外，Sherman Cochran（高家龍）亦在注意 1949 年後上海資本家與新政權的關係，見 "Capitalists Choosing Communist China: The Liu Family of Shanghai, 1948-1956," in Jeremy Brown & Paul G. Pickowicz eds., *Dilemmas of Victory: The Early Years of the People's Republic of China*, Cambridge (MA: Harvard University Press, 2007), pp.359-385; Sherman Cochran and Andrew Hsieh, *The Lius of Shanghai* (Cambridge, MA: Harvard University Press, 2013); Sherman Cochran ed., *The Capitalist Dilemma in the China's Communist Revolution* (Ithaca: Cornell University East Asia Program, 2014).

4　Linsun Cheng（程麟蓀），*Banking in Modern China: Entrepreneurs, Professional Managers, and the Development of Chinese Banks, 1897-1937* (Cambridge & New York: Cambridge University Press, 2003).

我們對中下層的職員階級注意較少。[5]

表 19-1　銀行家和銀行職員的定義

銀行家（banker）	銀行職員（bank officer）	出處
經營銀行之人物也。即銀行中活動機關之首腦者。銀行中全部事務人員及夫役均不能稱為銀行家	銀行中有兩種執事：一為事務員（officers），即經理及各科長；一為一般雇員（employees）及事務員	陳稼軒：《增訂商業辭典》，商務印書館，1935，第 986—987 頁
經營銀行事業者，稱為銀行家	通常指銀行職員皆謂之行員，實則其間尚可分行員及雇員，前者之責任較重，如收支主任、出納員、付款員等，後者之地位更次，如各部之辦事員等	張一凡、潘文安編輯《財政金融大辭典》，世界書局，1937，第 1295、1298 頁

　　本章撰寫的目的，首先，處於 1930 年代內外複雜的經濟環境中，上海銀行業的職員階級是如何形成的，在形成的過程中又產生哪些問題？第二，除專業知識外，新的職業倫理又如何建立？第三，面對 1940 年代國共兩黨的激烈鬥爭，上海銀行家和職員階級又有何種不同反應，與國民黨的關係產生了怎樣的轉變，這種利益和階級上的矛盾又如何被利用？本章嘗試利用各種相關文件案和已刊資料，對上述問題逐一解答。

二、1930 年代上海銀行業職員階級的形成

　　上海商業儲蓄銀行（以下簡稱「上海銀行」）是近代中國最大的商業銀行，它的分行和雇用職員數目僅次於中國銀行。上海銀行的成功，除了與被認為是

5　參見 Wen-hsin Yeh（葉文心），"Corporate Space, Communal Time: Everyday Life in Shanghai Bank of China," *American Historical Review*, vol. 100, no.1 (Feb. 1995), pp.97-122; "Republican origins of the danwei: the case of Shanghai's Bank of China," in Xiaobo Lu & Elizabeth Perry eds., *Danwei:" The Changing Chinese Workplace in Historical and Comparative Perspective* (New York: M. E. Sharpe, 1997), pp.60-88; 岩間一弘〈人事記録にみる近代中國銀行員給與・經歷・家族—上海商業儲蓄銀行を中心に〉，《アヅア經濟》第 47 卷第 4 號、2006 年、21—38 頁；史瀚波（Brett Sheehan）《民國時期專業銀行職員社會及教育背景研究》，中國社會科學院近代史研究所編《中華民國史研究三十年（1972—2002）》，社會科學文獻出版社，2008，第 940—953 頁。

江浙財閥領袖的創辦者陳光甫有密切關係外，完善的經營和人事管理制度亦相當重要。

上海銀行的人事管理和「服務」精神

陳光甫把上海銀行的宗旨定為「服務社會，輔助工商業，發展外貿」，也為上海銀行樹立了鮮明的社會形象。1923 年，上海銀行成立實習學校，6 年後改為銀行傳習所，1931 年又改為銀行訓練班，招收 19 歲以下高中畢業生，由具經驗之銀行職員擔任教師。據統計，直至 1937 年，上海銀行訓練班共招生 278 人，成為銀行一個重要人力資源。從狹義上說，服務社會是自我約束、自我犧牲的混合。陳光甫以此大事宣傳上海銀行的服務，教導行員作為一個優秀銀行職員的準則就是「銀行是我，我是銀行」。很明顯，服務社會不僅為上海銀行營造正面社會形象，更以此作為訓練員工忠心、勤奮的策略。從另一角度看，服務社會亦可視為銀行指導員工日常生活的一種企業精神。正如有學者所指出的，在上海銀行工作與在中國銀行一樣，不僅僅是一份工作和一筆收入，它更是一個銀行行員身分認同的過程，在企業指導下過著一種新的集體生活。[6]

陳光甫視「服務」為銀行從業人員的座右銘，他極之講求紀律和嚴明的組織。他認為在銀行工作必須抱終身服務之精神，絕不能「見異思遷」，要把行務視為己事，做出完全的奉獻。如果用現在的標準來衡量的話，可以直截了當地說，加入銀行之後就猶如失去了自我，因為行方鼓吹的是「只有銀行而沒有個人」，對於上司和《銀行服務守則》，只可義無反顧地服從和遵守。

陳光甫於 1915 年上海銀行開辦之初，即任辦事董事兼總經理。1929 年，上海銀行進行組織改革，成立總經理處，實行總經理負責制，把全行各部門分為業務部和事務部兩大部分，分由總經理直接委任部門主管並總其成。1934 年上海銀行又實行分行管轄制，把全國分行劃分為 10 區，每區設一分區管轄行，由管轄行經理向總行總經理負責，調動區內的人力和財務資源。顯然，銀行的所有權力歸總經理所有，由陳光甫一人獨攬。他對職員的要求十分嚴格，曾在行務計畫會議上公開地說：

6　Yeh Wen-hsin, "Corporate Space, Communal Time: Everyday Life in Shanghai Bank of China," *American Historical Review*, vol. 100, no.1 (Feb. 1995), pp.97-122.

余意凡分行經理，如只顧自己的事情，只圖表面，只知利用自己的地位幹與行無益之事，將來終歸淘汰。現在分支行處中有無此種經理，余不敢必，但如能訓練出一大批良好經理出來終可把不良的經理，減少至最低限度。[7]

上海銀行職員的薪酬和升遷階梯

正如表 19-1 所示，只有經營銀行者稱之為銀行家，其他的雇用者為職員或行員，都是受薪階級，其薪金和職位成正比，職級愈高則薪金愈多。從下面表 19-2 可見，1931 年時以最低級的初級試用助員進入上海銀行服務，每月可拿 30 元的薪水。以當時的標準來說，相對於百貨公司的練習生每月只可拿 3—5 元，顯然是較優厚的。[8] 不過，正如研究英國蘇格蘭銀行薪金制度的學者所指出的，銀行職員通常被認為是終身職業，所謂「易進難出」，一個人在銀行工作了 10 年後就很難轉職，除非他提早退休。[9] 另外，如果把職員的薪金水平和年齡掛鉤的話，就可見到每一年齡組別的職員在領取相差無幾的薪金，這種情況不容易改變，除非整個組別的薪酬改變。換句話說，銀行的薪金結構是「非常等級性」（strongly hierarchical）的，是根據擁有不同程度的權力、監督、責任來決定。只有按照銀行人事升級的程序，才可獲得薪金的調整。[10]

表 19-2　1931 年上海商業儲蓄銀行行員月薪

單位：元

	職位	級	一等	二等	三等
高級職員	職員	超等	380		
		一級	360	300	240
		二級	340	280	220
		三級	320	260	200

7　〈行務計畫會議上陳光甫發言摘要〉（1935 年 1 月 3 日），中國人民銀行上海市分行金融研究所編《上海商業儲蓄銀行史料》，上海人民出版社，1990，第 808 頁。

8　上海華聯商廈黨委、上海永安公司職工運動史編審組編《上海永安公司職工運動史》，中共黨史出版社，1991，第 10 頁。

9　H. M. Boot, "Salaries and Career Earnings in the Bank of Scotland, 1730-1880," *Economic History Review*, vol. 44, no. 4 (1991), p.635.

10　《上海永安公司職工運動史》，第 645、651 頁。

中級職員	辦事員	超等	190		
		一級	180	150	120
		二級	170	140	110
		三級	160	130	100
初級職員	助員	超等	95		
		一級	90	75	60
		二級	85	70	55
		三級	80	65	50
	試用助員				45
					40
					35
	初級試用助員				30

資料來源：《總經理人字通告第六號》（1931 年 4 月 16 日），《上海商業儲蓄銀行史料》，第 818—819 頁。

　　根據上海銀行《行員待遇服務規則》，所有升級和加薪均由總行各部主管人員負責，程序是先由各分支行處經理主任考核成績，於每年 12 月呈報總經理核准。一般來說，初級試用助員及試用助員進入銀行半年後可按照辦事成績甄別去留及加薪，最優者可晉升為三等三級助員，次優者可獲升級和加薪，平常者不獲升加；助員一年後最優者晉升兩級，次優者得晉升一級，平常者不獲晉升，由助員晉升辦事員須有出缺並經審查及格後始得補升；辦事員一年後最優者可晉升兩級，次優者得晉升一級，平常者不獲晉升，由辦事員晉升職員須有出缺，由總經理遴選補升；職員一年後最優者得晉升兩級，次優者晉升一級，平常者不獲升級，至一等一級後所獲升加均得由總經理決定。[11] 每一職員入行後，人事部門都會設立個人專用文檔，記錄其一切資料，包括家世、出身、學歷、經歷、婚姻、特長、熟識親友等，同時也記錄今後的職務調動、升遷、功過、獎懲、主管人員對之每年評核考語、請假等。[12]

　　上海銀行對職員的表現，有一個監察和賞罰分明的機制。每年 12 月，全行職員都會被這一共有 24 點之多的機制評核。顯然，上海銀行的工作要求是非常嚴格的，但薪酬待遇還是具有一定的吸引力。上海銀行提供優厚的行員福利，例如為未婚職員提供宿舍、退休後給養老金、給予優惠利息以鼓勵行員儲

11　〈總經理人字通告第六號〉（1931 年 4 月 16 日），《上海商業儲蓄銀行史料》，第 819 頁。
12　沈維經：〈銀行之人事管理〉，《上海商業儲蓄銀行史料》，第 797 頁。

蓄、以特惠價配售銀行增資股份等，這些都不可不說是用以鼓勵行員上進的方法。[13]

　　1939年出版的《上海產業與上海職工》關於銀行職員的待遇有以下的評價，對全上海市約20萬的職員階級來說，銀行可以說是待遇最高和最受歡迎的工作，該書同時指出，待遇好會導致反效果，引來腐敗的生活：

> 金融機關的職員，如銀行保險公司等，特別是銀行，被大家看做很高貴的職業。拿幾個大銀行來講，待遇確也很不壞。如中國銀行初年的練習生，每月就有三四十元的薪水，可以與小機關的高級職員相比較。行員的住宿，銀行又可以低廉的價格供給，甚至每天辦公時間前後，有載客大汽車在行與宿舍間往來接送，行員連車錢都無須耗費。造成的結果，便是行員們一天到晚的勤勞行務，一部分人則過著糜爛的業餘生活，多數打牌，少數玩女人。[14]

　　從事銀行業者是否生活糜爛，有時很難加以界定，特別是對於工餘尋找休閒、樂趣的職員階級來說，銀行職員和其他上海市民沒有太大的分別。有學者指出，最常到上海舞廳消費的一類人便是於商界從事服務性行業的職員，「由於每次跳舞要花費幾元錢，對不少職員來講也是一筆不少的開支，但又不能不跳，於是『每餐嚼咬兩塊大餅，走路省幾文車錢，拼湊了幾塊錢，一到晚上，整一整衣冠，梳一梳頭髮，昂然又走進了舞場』」。[15]雖然銀行管理層經常告誡不可有不正當的行為和參與任何被稱為不當的娛樂，但是參加工餘娛樂活動始終吸引著年輕職員。

13　根據上海銀行對行員服務的規則，為了鼓勵行員養成儲蓄習慣，凡在職人員自試用助員月薪35元以上者，必須把收入的1/10存入行內開納之儲蓄會戶口。見《上海商業儲蓄銀行史料》，第823頁。

14　胡林閣、朱邦興、徐聲合編《上海產業與上海職工》，遠東出版社，1939，第633頁。另外，據曾服務於上海銀行界的孫曜東回憶，打麻將和豪宴成為高級銀行家生活的一部分，「銀行業大發展，銀行界的競爭日趨激烈，銀行家的豪宴就更加升級，簡直是日新月異，各類美味邊漿，令人眼花繚亂……金城銀行上海總行經理吳蘊齋……祖上是大鹽商，家裡歷有吃的傳統。他家每天八圈麻將，從下午兩點開始，先由他太太陪朋友們打，他從銀行回來後就接著上陣。到四五點鐘時一定有一道點心招待，七八點留客『便飯』。那『便飯』可是值錢的手藝，是真正的淮揚菜」。見孫曜東口述、宋路霞整理《浮世萬象》，上海教育出版社，2005，第6—8頁。

15　樓嘉軍：《上海城市娛樂研究（1930—1939）》，文匯出版社，2008，第290頁。

三、1930 年代上海的投機風氣與社會問題

1930 年代的上海金融市場

　　1929 年世界經濟大蕭條在美國爆發，但對中國並未即時產生影響。[16] 根據表 19-3 所示，中國股市不僅沒有崩潰，由政府發行的債券相對於股市，更為吸引投資者。1932 年 1 月日本攻打上海後，公債的指數不跌反升，成為金融市場上最熱門的炒賣對象。由於有大額的折讓，加上政府強硬推行，一般的商業銀行都很難抵抗。

表 19-3　上海證券指數

年分	債券指數	股票指數
1928	69.62	—
1929	80.95	—
1930	68.03	—
1931	62.29	—
1932	49.12	79.12
1933	71.97	71.46
1934	96.73	65.31
1935	92.47	57.11
1936	104.58	57.65

資料來源：孔敏主編《南開經濟指數資料彙編》，中國社會科學出版社，1988，第 466 頁。

　　由於公債利潤豐厚，上海銀行界大量吸收存款，而這些資金絕大多數投放於高額回報的公債市場，而非用於一般企業投資貸款。[17] 不僅本國銀行，由外國人開辦的萬國儲蓄會及中法儲蓄會亦努力從社會吸收存款，無不以有獎儲蓄來吸收儲戶，雖然因管理混亂引起國民政府的關注，但最後亦無法禁止。

　　從表 19-4 所見，直到中日戰爭爆發，上海的生活費指數並沒有被推得很高。在世界經濟大蕭條發生後的翌年即 1930 年，上海生活指數約比 1926 年只增加兩成，但在 1932 年日本攻打上海後便開始下降，直到 1935 年法幣推出後才開始回升，不過相比 1926 年時仍有一成多的增幅。值得注意的是，在

16　李培德：〈略論世界大蕭條與 1930 年代中國經濟〉，《史林》2010 年第 5 期，第 156—159 頁。
17　杜岩雙：〈中國金融業高額純利之來源〉，《申報月刊》第 3 卷第 7 號，1934 年，第 15—18 頁。

眾多的生活費指數中，多以先跌後升，或先升後跌，然後再反彈的情況較多，唯獨房租一直保持升勢，直到 1936 年才略為下調，可見房地產在上海亦成為投機炒賣的對象。[18]

表 19-4　上海生活費指數（1926 年 =100）

年分	食物	服裝	房租	燃料	雜項	總指數
1930	118.8	99.6	104.4	122.5	145.1	121.8
1931	107.5	108.3	106.0	133.6	187.4	125.9
1932	101.3	102.7	107.8	133.0	173.2	119.1
1933	86.9	90.0	109.7	121.9	164.3	107.2
1934	86.4	83.2	110.7	112.5	166.9	106.2
1935	89.1	80.0	111.3	119.4	160.3	106.6
1936	100.7	87.2	109.7	128.7	154.8	113.3

資料來源：《民國二十六年上海市年鑒》，中華書局，1937，第 70-71 頁。

由於上海是中國的金融中心，當世界銀價出現變動時，上海的金融市場很快就做出反應，上海自然成為游資聚集的地方，即所謂「上海充血，內地貧血」。當全國的熱錢都集中上海等待投資機會時，公債、房地產、標金和外匯都會成為投機炒賣的工具。當世界銀價下跌時，上海的標金便上升，相反銀價上升時，上海的標金便下跌。當世界銀價上升時，上海的銀貨便會流出（見表 19-5）。

表 19-5　上海金融統計

年分	銀價（每盎司）		上海標金	上海拆息	上海銀貨淨移出	上海各銀行庫存	上海各銀行發行兌換券
	倫敦（便士）	紐約（美元）	每條合國幣	日息	單位：千元		
1928	26.75	0.5849	497.3	0.134	+144074	145160	101.735
1929	24.47	0.5331	541.3	0.149	+154382	222090	128.933
1930	17.66	0.3846	766.9	0.067	+27920	263884	172.921
1931	14.59	0.2901	1018.0	0.133	-24179	253107	265.187
1932	17.84	0.2749	1008.7	0.111	+147860	357545	229.706
1933	18.15	0.3501	901.19	0.057	+65399	457015	288.475

18　杜恂誠：〈收入、游資與近代上海房地產價格〉，《財經研究》2006 年第 1 期，第 31—39 頁。

1934	21.20	0.4817	976.87	0.092	-232466	515064	353.262
1935	28.96	0.6432	920.37	0.141	-43341	327330	411.633
1936	20.06	0.4510	1143.79	0.082	-204506	109384	921.640

資料來源：孔敏主編《南開經濟指數資料彙編》，第485頁。

上海的投機風氣

1930年代上海經歷過兩次戰爭，社會上投機風氣充斥，不過我們的注意力多在1937年後上海出現的所謂「畸形繁榮」。左翼作家對上海的投機風氣，提供了大量的寫實文學作品，《子夜》和《林家鋪子》便是講述城市大投機家和小商戶破產最為家喻戶曉的故事。朱璟在他的小說《狂熱的投機市場和不出煙的煙囪》中一針見血地道出當時銀行的經營問題：

> 我看周親家那家銀行只有儲蓄部還熱鬧，可是我剛才留心一瞧，儲戶倒是十元五元的零星小戶居多數；他家又不發行鈔票，行內用了許多人，開銷想來不小，他們怎麼還能賺錢呢？⋯⋯

> 放出去呢，自然不能到三分，況且近年來百業蕭條，也沒有穩當的地方可放。他們吸收了存款來，全是拿到交易所去買賣公債的。穩當的做法是套套利息，冒險的，可就投機了。農村破產，又不太平，金錢都逃到上海來。上海的銀行家吸進了許多存款，也沒處去運用，那不是要脹死麼？自然都到交易所去變把戲去了。[19]

1940年，上海銀錢業業餘聯誼會（簡稱「上海銀聯」）編輯了一本銀行從業員徵文集《金融線上》，收錄了不少表達銀行職員心聲的文章，頗能反映出當時的社會風氣是如何講「派頭」：

> 公共汽車漲了價，於是不得不安步當車。早晨到行，為了時間關係，依然是乘車子的，晚上回家，就一路閒蕩著，順便看看衣鋪櫥窗裡的陳列品⋯⋯因為不乘車子，鞋子比較容易損壞⋯⋯然而，價格是貴得可怕了；皮鞋起碼十多元，竟有至五十餘元的，看來皮鞋是穿不起的了，還是看看鞋子罷⋯⋯比較便宜的，像橡膠底的跑鞋之類，現在也得二元多：按照自己的經濟能力，的確只能穿穿這種鞋子，但，這種鞋子，向來是一般小學生和工人們所常穿的，對於自己這樣一位所謂「銀行先

19　朱璟編《大都市之一：上海》，新生命書局，1935，第45—46頁。

生」怕不甚合適吧！？自己縱然想下一個決心去買來穿，但穿到行裡，
被同事們看見了，挪揄譏諷，是在所不免的，而且說不定，那位經理
先生還會埋怨我不應該自貶身價哩！[20]

　　在物質生活壓力底下，並不是所有人都能夠處之泰然的，如上文所述的
熾熱投機風氣，便一直籠罩著整個上海銀行界。在銀行職員所寫的文章裡，便
曾多次提到這種投機行為的普遍程度：

> 明明知道買賣股票是一種投機，行市的漲落一定有人操縱，但因為眼看
> 著人家賺錢，不由得也有些心動……結果連備金在內，一共虧蝕一千
> 多元之巨，每人攤派二百另二元六角九分。正所謂偷雞不著蝕把米。
> 二百元錢，在看慣了銀行帳簿的我們，真不算一個了不起的數目，如
> 今要自己平空付出這一筆款子，那就非同小可。[21]

> 現在總行外匯部已可以允許同人開立戶頭，來作投機了，雖說在行員
> 規則上載有「禁止同人投機行為」的條文，可是現在這麼一來豈不是
> 等於鼓勵同人去作投機了嗎？……哈哈……不要說這話了。錢，那個
> 不要呢！總行裡的 × 副理，× 襄理，× 科長，以及 ×× 主任等，在
> 「五二」那天，不是都賺了幾十萬元嗎？[22]

　　在整個 1930 年代，上海金融市場出現前所未有的動盪，公債、標金、外
匯、房地產都成為炒賣投機的對象。在租界特殊環境的保護下，全國游資湧進
上海，[23] 使上海的投機火焰更加熾熱。在上海從事金融業的無論高、中、低級
職員，都被捲入金融投機的巨渦中。

四、上海銀行職員的舞弊問題和解決方法

　　上海銀行雖然有迅速的發展，但亦衍生出各種問題。首先，銀行不得不
推行改革，務求在制度上儘量完善。上海銀行於 1934 年將人事科升格為人事
處，並配合施行數種增強行員「向心力」和提高行員福利的措施，包括改良待

20　容才：〈摘錄某行員的日記〉，《金融線上——上海金融從業員徵文集》，文藝習作社編印，
　　1941，第 109—111 頁。
21　容才：〈摘錄某行員的日記〉，《金融線上——上海金融從業員徵文集》，第 111 頁。
22　沙文：〈舞弊是怎樣產生的？〉，《金融線上——上海金融從業員徵文集》，第 193—197 頁。
23　李宇平：〈1930 年代中國的經濟恐慌論：分歧與演變〉，臺灣師範大學歷史研究所博士學
　　位論文，1996，第 26—33 頁。

遇、增進修養、溝通意志、鼓勵行員持有銀行股份等。上海銀行的策略是「使
行員生活安定，無後顧之憂，不致見異思遷，舞弊犯法」。[24] 為何會出現銀行
舞弊，曾在銀行界服務的李權時有如下評論：

> 十餘年前華商銀行規模小，業務簡單，數目能夠掌握；十餘年前華商
> 銀行數目少，但現在數目多，存有競爭，必須減省手續，提高效率，
> 減低成本，應付競爭；以前銀行職員數目不多，而且都有親戚關係，
> 且有保人制度保障，不需有嚴密之稽查制度，但現在行員數量急增，
> 達數百至千人，進來者或憑考試或憑介紹，品流複雜，保人已不可靠，
> 加以人心不古，投機風氣盛行，必須有嚴密之稽查制度，加上防範。[25]

　　1934 年，陳光甫完成了銀行的組織改革，成功推行了總經理制、分區管
理制和管轄行制，務求對各部門和各分行施行更嚴密的監察。

　　上海銀行創辦初時，由於業務簡單，而且規模較小，用人不多，大多聘
用曾經於銀錢業工作過的人，但後來分行逐漸增多，據說曾試用國內外大學
畢業生，結果未能令人滿意。[26] 據 1940 年加入上海銀行訓練班的王廉善回憶，
當時從訓練班畢業的同人被分派全國各地分行，考試的題目便是「男兒志在四
方」。[27]

　　根據上海銀行 1935 年公布的《本行行員舞弊之研究》，如表 19-6 所列，
1920—1934 年，舞弊行員共 76 人，牽涉金額達 881453 元。[28]

表 19-6　上海商業儲蓄銀行行員舞弊統計

年分	舞弊行員（人）	舞弊金額（元）
1920	4	32169
1921	6	74010
1922	3	1280
1923	5	17214

24　周慶雄編《上海商業儲蓄銀行八十年》，上海商業儲蓄銀行，1995，第 28—29 頁。
25　李耀祖：《我國銀行會計制度》，商務印書館，1938，第 11—12 頁。
26　吳相湘：〈陳光甫服務社會〉，《民國百人傳》第 4 冊，傳記文學出版社，1982，第 14 頁。
27　王廉善編著《我的生活浪花》，私人出版，2005，第 20—21 頁。
28　根據所收集的資料，幾乎所有在上海的官營或私營銀行都有舞弊案的發生，而且牽涉金額
　　都不在小數，銀行怕把事情鬧大，影響銀行聲譽，都會儘量低調處理。這裡顯示的數字，
　　並未收入個別幾起上海商業儲蓄銀行重大舞弊案件。對上海銀行界的舞弊問題將另文討
　　論。

1924	3	78264
1925	3	6343
1926	1	3000
1927	3	19119
1928	1	1620
1929	2	3000
1930	6	18933
1931	2	7400
1932	20	295839
1933	9	17804
1934	8	251458
總數	76	881453
服務時間（年）	舞弊行員（人）	舞弊金額（元）
1—3	43	454432
4—6	18	214525
7—9	6	31798
10—12	3	12129
不明	6	168569
總數	76	881453
薪金水準（元）	舞弊行員（人）	舞弊金額（元）
29 及以下	12	148803
30—44	19	67234
45—59	20	326357
60—74	8	184235
75—89	5	52080
90—104	4	5855
105—120	1	78795
不明	7	18094
總數	76	881453

資料來源：《本行行員舞弊之研究》，上海商業儲蓄銀行，1935。

　　何謂舞弊？據該調查報告所指，「即凡故意虛造或匿藏過去或現在之事實而侵害關係人之權利者均為舞弊。包括偽造及變造文書、現金及物品之中飽、與顧客共謀詐欺本行款項、偷竊款項」。綜觀各舞弊案件，多為行員「挪用」、「移挪」、「私挪」、「捲逃」銀行款項。

上海銀行僅於 1934 年，即在全國各地增設分支行處凡 32 處，計天津 4 處，北平 2 處，上海本埠、廣州、香港、衡陽、吉安、臨川、宣城、明光、大通、溧潼、蚌埠、滁縣、昫水口、清江浦、泰縣、東臺、淮北陳家港、溧陽、丹陽、海門、青島東鎮、濰縣、石家莊、西安、渭南、河南靈寶等各 1 處。[29] 可以想見，要在一年內對所有新設的分支行處配以適當的人力資源和施行監管，並不容易。上海銀行至此設立的機構總數達 110 個，職員人數達 2775 人，是當時中國私營銀行之冠。[30] 當上海銀行努力擴展業務，增設分行、支行、辦事處的同時，在人事及銀行內部管理問題上便出現失控的現象，呆帳和舞弊事件層出不窮，已到了不可收拾的嚴重程度。1934 年，上海銀行副總經理楊介眉指出，在 1932 年之前壞賬只有 70 萬元，但至 1932 年時壞賬急增至 300 餘萬元，1933 年亦有 200 餘萬元，楊介眉警告「無論何人聞之，均覺可驚可懼……今年市面如此，倘再有壞賬，如何得了」。[31]

有關銀行過分擴充，失去平衡，以致釀成舞弊事件的問題，早在 1928 年 3 月，總行人事科經理伍克家已經向陳光甫提出。他在寫給陳光甫的信中說：

> 因察本行現狀已逐漸陷入老大苟安之境，人才缺乏，朝氣日就湮滅，對於本行特殊之使命，瞭解者不多，服膺者更少，中上級行員受社會環境及衣食住之束縛，大都非孳孳為自身利益忙，即意態消沉，尸位素餐，以此人馬何能打仗？竊恐地盤愈大，統治愈難，危機亦愈多，即無時局之糾紛，亦應竭力收斂，從事於整理訓練，至少使中上級行員瞭解鈞座創辦本行之宗旨，信仰服從，捐棄借公眾機關謀個人發展之惡根性，消除苟且偷安、敷衍了事之惡態度。[32]

1928 年 10 月陳光甫對上海銀行屢次發生行員舞弊事件，十分震驚，但當受別人批評時，又嘗試為自己辯護，他對楊介眉說：

> 今後非努力訓練行員，俾可應用。現在各部添人均是臨時抱佛腳，毫無準備，所添來之人不免有烏合之眾之象……馥蓀（指李銘）批評我行，云內中亂七八糟，蓋部分太多，人才不齊，馥蓀宗旨不在擴充，省開支，

---

29 《民國二十三年度上海商業儲蓄銀行營業報告》，第 23 頁。
30 周慶雄編《上海商業儲蓄銀行八十年》，第 81 頁。
31 〈第 138 次總經理會議記錄〉（1934 年 5 月 16 日），《上海商業儲蓄銀行史料》，第 638 頁。
32 上海市檔案館編《陳光甫日記》，上海書店出版社，2002，第 31 頁。

全年不過十七八萬元，專做幾個老主顧，公債票有機會之時購進或賣出，一年可賺四五十萬元，毫不吃力。此乃紹興人之辦法，難怪其對我等有此評論也。[33]

　　為進一步加強行務管理，下級向上級、分行向總行、各部門主管都必須向總經理彙報工作，為此而發、收的文件甚多，包括各種通告、通函、通訊、密字通函、公函、行務會議報告、經理月報等，可謂形形色色，不一而足。此外，每週在總行內舉行的大小會議，幾乎天天如是，十分驚人。1935年，陳光甫在第二次全行行務會議上再一次強調銀行組織的統制政策，包括統一的營業政策、重複事務之去除、中樞命令之服從、主管人員之負責、辦事效率之機械化。他說：「任何組織，欲求其不鬆懈，必須有紀律，所謂紀律，以服從為第一要義，凡管轄部分所發出之命令，被管轄部分必須服從，並且必須立刻認真做到，必如是方可稱組織嚴密。」[34]

　　有關上海銀行本身對控制舞弊問題惡劣變化的反應，銀行屢有改善業務、提高行員服務水準的討論，例如提高行員之保證金、改善會計方法等，以防舞弊事件之重演。1937年2月11日由上海銀行界創刊的《銀行生活》雜誌出版，直到抗戰爆發，共發行9期，它的創刊號廣告是這樣寫的：「異軍突起，全國銀行行員公餘唯一正當刊物」，給人一種撥亂反正的感覺。在《銀行生活》創刊號刊了一封讀者來函，函稱：

> 講到我們銀行的行員，一天到晚，埋頭苦幹，精神貫注在「鈔票」、「數字」、「算盤」、「鋼筆」上面，到了工作完了以後，當然要找一種正當的娛樂，或者閱讀有趣味的刊物，方可調劑日間耗費去的精神和努力……現在有了《銀行生活》的創刊，可以彌補了這一個缺點，直接的增進行員銀行學識，間接的銀行本身基礎得以鞏固。那末，《銀行生活》的使命，是何等的重大啊！[35]

　　《銀行生活》的內容有兩點是與銀行界息息相關的。第一，討論行員的修養和業務知識，如潘仰堯《銀行員應有之道德修養》、懷素禪《日本青年

33　《陳光甫日記》，第69—70頁。
34　〈由鬆懈而統制——民國二十四年七月第二次全行行務會議致詞〉，《陳光甫先生言論集》，上海商業銀行編印，1970，第247—248頁。
35　《銀行生活》第1卷第1期，1937年，第50頁。

銀行員之不安》（刊於第1卷第1期）、林康侯《怎樣利用業餘時間》、靈敏社《行員職業談》（刊於第1卷第2期）。第二，邀請有名氣的大銀行家接受訪問或介紹外國知名銀行家的生平事功，以達到樹立銀行家榜樣的目的。有關這一方面的文章計有《英蘭銀行總裁諾曼傳》、《徐寄廎先生訪問記》、《王志莘先生訪問記》、《林康侯先生訪問記》等。

銀行管理層為提高工作效率，減低營運成本，提高營運上的安全和保險，對行員施予種種不同的控制手段，例如提供在職訓練、經濟上的鼓勵、講求賞罰分明的表現評核制度等，而銀行認為重要的方法是控制行員的思想和行為，使之服從行方的指揮。但是，紀律式的人事管理方法和完全中央集權的總經理制度，有時會產生相反效果，過分的控制和極端嚴密的監管只會令行員反感，甚至做出反控制的行為，這是銀行高層所始料不及的。與1934年國民政府推動的新生活運動的結果相同，對私人空間的過分干預只會導致排斥和反彈。[36]

1930年代上海的投機風氣並未因銀行改革或政府推行新生活運動而減退，相反在太平洋戰爭爆發以後，可謂愈演愈烈。上海真正的通貨膨脹是1937年以後出現的，銀行職員的收入因物價高漲而不斷減少，被捲入投機炒賣旋渦的人不斷增多。[37]

1930年代上海銀行發生的舞弊事件只是勞資雙方關係矛盾的冰山一角，下級職員不滿於上級職員濫用職權、以公謀私，更表現於政治立場之取向。對於解決舞弊問題的方法，陳光甫表現出更為積極地施加紀律性的控制。顯然，他的目標是有效管治上海銀行行員，讓他們忠心耿耿地為銀行服務。因而，行員訓練只是一種手段而非目的。

1936年，走左翼路線的上海銀聯成立，一開始便有會員400多人。[38] 加上日後中國共產黨地下工作的影響，二次大戰結束後的行員問題則變得更為複雜，下文將予以討論。

36　有關公私觀念在近代中國的演變，可參見李長莉〈公私領域及私觀念的近代演變〉，載劉澤華主編《公私觀念與中國社會》，中國人民大學出版社，2003，第218—243頁。
37　岩間一弘：〈1940年前後上海職員階層的生活情況〉，《史林》2003年第4期，第43頁。
38　中共上海市委黨史資料徵集委員會主編《上海「銀聯」十三年（1936—1949）》，中共上海市委黨史資料徵集委員會，1986，第2頁。

五、中國共產黨對上海銀行界的統戰

中共對上海銀行界的統戰，最早可追溯到抗日戰爭爆發時期，隨著政治局勢和經濟、社會環境之轉變，統戰的目的和手段亦有所不同。早期統戰的目的多為發展中共力量，在金融界培養一批傾向支持自己的人，擴大中共於這一界別的影響，並向蘇區、淪陷區輸送力量。戰後則大為不同，統戰的目的變為阻止資方轉移銀行資產，為日後中共建立政權保留實力，此外，還有配合解放軍和平進入上海、維持社會秩序之目的。

整體而言，中共對上海銀行界的統戰可分為三個時期：抗日戰爭時期、大戰結束至新中國成立時期、新中國成立時期。

抗日戰爭時期

據統計，抗戰前上海作為全國的金融中心，有270餘家中外金融機構，1.5萬多名從業人員。1936年，上海銀聯成立，與當時上海職業界救國會有密不可分之關係。由於發展順利，上海銀聯由一個原本隸屬救國會的銀錢業大隊逐漸演變為一個獨立的聯誼會組織，也只不過是短短數月的時間。1936年2月，顧准積極投入上海職業界救國會的工作。1937年11月，中共設立江蘇省委員會，顧准出任江蘇省委之下的職員運動委員會書記，大力推動由中共領導的職員運動。職員運動委員會與學生運動委員會、工人運動委員會、軍事運動委員會等13個委員會並列，可見中共對其的重視。[39] 有學者指出，顧准當時並沒有借助已有的救國會、救亡協會、戰時服務團等力量去發展銀行、錢莊、保險、百貨等行業的職員組織，而是以利用聯誼會、俱樂部等新形式去吸引群眾，這可以說是顧准獨到的策略。後來他雖然受到批評，卻成功發展了中共與職員階級的關係。[40] 繼上海銀聯之後，上海陸續出現類似的組織，例如四行二局系統的「六聯」、北五行系統的「四行一會同人交誼會」、浙江實業銀行的「同人福利會」及新華銀行的「同人福利會」等。[41]

1936年10月4日，上海銀聯正式成立，入會人數達441人，計來自中

39　中共上海市委組織部等編《中國共產黨上海市組織史資料（1920年8月—1987年10月）》，上海人民出版社，1991。
40　岩間一弘：〈1940年前後上海職員階層的生活情況〉，《史林》2003年第4期，第44—45頁。
41　楊世儀等：〈上海金融地下黨工作的幾點經驗〉，《上海黨史資料通訊》1989年第6期，第35頁。

國通商銀行 39 人、上海市銀行 27 人、交通銀行 22 人、中南銀行 22 人、中國保險公司 18 人、大陸銀行 17 人、寶豐錢莊 14 人、中國企業銀行 13 人、大中銀行 13 人、金城銀行 11 人、浙江實業銀行 11 人，還有來自其他 58 個行莊的 200 餘人。上海銀聯作為親中共的地下組織，一方面要隱藏身分，開展地下活動；另一方面則要爭取合法社團登記，成為官方認可的合法組織。因此，如顧准所言，取名為「聯誼會」是較為容易為各方面所接受的。

上海銀聯除了有非政治性的名稱外，還積極爭取銀行界高層的支持，這有利於獲得國民政府的合法社團登記。這裡所指的銀行界高層，包括錢新之、李銘、杜月笙。錢新之出任上海銀聯第一、二、四屆名譽理事，而李銘則為第四屆名譽理事及會務指導委員。不過，日本占領租界後，名單上便再也見不到他們二人的名字了。直到戰爭結束，他們的位置被王志莘、徐寄廎等人所取代。[42] 1937 年 1 月，該會機關刊物《上海市銀錢業業餘聯誼會會報》創刊，上海銀聯竟能邀請到杜月笙為刊名題字，可見其極高的人脈網路動員能力。

上海銀聯從 1936 年創辦時起，發展得相當順利。由於上海銀聯能夠吸納不少會員，到了 1938 年夏天，中共黨內成立了銀行總支部，其後陸續在中國銀行、金城銀行、大陸銀行、鹽業銀行、中南銀行建立起黨支部。可以肯定地說，中共勢力得以滲透上海的各大銀行，上海銀聯的組織和活動發揮了不少作用。[43] 1939 年前後，上海金融界的中共黨員人數達至 100 人，而上海銀聯的會員人數也大為增加，有 7200 餘人，分布於 368 家不同行莊或公司。[44]

大戰結束至新中國成立時期

1946 年，當吳國楨接任上海市市長時，他感到最棘手的問題，便是中共在上海的潛伏和對現政權的威脅。他在口述回憶中提到：「共產黨集中在上海的特工（地下人員），也就比其他地方都多。在我任職的三年中，幾乎沒有一天沒有共產黨煽動的騷亂或示威。」[45]吳國楨提及的騷亂、示威，還有罷工，大部分是由中共地下黨人策動的。

42　《上海「銀聯」十三年（1936—1949）》，第 209—216 頁。
43　《上海「銀聯」十三年（1936—1949）》，第 38 頁。
44　《上海「銀聯」十三年（1936—1949）》，第 42 頁。
45　裴斐、韋慕庭訪問整理《從上海市長到「臺灣省」主席（1946—1953 年）——吳國楨口述回憶》，吳修垣譯，上海人民出版社，1999，第 30 頁。

必須指出，大戰結束後上海的形勢與戰前或戰時不同。這一時期中共進行地下活動難度更大。首先，國共關係在1946年進入內戰後，可謂全面破裂，國民黨加緊「圍剿」中共黨人。其次，上海租界之消失，意味著中共地下活動失去了庇護。繼上海銀聯之後，1946年3月中共又成立包括四行二局（即中央銀行、中國銀行、交通銀行、中國農民銀行、中國信託局、郵政儲金匯業局）的「六聯」。

由於資料的限制，我們無法知道為何要在上海銀聯之外，另成立一個性質類似的組織，這是否和內部領導問題有關？雖然目前未能提供答案，但有一點是可以肯定的，即中共比過去更重視上海銀行界，因為在「六聯」涵蓋的每一個金融機構，中共都設有黨支部，由中共中央直接領導。據說，「六聯」成立的目的有數點，其中有兩點最值得留意，同時也是與前期統戰工作不同的地方。

第一，爭取銀行高層留滬，不隨國民黨離開。在這方面對上層銀行家工作做得最多的首推中國銀行的宋漢章。據「六聯」的看法，宋漢章在上海乃至全國金融界有較高的聲望，與國民黨官僚資本也有一定矛盾。如果能爭取宋漢章留在上海，迎接解放，在政治影響上和對建立新中國金融事業將是有利的。中行支部負責人胡宣同曾派吳震修去說服宋不要離開上海，但最後並沒有成功。

第二，加強調查研究，為將來新政權接管和建立新行做準備。根據「六聯」的資料，對這些銀行進行調查的內容有：（1）中行本身資財，重要放款對象、投資單位、房地產、倉庫位址和堆存重要物資情況，庫存金、銀、外幣、現鈔情況，客戶寄存的保管品等。（2）描繪中行各大樓的地圖，中行倉庫中主要物資的堆放位置等。（3）各部門人員情況，如名單、政治身分、歷史表現、工作能力等，供人民解放軍軍代表在接管時遴選協助接管和建行人員時參考。交通銀行的地下黨員亦做相同的工作，收集交行的股東名冊、人事派系、投資去向等資料，為日後接管做準備。[46] 由此可見，「六聯」對於保存銀行資產，無論是實質的或無形的財產，均極重視。據曾任職中央銀行的李立俠回憶：「那時我和中共地下黨已有聯繫，遵照黨的指示，團結員工，堅守崗位，儘量保存

46　中共上海市委黨史資料徵集委員會主編《上海四行二局職工運動史料》，中共上海市委黨史資料徵集委員會，1987，第177—180、73頁。

物資，迎接上海解放。」[47] 中共針對國有金融機構設立黨支部，看來是非常正確的策略。

隨著政治、軍事、經濟局勢的轉變，國民黨對中共的鎮壓愈為嚴厲。1947 年 7 月，國民政府頒布《戡亂動員令》，實施《後方共產黨處理辦法》、《特種刑事法庭組織條例》、《戒嚴法》等，大舉拘捕中共黨人。因此，上海的中共地下活動，不得不有所轉移，包括中共地下黨員，甚至資本家轉移香港，香港對於中國來說，稱得上是一塊「飛地」。[48]

1947 年 5 月，中共中央香港分局正式成立，分別以方方和尹林平為正副書記，下設香港工作委員會（簡稱「香港工委」）和香港城市委員會（簡稱「香港城委」）。香港工委屬公開性質，分管統戰工作委員會、財政經濟委員會、文化工作委員會和外事組四個分支機構。香港城委走地下祕密路線，領導華南城市和農村地下黨組織及武裝鬥爭。[49] 1946 年 10 月到 1947 年上半年，中共中央從上海調配了不少得力的幹部來港，包括章漢夫（化名章翰）、夏衍、許滌新（化名許瀚生）、馮乃超、喬冠華、龔澎、潘漢年、胡繩等，可見其對香港統戰工作之重視。[50]

中共以上海幹部來執行香港的統戰工作，除了上述遭受國民黨猛烈「圍剿」之外，最主要是因為當時的統戰對象，是從上海來的資本家而非香港本地的商人。據原於上海從事統戰工作的許滌新回憶，他認為從上海來的資本家更具吸引力：

> 開展對香港工商界的統戰工作，對象是指在香港經營工商業的人士。但是，這是不能同對上海商界的代表性人物的統戰關係脫節的……這種情況使江浙資本家逐步把資金從上海轉移到香港。申新九廠和天利、天廚等廠就是例子。這麼一來，就增強了江浙資本家在香港華商資本中的比重……而且有進步的工商界代表性人物，如盛丕華、包達三、黃延芳和章乃器等先後到了香港。這就使我們在香港，對工商界的統

---

47 李立俠：〈劉攻芸的最後掙扎〉，壽充一、壽樂英編《中央銀行史話》，中國文史出版社，1987，第 76 頁。

48 袁小倫：〈戰後初期中共利用香港的策略運作〉，《近代史研究》2002 年第 6 期，第 126 頁。

49 中共廣東省委組織部等編《中國共產黨廣東省組織史資料》上冊，中共黨史出版社，1994，第 371—389 頁。

50 李培德：〈上海解放前夕的上海銀行家〉，《社會科學》總第 338 期，2008 年，第 172—178 頁。

戰工日益擴展了。[51]

在資本家當中，有不少是來自銀行界的。香港工委之下的財經委由許滌新領導，負責的銀行家統戰對象有金城銀行周作民、中匯銀行杜月笙、中國銀行總行宋漢章、中央信託局駱美奐、中國銀行香港分行鄭鐵如。早在被派往香港之前，許滌新就已開始與上海銀行家接觸。1946 年，許滌新便對浙江興業銀行的黃延芳進行過統戰工作。[52] 據夏衍的引述：「1948 年在香港，我（潘漢年）和夏衍同志還去看訪過杜月笙，我們離開香港之前，杜月笙曾向我們作了保證，一定安分守己。」[53] 這裡杜月笙所說的「安分守己」是指不會做與中共敵對的事。

不過，當中共正式建立政權時，這批原來在香港進行統戰活動的力量迅即撤退，回到內地投入建設新政權的工作。1949 年 3 月，中共中央下達命令，要香港分局及各地黨委做好四方面的工作：撤退國內民主人士，完成新政協召開；國際宣傳；培養幹部；與內地游擊隊接頭。「除此以外，不能另有過高企圖，以致妨礙大局。」[54]

周作民因受迫於蔣經國，[55] 他是所有上海銀行家中最早離開上海的，也成為中共在港統戰對象的第一人。到底統戰用的是什麼策略和方法，雙方的立場和心理又如何，由於資料的限制，這裡未必能夠一一解答。不過，有一點可以肯定的是，「中間人」扮演的角色至為重要。

1948 年 10 月，周作民來到香港，他通過《群眾》編輯林默涵認識了正在香港進行統戰活動的潘漢年和許滌新。[56] 上海解放時物資缺乏，許滌新要求周作民從香港輸入一批棉紗，可惜因為資金不足而沒有成事。不過，當潘漢年

51　許滌新：《風狂霜峭錄》，三聯書店，1989，第 354—355 頁。

52　楊世儀等：〈上海金融地下黨工作的幾點經驗〉，《上海黨史資料通訊》1989 年第 6 期，第 37 頁。

53　夏衍：《懶尋舊夢錄》，三聯書店，1986，第 585 頁。有關中共在香港執行的統戰策略，可參考李培德《1949 年前中共在香港的發展及其對本地華商的統戰》，載李培德編著《大過渡——時代變局中的中國商人》，商務印書館（香港）有限公司，2013，第 212—232 頁。

54　葉金蓉、陳揚和、許振詠編《中共中央香港分局文件彙集（1947 年 5 月至 1949 年 3 月）》，中央檔案館、廣東省檔案館，1989，第 140 頁。

55　李培德：〈上海解放前夕的上海銀行家〉，《社會科學》總第 338 期，2008 年，第 172—178 頁。

56　周作民之認識林默涵，是通過金城銀行香港分行經理陳伯流。見陳伯流〈我所知道的周作民〉，載許家駿等編《周作民與金城銀行》，中國文史出版社，1993，第 80 頁。有關林默涵獲周的資助，見王曉吟〈林默涵 1946 — 1949 年在香港〉，《新文化史料》1996 年第 1 期，第 40 頁。

要求周協助滯港民主人士回內地時，周指派金城銀行國外部經理楊培昌動用行款港幣 45 萬元租了一艘「華中」號輪船，成功運送柳亞子夫婦、葉聖陶夫婦、陳叔通、馬寅初、包達三、鄭振鐸等 27 人去天津。[57] 而周本人並未隨船一同返回內地，他先派親信徐國懋回去瞭解情況，直到 1950 年 8 月，周乘船回天津，成為第一位回國的上海銀行家。

周作民遲遲不回內地的原因，據徐國懋說，是因為擔心金城銀行香港分行資金周轉不靈。周曾向中國銀行鄭鐵如商借 100 萬元港幣，但未獲答允。此事後來得到時任中國人民銀行行長南漢宸的幫助，徐國懋在他的回憶錄中記道：「他（南漢宸）隨即問我，香港金城需要多少透支呢？我回答說，有一百萬元港幣的透支也就夠了。南行長毫不猶豫地表示，他即告香港中國銀行撥給金城五百萬元港幣，作為定期一年的存款。他又說：『八月份要開全國金融會議，希望周先生能回來參加。』」[58]

新中國成立時期

上海銀行家處於國共兩黨關係破裂，中國陷入內戰局面，不得不做出一些因應時局變化的決定。無可否認，上海銀行家與國民政府的關係，在新中國成立前後的短短數年間，出現了前所未有的變化，不少人對國民黨失去信心，因而撤離上海，他們大多選擇去香港。姑勿論國共兩黨在戰後對香港的政策如何佈置，上海銀行家離開上海後都要面臨以下幾個相同的問題：首先，如何過渡，在香港、臺北、上海之間如何做出抉擇，歸宿何處？其次，今後事業上的安排，是否繼續做銀行家？第三，如何應付來自國共兩黨的統戰，應否靠攏？

上海雖於 1949 年 5 月解放，但對於國民政府時期遺留下的商業銀行，並未及時訂出具體的處理辦法。1949 年 10 月上海工商局調研室對包括銀行家在內的上海資本家曾做一詳細的調查。需要指出的是，這份調查報告之目的是與各部門作為情報交換之用，為極度機密，內頁上注明：「調查的對象本人在經常變動中，本刊資料又係來自各方面，故僅供參考，不能作為定論。」值得注意的是，一些傾向支持中共的銀行家如徐寄廎、徐國懋、王志莘、孫瑞璜、李立俠、陳朵如等，亦在被調查之列。

57　徐國懋：《八五自述》（《上海文史資料選輯》第 72 輯），上海市政協文史資料編輯部印行，1992，第 152 頁。

58　徐國懋：《八五自述》，第 155 頁。

　　根據表 19-7，我們不僅可以瞭解這批上海銀行家的政治背景，例如與國民黨的關係和與中共合作的可能性，更重要的是對中共來說他們具有何種統戰價值和應施行何種統戰方法。以宋漢章為例，由於宋對中國銀行內情熟悉，對將來接收中國銀行海外資產可以起很大作用。因此，中共對他的統戰工作從上海到香港，從未間斷。陳光甫雖然不支持中共，但也不支持臺灣，由於他對國民黨持消極態度，成為中共要爭取的對象。周作民可以說是最願意接近中共的銀行家，當然中共亦瞭解他過去與國民黨一段不愉快的經歷。至於杜月笙，他既然在上海有錢鐘漢為其代理人，則表示出他仍未完全與上海割斷關係，這很可能與他在上海的財產和業務有關，甚有與中共談判對話的餘地。

表 19-7　上海銀行家於上海解放前後的政治背景和動向

姓名和年齡	背景與態度	其他
宋漢章 （76 歲）	余姚幫金融領袖，在金融界極有聲望，政治上尚不十分反動。與孔宋有矛盾，但因在中國銀行根底已深，不易去掉。解放前本不願離滬，以致在中國銀行被免職，被迫到港後才復職，在香港受到特務的監視。對中國銀行內情甚熟悉，在將來接收中國銀行海外資產時，如能通過宋，可起很大作用。在上海中國銀行的余姚幫，尚肯與我們合作。	
陳光甫 （70 歲）	解放後在香港，對中共抱觀望態度，對國民黨也頗為消極，不願去臺灣，對毛主席的「民主與專制」細心閱讀，聞工商界開會討論，讀了「不怕民族資產階級造反」語後，認為對資產階級不利。據周作民今年 7 月對其親信陳伯流談，陳光甫在港十分苦悶，常一個人出去喝咖啡。上海銀行已拿出 100 萬至 150 萬元美金到美國和美商合作設立一信託公司。自毛主席的「一邊倒」理論發表後，陳認為利用美國投資無望，對中國經濟建設前途甚為悲觀，最近有回滬之說。	生活洋化，但並不甚腐化，沒有兒子。

周作民 （67歲）	政學系，與張群、張公權、吳鼎昌之流關係很深。抗戰結束後，很受 CC 的打擊，宋子文也從旁消滅他，並曾一度被匪特捕去，但由於張群的維護，始獲釋放。蔣經國在上海時，要各銀行的外匯寄放於偽中央銀行。他曾被一連三次傳去，聽了許多訓話。據說這件事給他的精神和身體打擊很大。因此他到了香港，身體尤為衰弱。據他自稱，他對於中國共產黨，在抗戰勝利前一年就想接近，去年被蔣經國打擊後更有此要求。自認過去缺少認識。他對於匪黨雖感絕望，但還與張群等維持不惡的友誼。上海解放後，他曾想回來，因為封鎖和生病，直到今日仍留在香港。	
錢新之 （65歲）	政治立場方面是政學系人物，與吳鼎昌、張嘉璈關係密切成為新政學系主角之一。與黃炎培關係深久，黃說他愛國心甚濃，政治興趣淡薄。他自己則表示是無黨無派的人物。由於他的圓滑、靈活、面面俱到，因此在四大家族獨占資本的控制下，他還能在交行立腳，在經濟上和 CC 拉攏，企圖用二陳的力量以對抗孔對於交行的壓迫。1947 年 4 月張嘉璈掌握財權，他被重用，出任美金公債募銷委員會的主任。1948 年底，當我軍進迫京滬時，與杜月笙等在美帝及匪方贊助下領導組織上海各界自救救國聯合會進行活動。	現在香港，任金城銀行正董事長之職，事實上他是不管事的。
李銘 （63歲）	國民黨改革偽金圓券時，強迫各行莊繳出外匯，浙實隱繳一部，曾引起大蔣小蔣的不滿，李也因此牢騷滿腹，表示消極。解放前赴香港，浙實逃在國外外匯還有相當數目。	李有一祕書名陳道希，頭腦頗清晰，平日李之文稿計畫均出自其手筆。解放前在友人談話中，陳對國民黨頗多指責與批評，解放後對中共及人民政府甚表讚賞，最近曾在《銀行週報》著文，稱頌人民政協及共同綱領。

杜月笙 （61歲）	抗戰前便與軍統戴笠相結納，任南衣社中央特務部長，後為軍統局的顧問。抗戰期間杜在漢口、香港、重慶之間來往，名義為中央賑濟委員會常務委員、中國紅十字會總會副會長、行政院戰時公債勸募委員會總會常委，當時並組織準備接收上海的機構，上海市統一委員會由杜任主委。抗日結束後參加中美合作所，與戴笠關係更密切，後與軍統局徐亮合組中國新社會事業建設協會，任常理。該會係軍統周邊組織，杜在滬的代理人為茂新廠主任錢鐘漢。	蔣介石在年輕時即曾宣誓加入，拜黃金榮為師。蔣富貴後黃乃將門生帖子奉還，以示不敢僭越。慘勝後蔣政府在上海建立自己的黨部（CC）的特務機構，而把幫派及流氓頭子當作次要之可供利用部分。

資料來源：上海工商局調研室編《上海工商人物志》，上海經濟研究所，1949。

　　1950年1月6日，英國政府正式宣布承認中華人民共和國，3日後，周恩來向香港發出「保護財產，待命接收」的命令，指示收回原內地於香港設立官營機構的財產。當時，香港的中資金融機構包括中國銀行、交通銀行、中國農業銀行、福建省銀行、廣東省銀行、廣西省銀行、中央信託局、郵政儲金匯業局、中國保險公司，連同其他航運、貿易機構，總資產估值達2.43億港元。[59] 在這批官營機構中，以中國銀行擁有的資產最多，它因此成為日後國共兩黨爭奪的目標，同時也是中共對上海銀行家實行統戰策略中最下力的機構。

　　1949年12月31日，曾長期負責地下黨工作的羅靜宜[60]向中共中央華南分局彙報有關中國銀行香港分行的最新動態並建議執行適當的政策：

　　　　中國銀行香港總管理處流動資金除負債及款賬外，約淨餘二千萬美元，目前可動用者約一千五百萬美元，均存紐約，存款戶名總行約四五百萬元，國外部約五六百萬元，滬行約四五百萬元，其餘為各分行名義。上述存款項均由紐約州銀行派監理官監視，最近反動派屢要支授，均被拒絕，存款簽字均由宋漢章、霍寶樹、陳長桐、高昌柏中之二人，陳、高已辭職，徐柏圓上臺，簽字權歸徐、宋、霍。

59　劉晶芳：〈接收香港國民黨政府機構和資產述略〉，《中共中央黨校學報》1997年第1期，第94頁。
60　目前很難找到有關羅靜宜的生平資料，只知道她於1930年代加入中共地下黨。她與冀朝鼎有密切關係，後結為夫婦。

總行管轄的分行，倫敦、紐約、加拿大、東京還沒有和我們聯繫。倫敦分行夏屏方曾與宋子文相好，鐵如說這人可爭取。星加坡分行最近表示向我靠攏。

鄭鐵如再保證不讓反動政府提取一分錢，但沒有交出該行的帳冊，只口頭說港行約有淨值三千萬港元，均已貸出紗廠，曼谷行也有一千萬以上港幣，港行最近向荃灣南華鐵工廠放款二百萬港元，又舊欠貸款一百萬港元。

港行管轄的曼谷、西貢兩支行，據鄭稱，西貢鑒法方可短期內承認人民政府，而保大仍然與臺灣來往，那時西行可能為反動政府控制。曼谷行吸收到的存款不少，也有此情形，我們要鄭阻止兩行的改隸。鄭在行的地位算已告老，只維持原職原薪，徐柏圓上臺，欲擠退鄭。我們答應他，假如鬥爭明朗化，鄭起義保全資產，另方面由我們請北京總行委鄭港行經理。

港行職員長期處在養尊處優的生活條件下，憂心鬥爭，憂心將來是否原職原薪，其中稍有正義的計裏理張昌齡、謝啟鑄，會計主任吳俊麟，辦事（司）理趙文□、蘇一鵬等人，若掀起鬥爭風暴，中下級力量還不大可靠，上層分子中比較可爭取的有鄭鐵如、高昌柏、邵增華。頑固的有陳長桐、霍寶樹，而宋漢章迄未表示靠攏之意。

為了應付英國承認我們，建議北京總行目前即準備接管的文件、印信、授權書。因為中行是官商合辦，那時要重新召開股東會、董事會議產生新董事，在接收中最好能派冀朝鼎來，除港行外，並可到星加坡、倫敦等地去接。這是周同志和鄭鐵如等的意見。[61]

根據羅的報告，當時對北京來說，最大的優勢是英國準備承認中華人民共和國，屆時申請香港中行改隸應比目前有較大的勝算，關鍵遂在於英國於公布承認之前必須穩住中行，不能讓任何一方轉移中行資產。羅的報告有幾點很值得注意的地方：首先，對宋漢章於中行的地位和實權（具動用外匯的簽字權）予以肯定，由於宋尚未表態「靠攏」，對宋之統戰工作不能有絲毫鬆懈。其次，

61　〈羅靜宜關於港中行問題的報告〉（1949年12月31日），《中共中央華南分局文件彙集（1949.4—1949.12）》，中央檔案館、廣東省檔案館印行，1989，第420—421頁。

對鄭鐵如扮演之角色予以保留，因為鄭只口頭答應盡力而為，既沒有交出帳冊，也未清楚說明中行資產數字。不過，只要鄭能夠忠心，將來可成為香港中行的負責人。第三，雖然中行能夠成功改隸，投向中共，但由於中行有商股董事，將來召開新一屆董事會，還需要這批舊商股董事的支持。因此，中共對原是中行董事會成員的銀行家之統戰，更不能以掉以輕心。

六、1949年後國民黨對在港上海銀行家的控制 [62]

正如前文所述，上海銀行家在離開上海之前，各自有不同的經歷，但對於國民政府的態度，則甚為一致，都不願意繼續支持，甚至更有利益上的衝突。因此，他們離開上海後都沒有選擇馬上到臺灣而留在香港，以便觀察兩岸局勢，好為自己的前途做打算。另一方面，國民政府對這批上海銀行家的行動並沒有施行特別的政策，在遷臺計畫中亦沒有為商業銀行做特別的安排。1949年後，根據臺灣的金融條例，省外銀行不允許在臺經營，使上海銀行家對臺灣不抱厚望，關係幾乎斷絕。

國民黨對中共的反統戰措施

1949年6月，蔣介石派「戡亂建國動員委員會」祕書長洪蘭友攜信到港問候滯港的上海銀行家，該信謂：「當北伐之時，上海工商界一致擁護贊助，政府得力頗多，此次退出上海，政府未能為工商界安排，聞受損甚大，殊為抱歉，派洪慰問。倘工商界有需政府協助之處，當為辦理云云。」不過，蔣的問候信並沒有得到良好的反應。1949年7月2日，杜月笙在港設宴，招待潘公展、吳開先、石鳳祥、王啟宇、吳坤生、楊管北、唐星海、劉鴻生、宋漢章、錢新之、周作民、陳光甫、李銘（缺席）。陳光甫在日記中記述：「政府向來予人以『空心丸』，不知已有若干次，受者深知其味，今又再來一次，未免難受。洪述各點，皆不符於實情。」

1949年7月20日，雷震到香港，準備籌辦《香港時報》。不過，他到香港實有多重目的，其中包括監視第三勢力在香港的發展情況。雷在當天的日記中謂：

62　此部分的資料，多採自李培德〈統一戰線と反統一戰線：1940年代末から50年代初めの香港における上海銀行家〉、日本上海研究會編《建國前後の上海》、東京：研文出版、2009，255—285頁。

餐畢與希孔訪其親戚，繼訪王曉籟、錢新之、趙棟華、劉鴻生、杜月
笙諸人。王曉籟謂一家四人在香港而三千港紙而不夠用，仍在發牢騷。
記得某日在廣州時，趙棟華約晚餐，潘公展在座，謂大家都為國辛勞，
因王曉籟不能離滬，謂走不動，現在即送三千港紙，其他則如何，對此
似甚牢騷，而王曉籟則感不滿，可見擺平之難也。鴻生擬去肅州看廠，
月笙約予等晚餐，談及上海情形甚多。予此次到港，因王、劉系予邀
其離滬而不能返去，心中深感不安，故特去訪問也。[63]

　　為何國民黨方面對滯港的上海銀行家如此之關注，筆者認為與中國銀行
香港分行今後的去向有莫大的關係。當時中國銀行 25 位董事中，有 10 人身
處香港，包括莫德惠、吳鼎昌、陳其采、吳忠信、卞白眉、陳光甫、李銘、張
嘉璈、杜月笙和宋漢章，這些銀行家在國共兩黨對中國銀行的爭奪中起著關鍵
性的作用。其中，尤以位居董事長職位的宋漢章最惹人注意。早於上海解放前
夕，宋美齡已注意到中行的情況，親自拍電報給蔣介石，謂：

> 密（表）介兄鑒：頃聞紐約財政監理官通知，紐約中國銀行因上海時
> 局緊急，中行總行仍在上海，恐發生不幸事故，及紐行故有取銷營業
> 執照、凍結款項之意，此事關係重要，祈急令總行遷移，宋董事長離滬，
> 免為敵方操縱利用，並令總行通知紐行，以便轉機要。妹美沁印 [64]

　　宋美齡提醒蔣介石，「宋董事長離滬，免為敵方操縱利用」。其實，她
對滯港的宋漢章，早有令其辭退的打算，而以席德懋代之。不過，席德懋並不
同意，宋美齡也沒有辦法，最後由既不是中行董事會成員，更不是常務董事
的徐柏園來代替。[65] 1949 年 12 月 15 日，席德懋寫信表明「不願意接任」：
「賤軀多病，早思引退，籍免貽誤行務。今蒙兼任董事長職務，全承溫諭勉勵，
益茲感愧，惟因中國銀行行務，向有宋董事長主持，尚可維繫，若任其引退，
不特易使內部解體，且恐供人利用。若德懋屬力對外傳令，掩護難於轉圜，對
於行務，決不敢辭勞怨，惟董事各義，萬祈俯仍由宋董事長繼續擔任，於公於

63　傅正主編《雷震全集・雷震日記》（1），桂冠圖書公司，1989，第 269 頁。
64　〈宋美齡電蔣中正令中國銀行總行遷移宋漢章離滬免為敵方操縱利用〉（民國 38 年 4 月
　　27 日），「國史館」藏《革命文獻・政治・政經重要設施（下）》，第 167 頁。以下館
　　藏略。
65　中國銀行行史編輯委員會編著《中國銀行行史（1949—1992 年）》上卷，中國金融出版社，
　　2001，第 38 頁。

私，均屬有益。」[66] 同月，徐柏園致函席德懋，解釋接任中行董事長職位的原因，表示有為時勢所迫的意思：

> 紐約蔣夫人密譯，特席德懋兄刪電誦悉，宋董事長係自傳辭職。值以嚴重時期，行□不可□人負責。核政府特傳兄兼任，因照行章規定，董事長須由常董擔任，中行七常董之中，庸之、子文、貝淞蓀、郭錦坤暨兄在美，宋漢章、莫德惠在港，宋君既甫經政府准辭，自不便再行相強，就共餘六位言，自以由兄以總經理兼任為便，明令既□更張為難，且值與英國特承認偽政權，港府態度曖昧，共匪□盡力攫取政府在港資產之時，中行總經理、副總經理均在國外，舊董事長已辭，新董事長小就，中行在港資產實屬□□□憲，倘有差失，責任慕查分，望兄排除萬難，負責處理……□皓，替□徐柏園為董事，以郭錦坤君常務□□柏園□充，即由柏園□代兄之董事長。

1949 年 12 月 19 日，當時任「行政院」祕書長的黃少谷，催促席德懋趕赴香港搶救中行行產：「夫人特來席德懋君刪電□□中國銀行董事長，適徐柏園同志自港來臺，言中□情形□詳經與熟商□覺欲拾救中行在港資產，惟有催席君迅速到港負責，一法除詳□紙□呈外並擬覆電核呈核。」兩天後，徐柏園從香港拍電回覆黃少谷，告之中行董事長職位交接事：

> 黃少谷先生密，昨抵港即訪宋漢章先生，面送總座函，並遵照諭示傳達意旨，渠甚表感激。今晨複訪，商談董事長職務交替事，並訪各董事及行內高級主管，仰賴總座德威，進行尚稱順利。頃已商定明日下午四時，由漢章先生邀請在港董事監察人及總座鑒察為□。弟徐柏園叩馬[67]

國民黨無計可施，便想出儘量挖空的辦法，把可調動的資金儘快從中國銀行提出。黃少谷電告宋子文，請求協助將航空建設委員會原存於中行的 86 萬元港幣作為還款儘快調出：

> 頃接徐柏園同志本月二十三日自港來函稱：「中國銀行香港分行問題，現正積極策劃，如能佈置完備，當採取明朗辦法，撤換主管人員，唯

66　本段及以下兩段，見〈黃少谷呈蔣中正催席德懋速到港搶救中國銀行在港資產〉（1949 年 12 月 9 日），《革命文獻 · 政治 · 政經重要設施（下）》，第 230─231 頁。
67　〈徐柏園電黃少谷抵港訪宋漢章商談中國銀行董事長交接事宜〉（1949 年 12 月 21 日），《革命文獻 · 政治 · 政經重要設施（下）》，第 233 頁。

目前有一急待解之問題，擬請轉陳總座核示，過去航空建設委員會，拖欠中國總行港幣壹百萬元，同時存放香港分行港幣八十六萬元，最近總行擬將此項存款調回總行，扣還欠款，並可轉調美國，以策安全，乃香港分行藉口須原存款人來電，始允照付，原存款人為宋子文先生，總行曾電紐約請宋先生來電，尚未得覆，此事不宜拖延，最好由總座電飭宋先生速電香港分行，將『建購記』存款全部劃存總行歸還欠款，以便外調」等語。鑒核。擬請鈞座迅予電囑宋先生，速電香港分行，將「建購記」存款全部劃存總行歸還欠款，以便外調，是否有當，敬候示遵。[68]

　　據統計，當時中國銀行有海外資產約 2000 萬美元，其中 500 萬美元為不能動用部分，其餘的 1500 萬美元分別為：總行行款 400 萬—500 萬美元、國外部 500 萬—600 萬美元、上海分行 400 萬—500 萬美元，餘下的是各分行行款。至於中行港行則有 6000 萬港元資產，另有保存其管轄的曼谷分行資產約 1000 萬港元。[69] 鄭鐵如採取儘量拖延的辦法，最後並沒有向臺灣方面交出中行的資產。首先，他將款項儘量借出，向上海資本家在香港開設的緯綸紡織公司、寶星紡織公司和南華鐵工廠等貸出大量款項。[70] 此外，又斥鉅資以港幣 374.5 萬元投得香港中環德輔道中 2A 號地段，興建中國銀行大廈，刷新了當時香港官地拍賣價的最高紀錄。鄭鐵如的目的極為明顯，就是儘量減少中行的流動現金。其次，他稱病搬進養和醫院暫住，避開所有來訪的客人。[71] 曾在中行服務多年的姚崧齡，對於中國銀行倫敦分行最後落入北京中國銀行的控制有如下評論：

　　迫至英國政府正式承認中共政權後，該處（指中行倫敦經理處——引者注）徵詢英國法律顧問意見，照常營業，並分電臺北總管理處，及北京偽總管理處報告經過。主管人雙管齊下，首鼠兩端，意存騎牆。結果立場不清，進退失據。不久中共派人赴倫敦接管，原主管人仍無

68　〈宋子文電蔣中正香港中國銀行將建購記戶存款數劃存總行〉（民國 38 年 12 月 29 日），《革命文獻・政治・政經重要設施（下）》，第 247—250 頁。

69　有關的數字引自〈羅靜宜關於港中行問題的報告〉（1949 年 12 月 31 日），《中共中央華南分局文件彙集（1949.4—1949.12）》，第 420—421 頁。

70　中國銀行行史編輯委員會編著《中國銀行行史（1912—1949 年）》，中國金融出版社，1995，第 709—710 頁。

71　端木樹勳：〈中國銀行職工的護行紀事〉，中國銀行精神文明建設和思想政治工作辦公室編《中國銀行愛國愛行事例選編》，中國經濟出版社，1997，第 54 頁。

法保全自己地位。[72]

　　姚崧齡所指的主管人便是倫敦經理處經理夏屏方。由此側面可見，統戰對於當時海外分行歸屬問題，發揮了極大的作用。1950年4月9日，中國銀行新一屆董事會在北京召開，陳光甫、李銘、張嘉璈、杜月笙和宋漢章都簽了委託書，以鄭鐵如為代表出席會議。[73] 同年6月8日，南漢宸組織香港金融工作團，派項克方、閔一民、莊世平、張錫榮、孫文敏來港進行接收在港中資金融機構工作。[74] 中行行產的爭奪到此告一段落。據統計，國共兩黨對中行海外分行的爭奪戰互有勝負，其中曼谷和悉尼分行始終控制於國民黨之手。[75]

上海銀行家對中共統戰的顧慮

　　北京中國銀行召開新一屆董事會，臺灣方面有何應對措施？1950年4月20日，雷震的日記中記道：

> 晚方（治）、穀（正綱）約餐，遇到洪蘭友。渠云張公權、陳光甫、李馥蓀與宋漢章四人對偽中國銀行常務理事開會於上海，確實有書面向偽中行請假，而由四人正式簽名蓋章。杜月笙係另函，並云已得臺北諒解，現臺北中行已開會，四人又默認參加此間，杜說願去疏通。[76]

　　雷震於這裡提及「現臺北中行已開會」，表示臺北已於當天舉行臺北中國銀行總管理處董事會議。會議舉行日期比北京中國銀行召開董事會遲11天。顯然，臺灣對中共的反統戰措施並不奏效。1950年12月美國因朝鮮戰爭而凍結中國資產，使北京對上海銀行家的統戰策略出現變數，本來對北京有好感的銀行家不得不考慮他們在美國資產的安全問題。由於臺灣是美國的盟友，將來對申請資產解凍肯定會產生影響，這令上海銀行家不敢太親近北京，對來自北京的統戰不得不有所顧忌。

　　1950年10月12日，陳光甫收到一封署名周恩來的信函，內謂：

> 光甫先生賜鑒：久仰渠範，彌切欽遲。國步維艱，胥憑英傑作中流柱，

72　姚崧齡：《中行服務記》，傳記文學出版社，1968，第99頁。

73　《中國銀行行史（1912—1949年）》，第713頁。

74　席長庚：〈中國人民銀行的籌建和創立〉，《金融科學：中國金融學院學報》1998年第4期，第112—117頁；鄧加榮：《開國第一任央行行長南漢宸》，中國金融出版社，2006，第335—345頁。

75　《中國銀行行史（1949—1992年）》上卷，第39頁。

76　傅正主編《雷震全集‧雷震日記》（2），第88頁。

> 共挽狂瀾，翹首雲天，感盼出岫。潘忠堯、張惠農同志因公赴港，特
> 著晉謁崇階，希予延見，代為致意。伊等擬在港籌設日報一所，惟創
> 辦伊始，尚望海外賢達時賜匡助，使此文化事業，俾底於成，黨國前途，
> 實深利賴。[77]

信裡要求陳協助訪者潘忠堯和張惠農在香港辦一份報紙，陳覺得莫名其
妙，並對這兩位自稱周恩來代表的人產生懷疑。因為他們來訪的目的似非轉達
周恩來的信函而是詢問陳與內地的聯繫和今後的動向，陳光甫甚至發現，自己
與周曾有數面之緣，信中為何會稱「久仰渠範」，似是從未見面，陳認為該函
極可能是偽造的，而潘忠堯和張惠農二人也可能是臺灣派來的特務，用以打聽
陳與北京是否在進行某些方面的接觸。當然，陳是否仍對國民黨忠心絕對是這
兩位冒稱周恩來代表的人最為關切的問題。[78]由此可見，上海銀行家雖然遷港，
但仍擺脫不了國共兩黨鬥爭的影響。

七、國共之爭中的上海銀行界

過去，把所有支持國民政府的上海資本家統稱為江浙財閥，其政治標籤
的意義至為明顯，遮蓋了上海資本家原來的面貌，對產生於 1930 年代的上海
銀行家和職員階級，都難以有深入的認識。銀行家經營銀行，除了要應付政府
推行的政策外，在資本、人事、組織管理各方面，都需要有專業的技能，否
則難以成功。中國於 1930 年代面對前所未有的巨大金融轉折，對內要應付幣
制、金融改革，對外要克服因世界金融市場動盪所帶來的影響，包括銀行家
和銀行職員的上海銀行界，處於這樣的時代背景，可謂如履薄冰，稍有不慎，
都會出現各種各樣的問題。作為銀行的經營者，為了保障銀行的利益，無不希
望通過不斷的改革，對從業者施以最有效的管治，如陳光甫便強調紀律和服
務，在使銀行工作職業化的同時，無形中把銀行管理滲入職員的日常生活中，
使之達到充分監管的目的。在陳光甫的眼中，對於正在不斷擴充的上海銀行，
必須有大量的人力資源支持，因此包括銀行職員的培訓、待遇、工作、升遷、
責任等都必須加以制度化。銀行職員進入銀行工作，絕不可能逃脫這一制度。

---

77 美國哥倫比亞大學手稿及珍本圖書館藏《陳光甫私人文書》第 9 箱第 9 號文件夾（1950 年
　11 月）。
78 《陳光甫日記》，第 249—251 頁。

最先掌握銀行職員階級問題的是走左翼路線的上海銀聯，這個本來只有俱樂部性質的組織後來成為中共上海地下工作的最重要的據點，由銀行、保險、錢莊等金融機構，逐漸擴展到百貨、洋行等整個職員階層，成為日後支持上海解放和中共建立新政權的重要力量。從某種意義上說銀行家和銀行職員階級的矛盾被中共地下組織所利用，亦不為過。

經歷了抗日戰爭時期的金融統制，到二次大戰結束，上海銀行界無不寄予厚望的是國民政府能夠大力振興經濟，可是事與願違，經濟不僅沒有改善，相反卻招來惡性通貨膨脹和比以前更嚴厲的經濟統制。1948年，蔣經國在上海施行統制經濟措施，強迫上海銀行家交出外匯、黃金、白銀等貴重金屬，宣告了上海銀行家與國民政府關係的逆轉。此外，國民黨政府撤離大陸到臺灣，但對商業銀行毫無安排，加快了上海銀行家與國民黨的決裂。毫無疑問，如比較國共兩黨對上海銀行家的政策，中共無疑在國民黨之上。[79]

中共對上海銀行家統戰的重點，由初期針對職員階級到後期轉移到銀行家高層，與中國銀行香港分行所保存的中行海外資產有莫大關係，同時成為國民黨與之爭奪的關鍵。因而，統戰與反統戰之間出現了拉扯，王曉籟向雷震聲稱3000元港幣不夠他一家人在香港生活，而周作民成功取得香港中行500萬元港幣貸款，可見統戰是可以講條件的。當然，上海銀行家處於國共兩黨的夾縫中，有時變得進退維谷，如鄭鐵如在英國公開宣布承認中華人民共和國前努力保護中行資產，儘量減少香港中行存有流動現金；有時亦可說是兩面逢源，如陳光甫一面與內地上海銀行保持聯繫，另一方面又怕被臺灣特務監視，影響將來向國民黨政府申請解凍在美國被凍結資產。

在上海銀行家中，能夠在香港站住腳，並繼續在銀行界有所發展的，只有陳光甫和李銘。他們之所以成功，很大程度上和他們於大戰結束後迅即投資於美國市場，保留銀行的外匯有關。1950年，陳光甫和李銘同時分別為上海銀行及浙江第一商業銀行向香港政府註冊，成為獨立於內地的香港公司。

一般來說，我們對1949年上海銀行家選擇來香港原因的說明，無不在於

---

79 杜月笙的景況最能夠說明國民政府對上海銀行家的態度，如 Y. C. Wang 討論蔣介石與杜的關係時所說："He coddled Tu when he was useful, cast him off when he was no longer needed, and retrieved him again as the Communists approached." 見 Y. C. Wang, "Tu Yueh-Sheng (1888-1955): a Tentative Political Biography," *Journal of Asian Studies*, vol. 26, no. 3 (May 1967), pp.433-455.

回避政治。其實，還應該加上一點，即與上海繼續保持聯繫。上海銀行家雖然離開了上海，但正如陳光甫所說「人在香港，心在上海」。周作民在離滬後把大部分銀行事務交給徐國懋辦理，他最後決定返回上海，也與徐的安排有關。杜月笙雖然人在香港，仍能遙控上海的銀行業務，因為他的兒子杜維翰一直留在中匯銀行工作。至於上海銀行與內地的業務雖已大不如前，但仍可以維持，主要因為陳光甫的親信伍克家、資耀華從中協助。顯然，周、杜、陳各人都有他們在上海的代理人。在國共兩黨統戰與反統戰的過程中，中間人的角色至為重要，但往往也是我們最容易忽略的。

第二十章　官僚資本與「官辦商行」

一、「官僚資本」溯源

　　在中國，「官僚資本」雖然是個耳熟能詳的名詞，但歧義卻很多。那麼什麼是「官僚資本」或「官僚資本主義」呢？據百度百科：「官僚資本」是「在半殖民地、半封建的中國，統治者憑藉國家政權的力量建立和發展起來的資本主義經濟。是政治不民主、經濟不發達的產物」。按照中國史學界的傳統解釋，官僚資本主義就是依靠帝國主義、勾結封建主義、直接利用國家政權而形成的國家壟斷資本主義。它主要表現為與國家政權結合，因而具有買辦性、封建性和壟斷性等基本特徵。依照這樣的解釋，晚清政府、北京政府和南京國民政府時期的所有官辦、官商合辦、官督商辦以及官僚私人投資興辦的企業或公司都應屬於官僚資本。[1]

　　「官僚資本」這個名詞究竟是什麼時候在中國出現的？根據香港中文大學中國文化研究所「中國近現代思想史專業資料庫」的統計資料顯示，這個名詞最早是由中國共產黨的領導人發明並使用、出現於 1920 年代大革命時期的中共機關刊物上。蔡和森認為美國計畫在中國大力發展實業，實質上是「表明中國官僚與外國資本家的勾結，又是表明外國經濟的侵略主義之另一種方式。

---

* 本章由鄭會欣撰寫。

1　關於官僚資本的傳統解釋，可參見黃逸平〈民國經濟史研究述評〉，曾景忠《中華民國史研究述略》，中國社會科學出版社，1992，第 10—11 頁。譬如有的學者就認為，官僚資本除包括一部分私營企業外，還包括「官辦」、「官督商辦」、「國營」、「公營」等形式的企業，官僚資本在軍事工業、商業、金融業等部門得到更大的發展，更多地表現為商業和金融業資本。見全慰天〈中國四大家族官僚買辦資本的形成〉，載孫健編《中國經濟史論文集》，中國人民大學出版社，1987，第 349 頁。

外國帝國主義者這種經濟侵略的新方式（扶植一班奴性的官僚資本家，如梁士詒、周自齊、曹汝霖、王正廷等，使之代替外國資本家出面，以掠奪中國的財富），與他們在政治上想扶植滬、漢資本家的新方式是相表裡的」。[2] 毛澤東則呼籲全國各地的商人「不為曹錕和一班『官僚資本家』所迷惑」，共同響應和支持上海商人的行動。[3] 很明顯，這裡所說的「官僚資本家」指的是那些具有官僚身分的資本家。1923 年 7 月，瞿秋白（化名屈維它）在《前鋒》創刊號上發表《中國之資產階級的發展》，首次提出「官僚資本」這一名詞，他將洋務派經辦的官辦企業稱為「官僚資本之第一種」，將官商合辦企業稱為「官僚資本之第二種」；1929 年，李達在《中國產業革命概況》一書中提到清代官僚於舉借外債時「從中漁利，自肥私囊，形成官僚資本」；1936 年，呂振羽在《中國政治思想史》一書中將清政府創辦的「國營事業的萌芽」統稱為官僚資本。[4] 由此可以看出，這一時期中國馬克思主義學者眼中的所謂官僚資本家，指的是那些具有大官僚背景的資本家；而官僚資本則既是指晚清政府和北洋軍閥政府時期的官辦企業，但同時也包括那些具有官僚地位和身分的人所經營的企業。

不管怎麼解釋，「官僚資本」這個名詞在戰前其實並不常見，然而到了抗戰中期，隨著官僚政治的腐化加劇，越來越多主管財經事務大權的官員亦參與各種經濟活動，他們利用手中掌握的權力假公濟私、化公為私，這種「前方吃緊、後方緊吃」的腐敗現象日益嚴重，終於引起了大後方人民的強烈不滿，報刊輿論亦對此大張撻伐，並將他們利用職權、私人參與投資和經營的企業或金融機構稱之為「官僚資本」，其中孔祥熙、宋子文為代表的長期執掌國家財政金融命脈的大員更成為朝野上下攻擊的目標，而「官僚資本」也就成為報刊上頻繁出現的詞彙了。

二、官僚資本的發生和發展

「官僚資本」產生的歷史背景

在中國古代傳統社會中，在「官本位」的政治和社會條件下，在自給自

2　和森：〈美國資本奴隸中國的新謊言〉，《嚮導》第 16 期，1923 年，第 126 頁。
3　澤東：〈北京政變與商人〉，《嚮導》第 31、32 期合刊，1923 年，第 233 頁。
4　參見許滌新、吳承明主編《中國資本主義發展史》第 2 卷，人民出版社，1990，第 10 頁。

足的自然經濟環境中，重農輕商、重本輕末一直是主導整個社會的取向，長期以來商人的地位很低，常居於四民之末。而某些官僚雖趨於利益的誘惑，或是利用權勢與商人勾結分取其利潤，或是自己私下經商，享受特權，但他們大多隱蔽進行，或是委託代理人經營，或是以假名及堂號入股牟利。這是因為中央政府嚴令高級官員及親屬經商，《大明律》就明文規定公、侯、伯以及四品以上官員及其親屬、僕人不得經商；而且商人的地位低下，從某種意義上講，官員亦不屑與商人為伍。

鴉片戰爭後，中國被迫納入世界體系，在洋務運動中開始出現了一批從事近代化生產的大企業，其資本的構成形式大多由官辦、官督商辦到官商合辦，原由官府經營的事業通過招商，改由私人承辦，但政府仍能予以嚴格控制。在向近代化轉型的過程中，商人的經濟實力不斷上升，此時經商已並不是什麼低下的職業，清政府內如李鴻章、張之洞、劉坤一等封疆大吏在推行現代化的同時，自己也深深地捲入經濟活動之中，在這些官督商辦、官商合辦的企業中，政府的財產已經同官僚的利益混為一體，難以區分了。在這中間，盛宣懷既是政府主管經濟的高級官員，本人又積極參與金融、航運、電訊、鐵路、礦山等實業的投資和經營，擁有強大的經濟實力，可以算是完成由官僚向商人轉變、成為官商合一最為成功的官僚資本家。[5]

民國成立後，由於政府的提倡以及現實的需要，整個社會價值觀如對「義」、「利」的判斷以及對職業的取向與追求等，都發生重大的變化，因而刺激了一大批士紳投資近代化金融與企業的意欲，甚至連那些軍閥和官僚也將以往購置土地房產等傳統項目改為投資近代化的工業。有學者專門進行過統計，北京政府時期先後有 45 名軍閥和官僚投資於 212 家企業和金融機構，包括礦山、建築、製造、棉紡、交通運輸和公共事業等部門，其中金融或與金融相關的機構最為集中，共有 82 家。[6] 王秋華則專門對直系軍閥私人投資進行研究，據他統計，屬於直系的軍閥投資了包括礦山、紡織、麵粉、銀行等部門的93 家新式企業，其中金融業的投資也是最為顯著，共有 20 家銀行，另有不少舊式的銀號和當鋪。[7] 這些軍閥和官僚投資的銀行和企業，即可以視為北京政

5　參見〔美〕費維愷《中國早期工業化：盛宣懷（1844—1916）和官督商辦企業》，虞和平譯，中國社會科學出版社，1990。
6　魏明：〈論北洋軍閥官僚的私人資本主義經濟活動〉，《近代史研究》1985 年第 2 期。
7　王秋華：〈直系軍閥私人經濟活動研究〉，河北大學歷史系碩士學位論文，2006。

府時期官僚資本的代表。

國民政府成立後，官員經商、官商勾結的情形雖然並不罕見，但其現象尚不嚴重，因此當時並未引起社會的廣泛注意。導致官僚資本在中國急速發展是抗戰中後期的事，其原因則與抗戰爆發後大後方政治、經濟和社會的局勢變化有關。

抗戰初期，全國軍民響應政府號召，不分黨派，奮起抵抗，民眾有錢出錢、有力出力，同仇敵愾。然而到了廣州、武漢失守之後，抗戰進入相持階段，一方面由於政府實施戰時統制經濟體制，凡是對外出口創匯的商品一律實施統購統銷，而涉及國計民生的物資則予以壟斷專賣，這就給那些經辦財政金融事務的官員極大權限；同時，戰爭對經濟造成嚴重的破壞，加上大後方人口迅速增加，導致物資供應極度匱乏，通貨膨脹日益加劇。隨著政府對外匯實施嚴格管理，原先投機外匯的資金轉而對貨物囤積居奇，以至於走私、貪汙等各種腐敗行徑大行其道。

抗戰中期以後，由於軍事節節失利，物資缺乏，物價飛漲，軍、公、教人員均感生活困難。政府迭頒緊急法令，管制物價，取締囤積居奇，但相當多的政府官員，利用手中職權牟取暴利，尤其是那些掌管國家財政金融大權的高級官員，私事公辦，公款私營，他們的親屬則憑藉其特殊身分，亦官亦商，視違法亂紀為常事，一班不肖之徒，競相逢迎，朋比為奸，或假借名義向國家銀行貸借鉅款，或套購外匯，大做無本生意。於是上行下效，官商勾結，貪汙盛行，政治和社會風氣，每況愈下，國家財政日益困難，全賴發行鈔票以應急。而這些貪官污吏和不良奸商，特別是豪門望族的財富則暴增，過著極為奢侈豪華的生活。由於長期以來宋子文、孔祥熙一直執掌國家的財經事務，這些官員不是他們的親屬，就是他們的部下，甚至他們對自己的經商活動亦毫不掩飾，孔宋家族早在抗戰期間就成為豪門權貴的代表，因此以他們為代表的官僚及其親屬所經營的企業公司就被人們稱為「官僚資本」，也有人將其稱為「豪門資本」或「權貴資本」。

國民黨曾試圖限制官僚資本發展

抗戰期間，對於大後方囤積物資、物價飛漲，特別是政府官員參與投機牟利的情形，國民政府高層並非毫不知情，蔣介石就曾下令對有關涉案官員嚴

加懲處。他電令四聯總處祕書長徐堪：「據報各國營銀行及貿易機關職員私做投機買賣，囤積居奇，幾成普遍現象，而普通檢查倉庫，皆早得訊逃逸，國家施行統制管理，甚或反為此輩操縱圖利之機會。聞上海方面外匯黑市買賣，亦以四行人員私做為多，坐令金融經濟時生波動，國計民生胥受嚴重影響。此輩利慾薰心，罔知國難，若不設法取締，嚴加制裁，物價前途必更趨昂漲，於社會治安、民心向背關係均甚重大。希立核議具體實施辦法，呈候核定頒布施行，以期嚴禁嚴懲，樹之風聲，是為至要。」[8] 為此蔣介石還屢屢下令設立各種評議機關和物價平準處，企圖壓抑物價，甚至還以操縱物價、囤積居奇等罪名，處以成都市市長楊全宇死刑。然而這一切卻無法根治腐敗，原因就像蔣介石的侍從唐縱所說：「據報成都米價漲至一百四十餘元一擔，現仍漲風未已（重慶漲至一百八十餘元）。城廂內外，陸續發生搶米風潮。查川省去歲豐收，據估計足敷全省人口五年之食。乃入夏以來，各地米價，駸駸上漲，搶米之案層見迭出。有人多疑為共黨鼓動，企圖暴動，而不知軍閥、官僚、資本家故意囤積，致激民變。委座曾令省政府組織物價平準處，穩定價格，孰知評（平）價之人，即係操縱之人，如何能制止風潮，消弭隱患？」[9]

　　政府官員不僅囤積物資、操縱物價，而且還依仗權勢投資經營實業，從中牟利，從而引起大後方民眾的強烈不滿，就連國民黨內部對此也一片責難。1940 年 7 月 6 日國民黨五屆七中全會期間，中央委員王漱芳、曾擴情等 21人聯名提交「嚴防官僚資本主義之發展，以免影響民生主義」之提案，提案開宗明義指出，抗戰以來在中國出現的一種奇怪現象就是「官僚資本主義之長足發展」。他們認為，資本主義之所以能夠發展憑藉的是「大量之資本、大量之土地、經營之技術與勞工之能力」，而如今中國的官僚資本則「因利乘便、巧取豪奪」，其後果乃「直接影響民生，間接危害抗戰」。因此他們提議：「嚴禁官吏經營商業，最低限度亦不許經營與職務有關商業」；「切實實行戰時利得稅」，所有具獨占性質的企業均「由政府經營之」，「明定統制範圍及職責，並嚴防其弊病」。他們還明確指出必須「嚴懲官僚資本主義者」。很明顯，這裡所說的官僚資本，指的就是那些國民黨內大官僚以「政治的地位」、「政

8　〈蔣介石致徐堪電〉（1940 年 6 月 14 日），重慶市檔案館、重慶市人民銀行金融研究所合編《四聯總處史料》（上），檔案出版社，1993，第 698—699 頁。
9　《唐縱失落在大陸的日記》（以下簡稱《唐縱日記》），傳記文學出版社，1998，第 125 頁。

治的權力」、「政治的計用」而操控的資本，他們再以這樣的資本去大發「國難財」。[10]

1941 年 3 月，第二屆國民參政會第一次會議於重慶召開，劉家樹等 22 名參政員提交提案，請求政府重申前令，嚴禁官吏利用權位私營商業，操縱物價。[11] 其後不久召開的國民黨五屆八中全會中，梅公任等 14 名委員也提出相類似的議案，要求「嚴禁貪官奸商操縱物價、囤積貨物、營私圖利，以解除軍民痛苦而增加抗戰力量」，後經行政院下令，將此議案轉發各部。[12]

1945 年 5 月召開的國民黨六全大會上，裴鳴宇等 61 名代表提出議案，要求執行五屆七中通過的「嚴防官僚資本主義發展」之提案，並補充辦法以挽救經濟危機。[13] 5 月 17 日通過的六全大會《對於政治報告之決議案》指出，抗戰以來，「政府關於財政、經濟、金融、貿易之政策，既不能相互配合，更未能貫徹發展國家資本及限制私人資本之主張」，以致「令社會財富日趨於畸形之集中，亟應嚴切注意，力挽頹風」。[14]

儘管政府對於官員經商有所限制，但大後方官商勾結、權錢交易的現象卻日益嚴重，官員利用職權，參與或從事各種經濟活動的情形更是屢見不鮮。對此陳布雷曾十分精闢地形容道：「在北京政府時代買辦與官僚結合，南京政府時代買辦與官僚結合，尚有平津、京滬之距離；今者官僚、資本家、買辦都在重慶合而為一。」[15] 各級政府掌握一定權力者，特別是主管財政經濟部門的首腦，甚至軍隊將領，上行下效，一旦有機會也會置身於內。這種借助權力而形成的官僚資本，以及由此而產生的特權階層，其所作所為不僅阻止了市場經濟向公平競爭的現代化方向發展，而且將市場經濟導向畸形的方向，從而成為腐敗的市場經濟。特別是到了抗戰勝利之後，這些特權階層更是借接收之名大肆掠奪國家財產，利用手中的權力直接或間接參與各種經濟活動，

10　該提案油印件分別藏於臺北「國史館」《國民政府檔案》：266/1231 和南京中國第二歷史檔案（以下簡稱「二檔」）經濟部檔案：四 /24587；又載秦孝儀主編《革命文獻》第 80 輯，中央文物供應社，1981，第 101—103 頁；中國第二歷史檔案館編《中華民國史檔案資料彙編第五輯第二編財政經濟》（5），江蘇古籍出版社，1997，第 41—43 頁。

11　二檔經濟部檔案：四 /24590。

12　《行政院訓令》（1941 年 5 月 31 日），二檔經濟部檔案：四 /24588。

13　中國國民黨黨史會藏檔案：國防 003/3324。

14　榮孟源主編《中國國民黨歷次代表大會及中央全會資料》下冊，光明日報出版社，1985，第 916 頁。

15　《唐縱日記》，第 392 頁。

從中牟取暴利，終於引發國內各階層民眾的憤慨。

戰後國家資本與官僚資本的擴張

南京國民政府成立後，秉承孫中山「節制資本」的建國思想，主張發達國家資本，發展國營經濟。1930 年 3 月 3 日，國民黨三屆三中全會通過《關於建設之方針案》，強調今後「鐵道、水利、造船、製鐵、煉鋼等偉大建設之事業，依照總理節制資本之義，宜由國家經營之」；規定「煤、鐵、油、銅礦之未開發者，均歸國家經營」，並計畫兩年之內由政府籌資建設大規模之製鐵煉鋼工廠、造船廠和電機製造廠。[16]

與此同時，國民政府先後成立了全國建設委員會、全國經濟委員會和國防設計委員會（後改名為資源委員會）等一系列機構，規定「凡水利、電力及其他國營事業，不屬於各部主管者，均建設委員會辦理之」。全國經濟委員會的職能則是，統籌國營經濟，負責審定投資、審核經費及視察或指導各種計畫之實施。[17] 1935 年，又強行對中國、交通二行實行增資改組，企圖完成對全國金融的統制。南京政府所做的一切都是為建立以國家資本為主要成分的經濟體系奠定基礎，但種種原因，使這一時期國家資本的力量尚未全面完成對國家經濟的壟斷。

抗戰爆發後，隨著戰時統制經濟體制的建立，國家資本的力量得以迅速發展，特別是在工礦、交通、金融以及對外貿易等行業占據重要的地位。雖然過去人們對於國家資本膨脹多持批判的態度，但近年來有學者從戰時統制經濟的角度，對這一時期金融、工業和貿易三方面國家資本的活動進行研究，並對其作用基本予以肯定。[18]

日本投降後，國民政府即宣布：「沒收日本在中國工礦事業之資本財產及一切權益，歸中國政府所有，並由政府經營處理之。」因此國家資本在短時間內得到極度擴張，其中尤以資源委員會及中國紡織公司最具代表性。

16　上海《民國日報》1930 年 3 月 4 日；又載秦孝儀主編《革命文獻》第 79 輯，第 161—162 頁。
17　韓文昌、邵玲主編《民國時期中央國家機關組織概述》，中國檔案出版社，1994，第226—231 頁。
18　參見丁日初、沈祖煒〈論抗日戰爭時期的國家資本〉，《民國檔案》1986 年第 4 期；鄭會欣《國民政府戰時統制經濟與貿易研究（1937—1945）》，上海社會科學院出版社，2009。

據統計，抗戰勝利後資源委員會接收日偽經營的工礦企業多達 2401 家，不僅掌控全國主要的鋼鐵、煤炭、石油、有色金屬、電力、化工、機電等企業，還擴展到水泥、造紙、製糖等行業，不包括成品、半成品和原材料等流動資產在內的固定資產帳面價值即達 10 萬億元。因此，資委會所屬企業的產值在全國工業生產總值所占的比例分別為：煤炭 38.8％，電力 83.3％，鋼 90％，水泥 51％，而石油、鐵砂、鎢、銻、錫、銅等有色金屬及機製食糖則都超過 95％。[19]

中國紡織建設公司成立於抗戰勝利之後，是主要以接收原日本在上海、天津、青島和東北的 38 家紡織工廠而成立的大型紡織公司。該公司共計擁有紡錠 1756480 枚，織機 38591 臺，號稱是當時世界上最大的紡織企業集團，在中國紡織工業中占據絕對壟斷地位，其中紗錠枚數占 36％，織布機臺數 56％，棉紗生產量 39％，棉布生產量 74％，原棉使用量 28％，電力消耗量 36％。[20]

有學者對中國的工礦企業、金融和商業的資本及比重做過統計，認為 1936 年國家資本與民間資本的比重相差不多，分別為 49.21％和 50.79％；但 1947—1948 年國家資本則上升到 58.43％，民間資本則相應下降到 41.57％。儘管如此，若按 1936 年的幣制計算，不論是國營還是民營，資本總額都有所下跌。[21]

戰後在國家資本極度擴張的同時，政府內那些掌管財經事務大權的官僚及其親屬也利用戰後接收敵產等特權，搶灘登陸，特別是在經營進出口貿易中大發其財，這和主政者推行的財經政策具有密切的關係。

抗戰勝利後百廢待舉，國民政府先後制定、採取相應的經濟政策與措施，應付這突如其來的變化，其中最重要的轉變，就是由戰時的管制外匯到戰後初期的開放金融市場，以及由戰時對進出口貿易實施嚴格的統制到戰後取消統購統銷政策、撤銷國營貿易公司，同時鼓勵輸入、對進口商品採取極度放任的態度。行政院院長宋子文推行這一措施的初衷，是想借開放外匯市場和出售庫存

19　吳兆洪：〈我所知道的資源委員會〉，載全國政協文史資料研究委員會工商經濟組編《回憶國民黨政府資源委員會》，中國文史出版社，1988，第 118 頁。
20　金志煥：《中國紡織建設公司研究》，復旦大學出版社，2006，第 56、1 頁。
21　虞和平：〈抗戰後國家資本膨脹和壟斷問題再研究〉，《歷史研究》2009 年第 5 期。

黃金以回收過量發行的貨幣，通過大量進口國外的商品，解決物資供應不足、物價不斷上漲的問題，希望在較短的時間內制止自抗戰中後期爆發且日益嚴重的通貨膨脹。然而事態的發展卻與當局的意願截然相反，開放金融市場的後果，導致國庫中大量的外匯與黃金外流，而放任外國商品的自由輸入，更使得國際收支嚴重失衡。新政策實施不久，內戰即全面展開，緊接著，在上海這個中國最大的經濟城市又爆發了金融恐慌和經濟危機，並迅速波及全國。然而那些官僚及其親屬卻利用這個千載難逢的機會，大量套購外匯，從美國進口各類奢侈品，大發其財；特別是當國庫外匯急劇流失，有關部門修改政策，嚴格限制進口商品的輸入，嚴禁外匯和黃金的自由買賣之時，他們卻能利用特權，仍然輕易取得進口配額並結購大量外匯，賺取超額利潤，因而激起眾怒，成為朝野和輿論一致攻擊的目標。

三、官僚資本成為眾矢之的

社會輿論對官僚資本的抨擊

抗戰中期，由於大後方的物價日益上漲，而孔祥熙等權貴豪門的斂財行徑卻愈演愈烈，終於引起各界民眾的憤怒，1940 年前後，在重慶等地相繼爆發了聲勢浩大的倒孔運動，倒孔的健將當屬馬寅初、傅斯年等幾位知名學者。馬寅初抨擊說：「有幾位大官乘國家之危急，挾政治上之勢力，勾結一家或幾家大銀行，大做其生意，或大買其外匯。其做生意之時，以統制貿易為名，以大發其財為實，故所謂統制者是一種公私不分之統制。」[22] 雖然馬寅初在文章中並未公開點名，但他所攻擊的對象眾人皆知，這種情形就連蔣介石的親信都覺得解氣，只是認為蔣身為「一國領袖，憂勞國事，不能獲得家庭之安慰，不亦大苦乎？」對其處境深表同情。但是孔祥熙畢竟「為今日之紅人，炙手可熱，對馬自然以去之為快」，站在家族的立場，蔣介石為了維護孔祥熙的名譽和地位，竟「手令衛戍總司令將其押解息烽休養，蓋欲以遮阻社會對孔不滿之煽動也」。[23]

其後，社會輿論逐漸將官僚、地主與商業資本的結合視為破壞戰時經濟的重要因素，《大公報》在一篇題為《工業資本與土地資本》的社評中即指出：

22　周永林、張廷鈺編《馬寅初抨官僚資本》，重慶出版社，1983，第 90 頁。
23　《唐縱日記》，第 152、161 頁。

「大地主與商業資本合流，協力囤積居奇，不僅助長了後方市場的波動，且將牽動整個經濟基礎。」社評稱：「管理物價是管物，要管物必先管人，尤其要先管管人的人。把管人的人管好，則一般的人可望管好，而物價也可望管好。」政府原本即有公務員不得兼營商業的禁令，因此「應該清查一下，若干官吏兼著商業銀行或企業公司的董事長經理，或若干商人作了官，對這種官而商、商而官的二重人格的人，應該限令他們辭官或者辭商，專於一門，而不能任其進退自如，左右逢源。政府能做到這一步，則社會視聽必為之一新，而官商分離，實際必大有益於物價的管制」。[24]

1944 年 9 月 5 日，國民參政會三屆三次會議在重慶開幕，第二天財政部次長俞鴻鈞代表孔祥熙在會上做財政報告，參政員傅斯年帶頭開炮，強烈要求「辦貪汙首先從最大的開刀」，並提出四大問題：孔及其家族經營商業問題，中央銀行問題（任用私人，予取予求），美金儲蓄券舞弊問題，黃金買賣問題，[25] 矛頭直指孔祥熙。

抗戰勝利後，隨著官僚經商的現象日益普遍，特別是他們依仗權勢、大肆擴張的行徑更加激起社會輿論的不滿，因此報刊和講壇上對於官僚資本的攻擊愈加頻繁。有學者在報上公開提出：「欲推翻『學而優則仕』，改革教育，必須劃除官僚資本；欲主持社會正義，整飭吏治，必須劃除官僚資本；欲想理財政，發展經濟，必須劃除官僚資本。」[26] 馬寅初則為官僚資本下了一個通俗的定義，他說：「甚麼叫官僚資本？靠做官發財的人所得的資本就叫做官僚資本」；而「中國官僚資本其始大抵皆借為官之搜刮、或侵蝕國營事業之本利而自肥」。[27] 在這前後，批判官僚資本的言論幾乎遍及所有報刊，為此廣州綜合出版社編輯出版了一本《論官僚資本》的小冊子，將當時發表在各種報刊上有關論述官僚資本的文章收集在一起，作者包括狄超白、馬寅初、周恩來、吳大琨、鄭森禹、鄭振鐸、姜慶湘、趙元浩等著名學者和政治家，他們的言論主要是攻擊那些掌控國家資本、負責經營國營企業的大官僚，如何利用手中的

24 重慶《大公報》1941 年 11 月 4 日。
25 中研院歷史語言研究所藏傅斯年檔案：1-647；王世杰也在 1944 年 9 月 6 日的日記中寫道：「參政員傅斯年等責問孔部長極厲，並涉及許多私人問題（私人營商，以及濫用公款等等）。」見《王世杰日記（手稿本）》第 4 冊，中研院近代史研究所，1990，第 394—395 頁。
26 趙乃摶：〈劃除官僚資本三大理由〉，重慶《大公報》1945 年 11 月 25 日。
27 《新華日報》1946 年 2 月 5 日，載周永林、張廷鈺編《馬寅初抨官僚資本》，第 137 頁。

權力，與擁有大量財富的財閥相結合，通過官商合辦、投資滲透或業務代理等形式，巧取豪奪，化公為私，成為千夫所指的對象。1947 年出版的《中國經濟年鑒》將當時國家經濟危機、民族企業破產歸納為五大原因，其中之一便是「官僚資本的禍害」。該書認為：「官僚資本在抗戰時曾扼殺了無數民營工業，勝利後更展其魔手於接收工業，許多敵偽大型工廠都落入官僚資本的手裡，破壞法令，逃避關稅，壟斷原料，控制價格，促成少數人發財，整個民族工業破產。」[28] 傅斯年嚴厲抨擊這種醜陋的現象，說國營企業被「各種惡勢力支配著，豪門把持著，於是乎大體上在紊亂著、荒唐著、僵凍著、腐敗著。惡勢力支配，便更滋養惡勢力；豪門把持，便是發展豪門。」[29] 他更將孔宋比附為趙高和魏忠賢，並大聲疾呼，要想決定中國未來之命運，首先要請走宋子文，「並且要徹底肅清孔宋二家侵蝕國家的勢力。」[30]

　　如果說戰後初期眾多從事進口業的商人從政府開放市場的政策中大獲其利的話，那麼到後來因外匯大批流失，政府不得不更改政策，嚴格管制外匯和進口配額，致使他們失去賺錢的途徑。然而那些具有特殊背景的公司卻可以享受種種特權，繼續從事利潤極大的進口貿易，所以這才引起中外商人的強烈不滿。1947 年 3 月 13 日，上海的美資報紙《大美晚報》披露合眾社的一則消息稱：目前中國的國營商行購有價值數十萬萬元的進口貨物，絕不受結匯限額及進口條例等限制，如環球貿易公司、中央信託局及中國供應局現大量進口奢侈品，如汽車、無線電機、冰箱及其他政府嚴禁進口之貨物，「此項奢侈品大部分為政府有關之商行所定購，供應私人買戶，且傳獲利以飽私囊。」而「中美商人對於宋子良主持之孚中公司、宋子安之中國建設銀公司、孔令侃之揚子建業公司，利用特權，經營商業，尤多指摘」；上述公司的一些頭面人物還利用中國外交官的護照在美國從事商業活動。同日《大美晚報》的社評亦稱：「從其他方面所得之報導與合眾社所稱者完全相符，望官方能對此事予以說明」云云。在這種形勢下，蔣介石也親自致電財政部部長俞鴻鈞，令財政、經濟二部對此事「遴派要員徹查具報」。[31]

28　狄超白主編《中國經濟年鑒・1947》，太平洋經濟研究社，1947，第 12 頁。
29　傅斯年：〈論豪門資本之必須剷除〉，《觀察》第 2 卷第 1 期，1947 年。
30　〈這個樣子的宋子文非走開不可〉，《傅斯年全集》第 5 冊，聯經出版公司，1980，第 317—325 頁。
31　〈蔣介石致財政部長俞鴻鈞代電〉（1947 年 3 月 19 日），二檔財政部檔案：三（2）/ 599。

來自體制內的反對聲浪

　　戰後官僚資本的極度膨脹不僅在民間引起強烈反彈，就是在國民黨內也同樣響起一片罵聲。抗戰勝利後國民黨機關報《中央日報》曾多次發表社論，指出：「官僚資本操縱整個的經濟命脈，且官僚資本更可利用其特殊權力，壟斷一切，以妨礙新興企業的進展」，若不清除代表官僚利益的官僚資本，「非僅人民的利益備受損害，抑且工業化的前途，也將受到嚴重的影響」；因此建議必須實行大掃除，「從黨裡逐出官僚資本的渠魁，並沒收其全部的財產，正式了死刑。」[32]

　　1946 年 3 月召開的國民黨六屆二中全會上，以 CC 系為代表的黨內反對派對官僚資本進行了嚴厲的討伐。在會上，蕭錚、賴璉、吳鑄人、吳紹澍、鄭亦同、劉健群等中央執行委員慷慨激昂，義憤填膺，對官僚資本大肆抨擊。賴璉即將當時經濟衰退的原因歸結於官僚資本的猖獗，認為凡是利用政治地位，運用公家資金及其他力量，操縱物價，把持國營事業，破壞國家信用，就是官僚資本。他還提出，必須實行官商分開，實行官吏財產登記，絕對不允許官吏經商，以消滅官僚資本。為了表示對官僚資本的憤慨，蕭錚等人臨時提出動議，要求經濟部撤回報告。[33] 雖然動議最終因未過半數而遭否決，但得到接近 45％與會代表的支持；當然其中不乏國民黨黨內派系鬥爭的因素，也說明即使是國民黨上層已經認識到官僚資本的危害。

　　在這之後召開的國民參政會四屆二次會議也提出《嚴厲清除官僚資本》的議案，提案指出：「官僚資本往往假借發達國家資本、提高民生福利等似是而非之理論為掩護，欺騙社會，社會雖加攻擊，彼等似亦有恃無恐。蓋官僚與資本家已結成既得利益集團，聲勢浩大，肆無忌憚也，倘我政府不予徹底清除，恐將成為革命之對象。」提案為此還提出若干清除官僚資本的原則，即所有公務員及公營事業人員均不得兼營工商業，凡「利用職權經營工商業者，直接圖利或便利工商業機關間接圖利者，均應依法加重處罰」。[34]

32　轉引自汪朝光《1945—1949：國共政爭與中國命運》，社會科學文獻出版社，2010，第 85 頁。

33　關於國民黨六屆二中全會上對「官僚資本」的攻擊，參見汪朝光《1945—1949：國共政爭與中國命運》，第 82~94 頁。

34　〈財政部奉發參政會建議嚴厲清除官僚資本案〉（1946 年 8 月 20 日），中國第二歷史檔案館編《中華民國史檔案資料彙編　第五輯第三編　財政經濟》（1），江蘇古籍出版社，2000，第 38 頁。

到了 1947 年，由於宋子文推行的戰後開放外匯黃金以及鼓勵進口的政策慘遭失敗，他本人也因黃金風潮的爆發而辭去行政院院長的職務，但朝野上下對宋子文仍然予以抨擊。4 月 2 日，黃宇人等 103 人在國民黨六屆三中全會上提出「擬請懲治『金鈔風潮』負責大員及徹查『官辦商行』帳目、沒收貪官污吏之財產、以肅官方而平民憤」的臨時動議，要求追究宋子文、貝祖貽等負責大員的責任，不能以辭職、免職即為了事，因為這些大員「不但運用失宜，且抑有勾串商人、操縱圖利之嫌」，因此應「依法提付懲戒」，「從速查明議處，以肅黨紀，而彰國法」。臨時動議還稱，一統公司、孚中公司、中國建設銀公司、揚子建業公司等「官辦商行」「皆有利用『特權』、結購巨額外匯、輸入大量奢侈品情事，致普通商人難與爭衡，外商並因此屢提抗議」，而且「此類『官辦商行』又大抵為官僚資本之企業機構，其間不乏貪官污吏之財產，盡為搜刮民脂民膏之所得」，因此要求有關部門「徹查此類『官辦商行』之帳目」，如果發現其有「勾結貪官污吏之確鑿事實者，應即封閉其公司，沒收其財產，以肅官方，而平民憤」。[35] 由此可見，孔宋家族經營的這些公司業已成為官僚資本的代表，更成為朝野上下一致攻擊的目標。

1947 年 7 月 29 日《中央日報》披露了財政、經濟二部調查孚中、揚子公司套購外匯的情形，雖然二部調查的只是政府開放外匯市場政策這一階段，而且事隔兩天該報又刊發更正，稱該數字漏填小數點，從而將兩公司套購外匯的數額減少為早先數字的零頭，但卻並不能解除人們的疑慮，這就說明此時政府已經沒有什麼公信力，更反映出朝野上下對於「官辦商行」依仗權勢套匯、牟取暴利的憤懣之情。[36] 而且大量的事實也說明，這些公司確實在管制外匯和進口物資時期，從政府相關部門獲得進口配額，並可以官價套購外匯，從而引起中外商人的強烈不滿。

中共對官僚資本一詞定義的變化

應該指出的是，中國共產黨對官僚資本的批判經歷了一個過程。抗戰期間中共的機關報延安《解放日報》和重慶《新華日報》與大後方輿論所抨擊官

35　臨時動議原文見中國國民黨黨史會藏國民黨中央執行委員會會議檔案：6.3/89；又見二檔經濟部檔案：四 /28233。

36　詳見鄭會欣〈關於孚中、揚子公司套匯數目的爭論及其真相〉，《中央研究院近代史研究所集刊》第 61 期，2008 年 9 月。

僚資本的定義大致相同，基本上泛指國民政府中那些主管財政經濟的官員利用職權搜括民財、壟斷工商業而形成的資本。1945 年抗戰勝利前夕，毛澤東在中共七大的政治報告《論聯合政府》中也只是說「官僚資本，亦即大地主、大銀行家、大買辦的資本」。[37] 1946 年 1 月 16 日，參加政協會議的中共代表團曾提出要「防止官僚資本發展，嚴禁官吏用其權勢地位，從事投機壟斷，逃稅走私，利用公款與非法使用交通工具的活動」。[38] 上述內容後被列入政協會議通過的《和平建國綱領草案》之中。此時雖然輿論對官僚資本的抨擊聲勢浩大，但所謂官僚資本主要還是用來專指官僚的私人資本以及私人經濟活動。

將所有國家資本與官僚私人資本統稱為官僚資本是國共兩黨內戰加劇的後果。抗戰勝利後不久，內戰便接踵而來。國共兩黨除了在戰場上兵戎相見外，在政治上、輿論上更是互相指責，因而此時中共所謂官僚資本的含義就不再限於官僚私人所擁有的資本，而是將國民黨政府控制的交通、工礦及金融機構等所有企業都包括在內了。1947 年陳伯達首先將蔣介石、宋子文、孔祥熙、陳果夫和陳立夫並列為中國的四大家族，進而指出：「近代中國所謂『官僚資本』不是別的，正是代表帝國主義與封建主義的利益而在政治上當權的人物利用政治的強制方法，一方面掠奪農民及其他小生產者，一方面壓迫民族自由工業而集中起來的金融資本。」[39] 1947 年 8 月 31 日，西北野戰軍前委提出「沒收戰爭罪犯、官僚資本、貪官污吏、反動頭子、惡霸全部財產」的口號，次日中共中央便復電同意，從此「官僚資本」便成為革命的對象。

此時毛澤東也正式將四大家族連同外國帝國主義、本國地主階級和舊式富農結合在一起的壟斷資本稱作「買辦的封建的國家壟斷資本主義」。1947 年 12 月 25 日他在中共中央擴大會議的報告中指出：「蔣宋孔陳四大家族，從他們當權的二十年中，已經集中了價值達一百萬萬至二百萬萬美元的巨大財產，壟斷了全國的經濟命脈。」他進而強調：「這個國家壟斷資本主義，在抗日戰爭期間和日本投降以後，達到了最高峰，它替新民主主義革命準備了充分的物質條件。」毛澤東最後的結論是：「這個資本，在中國的通俗名稱，叫做官僚資本；這個資產階級，叫做官僚資產階級，即是中國的大資產階級。」[40]

37　〈論聯合政府〉，《毛澤東選集》（合訂本），人民出版社，1968，第 947 頁。
38　《新華日報》1946 年 1 月 17 日。
39　陳伯達：《中國四大家族》，長江出版社，1947，第 1—2 頁。
40　〈目前形勢和我們的任務〉，《毛澤東選集》（合訂本），第 1149 頁。

按照這一理論，沒收官僚資本歸新民主主義國家所有便成為新民主主義革命的三大綱領之首。嗣後，「四大家族」這一名詞便家喻戶曉，深入人心，所有國營企業、官僚私人的資本和四大家族三者之間似乎也畫上了等號，而帝國主義、封建主義和官僚資本主義更成為「壓在中國人民頭上的三座大山」，成為新民主主義革命的對象。1949 年 4 月國共兩黨和平談判中，中共代表團提出的《國內和平協議（最後修正案）》就明確規定：「凡屬南京國民政府統治時期依仗政治特權及豪門勢力而獲得或侵占的官僚資本企業（包括銀行、工廠、礦山、船舶、商店等）及財產，應沒收為國家所有」，「凡官僚資本屬於南京國民政府統治時期以前及屬於南京國民政府統治時期而為不大的企業且與國計民生無害者，不予沒收；但其中若干人物，由於犯罪行為，例如罪大惡極的反動分子而為人民告發並審查屬實者，仍應沒收其企業及財產」。[41] 中華人民共和國成立前夕召開的第一屆中國人民政治協商會議通過的《共同綱領》也明文規定「沒收官僚資本歸人民國家所有」。據統計，截至 1949 年年底，全國被沒收接管的「官僚買辦資本企業」共計 2858 個，其中包括資源委員會和中國紡織建設公司所屬企業，國民黨兵工部及軍事後勤系統所辦企業，國民政府交通部、糧食部和其他部門所辦企業，宋孔家族和其他官僚的「商辦企業」，CC 系統的「黨營」企業，以及各省地方官僚資本系統的企業。[42]

　　正如毛澤東自己所說，當他 1940 年發表《新民主主義論》的時候並沒有提出沒收官僚資本的問題，這是因為那時「民族資本與官僚資本的區別在我們的腦子裡尚不明晰」；但是到了 1948 年 9 月國共內戰的關鍵時刻，他就毅然提出「大工業、大銀行、大商業，不管是不是官僚資本，全國勝利後一定時期內都是要沒收的」。[43] 由此可見，有關「官僚資本」的定義和內涵是隨著國內政治和軍事鬥爭的升級而不斷變化的，並且它還因應新興政權政治與經濟的現實需要，最終從宣傳的口號落實到行動上。

41　武力：〈「官僚資本」概念及沒收過程中的界定問題〉，《中共黨史研究》1991 年第 2 期。
42　塗克明：〈國營經濟的建立及其在建國初期的巨大作用〉，《中共黨史研究》1995 年第 2 期。
43　〈在中共中央政治局會議上的報告和結論〉（1948 年 9 月），《毛澤東文集》第 5 卷，人民出版社，1993，第 140 頁。

四、國家資本抑或官僚資本

對官僚資本傳統說法的質疑

中華人民共和國成立後，上述說法一直被奉為神聖不可侵犯的信條，沒有人敢懷疑它的理論是否科學，它的含義是否清晰。在當時極左思潮的影響下，傳統的認識根深蒂固，若用一道公式表示，那就是國家資本＝官僚資本＝四大家族。這種認識其實也很容易理解：如果沒有官僚資本，那我們的革命目標是什麼，壓在我們頭上的三座大山豈不是少了一座？

「文化大革命」結束之後，特別是實施改革和對外開放的國策以來，隨著經濟的持續發展，學術界的思想也得到解放，過去長期不敢觸動的學術禁區亦逐漸受到挑戰，關於「官僚資本」的爭論就是其中一個具代表性的事例。

早在 1982 年上海社會科學院經濟研究所就圍繞「官僚資本」的概念進行討論，該所杜恂誠即對官僚資本的內涵提出異議，他認為將官僚私人的資本統統看作官僚資本並不能反映其資本的特徵，因為這樣就會將「國家所有制同私人所有制兩種不同所有制形態的資本混為一談」；儘管他並不否認官僚資本的存在，但提出「解放前中國官僚資本的基本特徵應是國家資本」這一結論。[44] 丁日初等則對「官僚資本」這一概念提出質疑，但開始時他們還不敢涉及國民黨統治時期「官僚資本」這個敏感問題，研究對象只限於晚清時期的官辦企業和官督商辦企業。他們認為，中國早期的資本主義都是民族資本主義，可以根據資本的所有權將其劃分為國家資本和私人資本兩大類，它們的存在和發展對於當時中國的現代化有著積極的影響，為整個社會資本主義因素的增長奠定了基礎。[45] 然而即便如此，他們的這一結論也立即受到同所其他學者的批評，其中一個重要的理據就是「如果洋務企業和北洋企業都不是官僚資本，四大家族官僚資本豈不成了從天上掉下來的無本之木和無源之水了嗎」？[46]

1985 年在重慶召開的抗日戰爭時期西南經濟討論會上有學者正式向「官僚資本」這一傳統觀念提出挑戰，他們認為官僚資本是一個政治概念，而不是

44　杜恂誠：〈官僚資本與舊中國社會性質〉，《社會科學》（上海）1982 年第 11 期。

45　丁日初、沈祖煒：〈論晚清的國家資本〉，《歷史研究》1983 年第 6 期。

46　姜鐸：〈舊中國有沒有官僚買辦資本〉，《文匯報》1984 年 10 月 22 日；〈略論洋務企業的性質〉，《歷史研究》1985 年第 6 期；〈略論北洋官僚資本〉，《中國經濟史研究》1990 年第 3 期。

一個經濟概念；使用這種術語研究中國的政治問題或許有一定道理，但用以研究經濟問題則會導致概念上的含混。由此他們得出的結論是：就經濟研究而言，還是使用國家資本和私人資本為宜。[47]

在這之後，關於官僚資本的討論引起了學術界的重視，就連原先提出並堅持這一概念的學者也承認官僚資本是個通俗名稱，原意並不明確，[48] 但是他們還是堅持認為，既然這個名稱已為群眾所接受，同時又被載入中國共產黨的正式文獻之中，因此還是「可以用它來概括中國資本主義發展史中一個特定的範疇，即從清政府的官辦、官督商辦企業到國民黨壟斷資本這一資本主義體系；而它的實質，用政治經濟學的術語來說，就是在這些不同政權下的國家資本主義」。[49] 然而丁日初等學者卻不同意繼續使用「官僚資本」這一概念，他們的理由是，雖然這個通俗名稱已被群眾所接受，並已用於某些政治文獻之中，但既然已經發現它所存在的問題，同時也承認它的實質就是不同政權下的國家資本主義，為什麼就不能更正錯誤，使用正確的科學概念，將其稱為國家資本主義呢？至於那些官僚軍閥利用槍桿子或政治權勢從人民身上搜括來的資本，進而用於投資興辦的企業，則「大部分是民族資本主義的私人資本企業，他們的原始積累的來源並不能決定所辦企業就是所謂『官僚資本』」。[50] 杜恂誠也支持這一觀點，他認為毛澤東所說的「官僚資本」，就是特指國民黨時期的國家壟斷資本主義，但它只是一個通俗名稱，而不是政治經濟學的科學定義；再加上後來一些學者又把它的內涵不斷擴大，把官僚、買辦的私人資本也包括進去，並在時間跨度上向上追溯，一直前推到清政府所創辦的企業。由於內涵混亂，時限不清，因而它的外延也就變得十分模糊，實際上它的界限已經無法確認了。[51]

其後丁日初還陸續發表文章，對這個問題深入加以探討。[52] 近年來內地學

47　有關這次討論會的綜述文章載《中國經濟史研究》1986 年第 1 期。

48　如許滌新早年就認為官僚的私人資本是「固有意義的官僚資本」，而「國家資本在實際上就是四大家族的私人資本」，因此也被劃入官僚資本的範疇。見氏著《官僚資本論》，海燕書店，1951，第 51、54 頁。

49　許滌新、吳承明主編《中國資本主義發展史》第 1 卷〈中國資本主義的萌芽〉，人民出版社，1985，「總序」，第 18 頁。

50　丁日初、沈祖煒：〈論抗日戰爭時期的國家資本〉，《民國檔案》1986 年第 4 期。

51　杜恂誠：《民族資本主義與舊中國政府（1840—1937）》，上海社會科學院出版社，1991，第 4 頁。

52　如〈關於「官僚資本」與「官僚資產階級」〉，張憲文、陳興唐、鄭會欣編《民國檔案與

術界對這個問題認識的分歧越來越小，除了尚有為數不是太多的學者仍堅持傳統觀念外，[53] 多數學者不同程度地對上述觀點加以修正，其中具代表性的《民國社會經濟史》的作者即將過去統稱為「官僚資本」的國民黨及其政府控制下的企業與機構改稱為「國家壟斷資本」。他們認為，這種資本一般來說應具備以下三方面條件：其一，這一資本集團是和國家政權結合在一起的，換句話說，它的資本來自政府，並由政府的官員掌管經營大權；其二，這一資本集團對國民經濟的某些方面具有壟斷性；其三，這一資本集團對廣大人民具有壓迫性。而他們對「官僚資本」的定義則與傳統說法具有明顯的不同，這些區別表現為：（1）這一資本集團的資本不是來自政府，而是來自某一個或多個官僚的私人投資；（2）這一資本集團的經營權掌握在某個或某些官僚手中；（3）掌握這一資本集團的官僚利用手中的權力以權謀私、操縱壟斷、囤積居奇，損害國家和人民利益，中飽私囊。[54]

在這前後，還有不少學者圍繞這一問題進行了深入的個案研究。如有學者對北洋政府時期官僚私人的投資及其經營活動進行了深入的考察，認為軍閥與官僚的私人投資應有別於洋務派動用國家資金所開辦的企業；[55] 也有學者以周學熙為研究個案，將官僚資本（bureaucratic capital）與官僚的資本（capital of bureaucrats）加以區別，認為中國早期的現代化過程在很大程度上是「官僚資本」轉為「官僚的資本」的過程。[56] 陳自芳則統計收集了近代210名官僚（包括軍人）私人投資企業的資料，並將其身分歸納為四大類：一是在職官吏投資於企業，其中多數還擔任董事長或總經理；二是官吏退職後成為企業的投資者或經理人；三是官吏親屬為投資者或經營者；四是通過捐納入仕的紳商。

民國史學術討論會論文集》，檔案出版社，1988；〈關於近代上海資本家評價的箚記〉，《上海研究論叢》第 7 輯，上海社會科學院出版社，1991，等等。後來他將這些論文收入他的文集《近代中國的現代化與資本家階級》，由雲南人民出版社 1994 年出版。

53　持這種觀點的主要代表文章包括：黃如桐〈關於官僚資產階級問題的一些看法〉，《近代史研究》1984 年第 2 期；全慰天〈中國四大家族官僚買辦資本的形成〉，載孫健編《中國經濟史論文集》，中國人民大學出版社，1987；清慶瑞〈國民黨官僚資本的形成對中國經濟究竟起了什麼作用〉、〈堅持對國民黨官僚資本的科學認識〉，《教學與研究》1986 年第 6 期及 1989 年第 6 期；沙健孫〈中國共產黨對官僚資本主義經濟的政策〉，《思想理論教育導刊》2004 年第 5 期。

54　陸仰淵、方慶秋主編《民國社會經濟史》，中國經濟出版社，1991，第 774 頁。作為該書的作者之一，我自然也是同意這一觀點的。

55　魏明：〈論北洋軍閥官僚的私人資本主義經濟活動〉，《近代史研究》1985 年第 2 期。

56　李林：〈從周學熙集團看官僚資本的轉化〉，《二十一世紀》總第 3 期，1991 年 2 月。

其中特別是前三種人，他們多利用職權或在位時留下的基礎積聚資本，從事經濟活動。[57]

　　至於國家投資和經營的企業，則有學者專門對資源委員會這個民國時期規模最大的重工業機構，也是過去統稱為官僚資本的代表進行了全面的研究，認為若用「官僚資本」來概括資源委員會的性質是不恰當的，這容易造成人們思想上的混亂。他們的結論是：資源委員會所經營的事業在舊中國國民經濟中具有舉足輕重的作用，將它說成是一種反動的、落後的事物，既缺乏歷史根據，也不符合歷史事實，確切的說法應該是「國家資本企業經營管理機構」。[58]

　　雖然目前多數學者不同程度地接受了以「國家資本」來代替以往將國營企業統稱為「官僚資本」的概念，因為這一提法內涵比較明確，不會將官僚私人的投資與國家（包括中央和地方）投資的資本混淆在一起，但這種說法依然存在一些問題，其中一個重要問題就是缺乏對軍閥官僚（特別是南京國民政府時期）私人投資的企業做細緻的分析。丁日初等人也只是籠統地說，他們所創辦的企業「大部分是民族資本主義的私人資本企業」，那麼剩下來的小部分企業的創辦人又是什麼人呢？按常理來分析，這部分人就應該是指「四大家族」了，他們的投資如果不屬於民族資本的範疇又是什麼性質呢？

官僚資本的形態及其特徵

　　官僚資本這一概念在近代史上已存之有年，其定義卻眾說紛紜，莫衷一是，大有可商榷之處。如果僅僅是按照資本的來源，區分企業或公司的性質其實並不是一件困難的事情，譬如以投資的國家分類，可以劃為外資、華資（民族資本）或中外合資幾種類型；若以國內的資本分類，則又可大致分為私人資本、國家資本或官商合資幾種；若再細分，則私人投資部分又可分為一般商人投資的民族資本和官僚及其親屬投資的官僚資本。然而由於意識形態上的鬥爭，在中國長期以來有關官僚資本的定義極為含混，摻雜了許多政治因素，因此有必要對此做一釐清。

　　什麼是資本？按照一般經濟學家的解釋，資本就是各種以生利為目的的

57　陳自芳：〈中國近代官僚私人資本的比較分析〉，《中國經濟史研究》1996年第3期。

58　鄭友揆、程麟蓀、張傳洪：《舊中國的資源委員會——史實與評價》，上海社會科學院出版社，1991，第3頁。

財貨，其中貨幣是最重要的一種形態。資本通常用來代表金融財富，特別是用來經商、興辦企業的金融資產。按照列寧的定義，「國家資本主義就是資本主義制度下由國家政權直接控制這些或那些資本主義企業的一種資本主義」。[59]因此國家資本（state capital）從其資本的自然屬性來說，應為國家投資並擁有的企業或事業，在不同的生產關係下，國家資本亦同樣具有不同的社會屬性。然而要注意的是，在資本主義社會，國家資本與私人資本之間存在著一種相互轉化的關係，國有資產既可以通過各種途徑轉化為私有資本，而私有資本也可能因國家以強行參股或改組等方式進行干預，從而改變它的屬性。

早在60多年前，著名經濟學家王亞南就曾對官僚資本進行過深入的研究。他認為官僚資本應該有三個具體形態：第一是官僚所有資本形態，第二是官僚使用資本形態，第三是官僚支配資本形態。這三者間的相關性和融通性，是官僚資本之所以成型的具體內容和條件。這三者之間在某些場合下各自獨立，但在某些場合下又是相互結合的，然而若離開了其中之一，則不足以通體瞭解其他。因此他認為，所謂官僚資本，即使是就其所有形態來說，也不能單從資本為官所有這一事實來評定，還應該從資本在如何的情形下為官所有這一事實來判斷。為什麼官僚資本被人們詛咒和詬病，那就是因為他們的資本來源和資本活動，都通通與他們的官職發生密切聯繫。

王亞南指出，官僚資本應是在特殊社會條件下，為官僚所擁有、所運用、所支配的諸種資本之有機結合。它的基本特徵是：（1）官僚資本的三個形態，通通都是以官為其發生聯繫作用的樞紐，沒有官的憑藉，這種資本的屬性就根本無法存在；（2）官僚資本之一極是人的屬性的官或官僚，而其對極，卻是物的屬性的資本，資本捺上官僚的烙印，只能在一定的社會政治條件下才有可能，因此官僚資本的產生和發展，也只能從特定的社會政治關係中去加以理解；（3）官僚資本的第一形態應是其基本形態，因為對公營資本做自利的運用、對私營資本做自利的控制，無非是想使其所有資本形態迅速擴大，但第二、第三兩種資本形態不僅同樣重要，甚或更加重要，因為如果沒有這兩種資本形態，第一資本形態也許根本就不易產生，即使產生，恐怕亦不會形成官僚資本。[60]

59　《列寧選集》第 4 卷，人民出版社，1995，第 670 頁。
60　王亞南：《中國經濟原論》，香港生活書店，1947，第 252—254 頁。

官僚資本究竟是官僚佔用的資本，官僚運用的資本，抑或是官僚控制的資本？很明顯，單憑其歸屬無以確定其內涵。界定官僚資本的標準應是其生存方式。官僚資本的生存方式有二：其一是其積累的方式，或者毋寧說是其兼併的方式；其二是其獲取利潤的方式。此二者都和自由資本具有明顯的分別。自由資本的積累和利潤都是在競爭中實現的，而官僚資本的積累和利潤都是在壟斷中實現的。操縱二者的都是「一隻看不見的手」，但手與手有別，操縱自由資本的是價值規律，而操縱官僚資本的則是被濫用了的公權力。二者的物化環境也不同，自由資本的積累和利潤是在市場經濟中實現的，它與市場經濟的發展相一致；而官僚資本的積累和利潤是在市場經濟之外實現的，它本身是公權力的異化，如果任其發展，必然導致市場經濟的窒息。

「官商之間」：官僚與財閥的結合

若從資本的來源分析，相對於外國資本來說，官僚資本屬於中國資本是毫無疑義的；而相對於國家資本來說，儘管官僚用於投資的資金在原始積累時可能充滿著血腥，但它原則上還是應屬於私人的資本，這也應該沒有問題。然而在認同官僚資本與民族資本具有某些一致性的同時，我們更應看到兩者之間的差異，特別是在中國傳統文化的長期浸淫下，官本位的思想根深蒂固，無處不在。「官」居於四民之上，商人的地位則向來很低（士農工商，排在最後），因而必須屈從於朝官的勢力。而官卻象徵著權力，權力則可以衍生資本，有了權就有了一切，這在官本位盛行的專制社會中似乎永遠是顛撲不破的真理。

官僚資本可以通過幾種方式獲得其獨占的利益，其一，借公營事業的經營從中漁利；其二，以商股的名義加入享有獨占權的半公營事業之中，進而牟利；其三，允許私人經營某些享有特權的企業，官僚再以特殊股份的占有者予以牟利。而所謂官商合辦的「官」，其實並不是官員個人，應是「官方」或是公家，而其中的「商」也不是一般意義上的商人，他們多與官府之間具有某種特殊的關係，或者本身就是掌握國家經濟大權的官僚及其親屬。

雖然官僚對於國有企業或官辦事業這類資本經營並沒有所有權，卻享有運用權。公營事業是由政府任命的官員負責，並不是因為資本由公家所運用，為官方所經營，便成為官僚資本，而是公家的企業經營被掌握在官僚手中，由官僚任意處置，並使其對於官僚所有的資本形態發生或明或暗的內在聯繫，

這也是民眾與輿論一致攻擊的原因。

至於官僚支配的資本形態指的是那些既非官僚直接保有又非為官僚直接運用，卻顯然在多方面受著官僚支配控制的私人企業的資本，在經濟與政治保有密切聯繫而又缺少明確的法的權界劃分的場合，特別在私人資本必須取得政府各種方式的支援，始能維繫的場合，幾乎大部分的私人企業或其資本，都不免要在不同的程度，通過不同的方式，變為官僚的「俘虜」，變為官僚任意侵漁和自由游泳的大水池，變為他們所有資本形態擴大彙集的又一來源。

官僚與財閥的結合及其這種結合所產生的影響非常重要。從歷史上來看，古代中國的官僚統治是以土地為基礎，建立在傳統的土地經濟上，農村和農民的安定或動亂，直接影響到其統治能否維持。古代中國早已存在官辦事業，例如鹽、鐵的專賣，武器、火藥的生產就一直由官府控制，嚴禁民間染指，所以鴉片戰爭後中國在西方的衝擊下首先興辦軍事工業採用官辦形式是很自然的。由於官辦事業的腐敗盡人皆知，在具有革新思想的有識之士多年主張商辦企業的呼籲下，直到清季方才有了招商制，即將原由官府經營的事業招商人出資承辦，但政府仍能予以嚴格控制，一時間輪船招商局、礦務招商局、電報招商局便應運而生。

應該注意的是，近代中國是在列強炮艦的威迫下被迫打開大門，是在一系列不平等條約下納入世界的，因此中國的新式企業，特別是金融業大都具有某種買辦性格，同時它們也直接或間接與列強具有不同程度的依存關係，與政府和權貴之間更存在密切的聯繫。由於近代化企業、商業和金融業的發展，資金開始向城市流動，出現了一些財團，由於利益的驅動，這些新興財團與政府之間的關係日益密切，其中金融界尤為明顯。與此同時，政府為了維持運轉需發行內債，這必須要得到金融界的支持，而金融界亦從發行公債中與政府建立了緊密的聯繫，並從中賺得巨大利潤。由於中國近代化的銀行幾乎是為國家政權提供資金的唯一工具，這就使得銀行家比從事其他行業的資本家更具備向官僚化轉變的條件。抗戰期間特別是抗戰勝利後出現的大批「官辦商行」，則為我們研究這一時期的官僚資本提供了最好的範例。

五、「官辦商行」的個案研究

何謂「官辦商行」？

什麼叫「官辦商行」？按照字面理解，應該是由政府出面或投資、從事商業經營例如中央信託局、物資供應局那樣的機構或公司；但是在抗戰勝利後的中國，這個名詞卻具有特別的含義，它主要是指那些與政府具有特殊關係的豪門資本。表面上看，它們與一般私營公司一樣申請註冊，收募資本，但實際上公司的股東不是政府內主管財經事務的高級官員或其親屬，就是富甲一方的財閥大亨，因此他們能夠利用特權，控制經濟，牟取暴利，從而引起社會輿論的強烈抨擊。在這些「官辦商行」中，由於孔祥熙、宋子文執掌國家財政 20 餘年，期間從未放棄為家族謀利，所以孔宋豪門資本便成為千夫所指的目標。

抗戰勝利後，國民政府接收了大量敵偽產業，同時又改變了戰時的統制經濟體制，實行開放外匯和黃金市場以及鼓勵輸入的財經政策，使得經營對外貿易成為有利可圖的行業。一時間從事進出口貿易的公司紛紛註冊，而那些官僚及其親屬更是利用特權，搶灘登陸，在經營美國商品進口的貿易中大發其財。然而數月之後，由於國庫中外匯的大量流失，進口商品充斥於市，國民政府又不得不修改對外貿易政策，成立輸出入管理委員會，對進口商品實施配額制，同時對結購外匯亦實行嚴格的管制。[61] 這一政策確實卡住了一般商人的發財之路，但對那些具有強大背景的豪門資本來說，這些舉措不但沒有任何作用，反倒為他們清除了大量競爭對手。就像傅斯年所抨擊的那樣：「惟有權門、霸戶、豪勢，或與這些人有關係的，才能得到貸款。」[62] 這些權貴豪門資本尤以孔宋所經營的中國建設銀公司、孚中實業公司和揚子建業公司最具代表性，也是被輿論攻擊為「官辦商行」的三大公司。

中國建設銀公司

在這幾家公司中，中國建設銀公司成立的時間最早，它是 1934 年宋子文在上海聯合國內最大的十多家銀行（包括國家銀行和商業銀行）共同投資而成立的一家股份有限公司。此時宋子文剛剛辭去財政部長，照他的原話說就

61　參見鄭會欣〈從統制經濟到開放市場：論戰後初期國民政府對外貿易政策的轉變及其原因〉，《中央研究院近代史研究所集刊》第 53 期，2006 年 9 月。
62　傅斯年：〈宋子文的失敗〉，《世紀評論》第 1 卷第 8 期，1947 年。

是「決計棄官就商，且具做『中國摩根』意願」，[63] 因此成立這家公司的目的是為了解決引進外資和促進國內資本市場發展兩大問題，故「本人經本黨同志及銀行界友好之贊助，發起組織中國建設銀公司，成為吾國第一家真正投資公司」。[64] 公司成立後曾一度以國家的名義，積極吸引外資，完成和新建多條鐵路，公司本身又同時投資國內的工礦企業，特別是通過改制，將大批國有企業控制在手中。然而抗戰後期，隨著公司中原屬國家銀行投資的股份以極低廉的價格出售給私人（主要是包括孔宋家族在內的政府官員和金融大亨），公司的性質及經營方向都發生了重大的變化，成為名符其實的官僚與財閥結合的典型。[65] 由於宋子文長期操縱公司的運作，其弟宋子良和宋子安更相繼擔任公司的總經理，因此中國建設銀公司一直被認定為宋氏家族的官僚資本。[66] 1949 年 5 月上海剛剛解放，中國建設銀公司亦即立刻被軍管；1950 年 1 月 4 日，軍管會正式宣布，中國建設銀公司及其屬下的所有企業、公司均以「國民黨官僚資本」的名義予以沒收，但在此之前公司的資本早已撤出，留下來的只是那座矗立在上海外灘的建設大廈。

孚中實業公司

　　孚中實業公司是由中國國貨銀行、交通銀行和金城銀行三家銀行共同投資成立、專門從事進出口業的公司，董事長為錢新之，但實際權力則由總經理宋子良所控制。抗戰剛剛勝利，遠在大洋彼岸的宋子良就以中國國貨銀行總經理的身分，親筆致函交通銀行董事長錢新之、總經理趙棣華和金城銀行代總經理戴自牧，提出以三行共同投資成立公司、獨家代理美國廠商、專門經營進口貿易的建議，信中稱：「茲為促進中美合作，以利建設起見，子良等擬組織孚中公司（Fu Chung Corp.），先在美國註冊，資本多寡，容再酌定，

63　這句話是宋子文親口對中國銀行總經理張嘉璈說的，見姚崧齡編著《張公權先生年譜初稿》上冊，傳記文學出版社，1982，第 133 頁。

64　宋子文 1947 年 9 月 18 日在國民黨中常會上報告中國建設銀公司成立經過時的講話，全文見《大公報》1947 年 9 月 19、20 日。

65　參見鄭會欣《從投資公司到「官辦商行」：中國建設銀公司的創立及其經營活動》，香港中文大學出版社，2001。

66　譬如陳真、姚洛主編《中國近代工業史資料》第 3 輯（三聯書店，1960）的副標題就是「清政府、北洋政府和國民黨政府官僚資本創辦和壟斷的工業」，該書下卷即將中國建設銀公司及其屬下的企業列為「宋子文家族官僚資本」；而黃逸峰、姜鐸的《舊中國的買辦階級》（上海人民出版社，1982）第 165 頁表「四大家族直接控制的金融機構」亦將中國建設銀公司列於其中。

但至多國貨銀行可認半數。其營業範圍包含經營國際貿易及興辦實業，特別注重交通工具以及附屬業務」。宋子良表示，他已經和「美國著名之 Willis-Overland Motors 公司 Toledo Ohio 訂立合同，五年為期，訂明在中國境內（包括東三省、臺灣及香港）獨家經銷其所有出品，如汽車、貨車、軍用或農用之奇普車（Jeep）及小型發動機等」。他並且計畫，「初步為其代銷，次為由美裝運機器赴華設廠，製造一部分零件及裝配，如獲成功，則合資在華設廠，製造全車，並由其技術協助，在各運輸要地廣設汽車修理供應處」，除此之外，「尚有其他美廠多家（如全世著名之 Spark Plug 公司、化學醫院用品公司等）欲在吾國發展營業，苦無對象為其策劃，孚中公司可為效力，裨益建設前途，良非淺鮮。不特此也，一俟國內得設立機構時，即可著手推銷國貨及農產品於海外市場」。至於股份，則全數來自於國貨、交通和金城三行（其中國貨銀行應占半數），不收外股，但「如荷諸兄個人投資，亦所歡迎」。[67] 這封信詳細介紹了成立孚中公司的目的、公司經營的範圍、資本的來源等重要內容，更充分顯示宋子良等人計畫戰後搶占國內市場的強烈野心，值得深入研究。[68]

揚子建業公司

同孚中實業公司成立的背景幾乎完全一樣，只不過揚子建業公司的老闆是孔令侃。抗戰爆發時，大學畢業不久、只有 20 多歲的孔令侃就被其父任命為財政部祕書、中央信託局理事，常駐香港，負責從西方國家購買軍火，從中賺取大筆傭金。其後他在美國活動期間，與美國眾多金融寡頭建立了聯繫，成為他們在中國的代理人。抗戰剛剛勝利，孔令侃就搶先成立揚子建業公司，專門從事進出口貿易。揚子公司的總公司設於上海，在漢口、福州、南京、香港、天津等地設立分公司，並在紐約設有聯合機構「揚子貿易公司」，公司下設工業、營業、事務、財務、代理進出口、顏料、影片等九個部門。[69] 由於公司主要經營進出口貿易，如棉花、電器、藥品及奢侈品的進口以及從事豬鬃、茶葉等農產品的出口，因此人們將其視為壟斷進出口的「孔家資本」是十分自然的，而 1948 年 9、10 月間蔣經國在上海「打虎」時所牽連的所謂「揚子公

67　《宋子良等致錢新之等函》（1945 年 8 月 18 日），二檔交通銀行檔案：三九八（2）/ 252。
68　關於孚中公司的成立經過請參見鄭會欣〈戰後「官辦商行」的興起：以中國孚中實業公司的創立為例〉，《中國經濟史研究》2009 年第 4 期。
69　《大公報》1947 年 9 月 21 日。

司囤積案」，使得這家公司更為世人所知。

這些「官辦商行」利用其特殊的政治背景及其與政府的微妙關係，戰後迅速在上海搶灘登陸，一方面獨家擁有美國各大廠商的在華經銷代理權，壟斷汽車、電器、藥品、奢侈品等非生產性的物資進口，同時又仗恃特權，套購外匯及申請大量的進口配額，賺取超額利潤，加快了國庫中外匯和黃金流出的速度，同時它也成為國人攻擊的目標。

六、「官辦商行」的特點

資本的來源與轉變

首先我們對這些公司的資本來源進行分析。

以中國建設銀公司為例，公司的創立得到國民政府最高當局和國內銀行界的廣泛支持，公司註冊資本為國幣 1000 萬元，25 名董事和 9 名監事不是政府主管財政經營的高官（如孔祥熙、張靜江、李石曾、陳行、徐堪等），就是以江浙財閥為代表的金融大亨（如胡筆江、周作民、唐壽民、張嘉璈、徐新六、貝淞蓀、李銘、陳光甫等），其聲勢之強大、陣容之鼎盛，可謂一時無二。最能說明問題的是，1936 年以後的中央銀行理事會 8 名常務理事（宋子文、孔祥熙、徐堪、陳行、葉琢堂、張嘉璈、陳光甫、唐壽民）竟一個不差地全部是建設銀公司的董事會成員！[70] 從中我們可以得出一個結論：中國建設銀公司的董事會由政府主管財經事務的高官主事，其成員包攬了中國最大的十幾家國家銀行與商業銀行的首腦，他們與政府間具有十分密切的關係，有些人甚至還擔任政府的重要官職，其中有些人「官」與「商」的身分已很難區分。這些事實都說明，中國建設銀公司的創辦是國民政府成立後官僚與財閥結合的一個重要標誌。[71]

孚中實業公司在美國註冊，註冊資本為美金 60 萬元，先付一半，其中中國國貨銀行占一半股份，其餘的股份則分別由交通銀行（20 萬）和金城銀行（10 萬）擁有。其後孚中公司又在重慶申請註冊，其資本為國幣 1800 萬元（不久又增資為國幣 3 億元），股份分配的比例也與前者完全一樣，但兩家公司

70 參見劉壽林、萬仁元等編《民國職官年表》，中華書局，1995，「中央銀行職官年表」。
71 有關銀公司股東及董事會成員的背景可參見鄭會欣〈中國建設銀公司的創立：官僚與財閥結合的一個實例〉，《改革》1999 年第 2 期。

並無隸屬關係，而是一種兄弟公司的平行關係，為了以示區分，前者稱作孚中國際公司，後者則為中國孚中實業公司。孔祥熙為公司的名譽董事長，董事長為交通銀行董事長錢新之，其他的董事按比例分別由國貨、交通和金城三行負責人出任，而真正執掌公司大權的則是董事總經理宋子良。

揚子建業公司籌備於 1945 年冬季，1946 年 1 月在上海登記註冊，資本為法幣 1 億元，1947 年 7 月增加為 10 億元，分為 100 萬股，孔祥熙之子孔令侃一人就擁有 24.9 萬股，其餘的大股東包括杜月笙、范紹增、趙季言、顧心逸、姚文凱等海上聞人，董事長及總經理均由孔令侃一人兼任。[72]

在介紹上述公司資本構成的同時還應注意的是，國有資產往往可以通過各種所謂合法的方式流入官僚和財閥的手中。抗戰爆發前夕，建設委員會屬下幾個經濟效益良好的國營企業如首都電廠、戚墅堰電廠和淮南鐵路與煤礦等企業，就是以私有化的形式，讓中國建設銀公司以低廉的價格取得了它們的經營權，成為民國時期國有企業私營化的典型案例。[73] 難怪傅斯年就認為，孔宋等豪門勢力具有「無限制的極狂蠻的支配欲」，戰前即以中國建設銀公司的名義經營或收買戚墅堰電廠、首都電廠、既濟水電公司、淮南煤礦、鄱樂煤礦等國有企業，以致變國營為「宋營」。[74]

需要指出的是，中國建設銀公司成立初期董監事所占有的股份並非來自個人，其中絕大部分屬各股東銀行的參股數額；但是到了抗戰後期，隨著大後方腐敗的加劇，這些官僚和財閥卻以極為低廉的價格，將國家銀行和商業銀行的股份轉移到個人名下，然後再利用種種特權，操縱市場，買賣外匯，從事各種投機活動。[75] 對於這一點公司的高級職員亦承認：「本公司成立之初，其股份大部分屬於當地各國家銀行及商業銀行，私人股份甚少。其後時日變遷，原有股份漸多轉移，私人股份亦漸次增多。」[76] 這說明，此時國家的資產已與

72　陳真、姚洛合編《中國近代工業史資料》第 3 輯，第 1000 頁。

73　鄭會欣：〈揚子電氣、淮南礦路公司的創立與國有企業私營化〉，《歷史研究》1998 年第 3 期。

74　傅斯年：〈論豪門資本之必須剷除〉，《觀察》第 2 卷第 1 期，1947 年。關於抗戰前夕中國建設銀公司投資經營建設委員會屬下國有企業的經過，可參見鄭會欣〈揚子電氣、淮南礦路公司的創立與國有企業私營化〉，《歷史研究》1998 年第 3 期。

75　鄭會欣：〈關於中國建設銀公司股份的演變情形〉，《歷史研究》1999 年第 3 期。

76　《暫擬中國建設銀公司清理計畫草案》（1949 年 6 月 14 日），二檔中國建設銀公司檔案：二八九（2）/24。

官僚財閥私人的利益結合在一起而難以區分了。

抗戰勝利後經濟部次長何廉反對政府接收和經營日本在華紡織工業，其中一個重要的原因就是擔心政府擁有並經營棉紡織業可能導致官僚資本主義。他所認為的這種官僚資本主義，即意味著某些人或團體，通過其在黨或政府內的特殊地位，建立起他們的經濟權勢。雖然紡織廠由政府管制，但這些企業具有非常巨大的引誘力，會使一些個人或單位企圖加以操縱和控制，最終落入官僚資本家手中。[77] 何廉的擔心並不是沒有道理的，確實有許多官員利用手中掌握的權力，通過各種方式，將國有資產轉到個人的名下，造成國有資產的嚴重流失。浙江大學校長竺可楨在日記中曾提到世界貿易公司（U. T. C.）成立的來由，這是因為當年陳光甫赴美借款，「美國人不願違日本之意作左右祖，故不遂，但以商行名義可貸二千萬元，成立 U. T. C.。珍珠港事變以後，公開為政府機關，孔、宋二人爭欲奪取囊中，以兩方不洽，陳光甫乃獨立經營，但勝利後又改為私人股，其中組織頗成複雜，但對於書坊所得 Commission 傭金均交與原購書人云。任嗣達為副經理，正經理美國人，李善述則襄理也」。[78] 這也是國有資產如何轉移的一個實例。

外匯雙軌制和進口貿易配額制

正是由於這些公司的特殊背景，所以它們與政府之間存在著極為密切的關係，譬如說，中國建設銀公司就是憑藉與政府間的特殊關係，才可能完成國有資產私有化的轉移過程。除此之外，「官辦商行」還通過外匯的雙軌制和進口貿易的配額制享受特權，從中牟利。

1935 年 11 月法幣政策實施後的一段時間，法幣與美金、英鎊等主要外幣的比率雖然不斷調整，但相對來說尚比較穩定。到了抗戰中期，國民政府終於放棄了平衡外匯市場的企圖，美元對法幣開始固定在 1：20 的匯率上。以後隨著大後方通貨膨脹的日益嚴重，法幣急劇貶值，但官方的外匯比價卻從未進行調整，而黑市外匯的比價卻不斷以數倍乃至數十倍的速度大幅攀升，當時大後方盛傳「工不如商、商不如囤、囤不如匯」就是對這種現象的一個生動寫照。由於戰時國家對外匯實施嚴格的管制，因此只要是能與政府高層拉上

77　《何廉回憶錄》，朱佑慈等譯，中國文史出版社，1988，第 258 頁。

78　〈竺可楨日記〉，1947 年 10 月 4 日，《竺可楨全集》第 10 卷，上海科技教育出版社，2004，第 549 頁。

關係，以官方牌價購得外匯，再在黑市上一倒手，數十倍的利潤便唾手可得。

戰後國民政府一度開放外匯市場，但外匯的黑市市場依然存在，而且隨著通貨膨脹的加劇，官價與黑市之間的差價日益擴大。當時行政院主管審核外匯工作既無一定機構，又無詳細法規，核准時或由行政院行文，或由行政院院長宋子文個人決定，以便條手諭中央銀行撥售外匯。經審計部派員審核，未經正式程序、違反規定之處甚多。1946 年 4 月 11 日，宋子文致中央銀行總裁貝祖貽英文條諭稱：「宋子良代政府向加拿大政府購買 4700 噸之船隻三艘，價款加幣 1575000.00 元，已電席德懋（紐約中國銀行）先付宋子良加幣 157500.00 元，並於準備啟運時續付全部，囑付還席德懋。」中央銀行當即與席德懋接洽，結果於 4 月 23 日函財政部國庫署，請准撥歸墊並呈報行政院。計三船共付加幣 1580028.78 元，先墊加幣 310000.00 元，折合國幣 569272723.60 元，於 1946 年 4 月 23 日函請國庫署撥還歸墊，7 月 25 日再付加幣 1270028.78 元，折合國幣 2565458135.60 元，於 7 月 20 日列入財政部欠帳內。[79]

抗戰勝利後，政府實施開放外匯的政策，將美元與法幣的匯率一下子提高到 1：2020 的水準，經營進口貿易者趨之若鶩，導致外匯庫存急劇下降。在這種情形下，政府一方面再度貶值法幣，同時修正進出口貿易辦法，對進口商品實施配額制，對外匯則予以嚴格的審批。然而這些制度對於豪門資本和「官辦商行」來說並無妨礙，相反他們卻可以依仗特權，優先獲得配額，進口管制物資，然後再「合法」套購外匯，從而賺取超額利潤。

當時的上海市市長吳國楨後來回憶說，按照政府的有關法令來說，這些豪門資本所做的一切確實沒有問題，一切都是合法的，因為法令本身就是他們自己制定的，這是因為「他們有影響力，一切都是在合法的範圍內做的」。比如，當時沒有人能得到外匯（因申請外匯需要審查），「但他們的人，即孔的人是控制財政部外匯管理委員會的，所以就能得到外匯。每個人都得先申請才能進口必要的貨物，但他們卻有優先進口權。因此，儘管他們的確從中國人民的血汗中發了大財，但一切仍然是合法行為。」[80]何廉也回憶說：「如

79　監察委員何漢文等：《外匯使用及各公司營業情形調查報告書》（1947 年 1 月 1 日），二　檔監察院檔案：八 /2040。

80　裴斐、韋慕庭訪問整理《從上海市長到「臺灣省主席」（1946—1953 年）——吳國楨口述

果沒有政府的幫助，沒有機會從政府手裡買進外匯，在這個當口任何企業肯定都是要覆滅的。可是在 1945 年到 1947 年這兩年期間，在宋子文的控制下，政府出售外匯時是差別對待的，和宋子文沒有聯繫的企業所有人幾乎沒有機會從政府手裡得到外匯，而與之有關係的人申請外匯就得到照顧。」[81] 著名金融家、上海商業銀行總經理陳光甫對於管理外匯有自己的看法，他認為那些外國專家覺得這種方法不錯，卻不瞭解中國的官僚政治，「管理外匯，愈管而資金愈逃避」，而「管理正好幫助政府中人方便……好比唱戲人總想唱一齣好戲，不知政治經濟環境，死硬的做，弄得百姓雞犬不安，可怕的學說！」[82]「官辦商行」正是利用與政府間的特殊關係，「合法」地獲得進口配額，再「合法」地套購外匯，從中賺取差價，但同時也激起眾怒。

依仗特權，牟取暴利

「官辦商行」不僅利用特權申請配額、進口物資、套取外匯，而且還享有其他特權，合眾社記者龍特爾即披露：「孚中公司有代表一人，利用中國外交官之護照，現正在美國從事商業上之旅行，而一般有經驗之中國商界領袖欲赴美國，則常不能獲得准許。」[83]

1947 年 6 月，經監察院調查外交部相關案卷，證實孚中公司現任總經理宋子良曾於 1940 年 7 月 3 日領有外交部 D-2067 號外交護照，由行政院以派赴美國考察交通專使的名義出國，1946 年 9 月 14 日又將護照加簽赴美，現尚未回國。孚中公司現任協理沈鴻年則於 1942 年 4 月 20 日以當時外交部部長宋子文隨從祕書的身分，領有外交部 D-2435 號外交護照出國，1946 年 7 月 5 日加簽赴美，目前仍在美國。而中國建設銀公司總經理宋子安亦於 1941 年 11 月 6 日以軍事委員會侍從室侍從祕書的身分領有外交部 D-2325 號外交護照出國，現仍在紐約。[84] 很明顯，宋子良、宋子安兄弟和沈鴻年當年出國或許確為公務所需而持有外交護照，但戰後他們的身分已經完全改變，所持外交

　　 回憶》，吳修恆譯，上海人民出版社，1999，第 69 頁。
81　《何廉回憶錄》，第 280—281 頁。
82　上海市檔案館編《陳光甫日記》，上海書店出版社，2002，第 205 頁。
83　轉引自《何漢文等監察委員報告書》（1947 年 10 月 1 日），二檔監察院檔案：八 /2040。
84　《財政、經濟兩部會查報告書》（1947 年 6 月 14 日），二檔輸出入委員會檔案：四四七
　　（2）/80；又見《何漢文等監察委員報告書》（1947 年 10 月 1 日），二檔監察院檔案：
　　八 /2040。

護照卻仍能加簽，從而繼續使用這一特權，由此也可以看出他們與政府之間所具有的那種密切關係了。

　　戰後從事對外貿易當屬進口汽車的利潤最大，但經營這一行業必須具備一些先決條件，首先，公司要擁有充足的資本；其次，要與外國汽車公司建立良好的關係；第三，所有經營活動必須得到國家相關部門的支持。而「官辦商行」正具備這些有利條件。《文匯報》記者披露宋子良「曾獲得美國對華鋼鐵輸出限額的 90％」，而且孚中實業公司「獨家經營之威利吉普，進口已達萬輛，今年進口之新汽車也達千輛」。[85] 揚子建業公司壟斷經營奧斯丁、雪佛蘭等高價名車，每輛進口成本約合 1800 美元，公司卻可以 5000 美元一輛在國內市場出售。[86]

　　當時輿論普遍認為，進口客車主要是為有產階級特別是官僚財閥服務的奢侈品，因此要求嚴格控制進口。1946 年 3 月 4 日公布的《進出口貿易暫行辦法》規定，禁止出廠價格在 1200 美元以上、7 座位以下之客車進口。但「上有政策，下有對策」，本來吉普車按其性質應屬於客車，孚中公司就鑽了這個空子，將吉普車列為 1 噸以下貨車，並得到海關的同意，從而堂而皇之地將其大量輸入國內。[87] 另外該辦法規定凡在 1946 年 3 月以前所訂的各項合同或已購進者「不在此限」，孚中公司又利用這一空隙，拿出與偉力斯公司所簽訂的包銷合同以及已售出的合同向海關交涉，結果批准進口 7000 輛吉普車，均按當時的官方外匯牌價 2020 元結匯。這個數字相當龐大，據時任孚中實業公司協理的陸品琹後來回憶，當時在美國購買一輛吉普車的價格不超過 400 美元，加上運費、關稅後，成本至多為 800 美元，然而運到國內一轉手，即可以 2400 美元的價格售出，利潤實在驚人。因此，孚中公司僅從經營汽車進口一項業務中就發了大財。[88]

　　此後不久，因政府以國家的名義向國外購入大批卡車，所以又規定其他商家自 1946 年 4 月 29 日起暫時停止輸入卡車，然而孚中公司卻於 5 月以後

85　《工商天地》第 1 卷第 9 期，1947 年，轉引自交通銀行總行編《交通銀行史料》第 1 卷（下），中國金融出版社，1995，第 1579 頁。

86　宋子昂：〈揚子公司的一鱗半爪〉，《孔祥熙其人其事》，中國文史出版社，1987，第 217 頁。

87　《交通銀行史料》第 1 卷（下），第 1580—1581 頁。

88　〈原孚中公司協理陸品琹訪問紀錄〉（1963 年 3 月），轉引自《經濟學術資料》1982 年第 8 期，第 36 頁；又見《交通銀行史料》第 1 卷（下），第 1580 頁。

共進口 738 輛汽車。該公司之所以能夠違背國家法令公開進口汽車，是得到有關部門密切配合的。據海關報單簽注，這批汽車中分為 5 月 1 日、9 日、23 日和 6 月 22 日共進口 189 輛，係 4 月 29 日以前業已起運在途；而 5 月 23 日至 1947 年 1 月 28 日共進口吉普車 549 輛，則是 4 月 29 日以前業已訂購並以現款或信用證付結購價，因此海關方按章核准進口云云。但是海關提供的單據只是一份抄件，說是原件已發還。然而經調查公司的結匯帳冊，僅有 1946 年 4 月 10 日和 24 日兩次訂購吉普車 200 輛，共付定金 49000 美元，這是屬於合法進口的。其餘吉普車價款美金 767240.68 元都是在 4 月 29 日以後發生，而且大多是在 8 月份以後才陸續結匯的。很明顯，這與公司及海關的報告內容並不相符，因此「所稱四月廿九日以前業已訂購一節不無可疑」。[89]

孚中公司還於 1946 年 3—12 月憑政府發給之配額，進口旅行汽車 101 輛，其中 74 輛為 3—9 月份額度，獲發 M. C. 11-49 號許可證（6 月 22 日發證），指定向中國銀行結匯美金 54020 元，27 輛係 10—12 月份額度，指定向大通銀行（Chase Bank）結匯美金 38021 元，並以 M. C. 11-101 號許可證（9 月 21 日發證）報經海關查驗後進口的。[90]

此外，孚中公司還進口其他各類緊俏物資，如進口 108 箱各類無線電設備，其中無線電收音機 60 件，內有 40 件是在 1947 年 1 月 18 日進口的，而輸入臨時管理委員會 1946 年 11 月 17 日即公布了《修正進出口貿易暫行辦法》，對已訂貨而尚未進口的貨物限定了起運時間，因此，這 40 件已經超出了政府公布的限制進口日期。但孚中公司卻稱，這批貨物是代中央航空公司購置的，主要是供飛機航行及機場交通聯絡之用，而且憑有中央銀行外匯審核處簽發之第 14747 號許可證報關進口，已於 1946 年 11 月 6 日將這批貨物由紐約運出，所以海關即以「手續尚無不合，似可予以進口」為由予以放行。[91] 孚中公司還曾代理美國西屋電氣公司（Westing House）進口電機，售予臺灣電力公司發電機及水電設備，並為上海經緯紡織機器製造廠進口全套設備及其他一

89　《財政、經濟兩部會查報告書》（1947 年 6 月 14 日），二檔輸出入委員會檔案：四四七（2）/80。

90　《輸入臨時管理委員會非限額進口審核處報告》（1947 年 7 月），二檔輸出入委員會檔案：四四七 /425。

91　《輸入臨時管理委員會非限額進口審核處報告》（1947 年 7 月），二檔輸出入委員會檔案：四四七 /425；又見《何漢文等監察委員報告書》（1947 年 10 月 1 日），二檔監察院檔案：八 /2040。

切零星機器。[92]

　　孚中公司大量進口汽車牟取暴利之事可算是當時的一大新聞，就連竺可槙也從朋友口中得知孚中、揚子公司「均利用政府，大批購汽車入國，其貪汙情形直堪髮指也」。[93] 這說明「官辦商行」在民眾中的形象極為惡劣，已成為輿論攻擊的主要目標。

黨國與家族

　　應該說，蔣介石對於貪汙腐敗的行徑還是深惡痛絕的，也曾下令嚴懲貪官污吏。當他收到有關密報後即命令財政、經濟二部祕密調查「官辦商行」依仗特權牟取暴利的活動，而且在披閱調查報告後下令：「中央信託局、物資供應局、孚中公司進口汽車中確有超出規定限制，依法應禁輸入；又，孚中公司、揚子公司進口之無線電及冰箱，亦有在法令限制輸入以後，何以主管機關竟予核發許可證，准予進口？」「孚中實業公司進口之吉普車，其結匯在卅五年四月廿九日以後，依法應停止輸入，何以仍准進口並結售外匯？以上各節仍有查究必要」。[94]

　　已經公布的蔣介石日記也進一步證實了這點。蔣介石日記目前暫時保存於美國斯坦福大學胡佛研究所。1947 年 8 月 1 日蔣在日記中寫道：

> 近日為宋家孚中、孔家揚子等公司，子文違章舞弊，私批外匯□□（不清），令行政院徹查尚未呈覆……余嚴電財部公布真相，稍息民疑。子文自私誤國，殊為可痛，自應嚴究懲治，以整紀綱。
>
> 朝課後，為查究孚中等公司案，令財部與《中央日報》公布改正，必須根究查辦，水落石出方妥。

　　兩天之後，蔣介石又在「上星期反省錄」中寫道：

> 對孚中、揚子各公司違法外匯，子文私心自用如此，昔以荒唐誤國，猶以其愚頑而尚無舞弊之事諒之。今則發現此弊，實不能再恕，故依法行之，以整紀律。

　　與此同時，蔣介石為了制止官商之間的勾結，又親自向行政院院長張群

92　《交通銀行史料》第 1 卷（下），第 1580 頁。
93　〈竺可槙日記〉，1947 年 10 月 4 日，《竺可槙全集》第 10 卷，第 549 頁。
94　《蔣介石代電》（1947 年 6 月 28 日），二檔輸出入委員會檔案：四四七（2）/80。

下達手令：

> 目前中外商人對於政府申請外匯、核准進口貨物之辦法諸多批評，認為
> 唯有與政府密切關係之商家，始能有特殊之待遇。而事實上管理辦法
> 是否盡善，亦成問題。查目前核准之外匯有限，而申請之商行則甚多，
> 為免除社會對政府之責難，並防止管理機關徇情偏袒起見，唯有採取公
> 用〔開〕公告之方式，按月由財政部將結放外匯之數額及准許進口物
> 品之項目，先期登報公告，囑各行商限期登記申請。至於各商行之名
> 稱、董事長、經理之姓名、資本額、申請外匯之數額、進口物品之名稱、
> 數量等項，無論核准與否，均由財政部按月登報公告，以昭大信。如有
> 數個商家同樣合於申請之規定者，則取抽籤式輪流核准之方法，以示公
> 允。倘商家認為財政部核准有不公允者，准予提出申訴。此事簡而易
> 行，且將使中外輿論認識我政府確有保障人民合法利益及剷除積弊之
> 決心。此外，凡涉及工商業核准之外匯、進出口貿易、公營事業經費
> 狀況等，應由行政院採取公開公告之原則，並儘量鼓勵人民檢舉貪汙，
> 提成充獎，以杜流弊。希即照此原則，限本月十五日前擬定實施辦法
> 呈核為要。[95]

然而蔣介石的心情是矛盾的，一方面他對於貪汙腐敗深惡痛絕，亦希望
通過嚴刑峻法予以打擊，以鞏固黨國的統治；然而一旦腐敗牽連到家族利益，
特別是涉及孔氏豪門，蔣介石的態度就變得猶豫不決了，1945 年對美金公債
舞弊案的處理結果就是一個明顯的案例，[96] 而 1948 年的揚子公司囤積案的最
終處理，又再次證實了這個判斷。

1948 年 9 月，蔣經國在上海「打老虎」的行動中查抄了揚子建業公司囤
積的大量物資，此舉得到朝野上下的密切注意，監察院亦立即委派監察委員
熊在渭、金越光前往上海進行調查，孔令侃立即搬出宋美齡為他說情。10 月
9 日，蔣經國從無錫飛往北平，特地向蔣介石報告上海執行經濟管制的情形，
蔣介石在日記中寫道：「經濟本為複雜難理之事，而上海之難，更為全國一切
萬惡鬼詐薈萃之地，其處理不易可想而知。對於孔令侃問題，反動派更借題發

95　〈國民政府主席蔣介石致行政院院長張群手令〉（1947 年 8 月 5 日），「國史館」藏《國
　　民政府檔案》：001-084100-0005。
96　參見鄭會欣〈美金公債舞弊案的發生及處理經過〉，《歷史研究》2009 年第 4 期。

揮，強令為難，必欲陷其於罪，否則即謂經之包蔽〔庇〕，尤以宣鐵吾機關報攻訐為甚。余嚴斥其妄，令其自動停刊。」[97] 10 月 18 日剛從瀋陽督戰回到北平的蔣介石又給上海市市長吳國楨發來一電，要他立即制止監察院的行動：

> 關於揚子公司事，聞監察委員要將其開辦以來業務全部核查，中以為依法令論殊不合理。以該公司為商營，而非政府機關，該院不應對商營事業無理取鬧，如果屬實，則可屬令倪聘律師進行法律解決，先詳討其監察委員此舉是否合法，是否有權，一面由律師正式宣告其不法行動，拒絕其檢查。並以此意與經國切商，勿使任何商民無辜受屈也。[98]

兩天後吳國楨發來回電：

> 查此案前係由督導處辦事處徑飭警局辦理，奉鈞座電後，經與經國兄洽定三項辦法：（一）警局即日通知監察委員，檢查該公司業務全部超越警局，只能根據違反取締日用品囤積居奇條例之職權，警局前派會同查勘人員即日撤回；（二）該公司可以無當地行政人員在場為理由，拒絕查帳，不必正面與該委員等發生爭執；（三）監察委員熊在渭與天翼先生關係極深，職定訪天翼先生，請其轉達不作超越法律範圍之檢查。是否有當，敬請示遵。[99]

此時東北戰場鏖戰正急，國共兩黨正在進行決定中國未來兩種命運、兩種前途的大決戰。蔣介石居然萬里戎機，特地從前線發來電報，阻止有關部門對揚子公司的調查，這說明此刻黨國榮辱與家族利益已經緊密地結合在一起，也是到了生死存亡的關鍵時刻了。面對中共甚至國民黨內的抨擊，蔣介石卻認為「社會對宋孔豪門資本之攻訐幾乎成為全國一致之目標，共匪宣傳之陰毒與深入如此，以此為倒蔣手段也」。而且，「對孔宋攻訐牽涉內人，凡卑鄙齷齪足以毀滅余全家之信用與人格之誹謗，皆已竭盡其手段矣。是非不明，人心惡毒至此，如無上帝之恩施與耐心毅力，當已悲憤棄世矣」。[100]

97 《蔣介石日記》，1948 年 10 月 9 日。
98 〈蔣介石致吳國楨電〉（1948 年 10 月 18 日），「國史館」藏《蔣中正檔案・特交檔案》：002080200334070。
99 〈吳國楨致蔣介石電〉（1948 年 10 月 20 日），「國史館」藏《蔣中正檔案・特交檔案》：0020080108002015。
100 《蔣介石日記》，1948 年 11 月 11、12 日。

七、官僚資本研究概論

關於國家資本和官僚資本的爭論延續了多年，雖然目前絕大多數學者不同程度地接受了以「國家資本」來代替以往將國營企業統稱為「官僚資本」的概念，因為這一提法內涵比較明確，不會將官僚私人的投資與國家（包括中央和地方）投資的資本混淆在一起，但是應注意的是，在一定條件下，特別是在中國長期以來官僚政治傳統的影響下，官僚可以通過手中掌握的權力，以各種方式將國家資本轉化為官僚私人的資本，而且這種轉化往往是以「合法」的途徑加以實現的。

有學者曾明確指出：「在對資本類型作分類統計或分類研究的場合，『國家資本』或『國家壟斷資本主義』確有比『官僚資本』清晰的一面，但『國家資本』或『國家壟斷資本主義』的經濟學概括並不完整，在許多場合，『官僚資本』的概念仍不應被棄用」。「官僚資本」應該是「在中國近代國家資本主義經濟體系中，官僚利用對資源的控制，利用對資訊的獨占，利用對企業的使用權、收益權、處置權和轉讓權的掌握，牟取私利並損害全社會福利的一種經濟和社會形態」。[101] 因此，儘管我們認為官僚個人投資的資本仍應屬於中國的私有資本，而不能簡單地將其劃為國家資本的範疇，儘管這樣的資本在原始積累時可能充滿著血腥，但並不能因此而將其劃出私人資本的範圍，我們在認同官僚資本與民族資本一致性的同時，更應看到兩者之間所存在的明顯差異，特別應注意到官僚與財閥的結合及其這種結合所產生的影響。在這些官督商辦、官商合辦的企業中，政府的利益和財產已經同官僚私人的利益混為一體、難以區分了。[102] 而中國建設銀公司、孚中實業公司和揚子建業公司等這些「官辦商行」正是民國時期官僚資本的典型代表，因此應該深入進行研究。

我們還應看到，民國時期的官僚資本還具有一個重要特點，那就是除了政府高級官員本人直接從事或投資企業之外，往往還採用另一種形式介入國家的商業活動，他們本身不直接出面，而以其親屬（配偶、子女、兄弟等）投資興辦公司，即所謂「裙帶資本」（apron-string capital），這些事例在抗戰勝利前後表現得格外明顯。抗戰勝利前後，宋子文擔任行政院院長，步入其一生中

101　杜恂誠：〈試論近代中國社會階層排序〉，《學術月刊》2004 年第 1 期。
102　有關晚清官僚投資經商的史實可參見〔美〕陳錦江《清末現代企業與官商關係》，王笛、張箭譯，中國社會科學出版社，1997。

仕途的巔峰，他為了表明官員不參與經商而辭去揚子電氣、淮南礦路和既濟水電三公司董事長的職務。然而就在同時，一大批政府高級官員親屬創辦的公司卻紛紛出現，前文提及最著名的也是被朝野上下指責為「官辦商行」的三大公司——揚子建業公司、孚中公司和中國建設銀公司，總經理就分別是孔祥熙之子孔令侃和宋子文的兩個胞弟宋子良、宋子安。

　　民國成立後，由於軍閥混戰，政局不穩，中央權威日益下降，使得政府干預經濟的能力也隨之減弱，企業家和商人從而可以擺脫政府的某些控制，得到相對的發展；然而國民政府成立之後，隨著中央集權的強化，政府對經濟的干預亦日益加強。當新政權成立之初，以江浙財團為代表的中國金融資產階級在經濟上立即給予援助，他們同時也從經營國債中獲得優厚的利潤，從而將自己與政權緊密地聯繫在一起，由是權勢與財勢便緊密結合，並對整個國民經濟產生極為重要的影響。從上述幾家「官辦商行」的發展歷史和經營活動中我們可以清楚地看到，宋子文、孔祥熙這些政府主管財政經濟事務，同時又以私人名義從事各種經濟活動的亦官亦商的官僚，是如何與張嘉璈、陳光甫、錢新之這些原本是金融大亨，但又與政府具有密切關係甚或擔任政府重要職務的亦商亦官的財閥結合在一起的；同時它也說明，只要具備一定條件，這種官商勾結、以權謀私的傳統政治行為模式是可以在歷史發展的過程中不斷再現的。

第二十一章　南京政府十年中美經濟關係的考察

　　南京政府十年（1927—1937）被喻為國民政府的「黃金十年」，在政治、經濟、交通、教育、文化、社會政策、外交和軍事等方面有躍升的成就，同時也奠定日後中國全面抗戰的根基。從中美關係而言，這段時間國民政府在外交事務上愈來愈向美國靠攏，兩國的經濟交往也愈為密切，通過中美經濟的交往因素，中國愈來愈走向以美國為主導的國際市場和經濟活動中，確定 1949 年以前中美經濟關係之基本格局。

　　這一時期中美兩國的經濟交往，事實上外交活動的一環，伴隨著九一八事變之後，美日關係的不安，以及美國對整體遠東利益和安全的考慮而有所轉變。在環繞政府層次的中美經濟交往中，最重要者莫如棉麥借款、白銀問題和幣制改革等議題，可見南京政府逐步走向親美外交的過程，然而美國的態度始終瞻前顧後，一直要到 1938 年的中美桐油借款，國民政府的聯美外交才真正走向樂觀局面。因此，中美桐油借款簽約時間上雖不屬於南京十年範疇，但這項外交活動則是南京政府一連串對美經濟和外交活動的結果，而其談判又緊接幣制改革之後，因此，本章亦將其納入討論範圍。

　　從美國企業在中國的投資而言，據統計美國在中國的投資在 1930 年達到高峰，即使中日戰爭期間在日軍占領區仍持續運作，直到太平洋戰爭爆發後，美國在中國的投資才急遽滑落。因而，不論就政府層次還是民間層次的中美交往而言，南京政府十年的中美經濟關係具有特殊的意義。本章在綜合前人研究成果的基礎上，探求這一時期中美經濟關係的發展歷程和經驗。

---

* 本章由吳翎君撰寫。

一、南京政府十年中美經濟關係的重要性

國民政府成立後的中美經濟關係在近代中美兩國交往的歷史上有何重要意義，從中國本身而言，誠如白吉爾所言，從一次大戰結束到 1937 年是中國資產階級的黃金時代，特別是 1915—1927 年由於一次大戰提供的市場機會（歐洲各國捲入大戰）、中國市場的開放和國家力量的較少介入及其他經濟因素，造就一批中國資本家的興起，這一時期也是國際資本與外國技術熱絡於中國市場的時期，從而形成民族企業與外國企業的微妙複雜關係。[1] 從美國對中國的投資而言，一次大戰的爆發和同年巴拿馬運河的通航，提升了中國市場的重要性，美國政府與民間對中國市場有更大的興趣。[2] 美國最初因未參加大戰，美國資本家成立廣益投資公司（American International Corporation，簡稱 AIC），藉機拓展海外市場的影響力，而中國正是他們亟欲拓展市場的地區之一。為了促進大戰時期對華貿易，1915 年 6 月 19 日，美國在華商人更進一步於上海成立美國中國商會（American Chamber of Commerce of China，簡稱 AmCham）。他們和美國亞洲協會（American Asiatic Association，1898 年成立）互通聲息，為促進美商在遠東的共同利益而發聲。一次大戰後，美國在華進出口貿易快速成長，在 1931 年日本侵略東北之前，已成為占中國進出口額首位的國家。

如從近百年中美經濟關係的歷史脈絡而言，更凸顯南京政府十年中美經濟關係的躍升意義。19 世紀末以前美國對華貿易量占其外貿的比重極其微小，據統計，1841—1845 年為 1.6％，1861—1865 年為 2.5％，以後逐年下降，1872—1876 年最低，為 0.2％，1880 年代以後逐漸上升，1897—1901年達到 1.0％，1902—1906 年為 2.0％，此後又下降到 1.0％左右，直到一次世界大戰後（1916—1920）從 1.1％上升到 1921—1925 年的 2.4％，1926—1930 年為 2.3％，到 1931 年為 4.0％。[3] 以各國對華貿易而言，美國對華貿易在 1931 年以後已高居各國之首，該年占 18.85％，1932 年為 21.16％，1933

1　〔法〕白吉爾：《中國資產階級的黃金時代》，張富強、許世芬譯，上海人民出版社，1994，第 78—84 頁。

2　吳翎君：《美國大企業與近代中國的國際化》，聯經出版公司，2012，第 4—5 頁。

3　Peter Schran, "The Minor Significance of Commercial Relations between the United States and China, 1850-1931," in Ernest R. May & John K. Fairbank eds., *America's China Trade in Historical Respective, the Chinese and American Performance* (Cambridge, Mass.: Harvard University Press, 1986), pp.239-240.

年為 20.80％，1934 年再上升為 23.34％，超過日本（含臺灣，但未含東三省之統計）、英國（不包括香港）和德國。[4] 就貿易國別而言，抗日戰爭前夕的 1937 年 1—3 月，美國仍占中國對外貿易的首位，進出口總值達 5.47 億元（國幣），超過日本的 5.07 億元（國幣），德國又次之，英國更次之。如與 1936 年 1—3 月對照，1937 年同期美國對華進出口貿易值約增加 1 億元（國幣）。1937 年中日戰爭爆發後，日本除占領東北之外，對華北、華中占領區進行經濟擴張與壟斷，美國在中國的經濟利益開始受到影響。[5]

　　就美國在華投資數量而言，有一資料說法是 1930 年底，美國在華投資總額為 1.968 億美元，1934 年為 2.7 億美元，到 1936 年則上升到 3.427 億美元。在此期間美國在華投資總額雖不及日本和英國，但其增加的速度卻要大大超過其他國家。[6] 據美國企業史學者 Mira Wilkins 的研究，美國在中國的投資在 1930 年達到高峰，即使中日戰爭期間在日軍占領區仍持續運作，直到美國參加第二次大戰後才急遽滑落。他據不同資料來源的估算，1900 年美國企業在中國的投資約有 1750 萬美元，1914 年約 4200 萬美元，1929 年約 1.138 億美元，1930 年再上升至 1.551 億美元（一說是 1.293 億美元），1936 年為 9060 萬美元，1940 年陡降為 4610 萬美元，1941 年再降為 4060 萬美元，到 1949 年則有 5600 萬美元。[7]

　　從美國方面而言，以下幾個因素為理解這一時期中美經濟關係的重要脈絡。

　　其一，美國對華貿易法案（China Trade Act）。一次大戰結束後，美國聯邦政府出於資本擴張以及推廣在華商務的利益需要，著手擬定對華貿易法案，並於 1922 年頒布。這一法案係為在中國營業的美國公司專門設立的，其基本內容是特准美國公民依照這一法案，在美國本土向聯邦政府登記在法律上作為

4　周新：〈23 年度我國之對外貿易〉，《東方雜誌》第 32 卷第 12 號，1935 年，第 15 頁。
5　允中：〈民國 26 年第一季貿易概況〉，《東方雜誌》第 34 卷第 11 號，1937 年，第 85 頁。
6　鄭會欣：《改革與困擾——三十年代國民政府的嘗試》，香港教育圖書公司，1998，第 265 頁。
7　Mira Wilkins, "The Impact of American Multinational Enterprise on American-Chinese Economic Relations, 1786-1949," in Ernest R. May & John K. Fairbank eds., *America's China Trade in Historical Respective, the Chinese and American Performance*, pp.285-287. 威爾金斯是研究美國企業史的大家，但中國市場部分非其最主要的研究成果。1927—1941 年是美國在華企業活動的高峰期，但目前相關的具體成果，特別是個案研究事實上並不多，各說資料差別甚大，如以上所引，這方面的具體情況，還有待深入研究。

美國的國內公司，但是總、分公司都必須設在中國境內，並且在中國境內營業，可享有聯邦政府稅捐的豁免權。由此可見美國政府在對中國貿易和市場投資中所扮演的重要角色。1922 年對華貿易法案實施，到 1949 年以前約有250 家美國公司是在這一法案下組成的，而其間只有 4 家公司最後解散或因執照過期而被註銷，可見該法案的影響力。在此之前，美國在中國的投資型態基本上是營運公司，大抵要到對華貿易法案實施後才大量出現獨立公司。獨立公司是英國 1870—1914 年海外直接投資的一種重要形式，該法案的制定為美國有意仿照英國在大戰以前拓展海外貿易的模式。[8] 美國商務參贊阿諾德（Julean Arnold）於 1919—1920 年為美國商務部編輯《中國工商手冊》（Commercial Handbook of China）兩大冊，為提供美商來華貿易之指導；1927 年又編輯《在華貿易大要》，兩書均由美國政府出版，可見其重要性。[9]

其二，延續 1920 年代的工礦投資。一次大戰後的 1920 年代，美國大型企業對中國市場的實業投資興趣盎然，美國大公司參與中國的油礦開採、大型鐵橋建造、無線電訊和水利、港口等公共工程，儘管這期間在華的投資經驗充滿挫敗，但其信心和企求並未減弱，而這段歷程正是作為 1930 年代參與南京政府公共事業和實業建設的借鏡。相關資料亦顯示，美國在一次大戰後的1919 年至 1928 年在華行號與人數增加快速，其情形如表 21-1 所示。從英美人數的相較，更可知美國在華利益的快速擴張。

表 21-1　美英在華公司數量比較（1919—1928）

單位：家／人

年分	1919	1920	1921	1922	1923
美國行號／人數	314/6660	409/7269	412/8230	377/9153	409/9356
英國行號／人數	644/13234	679/11082	703/9298	725/11855	661/14775
年分	1924	1925	1926	1927	1928
美國行號／人數	470/8817	482/9844	510/9401	551/6970	574/6023
英國行號／人數	726/14701	718/15247	714/14670	617/11714	682/12383

資料來源：楊端六、侯厚培等著《六十五年來中國國際貿易統計》，中研院社會科學

8　詳見美國商務部網站，http://www.ita.doc.gov/ooms/ChinaTradeActRCS.pdf，訪問日期，2010 年 1 月 10 日。William J. Hausman, Peter Hertner, Mira Wilkins, *Global Electrification: Multinational Enterprise and International Finance in the History of Light and Power, 1878-2007* (Cambridge University Press, 2008), pp.30-72.

9　兩部書可於網上下載，http://catalog.hathitrust.org/Record/006601320.Julean Arnold, *Salient Facts in China's Trade* (Washington D. C. Govt. Print Office, 1927).

研究所專刊（4），出版時間不詳，第 143—148 頁。

其三，美國私人企業的作用。一次大戰後美國大企業快速向海外擴張，他們秉持自由貿易的傳統信念，加以自 19 世紀末以來美國政府採取的金元外交為之後盾，一般人咸信這是美國大企業得以成功拓展海外事業的重要因素。1929 年美國爆發史無前例的經濟大恐慌，美國政府堅持關稅壁壘政策以保護國內市場，並實行強力干預利柏維爾場，以解決燃眉之急。然而，多數美國大企業在大蕭條時期反對政府的過度干預，他們和美國政府間的關係變得異常複雜。在 1930 年以前，美國政府政策和私人企業的目標常是平行發展的，但是在 1930 年代美國大型財團對市場國際化充滿想像，他們主張自由市場的開放，與美國政府的鎖綁政策愈來愈不相同。儘管大企業仍試圖通過院外集團來影響美國政府的決策，政府亦試圖通過私人關係影響大企業的決定，但整體而言，美國政府和大財團的利益愈來愈少互惠，大財團未必配合美國政府的政策。[10]

就中國方面而言，儘管 1930 年代初期中國亦受到全球性經濟恐慌的影響，但相對於歐美工業國家所經歷的嚴重困難，中國在南京政府時期的經濟發展和各項建設相對穩定。晚近國內外經濟史學家的研究均指出兩次世界大戰之間的 1920—1936 年中國經濟有快速的成長，特別是工礦交通業中的近代生產發展迅速。以鐵路為例，1919—1937 年共築鐵路 10274.56 公里，平均每年築路 540.77 公里，多於前後的其他時期。貨運量則從 1920 年的 89 億噸公里增加為 1936 年的 178 億噸公里。新式交通的迅速增長更突出地表現在公路運輸和民用航空事業上，1921 年中國公路通車里程只有 736 英里，到 1935 年已竣工的公路總長達 59900 英里，15 年間增加近 80 倍。中國第一家民用航空公司始建於 1929 年，到 1935 年 15 家航空公司設立了 10 條通達全國的航線，總里程超過 168 萬英里。[11] 1929—1930 年中國外貿總額保持穩定，在 1930—1931 年還穩定增長了 20%。1929 年南京政府制定新的關稅制度，使關稅收入增長 1 倍多。此外，1930 年後，為了免受國際市場銀價波動的影響，南京政府改以黃金而不再以白銀收取進口關稅。這一政策不僅減少了經常性的

10　Emily S. Rosenberg, *Spreading the American Dream, American Economic and Cultural Expansion, 1890-1945* (New York: Hill and Wang, 1982), pp.166-167.

11　王玉茹：〈論兩次大戰之間中國經濟的發展〉，《中國經濟史研究》1987 年第 2 期，後收入氏著《增長、發展與變遷——中國近代經濟發展研究》，中國物資出版社，2004，第 2—22 頁。

收支逆差，而且增加了對外國投資者的吸引力。在歐洲工業國家經歷嚴重困難的時候，中國卻給人一種相對穩定的印象。[12]

南京政府十年中國經濟的穩定發展，究竟有多少是得利於外資企業的合作，或是中國本身民族工業的發展或是華洋競合的結果，而其中究竟有多少是美國企業和資本的作用？侯繼明早於 1960 年代中期提出外資有利於中國近代化，最明顯的是外資不僅在許多領域凡涉及技術引進者，多有開創性作用，其於鐵路、航運和採礦等行業的發展，也有很大的正面影響。侯繼明認為外資在幾個方面有助於中國經濟的近代化：一是激起了中國的民族主義，而民族主義又刺激了中國發展近代工業的決心；二是有助於建立一種使工業企業可以獲利的外部經濟環境；三是承擔了許多社會基礎的投資，有利於華資企業的發展。侯繼明還強調在華的外資企業與華資企業各有優勢，並且由於各自的市場不同，外資企業並未阻礙中國民族工業的發展。[13]

分析這一時期中美經貿關係的發展，或許可以分為美國政府與民間企業兩個層次來看待。在美國政府方面，美國金元外交消退於經濟大恐慌最為嚴重的 1929—1930 年。這一時期美國自顧不暇，對中國市場的經濟外交大大不如一次大戰爆發以後積極。一直到 1934 年美國經濟復甦後，才重振與中國的經濟外交，也才有這一時期與中國在棉麥借款和幣制改革等政府層次的緊密合作。[14] 然而在民間層次，自 1922 年美國對華貿易法案推動之後，美國企業界在中國市場愈來愈為活絡，從跨國公司到一般小規模公司行號在中國各通商口岸，特別是上海的交往日趨密切，各種俱樂部、協會團體和組織欣欣向榮，直到抗日戰爭爆發後，美國商會和僑民在中國的活動才逐漸受到影響，太平洋戰爭之後不少企業撤離中國，但亦有不少美國企業在日本占領區為謀求利益，

12　Arthur N. Young, *China's Nation-Building Effort, 1927-1937: The Financial and Economic Record* (Stanford, Calif.: Hoover Institution Press, 1971).

13　Hou Chi-ming, *Foreign Investment and Economic Development in China, 1840 - 1933* (Cambridge, Mass.: Harvard University Press, 1965), pp.216-217, 221. 近二十年來中國大陸學界從具體問題的討論到研究方法的取徑均有大幅的修正，此處不贅。詳見吳承明〈經濟學理論與經濟史研究〉，《經濟研究》1995 年第 4 期；《市場・近代化・經濟史論》，雲南大學出版社，1996。

14　Emily S. Rosenberg, *Financial Missionaries to the World: the Politics and Culture of Dollar Diplomacy, 1900-1930* (Cambridge, Mass.: Harvard University Press, 1999)，該書探討美國的宗教性格、政治文化、私人企業和公共政治等因素，論述美國 19 世紀末金元外交政策的起源，到 1927—1930 年經歷經濟大恐慌之後金元外交的沒落。

以不同方式配合日本政府在淪陷區的經濟政策而持續營運。[15]

二、南京政府十年中美經濟關係的重要議題

　　1928 年 7 月，《整理中美兩國關稅關係之條約》（《中美關稅自主協定》）是美國對國民政府事實承認的開始，也是南京政府成立後廢除不平等條約的重大外交成就。這項關稅自主協定表示美國對中國事務愈來愈感興趣，甚至有意與英國爭鋒，爭取對華政策的主導權。南京政府成立後，日本發動九一八事變及後續破壞遠東秩序的一連串作為，則再度考驗美國對華外交的實質。

　　九一八事變發生後，美國正處於經濟大恐慌的風暴中，為擺脫經濟危機，美國在經濟和外交上趨向政治上的孤立主義和貿易保護主義。美國總統胡佛的首要任務為解決國內的經濟危機，由美國的經濟大恐慌所引爆的世界性經濟危機，使得歐洲戰債和賠款問題愈為尖銳，中國和遠東事務事實上並非美國政府的關注所在。羅斯福總統上臺後，受到白銀集團在國會的操縱，他們利用羅斯福急於實施「新政」法案將美國從經濟泥沼中解脫出來的時機，迫使其為解決經濟問題而實行大量購買白銀政策。這一政策導致中國白銀外流嚴重，世界銀價劇烈上漲，使中國的金融結構日趨緊張，並且削弱了南京政府抵抗日本侵略的能力，最後迫使中國不得不放棄銀本位，並向美國尋求各項金融援助，1933 年的棉麥借款和 1934 年的白銀協定，均顯示南京政府愈來愈向美國靠攏。

　　九一八事件之後中國在外交上採取不抵抗政策，卻遭到日本外交政策的節節進逼。1935 年起日軍展開一系列蠶食鯨吞華北的軍事行動（一般稱為「華北事變」）。從華北事變到八一三淞滬戰爭，日本欲「現地交涉」，而中國政府則欲將衝突事件「國際化」，讓國際社會的參與（例如，向國際聯盟申訴，並要求九國公約規範日本的侵略行為）來解決中日衝突。然而，中國在國聯會議和布魯塞爾會議上沒有解決實際問題，不論是對日制裁或中國內部期望的實質性援助均告落空。

　　經濟大恐慌不僅牽動美國的內政，更加深美國孤立主義的氛圍。1935 年，美國國會通過中立法案（Neutrality Act of 1935），禁止運送軍火至交戰國。

15　詳見吳翎君〈珍珠港事件前美國企業在華北的投資活動——以大來和英美煙公司為例（1939—1941）〉，《政治大學歷史學報》2010 年 11 月號，第 85—114 頁。

美國國會其後在 1936 年、1937 年、1939 年陸續修訂中立法案，直至 1941
年由租借法案（Lend-Lease Act）結束了中立政策。在 1937 年的修訂中，國會
授權總統有權禁運軍火、軍械至交戰國，或經中立國轉運至交戰國。總統亦可
認定特種商品（如軍火原料），交戰國若欲採買，必須「現購自運」，即以現
金在美國市場採購，並自備運輸工具，此外尚有禁止交戰國船舶進出或租用美
國港口等項規定。同時，1937 年中立法也持續禁止貸款給交戰國，但總統可
以決定普通商業貸款與短期信用借款。儘管美國在中日間並未適用中立法案，
但其政策基本依循中立法案之規範。

　　同一時期，美日貿易關係也相當密切，在美國對外貿易中，日本的地位
較中國更為重要。1931—1935 年，遠東貿易占美國對外貿易的 19%，其中日
本占 43%，中國（含香港）只占 14%，美國在日投資，更是在華投資的 3 倍
以上。[16] 基於以上兩大因素考慮，使得美國政府雖不滿意日本自九一八事變以
後侵略中國東北的行為，但認為其尚未動搖美國遠東利益，不願因此影響美
日貿易關係。因此，儘管羅斯福總統在 1937 年 10 月 5 日發表「隔離演說」
（Quarantine Speech），被外界認為是針對德、日、意等國之侵略行為的，但
考慮到國內輿情與美日關係，仍不願對日採取強硬政策，即便同年 12 月美國
軍艦「潘納」號（Panay，又譯「帕奈」）及三艘商船在長江被日軍擊沉，亦
未採取報復行動，而讓日本賠償了事。[17]

　　關於九一八事變以後和抗戰初期中美關係的研究成果，經典性的研究有
桃樂西・柏格和入江昭等人的著作。[18] 中文方面仇華飛的《中美經濟關係研
究（1927—1937）》（人民出版社，2002）為迄今針對中美政府經濟交往最

16　Whitney A. Griswold, *Far Eastern Policy of the United States* (New York: Harcourt, Brace &
　　Company, Inc., 1938), pp.468-469.

17　詳見楊凡逸〈美日「帕奈號」（U. S. S. Panay）事件與中美關係（1937—1938）〉，政治
　　大學歷史學系碩士學位論文，2002。

18　Dorothy Borg, *The United States and the Far Eastern Crisis of 1933-1938: From the Manchurian
　　Incident through the Initial Stage of the Undeclared Sino-Japanese War* (Cambridge, Mass.:
　　Harvard University Press, 1964). Akira Iriye, *Across the Pacific: An Inners History of American-
　　East Asian Relations* (New York: Harcourt, Brace & World,Inc., 1967). Akira Iriye, *The Cambridge
　　History of American Foreign Relations*, vol. Ⅲ, *The Globalizing of America, 1913-1945*
　　(Cambridge University Press, 1993). Akira Iriye & Warren Cohen eds., *American, Chinese and
　　Japanese Perspectives on Wartime Asia, 1931-49* (Wilmington, Del.: SR Books, 1990). Ernest R.
　　May & James C. Thomson, Jr. eds., *American-East Asian Relation:A Survey* (Cambridge, Mass.:
　　Harvard University Press, 1972)，汪熙主編《150 年中美關係史論著目錄（1823—1990）》，
　　復旦大學出版社，2005，第 321—329 頁。

完整的綜論性著作，該書共分為四部分：修訂商約與整理債務；中美商務關係；
中美白銀問題；幣制改革與中美貨幣協定。值得留意的是這一時期中美經濟關
係的研究，特別是經濟學者的分析，因研究取徑與關照面的不同，彌補了政治
外交史學家對於經濟層面研究的若干缺陷。雖然對於美國白銀政策與中國問題
的分析，經濟學者間仍有歧見，但不可否認的是經濟學和其他跨學科的分析，
有助於拓展以政府交往層次為主軸的視角。

中美關稅談判和對南京政府的承認

　　1928 年 7 月，《整理中美兩國關稅關係之條約》由財政部部長宋子文與
美駐華公使馬慕瑞（J. A. Macmurray）在北京簽字，美國率先有條件承認中國
關稅自主，這項協定也被視為美國對國民政府的事實承認，為南京政府與美國
正式外交關係建立的開始。

　　關稅自主是國家主權獨立的表徵，關稅收入多寡影響國家的財政與發展。
晚清以來中國被迫接受列強所定之稅則，海關行政權、關稅收支與保管等業務
均為列強所掌控。1920 年代中國民族主義運動風起雲湧，廢除不平等條約的
呼籲不斷，在 1921 年召開的華盛頓會議上，中國曾向大會提出廢除不平等條
約之要求，其中，恢復中國關稅自主權及稅率案，列在第一優先（此外並有治
外法權、勢力範圍及租借地的收回等），但並沒有得到解決。1925 年五卅事
件發生後，北京政府於 6 月 24 日向華盛頓會議相關國家提出修約照會。美、
英、日各國反應略有不同。美國表示如果中國政府善盡保護外人之職，願意就
關稅問題盡速召開特殊會議，並組成治外法權調查團，依循調查結果將有明確
的計畫案。不久國務卿凱洛格（F. B. Kellogg）兩次會見中國駐美公使施肇基
時表示，美國政府願意敦促其他國家儘快召開關稅會議，並催促派遣治外法權
調查團代表到中國。

　　1925 年 10 月 26 日，關稅會議於北京召開。會議召開的直接原因是法國
終於在同年 8 月 5 日批准華盛頓會議各項條約。按華會之規定關稅會議「得
自條約生效後，三個月內在中國集會」。[19] 當時中國內部反對召開關稅會議，
直接要求關稅自主權，尤其是南方的國民政府，抨擊北京特別關稅會議「不

19　黃月波、于能模、鮑釐人編《中外條約彙編》，商務印書館，1935，第 610 頁。法國因金
　　法郎案爭議，遲遲不批准華會條約。1925 年 4 月北京政府讓步使得金案解決。法國國會始
　　通過華會各項條約，該條約需至 1925 年 8 月 5 日才正式生效。

過使北洋軍閥得到鉅款，徒增中國之內亂」。[20] 受到中國內部的輿論壓力，中國政府代表王正廷於關稅會議召開的第一天，具體提出中國關稅自主的提案。王正廷甚至向各國記者表示如列國不接受中國關稅自主的要求，中國有可能仿照土耳其之先例，廢除與列國間一切關稅條約。11 月 19 日，關稅會議臨時辦法委員會通過了下列決議：「承認中國享有關稅自主之權利，約定中國與各國現存條約中之關稅上之限制，一切廢除，並允許中國國定稅率，將於 1929 年 1 月 1 日發生效力。與施行稅率的同時，中華民國政府聲明，裁廢釐金。」[21]

受到五卅事件後華南地區日益激進的民族主義威脅，以及省港大罷工等事件的影響，英國有意緩和與南方之關係。1926 年 12 月 18 日，英國駐京代辦歐瑪利（O. C. O'Malley）在召開的公使會議上，正式發表英國變更對華政策建議案（即聖誕備忘錄），強調不必等待強而有力的中央政府成立，就應與中國地方政府協調。在這個基本認識下，英國所提關於附加稅的具體方案是：「無條件承認華會附加稅，不當以在外人監督之下，而以其大部分供償還無擔保借款為要求，應准許其在各處實行徵收，其進款之支配儲存均由中國主管官廳自行，並根本反對關稅會議涉及無擔保債款問題。」[22]

國民政府並不歡迎英國的新政策，緣於聲明中有關華會附加稅方案，對尚未掌握全域的國民政府造成不利態勢。12 月底武漢國民政府外交部部長陳友仁正式發表宣言，反對英國政府對於附加稅之提案，因為英國的新提案將使新稅的 2/3，歸國民政府的政敵使用，而且將使各地商港成為軍閥爭奪的新目標，尤其是占附加稅總數 40％的上海，必定成為各派爭奪的血戰之地。[23] 基於實現華盛頓會議協定的考慮，美國政府曾經有意做更大的讓步，國務院準備發表一公開的對華政策宣言。1927 年 1 月 27 日，美國國務卿凱洛格發表對華政策聲明，對於 2 分 5 釐附加稅的實施，表示此為 1925 年關稅會議所決定，

---

20 李守孔：〈北伐前後國民政府外交政策之研究〉，收入中華文化復興運動委員會主編《中國近現代史論文集》第 24 編，臺灣商務印書館，1986，第 631 頁。

21 詳見吳翎君〈美國與中國政治 (1917—1928)——以南北分裂政局為中心的探討〉，收入張玉法主編《中國現代史叢書》（8），東大圖書公司，1996，第 154—158 頁。

22 Edmund S. K. Fung, *The Diplomacy of Imperial Retreat: Britain's South China Policy, 1924 - 1931* (Hong Kong, New York: Oxford University, 1991), p.101.

23 The Chinese Acting Minister of Foreign Affairs at Hankow to Kellogg, Dec. 31, United States Government Printing Office, *Papers Relating to the Foreign Relations of the United States,1926*,vol. I, pp.935-936. Hereafter cited as *FRUS*. 中文參見洪鈞培《國民政府外交史》，文海出版社翻印，1968，第 84—85 頁。

但因中國內戰導致會議中斷，無法簽訂協定，美國政府始終希望「實施華會所
規定的附加稅，並增加海關稅收，俾在實施關稅自主以前，足夠維持中國一切
需要」，並且說明：

> 美國政府準備繼續談判治外法權及關稅的全盤問題，或由美國進行單
> 獨談判。唯一的問題是和誰去談判。我已說過假如中國能協議任命能
> 代表本國的人民或當局的代表，我們準備談判這樣的一個新條約……[24]

美國參眾兩院於 1927 年初對中國問題進行熱烈討論，對美國務院產生強
大壓力。1927 年 2 月 21 日，美國眾院以 262 票對 43 票的壓倒多數通過了有
關中國問題的波特決議案（Porter Resolution）。此案由當時擔任眾院外交事務
委員會主席的共和黨眾議員提出，要求柯立芝總統與「中國政府合法授權而能
替全中國人民發言的代表」進行商談，以便修訂中美兩國間的條約，使今後兩
國間的外交關係建立在平等互惠的基礎上。討論過程中顯見不少國會議員對中
國民族主義運動表示同情，同時也有一些主張予國民政府承認的呼聲。[25]

1928 年 5 月，國民政府派特使伍朝樞赴美活動，希望獲得美國在廢除不
平等條約上率先允諾及外交之承認。5 月 28 日，美國國務卿凱洛格接見伍朝
樞，重申美國政府將不改 1927 年 1 月 27 日對華政策聲明的承諾，亦即只要
中國能有「代表本國人民或當局之代表」，美國政府願與中國展開治外法權及
關稅問題的談判，對於承認問題仍三緘其口。[26]

1928 年 6 月初，南京國民政府軍隊擊敗奉軍，攻下北京，形式上統一關
內。馬慕瑞隨即建議國務院考慮與中國締結一個簡要的條約，在確保美國貿易
不受歧視待遇的條件下，承認中國關稅自主。這一看法得到了國務院的贊同，
並擬定了條約草本。但是駐華公使與國務院對於中國政局的安定不抱太大希
望，最初國務院並未準備立即給予法理承認。

6 月 27 日，凱洛格接見法國公使時，表示國務院將考慮中國政局的演變，
採取承認步驟，希望外交承認有助於中國政府表現統治能力，促使中國政局穩

24　美國對華政策重要聲明，見 Kellogg to the Chargé in China, Jan. 25, 1927, *FRUS*, 1927,vol. Ⅱ，
　　pp.350-353.

25　魏良才：〈一九二〇年代後期的美國對華政策：國會、輿論及壓力團體的影響〉，《美國
　　研究》第 10 卷第 1、2 期合刊，中研院美國文化研究所，1978，第 160 頁。

26　1927 年 1 月 27 日美國對華政策重要聲明，見 Kellogg to the Chargé in China, Jan. 25, 1927,
　　FRUS, 1927, vol. Ⅱ ,pp.350-353.

定、遣散私人部隊、停止內戰，且希望與中國商談關稅協定，雖然在可預見的未來，還看不出整個中國政治的安定。7月9日，凱洛格與各國駐美使節會面，仍持這一主張。他在給駐華公使的電文中表示，如果北京公使團內提出這一問題，希望表達美國政府歡迎對南京政府的承認，至少是事實承認，如果不做此表示，他相信將危及對華關係；相反，如果表示承認，將有助於中國政治之穩定。11日，凱洛格請示柯立芝總統，希望履行1927年1月27日對華政策之承諾，「不論此一政府是否能演變為穩定的公民政府，但我認為各國給予的鼓勵，將有助於它解決內部的重大困難」，希望美國政府能就關稅問題與南京盡速談判。柯立芝總統次日即予批准。駐華公使馬慕瑞不贊成中國過早談判治外法權問題，他認為國民政府尚無法履行保護外人之義務，主張暫且拖延，凱洛格對此表示同意。[27]

7月25日，宋子文與馬慕瑞簽署《整理中美兩國關稅關係之條約》。該條約主要內容為：中美兩國以往條約中有關進出口貨物稅率、子口稅等條款作廢，1929年元旦起中國適用關稅完全自主的原則；締約雙方在彼此領土內享受之待遇，應與他國享受之待遇毫無區別，並不得向對方人民所運輸進出口之貨物徵收超過本國人民所繳納的關稅及內地稅。[28] 這是打破百年來不平等條約桎梏的一項成績，寫下了中國邁入國際社會新紀元的一頁。

中美關稅協定簽約之後，承認南京政府問題也就順理成章。所以，凱洛格於8月10日致電馬慕瑞表示，關稅協定之簽訂在技術上已表示承認南京政府，但參院批准條約並不能代表承認，不久將以某種外交程序公開確認此事。依美國憲法承認一國政府之權在總統，而不是由參院批准條約之程序。同日，凱洛格對柯立芝總統稱：「有關承認南京政府之事總統有絕對的權力」，並表示「我們對南京政府的影響莫甚於此時」。柯立芝總統表示「可將此條約的簽訂視為對國民政府的承認」。[29] 9月11日，國務院致電馬慕瑞：「你可聲明北京公使館已授權與南京政府在完全承認的基礎上發展正式關係」。[30] 南京

27　吳翎君：〈美國與中國政治 (1917—1928)——以南北分裂政局為中心的探討〉，第248—
　　249頁。

28　程道德等編《中華民國外交史資料選編（1919—1931）》，北京大學出版社，1985，第
　　474—476頁。

29　Kellogg to Coolidge, Aug. 10, 1928, Coolidge to Kellogg, Aug., 11, 1928, *FRUS, 1928*, vol. Ⅱ, p.193.

30　Kellogg to Macmurray, Sep. 11, 1928, *FRUS, 1928*, vol. Ⅱ, p.199.

政府與美國政府的關係乃正式進入法理承認的階段，嗣後相繼與德國、挪威、比利時、義大利、丹麥、葡萄牙、荷蘭、瑞典、英國、法國、西班牙締約；1930 年 5 月 6 日與日本訂立最後一個關稅自主的協定，困擾中國近百年的協定關稅之枷鎖始得解脫。因此，中美關稅自主協定不僅為百年中國條約史的大事，亦是美國與南京政府建立政府關係的重要開端，更具有代表美國對華事務取得重要影響力的指標意義。然就關稅自主的談判過程而言，早於 1925 年北京關稅會議上列強對 1929 年 1 月中國實施關稅自主權已有共識原則。北伐統一後，美國率先通過中美關稅自主協定，對國民政府表示友好，其政治意義應大於此項經濟協定本身。

中美棉麥借款的政治經濟效益

　　1927—1937 年，中國共向外國借款 14 筆，其中屬於政治借款的有 6 種，其他 8 種為路工借款，在這 6 筆政治借款中，1931 年中美小麥借款、1933 年中美棉麥借款形式特別，並非一般意義上的借款。它是從美國借貸小麥、麵粉、棉花運到中國後出售給中外廠商獲得款項，其情形類似國際貿易；所獲得的款項用於各地建設，發展生產，又具有投資的屬性。所以，棉麥借款是介乎貿易和投資之間的特殊形式借款。[31] 由於兩次借款在國內外引起很大的反響，特別是 1933 年棉麥借款發生於九一八事變之後，日本將其視為政治借款而強烈抨擊，致使日美矛盾加深。因此，棉麥借款不論其經濟價值如何，都帶有政治效應。

　　1931 年日本發動九一八事變，從某種意義上說是對美國門戶開放政策的公然挑戰，但美國正受經濟大蕭條困擾，對中日爭端基本上採取不介入態度。次年年初，日本侵占東北之最後據點錦州，美國決定予以外交上及道德上之抵制。1 月 7 日，史汀生（H. L. Stimson）同時向中日兩國政府提出照會，謂：凡違反條約（指九國公約與非戰公約）而訂立之條約與協定，及由此而造成之事實上之局面，損害美國條約上之權利，包括中國之主權獨立或領土與行政完整以及開放門戶政策者，美國政府皆不能承認。此即史汀生之「不承認主義」，

31　美國農業部答應於 1931 年 9 月 8 日正式啟動。規定年利息 4 釐，每年 6 月 30 日和 12 月 31 日為付息日期。麥款分三期償還，每期付 1/3。中美訂有 8 項條件，含購麥數量、裝運安排、麥和麵粉價格、每次運麥數量、長年利息、利息償還時間、借款票據、借款用途等。詳見仇華飛《中美經濟關係研究（1927—1937）》，第 316—317 頁。

亦即時人所謂「史汀生主義」（Stimson Doctrine）。國民政府內部親英美派人士、時任行政院副院長兼財政部部長的宋子文逐漸採取「聯合歐美抵禦日本」的政策。

1933 年 5 月，財政部部長宋子文與美國金融復興公司簽訂《中美棉麥借款合同》。宋子文此次的美國之行是應羅斯福邀請，在參加由羅斯福發起的倫敦世界經濟會議前赴美商討雙邊經濟關係，最後達成總額高達 5000 萬美元的棉麥借款。訪美之初，中國代表團準備向美國商借用於購買棉花和小麥兩筆各 500 萬美元的信貸，以應國內經濟和國防之急需。但處在經濟蕭條中的美國對此有自己的考慮，認為這是傾銷國內過剩棉花和小麥的良機，主動把貸款總額提高到 5000 萬美元。一些來自棉麥產區的國會議員出於對國內經濟的考慮，積極促成這筆貸款，以期通過傾銷過剩產品為經濟復甦注入動力。時任農村信貸署署長的摩根索（Henry Morgenthau）代表這部分人的觀點，他說得非常坦率：「即使這筆借款永遠不能償還，然而出售這些棉花將會提高國內棉價，美國國內庫存棉花的價值即可以增加 1 億美元。」[32] 但國務院對此持不同看法，反對借款給中國，理由是中國沒有足夠的償還能力，而且這樣一筆借款會激怒日本，日本又恰好是美國棉花的大主顧。這是中日在美國經濟中的不同地位對美國決策者產生影響的一個例證。最後羅斯福否定了國務院的意見，贊同摩根索的主張。雖然羅斯福此時在遠東外交問題上採取不願有所作為以免刺激日本的態度，但對於此項棉麥借款的選擇顯然著眼於美國國內的經濟因素，而向摩根索和代表棉麥州的國會議員的讓步。5 月 29 日，宋子文與美國金融復興公司總經理瓊斯（Jesse Jones）正式簽訂借款合同。合同規定：5000 萬美元中，4000 萬美元用於購買美棉，其餘 1000 萬美元購買美麥；年息 5 釐，5 年還本。

當宋子文在歐洲頻繁活動，宣導建立由歐美國家組成的顧問委員會，對中國的經濟發展提供意見，並請國際聯盟加強與華合作時，日本意識到宋子文「聯合歐美抵禦日本」的企圖，中美棉麥借款也就被視為整個計畫的一部分，便開始加以反對了。7 月下旬，日本政府公開聲稱，反對向中國提供借款，「如列國仍繼續不變其態度，則日政府為阻止計，固不得不講求適當手段以應付」。與此同時，日本駐美使館參贊武富會見美國國務院遠東司司長項貝克（S.

---

32 John Morton Blum, *From the Morgenthau Diaries* (Boston: Houghton Mifflin, 1959), p.53.

K. Hornbeck），根據外務省的指示，指責美國向中國提供棉麥借款是針對日本的援華行為，他要求美國應讓中國保證借款不被用於政治目的。8 月 10 日，日本駐美大使出淵又向國務卿赫爾（Cordell Hull）表示，棉麥借款「會嚴重影響日本」，美國政府在採取任何會影響日本利益的步驟之前，「應與日本商量」。[33]

　　9 月下旬，裝載首批美棉的船隻抵達上海。然而，此時恰逢中國棉花豐收，而棉紡織業卻因供過於求緊縮生產。於是，中國政府試圖向上海的日本紡織廠轉售美棉，日本廠商對此頗感興趣，但日本政府卻極力加以阻撓。剛取代內田出任外相的廣田弘毅告訴日本駐華公使有吉明，如果美棉比其他棉花便宜，要勸說日本廠商不去購買確實有困難，但應在「政治上引導」他們，以便在「事實上中止」棉麥借款。顯然廣田意圖破壞這一借款計畫。儘管日本廠商不太情願，但外務省的方針還是得到貫徹，其結果造成美棉大量積壓，為這項棉麥借款設置了最後的障礙。1934 年 2 月，中國政府不得不向美國提出，將美棉部分的借款由原來的 4000 萬美元削減為 1000 萬美元。[34]

　　究竟這項借款對中國產生怎樣的效益？中外學者的研究基本上都同意這項借款的政治意義大於經濟意義。日本學者細谷千博早於 1980 年發表的論文《30 年代中期的美國與東亞——棉麥借款》，認為這筆借款使得美日兩國關係的改善更加無望，然而這筆借款並不比白銀購買法案對中國有更大的幫助。南京政府企圖通過棉麥借款促進中美兩國財政合作以抵制日本入侵，其結果卻加劇了日本帝國主義對中國的干預，反而給棉麥借款帶來更大的困難，這項借款的失敗也就是不可避免的。[35] 鄭會欣則將中美棉麥借款與國內政治聯繫起來，認為宋子文商訂棉麥借款包含有廣泛向歐美各國尋求財政技術援助、遏制日本侵略的目的，然而在日本的阻撓下，歐美各國最初都不願觸怒日本而採取冷漠態度，進而使得南京政府內部親日勢力抬頭，而採取對日妥協態度，致使宋子文計畫完全破滅，宋子文也因此被迫於 1933 年 10 月辭去行政院副院長兼財政部部長職務。[36] 近年陳永祥的研究則指出這項借款正於日本極力謀

33　以上參考胡禮忠、金光耀、顧關林《從望廈條約到克林頓訪華》，福建人民出版社，1996，第 222—226 頁。
34　戴汪熙主編《中美關係研究叢書》（7），復旦大學出版社，1987，第 75—91 頁。
35　戴汪熙主編《中美關係研究叢書》（7），第 75—91 頁。
36　鄭會欣：〈1933 年中美棉麥借款〉，《歷史研究》1988 年第 5 期。

求改善日美關係之時達成，對於防止日美再次妥協以犧牲中國利益，也起到了抑制作用，「反映宋子文和南京國民政府具有一定的遠見」。雖其實效對南京政府的財經幫助並不大，並對國內經濟產生消極作用，但對日本侵略者造成一定的壓力。[37]

經濟大恐慌、中美白銀協定與幣制改革

在 1929—1933 年的世界經濟危機中，全球金融市場完全處於失序狀態，股票暴跌，銀行倒閉，信用危機，企業也隨之大量破產。經濟大恐慌時期美國內部對於美國政府在國際經濟事務中的角色亦多所辯論。國際主義（internationalist）主張世界性的自由貿易與開放市場，並擴大美國在海外影響力，其和國家主義（nationalism）主張以國內經濟的自足自力，並提倡國內貿易保護主義，互相對壘。例如著名的史學家比爾德（Charles Beard），否認經濟擴張中的自由信念將帶來繁榮和平。羅斯福總統受制於兩派勢力，而無法有一致性政策，直到新政見效，美國逐漸從經濟大恐慌的谷底回升始有改變。[38] 1929 年的世界經濟大恐慌並未馬上影響中國本土，中國大約到 1934 年以後才受到影響；然而，在經濟大恐慌時期，美國擴大海外貿易及其相關措施，均以解決本土的經濟問題為最高目標。就在這一背景下國民政府實行的中美白銀協定，以及廢兩改元和幣制改革的政策交涉，均受到美國經濟大恐慌的直接衝擊，其影響不可謂不大。

有些經濟學者主張用「金鐐銬」（the golden fetters）假說解釋 1929—1931 年的全球大危機。所謂金鐐銬是指 1870 年代到 1930 年代，流行於世界的金本位制度，實際上可以等同於固定匯率制度，通過金鐐銬的機制，商業危

37　陳永祥：〈1933 年中美棉麥借款協定〉，《廣州大學學報》2007 年第 4 期。此外，李宇平則探討美國棉麥借款對中國本身政治經濟的衝擊與意義。李文分析中國對美國棉花的需求，美棉進口的趨勢及其對中國棉農、棉商與紗廠的衝擊，美麥進口的趨勢及其對麥農、麥商與粉廠的衝擊，實業界與金融界及國民政府對借款的態度，地方政府與國民政府對借款的爭議。她認為這項棉麥借款的失敗，形成了普遍的總體農業危機，並使中國走向以救濟農業為目標的社會內在保護主義。見氏著〈1930 年代美國對華棉麥借款的政治經濟分析，1931—1934〉，載侯坤宏、林蘭芳編《社會經濟史的傳承與創新——王樹槐教授八秩榮慶祝壽論文集》，稻鄉出版社，2009，第 219—254 頁。

38　Emily S. Rosenberg, *Spreading the American Dream, American Economic and Cultural Expansion, 1890-1945*, pp.178-180. 1934 年美國政府頒布互惠貿易協定法（Trade Agreement of Act），希望與外國政府在關稅協定上擴大美國的海外貿易，這些協定簽訂國在二次大戰爆發以前主要集中於拉美地區。

機、金融危機、銀行恐慌可以迅速傳播於世界。朱嘉明以 1929—1935 年生產水準、貿易平衡、匯率及銀價、批發價格的相互關係及其變動，作為理解當時中國經濟的四個重要變項，他認為中國因為不是金本位國家，經歷了從「得以倖免」甚至受益到深受其害的三個不同階段。第一階段，1929—1931 年。中國白銀貨幣體系為中國經濟與世界大蕭條的防火牆或是「救生艇」。銀本位制的貢獻在於造成世界大危機的波及時間滯後了兩到三年，隔絕和緩衝了大蕭條的衝擊力度。中國銀元貶值使得中國在這波世界經濟大恐慌的嚴重期未受影響，甚至出現繁榮景象。中國以銀元為標準的物價，在 1929—1931 年上升了 1/4 以上，1931 年下半年達最高峰。中國面對的是通貨膨脹而非通貨緊縮，成了當時世界上少數物價不跌反漲的國家，經歷了一次溫和的通貨膨脹和溫和的增長。第二階段，1931—1933 年。一方面中國仍是白銀輸入國；另一方面，國際大環境改變，世界經濟危機的影響及於中國。1931 年英國迫於美國金融市場的信用危機衝擊及德國等停止償付戰債的影響，宣布放棄金本位制，不久與英鎊掛鉤的國家也紛紛放棄金本位制。日本發動九一八事變之後，不久亦頒布法令停止銀行券與黃金兌換，正式脫離金本位制，實施金匯兌本位制。這次世界性的金本位制度瓦解，金價下降，使得相對於黃金的白銀價格上升。就在世界銀價上揚的 1933 年中國實施廢兩改元，確立銀本位制，繼續對白銀實行自由流入和流出體制。因此購買中國銀，再合法地融化成白銀，通過國際市場套購，利潤空間巨大，刺激了中國銀外流。1931 年之後，流入上海的白銀，不再流入本國市場，而是從上海流失到國外，到了 1933 年上海已是白銀純輸出口岸。中國銀根緊縮，負面後果立即出現，對進出口影響至深。第三階段，1934—1935 年。1934 年美國實行白銀收購法案後，立即刺激世界白銀價格上漲，對中國業已嚴重的白銀外流如同火上澆油，引爆 1934—1935 年的「白銀風潮」，中國成為美國白銀收購法案最直接和最大的受害者。[39]

　　關於 1930 年代中國經濟恐慌之性質，是否仍為傳統農業恐慌的延續與擴大，或者已延伸發展為整個世界經濟大恐慌的一環？李宇平的研究指出早在 1932 年之前世界經濟大恐慌之初，中國即已顯現農村經濟加速崩潰之勢，但自 1932 年、1933 年以後，世界主要國家貶低幣值及 1934 年美國白銀收購法案實施後，由於國際市場銀價高於國內銀貨，白銀大量外流，中國通貨發生嚴

39　朱嘉明：《從自由到壟斷：中國貨幣經濟兩千年》上冊，遠流出版社，2012，第 360—371 頁。

重緊縮，中國經濟恐慌的發展始與世界經濟大恐慌產生桴鼓相應的關係。他從中國各方面的經濟概況，例如貨幣數量的消長、外貿變動與產業興衰、金融體系與財政收入的變化、階層變動與政府的對策等方面，說明1930年代中國經濟的恐慌，乃因世界大恐慌的介入，而使原本喧騰多時的農業恐慌，演變成全面性的恐慌。農村經濟蕭條不只為城市經濟恐慌的淵藪，且城鄉經濟均受外在因素的強烈影響，致中國整體經濟陷於恐慌之境地。他認為中國經濟在1930年代初期陷入低迷，與深陷於大蕭條的西方核心工業國家難脫關係，卻也未必全盤源自西方經濟的衝擊，與亞洲本身，特別是日本的歷史發展不無關聯。[40]

關於大蕭條時期中國與世界市場的關係，日本學者城山智子所著《大蕭條時期的中國》，分析了1929—1937年中國在大蕭條時期的市場、國家與世界經濟的關係。她認為中國於1935年才放棄銀本位制，而在此前後各國逐漸轉向金本位制，資料顯示1920年代世界銀價的貶值促進了中國貿易，並提供給中國農村和新興工業崛起的一個機會。然而，1931年後銀價在世界市場持續貶值，羅斯福為穩定銀價，實施白銀收購法案，白銀節節上漲，影響中國進出口貿易和金融危機。在這波世界性的金融危機中，由於各國都已紛紛擺脫銀本位，世界貨幣體系由金本位主導，而中國是當時世界上幾乎唯一仍採用銀本位的國家，因此當世界上其他國家作為商品的白銀價格發生波動，便對中國的金融和經濟生產帶來直接的衝擊。城山智子通過長江中下游地區棉紡業、繅絲業在大蕭條中的表現具體演示了這種傳導效應。最後，國民政府不得不積極地進行幣制改革，廢除銀本位。這場由政府主導的幣制改革，從一開始就面臨著複雜的國際關係和嚴峻的國內經濟形勢的挑戰。儘管以擺脫銀本位為目的的法幣改革初時頗見成效，但外匯儲備始終不足，對財政金融管控不力，1934—1935年終於爆發上海金融恐慌，其後遺症為中國經濟後來更大的混亂埋下伏筆。城山智子從英美政府的檔案中發現，1935年中國廢兩改元的幣制改革中羅斯福的關鍵性作用不亞於英國財經專家李滋羅斯（Frederick Leith-Ross），

---

40 李宇平：〈1930年代初期東亞區域經濟重心的變化——日本擴張輸出與中國經濟蕭條〉，《中央研究院近代史研究所集刊》第43期，2004年，第57—116頁。關於世界經濟恐慌與中國經濟問題，李宇平有多篇文章：〈恐慌之救濟與法幣政策的形成，1932—1935——貨幣改革說與貿易平衡說的對立與消長〉，《中央研究院近代史研究所集刊》第23期（下），1994年，第167—194頁；〈中國經濟恐慌與廢兩改元〉，《臺灣師大歷史學報》第27期，1999年，第93—120頁。〈一九三〇年代中國的救濟經濟恐慌說〉，《中央研究院近代史研究所集刊》第27期，1997年，第231—272頁。

而過去比較強調英國與李滋羅斯的作用。[41]

　　綜言之，就目前學界的研究成果，1929 年的世界經濟大恐慌並未馬上影響中國，中國大約到 1934 年以後才受到影響。中國在這波全球性的經濟危機中，更暴露了原本農村經濟和金融市場的問題，國內與國外因素的相互激盪加深了中國自身的經濟蕭條。另一方面，羅斯福總統則急欲從經濟大恐慌的泥沼中脫困而出，在這一背景下，1934 年以後中國實行的白銀政策和幣制改革，均與羅斯福對華政策關係密切。

　　第一次世界大戰後，主要西方國家相繼恢復了某種形式的金本位，加上技術更新導致白銀產量大量增加，世界上出現了金價漲、銀價落的現象。為應付 1929—1933 年的世界經濟危機，1933 年 4 月羅斯福宣布美國將放棄金本位制，調整美元與黃金的比價等政策，讓美元貶值以刺激國內物價景氣。同時為穩定世界銀價，美國、中國、印度等 8 個產銀或用銀大國，在 1933 年 7 月倫敦世界經濟會議上，簽訂了一項《國際白銀協定》。其中規定美國政府每年購銀不超過 3500 萬盎司，中國則承諾不出售 1934—1937 年銷毀銀元所得之白銀。但是，一年不到，美國就違背了它所承擔的穩定銀價的國際義務。為推行拯救經濟大危機的新政，羅斯福政府不得不求助於美國國會內來自西部產銀州的議員集團。這些白銀派議員藉機對羅斯福總統進行政治關說和敲詐，提出了旨在提高銀價的 1934 年購銀法（或譯「白銀收購法案」），以增加其所在州的經濟利益。[42]

　　美國政府公布白銀收購法案是國內白銀集團施加壓力的結果。美國國內有 7 個產銀州，儘管這 7 個州都是小州，但在每州兩個席位的參議院中共有 14 名參議員，占表決人數的 15%，尤其是其中有擔任參議院外交委員會主席這樣重要職務的資深參議員畢德門（Key Pittman），因此在國會中相當有影響力。這些議員的當選取決於他們為白銀賣力的程度，而政治家為了獲取這些人手中的選票又要取悅於他們。羅斯福競選時頗受制於白銀集團的選票壓力，當選後的羅斯福為了推行新政，要通過各種各樣的法案，更需要這些議員的支援。於是，羅斯福最終屈服於白銀集團的壓力，推行了新的白銀政策。

41　Tomoko Shiroyama, *China during the Great Depression: Market, State, and the World Economy, 1929-1937* (Cambridge, MA: Harvard University Press, 2008).

42　任東來：〈1934—1936 年間中美關係中的白銀外交〉，《歷史研究》2000 年第 3 期。

　　1934 年 6 月 19 日，羅斯福總統簽署了白銀收購法案。該法案規定，美國政府應收購白銀使之數量達到聯邦貨幣準備金的 1/4，或者通過收購白銀使世界銀價上升到每盎司 1.29 美元的水準。接著，羅斯福根據該法案頒布白銀國有令，將美國國內銀價定為每盎司 0.50 美元。隨之，美國在世界市場上大量收購白銀，世界銀價扶搖直上。

　　雖然白銀政策的制定最初源於美國國內政治，但它導致的世界銀價飛漲卻對當時的中國經濟產生了災難性的後果，並深刻地影響了遠東的國際關係。中國是當時世界上少數幾個仍實行銀本位的國家，而且又是世界上最大的用銀國。世界銀價的猛漲拉開了中外銀價間的差距，1934 年秋國際銀價高出中國國內銀價 1/4，1935 年春已達 50％，中國成了世界白銀市場的低谷。從中國收購白銀到國際市場拋售成為一項利潤極大的買賣，於是各種投機活動形成了中國歷史上規模最大的白銀外流高潮。按白銀議員們的說法，銀價的上升會增加中國對外的購買力，擴大中美貿易總量，從而為美國商品開闢一個廣闊的市場。但實際上，白銀外流使中國出現了通貨緊縮的經濟危機：工商業凋敝，金融衰敗，進出口減退，農村破產。更為嚴重的是，日本此時正向華北大肆擴張，當中國因美國的白銀政策身受其害時，日本卻乘機大撈利益。通過從中國有組織地大規模地走私白銀，日本一方面進一步破壞了中國的經濟，削弱了中國的抵抗能力；另一方面則積累了資金，為進一步擴充軍備提供了條件。[43]

　　美國白銀政策實行後，國民政府多次請求美國政府放棄該項政策。1934 年 12 月初，財政部部長孔祥熙告訴美國政府，由於中外銀價差距甚大，中國白銀必將以合法或非法方式流向境外，他請求美國政府提供幫助，並提出兩項方案供其選擇：宣布不以高於每盎司 0.45 美元的價格從國外購銀；向中國提供貸款或合作整理中國幣制。[44] 雖然美國表示願意就其購銀政策與中國防止白銀外流的措施相互協調，但回避了正面的承諾。既然美國拒絕配合，中國遂在美籍顧問楊格（Arthur Young）的建議下，告訴美方中國正在考慮逐步採取金本位，而美國正在購買白銀，因此，美國可否同意用美國的黃金來換取中國的白銀。但美國國務卿赫爾表示，金銀互換不是政府間的事情，中國應在國際市場上進行這種買賣。不過，摩根索表示中美兩國可以通過中國的中央銀行和美

43　胡禮忠、金光耀、顧關林：《從望廈條約到克林頓訪華》，第 228—229 頁。
44　Dorothy Borg, *The United States and the Far Eastern Crisis of 1933-1938*, p.22.

國財政部委託的美國銀行進行售銀交易。1934 年 11 月，中國向美國財政部出售了 1900 萬盎司白銀。美國購買這批白銀後，暫存上海。由於中國政府擔心這批白銀的外運會加劇金融恐慌，只好從倫敦購買了 1700 萬盎司白銀來墊付。而且，中國一再要求推遲交付時間，結果從 1935 年 1 月一直推到 7 月底，最後分幾批運到美國。其中只有 200 萬盎司是在 1935 年 11 月中國幣制改革後從中國運出的。因此，這一交易並無多大經濟意義，沒有賺到什麼外匯，主要目的看來是警告美國白銀派議員，中國可能要放棄銀本位。[45]

1935 年 10 月下旬，中國請求美國以非公開方式從中國收購 1 億盎司白銀，所用款項作為中國發行紙幣的準備金。企圖通過援助的方式來插手中國財政的美國財政部部長摩根索對此提議頗為動心，表示可以考慮。11 月初，摩根索與中國駐美大使施肇基就購銀條件進行磋商。但此時中國國內尤其是上海金融危機加劇，國民政府在尚未得到外援的情況下，不得不於 11 月 4 日開始推行法幣改革，將白銀收回國有。

在此之前的 1933 年 3 月 1 日，南京政府財政部曾發布廢兩改元令，確立中國銀本位貨幣體制。當時正值經濟大恐慌波及中國，國際白銀價格節節上漲，而中國此時實施廢兩改元，並不能有效抑制和化解日益惡化的經濟形勢。從國際情勢來看，廢兩改元不僅可行性研究不充分，且在實施的時候已暴露其顯而易見的局限性。[46] 美國於 1934 年採取白銀收購法案，禁止白銀出口、發行銀券、白銀收歸國有等一系列措施，實施至 1935 年底，其目的在控制和操縱世界銀價，增加銀本位國家對美貨的購買力。中國實施廢兩改元不久，美國即推動白銀收購法案，導致中國白銀外流，對中國經濟造成嚴重打擊。在此情勢之下，國民政府於 1935 年 11 月實施法幣政策。

正是這場經濟危機促使中國下決心加速推行醞釀已久的幣制改革計畫，放棄銀本位，建立起現代的、容易管理的貨幣制度。法幣改革以中央、中國、交通三銀行（後加中國農民銀行）所發行的鈔票為法幣，其他銀行不得發行，由銀本位改為法幣；限期收回其他紙幣，並且規定一切公私款項必須以法幣收

45　任東來：〈1934—1936 年間中美關係中的白銀外交〉，《歷史研究》2000 年第 3 期。
46　長期以來一般人對 1933 年廢兩改元的認識不清，甚至將它與後來的法幣改革混為一談。有關廢兩改元的歷史評價，可參見朱嘉明《從自由到壟斷：中國貨幣經濟兩千年》上冊，第 350—352 頁。

付，將市面銀元收歸國有，以一法幣換銀元一元。法幣改革以信用貨幣制度替代銀本位，是適應國際貨幣經濟潮流的跳躍式進步，使中國進入現代貨幣經濟時代。

在穩定貨幣以及走向幣制改革的努力中，積弱的中國不得不尋求列強的支援。於是，由美國內政造成的白銀問題在演變為中國的財政危機之後，又成為東亞國際關係的一個焦點。美、英、日為控制中國的貨幣財政進行了一場暗中較量。中國幣制實行改革後，英國政府反應積極，態度明朗，立即頒布了英王敕令，要求在華英國僑民服從中國的幣制改革法令。

1935 年 9 月至次年 6 月，英國政府派著名經濟學家、財政顧問李滋羅斯在中國進行一系列的經濟調查，表面上，李滋羅斯使團是一個非官方的團體，實則是英國政府意圖通過其使命以達成中日關係的和解來達到中國政治局勢的穩定；再者，該代表團的另一任務為通過中國貨幣的整頓方案——將中國的新幣制與英鎊聯繫起來，以拯救英國在中國業已衰弱的地位。李滋羅斯使團最後並沒有達到它的主要目的（促成中日緩和以及增進英國在華的經濟利益），而美國政府也懷疑英國的政治動機而不願配合李滋羅斯使團的改革方案。國民政府和李滋羅斯使團接洽的過程中，關於英國計畫案中是否有承認偽滿洲國的利益交換問題遭到中國輿論的強烈質疑：「任何與日本的合作都將包含有倫敦同意日本在中國的支配地位」。[47]

美國方面在脫離經濟大恐慌的低谷後，在對華白銀政策和中國幣制改革的事務上也逐步調整步調。摩根索部長認為在中國經濟復興的問題上尋求日本的合作無濟於事，只會使美國人的信譽壓在一個不切實際的計畫上。美國駐華大使詹森（N. T. Johnson）則相信只有美國的白銀政策才是援助中國貨幣改革的唯一有效方法。[48] 雖然國民政府並沒有宣布法幣與英鎊掛鉤，但摩根索一直認為東亞有一場美元、英鎊、日元之間的貨幣戰，他當然不願美國無所作為而讓英鎊在這場貨幣戰中獨占鰲頭。摩根索要求調整白銀政策的想法立即得到羅斯福的支持。1935 年底羅斯福對在國會中通過自己想通過的法案充滿信心，

47 〔美〕邁克爾·羅素：《院外集團與美國東亞政策》，鄭會欣譯，收入汪熙主編《中美關係史研究叢書》（9），第 123、127 頁。
48 〔美〕邁克爾·羅素：《院外集團與美國東亞政策》，第 130—134 頁；另可參見吳景平〈李滋羅斯中國之行述評〉，《近代史研究》1988 年第 6 期。

不必再為白銀議員的投票而捆住自己的手腳了。摩根索拒絕考慮續購的主要原因是他已經決心改變美國的購銀政策。12 月上旬，摩根索和羅斯福開始從經濟和政治兩方面懷疑美國把白銀價格控制在每盎司 0.65 美元的明智性。首先，這會鼓勵銀本位國家和地區放棄銀本位。香港政府已在中國大陸之後放棄了銀本位並開始向世界市場拋售，其他國家也可能效仿，而這與 1934 年白銀收購法案維持高銀價的初衷相悖。其次，日本從中國的白銀走私中獲利巨大，從而增加了它在倫敦海軍會議上與美國討價還價的砝碼。12 月 9 日，摩根索在與羅斯福商量之後，下令改變美國在倫敦市場的購銀方式，即由美國開價改為賣主開價。白銀投機商立即意識到這一變化可能意味著美國不再支持世界銀價，銀價遂開始下跌，40 天後，便從每盎司 0.65 美元降至 0.45 美元。

這次美國對白銀政策的操作對中國又產生了新的不利影響。由於中國的幣制改革是以法幣自由兌換外幣為信用保證的，因此這時銀價下跌貶低了法幣準備金的價值，削弱了市場對法幣的信心，中國只好再向美國尋求穩定銀價。這一時期中國對美國的白銀外交已從尋求穩定銀價轉為爭取美國支持和配合中國幣制改革。它首先是想獲得美國貸款，繼之是希望美國購買中國的白銀。美國在考慮中國的要求時，力圖在其經濟利益和安全利益之間保持平衡。一方面，摩根索想利用這一機會堅持讓法幣與美元掛鉤，以便擴大美國在中國的經濟利益；另一方面，由於擔心日本會利用中國的財政困難進一步擴張，他又不得不支持中國的幣制改革。當這兩者發生矛盾時，摩根索最終選擇了後者。[49]

摩根索表示希望中國財政部部長孔祥熙或中國銀行董事長宋子文來華盛頓與他直接討論中美之間的財政問題，但美國國務院對邀請宋子文來訪可能引起日本的過度反應而加速美日間的緊張關係有所顧慮。另一方面，宋子文和孔祥熙則表示在中國財政困難之際，無法離華訪美。由於摩根索的助手勞海（Archie Lockhead）原在紐約化學銀行工作，與中國上海銀行總經理陳光甫有業務往來，對陳光甫的人品和能力均很尊重。根據他的建議，摩根索希望中方給陳光甫一個財政部高級顧問的身分率團來美。在這一背景下，是以有 1936 年 4 月陳光甫赴美的談判。[50]

49　任東來：〈1934—1936 年間中美關係中的白銀外交〉，《歷史研究》2000 年第 3 期。
50　〔美〕邁克爾・羅素：《院外集團與美國東亞政策》，第 159—160 頁；任東來：〈1934—1936 年間中美關係中的白銀外交〉，《歷史研究》2000 年第 3 期。

　　1936 年 4 月上旬，陳光甫率領中國代表團抵達美國，與摩根索開始進行談判。5 月 14 日，中美以換文形式達成《中美白銀協定》（中美貨幣協定）。協定的主要內容是：自 1936 年 6 月至 1937 年 1 月，美國將分批從中國購銀 7500 萬盎司，價格根據當時的市價確定，美國可以根據中國的要求支付黃金；[51] 中國的售銀所得存放在紐約的美國銀行；中國貨幣儲備中至少保持 25％ 的白銀；中國擴大白銀在藝術和工業中的用途；中國將在美國鑄造含銀量為 72％ 的 1 元和半元輔幣；中國改變其法幣與外匯的報價方式，以避免造成法幣與英鎊掛鉤的印象；以中國存在紐約的 5000 萬盎司白銀作抵押，美國聯邦儲備銀行向中國提供 2000 萬美元的外匯基金。[52] 在協定中，中國保證不與其他貨幣掛鉤，打消了美國原先對英鎊與法幣關係的擔憂，而中國貨幣準備金的 1/4 仍用白銀，則是摩根索對白銀集團的安撫，因此畢德門參議員最終對這個協定表示「完全滿意」。這一協定表明美國開始改變原先在遠東的消極政策。對美國來說，由於中國向美國出售白銀所得必須存於美國，實際上它控制了中國的外匯基金，並增強了對中國財政金融的影響力，從而在列強的貨幣戰中贏得了優勢。對中國來說，美國政府收購中國白銀，充實了中國的外匯基金，對穩定法幣和確保幣制改革的順利進行有一定的積極作用。

　　1936 年《中美白銀協定》的簽訂，為 1934 年白銀收購法案引起的「白銀風潮」畫上了句號。《中美白銀協定》是美國支持法幣改革的法律保障，標誌美國和中國正式實行貨幣體系的合作，對中國的貨幣經濟影響至深。由於美國的支持，中國政府幾乎在一夜之間，沒有經過金本位過渡階段，而使其貨幣現代化。[53]

　　在國民政府的貨幣改革過程中，英、美、日三國因各有不同政治動機，而採取了不同態度。英國表現得最為支持，然而中國的幣制改革使法幣與英國貨幣連接之後，英國既不能利用它的力量來安定中國幣制，又不能通過借款解決中國財政和經濟上的困難，所以中國在關鍵時刻改弦更張投入美元集團。日本則竭力反對，因日本在華大規模走私白銀再到國際拋售，由此牟取暴利，中國宣布白銀國有，使日本的經濟利益受到打擊。中國放棄銀本位後，世界減

51　這是美國的讓步，因為美國原來拒絕向非黃金本位的國家出售黃金。
52　詳見任東來〈1934—1936 年間中美關係中的白銀外交〉，《歷史研究》2000 年第 3 期。
53　朱嘉明：《從自由到壟斷：中國貨幣經濟兩千年》上冊，第 384—386 頁。

少白銀對中國的輸出，削弱了美國在中國的影響，加強了英國的影響，使英國得以利用中國政府對美國白銀政策的反對態度來增強倫敦作為世界白銀市場的作用。經濟實力逐漸強大的美國不願讓中國的貨幣落入英日等國之手，遂通過與中國進行金銀交換，實現控制中國貨幣發行權的計畫，其標誌則是 1936 年 5 月簽訂的《中美白銀協定》與 1937 年 7 月簽訂《中美金銀交換協定》，中國的貨幣終於與美元發生連鎖關係。據統計，從 1934 年 11 月到 1937 年 7 月 10 日，國民政府一共向美國政府出售了 4 批白銀，第一批，1934 年 11 月，1900 萬盎司；第二批，1935 年 11 月，5000 萬盎司；第三批，1936 年 5 月，7500 萬盎司，第四批，1937 年 7 月 10 日，6200 萬盎司（即將 5000 萬盎司作為借款抵押的白銀售與美國政府，另外再加上額外運往美國的 1200 萬盎司的白銀）。美國能否大量購買中國白銀，增加中國貨幣發行準備的外匯基金，使國內通貨暫時得以穩定，避免一場行將爆發的全國性金融總危機，這是幣制改革成敗的關鍵所在。也就是說，如果中國沒有以美元作為外匯儲備的主體，這次改革成功的機率微乎其微。[54]

在國民政府啟動幣制改革之初，英美政府僅原則上表示支持，承認中國的幣制改革有利於改善中國與西方的關係，卻沒有實質性舉動。所以，中國推動幣制改革之初，幾乎處於孤軍奮戰和破釜沉舟的境地。但是法幣改革需要以外匯為基礎，不可能孤立進行，因此必須平衡與英、美、日的金融關係，中國本身仍不得不要求國際的支援。而美、英、日為控制中國的貨幣財政也暗中較量，中國經過仔細評估後最終尋求美國支持和以美元為聯繫貨幣。可以說，1935—1936 年中美之間在法幣改革方面的合作，美國最後決定購買中國白銀支持法幣，平衡英鎊對中國貨幣影響力，抑制日本在中國的擴張，為中美在二戰中全面合作奠定了初步的基礎。[55]

美國歷史責任的相關論述和爭議

全球經濟大恐慌約於 1933 年始波及中國，國際白銀價格節節上漲，中國經濟困頓全面顯現，此時國民政府採取廢兩改元並不能滿足國內貨幣的需求，更無法化解日益惡化的經濟形勢。國民政府乃不得不廢棄銀本位制，於 1935

54　朱嘉明：《從自由到壟斷：中國貨幣經濟兩千年》上冊，第 384—385 頁。
55　朱嘉明：《從自由到壟斷：中國貨幣經濟兩千年》上冊，第 386 頁。

年 11 月宣布實行法幣改革，以信用貨幣替代銀本位，中國由此進入現代貨幣
經濟時代。法幣初期與英鎊掛鉤，可在指定銀行無限兌換。1936 年國民政府
與美國簽署白銀協定後，由中國向美國出售白銀，換取美元作為法幣發行的外
匯儲備，法幣改為與英鎊及美元掛鉤。相比較與英鎊的關係，法幣與美元的關
係更為緊密，很快與美元形成固定匯率。[56]

關於上述美國實施白銀政策與中國貨幣經濟的相關問題，學術界有不同
的看法，特別在經濟史學界關於白銀問題曾有重大的爭辯，自不可忽略。西方
學界的研究重點在美國白銀政策與羅斯福新政的關係，早從 1950 年代開始，
迄今仍受到外交史學者的注意。[57] 關於白銀政策的掌舵者、美國財長摩根索的
研究亦相當豐富，最新研究有 2010 年出版的 Herbert Levy, *Henry Morgenthau,
Jr.: The Remarkable Life of FDR's Secretary of the Treasury* （New York, 2010），
該書運用大量檔案資料，以及摩根索個人的信件說明其與羅斯福的關係。在
中文著作方面，仇華飛認為將 1930 年代中美白銀問題產生的全部責任歸諸美
國白銀利益集團是不客觀的，羅斯福、摩根索等人對白銀政策的制定亦需負有
相當責任。白銀問題對中國而言是經濟問題大於政治問題，因先有美國白銀抬
價，才出現中國白銀外流，中國徵收白銀出口稅、平衡稅，直至放棄銀本位實
施法幣政策。他同時亦強調「白銀問題最終由於它的負面效應走向它的反面，
中國進行貨幣改革，實施法幣政策，從根本上改革中國貨幣制度，使中國貨幣
走向現代化」。

李宇平《銀與亞洲國際經濟秩序——孟買與上海白銀流通動向的比較觀
察（1933—1935）》一文，環繞以上海為中心的亞洲國際金融秩序發生的變
化，強調美國白銀政策對中國的衝擊，事實上是透過國際銀市場的相互作用
而形成。美國實施白銀政策期間，紐約、上海、孟買的買賣關係發生了改變，
紐約成了銀的買方市場，上海、孟買兩市場轉變為銀的賣方市場。她認為美國
企圖借大力購買白銀提升紐約在國際金融中心的地位，並未能成功地達成預期
目標，然這一政策確實產生巨大的威力，影響了跨地域的白銀流通動向及地區

---

56 朱嘉明：《從自由到壟斷：中國貨幣經濟兩千年》上冊，第 350—352 頁；〔美〕楊格：
    《一九二七至一九三七年中國財政經濟情況》，陳澤憲、陳霞飛譯，中國社會科學出版社，
    1981，第 274—281 頁。

57 Allan Seymour Everset, *Mongenthau, the New Dear and Silver: A Story of Pressure Political* (New
    York: King's Crown Press, 1950).〔美〕邁克爾・羅素：《院外集團與美國東亞政策》。

分布。作者也認為 1930 年代初期倫敦國際金融霸主的地位仍難以撼動，可由與上海外匯市場呼應密切的歐洲白銀投機幫的活動，係以倫敦為核心，進行白銀、法郎與英鎊的套匯行為看出。相對而言，紐約市場幾乎不能對上海外匯牌價發生任何重大影響。

自 1989 年以來，美國一些經濟學者圍繞羅斯福擔任總統時期，美國實行的白銀購買計畫對中國經濟的影響及有關問題進行了討論。1989 年勞倫 · 布朗特（Loren Brandt）和湯瑪斯 · 莎金特（T. J. Sargent）共同發表《對有關中國與美國白銀政策新資料的闡述》，對 1930 年代美國白銀政策對中國的影響提出新的看法，他們認為美國的白銀購買計畫，並沒有使中國的全面經濟活動遭到劃時代的、長期的萎縮，沒有引起一系列經濟惡性事件。中國政府之所以放棄銀本位而採用法幣本位，是為了從白銀升值中獲利，以便在未來易於發行低利率的國債。中國政府實行這一措施是主動的，並非美國白銀購買政策所致。該文並挑戰了之前諾貝爾經濟學獎得主弗里德曼（Milton Friedman）與安娜 · 施瓦茨（Anna Schwartz）於 1963 年所著《美國貨幣史（1867—1960）》的一些說法。1992 年弗里德曼撰文《羅斯福、白銀與中國》重申《美國貨幣史》一書的觀點，認為 1933 年美國白銀政策給中國經濟帶來災難性打擊，這一政策剝奪了中國的貨幣儲備，使中國陷入嚴重的通貨緊縮，迫使其放棄銀本位，實行法幣政策。白銀外流削弱了國民黨政權的基礎，導致戰時的嚴重通貨膨脹和戰後惡性通脹。而世界經濟危機的頭幾年，中國因採用銀本位獲利，1933 年美國放棄金本位，使中國原本採用銀本位的優勢成為最不利的因素，而這不利因素又被美國採購白銀購買政策所強化。

中國學者劉佛丁等人認為這兩位學者的根本分歧在於對 1930 年代前期中國基本經濟狀況的估計不同。在弗里德曼等人的著作之前，長期以來的主導意見是 20 世紀早期的中國經濟是衰退的，直到羅斯基（T. G. Rawski）於 1989年出版《戰前中國經濟的成長》一書對傳統的說法提出挑戰，而布朗特和湯瑪斯 · 莎金特在這個問題上的看法可說是和羅斯基一路的，同時他們兩人亦採取羅斯基對中國戰前貨幣供給一文中的數字為基礎進行分析。[58] 王玉茹對中國銀價波動與進出口物價的問題，針對兩方學者的說法又提出不同的見解，她認

58　劉佛丁、王玉茹、王利華：〈20 世紀 30 年代前期的中國經濟——評美國學者近年來關於白銀政策對中國經濟影響的討論〉，《南開經濟研究》1995 年第 2 期。

為弗里德曼誇大了美國白銀政策對 1930 年代前期中國經濟的影響，而忽視了其他因素（中國本身經濟發展的作用，例如貨幣供應的作用等）；同時她也認為布朗特等人關於美國購買白銀政策與中國物價變動、放棄銀本位和經濟的進一步衰退沒有關係的論述，亦難以令人信服。在王玉茹看來，世界市場對中國經濟發展的影響正是通過價格變動的信號作為媒介，兩方學者的說法均有不足之處。[59]

上述經濟學上的重大爭辯，後續研究須根據更可靠的資料及翔實的考證，始有助於釐清相關問題的討論。

三、南京政府十年中美經濟關係之評析

就近代中美歷史發展的軌跡而言，以上所探討的南京政府十年是一個特別的階段。首先是通過中美關稅協定的簽訂，予以中國關稅自主，並帶動各國的跟進政策，使中國擺脫近代以來在關稅上任列強宰割的地位，從而增加國民政府的財政自主和收入。其次，南京政府自成立到 1937 年，中美間的經貿和投資關係愈趨密切，儘管美國對華外交仍受孤立主義影響，又歷經 1929 年經濟大恐慌風暴，然而這一時期通過棉麥借款、白銀問題和幣制改革等重要事項，美國一方面從這些交涉中獲益——以挽救國內的經濟問題為更高目標，另一方面也以廉價的付出獲得了南京政府的友誼。事實上，南京政府從美國手中獲得的棉麥借款等獲益並不大，而《中美白銀協定》對穩定中國法幣改革及促成中國貨幣與美元掛鉤，其作用影響更大。

美國對華的經濟和外交援助，一直到 1938 年、1939 年之交的桐油借款始見到曙光，這一時間點又與日本南進政策的明朗化，美日關係趨於緊張可互為呼應。如同入江昭所指出的，美國政府開始對遠東問題的態度由消極轉向積極，關鍵點在 1938 年以後日本的南進政策，而不是日本的侵略中國。美國因對日本可能破壞其在南太平洋利益的不安，而逐漸轉變對華政策。日本的南進政策導致美日關係的緊張，對美國人而言，他們將美英安全視為一體，日本的擴張意味著最後破壞了英國在亞洲的地位和削弱了英國的安全；而南進政策的高峰點——珍珠港事變，終於迫使美國對日宣戰，使得美國將亞洲戰場與歐洲

59　王玉茹：《近代中國價格結構研究》，陝西人民出版社，1997，第 58—60 頁。

戰場聯繫起來，為本身的安全體系而戰。[60]

　　美國從傳統上對中國的友好特殊關係，在 1920 年代以後走向更為同情中國的民族主義和收復國權的運動，上文提到的《中美關稅自主協定》即為其一。日本提倡自以為是的亞洲主義及由此發動的挑戰英美的「大東亞戰爭」，對亞洲國家，特別是中國帶來了巨大的災難。九一八事變後，美國提出史汀生主義，以及在中國向國聯控訴日本侵略案的過程中，對中國作為被侵略國表示了同情，但這種同情並未轉化為具體的行動，一直到太平洋戰爭爆發以後，中美夥伴關係始正式形成，兩國的經濟與外交合作真正邁入新階段。

　　從南京政府十年到太平洋戰爭爆發中美經濟和外交關係的發展歷程來看，或許可以幫助我們在重新認識過去的基礎上，找到中美兩國共同利益的基礎，從政治、經濟和文化的發展上，更深入地理解中美關係的歷史。

60　詳見 Akira Iriye, *Across the Pacific, An Inners History of American-East Asian Relations*, pp.200-211.

第二十二章　黨國體制肇建與商民運動之興衰

　　1924 年國民黨改組完成後，民眾運動便成為國共兩黨擴張黨勢的重要依靠，同時亦是隨後確立的黨國體制之下資源汲取的主要途徑之一。然而，黨部與政府的關注重心未必相同，不同的任務需求之間，便常常會發生衝突，從而使黨國體制合法性及運行效率大受影響。這一點，從商民運動的發展過程便能清楚看出。儘管在既有國共兩黨的歷史敘述脈絡中，商民運動似乎是一種邊緣化事件，但是，北伐前後，商民運動曾經是國共兩黨權力爭奪的一個重要平臺。對其研究，可以幫助我們瞭解革命的局限性及其變化，加深對黨國體制肇端之時民眾運動實踐的理解。

　　商民運動從 1924 年開始醞釀，國民黨第二次全國大會召開前後，已成為國共兩黨民眾運動領導權競爭的領域。不過，對國民黨各政府部門及官員來說，商民運動更多的意義則在於穩定地方秩序及保證財政收入。

　　目前，有關商民運動的研究，主要有兩種觀點，一種是「黨治壓迫論」，一種是「黨治失敗論」。[1] 持前論者，普遍認為國民黨由於意識形態的原因，壓迫民間商會組織，從而扼殺了「民間自治」與「公共空間」。其手段便是用商民協會來壓迫商會，直至將商會消滅，代之以黨控的商人團體。這種觀點過高估計了國民黨的意識形態純潔性，沒有看清國民黨首先也是一個利益集團。意識形態對其而言，主要是一種供宣傳用的使其自身行為「合法化」的革命話語系統，其政治實踐未必一定要按照此種話語來進行，實際的政治運作主要還

---

* 本章由馮筱才撰寫。

1　這可以從相關研究論文中看出，如郭太風〈虞洽卿與商會變異 (1924—1930)〉，《檔案與史學》1996 年第 5 期；李天綱〈1927：上海市民自治運動的終結〉，《史林》1998 年第 1 期。

是看時勢發展與利益獲取的可能性而定。持「黨治失敗論」者，則將商民運動視作國民黨「以黨治國」的理想實踐。[2] 但是，所謂國民黨的意識形態，其實是在變化的，並無一特定的描述系統，對每種描述的理解不能與特別的時空背景相脫離，更需要注意國民黨其實是一個各持己見的多派系的混合體。而且，國民黨的革命並不是先構建了一套理論再去動員，而是邊做邊想，走一段說一段的話，在「摸索」中前進。即使是孫中山的表述，亦是與種種情境分不開的，政治家對公眾的演講往往與其自身的思想實際有相當大的落差。在意識形態上將國民黨視為一個整體，是非常不妥的。

在北伐前後黨人發動的民眾運動中，「運動民眾」與「民眾運動」實際上是在雙向進行著，將黨人或者民眾的任何一方視為靜止的被動接受體，均有不妥。黨人在利用農民、工人、商人等厚植政治勢力的同時，農民也有利用黨人來打倒仇敵、減輕租捐壓迫、搶占被打倒的「土豪劣紳」的房產與土地的企圖；工人也有利用黨人達到增加工資、減少工作時間、確保飯碗、改善待遇的目的。即使是與民眾運動有天然隔膜的商人，偶爾也會利用商民協會的牌子來呼籲政府減稅，保障財產利益。所以「民眾運動」在一定程度上確有存在。本章將從商人的角度來看他們如何應付黨人主導的商民運動，這種應變行動如何影響商民運動的發展乃至結局。

一、國民黨改組與商民運動的發起

1924 年，對於國民黨而言，無疑是標誌著其「新生」的一年。無論是國民黨改組，還是黃埔軍校的成立，以及國共合作模式的確立、蘇俄顧問對國民黨事務的介入，都使得國民黨與此前的面貌迥然不同。而在這一年發生的廣州商團事變，亦成為孫中山領導下的國民黨與商人關係轉折性的事件。

對於以孫中山為首的革命黨人來說，自清末起，他們便在努力爭取海內外商人對其軍事政治行動的支持。民國初年，黨人這種努力也一直沒有放棄過。然而，國民黨是一個以代表廣泛國民利益為對外宣傳口號的政治組織。1924 年前，相對於擁有武力的各系軍閥，國民黨（包括其前身中華革命黨）既希望從廣泛的民眾中獲得力量源泉，但在動員革命力量、籌措革命經費這兩

---

2 Joseph Fewsmith, *Party, State, and Local Elites in Republican China: Merchant Organizations and Politics in Shanghai, 1890-1930* (Honolulu: University of Hawaii Press, 1985), p.110.

個目標上，黨人無疑又必須保持一定的平衡，不能偏廢哪一方。然而，依當時的社會認識，工人與商人（特別是工廠主與大的商店店主，即所謂資本家）卻是兩個處在對立地位的階級，如何平抑不合理的勞資關係正是五四前後知識界討論的一個重要話題，也是革命黨人關注的焦點之一。雖然一些國民黨人較早就開始提倡階級合作，但同時黨人中反資本家的思想並不鮮見。[3] 這兩種看似矛盾的觀點實際上便是後來國民黨人有關商人政策理論的源頭。它們經常和國民黨人實際工作層面的另一對矛盾——革命經費籌措與革命力量動員攪在一起，塑造了複雜多變的黨商關係的歷史圖像。

1923 年 2 月，再起的孫中山雖然得到蘇俄經費援助的承諾，但是仍然在設法與港粵商人達成合作計畫，雙方的關係似乎正處於「蜜月」期中。此時，商人無疑是孫中山政府的重要聯合對象。但是在 1923 年下半年，孫中山與商人的「蜜月」期便因雙方利益目標無法達到一致，以及當局對商人沉重的捐稅索取而結束。[4] 而這時，孫中山與蘇俄的聯盟關係也正式確立。

1923 年 10 月，蘇俄代表鮑羅廷（M. Borodin）抵達廣州，開始規劃改組國民黨。在初期的談話中，鮑氏即向孫中山強調宣傳與民眾運動之重要性。[5] 但是，商人並未在國民黨改組框架中獲得與其他職業的民眾同等的重視。與此同時，共產國際執委會主席季諾維也夫（Zinovief）在莫斯科接見來訪的國民黨代表團時，表示希望國民黨「不為新的資本家階級、新的資產階級在中國的興起提供可能。它不應用中國資本家階級的統治去取代外國帝國主義的統治」。代表團團長蔣介石即聲明「我們不是為資產階級而進行革命工作的。這就是我們的立場」。[6]

3　沈定一、李漢俊等人此時的觀點中便充滿反資本家的情緒。見《星期評論》第 48、49 號，1919 年，轉引自呂芳上《革命之再起——中國國民黨改組前對新思潮的回應（1914—1924）》，中研院近代史研究所，1989，第 377 頁。1922 年底，國民黨寧波市黨部組織第一消費合作社，亦宣稱：「現在雖是以提倡國貨，振興實業為一種目的，在將來定可以成功一個世界主義，什麼軍閥、財閥、資本家，都可以從此打倒。」見《寧波第一消費合作社的發起》，中國國民黨黨史會藏五部文件：1771。

4　參見〔美〕陳福霖《孫中山廖仲愷與中國革命》，中山大學出版社，1990，第 61—70 頁。

5　參見〔美〕丹尼爾·雅各斯：《鮑羅廷——史達林派到中國的人》，殷罡譯，世界知識出版社，1989，第 113 頁。

6　〈有國民黨代表團參加的共產國際執行委員會會議速記記錄〉（1923 年 11 月 26 日），《聯共（布）、共產國際與中國國民革命運動（1920—1925）》（1），中共中央黨史研究室第一研究部譯，北京圖書館出版社，1997，第 336—337 頁。國民黨代表團由蔣介石、沈定一、王登雲等人組成，時稱「孫逸仙博士代表團」。

在國民黨一大上，與會的黨人對商人多缺乏好感，「以為凡屬商人多屬不革命反革命的」。[7] 會議所通過的宣言，將「商人政府派」言論列為四種空談救國的主張之一，[8] 顯示了黨人對商人政治力量的警惕。

但是，現實壓力使國民黨人不得不認真考慮商人問題。在財政極度困難之際，廣東政府亟需從商人方面設法，但商界領袖並不願配合。1923 年底，為抵制善後手票發行，廣州總商會正副會長相率辭職，拒絕承擔責任，[9] 給當局計畫的執行帶來困擾。1924 年 5 月，廣東商界為反對統一馬路業權辦法，發動請願罷市，並準備以武力為後盾，[10] 迫使政府下令取消這一辦法，政府借此籌款的打算也落空。1924 年 2 月，汪精衛在中央執行委員會會議上，初步提出增設實業部的提議，並在 6 月 16 日的會議上獲得通過。7 月初，實業部正式成立，以汪精衛為部長，其任務主要是從事對商界的調查與宣傳，目的在便利聯絡商界。[11] 儘管如此，隨著黨商衝突的加劇，廣州商人愈來愈表現出不與政府合作的意願，[12] 國民黨的領袖也不得不設法解決與商人的矛盾。

廣州商團事件的爆發是以「扣械案」為導火線，但是，孫中山政府及各系部隊與商團間的敵對狀態早在 1923 年底便已出現，其中的重要背景是政府的捐稅政策受其掣肘。國民黨一大的召開，加劇了商人對孫中山政府的懷疑。1924 年 8 月初，廣東扣械風潮發生，圍繞商團槍械處理問題，國共兩黨及國民黨內部各派意見發生分歧。10 月 3 日抵粵的俄國軍艦「Vorovsky」號運來大批蘇俄支援的軍火及款項，[13] 使國民黨人突然擁有了控制局勢的有利資源，

---

7 〈譚平山所作黨務總報告〉（1926 年 1 月 7 日），《中國國民黨第二次全國代表大會會議記錄》，中國國民黨中央執行委員會印行，1926，第 32—33 頁。

8 宣言主張全體平民自己組織代表全體平民利益之政府，不能限於商界，而且其政府必為獨立的，不求助於外人。見〈中國國民黨第一次全國代表大會宣言〉，榮孟源主編《中國國民黨歷次代表大會及中央全會資料》上冊，光明日報出版社，1985，第 14—15 頁。

9 〈驗發槍照展期一個月〉、〈核定總商會請求無效〉、〈陳廉仲復任商會長〉，《廣州民國日報》1924 年 1 月 7、26 日、3 月 6 日。

10 〈罷市虛傳與敵黨造謠〉，《廣州民國日報》1924 年 5 月 27 日。廣州市政廳當時想通過馬路業權統一辦法收征鋪底捐改善財政。

11 〈商民部半年工作報告〉（1925 年 2 月 17 日），中國國民黨史會藏五部檔：10681；李雲漢主編《中國國民黨題名錄》，中國國民黨黨史會，1994，第 36 頁。

12 7 月，財政廳向總商會借款 1.5 萬元，遭到婉拒。總商會會長陳廉仲復函表示上次財廳借5000 元，已是「張羅竭蹶」。見〈總商會籌商財廳借款〉，《廣州民國日報》1924 年 7月 19 日。

13 羅剛編著《中華民國父實錄》第 6 冊，財團法人羅剛先生三民主義獎學金基金會，1988，第 4793—4794 頁。

視利益為轉移的各系軍隊將領在商團處置問題上，態度也漸趨一致。在 10 月 10 日發生商團軍與工團軍流血衝突後，各方達成以武力制裁商團的決議。14 日，孫中山下令解散廣州商團，各軍聯合鎮壓行動開始，不到 24 小時，行動取得完全勝利，是為歷史上有名的廣州商團事變。雖然廣州商團力量受到嚴重打擊，但是其他地方的商團勢力仍在。不僅如此，政府捐稅及財政仍需要商界的合作。

商團事件後，為了給自己的行動辯護，縮小敵對面，國民黨在宣傳上採取的最重要措施便是開始以「買辦階級」為打擊對象。這種分化宣傳具有明顯的策略性。對買辦的攻擊，在五卅運動後達到高潮，一個表現便是將反買辦制度化。1925 年 7 月，國民黨中央執行委員會頒布訓令，不許現任買辦為行政官吏及各社團董事。[14] 此後，在國共兩黨的宣傳中，「買辦」便與「帝國主義」、「軍閥」等一起成為革命的主要敵人。[15] 進而，共產黨人將買辦階級擴大為「大資產階級」，認為由銀行買辦、大商業階級、大地主及大工業階級之一部分所構成的「大資產階級」已表現完全的反動，「附脫於外國帝國主義，與軍閥勾結」。[16]

在將「買辦階級」或者「大資產階級」列為革命的敵對面時，廣東政府更重要的工作則是爭取大多數商人的支持。商團事件之後，努力分化商人，便是控制局面的一個重要舉措。[17] 還在 1924 年 6 月，在政府的支持下，即有人召集各行各街各馬路商店代表百餘人，討論群組織商業維持會，與廣州總商會對抗。[18] 而商民運動的真正發動，則是商團事件後開始的。10 月 20 日，廣州商團事件的硝煙尚未散盡，經甘乃光提議，國民黨中執會決定改實業部為商民部，以伍朝樞為部長。11 月，商民部正式成立。[19] 從時間及情勢上來看，實業

14　〈廖仲愷關於解釋買辦含義呈及國民政府批稿〉，中國第二歷史檔案館編《中華民國史檔案資料彙編》第 4 輯（上），江蘇古籍出版社，1986，第 126、127 頁。

15　彭公達：〈農民的敵人及敵人的基礎〉，《中國農民》第 3 期，1926 年，第 9 頁。

16　列甫：〈斥小資產階級反革命派〉，《政治生活》第 29 期，1925 年，第 2—3 頁。不過，同時，作者仍將小商人、小地主及知識階級稱作「小資產階級」，認為其大部分仍是革命的。

17　〔蘇〕亞・伊・切列潘諾夫：《中國國民革命軍的北伐——一個駐華軍事顧問的筆記》，中國社會科學院近代史研究所翻譯室譯，中國社會科學出版社，1981，第 133 頁。

18　《廣東扣械潮》第 1 卷，香港華字日報編印，1924，「事實」，第 36 頁；〈五法團勸告商民營業〉，《廣州民國日報》1924 年 8 月 28 日。

19　〈中央執行委員會第五十六次會議錄〉，《廣州民國日報》1924 年 10 月 27 日；〈商民部半年工作報告〉（1925 年 2 月 17 日），《中山主義商民必讀》，中國國民黨黨史會藏五部檔：10681，第 4 頁。

部改為商民部，及發起商民協會，實有應付商團事件後果的用意在其中，而不僅僅是「因為實業二個字範圍太氾濫」。[20] 商民協會之發起，也有重要的即時因素在其中，那就是呼應孫中山及國民黨召開國民會議的主張。不過，後來因為國民會議之號召在外界反響並不大，[21] 故國民黨採取雙管齊下的策略。商民運動的初期目的，在通過新成立的商民協會組織協助政府，尤其在民意與財政上成為政府可以倚重的力量。但是，進行的結果卻並不樂觀，即使在廣州，由中央黨部直接籌建的商民協會也不能獲得「商界代言人」的資格。以商民協會代表商界的計畫顯然無法實現。這使當局發現力量弱小並未得到商界承認的商民協會仍無法動搖總商會及商會聯合會等團體的地位。儘管在商團事件中，總商會的態度明顯傾向於商團總所及陳廉伯等人，但當局在許多事務上仍需得到有實力的商人團體的配合，無法完全否認其地位，並且當時在廣東的國民黨人勢力尚未穩定，這點顯得尤其重要。

此事過後，廣州商界便有了「四商會」並存的局面。在政府推行措施時，往往由四商會組織聯席會議商議對策。

商民部除籌組廣州商民協會外，這段時間的主要工作僅在編印宣傳品及代合作運動委員會開展合作運動上。商民部下面實際並沒有多少可以動員的群眾，對於地方上已成立的商民協會，亦無經費補助。商民運動從一開始便面臨經費困難的情形。

改組後的國民黨（包括跨黨的共產黨人）雖然意識到發動民眾的重要性，但是在 1925 年初，他們即使在廣東也沒有多少可以有效控制的區域。商民運動的發起雖然有時勢的需要，但要廣泛展開卻窒礙難行。因此黨人不僅要發動民眾去推動國民會議運動，爭取全國政治話語權；也要借重民眾團體的力量來反對廣東的滇桂等系軍人勢力，鞏固其革命根據地。不過，在國民黨對廣東尚無實際控制權前，要想得到商人的合作是比較難的，只有當其在軍事與政治上取得了勝利，黨商關係才可能有真正的改善可言。

在黨軍及粵、湘、朱培德部滇軍等軍隊的聯合攻擊下，6 月 13 日，楊希閔及劉震寰所部滇桂軍潰敗。蔣介石與陳銘樞等人率黨軍、粵軍占領廣州。這

20　《中國國民黨商民運動之經過》，中國國民黨黨史會藏五部檔：10690，第 5 頁。
21　武漢一般商人對國民會議毫無興趣，國民黨人在武漢開國民會議促進會，商界無一人參加。見仰山〈漢口的商界〉，《中國青年》第 65 期，1925 年。

是廣州首次在國民黨軍事力量直接控制之下，政府在軍事上的勝利為廣州黨商關係的改善帶來契機。

在廣東發動對楊劉戰事的同時，五卅運動在上海爆發。6月2日，國民黨中央執行委員會發表通電，呼籲「凡我黨員應一致援助國民，以與英帝國主義相搏」。[22] 隨後，支持上海運動的省港大罷工爆發。

為了維持省港罷工委員會的運作及罷工工人的基本生活，廣東政府每月要支出 30 萬元，[23] 向廣州市業主徵收租捐便成為罷工經費的重要來源。儘管國民黨黨報上仍有反對資本家的輿論，但就政府主流意見而言，此時無疑在鼓勵工商兩界合作，希望在罷工一事上得到商界的支持，解決財政困難。即使曾熱衷於農工運動的廖仲愷，此時亦在呼籲「工人和商人相需相助，不可分開界限」。[24]

省港罷工及抵貨運動發起後，考慮到商界與工界及學生界可能因利益衝突發生矛盾，[25] 9 月 14 日，省港罷工委員會宴請商界領袖以聯絡感情，由蘇兆征主席，出席者包括市商會、總商會、商聯會及商民協會領導人。[26] 為了維持罷工的持續進行，此時商人的配合實至關重要。

罷工使廣東商人獲得一定的實際利益。尤其對那些「外向競爭性企業」而言，[27] 更是如此。南洋兄弟煙草公司經理簡琴石，省港罷工後被舉為廣州糧食維持會副會長，為政府承擔廣州糧食供應保障的任務，他力倡「上下聯合協力奮鬥，把政府與人民之隔閡，力為疏通」。[28] 簡後來曾擔任國民黨廣州市黨

22　〈中國國民黨中央執行委員會通電〉，《革命文獻》第 18 輯，中國國民黨黨史會編印，1978，總第 3279 頁。

23　《中華民國史檔案資料彙編》第 4 輯（下），第 1371 頁。截至 1926 年 8 月的統計顯示，省港大罷工罷工費用共 500 萬元，國內捐 25 萬元、華僑捐 113 萬元，租捐及政府收到各方面捐款 280 萬元，殷實紳富捐 2 萬元，拍賣仇貨 40 萬元，罰款 20 萬元，其他 20 萬元。見〈一年來省港罷工的經過〉（1926 年 8 月），《鄧中夏文集》，人民出版社，1983，第 296 頁。

24　廖仲愷著，尚明軒、余炎光編《雙清文集》上卷，人民出版社，1985，第 862 頁。

25　參見馮筱才〈罷市與抵貨運動中的江浙商人：以五四、五卅為例〉，《近代史研究》2003 年第 1 期。

26　〈罷工會歡宴商界領袖〉，《廣州民國日報》1925 年 9 月 16 日。

27　所謂「外向競爭性企業」，指與外國商人在營業上有競爭關係的行業。參見馮筱才〈罷市與抵貨運動中的江浙商人：以五四、五卅為例〉，《近代史研究》2003 年第 1 期。

28　〈總商會今日之會議〉，《廣州民國日報》1925 年 9 月 5 日。簡在 1919 年曾擔任商團副團長，團長為陳廉伯。見陳天傑〈我所知道的陳廉伯的幾件事〉，《廣州文史資料》第 10 輯，廣州市政協文史資料研究委員會編印，1963，第 192 頁。

部商民部部長、農工商學聯合會主席。南洋公司正是借助於這種關係得到豐厚的利潤回報。[29] 不過對於大多數商家而言，卻要為此付出不少代價。省港罷工在歷時一年多後，由廣東政府自動中止，而數萬罷工工人的善後，仍需向總商會籌借鉅款解決。[30]

在獲得對楊劉戰事的勝利後，國民黨政治委員會議即決定組織國民政府，並下令由政府直接整理軍民財政。[31] 在最初的政府機構設置中，曾列入商務部。7 月 1 日，廣州國民政府正式成立，汪精衛在鮑羅廷支持下擔任主席。但政府下只設三個部，以許崇智為軍事部部長，廖仲愷為財政部部長，胡漢民為外交部部長。不過，在隨後的廣東省政府中，卻首次設置商務廳，以宋子文為廳長，「掌理廣東全省地方商務行政，提倡礦業、農產、森林、懇（墾）殖、漁牧、絲茶暨工業製造各事業，並監督農商等實業團體。」[32]

商務廳成立後，曾制定商務行政計畫書，擬定一系列發展商務的計畫。但在當時的環境中，究竟有多少條款能落實，卻十分令人生疑。不過，透過計畫書，可以看到國民黨人在掌握實際政權後的建設理想，以及他們為改善與商界關係所做的努力。商務廳還打算本「政府與商民合作」之旨，附設一實業研究會，研究各項措施實施辦法，希望借此能使政府與商人「日益接近，痛癢相關」。然而這一方案後來也沒有實現。

正值此時，外界對廣東政府「共產」的傳說愈來愈烈。[33] 廣州反共產派的陣營也已形成，並籌劃著驚人的行動。8 月 20 日，身兼政府及黨內多項要職、被視為左派領袖的廖仲愷被刺殞命。廖案發生後，國民黨中央即以汪精衛、許崇智、蔣中正組成特別委員會，以古應芬兼署財政部部長。24 日，蔣介石就任廣州衛戍司令。同時廣州宣布戒嚴，次日即將涉嫌廖案之粵軍軍官 10 餘人逮捕。特別委員會決議統一財政，胡漢民出洋。廣東政府在驅除楊劉後，權力

29 〔美〕高家龍：《中國的大企業：煙草工業中的中外競爭》，樊書華、程麟蓀譯，商務印書館，2001，第 290—295 頁。據說簡本人後來也加入了中共。

30 〈中國國民黨中央執行委員會第 37 次政治會議記錄〉（1926 年 10 月 23 日），轉引自劉明憲《省港大罷工、封鎖及抵制英貨運動之研究》，中國文化大學史學研究所碩士學位論文，1994，第 132 頁。

31 郭廷以編著《中華民國史事日誌》第 1 冊，中研院近代史研究所，1979，第 896 頁。

32 此處及下段，分見江蘇省商業廳、中國第二歷史檔案館編《中華民國商業檔案資料彙編》，中國商業出版社，1991，第 17—25 頁。

33 〈特別委員會宴請商界之重要演說詞——蔣介石先生之演說詞〉，《廣州民國日報》1925 年 9 月 15 日。

再次得到加固。

　　為了加強與商界的關係，「溝通政府與商民間的隔閡」，實行政府統一財政的目標，9月3日，特別委員會宴請廣州商界重要人物，國民黨黨政要員及鮑羅廷均到場致詞，向商界通報政府各種情形及計畫。鮑氏表示軍人與商人、農人、工人、學生五種人民是國民政府賴以成功的基礎，五種人應聯合起來，造成廉潔政府。[34] 負責商民運動的中央商民部在廖案發生後，更以市面「謠言甚多」，努力疏解商人的緊張感。商民部召集廣州市商民黨員及市商民協會會員大會，否認廖死於「共產」與「反共產」之爭，要求商協努力於反帝國主義運動，團結革命商人協助政府。[35] 廣州商民協會為表示「商人真正之意思」，發表敬告市民書，指出廖仲愷是為廣東人民而犧牲。[36] 但在另一方面，國民黨黨報則批評商人「在國民革命中最不努力」，敦促商人「真心反對帝國主義」，不要做「帝國主義侵略中國的嚮導」。[37] 這種對商人軟硬兼施的現象反映了政府內部在商人態度上的不同。

　　廖仲愷的被刺使得廣東政府內部的權力鬥爭趨緊。許崇智及鄧澤如等人，也積極爭取商界的支持來控制財政並厚固實力，對抗蔣介石、汪精衛等與蘇俄顧問較接近的一派。9月18日，國民黨中央軍事委員會令蔣介石全權處理粵局，蔣即派人對在省垣之粵軍實施監視。20日，許崇智被迫辭職離粵，蔣終於獲得對粵軍的支配權，宋子文也接任財政部部長並兼廣東省財政廳廳長。

　　政局雖有變動，但當局對商人的綏靖政策仍繼續推行，因為在財政上仍需要商界的支持。1925年10月後，廣東政府在政治清洗與軍事勝利基礎上漸漸建立起權威。當局統一財政的目標亦有所實現。對商人而言，財政果能統一，減少軍人直接勒索，也未必不是好事。更重要的是，在善於盤算的商人眼裡，黨政府以前多半是個空招牌，所以他們必須與擁有實際權力的各系軍事將領交涉。但當黨政府有了實際的權力，商人自然會將目光轉移過來。鮑羅廷後來說，每一次與「右派」鬥爭之後，便有更多的老百姓轉到黨政府方面，

34　〈特別委員會宴會商界之重要演說詞——鮑羅廷先生之演說詞〉，《廣州民國日報》1925年9月14日。

35　〈中央商民部哀告全國商民〉，《廣州民國日報》1925年9月3日。

36　〈商民部召集商民黨員會議詳情〉、〈商民協會為廖案敬告市民〉，《廣州民國日報》1925年8月28日。

37　何冀：〈全民革命與解決罷工——港商業省謀解決罷工之錯誤〉、曙風：〈此後之商民與革命政府〉，《廣州民國日報》1925年9月14、12日。

甚至商人也公開對政府表示滿意。[38] 這其實說明所謂民心向背是要有實力作基礎的。黨商關係的恢復也是雙方利益選擇的結果。

對於黨人而言，如果能通過對商人團體的控制達到左右商界的目的，無疑是他們最樂意看到的，但是既有的商人團體出於利益考量不會自動受制於人，無奈的黨人只有試圖創建新的商人團體來「代表」商界，為自己製造一個合作對象。然而，黨辦的商人團體如何能真正獲得商人的擁護並且替代原來商人團體的地位，這是一個無法解決的難題。一個自發性的商人利益代表團體，不可能接受外界強力的介入和操縱。黨辦的商人團體雖然能在黨政府需要時作為商界的「代表」發表一些支持性的文電，但這種「代表」並不能得到商人的認同，只能是「自代自表」，更難以掌握商界實在的權力與資源。在這種情形下，理論與現實便有了相當大的落差。

國民黨政府為維持其統治，解決實際問題，仍必須與原來的商人團體交涉合作。後者為避免政府強制性的捐稅攤派及制定不利於商界利益的政策，也需要保持與政府對話的管道。尤其當官辦商人團體以及親政府的商人團體出現後，為保持既有的商界權利不被侵奪，這些原來的商人團體甚至要加強與政府的聯絡。故商民運動實際上不只是新興官辦商人團體的運動，也是既有的商人團體的運動，廣東時期中央商民部的工作對象，其實便包括這兩類商人團體。政治與軍事情勢越緊張，當局便越需要對商人採取綏靖政策。當廣東政府因省港大罷工與港英政府關係僵化時，商人便成為政府重要的聯盟者，當然，這並不表示黨人對商人的懷疑完全消除。

商團事件標誌著國民黨人及其政府與廣東商人關係惡化到了極點。對雙方而言，在當時的環境之中，絕交或者完全的鎮壓都是不可能的。1925 年底前，廣東情形尚不明朗，國民黨人對財政亦未有辦法解決，所以對保守商人團體的妥協是現實的策略。這也顯示國民黨在推行商民運動之時所必須面臨的一大難點，即在急需借重民意之時，如何解決黨辦商人團體的名與實問題，如何處理對舊有商人團體事實上的需要與名義上的疏離、否認的矛盾，或者說，如何解決兩種不同的需要——「民眾利益代言人」的角色扮演需要與實際的統

38　〈鮑羅廷在聯共（布）中央政治局使團會議上的報告〉（1926 年 2 月 15 日和 17 日於北京，摘自政治局使團會議速記記錄），《聯共（布）、共產國際與中國國民革命運動（1926—1927）》上冊，第 116 頁。

治穩定需要。對這個問題國民黨似乎始終沒有找到滿意答案。因此，商民運動從一開始便處在一種曖昧的狀態中。

二、商民運動與國共勢力的競爭

與國民黨類似，中共對商人的看法也是與時勢的需要緊密聯繫在一起的。雖然在一些早期共產黨人的公開言論中，不難找到反商的思想，但這並不意味著共產黨在這個問題上的恆定立場。中共一大通過的《中國共產黨綱領》表示「革命軍隊必須與無產階級一起推翻資本家階級的政權，必須支持工人階級，直到社會的階級區分消除為止」。[39] 但「資本家階級」包括哪些人，並無具體規定。國共黨內合作的政策明定後，對中共來說，國民黨與「商人派」的合作似乎成為完成革命必需的步驟。共產黨人曾呼籲商人擺脫帝國主義的圈套，一律聚集到國民革命的旗幟下。[40] 1923 年 6 月，因直系迫走總統黎元洪，組織攝政內閣，上海總商會通電表示不予承認，中共乃對商人的革命性大力肯定。陳獨秀稱國民黨必須利用國民力量來進行國民運動，在這些力量中，商會被排在第一位。毛澤東更撰文讚揚以總商會為代表的上海商人的政治進步，稱「商人在國民革命中應該擔負的工作較之其他國民應該擔負的工作，尤為迫切而重要」，對全國商人起來革命充滿期望，並反對在商人中分出派別。在當時一些中共黨人眼中，商人階級比工農階級進步得多。[41] 這些文章所反映的思想，與當時中共對國民黨在國民革命中的地位及革命階段性的判斷有著一致性。

商團事件發生前，共產黨人正在展開反擊國民黨右派的鬥爭。扣械案發生後，中共方面主張採取強硬措施，並將其與同右派的鬥爭聯繫起來。[42] 儘管商團與「右派」或「中派」有共同階級利益的說法是一種虛構，但是後來形勢的發展讓中共中央的強硬意見占了上風。

馮玉祥發動北京政變後，中共中央對國民黨提出在民眾團體基礎上召開

39　中央檔案館編《中共中央文件選集》第 1 冊，中共中央黨校出版社，1989，第 3 頁，轉引自楊奎松〈陳獨秀與共產國際——兼談陳獨秀的「右傾」問題〉，《近代史研究》1999 年第 2 期。

40　和森：〈國民運動與太上國民運動——告滬上資本家〉，《嚮導》第 16 期，1923 年。

41　獨秀：〈北京政變與國民黨〉、毛澤東：〈北京政變與商人〉、孫鐸：〈北京政變與上海工會之主張〉、競人：〈北京政變與勞動階級〉，均載《嚮導》第 31、32 合期，1923 年。

42　巨緣：〈帝國主義與反革命壓迫下的孫中山政府〉，《嚮導》第 85 期，1924 年；記者：〈答國民黨中央執行委員會〉，《嚮導》第 92 期，1924 年，第 770 頁。

國民會議預備會議的主張表示贊同。[43] 在討論國民會議問題時，中共領袖意識到必須依靠黨的力量，「在可能的範圍內」加快組織各種民眾團體，商人團體的組織當然也被納入考慮範圍。[44] 不過，國民黨中央商民部與廣州商民協會的初期工作，一開始並沒有引起共產黨人太多的注意。1924 年底到 1925 年上半年，共產黨人在廣東、上海等地忙於國民黨地方黨部的組織及工人運動的籌劃，這方面的重要成果是五卅運動與省港大罷工。

　　五卅運動對中共黨人而言是一次非常重要的經歷，共產黨人在上海及其他各地目擊了商人力量的顯現，亦有過重要的與商人的合作經驗。[45] 即使在五卅運動沉寂之後，現實使得中共與商人的聯絡仍在延續。中共在上海與廣東的經驗使其對商人在政治運動中的作用有了許多新的認識。1925 年下半年，中共在攻擊買辦階級、地主階級的同時，也開始對商人做更複雜分層的嘗試。1925 年底，毛澤東發表《中國社會各階級的分析》，在對社會各階級分層時，特別使用了「民族資產階級」的概念（毛澤東認為「民族資產階級」即「中產階級」，處於「大資產階級」與「小資產階級」之間），認為這個階級代表中國城鄉資本主義的生產關係，他們對於中國革命具有矛盾的態度：他們在受外資打擊、軍閥壓迫感覺痛苦時，需要革命，贊成反帝國主義反軍閥的革命運動；但是當革命在國內有本國無產階級的勇猛參加，在國外有國際無產階級的積極援助，對於其欲達到大資產階級地位的階級的發展感覺到威脅時，他們又懷疑革命。其政治主張為實現民族資產階級一階級統治的國家。[46] 這裡對「民族資產階級」的定義，後來成為中共革命話語系統中一個經典命題。對商人群體進行更細緻一些的分層，於中共來說，既有理論上的意義，也能給政治行動帶來許多靈活性，避免陷入自相矛盾的境地。這種新的定義為中共開始重視商人（民族資產階級）及介入商民運動提供了一個理論背景。

　　在中共策略轉變的同時，廣東的商民運動也開始有了一些起色。這主要是由國民黨中央商民部的變化及廣東省黨部成立所帶來的。1925 年 6 月 30

43　述之：〈中國共產黨對時局主張之解釋〉，《嚮導》第 93 期，1924 年，第 778 頁。
44　彭述之曾認為「商界聯合會」有可能成為全國組織的職業團體，彭所指可能是與上海國民黨人及共產黨人有關係的上海各馬路商界總聯合會。見述之〈勖國民會議促成會〉，《嚮導》第 95 期，1924 年，第 795—796 頁。
45　關於五卅運動中商人與中共的關係，參見馮筱才〈滬案交涉、五卅運動與 1925 年的執政府〉，《歷史研究》2004 年第 1 期。
46　參見《毛澤東選集》第 1 卷中的相關論述。

日，甘乃光擔任中央商民部部長。甘是國民黨商民運動最重要的倡議人之一，也是當時被公認的所謂青年左派領袖。他上任後，中央商民部第一個重要舉措便是舉辦商民運動講習所。廣東省黨部成立後亦在大力推動省商民部的工作。

　　通過中央商民部與省商民部的工作，到國民黨二大前夕，商民運動走上了制度化發展的軌道，儼然成為中共與國民黨左派合作主持的民眾運動的一個重要內容。

　　國民黨對商民運動做出全面規定，是在第二次全國代表大會上。1926 年1 月1 日，中國國民黨第二次全國代表大會在廣州開幕。17 日大會通過《商民運動決議案》，包括前言與 8 條具體規定。大會並通過《商民協會章程》，就商民協會的性質、會員、組織方法及系統等做了具體的規定。這兩個文件對商人的政治看法出現較大變化，為國民黨領導的商民運動確立了基本的制度，提升了商民運動在國民黨（包括共產黨）民眾運動中的地位，也意味著國民黨將商民運動從區域性民眾運動擴大到全國性民眾運動的意圖。對廣東的共產黨人來說，此時，他們可能希望盡力將國民黨發展成為左派領導下的一個群眾性政黨，並在此基礎上將革命運動擴大到全國。[47] 在這一計畫中，商民運動便有其重要的政治意義。但決議案中所表現出來的自相矛盾及《商民協會章程》的脫離實際，為後來的執行者帶來困擾，也造成了國共兩黨相關政策的分歧。

　　國民黨二大將商民運動擺到與農民運動、工人運動及青年、婦女運動相同的地位，二大一結束，商民運動便在中央商民部與廣東省商民部的工作下進入另一個發展時期。中央商民部的工作主要分部內及部外兩部分。部內工作較重要者，一是發動商界參加國民會議運動，一是發動商民入黨運動。部外工作，則是建立特派員制度。為了避免成為「空頭的」機關，沒有群眾可以指導，商民部只有多派人下去組織商民協會，使各地商民「革命化」。[48] 在宣傳方面，中央商民部出版《商民運動》週刊，「以發表商民運動之理論及材料」。

　　廣東省黨部在二大結束後，也在推動省內商民運動的發展。1 月底，廣東省黨部商民部即派員分往各地運動商民，籌組商民協會。[49] 在推動運動發展中，

47　中國社會科學院近代史研究所中華民國史研究室編《中華民國史資料叢稿・大事記》第12 輯，中華書局，1982，第 2 頁。

48　張振鵬：〈過去一年間在各地工作情形和今後對於商運的意見〉（1927 年 4 月 23 日），中國國民黨黨史會藏五部檔：11849。

49　〈商民協會成立〉、〈惠陽各墟商民協會紛紛成立〉，《廣州民國日報》1926 年 3 月 11、

省黨部商民部表現出激進的色彩。3 月中旬，該部發表告全省商民黨員書，公開提出「打倒反革命的商人，訓練革命的商人」，[50] 這在商團事變後尚不多見。廣東各地已成立的商民協會亦開始以「有組織的革命商人」自居，[51] 對舊商會的攻擊開始表面化。如果從商民協會籌備組織的範圍及正式成立數目來看，國民黨二大後廣東的商民運動發展速度是相當快的。商民協會組織的範圍從廣州、中山等地擴大到寶安、東莞、番禺、臺山、新會等 23 縣。

各地商民協會的實際主持者仍極複雜，地方上各派勢力也以商民協會的控制與其利益攸關而互相攻訐。1926 年 7 月 17 日，中央商民部通告各地黨部商民部及商民協會，防止不良分子加入商協。號稱要統一商運組織的廣東全省商民協會自身也因黨派關係及利益爭奪而陷於分裂。

國民黨二大後，廣東以外的地方黨部也開始設置商民部，並發起商民運動。中央商民部要求各省市黨部商民部每月報告商民運動進行情形。商民運動至少在形式上已在全國範圍內開展起來，但並無多少實際的活動。各省市地方黨部多認為商運無足輕重，中央商民部迫於環境，對廣東以外的商民運動「很難著手指揮」。[52] 這種從上到下的發動，根基實際上非常薄弱，民眾運動如不是內發的，其維持存在嚴重問題，甚至最後可能造成形式化的趨向，只見幾個黨員在一幢建築物裡辦公，收發文件，充當中央政策的傳聲筒，與廣大的商人並無關係；或者造成商民運動其表、店員運動其裡的局面。

國民黨二大後，在鮑羅廷等人的安排下，共產黨人占據了國民黨中央黨部中將近 80％的領導職位。中共權勢的上升引起國民黨人的側目。其實，不僅那些因失勢而不滿的國民黨幹部有此種怨意，即使當時被視為堅強左派的蔣介石，乃至國民黨內一些青年「左派領袖」包括陳公博、甘乃光等人，在蘇俄顧問與共產黨人的權力光環下也不無壓力。三二〇事件就在這種充滿潛在緊張性的政治氣氛中發生。事件發生後，蘇俄當局及其在廣州的代表布勃諾夫（Bubnov）都清楚事件的根源在於國民黨中央權力的歸屬，為避免「聯合戰線」

　　17 日。

50　〈廣東省黨部商民部為商民運動告全省商民黨員書〉，《廣州民國日報》1926 年 3 月 18 日。此文據說由省商民部部長劉中悟所撰。見〈劉中悟先生與國民革命之商民運動〉，《海南文史資料》第 6 輯，南海出版公司，1993，第 6—14 頁。

51　〈各地商民協會慰問罷工工友書〉，《廣州民國日報》1926 年 3 月 20 日。

52　張振鵬：〈過去一年間在各地工作情形和今後對於商運的意見〉（1927 年 4 月 23 日），中國國民黨黨史會藏五部檔：11849。

的破裂，採取一定的退讓政策符合其在中國的整體利益。4 月底，莫斯科做出決定，要中共在內部組織上向國民黨左派讓步。正是由於這個決定，當蔣介石等人在 5 月 15 日召開的國民黨二屆二中全會上提出旨在排除中共在國民黨中央機構中領導權的整理黨務案時，中共與會的譚平山、毛澤東、林伯渠等人均表現了「相當合作的態度」。[53]

不過，中共在國民黨內部組織上向左派讓步，不等於在其他方面亦採取全面退卻的方針。三二〇事件尤其是整理黨務案之後，中共黨員按規定不在國民黨中央擔任部長職務，其視線轉向下層，故控制下級黨部及民眾團體遂成為另一種現實的政治選擇。[54] 當中共將視線更加集中於基層，通過民眾運動去積蓄力量時，其民眾動員策略也需要發生變化，商民運動成為其「抓群眾」工作的重要一環。仍然在國民黨內的共產黨人，既然需要以國民黨的招牌去發展民眾運動，那麼在「利益代表」上要表現出一定的廣泛性，以爭取更多的力量支撐以及合法性基礎。這便是中共此後更多介入商民運動的一個重要背景。在商民運動發展的過程中，各地商運控制權的爭奪也漸趨激烈。

隨著策略的轉換，中共開始公開表示對商人利益的關注。1926 年 5 月 1 日，中共中央發表《「五一」告中國工農階級及平民書》，號召工人農民和被壓迫的學生、自由職業者、小商人等一切勞苦平民聯合起來，打倒國際資本主義及國內軍閥、大商紳士階級等惡勢力。[55] 中共廣東區委在《對於中國國民黨第二次中央全體會議宣言》中指出，中國共產黨是代表中國工農群眾利益的黨，但同時認為中國商人與智識分子能否解除痛苦，「也有賴於國民革命的成功」，並稱如果要商業興盛，一定要先打倒帝國主義，使實業有發展的機會。因此，商人為自身利益計，必須參加國民革命。[56] 這是中共在公開言論中比較少見的談到商人的革命性問題。此時，中共甚至認為，「小商人及民族資產階級」既然能與工人、學生等一道參加反帝鬥爭，共產黨也能相應顧及小資產階

53　〈聯共（布）中央政治局會議第 22 號（特字第 16 號）記錄〉（1926 年 4 月 29 日），《聯共（布）、共產國際與中國國民革命運動（1926—1927）》上冊，第 236—237 頁。參見楊奎松〈陳獨秀與共產國際——兼談陳獨秀的「右傾」問題〉，《近代史研究》1999 年第 2 期；〈蔣介石從「三二〇」到「四一二」的心路歷程〉，《史學月刊》2002 年第 6 期。

54　《聯共（布）、共產國際與中國國民革命運動（1926—1927）》上冊，第 456 頁；李超英：〈國民革命的趨向〉，《浙江黨務》第 6 期，1928 年，第 7 頁。

55　高熙編《中國農民運動紀事》，求實出版社，1988，第 67 頁。

56　廣東省檔案館等編《廣東區黨、團研究史料（1921—1926）》，廣東人民出版社，1983，第 262 頁。

級利益。[57]

　　整理黨務案後，中共一方面在商人政策方面有大的轉變；另一方面，也通過各種途徑發揮對商民運動的影響力，如繼續派共產黨人參加國民黨中央及地方黨部商民部的工作，發起組織商民協會並以共產黨員擔任指導員。除了在商民部、商民協會等方面的工作外，中共在廣東的商人運動主要是通過廣東農工商學聯合會來展開。這個機構無疑完全被掌握在中共手中，[58] 中共通過這個機構把商人吸收到統一戰線中，以阻止商人「向右轉」。1926 年 7 月 12 日，中共中央在上海召開第三次擴大會議。會議首次將中國社會勢力分為四種：軍閥、買辦、官僚、新舊士紳，工農群眾及急進的知識者，中小商人，資產階級，並對各種社會勢力的趨向做了分析。會議認為資產階級在民族民主革命運動中，「乃站在非常重要的地位」，「若沒有資產階級有力的參加，必陷於異常困難或至於危險」。[59] 此次會議還特別通過《商人運動議決案》，這是中共首次將商人運動列入中央會議議程，並做出決議案。

　　相較於國民黨二大通過的《商民運動決議案》，中共這個決議案的目的無疑要明確得多，對商人運動的對象、方法、目的、商民協會的會員成分、商人運動對黨的意義等均有清楚闡述，從而為中共在各地廣泛介入商民運動提供了重要的路線政策依據。

　　對於 1926 年下半年的中共來說，聯合「中小商人群眾」，建立「民權運動（市民運動）的聯合戰線」是其在廣東的一個工作重心。基於此，中共中央認為商民協會的組織「非常重要」。

　　北伐開始後，隨著軍事上的進展，民眾運動的範圍也在迅速擴大。作為民眾運動的重要組成部分，商民運動的發展勢頭也非常迅猛，商民協會組織在黨軍所占領的省城、縣城甚至鄉鎮都建立起來。在這個過程中，從控制權上來看，中共占有絕對的優勢。[60] 然而，作為北伐軍後方基地的廣東，由於權力競

57　〈中國共產青年團的過去與現在〉（1928 年 12 月 31 日），《中國青年運動歷史資料》，中國新民主主義青年團中央委員會辦公廳編印，1957，第 481 頁。

58　廣東「清黨」後，農工商學聯合會職員全部逃匿，會務中止，這從另一方面也說明該機構的性質。見〈農工商學聯合會之改組〉，《廣州民國日報》1927 年 4 月 20 日。

59　〈中國共產黨第三次中央擴大執行委員會中央政治報告〉（1926 年 7 月），中央統戰部、中央檔案館編《中共中央第一次國內革命戰爭時期統一戰線文件選編》，檔案出版社，1991，第 241—243 頁。

60　中共也毫不忌諱自己在民眾運動中所擁有的絕對優勢。1926 年底，中共即自認有「包辦國

爭的加劇，中共主導的民眾運動在趨向激烈的同時也遭到政府的壓抑。廣東商民運動因時勢的易動而出現一些新的變化。我們既可以把這些變化看作商民運動制度化的進一步完善，也可以將其視為商民運動中存在的一些根本性矛盾的呈現，如店員屬性問題的爭執，以及省港罷工策略的改變。

為了應付北伐開始後新的政治形勢及出現的矛盾，爭取民眾對北伐戰爭的支持，10 月 19—28 日，國民黨在廣州召開中央及各省市黨部聯席會議，決定新的政策綱領，商人問題成為這次會議的主要議題之一。從會議最後通過的《中國國民黨最近政綱》中，我們可以發現對商人態度表現得相當緩和，但會議並沒有就此問題做出任何決議。這些政綱基本上是一紙空文，在軍事行動及黨派傾軋之際，事實上也不太可能實施，更多的是一種對於商界的姿態，用來爭取「民意」。相反，國民黨中央及各省市黨部聯席會議的召開並未使廣東緊張的工商關係得到緩解，工商矛盾反而因店員工會的成立及聯合而急劇惡化。

綜合而論，國民黨廣東省黨部成立前，共產黨對商民運動基本上沒有介入，商民運動也由於沒有明確的政策及因應政治軍事時勢的工具性過強，沒有多大發展。廣東省黨部成立後，共產黨人開始把商運作為爭取民眾的重要途徑，其對象以「小商人」（實際上包括大量的店員）為主，國民黨則漸漸失去了對商民運動的主導權。

中共的介入使商民運動的性質發生變化，從運動本身而言，開始有了大步前進，然而，此種前進是在共產黨人的努力下，且是在將商界成員劃分為不同階級的前提下取得的，與國民黨對運動的認識未必完全相同。而商民運動講習所、商民運動委員會的成立，國民黨二大通過《商民運動決議案》、《商民協會章程》的制定等，均顯示國民黨主導的商民運動開始從應景式走向制度化。這種變化與國共兩黨的權力鬥爭密切相連，也從某種程度上反映了兩黨對商人的重視。

北伐前廣東的商民運動相對於其宣揚的目標而言充滿了妥協性，需要對商人妥協的不僅是國民黨，共產黨亦然。對於一個想爭取政治利益的黨派而

民黨」、「包辦民眾運動」之嫌。見中央檔案館編《中共中央文件選集》第 2 冊，中共中央黨校出版社，1989，第 384 頁。

言，擴大聯盟者的範圍是其與對手競爭時的重要策略。各地商民運動的激進與緩和取決於時勢的需要，共產黨人無疑在採取「因地制宜」的辦法，1926年底，上海共產黨人在爭取商人，建立對抗「軍閥」的聯合戰線；廣東共產黨人卻因國民黨保守派勢力的抬頭，醞釀發動與商界對抗的「反對年初二解雇權運動」，工商對峙、黨商對峙達到一個高峰，其間並無一個僵硬的教條在統一各地運動的發展。北伐開始後，由於共產黨人的注意力主要集中在發動工人、農民上，對商民運動的興趣轉移了許多，運動的發展有了新的面向。

三、商民運動的發展及其內部問題

商民運動隨著北伐戰事的推進而發展，運動範圍迅速擴大，同時潛在的問題也開始顯露，並制約了其實際成效。

北伐開始後，黨軍所到省分，商民協會與農民協會、工會、婦女協會等民眾團體普遍建立，各地國民黨黨部商民部在其中發揮了主要作用。負有指導全國商運責任的中央商民部，則由於其特派員工作重心仍在兩廣，職員又不敷分配，對黨軍新占省分的商民運動頗有鞭長莫及之感。中央黨部北遷後，商民部開始在武漢正式辦公，湖南、湖北、江西三省成為商民運動發展較快的省分。國民革命東路軍所到福建、浙江、江蘇等地，商民協會陸續建立，但由於這些省分國民黨左右派勢力鬥爭激烈，商民協會的組織情形也非常複雜，其主導權未必能掌握在共產黨人或國民黨左派手中。伴隨著各地商民協會的建立，其形態呈現多元化，這與指導者及組織者有關，也受到黨人在組織過程中所面臨的實際困難的影響。

據中央商民部特派員的報告，江西、廣西等地的商民協會組織，主要是由各軍政治部派員指導成立的，其系統和組成分子等並不按商民協會章程辦理。而兩湖地區的商民協會，地方黨部雖然比較主動，實際上仍需建立在既有商界勢力之上。如在武漢等中心城市，商民協會尚能處在黨部一定程度的監控之下，但到下面各縣，商民協會則有由地方商會人士及其他各界發起者，也有由老革命黨人趁機發起組織以攘奪地方權力者。商協職員成分相當複雜，既有黨部派下來的職員及抱有投機心理的地方士紳，也有別有所圖的商界活動分子。往往愈到基層，民眾團體愈容易受既有地方勢力的支配。由於發起者成分複雜，有時商民協會不但不能受基層黨部的監督指導，甚至與黨部發生衝

突。如果是純粹由黨人控制的商民協會，沒有建立在商人的基礎上，便可能成為一個空殼。

黨部與商民協會的衝突可以從商民協會分會的組織形式上反映出來。從江西、湖南、湖北等地商民協會的實際情形看，城市商民協會分會多半是按行業而不是按區組織的。這實際上牽涉商民協會受制於黨部的程度問題。因為地方基層黨部多按區劃分，如果商民協會不按區劃分，那麼其管理便產生問題。商人的組織習慣多是按行業劃分，如果按區劃分，會使不同行業的商人被劃到一個商民協會，資本有大小，營業有區分，難有一致意見，所以商人多反對按區劃分商民協會。這樣一來，商民協會的組織便容易與原來既有的行業組織合流，多數地方的行業商民協會也確實是由行業公所或者會館等同業組織改組而來，或換一個招牌，或多掛一個招牌。在這種情形下，黨部的控制力便難免要打折扣，對商民協會的監督也往往成為空話。

商民運動發展的情形也與經費問題密切相關。從商民運動發展的過程來看，一直存在經費困難問題。因為經費不足，從中央到地方的商民部，許多工作計畫無法落實，只能停留在紙面上；而商民協會也多將注意力放在如何「創收」上，其活動與此一利益動機密切相關。中央商民部在遷到武漢後，部中職員曾經就今後工作提出多種建議案，如續辦商民運動講習所，訓練商運人才；召集全國商民協會；擴大宣傳，多編印商運之宣傳品。[61] 這些計畫多未能實現，原因泰半與經費有關。

按當時各地的辦法，縣黨部經費由原縣議會經費抵支，農民協會由原農會經費抵支，[62] 新成立的商民協會及工會等團體則沒有既有經費可供抵支。工會雖然沒有固定經費，但在革命浪潮高漲之際，往往能借助一些激烈革命行動而獲得收入，[63] 或如廣東時期一樣，由於中共在背後支持，於各地被沒收的

61　張振鵬：〈過去一年間在各地工作情形和今後對於商運的意見〉（1927 年 4 月 21 日）、黃詔年：〈我工作商運的概況和今後的意見〉（1927 年 4 月）、周從孟：〈工作及意見〉（1927 年 4 月 21 日）、〈鐘澄光報告〉（1927 年 4 月 21 日），中國國民黨黨史會藏五部檔：11849。

62　〈新組團體之經費問題〉，中國國民黨黨史會藏五部檔：0938；〈浙省暫停民眾運動後之辦法〉，《申報》1928 年 1 月 13 日；〈川沙縣黨部請撥經費〉，《江蘇省政府公報》第 10 期，1927 年，第 40 頁。

63　湖北省應城縣長江埠商民協會就曾呈控應城縣總工會駐長江埠辦事處向該鎮商號挪用 7000 餘元。見〈應城縣黨部呈中央黨部商民部、中國國民黨湖北省黨部商民部〉（1927 年 6 月 22 日），中國國民黨黨史會藏五部檔：6654。

逆產分配上占有優勢。民眾團體中經費最為困難的便屬商民協會，尤其是在縣市商民協會基礎上成立的省商民協會，往往因為經費困難，或者不能成立，或者成立後沒有任何活動。到 1927 年 4 月，各省商民協會成立者僅廣東一省。[64] 5 月，湖南全省商民協會終於成立，但由於沒有經費，「實際上是一個空架子」，該會曾要求中央商民部轉請湖南省政府撥款補助，但似未成功。後來該商協負責人居然想出一個辦法：發一通告給下面各縣市商協，稱凡願意來省商協辦事的，由地方籌措經費，可以授權駐部辦理省商協事務。[65] 浙江省商民協會成立後，也一再聲稱「經費萬分竭蹶，一切工作難以推行」。[66]

由於經費無著，各處商民協會成立後，便往往自己設法解決。如武昌商民協會曾擅自收取漁捐，後經湖北省黨部發現查處，負責人被停職。[67] 漢口特別市商民協會欲請當局同意將商業幫規註冊費作為經費彌補，但此項註冊費向歸市政府徵收，難以實現。[68] 後來，漢口商協又試圖介入商人印花稅包銷，[69] 並為此鼓動商協會員發起大規模請願。[70] 此事也說明商民協會比較投入的活動多半與自身組織的切身利益有關。

在經費缺乏的情形下，商民協會工作便多半為應付各種宣傳與動員的需要，即使是最為活躍的漢口商民協會所從事的工作，也主要是宣傳性的。[71] 一些市縣商民協會成立後，便致力於擴充分會規模，以期收取會員規費解決經費困難。此時在表面上可以看到商民協會組織獲得大的發展，但這可能僅是數字

64　〈中國國民黨中央執行委員會商民部訓令〉（1927 年 4 月 14 日），中國國民黨黨史會藏五部檔：0821。

65　〈中央商民部第九次部務會議記錄〉（1927 年 7 月 22 日），中國國民黨黨史會藏五部檔：4289。由原商會改組而來、經濟比較寬裕的衡陽商民協會便曾籌 400 元派兩人駐省會辦公。見肖伯麟〈大革命時期的衡陽商民協會〉，《湖南文史資料選輯》第 17 輯，湖南人民出版社，1983。

66　〈浙江省商民協會調查表〉，中國國民黨黨史會藏五部檔：12346。根據相關檔案判斷，此表填寫時間大概在 1927 年 11 月中旬。

67　〈湖北省黨部第十五次常會〉，《漢口民國日報》1927 年 3 月 14 日。

68　〈漢口特別市商民協會呈請中央商民部補助經費函〉（1927 年 5 月 30 日），中國國民黨黨史會藏五部檔：5837。

69　〈漢市黨部第十八次執委會議紀〉，《漢口民國日報》1927 年 2 月 27 日；〈漢口市商民協會對於現行徵收稅法之意見〉，《銀行雜誌》第 4 卷第 17 號，1927 年。

70　〈大雨淋漓中之商協大會及請願〉，《漢口民國日報》1927 年 3 月 14 日；〈中央商民部致中央執行委員會函〉（1927 年 4 月 29 日）、〈中央商民部呈中央執行委員會報告召集印花稅會議結果請即核議文〉（1927 年 4 月 29 日），中國國民黨黨史會藏五部檔：4921。

71　〈漢口特別市黨部商民部十六年七八九月工作計畫〉，中國國民黨黨史會藏五部檔：10394。

上的，而沒有實質意義。商民協會不可能像工會鼓動工人那樣，為商人提供有吸引力的口號。對於商人來說，減輕捐稅負擔、對付工會壓迫，向政府陳情等，都是他們希望商協做的事情，但在當時，商民協會沒有實力解決這些問題。

　　商民運動經費的缺乏與工作的空洞化與國共兩黨對此問題的態度有關。北伐開始後，國共兩黨的民眾運動政策漸漸分離，中共控制的民眾團體行動日趨激烈，而國民黨在民眾運動上的立場則因時勢的變化而越來越保守。不過，在商民運動問題上，兩黨政策實施的結果都是使其愈來愈看不到前途。

　　在北伐前後國共兩黨所領導的各種民眾運動中，商民運動與工人運動關係最為緊密。蓋工人運動的目標實際上便是商人，勞資衝突即工商衝突。而對於商人而言，加入商民協會的主要目的之一，也是為了獲得組織的力量來對抗工人的集體行動。相對於發展遲緩的商民運動而言，黨軍所到之處，工人運動卻在迅猛發展，如以規模而論，尤以武漢地區為最，造成的影響也最大。

　　1926 年 10 月，武漢三鎮相繼被攻下，當地工人運動在軍事當局支持下遂有大規模的發展。到年底，武漢工會已增至 210 餘個，號稱擁有會員 16 萬人。[72] 工會成立後，即向資方提出加薪及改良待遇等經濟要求，並相繼發動罷工鬥爭，引起巨大反響。[73] 武漢商界亦採取集體應對行動。12 月初，漢口總商會召集全埠商民大會，到會各廠主店東據說達萬餘人。大會要求當局約束工人行動，保護商人營業自由，嚴禁工人橫暴行動，否則將罷市自衛。[74]

　　當時武漢工商衝突嚴重，工會與商民協會雖同為「革命民眾團體」，也不免發生矛盾與鬥爭。工會大發展的同時，商民協會地位卻非常曖昧，即使共產黨人想貫徹「聯合小資產階級」的政策，工人也未必能聽從指揮。漢口商民協會曾在一次中央宣傳會議上訴苦，稱經常發生「工會同志把商協同志拿著，戴著假面具遊街等事，以致商人都不到會」，使商協會務工作困難。[75] 商民協

72　曾成貴：《中國工人運動史》第 3 卷〈第一次大革命時期的工人運動〉，廣東人民出版社，1998，第 336、337 頁；〔蘇〕Ａ.Ｂ.巴庫林：《中國大革命武漢時期見聞錄——1925—1927 年中國大革命劄記》，鄭厚安等譯，中國社會科學出版社，1985，第 4—5 頁。

73　陳達：〈民國十五年全國罷工詳表〉、〈武漢最近工潮〉，《申報》1926 年 11 月 20 日；〈武漢工潮雜訊〉，《申報》1926 年 12 月 5 日。

74　該書編委會編《中華民國史事紀要（初稿）（1926 年 10—12 月）》，「國史館」，1980，第 1088—1092 頁；〈漢商會開商民大會〉，《申報》1926 年 12 月 9 日；〔蘇〕Ａ.Ｂ.巴庫林：《中國大革命武漢時期見聞錄》，第 15—16 頁；〈武漢商民大會感言〉，《（國聞週報）評壇、社論、時評》，文海出版社，1985，第 499 頁。

75　《漢口民國日報》1927 年 4 月 2 日。

會與工會的衝突，也在會員爭奪上表現出來。表面看來，兩者會員一為商人，一為工人，不會發生衝突。然而，由於真正的產業工人有限，為了能多收會費及擴充勢力，工會往往盡力拉店夥、學徒及小販入會，甚至所謂中小商人也成為其動員入會的對象。

1926 年 12 月，陳獨秀在中共中央特別會議上承認共產黨沒有好的應付中小商人的政策，工農運動的發展使資產階級發生恐懼。武漢工商衝突的緊張情勢及商界的全面反彈亦引起國民黨中央高度重視，7 日，國民黨中執會在盧山舉行會議，決議將工運適當緩和，隨後，蔣介石以國民革命軍總司令的名義表態，聲稱國民黨是代表全民利益的黨，要求工人集中在黨的領導下，接受指揮，尊重商人的利益。[76]

在對商界表示安慰的同時，國民黨中政會湖北分會也擬組織勞資仲裁委員會，「一方面擁護工人利益，一方面顧及企業家前途」。[77] 1927 年 2 月，漢口特別市黨部會同總政治部、全省總工會、商民協會組織解決工商糾紛委員會，規定凡各工商屬於辭就問題發生糾紛不能解決者得提交該會，並制定 9 條原則，規定除有私人過失者，凡在工會現任職務者不辭；有重大過失者被辭退之店員，工會得另行介紹店員替代。[78] 5 月 16 日，在武漢政府提出「退讓」政策之際，湖北全省總工會與漢口特別市商民協會舉行聯席會議，22 日，會議就 15 個重要問題做出決議，並經武昌市商民協會與漢陽縣商民協會同意，通告各界，作為工商兩界處理糾紛的政策依據。[79] 對此漢口總商會反應激烈，強烈要求國民黨中央取消店員工會，認為商民協會與總工會所定的條件，並沒有得到總商會的同意，即使實行，也不能恢復商業。[80]

四一二前後，武漢政府由於內外問題的困擾，財政困難更加嚴重，政治上也陷入多重危機。這其中的工商衝突，店員問題便是重要原因之一。頻繁的

76 郭廷以編著《中華民國史事日誌》第 2 冊，中研院近代史研究所，1984，第 115 頁；《中華民國史資料叢稿‧大事記》第 12 輯，第 212 頁。

77 〈武漢工潮雜訊〉，《申報》1926 年 12 月 5 日。

78 〈解決工商糾紛委員會啟事〉、〈辭退店員原則規定〉，《漢口民國日報》1927 年 2 月 8、13 日。

79 〈工商聯席會議宣言〉、〈工商聯席會議決議案〉，中國國民黨黨史會藏五部檔：13189；參見〔蘇〕A．B．巴庫林《中國大革命武漢時期見聞錄》，第 203—208 頁。

80 〈中執會政治委員會第 29 次會議記錄〉（1927 年 6 月 15 日），中國第二歷史檔案館編《中國國民黨第一、二次全國代表大會會議史料》（下），江蘇古籍出版社，1986，第 1248 頁。

工商衝突使商人投資經營信心喪失，工人失業人數劇增，這對武漢乃至兩湖地區的工商業造成了嚴重的破壞，並進而影響到政府財政及統治合法性，對商人讓步成為急迫的需求。到 4 月下旬，武漢政府已被經濟困難逼到了絕境，決定開始採取向商人讓步的新經濟政策。[81] 此舉亦得到共產國際及中共的同意。

　　5 月 20 日，國民黨中政會公布訓令，告誡各紀●黨部與政府機關及全體黨員不宜漠視革命同盟中工商業者之利益，而當充分保護之，使與農工立於同一戰線獲得一致之利益。到 6 月中旬，店員問題成了武漢國民黨中央政治委員會最為重要的議題。鄧演達甚至稱店員工會不是一個工商衝突的小問題，乃是一個革命能否成功的大問題。政治委員會最後決定一面由總工會、商民協會及總商會用書面詳陳意見，一面由中央工人部、商民部，切實調查。[82] 中央商民部赴漢口總商會、漢口商民協會、武昌市商民協會、武昌總商會、漢陽商民協會等處調查，廣泛徵求商人意見。在各處報告中，因店員工會而引起的用人權與營業管理權之爭成為商人最感痛苦的問題。在當時，武漢經濟困難雖然有多種原因，對於商家而言，外界環境不利時可以減少營業，以免虧蝕，然而，此種自由卻由於店員工會的干涉而喪失。而用人權完全操於店員工會後，商家無疑難於繼續營業。[83] 對於店主而言，外在政治軍事形勢是無法左右的，也是以前多次遇到的，但是形勢不利時，他們不能自由解雇店員，轉移資本，卻是從未遇到過的情形。此次調查中，除受中共激進政策影響的漢陽商民協會外，其他商會與商民協會所反映的情形相當一致。[84]

　　1927 年 7 月 15 日，武漢國民黨中央在重重危機中終於宣布「分共」，此一決定實際上是半年多來的種種衝突與矛盾所釀就。武漢「分共」後，當局先將中央黨部及各級黨部中的共產黨人停止工作。中央商民部中被查明身分的共產黨人也全部退出。[85] 中共領導的南昌起義發生後，國民黨武漢中央執行委

81　參見馮筱才〈自毀抑他毀：1927 年武漢政府集中現金條例的頒布與實施〉，《近代史研究》2003 年第 4 期。

82　〈中執會政治委員會第 31 次會議速記錄〉（1927 年 6 月 22 日），《中國國民黨第一、二次全國代表大會會議史料》（下），第 1272—1277 頁。

83　〈中央商民部致中央執行委員會組織部函，報告調查武漢商業近況於中央〉，中國國民黨黨史會藏五部檔：12538。

84　漢陽商民協會的調查中絕口未提店員問題，只是將倒閉原因歸咎於金融停滯、貨源斷絕、經濟封鎖。見〈漢陽縣商民協會籌備委員會關於漢陽商業情形暨狀況答覆案〉，中國國民黨黨史會藏五部檔：12389。

85　〈中央商民部致中央執行委員會秘書處函〉（1927 年 8 月 10 日），中國國民黨黨史會藏

員會復決定「清共」辦法，將所有跨黨分子開除黨籍，並下令湖北全省民眾團體一律停止活動，聽候改組。[86] 湘鄂贛三省的商民運動因為共產黨人的退出及商民協會的改組而處於停滯狀態。

8月中旬，國民黨寧、滬、漢各派合作條件基本談妥，蔣介石宣布辭職，武漢政府決定遷都南京。9月16日，國民黨中央特委會在南京成立。其發表的宣言指責共產黨「陰謀利用中央黨部及國民政府之掩護，包辦民眾運動，勾結地痞流氓，激起各地之騷擾」。[87]

9月27日，中央特別委員會第四次會議決定將商民部改為商人部。各方「清共」後，國民黨內各派系由於有了可以共同打擊的敵人而在對商人的政策上達成默契，以前在處理與商人關係時的緊張感似乎減輕了一些。商民運動仍在以南京為中心的一定區域內繼續進行，商人部的主要工作首先是繼續處理武漢時期沒有了結的店員問題，其次是準備擬定商民運動新的計畫，部外工作則是就近派員指導調查江蘇與浙江兩省的商民運動。

不過，雖然中央商人部一再令各省及特別市黨部商人部限期將一切詳細工作情形報告來部，為籌建「全國商民協會」做準備，但呈報者仍寥寥。[88] 這說明特委會權威的局限性，地方並不太拿中央的命令當回事，地方商民協會實際上已成為地方性的權力與資源爭奪的工具。如廣東在1927年底仍在推行「商民運動」，但將其工作擴大至大商人，不囿於中小商人，表示以「聯合革命戰線，力謀全民革命」，[89] 實際上是想趁此機會得到既有商會勢力的認可。

國民黨「清共」之後，工農運動在地方實際上已停止，但商民協會的組織卻仍存在。這與其參與者身分的複雜有極大關係，由於商運牽涉商界自身的權力爭奪及國民黨內部各派的利益關係，加之商民運動沒有實質性的威脅，

五部檔：2540。

86　〈武漢中央政治委員會第44次會議速記錄〉（1927年8月8日），轉引自李雲漢《從容共到清黨》（下），及人書局，1987，第749頁。

87　〈中國國民黨中央特別委員會宣言〉（1927年9月16日），中國第二歷史檔案館編《中華民國史檔案資料彙編　第五輯第一編　政治》（2），江蘇古籍出版社，1992，第5頁。

88　〈中央令各省及特別市商人部限期呈報詳細工作情況〉（1927年11月8日），中國國民黨黨史會藏五部檔：12888。全國商民協會組織是上海各省區商民協會代表會議向中央商人部呈請提議的。見〈中央批准籌備全國商民協會〉，《申報》1927年11月2日；〈中央商人部注意各地商運狀況〉（陳桴航擬，11月4日），中國國民黨黨史會藏五部檔：12887。

89　〈市商協會歡迎市商民部長大會記〉，《廣州民國日報》1927年11月7日。

所以各地當局未多加干涉，而是聽任其自生自滅。直至 1927 年 12 月中共領導的廣州起義爆發，國民黨中央下令湘、鄂、皖、贛、閩黨部暫停活動，江浙黨部派員接收，各地民眾運動因此更陷於停頓狀態。12 月 28 日，中央特別委員會亦宣告結束，國民黨的民眾運動政策遂改弦更張。

　　民眾運動問題，是 1928 年 2 月召開的國民黨二屆四中全會的中心議題之一，許多議案均涉及於此。蔣介石等人提出民眾運動案，強調過去之民運受中共「把持」，後雖經「清黨」，但其「餘毒竄伏、尚未淨除」，因此，為糾正過去民眾運動的「錯誤」，應由中央重新制定民眾運動的理論與方略，注重民眾實際利益的增進，避免幼稚破壞的動作。大會通過《民眾運動方針案》，在原則上承認民眾是國民黨的基礎，強調農民工人與工商業者是國民革命的同盟者，應照顧到各方利益，避免階級鬥爭。[90] 此一方案的核心是要對民眾運動進行整理訓練，使之被納入國民黨（蔣介石系為中心）的領導下，避免民眾團體失去控制，不贊成破壞性的民眾運動。會議也規定在中央未確定整理辦法前，所有一切民眾運動暫行停止。不過，此時一些地方的商民運動因商會存廢問題的爭論而趨熱，商民協會不但沒有停止，且有大規模的積極活動，這其中有地方黨部在試圖與既有的商界勢力爭奪資源的因素，也有商界本身權力鬥爭的色彩。然而這種「商民運動」已多屬地方自發，未必在國民黨中央的控制之中。

四、商民協會被取消與商民運動的中止

　　商民運動事實上是以打倒舊商會為目的之一，這從其發起背景及後來國民黨二大《商民運動決議案》中可以清楚地看出。事實上，無論在廣東，還是後來在兩湖地區或者東南地區，各地絕大多數的舊商會不但未被打倒，政府還再三給予保障其合法地位的宣示。這就使得商民運動陷入一種自我矛盾的境地，商民運動宣稱的目標與後來的實踐嚴重脫離。更具有諷刺性的是，最終被取消的並非商會，而是號稱「真正革命商人團體」的商民協會。

　　國共兩黨對商會的態度有很大的不同，但究其實，不外乎三點：利用、控制與攻擊。從當時的史實來看，無論國民黨還是共產黨，對商會的策略實際

90　〈第二屆中央執行委員會第四次全體會議至第三屆中央執行委員會第二次全體會議關於民
　　眾訓練決議案匯錄〉，中央訓練部民眾訓練處第三課編審股編印，第 3—4 頁，中國國民
　　黨黨史會藏五部檔：4406；〈四次全會之兩要案〉，《申報》1928 年 2 月 7 日。

上主要以利用為主。在北伐前的全國政治舞臺上，國民黨要利用商會配合其召開國民會議的主張；在廣東地方政治舞臺上，國民黨則需要利用商會來協助解決財政問題及配合其「反帝」戰略。省港大罷工的爆發，更使商會成為國共兩黨重要的合作對象。對共產國際代表與中共而言，商會在一定時候也成了中共及國民黨左派打擊右派時需要爭取的同盟者。北伐開始後，商會又有了另外的意義。對前線的軍人而言，有著較完善組織與動員力的各地商會實際上是可以用來快速穩定地方秩序的重要團體，也是他們在地方上可以依靠籌措軍餉的主要對象。在鮑羅廷及中共以「省民會議」、「縣民會議」等提高黨權的計畫中，商會則是必須利用的「省民團體」、「縣民團體」的代表。[91]

當然，不是說黨人不想控制商會，但當時這實際難以做到，黨人即使有徹底消滅舊商會的打算，現實壓力也使得他們必須利用商會。這對於商民運動而言，卻是一個最難繞過的關節。商民協會在事實上不能取代商會的位置，也不能從黨政府得到根本性的援助，最終自然無法維持下去。這種結局也說明《商民運動決議案》所揭示的目標是脫離現實的，以此為基礎的商民運動也往往成為一種空中樓閣。

商會與商民協會究竟有什麼不同，這個問題在國民黨二大前尚未浮現。在一定程度上，商民協會當時也被看作商會的一種。[92] 然而，國民黨二大將商民協會與商會視為兩種性質決然不同的商人團體，政治立場上有「革命」與「不革命」的區分，利益代表上有「大商人」與「中小商人」的不同。然而，這些紙面上的區分標準難以與現實吻合。政府迫於事實上對商會的需要，又不斷給予商會合法性的保證，商會與商民協會之間的一些所謂區別實際上愈來愈模糊，二者的地位都受到影響，因此各地不斷有商民協會與商會上書要求上級機關對二者的區別做一明晰的界定。

對於非商會主導的商民協會來說，為了說明自己的地位，一般喜歡用政治性標準來作為其與商會的分野。由事實層面觀察，商民協會成立後，在許多方面也難與商會區分開來。除會費外，商民協會通常沒有穩定的經費來源，商會則由於歷史的原因往往掌握了商界事務的處理權，並能從中獲得一定的報

91　〈歡迎湖北省民會議〉，《漢口民國日報》1927 年 1 月 7 日。
92　廣州市商民協會成立後，與廣州總商會、廣州市商會、廣東省商會聯合會被合稱為「四商會」。

酬。所以商民協會成立後，經常汲汲於此類商界權利的攘奪。在勞資衝突中，究竟誰代表資方，這也是商民協會與商會爭執的焦點之一，尤其在勞資衝突頻生的時期，更是如此。革命時期，在一些地方黨部主導下，擬由其控制的商民協會與工會主宰勞資調解。不過，僅由商民協會代表資方，在事實上障礙難行，其調解結果也未必產生效果。所以一些大的糾紛的仲裁，仍需要商會參與。商民協會成立後，因會址問題，也經常與原有商會發生衝突。由於各地商會會所一般都有較大規模的建築，因此新成立的商民協會如果不是商會主導者，多半對商會的會所有所企圖。

　　當然，不是所有地方的商民協會都會與商會發生衝突。兩者關係如何，取決於商民協會的主導權在誰手中，也與地方黨部的控制權有關。如果商民協會是由原商會中人參與成立甚至主導組織，那麼此類商協與商會間的關係多比較融洽，[93] 甚至兩個機構一塊牌子。反之，如果商民協會的設立與原商會無關，或者由較激進的黨部，或者由當地潛在的商界權力競爭者主導設立，那麼雙方關係便可能非常緊張，權力與資源之爭經常發生。尤其當黨部是由較激進的中共黨員控制，便可能會發生封閉商會、逮捕商會會長的舉動。各地商民協會形態不同，便衍生出不同的商協與商會的關係。

　　前文已經提到，廣州市商民協會的籌備與國民黨人對當地商人的分化策略及控制商界的企圖分不開。商民運動在一開始便想挑戰既有的商界權力，推翻商會權威，造成「一代表商人協助政府之機關」。[94] 國共兩黨在推行民眾運動時，一般來說，當新組織的民眾團體成立後，便要將原來的民眾團體取消。如農民協會成立後，國民黨中央頒令將舊農會一律解散。[95] 對商人團體，卻不能如此操作。商民協會雖然成立，但政府仍需要依靠商會籌款，甚至行政經費有時發不出，也要商會協助。[96] 事實上，無論是在廣東，還是後來在湖北、江蘇等地，中央政府部門在一些涉及需要確立商界代表的事情上，常有意採取商協與商會平衡的原則。

93　湖北鍾祥縣石牌鎮商會幹事李登朝搗毀店員工會並受地方黨部檢控後，該鎮商民協會乃在報紙上刊登啟事，為李辯白，以爭「公道」。見〈石牌商民協會啟事〉，《漢口民國日報》1927 年 4 月 1 日。

94　克立：〈商人與政府〉，《廣州民國日報》1924 年 6 月 10 日。

95　〈中央黨部第四十六次會議紀〉，中國國民黨黨史會藏五部檔：1396。

96　〈縣府托商會籌款之昨訊〉，《蘇州明報》1928 年 7 月 29 日。

　　然而，一些地方在對待商協與商會的態度上，則出現黨政分離的情形。由於商民協會按規定由地方黨部發起，所以常站在反對商會的立場上。對地方政府而言，更多的考慮則在地方秩序的維護及財政問題的解決，甚至要應付黨部權力過大而借地方勢力與之競爭。在廣東中山縣，政府多偏袒商會，不支持商民協會。[97] 中央商民部的特派員也承認，許多地方政府在處理和商民有關的問題時，仍「以舊（商）會為宗」，商協沒什麼重要性。[98] 不過，武漢時期，在商會問題上，黨政分離實際上反映出國共兩黨態度的差別。當時擔任政府要員的國民黨左派首先要考慮財政及經濟實際情形，共產黨則主要以民眾運動為工作重心，重視革命動員的一面，利益目標既然不同，態度便也各異。

　　即使對黨部而言，上層與下層的考慮重心也未必不一樣，常因利益訴求不太一致而對商會態度有差異。中央商民部更多地考慮與政府的步調一致，在商會與商協之爭中，態度謹慎。1927 年 4 月中央商民部強調要注意「舊商會在經濟界、金融界占有優勢力」，故必須加以政治運用，同時在表面上不能過分偏向商民協會。[99] 但這種兩手策略在執行時未必能貫徹。地方黨部要發展商民運動，經費困難，因此助商協打商會，爭奪地方資源便成為常事，而商會則以政府為依靠，鞏固自身團體，以作對抗。

　　商民運動在廣東最初發起時，發動者的動機比較簡單，即製造出能夠受黨政府控制的商人團體，由於力量有限，尚未提出打倒舊商會。但後來隨著政府權威的確立，以及國民黨內激進勢力的影響，對商會的態度也愈來愈趨於嚴厲。尤其當商民運動的範圍擴展到中小城鎮時，由於會員及利益資源有限，商民協會與商會之間似乎勢不兩立，商民協會成立後商會是否存在，便成為商民運動最為關鍵的問題了。到國民黨二大《商民運動決議案》通過時，雖然對商會存廢問題在一個文件中居然出現兩種不同的說法，但「打倒舊商會」的口號仍被有心者抓住甚至付諸實施。

　　國民黨中央商民部在商會存廢問題上實際處於左右為難的境地。雖然在

97　《岐海商濤——中山工商經濟史專輯》，政協廣東省中山市委員會文史委員會編印，1994，第 11—12 頁。

98　黃詔年：〈我工作商運的概況和今後的意見〉（1927 年 4 月 21 日），中國國民黨黨史會藏五部檔：11849。

99　〈關於本部商民運動之最近方略〉（1927 年 4 月 28 日），中國國民黨黨史會藏五部檔：10686。

政策上商民部不能與國民黨中央的意見相違背，對此問題持慎重態度，但作為商民運動的領導總機關，它非常清楚，不廢除商會，其所領導的商民運動便難以有真正的成績。

1927 年 11 月，國民黨中央商人部以商民協會日益增加而舊有商會仍然存在，阻礙工作進行，於是發出通告稱，擬於中國國民黨第三次全國代表大會時提出議案，請求撤銷全國舊商會，以商民協會為領導機關，以集中商人力量便於統一指揮，並要求各地商民協會就此徵求商人意見。[100] 各地黨部及商民協會接到通告後多表歡迎，並開始對商會有所行動。而全國各地的商會對此則表示強烈抵制。

12 月，各省商會代表在上海總商會召開大會，會後發表宣言，其要旨包括：（1）「我國商人向為一體，並無畛域階級之分」；（2）勞資糾紛為經濟界最不幸之現象，請求政府召開經濟會議解決；（3）謀求全國和平建設，解除商民痛苦。（4）希望商人對於政治有深切之瞭解，為積極之參與。[101] 為避免外界攻擊商會組織不良，按照各省商會代表大會的議決案，各省商聯會總事務所飭令各地商會自動改組，為此並擬定改組大綱，呈請中央黨部及國民政府批准。[102]

1928 年 2 月，國民黨二屆四中全會上，又有國民黨中央執行委員、江蘇省民政廳廳長繆斌提出所謂「建設的民眾運動」一案，建議將舊有工會、農會、商民協會、教育會等一律取消，代之以工業協會、農業協會、商業協會、教育協會等，從事實際的發展實業運動。[103] 對此提案，上海總商會首先表示反對，並以全國商會聯合會的名義致電中央黨部執監委會，認為一大、二大會議均決議商會存在，中執監委無權議廢，要求遵照以前大會議決，否決繆斌提案。電文指出，雖然繆的提議基於同一商業而分為兩種組織，但是商會自有商會歷

100　〈中國國民黨中央商人部通告〉，中國國民黨黨史會藏五部檔：4309；馮少山：〈商民協會能否代替商會之討論〉，《商會存廢問題之討論》（上海總商會月報臨時增刊，1927年 12 月），第 1 頁。

101　〈各省商聯會對內對外宣言〉，《申報》1927 年 12 月 31 日。

102　〈各省商聯會擬具商會改組大綱〉，《申報》1928 年 3 月 5 日；〈河南省政府呈國民政府文〉（1929 年 9 月 10 日），「國史館」藏《國民政府檔案》：200000000A-0121.47/0080.01-01，第 150 頁。

103　〈第二屆中央執行委員會第四次全體會議至第三屆中央執行委員會第二次全體會議關於民眾訓練決議案匯錄〉，第 7—9 頁，中國國民黨黨史會藏五部檔：4406。

史與成績，並力辟商會不革命之說。[104]

經過上海總商會及全國商會的力爭，撤銷商會的擬議後來被打消。商民協會與商會之間仍未有明晰的區分，各地衝突不斷發生。商會與商民協會都催促政府明令公布商會與商協界限，以資遵守。1928 年 7 月 19 日，國民黨中央常務會議第 157 次會議通過《民眾團體的組織原則及系統》，其中包括「商人組織的原則及系統」。按其規定，商民協會與商會分立並存，以商會代表大商人，商民協會代表中小商人利益。商會歸政府管理，商協歸黨部管理。商會為國民黨經濟政策之所在，商協為革命力量之所在。[105] 此次會議還通過《商民協會組織條例》，規定商民指商人店員及攤販而言，商人指有一定店屋或場所以經營商業之主體人或經理人。新的商人組織原則及系統的規定無疑是對國民黨二大《商民運動決議案》的重大修正。這一規定雖然真實反映了國民黨中央在這一問題上的兩難處境，但正如二大《商民運動決議案》條文中充滿矛盾一樣，新規定也是歧義重生，不但不能解決商會與商民協會之間的衝突，反而兩面都不討好。正因為新規定存在著內在矛盾，商民協會方面為保持其地位，要求取消舊商會，以統一商民運動。各地黨部亦不斷有此種呼聲，使地方層面的黨商關係更趨緊張，商民協會與商會的矛盾加劇。

商民協會章程頒布後，從法理而言，商民協會的地位顯然得到穩固。但由於新的商人組織原則與系統實際上難以推行，所謂商會與商民協會的性質劃分，也說明政府並沒有將商會廢除的打算，而且從 1929 年 1 月底國民政府將商會法草案送立法院審查的事實來看，當局也在想用法律規定商會的合法性。[106] 這種情勢，使得商民協會與商會間的競爭加劇，其爭鬥尤以勢力雄厚的上海總商會與上海特別市商民協會為猛。由於國民黨三全大會擁有否認前次大會決議案的權力，因此，雙方都把三全大會視為消滅對方最重要的機會。[107]

1929 年 3 月 15 日，中國國民黨第三次全國代表大會在南京開幕。上海市代表陳德徵、潘公展在大會上提出《請解散各地、各級商會以統一商民運動

---

104 〈全國商會反對取消商會〉、〈馮少山等之三重要提案〉、〈商聯會請維護商會地位〉，《申報》1928 年 2 月 4 日，3 月 11、21 日。

105 〈民眾團體的組織原則及系統〉，《中央黨務月刊》第 3 期，1928 年，「法制」，第 36—37 頁。

106 《立法院公報》第 1 冊，南京出版社，1989，第 58 頁。

107 按當時的理解，商民協會的地位由二全大會而來，商會也以一大會議宣言作為其合法性的依據。

組織案》，其大意，一曰商會反黨反革命；二曰商會組織散漫，小商不能加入；三曰其破壞商運統一。上海特別市商民協會也向大會提出請願書，請願取消商會，統一商民組織，以作聲援。[108]上海銀行公會、錢業公會、華商紗廠聯合會等數十團體上書總商會，力駁商會為買辦階級土豪劣紳盤踞一說，認為所謂商民協會為革命商人，商會為不革命商人，屬於有意貶抑，要求總商會據此情形向三全大會請願。[109]上海商界各團體更召開聯席會議，推舉代表晉京請願。

　　為了製造輿論，加強遊說工作，全國商會聯合會及各省商會在南京總商會設立臨時辦事處，專做大會代表工作。3月26日，辦事處將全國各處商會所提反對取消商會的意見印成小冊子，送到大會散發。小冊子的內容包括請速定商會法頒行、商會之革命功績及維持地方秩序之作用、對外抗爭中的貢獻等。[110]對此，上海商民協會復以各分會名義發表通電，擁護三全大會代表統一商民組織宣言，對商會宣傳冊中的觀點一一提出反駁，不承認總商會有所謂「革命精神」。[111]雙方針鋒相對，不共戴天之勢已成，但這場爭鬥沒有分出勝負，三全大會在28日閉幕。各地商民協會與商會的鬥爭則趨向暴力化。

　　以國民黨三全大會的請願糾紛為導火線，上海商民協會與總商會之間的矛盾日益激化。3月28日，上海商民協會舉行臨時執行委員會會議，攻擊總商會的火藥味相當濃烈。[112]此時上海市黨部訓練部及民眾訓練委員會正在推動統一商人組織，加速成立商民協會分會，商人團體統一的風聲越來越緊，連本來置身鬥爭之外的上海各馬路商界總聯合會也不斷發表聲明，反對取消商聯會。[113]同時，外部形勢似乎對上海市黨部中的激進派有利。3月下旬，蔣介石與桂系李宗仁、白崇禧之間的戰爭打響，國民黨中央的注意力皆在此事。27日，與白崇禧有密切關係的桂系上海市市長張定璠去職，4月1日，親蔣的張群就任上海市市長。上海黨政格局處於一個不太穩定的過渡時期。6日，陳德徵被任命為上海市教育局局長，其權力正在上升。[114]由黨部控制的旨在打擊奸

108　〈上海特別市商民協會請願書〉（1929年3月），上海市檔案館藏檔案：Q222-1-3，第5頁。
109　〈各團體反對撤銷舊商會〉、〈各省總商會力爭取消商會〉，《申報》1929年3月22、28日。
110　〈各省商會之意見〉，《申報》1929年3月27日。
111　〈各商協分會主統一商民組織〉，《申報》1929年3月28日。
112　〈市商民協會臨時執委會議〉，《申報》1929年3月29日。
113　〈三區民訓會昨開商工兩組委員會〉、〈商總會對統一商界組織宣言〉、〈上海全市各路商聯會對商界統一組織宣言〉，《申報》1929年4月1、5日。
114　〈市教育局新局長陳德徵今日到局視事〉，《申報》1929年4月8日。

商的市反日會改組為救國會，準備採取積極行動，黨商矛盾更加緊張。[115]

上海市黨部執委會在擴大反桂運動的同時，對據說與桂系有染的馮少山等人不會放棄打擊的機會。在三全大會通過法律程序解決總商會沒有成功後，他們似乎想用暴力手段來促成某種事實，而上海商民協會及救國會在行動中扮演了先鋒作用。4月20日，正值上海總商會召開執委會會議，原借總商會三樓辦公的商民協會自行招雇銅匠打開門鎖，強借該會常會會場，雙方發生衝突。22日，市救國會又將總商會常用之兩間會客室破門佔用，並將室中器具全部擲出，引起衝突，總商會方面召界租界巡捕逮捕走數人。23日，總商會發布通告，稱其處於暴力脅迫之下，無法行使職責，自次日起暫停辦公，靜候政府依法解決。24日，又有四五百人手持鐵棍，不顧總商會已閉門，「破門直入」，佔據該會並搗毀房屋器具，毆傷職員，將總商會準備寄發的呼籲廣告扣留。[116]同時，市黨部也命令上海各報停止登載總商會種種消息及告白，只能發表由其提供的相關消息，[117]試圖從輿論上對總商會實施封鎖。

5月2日，國民黨中執會第七次常務會議通過《統一上海特別市商人團體組織案》，規定上海特別市商人團體，應即統一組織，所有舊總商會、商民協會、閘北商會、南市商會等商人團體，一律停止辦公；並指派虞洽卿等34人為上海特別市商人團體整理委員。[118]各會隨即奉命宣布停止活動。上海商界權力格局及黨商關係出現重大變化。除上海外，濟南、北平等地均有類似衝突事件發生。各地商界的動盪，使得當局必須對商人團體有一全面的法律解決。

與上海商人團體整理同時進行的是立法院將《商會法》提前通過。《商會法》的頒布也使商民協會失去其存在的合法性，從而被最終取締。1929年3月9日，中央政治會議第177次會議議決通過《工廠法》、《商會法》等各法案原則。[119]7月20日，立法院第35次會議議決《商會法》修正通過。[120]

115　〈市救國會第二次執委會議〉、〈市執委會昨開臨時會議〉，《申報》1929年4月5、13日。
116　〈上海特別市總商會公啟〉（1929年4月25日），蘇州市檔案館藏檔案：I14-2-611，第5頁；〈今日起總商會暫停辦公〉，《申報》1929年4月24日。
117　〈中華民國全國商會聯合會快郵代電〉（1929年5月1日），蘇州市檔案館藏檔案：114-2-611，第14頁。
118　〈統一組織商人團體〉，《申報》1929年5月4日。
119　《立法院公報》第1冊，第255頁；〈行政院長譚延闓呈國民政府主席蔣介石文〉（1929年5月2日），「國史館」藏《國民政府檔案》：200000000A-0121.47/0080.01-01，第82—83頁。
120　「國史館」藏《國民政府檔案》：200000000A-0121.47/0080.01-01，第104頁。

9 月 2 日，國民黨中央第 32 次會議臨時會議通過商會組織之原則及新商會法運用之方法。該案係戴季陶所擬定並提出。[121] 在此次會議上，戴對新的《商會法》中相關之兩個重要問題做了解釋。首先，新《商會法》沒有直接涉及黨部之指導，戴認為這是「法律當然之形式」。其次，戴強調商會之所以以商店及同業公會為基礎，是根據中國舊有習慣，糾正以前政府頒布之個人自由入會之缺陷，同時也為瞭解除數年來各地幼稚的商民協會的糾紛。戴認為新《商會法》的制定，其宗旨便是為「保育商業團體及商店等之發育」，遵循「會館制度之精神」。[122] 從戴的解釋中可以看出，他已完全拋棄了國民黨在意識形態上對商人的一系列既有說法。

《商會法》頒布後，商民協會便沒有存在的餘地了。不過，國民黨中央下令商民協會結束的時間，則是與其面臨的國內嚴峻形勢相關。1930 年 1 月，金貴銀賤風潮席捲全國，對經濟造成非常不利的影響，當局在軍事告一段落之際，準備努力謀求解救方策，以免影響政治與財政。工商部為此提出一系列「根本救濟辦法」，包括保障人民財產、促進勞資合作、便利交通運輸、免除苛捐、服用國貨、設立國際匯兌銀行、改定金本位制等。[123] 而此時宣布將商民協會結束，也有安慰國內工商界的意義在其中。2 月 10 日，中國國民黨中央執行委員會訓令各省黨部，通告撤銷商民協會的決議。[124] 國民政府也告知各直轄機關，通令取消 1928 年頒布的《商民協會組織條例》，各地商民協會限期結束。[125]

商民協會結束後，商人團體改組工作開始著手進行。但由於牽涉種種利益矛盾，各地情形至為複雜，進度也非常緩慢。1930 年 6 月 19 日，國民黨中央執行委員會第 97 次常會通過各地商人團體改組辦法，飭令國內大多數地區商人團體改組事宜應在原有商會基礎上進行。因此可以說，綿延六七年的商

121　〈中央第三十二次常務會議〉，《中央週報》第 67 期，1929 年，第 17 頁。

122　〈商會組織之原則及新商法運用方法要點〉，《中央週報》第 67 期，1929 年，第 23—24 頁。

123　參見源峻〈金貴銀賤提倡國貨〉，《江蘇黨務週刊》第 8 期，1930 年，第 19 頁；胡漢民〈金貴銀賤的恐慌中大家應有的覺悟〉、〈工商部列舉救濟金融根本辦法〉，《中央週報》第 86 期，1930 年，第 25、10 頁。

124　〈中央執行委員會訓令〉（1930 年 2 月 10 日），上海市檔案館藏檔案：Q201-1-626-7。

125　〈國民政府訓令第 81 號〉，「國史館」藏《國民政府檔案》：200000000A-012071/8077，第 966—967 頁；〈上海特別市商人團體整理委員會通啟〉（1930 年 2 月 14 日），上海市檔案館藏檔案：Q201-1-627-18-21；《行政院公報》第 126 號，訓令第 606 號，1930 年 2 月 14 日。

會與商民協會之間的競爭，實際上以商會的勝利而告終。

從理論上來講，商人團體改組應在黨部的指導下進行，但實際上，即使是在中央所在地的江蘇省，多數縣市商人團體的改組工作仍由原商會主導。蘇州總商會的改組，便先是向工商部呈請辦法，再將辦法規則印發各業，敦促其開始按規定改組，該會並向市黨務整理委員會呈請派員指導。江蘇省黨部後來只是聲明商會不能擅自改組，要遵照人民團體設立程序，依法組織，但實際未多干涉。[126]

各地商會在改組時，其尋求合法性的目的甚為明瞭，不過有時會遭到地方黨部甚至政府的干擾，如浙江臨海縣商會準備按《商會法》改組時，便受到當地政府的阻撓，政府另外批准一些商人設立改組籌備會。而嵊縣縣黨部更規定改組後的商會，非有黨員參加不能開會，所有議決案須送黨部審查，並須依其指導方案，按周填報工作等。全國商聯會認為此舉實為違法。[127] 權力爭奪在商民協會取消後仍然在繼續。

商民協會的結束與各地商人團體改組的展開，實際上宣告了商民運動的終止。儘管此後仍有所謂商人運動，但其實質已與本章所討論的商民運動大不相同。這種程序化、儀式化的「民眾運動」，雖然是國民黨黨國體制的一個重要構成部分，但與商人群體的關係已不是太大了。貫穿 1920 年代的商民運動之所以說它「奇怪」，是因為這個所謂的民眾運動並沒有一個明確的目標，也沒有明確的參加者，用來設計指導運動的幾份綱領性文件也是充滿了矛盾，根本不可能得到切實執行。然而，透過商民運動的發起、演化乃至歧變異化，我們可以看出 1920 年代下半期由國共兩黨發動的民眾運動的一些複雜面相。從國共兩黨與商人的關係演化過程中，我們也可以觀察到以政權獲取為目標的革命黨人在意識形態話語系統與具體政治實踐的矛盾交織中面臨的難局。

126　〈總商會準備改組〉、〈商會之改組辦法〉，《蘇州明報》1930 年 9 月 10 日。
127　〈全國商聯會請維護商運〉，《工商半月刊》第 2 卷第 6 期，1930，第 4—5 頁。

第二十三章　　民國鄉村建設運動

　　早在清末民初就有人開始在農村從事普及教育、提倡自治、改良農業、移風易俗的活動，如定縣米鑒三、米迪剛父子在其家鄉翟城村創辦「模範村」，但這些活動不僅時間短，而且規模小，影響不大，沒有形成一種社會運動。鄉村建設真正成為一種社會運動是在 1920 年代末 1930 年代初。

一、鄉村建設運動的興起和發展

從鄉村教育到鄉村建設

　　中國的近代教育，產生於西學東漸之後，尤其是 1905 年清廷決定自 1906 年起停廢科舉制，使中國的近代教育得到了比較快的發展，新式學堂如雨後春筍般在全國各地設立。但那時的新式學堂大多設置在城鎮，直至民初，中國並無真正的鄉村教育，甚至沒有人重視鄉村教育。鄉村教育引起人們的重視是在五四時期。傅葆琛在 1934 年出版的《鄉村教育綱要》一書中就明確指出：「廢除科舉改設學校之時，無人知鄉村教育應當特別研究。鄉村教育最初的呼聲，始於民國五四運動。」[1]

　　為什麼會在五四時期開始重視鄉村教育呢？分析起來，大概有以下幾個方面的原因。

　　第一，民主思想的發展，使人們認識到對廣大民眾其中包括農民進行教育於實現民主的重要意義。1919 年 2 月，李大釗先後發表《勞動教育》和《青

---

* 本章由鄭大華撰寫。

1　傅葆琛：《鄉村教育綱要》，北平輔仁大學 1934 年夏令講習會印，第 16 頁。

年與農村》兩文，指出「Democracy 的精神，不但在政治上要求普遍選舉，在經濟上要求分配平均，在教育上、文學上也要求一個人人均等的機會，去應一般人的知識要求」。他要求青年和知識階級到農村去，「耕田也好，當小學教師也好」，去開發農村，運用教育去解除農民的黑暗。因為「中國農村的黑暗，算是達於極點」，「農村的教育機關，不完不備」，而「我們中國是一個農國，大多數的勞工階級就是那些農民。他若是不解放，就是我們國民全體不解放」。同年 4 月，教育調查會召開第一次會議，在《教育宗旨研究案》中，提出以「養成健全人格，發展共和精神」為宗旨的教育。所謂「共和精神」，含有兩個方面的內容：其一，發揮民主主義，稗人人知民治為立國根本；其二，養成公民自治習慣，稗人人能負國家社會之責任。[2]

第二，推行義務教育的失敗，使人們認識到要實現義務教育的普及就必須重視鄉村教育。中國推行義務教育始於清末。1904 年，清政府頒布《奏定學堂章程》，規定義務教育年限為 5 年。1906 年，清政府學部頒布《強迫教育章程》，規定「幼童 7 歲須令人學」，否則，「罪其父兄」。這是中國實行強迫義務教育的第一道正式法令。此後，歷屆政府又頒布了不少有關推行義務教育的法令或規定，但事實上義務教育並未普及。據 1916 年統計，全國只有小學 120103 所，學生 3843555 人。[3] 推行義務教育的失敗，引起了人們的反思。不少人認為推行義務教育失敗的原因，是由於以前的教育只注重城市，而忽略了人口占 85% 以上的鄉村。古楳在 1939 年編纂的《鄉村教育》一書中寫道：「因為中國以前的教育走錯了路，忽略了百萬個鄉村，直到民國八年，才有些人覺得義務教育的重要，不僅在少數的都市城鎮，而尤重在這百萬個鄉村。由於這樣一個覺悟，乃正式的起來提倡鄉村教育運動。」[4]

第三，五四時期人們對鄉村教育的重視，除上述這兩個原因外，與西方國家尤其是美國重視鄉村教育對中國的影響也有密切關係。清末民初派往美國的留學生這時紛紛回國，其中不少人學習的是教育學甚至是鄉村教育專業，如陶行知、趙叔愚、傅葆琛等，他們回國後便積極提倡鄉村教育。同時，中國這時還多次派遣教育代表團到美國和其他西方國家考察教育，不少代表回國後

2　〈教育調查會第一次會議報告：教育宗旨研究案〉，《教育雜誌》第 11 卷第 5 號，1919 年。

3　熊明安：《中華民國教育史》，重慶出版社，1990，第 70 頁。

4　古楳：《鄉村教育》，長沙商務印書館，1939，第 60 頁。

也大力宣傳鄉村教育的重要性。

隨著對鄉村教育重要性認識的加深，全國教育界開始行動起來，「下鄉去」成為教育工作者的行動口號，不少大專院校紛紛到農村設立分校或鄉村小學，從事鄉村教育工作，如江蘇省有 5 所師範學校下鄉辦農村分校，北京高等師範學校在城外設立鄉村小學，山西國民師範學校也開辦了農村分校，等等。一些從事職業教育、平民教育的教育家和教育團體，如晏陽初領導的中華平民教育促進會（簡稱「平教會」）、黃炎培領導的中華職業教育社（簡稱「職教會」）和中華教育改進社總幹事陶行知等，也開始將辦學重點從城市向農村轉移。一時到農村辦學蔚然成風，並逐漸彙集成為鄉村教育運動。

鄉村教育運動形成於 1927 年前後，但就在鄉村教育運動形成不久，鄉村教育便開始向鄉村建設的方向發展。

鄉村教育向鄉村建設方向發展的原因主要是，農村經濟的衰落，使人們認識到救濟鄉村的刻不容緩。中國自古以來就是一個農業國家，農村經濟的好壞對整個國民經濟有著至關重要的影響。但在 1920 年代末 1930 年代初，由於帝國主義的侵略、封建統治者的掠奪和天災人禍的打擊，農村經濟出現了嚴重衰落。隨著農村經濟衰落程度的加深，人們開始感覺到農村問題的嚴重性，因此當時「救濟鄉村」、「復興鄉村」的呼聲特別高漲。這正如孔雪雄在 1933 年所寫的《中國今日之農村運動》一書中開宗明義指出的那樣：「最近，在『農村經濟破產』、『農村崩潰』的叫囂呼號聲中，『鄉村建設』、『農村復興』的口號瀰漫於全國。」而鄉村教育的實踐表明，要「救濟鄉村」、「復興鄉村」，僅靠鄉村教育還不行，必須進行鄉村建設。因為鄉村教育的內容，主要是興辦鄉村小學和成人學校，教鄉村學齡兒童和成年農民尤其是青年農民讀書識字，而不能解決農民的生計、衛生以及組織訓練等問題。如平教會在開展鄉村教育工作的初期，是以設立平民學校為起點，輔以兩三種土產土法的農業改良研究。在勸說農民參加平民學校時，有的農民就提出說：「看見某某人讀過書還是沒有飯吃」。有的農民甚至說道：「你老的好心腸，飽不了我的餓肚皮。」平教會同人因此意識到，識字教育之外，尤應普及改良農業生產的工作，以增加農民收入。當農業產品增產以後，又發現另一問題，即高利貸剝削。農民因為貧困，每當播種時只有靠高利貸購買種子和其他生產資料，利息高達

4 分以上，不等收穫，就已被高利貸者剝削一空。這又使平教會同人認識到將農民組織起來，成立信用合作社的重要性。平教會同人還發現，不少農民因農村缺醫少藥，有病得不到治療，完全喪失了生產能力，或每天只能勞動三四個小時，所以農村急需通過鄉村建設建立公共衛生保健制度。故此，平教會幹事長晏陽初指出：「在農村辦教育，固然是很重要的，可是破產的農村，非同時謀整個的建設不可。」[5] 無錫江蘇省立教育學院院長高踐四在《民眾教育》中談到「為什麼有了民眾教育、鄉村教育，還要有鄉村建設」的原因時也寫道：「一般辦理民眾教育、鄉村教育者，雖知積極改進鄉村，改善農民生活，但終不免枝枝節節的幫忙農民，給他們一點好處，而不知組織農民，訓練農民，使他們自覺發生力量，解決自身問題。所以令人不滿意而發起鄉村建設運動。」[6] 具體來說，他認為，在政治上要養成團體意識，培育民眾力量；在經濟上要解決民生問題，抵制經濟侵略，就必須進行鄉村建設，或以鄉村建設為民眾教育、鄉村教育的中心工作。

鄉村教育向鄉村建設的方向發展雖然在鄉村教育運動形成不久，但「鄉村建設」一詞的出現則在 1931 年。最早使用這一詞的是山東鄉村建設研究院。據該院首任院長梁耀祖的解釋，山東鄉村建設研究院之所以用鄉村建設一詞，是因為他們認為，當時鄉村遭到持續破壞，而全國 80% 以上的人口住在鄉村，因此，「不談建設而已，欲談建設，必須注重鄉村建設」。[7]「鄉村建設」一詞使用後，即為大多數人所認同和採用。如 1933 年 7 月 14—16 日、1934 年 1 月 10—12 日、1935 年 10 月 10—12 日連續三年召開的全國鄉村工作討論年會出版的會議專集，其書名就叫作《鄉村建設實驗》。

隨著鄉村教育向鄉村建設的方向發展，原來一些在農村已設立實驗區、從事鄉村教育的教育機構、學術團體和大專院校，開始逐漸將工作重心從鄉村教育轉移到鄉村建設上來。據晏陽初報告，平教會在定縣實驗區的工作，1929 年以前主要是開展「廣泛的識字教育」，但從 1929 年開始則「轉移到

5　〈中華平民教育促進會定縣工作大概〉，《晏陽初全集》（1），湖南教育出版社，1989，第 246 頁。

6　高踐四：《民眾教育》，商務印書館，1934，第 40—43 頁。

7　梁代院長仲華講、晏升東筆記〈本院創刊之旨趣——代發刊詞〉，《鄉村院刊》第 1 卷第 1 期，1947 年。

鄉村生活的深刻研究方面」，亦即鄉村建設方面。[8] 另外一些以前沒有到農村設立實驗區的教育機構、學術團體、大專院校以及個人，這時都紛紛到農村設立實驗區。據南京國民政府實業部的調查，1920 年代末 1930 年代初全國從事鄉村建設工作的團體和機構有 600 多個，先後設立各種實驗區 1000 多處，較為著名的有燕京大學社會學系設立的清河實驗區、金陵大學農學院設立的烏江實驗區、齊魯大學鄉村服務社設立的龍山實驗區、北平中法大學設立的溫泉實驗區、北平大學農學院設立的羅道莊實驗區、江蘇省立教育學院設立的無錫實驗區、中華職業教育社設立的徐公橋實驗區、中華平民教育促進會設立的定縣實驗區、中華教育改進社創辦的曉莊學校、中華社會教育社與河南省教育廳及洛陽縣政府合作設立的洛陽實驗區、山東鄉村建設研究院設立的鄒平實驗區、江蘇省立南京民眾教育館設立的湯山實驗區、山東省立民眾教育館設立的祝甸實驗區，其中定縣實驗區、鄒平實驗區和無錫實驗區影響最大，也最有名，號稱為鄉村建設運動的三大中心。

從實驗區到縣政建設實驗縣

　　1927 年，尤其 1930 年後，各種實驗區如雨後春筍般在全國各地湧現，但這些實驗區大多是由民間教育機構和學術團體創辦的，缺少官方尤其是國民黨中央背景，所以在較長一段時期內，沒有引起國民黨中央的注意和認可。據梁漱溟說，山東鄉村建設研究院成立時，山東省政府向國民黨中央報告稱，在山東成立了一個鄉村建設研究院，並劃鄒平為實驗區。國民黨中央同意成立鄉村建設研究院，不同意設立實驗區，認為全國除了國民黨已故總理孫中山的故鄉廣東中山縣特別劃為實驗縣外，不得再有第二個實驗縣的名稱。但隨著鄉村建設工作的進一步開展，尤其是作為鄉村建設運動三大中心的定縣、鄒平和無錫實驗區影響的日益擴大，國民黨中央開始注重鄉村建設運動。[9] 1931 年春，蔣介石邀晏陽初南下，瞭解定縣的鄉村建設實驗情況。據晏後來說，他和蔣介石夫婦「說了三個下午三個晚上，有一天談到夜深十二時，蔣先生雖然疲倦上樓休息，還留蔣夫人和我續談到很晚的時候才得辭出」。[10] 蔣對定縣的四大教育實驗很感興趣，當即決定自溪口選派人員赴定縣訓練。晏又應邀對革

8　〈定縣的鄉村建設實驗〉，《晏陽初全集》（1），第 257 頁。
9　〈我們在山東的工作〉，《梁漱溟全集》（5），山東人民出版社，1993，第 1012、1013 頁。
10　〈平民教育運動的回顧和前瞻〉，《晏陽初全集》（2），第 295 頁。

命軍人遺族學校的教職員講述定縣實驗，旋即又被請到中央軍校高級班演講，蔣介石不僅親臨會場聽講，而且還於晏講完後發表了長達 45 分鐘的致詞，贊許定縣實驗是三民主義的基本工作。此後不久，中央軍校教官毛應章受蔣介石的派遣赴定縣考察。毛應章「居定經月，農村中之實際成績，周覽無遺」。[11] 毛回中央軍校後，即寫成長達近 10 萬言的報告書上呈蔣介石，不久又奉命將考察定縣報告摘要呈閱。大約在邀請晏陽初南下同時，蔣介石也通過齊魯大學校長朱經農帶口信，邀請梁漱溟南下武漢見他。後來，梁漱溟因事去南京，通過南京市市長石瑛的安排，與蔣介石見了一面，談了一個多小時。蔣介石不僅詳細詢問津浦鐵路沿線的水災情況，而且還詢問鄉村建設的一些問題。當時南京國民政府內政部正積極推行所謂地方自治，而地方自治是鄉村建設的內容之一。因此隨著對定縣、鄒平實驗瞭解的增多，內政部認為鄉村建設運動對於地方自治很有幫助。於是，1932 年南京國民政府下令河北、山東、江蘇和安徽各省成立地方自治籌備委員會時，指定晏陽初擔任河北省地方自治的指導員，山東地方自治指導員則由梁漱溟擔任。梁漱溟後來說，指定晏陽初和他擔任地方自治的指導員，是中央看重他們的鄉村工作、願意同他們接近的表現，這給他們擴大工作提供了機會。[12]

1932 年 12 月 10—15 日，第二次全國內政會議在南京召開。這次會議的目的在於完成地方自治，整理「匪區」善後，奠定國防基礎，統一內務行政。定縣平教會的晏陽初、李景漢，鄒平鄉村建設研究院的梁漱溟、梁耀祖、王怡柯，無錫江蘇省立教育學院的高踐四等人不僅應邀出席此次內政會議，而且還對「地方自治」、「縣政改革」等幾個重要議案的起草和通過貢獻了意見。據梁漱溟說，第二次全國內政會議召開之前，內政部特別先行電約定縣和鄒平，請這兩個地方幫助內政部參酌的幾個重要提案，如《地方自治案》、《縣政改革案》等。在縣政改革的提案內，內政部提出的所要設立的實驗區，稱為「縣政實驗區」。梁漱溟和晏陽初認為用縣政實驗區的名義，太注重地方行政了。在他們看來，當真要改革縣政，就要從社會方面入手，求社會的改進。而要求社會改進，就必須先從掃除文盲、改良農業、組織合作社、改善人民生活以及提高文化入手，因此這些工作是最根本、最緊要的工作。所以他們建議最好改

11　毛應章：《定縣平民教育運動考察記》，南京，1932，「自序」。
12　〈我們在山東的工作〉，《梁漱溟全集》（5），第 1013 頁。

稱為「建設實驗區」，以一縣為實驗的範圍。他們把自己的意見呈述給內政部。內政部部長黃紹竑認為可以將內政部的意見和晏陽初、梁漱溟的意見調和一下，兩個名字同時並用，於是乃決定改用「縣政建設實驗區」。[13]

第二次全國內政會議通過的《縣政改革案》，於 1933 年 7 月經國民黨中央政治會議批准，下發各省遵照執行。至是年秋，先後有 5 個縣政建設實驗縣宣告成立，它們是河北的定縣，山東的鄒平、菏澤，江蘇的江寧和浙江的蘭溪，統稱「五大縣政建設實驗縣」。

從分散走向合作

各地實驗區的設立，標誌著鄉村建設運動的興起。但從事鄉村建設實驗的各教育機構和學術團體相互很少聯絡，故用力雖大而收效甚少。隨著各種實驗的逐漸推展，各方都越來越感到相互間有加強聯絡的必要。職教社鎮江黃墟鄉村改進實驗區首先倡議於 1932 年 1 月 15 日在黃墟召開有關鄉村工作會議，並致函徵求各方面的意見，得到 20 多個單位的復函同意。但臨開會前，職教社的江恆源到山東鄒平與梁耀祖、梁漱溟等共同商議有關問題，梁耀祖、梁漱溟等認為，召開鄉村工作會議的時機還不成熟，還需再做充分準備。此次會議於是沒有如期召開。1932 年 7 月，職教社在福州開年會，擬同時召開全國農村改進機關聯合會。和擬議中的黃墟會議一樣，這次會議也因時間過於倉促，多數團體代表未能到會而沒有開成。在同年 12 月的第二次全國內政會議期間，梁耀祖、梁漱溟、王怡柯、晏陽初、李景漢、高踐四等人就有關問題交換了意見，他們認為，從事鄉村工作的同志有彼此加強聯絡的必要，「但不必注重組織的形式，而應偏乎精神的團結，所以組織不宜龐大，宜注意運動本身的親切聯絡」。[14] 會後，梁耀祖、梁漱溟等繼續在北平討論進行辦法，並邀中國華洋義賑救濟總會的章元善，燕京大學的楊開道、張鴻鈞、許仕廉等人參加。討論結果，遂由王怡柯、李景漢、梁耀祖、梁漱溟、晏陽初、高踐四、章元善、許仕廉、張鴻鈞、楊開道、嚴慎修等 11 人聯名，發起成立鄉村建設協進會，並定於 1933 年 7 月召開成立暨第一次會議。隨即他們向全國鄉村工作者發出開會通知，得到各地鄉村工作者的熱烈回應。不久，發起同人再次集會，討論

13　〈我們在山東的工作〉，《梁漱溟全集》（5），第 1013 頁。
14　〈關於出席鄉村建設學會會議等經過情形的報告〉，《晏陽初全集》（1），第 374 頁。

會議的有關問題，決定第一次會議於 1933 年 7 月 14 日在山東鄒平舉行。

1933 年 7 月 14—15 日，鄉村建設協進會第一次會議如期在鄒平山東鄉村建設研究院召開。出席會議的代表共 63 人，分屬 35 個團體，一些從事鄉村建設歷史較長、影響較大的教育機構和學術團體如中華平民教育促進會總會、山東鄉村建設研究院、中華職業教育社、中國華洋義賑救濟總會、燕京大學、齊魯大學、中法大學、金陵大學、實業部中央農業實驗所等都派有代表與會。會議推舉梁漱溟、晏陽初、黃炎培、章元善、江恆源和許仕廉為主席團成員，輪流主持大會。會上先後有 14 人代表所在團體做工作報告，與會代表並就有關鄉村建設問題進行了認真討論，並達成如下共識：鄉村工作不能急於求成，欲速而不達；鄉村工作不能專法歐西，須注意本國國情，因地制宜；鄉村建設不能偏重一方面，須以整個社會為對象，才有整個的辦法。[15] 這三點共識後來成為不少鄉村工作者的指導思想。1934 年 4 月，第一次鄉村工作討論會工作報告經整理由中華書局出版（收入其中的 11 篇），取名為《鄉村建設實驗》（第 1 集）。

1934 年 10 月 10—12 日，鄉村工作討論會第二次年會在定縣平教總會所在地舉行。出席此次年會的共 150 人，代表單位 76 個，分屬於 11 個省市，較鄒平第一次年會，到會的人數和單位都增加近 1 倍。到會者除從事鄉村工作的教育機構和學術團體外，南京國民政府各部會，如行政院農村復興委員會、全國經濟委員會、實業部，以及青島市、河北省等地方政府亦有代表參加。這說明鄉村工作討論會的影響在日益擴大，已引起朝野的廣泛重視。

和第一次年會一樣，此次鄉村工作討論會年會亦主要是交流各地鄉建經驗，討論共同關心的問題。會議的前兩天半是大會發言，27 個單位在會上分別報告了各自的工作，晏陽初、梁漱溟、高踐四、章元善、陳志潛、孫廉泉等各地鄉建運動領袖還分別發表了題為《鄉村建設旨趣》、《中國教育改造與鄉村建設》、《鄉村建設成功之基本條件》、《合作經濟與鄉村建設》、《鄉村衛生實驗》、《縣政改革與鄉村建設》的演講。會議最後半天是小組討論，分「農民負擔」、「自治保衛」、「鄉村衛生」、「經濟建設」、「合作事業」、「鄉村教育」和「人才訓練」等 7 組進行。這次會議後也由中華書局於 1935

15　《鄉村建設實驗》第 1 集，中華書局，1934，第 6 頁。

年 9 月出版了一本《鄉村建設實驗》（第 2 集），共收工作報告 30 篇、附錄
3 篇，約 35 萬字。

鄉村工作討論會第三次年會於 1935 年 10 月 10—12 日在無錫江蘇省立
教育學院舉行。出席此次年會的代表達 171 人，他們來自全國 19 個省市，代
表 99 個單位，並有美國傳教士 2 人，無論就到會的人數還是代表的單位而言，
都超過了前兩次年會。根據鄉村建設所涉及的內容，會議分政治組、教育組、
經濟組和其他組 4 個組，與會者可以自由選擇一組參加討論。由於經濟問題
是一切社會問題的核心，也是鄉村建設能否取得實效的關鍵，因此，討論會中
的分組會議，每次出席的人數以經濟組為最多，討論的內容也以經濟組最豐
富。和前兩次年會一樣，各單位提交給此次年會的工作報告會後也經整理編輯
成書，1937 年 2 月由中華書局出版，即《鄉村建設實驗》（第 3 集），內收工
作報告 27 篇。

無錫第三次鄉村工作討論會是該會的最後一次年會。本來，第三次年會
閉幕時，曾宣布下一次年會在西安、重慶和廣州三地，斟酌大勢，擇一舉行。
為此，由一些共產黨員和進步經濟學者組織的中國農村經濟研究會聯合生活教
育社和婦女生活社，針對前三次年會都沒有討論如何抗日救亡這個壓倒一切的
中心任務，起草了一份《本會應以全力使全國鄉村工作人員一致團結共赴國難
案》，準備提交第四次年會討論，並得到了廣泛熱烈的回應，但「年會的召集
人在『救國有罪』的歲月，根本不敢提抗日救國，結果是藉口『事忙』停開了
這屆年會」。[16]

二、鄉村建設運動的內容及成效

興辦教育

鄉村建設運動的一項重要內容是興辦教育。這既與從事鄉村建設運動者
大多來自教育和學術團體以及大中專院校，興辦教育是他們的本業有關，也和
他們受「教育救國」思潮的影響，特別重視教育的作用無不聯繫。而教育的
目的，是要掃除文盲，尤其是學齡者文盲和青壯年文盲。因此，儘管各實驗
區的措施、方法和側重點不完全相同，但都比較重視鄉村小學和成人學校的建

---

16 《〈中國農村〉論文選》（上），人民出版社，1983，第 271 頁。

設工作，這包括設立鄉村小學和成人學校，完善教育行政管理制度，改革教材和教學方法，以及實行徵學制，強迫學齡兒童和青年農民就近入鄉村小學或成人學校學習等措施。以龍山實驗區為例，據齊魯大學農村服務社龍山服務處向全國鄉村工作討論會年會提交的工作報告介紹，1933 年 7 月前，該實驗區成立平民學校 10 所，學生 200 人左右；1934 年又興辦鄉村小學 4 所。後鑒於公立學校數量品質逐漸增益，農民對新式教育的認識有一定程度的提高，齊大龍山服務處乃將 3 所小學交歸地方政府接辦，另 1 所則改為社會中心小學。同時實驗區還將原有的 4 所鄉村私塾改良成為平民實習學校。平民實習學校設日校班和夜校班，前者收少年兒童，後者收青壯年農民，日校如普通鄉村小學常年開學，而夜校冬春農暇季節開學，秋夏農忙季節停止。夜校開設的課程有千字課、珠算、四書（講述四書以進行道德教育）、常識、演講（包括歷史名人故事、公民常識等）。日校除開設夜校的全部課程外，另加習字、作文、自然、歷史童話和故事等。[17]

　　各實驗區所採取的建設鄉村小學和成人學校的措施，對於掃除文盲，尤其青壯年農民文盲起了一定的積極作用。如無錫的黃巷實驗區經過 3 年的實驗，到 1932 年 6 月，全區非文盲已由 1929 年的 9.23％增至 46.5％，而文盲和半文盲則分別由 1929 年的 67.81％和 23.96％，降至 49％和 4.5％。[18] 徐公橋實驗區的文盲人數 1934 年比 1930 年減少了近 50％。祝甸實驗區未成立之前的 1932 年，文盲人數占總人口的比例為 89.2％，實驗區成立後兩年（1934 年），降至 72.9％，成立後 3 年（1935 年），降至 53.6％，若就成年文盲而言，減少得更多，1932 年時為 79.53％，1935 年僅為 28.19％。[19] 定縣實驗區經過數年努力，到 1934 年時，全縣小學已經普及，成人教育有了很大發展，文盲人數大幅度減少。據小陳村（小）、西平朱穀（中）和東建陽村（大）3 個不同規模自然村的抽樣調查，學齡兒童入學率分別達到 85.1％、85％和 89.9％。另據 1930 年統計，定縣總人口為 397000 人，7 歲以上者為 330300 人，其中文盲為 274150 人，占 83％，12—15 歲的青少年有 95800 人，其中文盲為 70890 人，占 74％。到 1934 年 6 月，全縣 14—25 歲的青少年 82000 人中，

17　《鄉村建設實驗》第 1 集，第 198 頁；第 2 集，第 138 頁；第 3 集，第 306 頁。
18　甘導伯：〈三年來黃巷試驗區〉，《教育與民眾》第 3 卷第 9、10 期合刊，1932 年。
19　屈凌漢：〈祝甸鄉試驗區第三年〉，《鄉村建設實驗》第 3 集，第 322 頁。

文盲 32550 人，約占 40％，比 1931 年減少 34 個百分點，其中男青年文盲
4406 人，約占 10％。到 1935 年，已不再有男性青年文盲。李景漢：《定縣
社會的各方面》，《民間》第 1 卷第 24 期，1935 年。[20] 鄒平至 1937 年 1 月，
全縣有各類學校（包括鄉村小學、鄉學高小部、村學兒童部、成人部、婦女部
和二部制小學）566 所，在校學生 21789 人，共學處 472 處，在處學生 5468
人，總計 27257 人。[21] 當時鄒平全縣人口約 16 萬，在校學生（包括共學處）
幾乎占人口總數的 1/5。這是一個相當不小的比例。儘管鄒平沒有對實驗區文
盲人數的變動做過調查，但就以上資料來看，其文盲人數的比例應該有明顯的
降低。

　　尤其需要指出的是，在興辦教育的過程中，一些鄉村建設者還提出了不
少值得重視的鄉村教育思想。第一，鄉村教育必須適合中國國情和鄉村需要，
既不能照搬歐美教育的模式，也不能再步城市教育的後塵，走「為教育而教
育，與社會需要完全脫節」的死路，鄉村教育的目的是為鄉村建設培養人才，
以解決農村的基本問題。第二，鄉村教育必須與改良農業、發展經濟相結合，
實行「富教合一主義」，以解決農民的溫飽問題，因為「衣食足而知禮節」，
只有經濟得到發展，農民有飯吃了，普及教育才有可能。第三，鄉村教育的重
點是要掃除文盲尤其是學齡兒童和青壯年農民文盲，因為前者是義務教育的對
象，而後者是鄉村建設的中堅。

　　在上述鄉村教育思想的指導下，許多實驗區採取了一些比較切合中國農
村實際的掃除文盲、普及教育的方法，如陶行知的「小先生制」，以及脫胎於
「小先生制」的「導生傳習制」（定縣）和「共學制」（鄒平）；各種縮短學制、
改革教材教法的實驗和強迫徵學制等，都值得認真總結和借鑑。

　　當然，在充分肯定鄉村建設運動中興辦教育所取得成績的同時，也應看
到它的不足和缺陷，不能對其成績估計過高。首先，各實驗區成立的鄉村小
學尤其是成人學校數量雖多，但品質普遍不高，有的甚至有名無實。究其原
因，主要是師資極端缺乏，不少成人學校，甚至包括定縣的平民學校，其教
師多由鄉村工作者兼任或由私塾先生代課，而對私塾先生，只有江寧、蘭溪
和下蜀等少數實驗區進行過業務訓練。其次，除定縣等少數實驗區外，多數

20　李景漢：〈定縣社會的各方面〉，《民間》第 1 卷第 24 期，1935 年。
21　超然、天培：〈對鄒平教育現狀的巡視〉，《鄉村建設》第 6 卷第 11 期，1937 年。

實驗區未能解決成年農民尤其是青年農民從成人學校畢業後的繼續教育問題，因此不少農民除文盲不久，又因所學的字長期得不到應用而再度成為文盲。第三，各實驗區發展不平衡，如定縣、鄒平、無錫等實驗區的鄉村教育工作開展得較好，成立的鄉村小學和成人學校也較多，而有的實驗區則進展緩慢。第四，儘管經過幾年的實驗，一些實驗區的文盲人數有所下降，甚至有較大幅度的下降，但其文盲人數占總人口的比例仍然很大，如定縣青年婦女在 1934 年時仍有 73％是文盲。尤其是不少貧雇農子弟，因家庭極端貧困而沒有進入學堂，就是鄉村教育相對辦得較好的定縣，1935 年統計，全縣 6—12 歲學齡兒童 52000 人，失學者占 60％，其中男童入學者占 65％，失學者占 35％，女童入學者占 16％，失學者 84％。[22] 鄒平 1935 年時仍有 10650 名兒童失學，其失學兒童人數比在校兒童人數還多 606 名。上述情況說明，各實驗區距離徹底掃除文盲、普及教育的目標還有很長一段路要走。

改良農業

鄉村建設運動的另一重要內容是改良農業。

改良農業的措施之一是改良和推廣優良品種。在改良品種方面，不少實驗區（縣）設有試驗農場，進行農作物和家禽家畜品種的改良試驗。設有農場的實驗區（縣）有定縣、鄒平、無錫的北夏、惠北、徐公橋、鳥江、江寧、蘭溪、西善橋、下蜀、萬家埠和河北省立實驗鄉村民眾教育館實驗區等。試驗的品種包括稻、麥、棉、蠶、大豆、玉米、高粱、蔬菜、水果以及豬、雞、羊、牛、兔等家禽家畜。經過反復的試驗比較，一些實驗區（縣）的農場培育出一批有很高經濟價值和推廣前途的優良品種，如定縣農場的「114 號中棉」、「平教棉」、「72 號白麥」、「38 號紅麥」和「22 號大穀」，鄒平農場的雜交豬、雜交雞等。

培育優良品種的目的是為了推廣。各實驗區（縣）對優良品種的推廣工作都非常重視，不僅推廣自己農場培育的優良品種，也推廣大專院校和科研單位培育的優良品種，據統計，僅推廣的優良稻種、麥種、棉種、蠶種和豬種、雞種就達數十種之多。在推廣優良品種的過程中，不少實驗區（縣）還摸索和創立了一些行之有效的程序和方法。主要包括以下幾個方面。第一，凡計畫推

22　李景漢：〈定縣社會的各方面〉，《民間》第 1 卷第 24 期，1935 年。

廣的優良品種，一般都要先在實驗區農場進行試驗，取得成功後，由「表證農家」或「特約農家」小範圍種植，表證給附近農民看，待農民對優良品種有了信心後，再在一般農民中大面積推廣。第二，推廣優良品種之前舉辦各種技術培訓學校（如定縣的生計巡迴訓練學校）、訓練班（如鄒平的棉蠶訓練班）、演講會（如無錫的養蠶演講會和清和的農業演講會），對農民進行訓練，使他們懂得並掌握優良品種的栽培養殖技術和方法。第三，利用鄉村已有的各種組織形式，推廣優良品種。如鄒平自始即堅持與合作社聯成一氣的原則，唯有合作社社員才能領取改良品種，成為表證農家；無錫的惠北實驗區為迅速普及改良品種，採用「農業推廣保甲制度」，先由保長、甲長依次表證，然後及於普通農民。第四，與大專院校和科研單位合作，充分利用學術研究部門的研究成果和人才力量。當時與大專院校和科研單位建立合作關係的實驗區（縣）有定縣（與金陵大學農學院合作）、鄒平（與齊魯大學、青島大學農學院合作）、無錫（與江蘇省立教育學院農場和蘇州省立稻作試驗場、無錫縣農業推廣所合作）、徐公橋（與金陵大學農學院合作）、烏江（為金陵大學農學院創辦）、江寧及蘭溪（均與中央大學農學院合作）、龍山（與金陵大學農業推廣系和華北農產研究改進社合作）等。這些程序和方法，對於今天推廣優良品種的工作仍有借鑑意義。

　　改良農業的措施之二是防治病蟲害。20 世紀的二三十年代，農作物病蟲害十分嚴重，經常造成大面積減產，甚至絕收。如 1935 年的螟害，給各地造成的損失極大，即便災情較輕的無錫，據江蘇省立教育學院昆蟲實驗室的調查，平均損失 13.18%。無錫作物面積的總數為 120 萬畝，除去其他作物占地 20 萬畝外，水稻種植為 100 萬畝左右。以 13.18% 的損失計算，就要少收白米 263600 石，每石市價為法幣 10 元，即損失法幣 2636000 元。[23] 因此，各實驗區對防治病蟲害都很重視，包括預防稻瘟病、黑穗病和防治蝗蟲、螟蟲等。在防病治蟲工作開展得好一些的實驗區（如定縣、鄒平、無錫、徐公橋、江寧等），病蟲害造成的損失明顯減少。

　　改良農業的措施之三是提倡副業。農村副業是中國農村經濟的重要組成部分，是農民收入的來源之一。據中央研究院調查，無錫 36 戶農家經濟來源，

23　童潤之：〈鄉村民眾教育機關如何促興農業生產〉，《教育與民眾》第 7 卷第 4 期，1935 年。

平均農產占 64%，副業占 36%。[24] 然而在 1920 年代末 1930 年代初，由於帝國主義廉價商品（包括工業品和農產品）的衝擊，農村副業普遍呈現衰落的趨勢，農民收入大幅度減少，生活更加貧困。有鑑於此，不少實驗區（縣）把提倡副業作為鄉村建設的一項重要工作。提倡副業的項目主要有養豬、養羊、養蠶、養蜂和經營手工業。由於所處地理位置、客觀環境以及歷史傳統的不同，各實驗區的具體措施也不完全一致，如同是經營手工業，在無錫是編織美術草地毯，在鎮平是改良絲綢和編織草帽草辮，而在徐公橋則是紡織土布。

改良農業的目的，「是為增高農民的收入，間接提高其生活程度」。[25] 以推廣優良品種而論，其經濟效益就十分明顯。據統計，在定縣，推廣的優良麥種每畝平均要比原來土種增產 18%—20%，稻增產 18% 以上，棉花增產 56%，白菜增產 25%，梨增產 24.3%，豬每頭多產肉 18.6%，雞每隻每年多產蛋 60—190 個。[26] 在鄒平，推廣的優良棉種不僅每畝要比土種增產 20 斤以上，而且棉質也要比土種優良，每擔能多賣 10—16 元；豬每頭多產肉 50 斤，按當時最低市價每斤豬肉 1 角 6 分計算，同樣飼養一頭豬，飼養優良豬種的農民可多收入 8 元；優良雞種每隻每年產蛋是土種雞的 2—3 倍。以此計算，1932—1934 年鄒平共推廣優良棉種 46364.5 畝，可增收棉花 927280 斤，多收入現金 92720—149080 元；1933—1934 年共推廣優良豬 12423 頭，可增產肉 621150 斤，多收入現金 99384 元。[27] 在無錫，推廣優良稻種每畝平均要比土種增產 3—6 斗，麥種增產 1—5 斗，蠶種不僅產量比土種高，而且繭價每石要比土種多買 20 元以上。以此計算，僅黃巷實驗區 1929—1931 年的三年期間，農民從推廣優良蠶種上就增加收入 3490 元。[28] 其他實驗區（縣）推廣的各類優良品種，也都比土種有程度不等的增產和增收。另外，如防治病蟲害、提倡副業、植樹造林、推廣新式農具、舉辦農產品展覽會等改良農業的措施，對於減輕病蟲害的損失，增加農民收入，促進農業進步，也有一定的積極作用。

24　徐公鑒：〈從挽救農村經濟說到民眾教育的功能〉，《教育與民眾》第 5 卷第 5 期，1934 年。
25　〈十年來的中國鄉村建設〉，《晏陽初全集》（1），第 566 頁。
26　李濟東主編《晏陽初與定縣平民教育》，河北教育出版社，1990，第 217—222 頁；〈定縣試驗區工作概略〉，《晏陽初全集》（1），第 411—412 頁。
27　《山東鄉村建設研究院概覽》，山東鄉村建設研究院編印，1934，第 59 頁。
28　《江寧縣政概況·建設》，江寧實驗縣縣政府編印，1934，第 62 頁。

然而，如同評估興辦教育一樣，對改良農業的成效及作用的評估也不能過高。童潤之在〈鄉村民眾教育機關如何促興農業生產〉一文中就指出，作為鄉村建設運動的一項重要內容，改良農業存在著四個大的問題：第一，鄉村工作者很少是農業專門人才，沒有改良農業的經驗和知識，因而他們只知道改良農業的重要，而對於農業如何改良知之甚少，缺乏引起農民自動改良農業的力量；第二，一些實驗區或鄉建團體把改良農業與推廣優良種子視為一事，以為優良種子推廣以後，農業即可改良，而對於耕種方法是否合理，經營方法是否有利，則漠不關心；第三，不少實驗區未能根據實際需要，只知道抄襲他人；第四，未使農民自動改良農業，換句話說，農民對改良農業積極性不高，「未能踴躍參加」。[29]

在上述四大問題中，「未使農民自動改良農業」的問題最為嚴重。分析起來，造成農民改良農業積極性不高的原因主要有四個。

一是土地分配不均。1920 年代末 1930 年代初中國農村經濟衰落的一個突出表現是土地集中，不少農民失去土地成為無地或只有少量土地的雇農、佃農或半佃農。而改良農業的必要前提是土地，因此從改良農業中得到好處的只是占有大量土地的地主、富農或比較富裕的自耕農，廣大無地或只有少量土地的雇農、佃農和半佃農則得不到任何好處。據曾任鄒平實驗縣縣長的徐樹人回憶，當時鄒平為了解決棉糧爭地問題，山東鄉村建設研究院和縣政府規定，只能在核定的限度內植棉，超過限度的不提供優良棉種，也不借給貸款。所謂限度，就是除了種糧食夠吃外，多餘的土地才准種棉。這樣不僅無地者沒有資格種優質棉，就是有少量土地的半佃農甚至大部分自耕農也沒有資格種優質棉，「只有富農和富裕中農才有資格種棉」，其結果「使貧者益貧，富者益富，更加深了農村的階級矛盾」。[30] 廣大無地或只有少量土地的雇農、佃農、半佃農甚至部分自耕農既然從改良農業中得不到什麼好處，他們也就不會對改良農業產生積極性。用童潤之的話說：「農民若是耕種自己的田，田中收穫有一分增加，則生活上可有一分的改善，他們是願意改良農業的；若農民耕種的田是地主的，那田中收穫雖多，只能優裕地主的生活，於農民自身毫無幫助，

29　童潤之：〈鄉村民眾教育機關如何促興農業生產〉，《教育與民眾》第 7 卷第 4 期，1935 年。
30　徐樹人：〈我擔任鄒平實驗縣縣長的前前後後〉，山東省政協文史資料委員會編《梁漱溟與山東鄉村建設》，山東人民出版社，1991，第 103 頁。

這樣他們為何要設法改良農業呢？所以自耕農的數目愈少，則對於改良農業冷淡的農民愈多；耕地的面積愈小，則不謀促興生產的農民愈眾」。[31]

　　二是農產品價格下跌。1920 年代末 1930 年代初中國農產品價格呈現逐年下跌的趨勢，而農產品價格的下跌使農民增產不能增收，或者增收不多，因為農產品價格下跌的幅度往往大於因農業改良而增收的幅度。前述推廣優良品種使農民增產增收，是比較同年的土種收入而言，實際上與前一年或前幾年的優良品種甚至土種相比，許多品種不僅沒有增收，相反是減收。以蘇州一帶的蠶繭價格為例。1930 年良種繭每擔最高價 70 元，最低價 60 元，土種繭每擔最高價 60 元，最低價 45 元，良種繭每擔要比土種繭多收入 10—15 元。1932 年良種繭每擔最高價 32 元，最低價 26 元，土種繭每擔最高價 28 元，最低價 20 元，與當年土種繭比較，良種繭每擔要多收 4—6 元；但如果與 1930 年的蠶繭價格比較，每擔良種繭價不僅比 1930 年的良種繭價減少了 38—44 元，甚至比土種繭價也減少了 28—19 元。[32] 再如定縣 1933 年各種主要農作物的平均價格都比 1930 年下跌 40％—60％，而優良麥種和稻種每畝只比土種增產 18％—20％和 18％以上，其增產幅度遠遠低於價格下跌的幅度。農民增產不能增收，或增收不多，使他們改良農業的積極性受到影響。中央大學農學院的鄒樹文在《如何使中國農民改良農業》一文中一針見血地指出，由於農產品價格的下跌，農民「一擔穀子賣不到兩塊錢，一擔繭子賣不到二十塊錢，我們拿他們出產數量與他出產的成本算一算，這種價錢他們還是夠本，還是不夠本呢？農民終歲辛勤，盼望秋收，收穫以後，拿去換錢，本總撈不起來，你想他能夠踴躍改良嗎？」[33]

　　三是天災人禍頻仍。1920 年代末 1930 年代初中國農村的天災人禍連年不斷，而一場大水，或一場大旱，或一場戰爭，都能使農民一年辛辛苦苦改良農業的成果付之東流。如 1931 年無錫的黃巷實驗區推廣優良稻種 80 畝，但是年長江大水，洪水氾濫，稻田被毀，顆粒無收。也是這一年，烏江實驗區大面積推廣優質棉種，然不料大水為患，棉種出苗不齊，儘管補種 4 次，仍是減收十之六七。結果，「農民深覺自然能力大於人力，對於改良農業的態度」，

31　童潤之：〈鄉村民眾教育機關如何促興農業生產〉，《教育與民眾》第 7 卷第 4 期，1935 年。
32　吳曉晨：〈蠶桑衰落中的吳興農村〉，《東方雜誌》第 32 卷第 8 號，1935 年。
33　鄒樹文：〈如何使中國農民改良農業〉，《教育與民眾》第 7 卷第 4 期，1935 年。

就自然「冷淡」而不積極。[34]

四是農民生活貧困。改良農業需要資金投入。推廣優良品種，農民要拿錢購買種子；預防病蟲害，農民要拿錢購買農藥；提倡副業，農民要拿錢購買材料；而當時農村金融枯竭，農民生活十分貧困，不少農民已負債累累，連最起碼的生活都難以維持，又哪裡有錢買種買藥買材料？因此，雖然有的農民知道種植良種比種植土種能增加收益，預防病蟲害可減少農作物的損失，但經濟困難只能使他們望洋興嘆。

農民尤其是占農村人口絕大多數的貧苦農民的積極性不高，嚴重影響了改良農業的工作，儘管不少實驗區把這一工作作為鄉村建設的一項重要內容，但取得的實際成績則很不理想。以推廣優良品種為例。據平教會調查，定縣約有耕地 156.1 萬畝，1936—1937 年共推廣優良棉種 125473 畝，為耕地總面積的 8％。無錫的黃巷實驗區有耕地 360 畝，1929—1931 年共推廣優良稻種 153 畝，為耕地總面積的 42.5％；北夏實驗區有耕地 430588 畝，1933 年推廣優良稻種 79 畝，為耕地總面積的 0.02％；惠北實驗區有耕地 28276 畝，1934—1935 年共推廣優良稻種 375 畝，麥種 300 畝，為耕地總面積的 2.4％。定縣、無錫與鄒平一起作為鄉村建設運動的三大中心，是改良農業開展得較好的實驗區，其推廣優良品種的面積占耕地總面積的比例都如此之低，就更不用說其他實驗區了。至於改良農業的其他措施，如預防病蟲害、提倡副業、推廣新式農具等，其成績還不如推廣優良品種。

流通金融

1920 年代末 1930 年代初，由於外貿逆差擴大、白銀大量外流和農民現金收入減少，農村出現了嚴重的金融枯竭。農民無錢使用，只好借高利貸，因此，當時高利貸活動在農村十分猖獗，使本來就十分貧困的農民更加貧困。有鑑於此，各鄉建團體和實驗區（縣）都非常重視流通金融問題，其主要措施是成立借貸處和信用合作社，向農民發放貸款，以幫助他們解決生產生活上的困難。除借貸處和信用合作社外，有的實驗區還成立了信用莊倉合作社（如鄒平）、合作倉庫（如無錫）、農村抵押倉庫（如江寧）和農產品抵押倉庫（如蘭溪）等機構，這些機構也從事放貸業務，如江寧的農村抵押倉庫，自 1933

34　童潤之：〈鄉村民眾教育機關如何促興農業生產〉，《教育與民眾》第 7 卷第 4 期，1935 年。

年秋創辦到是年11月底，僅兩個月時間就押款10餘萬元；無錫的北夏實驗區，僅東周巷和大橋頭兩個合作倉庫1934年就放款780元。[35]

借貸處和信用合作社給農民的貸款，月息一般在1分到1分5釐之間，最少的僅7釐。如鄒平的貸款一般為月息8釐，最高不超過1分5釐；無錫的貸款一般為月息1分，有時為9釐；徐公橋的貸款月息僅7釐；烏江的貸款平均是1分5釐。這要比各地高利貸的利息（一般為3—4分）低得多。同時，借貸處和信用合作社的貸款條件也不像高利貸那樣苛刻，一般只需要社員負連帶責任，或以衣物、糧食、牲口作抵押，而不必以土地、房屋甚至人身作抵押。

在農村金融枯竭的背景下，各實驗區組織農民成立借貸處和信用合作社，提供相對來說利息較低的貸款，無疑對解決他們生產生活上的困難，減輕高利貸的剝削程度，發展農業生產，或多或少有所幫助。據統計，1934年度祝甸鄉實驗區各信用合作社貸款用途為：買肥料占13.8%，買豆餅64.2%，買豬2.3%，買種子5.4%，買工具3.1%，買牲畜3.5%，做生意7.7%。[36]另據清和實驗區1933年的統計，信用合作社貸款的71.79%用於生產，28.21%用於非生產，非生產主要包括還債、買牲口、婚喪、續房、租房和典房。[37]烏江信用合作社的貸款，用於還債、買口糧、買種子、買牛、買肥料、買農具、還利息和其他的百分比，分別是41%、29%、14%、8%、3%、2%、2%和1%。[38]其他實驗區借貸處和信用合作社的貸款用途，也不外購買生產生活資料、發展生產和償還欠債等方面。

當然，對借貸處和信用合作社的貸款在解決農民生產生活困難，發展農業生產方面所起的作用不能估計過高。借貸處和信用合作社的貸款有兩個明顯特點：一是借期短，多數在一年左右，有的甚至是半年或幾個月。如鄒平為一年，只有清還舊貸款才為2—3年，無錫多為半年，最多也沒有超過一年的，徐公橋一般以5個月為限，烏江是10個月到一年，其他實驗區（縣）也多為半年至一年；二是數額小，一般都在50元以下，少的只有幾元或十幾元，超過100元的甚少。

35　佚名：〈北夏第三年〉（上），《教育與民眾》第7卷第3期，1935年。

36　《鄉村建設實驗》第3集，第323頁。

37　《鄉村建設實驗》第1集，第76—77頁。

38　蔣傑：《烏江鄉村建設研究》，金陵大學農學院農村新報社，1935，第122頁。

　　借貸處和信用合作社貸款的這兩個特點與其資金來源有關。借貸處的資金主要來源於各城市銀行和其他金融機構或團體的貸款，如無錫借款處的資金主要由江蘇省農業銀行無錫分行貸給，江寧農民抵押貸款處的資金主要貸自上海銀行南京分行。合作信用社的資金從理論上講由社內和社外兩方面供給，社內供給的資金，即為合作社本身的股金、存款和公積金；社外供給的資金，即為合作社向各城市銀行和其他金融機構或團體的借款。由於農村經濟的衰敗，農民已經沒有多餘錢繳納股金，或作為存款儲於信用合作社，所以信用合作社的社內資金極為有限，向農民發放貸款主要依靠社外資金。如定縣，1935 年 4 月底全縣合作社的儲蓄總數為 5398.76 元，借入貸款數為 44745.05 元，後者是前者的 8 倍多。[39] 無錫實驗區附設於信用合作社的儲蓄會，其存款餘額就少得可憐，1934 年度北夏 12 個儲蓄會只有儲蓄金 258.45 元。[40] 相對於其他實驗區而言，鄒平合作社是辦得比較好的，1934 年該縣共有信用合作社 21 所，社員人數 314 人，股金總數 870 元，貸款總數 6600 元，是股金總數的 7 倍多。1936 年該縣的信用合作社發展到 48 所，社員人數 1095 人，股金總數 3807 人，貸款總數 23626 元，仍是股金總數的 6 倍多。[41]

　　借期過短，農民借到錢後，很難將錢用到改進農業生產尤其是見效期較長的項目上。金額過小，根本不能滿足農民用錢的需要，解決不了他們生產生活上的困難，他們還不得不向當地錢莊、典當行和地主、富農及商人借錢，繼續受高利貸者的剝削，加上各實驗區加入信用合作社的農民只占農民總數的很少一部分（詳後），絕大多數未加入信用合作社的農民如果發生生產生活上的困難，只能向高利貸者借款，因此，高利貸仍是農民借款的主要來源。據實業部中央農業實驗所 1933 年 12 月在江浙陝甘等省進行的全國農民借款來源調查的結果，合作社貸款只占農民現金借款總數的 1.3%，親友借款占 8.3%，其他占 10.1%，其餘 80.3% 的農民借款來自高利貸者。[42] 就此而言，鄉村建設運動流通金融的目的並沒有實現。

39　《鄉村建設實驗》第 3 集，第 253 頁。
40　趙步霞：〈北夏第二年〉（上），《教育與民眾》第 6 卷第 6 期，1935 年。
41　柴向清：〈鄒平鄉村建設時期的金融業〉，《梁漱溟與山東鄉村建設》，第 158 頁。
42　駱耕漢：〈信用合作事業與中國農村金融〉，《中國農村》第 1 卷第 2 期，1934 年。

提倡合作

中國的合作事業開始於五四運動時期，知識分子在介紹各種社會思想時，將合作思想也介紹了進來，並隨著合作思想的介紹，出現了中國第一個農村合作社。中國農村合作社出現在 1920 年代初，其迅速發展則在 1928 年，尤其是 1930 年以後。如果以 1928 年全國農村合作社的指數為 100，那麼 1931 年為 274，1932 年為 427，1933 年為 732，1934 年為 1850，1935 年為 2811。[43]

1928 年尤其是 1930 年後合作社迅速增多有兩個原因，一是南京國民政府建立後，為緩和農村社會危機，對合作社採取扶植政策，先後制定和頒布了《農村合作社暫行規程》（1930 年內務部頒布）、《合作社原則》（1932 年 9 月 28 日中央政治會議通過）和《合作社法》（1934 年 3 月 1 日國民政府公布）等法規；二是 1927 年後隨著鄉村教育向鄉村建設的方向發展而逐漸興起的鄉村建設運動，以提倡合作、組織農民成立各種合作社為其內容之一，推動了農村合作事業的迅速發展。1937 年商務印書館出版過一本名為《十年來的中國》一書，晏陽初在為該書所寫的《十年來的中國鄉村建設》一文中就明確指出：中國農村「合作事業突飛猛進，是近十年來的事，與鄉村建設運動有密切關係」。[44] 表 23-1 是部分鄉村建設實（試）驗區（縣）的合作社數量統計。

表 23-1　部分鄉村建設實（試）驗區（縣）合作社統計

實驗區	指導機關	合作社（個）	社員（人）	統計時間	資料來源
定縣	平教會	約 120	2844	1935.4	《鄉村建設實驗》第 3 集，第 252—253 頁
鄒平	山東鄉村建設研究院	307	8828	1936.12	《鄉村建設》半月刊第 6 卷第 9 期，1936 年，第 67 頁
無錫	江蘇省立教育學院	40	1070	1934 年度	《鄉村建設實驗》第 3 集，第 67 頁
徐公橋	職教社	1	467	1931	《三周歲之徐公橋》，第 46 頁

43　狄超白：〈對目前合作運動之評價〉，《中國農村》第 3 卷第 2 期，1937 年。
44　〈十年來的中國鄉村建設〉，《晏陽初全集》（1），第 567 頁。

烏江	金大農學院	36	1520	1934.6	《烏江鄉村建設研究》，第 115—121 頁
鎮平	鎮平縣十區自治辦公處	76	未詳	1935.6	《鄉村建設實驗》第 2 集，第 350 頁
江寧	江寧試驗縣政府	133	4730	1934.8	《江寧縣政概況‧建設》，第 44 頁
蘭溪	蘭溪實驗縣政府	102	3599	1934.9	《鄉村建設實驗》第 2 集，第 313 頁
龍山	齊魯大學	7	未詳	1935.9	《鄉村建設實驗》第 3 集，第 303 頁
祝甸	山東省民眾教育館	7	1801	1934.6	《鄉村建設實驗》第 2 集，第 321 頁
洛陽	中國社會教育社	5	131	1935.6	《鄉村建設實驗》第 3 集，第 416 頁
西善橋	江蘇省立鄉村民教館	8	未詳	1935.9	同上書，第 416 頁
下蜀	同上	20	356	1935.9	同上書，第 149 頁
湖塘	武進縣農村改進會	14	977	1935.9	同上書，第 206—208 頁
棲霞	棲霞鄉師	6	106	1935.9	同上書，第 213 頁
萬家埠	江西省農村合作委員會	79	930	1935.9	同上書，第 425 頁

各實驗區（縣）和鄉建團體把提倡合作、組織農民成立合作社作為鄉村建設的主要內容之一，這對於解決農民生產生活上的困難，促進農業生產，增加收入起了一定的積極作用。

首先，給農民提供了一定數量的貸款。合作社依其性質而分，有信用合作社、運銷合作社、生產合作社、購買合作社和兼營合作社等，而信用合作社在當時各類合作社中數量最多。如 1935 年 4 月，定縣合作社約 90 個，而信用合作社就有 78 個；1934 年度，無錫北夏實驗區有合作社 18 個，其中

12 個是信用和信用兼營合作社；這一年烏江 36 個合作社中，信用合作社占了 33 個。其他除鄒平以外的實驗區，信用合作社占合作社總數的比例也多在 70％—80％，有的甚至達到 90％以上。各實驗區和鄉建團體成立信用合作社的目的，如前所述，是為了緩解因金融枯竭而造成的農村資金短缺，給農民提供一定數量的貸款。

其次，部分解決了農產品的運銷困難。1920 年代末 1930 年代初，由於外國農產品的大量進口，極大地衝擊了國內農產品市場，造成農產品價格的大幅度跌落，再加上一些不法奸商壓級壓價，賤買貴賣，坑害農民，致使農民種田不僅無利可圖，而且還往往虧本，極大地挫傷了農民生產的積極性。針對這種情況，一些實驗區組織農民成立運銷（或產銷）合作社，將農民生產出來的農產品（主要是棉花和蠶繭）集中起來，直接賣給用戶或廠家，以免除非法奸商對農民的中間剝削。以鄒平美棉運銷合作社和無錫蠶業運銷合作社為例。鄒平美棉運銷合作社的棉花，1932 年每百斤要比市價多賣 6.3 元，1933 年每百斤要多賣 3—4 元，1934 年每百斤要多賣 14 元。1933—1934 年度無錫北夏實驗區組織蠶戶進行鮮繭運銷合作，將所收鮮繭按高出市價 4—5 元的價格全部賣給絲廠，僅此一項，農民就比自己到市場出售多收入 4000 多元。

第三，有利於農業改良。1920—1930 年代中國農業十分落後，一個重要原因是一家一戶的小生產嚴重地束縛著生產力的發展，因為如興修水利、防洪抗旱、使用大型新式農具、大面積植樹造林、推廣優良品種等，都是只有幾畝或十幾畝土地的農民無法做到的。加上農民又十分貧窮，連最起碼的簡單再生產都難以維持，又哪裡有力量改良農業，擴大生產呢？！所以把農民組織起來，由一家一戶變成幾戶或幾十戶的聯合，是改良農業的重要途徑。梁漱溟在《鄉村建設理論》中對此曾有所認識，他指出：「農民散漫的時候，農業推廣實不好做。鄉村有了組織，大家聚合成一氣，農業改良推廣的工夫才好做」。[45]

當然，鄉村建設運動在提倡合作、組織合作社過程中也還存在著嚴重問題。

問題之一是各類合作社發展極不平衡，信用合作社所占比例過大，而生產、運銷合作社所占比例太小，多數實驗區不到合作社總數的 10％。信用合

45　《梁漱溟全集》（2），山東人民出版社，1990，第 426 頁。

作社的業務主要是辦理貸款，其他業務如儲蓄、匯兌等沒有怎麼開展。所以當時有人戲稱信用合作社為「信用合借社」。這種情況說明，各實驗區和鄉建團體提倡合作、組織農民成立合作社的目的，主要是解決因農村金融枯竭而造成的農民借錢難的問題，而不是為了改良農業，發展生產。所以除鄒平外，其他各實驗區最先成立的都是信用合作社，而不是生產或運銷合作社。

問題之二是只有很少一部分農民（主要是地主、富農和自耕農）入社，絕大多數農民（主要是貧雇農）則被關在了合作社大門之外。如定縣人口總數 40 萬，1935 年 4 月合作社社員 2814 人，為人口總數的 0.7％；鄒平人口總數 16 萬，1936 年底合作社社員 8828 人，為人口總數的 5.5％；無錫北夏和惠北人口總數 303369 人，1934 年度合作社社員 1070 人，為人口總數的 0.3％；徐公橋人口總數 3535 人，1931 年合作社社員 467 人，為人口總數的 13.2％；清和人口總數 22500 人，1934 年合作社社員 285 人，為人口總數的 1.2％。其他實（試）驗區（縣）的合作社社員占人口總數的百分比也非常低，一般在人口總數的 0.3％—0.5％之間。

絕大多數農民之所以被關在了合作社大門之外，有以下幾方面的原因。一是根據各種合作社法規或章程的規定，社員入社每人至少須認購社股 1—2 股，每股股金為 1—2 元。在當時的情況下，廣大農民（主要是貧雇農）早已負債累累，連最起碼的生活都難以維持，又哪裡有錢繳納股金？！因此他們「雖明知合作社之利益，但為股金所限制，不能不趨於合作社之門外」。[46] 能成為合作社社員的主要是那些繳得起股金的地主、富農和比較富裕的自耕農。據 1935 年 10 月調查，鄒平的美棉運銷合作社社員中，自耕地在 20 畝以下的僅占 30％，而在 20 畝以上的占 70％還強。[47] 二是各種合作社都實行所謂連帶保證責任制，即某一社員通過合作社向銀行或其他城市金融機構借款，其他社員都要出具保證書，如果借款社員屆時無力歸還所借款項，同社社員則要承擔連帶責任，負責歸還；如果合作社遭到意外損失，全體社員也都有責任賠償。由於擔心貧雇農連累自己，那些有錢的地主、富農和比較富裕的自耕農歧視甚至反對貧雇農入社。當然，作為新生事物，合作社還不為一些農民所認識，加上各實驗區（縣）宣傳組織工作不十分到位，這也是合作社社員人數占人口

46　喻育之：〈改進農村合作社的幾點意見〉，《教育與民眾》第 7 卷第 3 期，1935 年。
47　《鄉村建設》第 5 卷第 16、17 期合刊，1936 年。

總數比例很低的原因之一。

由於合作社社員人數只占農村人口總數的很小一部分，因此它所起的作用就非常有限，對於廣大被關在合作社大門之外的貧雇農來說，他們並沒有從鄉村建設運動提倡合作、組織農民成立合作社中得到多少好處。曾主持鄒平合作事業的張國維告訴千家駒說：「現在合作社似乎不能解決貧農的痛苦，因為組織合作社的，天然即為中農分子，貧農根本沒有資格加入的，他們自然享受不到合作社的利益。」[48]能享受合作社利益的主要是有錢的地主、富農以及一部分比較富裕的自耕農。

問題之三是合作社的領導權相當一部分掌握在土豪劣紳手裡。各實驗區和鄉建團體組織農民成立合作社時，非常重視發揮那些能識字讀書、家庭富裕、在本地有一定威望（或勢力）的「鄉村領袖」的作用，讓他們擔任合作社的理、監事。而這些「鄉村領袖」基本上都是地主或富農。「鄉村領袖」中雖然不乏熱心公益事業之士，但也不容否認，其中土豪劣紳不少，結果有相當一部分合作社的領導權被土豪劣紳所掌握。華洋義賑救災總會的章元善在談到他們舉辦合作事業的經驗和教訓時就曾指出：「土豪劣紳是任何鄉村都有的。土劣的知識，較一般鄉人為高，最好出風頭管事。他們骨子裡雖然埋藏著自私與險惡，但是在表面上看起來，好像他們識大體明大義似的，與公正士紳幾乎沒有什麼分別，我們辦合作的人走到鄉村，最先出來接頭的就是這輩土劣。因為這種人最善逢迎，會講話，誇張他們的能力威望，示意你要到鄉村辦事，非找他們不可。但是事情一到他們的手，便無往而不糟。我們所希望的，本來是好人出來做合作社的中堅分子，但……出頭的，反而是以剝削好人為職業的土豪劣紳。」[49]他們「常借名組織合作社，向農民銀行借得低利之貸款，用之轉借於農民，條件之酷實罕其匹」。[50]

地方自治

中國的地方自治始於清末。1927年國民黨建立南京國民政府後，為鞏固其統治，拖延自己所許諾的還政於民的期限，繼續推行所謂地方自治，並依據孫中山的遺訓，確定以縣為自治單位，立法院先後制定了《縣組織法》、《縣

---

48 千家駒：〈我所見的鄒平〉，《中國農村》第3卷第3期，1937年。
49 章元善：〈中國合作實際問題〉，《鄉村建設》第6卷第1期，1936年。
50 狄超白：〈對目前合作運動之評價〉，《中國農村》第3卷第2期，1937年。

組織施行法》、《區自治施行法》、《市組織法》、《鄉鎮自治施行法》、《鄉鎮坊自治職員選舉及罷免法》、《鄉鎮閭鄰選舉暫行條例》、《縣參議會組織法》及《縣參議會選舉法》等。對於自治事務，定有戶口調查、土地調查等21項。內政部還根據立法院有關規定擬定了一份《訓政時期完成縣自治實施方案分年進行程次表》，經第207次中央政治會議通過，由行政院頒布，期於6年以內，於1935年完成所定各項自治事業。自治空氣一時瀰漫全國。

在此背景下，地方自治就很自然地成了鄉村建設運動的內容之一，不少實驗區（縣）根據國民黨有關自治事務的規定，開展調查戶口（如定縣、鄒平、無錫、徐公橋、清和、鎮平、龍山、江寧、蘭溪）、測量土地（如鄒平、無錫、鎮平、江寧、蘭溪）、整頓稅收（如鎮平、江寧、蘭溪）、修築道路（如無錫、徐公橋、鎮平、江寧、蘭溪）、改革政制（如江寧、蘭溪、鄒平、菏澤）、編制保甲（如定縣、無錫、徐公橋、鎮平）、辦理民團或警察局（如鄒平、徐公橋、鎮平、江寧、蘭溪）及成立自治團體組織（如東鄉的自治會、定縣的公民服務團、徐公橋和無錫的鄉村改進會、烏江的烏江農會）等工作。

相較於其他地方，由鄉建團體所主持的各實驗區（縣）的自治工作要認真扎實得多。如調查戶口，根據國民黨的有關要求，這是辦理自治最重要也應最先完成的工作。但各地調查戶口的情形，「一半憑空詢問，一半由臆想估量，草草填就，呈報塞責了事」。更有一些區長、村長，「竟虛空填報，閉戶造冊」，而縣政府也為了應付公事，從不過問下面呈報的戶口真實與否。所以各地所謂的戶口調查及其得來的數字，「除應付公事、作官樣文章外，毫無用處」。[51] 與此不同，由鄉建團體主持的各實驗區（縣）的戶口調查較為認真。以鄒平為例，在調查工作開始之前，實驗縣於1934年10月10日成立了戶口調查委員會，作為全縣戶口調查之最高機關。調查委員會依照該會規程條文，擬定工作計畫大綱，作為進行程序的綱領，並將全縣14個鄉劃為14個巡查區，每區各設巡查員1人，指導員2—8人。巡查區內各設固定嚮導、聯絡員若干人。聯絡員以聯莊會會員擔任，嚮導由各區的村長、村理事、閭鄰長和村學、村小學教師擔任，他們都要聽從巡查員、指導員和調查員的調遣，擔任領路、介紹、遞送文件、傳達資訊的工作。調查員由訓練部的學生擔任，他們不僅在

51　周保儒：〈推行民眾教育培養民眾自治能力〉，《教育與民眾》第7卷第4期，1935年。

鄉下實習居住達 3 個月之久，對鄉村情況比較熟悉，而且還接受過戶口調查的業務訓練，有一定的專業知識。為了便於調查，全縣還不分普通住戶、機關、商店、寺院等，一律編貼縣政府新印的門牌，並精心設計和製作了大量調查表格。由於準備工作做得充分扎實，調查進行得比較順利，得到的資料也較為真實。這次調查的結果，後來以《鄒平實驗縣戶口調查報告》的書名，由中華書局於 1935 年冬正式出版，受到國內外有關部門和專家的關注。[52]

　　由鄉建團體主持的各實驗區（縣）的地方自治工作雖然較為認真，但並沒有給地方帶來自治，農民也沒有從中得到任何權利，他們仍然處於被壓迫被奴役的境地。以地方自治組織的建立和改革為例。根據國民黨頒布的有關自治法規的規定，縣以下各級自治組織的構成人員，或由縣署委任，或由地方推舉。縣署委任以不得罪巨室為原則，故地主土豪當然在被委任之列。至於推舉，實際上亦等於地主土豪自舉，用周谷城的話說：「原來土豪地主，經濟能力本在他人之上；又因壟斷教育，智識技能，組織能力，乃（乃至？）統馭才幹，均超人一等，貧苦農民經濟幾等於零，又因未受教育，蠢如鹿豕，對土豪地主，向來尊為神聖」，推舉區、鎮、鄉、村、里、閭、鄰、保、甲長及其副職，當然只能唯地主土豪馬首是瞻，推舉他們。[53] 梁漱溟 1929 年在考察山西村政後也認為，村長由村民選舉，結果只能是土豪劣紳當選。[54] 各實驗區（縣）也不例外。據對無錫 518 個村長中的 104 個村長的經濟狀況調查，其中 91.3% 的人為地主，7.7% 為富農，1% 為小商人；地主中有 43.77% 的人為中等地主，56.73% 為小地主；平均占地 44 畝的有 59 人，占地 224 畝的有 45 人。[55] 村長都是地主豪強占絕對優勢，就更不用說鄉長、鎮長和區長了。所以，儘管各實驗區（縣）地方自治組織的建立和改革，不像其他地方那樣「因循敷衍，奉行故事」，但無論是江寧、蘭溪的廢除閭鄰制，實行村里制，廢除區制，實行縣、鎮鄉二級制，還是鄒平的裁區併鄉，將全縣劃為 14 鄉、365 個行政村，抑或無錫的保甲編制與實驗，鎮平的所有區、鎮、鄉、閭、鄰正副長官的選舉產生，都沒有改變作為地方政權機構的所謂自治組織「是地主

52　田慕周：〈我參加鄒平實驗縣戶籍工作的情況〉，《梁漱溟與山東鄉村建設》，第 162—166 頁。
53　周谷城：《農村社會新論》，第 123—124 頁，轉引自楊翼心〈當代中國各種鄉村運動在地方自治上之評價〉，《教育與民眾》第 5 卷第 7 期，1934 年。
54　〈北遊所見記略〉，《梁漱溟全集》（4），山東人民出版社，1993，第 897 頁。
55　陳翰笙：〈現代中國的土地問題〉，《中國經濟》第 4、5 期合刊，1933 年。

土豪用以鎮壓農民剝削農民之工具」這一基本事實，[56] 它們的權力仍然掌握在地主階級手裡。

當然，這並不是說各實驗區（縣）地方自治作為鄉村建設運動的內容之一毫無意義。實際上如調查戶口，使不少實驗區（縣）的人口數量第一次有了較為精確的統計；修築道路，一定程度上解決了當地農民行路難的問題；尤其是定縣等的公民教育，對於培養農民的公民和團體意識，激發他們投身鄉村建設，還是起了一定的作用的。

公共衛生

舊中國農村的衛生條件極差，缺醫少藥的現象十分嚴重，農民因病得不到及時治療而死亡或失去勞動能力的不少。本來廣大貧苦農民就生活在水深火熱之中，疾病更加重了他們的經濟負擔和痛苦。為了改變這種狀況，各實驗區（縣）都比較重視鄉村公共衛生工作。

首先，是設立鄉村醫院（或衛生所或保健所或醫藥室），為農民看病治病，其中一些面積較大的實驗區（縣）還在此基礎上建立了一套鄉村衛生保健制度或組織。如定縣縣設保健院，區設保健所，村設保健員；鄒平縣設衛生院，鄉設衛生所；無錫的北夏和惠北實驗區區設衛生所，分區設衛生分所，各民眾學校施教區設特約衛生員；江寧縣設衛生院，中心鄉鎮設衛生所，一般鄉鎮設衛生分所。鑒於不少農民因生活貧困而無錢看病的情況，一些實驗區（縣）還實行免費看病制度，對於那些特別困難的農民甚至免收藥費。

其次，防治結合，以防為主，為農民布種牛痘和注射預防霍亂、腦膜炎、白喉等傳染疾病的預防針。如定縣 1930—1936 年布種牛痘 141397 人，無錫惠北 1934—1937 年布種牛痘 4355 人，注射預防針 2644 人，徐公橋 1931—1932 年布種牛痘 1161 人，注射預防針 1800 人。

第三，重視學校衛生，宣傳衛生常識。據定縣 1934 年下半年至 1935 年上半年的小學衛生實驗統計，該縣在 42 所小學中進行過衛生實驗，接受實驗的學生有 2850 人；舉辦衛生班 996 次，聽講人數 49349 人；清潔檢查 996 次，接受檢查者 49349 人；體格檢查 3008 人；治療砂眼 95570 人次；治療頭癬

56　周谷城：《農村社會新論》，第 123—124 頁。

26162 人次；牙齒檢查 1529 人；矯正牙疾 433 人；水井改良 14 口；廁所改良 6 處。[57]

第四，試行新法接生。鑒於傳統的接生方法既不科學，也不衛生，容易引起產婦和新生兒的感染，甚至死亡，不少實驗區提倡並試行新法接生。試行新法接生的實驗區有定縣、鄒平、無錫、徐公橋、清和、龍山等。如清和實驗區從 1932 年 7 月起，聘用助產護士 1 人，專門負責此項工作，包括孕婦嬰兒檢查、產婆調查、新式接生和助產教育。實驗區醫院設有產床 4 張，遇有生產者，助產護士得到通知後，即前往接生。為了推廣新法接生，實驗區還舉辦過產婆訓練班，凡 35 歲以上 75 歲以下的產婆，一律都要接受兩個星期的訓練，內容包括上課和在助產護士的指導下實習新法接生。[58]

第五，舉行清潔運動，如發動農民進行大掃除，清理堆放在路邊的垃圾，消滅大道旁的糞坑等。在這方面搞得好的實驗區有徐公橋、無錫和清和。無錫的黃巷實驗區基本上每月搞一次大掃除，每次都進行清潔評比；徐公橋實驗區夏季每週大掃除一次，發動群眾打掃屋內和街道。

除以上措施外，有的實驗區還經常舉辦衛生展覽，利用宣傳掛圖，對農民進行衛生常識教育；或組織巡視醫療隊，下鄉為農民看病治療。

各實驗區（縣）對鄉村公共衛生工作的重視，對改變農村落後的衛生狀況起了一定的積極作用。比如，鄉村醫院（或衛生所或保健所或醫藥室）的設立，使農村缺醫少藥的狀況有了初步改善，農民生了病能在實驗區內得到及時治療。以定縣為例。該縣農民醫治常見的感冒可以不出村，一般疾病可以不出區，大病可以不出縣。在 1934 年 10 月至 1935 年 9 月的一年內，定縣共有189352 人次接受治療或用藥。又如，定期為農民布種牛痘和注射預防針，有效地控制了天花、霍亂、腦膜炎、白喉、猩紅熱等傳染病的流行。據各實驗區（縣）向全國鄉村工作討論會年會提交的報告，此項工作開展較好的定縣、鄒平、無錫、徐公橋、清和等實驗區（縣），曾肆虐農村、造成成千上萬人死亡的天花、霍亂，在實驗區（縣）內已基本絕跡，其他傳染病也沒有過爆發性的流行情況。另外，各實驗區（縣）的衛生教育、新法接生和群眾性的清潔運動，

57　〈定縣實驗區工作概略〉，《鄉村建設實驗》第 3 集，第 259 頁。
58　張鴻鈞：〈燕京大學社會學系清和鎮社會實驗區工作〉，《鄉村建設實驗》第 1 集，第87—88 頁。

有助於提高農民尤其是兒童的衛生意識，養成良好的衛生習慣，改善農村的衛生環境。如鄒平在未實行新法接生之前，新生兒的死亡率達 50％，實行新法接生之後，降到 10％。[59]

尤其需要指出的是，一些實驗區在重視鄉村公共衛生工作的過程中所創造的一些制度和經驗，對於今天的農村衛生工作仍有借鑑價值和意義。如定縣的村設保健員、區設保健所、縣設保健院的三級衛生保健制度，無錫惠北實驗區在小園里村實驗的農村合作醫療制度，鄒平和徐公橋實行的為貧苦農民免費治療制度，以及定縣的學校和婦嬰衛生工作經驗，無錫和徐公橋的清潔衛生運動經驗，鄒平的新法接生經驗等，都值得認真總結和借鑑。

除以上 6 個方面，移風易俗也是鄉村建設運動的一個重要內容，像定縣、鄒平、無錫、徐公橋、鎮平、江寧、蘭溪、清和、龍山、烏江等不少實驗區（縣）都開展過群眾性的移風易俗運動，其措施不外剪髮辮、禁纏足、禁吸毒、禁賭博、禁早婚、禁溺女、改革婚喪陋習等，有的取得了一定的成效。禁止和革除舊的風俗習慣，有利於社會改良和進步。所以，對於鄉村建設運動的這一內容應該給予充分的評價。當然在禁止和革除舊風俗習慣的過程中，有的實驗區（縣）也出現了這樣或那樣的問題，如鎮平以浪費為由不許農民演戲和看戲，這自然是不妥的，但瑕不掩瑜，各實驗區（縣）移風易俗的成績要大於它的失誤。

三、鄉村建設運動的歷史評價

復興農村經濟的失敗

前面已經指出，鄉村建設運動是在中國農村經濟日益走向衰落的背景下興起的，其主要目的就是要阻止這種衰落，並使之出現復興，從而實現「民族再造」或「民族自救」。但鄉村建設運動的結果，復興農村經濟的目的不僅沒有實現，相反各實驗區（縣）經濟的衰落程度在鄉村建設運動期間有了進一步的加深。下面讓我們來看看作為鄉村建設運動三大中心之一的定縣的一組資料。

主要農產品價格：1933 年比 1930 年跌落了 40—60 個百分點；田地價格：

59　〈我們在山東的工作〉，《梁漱溟全集》（5），第 1020 頁。

1934 年比 1928 年普通有井田地從每畝 120 元下跌為 50 元，普通旱地從每畝
55 元下跌為 25 元；農民借債：1931 年比 1929 年借債戶數增加了 78%，借
債次數增加了 117%，借債數額增加了 133%，1934 年借債戶達到 46000 戶，
占全縣總戶數的 67%；農民生活狀況：1929 年前定縣的乞丐很少，到 1933
年冬增至 3000 人，1933 年冬定縣吃不起鹽的約占人口總數的 20%，1931 年
因還不起債而被債主沒收家產的不過 50 戶左右，1933 年達到 2000 戶之多；
農民流離：1930 年前每年 700 人左右，1934 年前三個月就超過了 15000 人。[60]

　　定縣在所有實驗區（縣）中實驗的時間最長（1926—1937），投入的資
金和人力最多（據晏陽初報告，僅 1933 年，平教會的經費就達 386422 元，
職員 224 人[61]），影響最大，成績也最突出。定縣尚且如此，就更不用說其他
實驗區（縣）了。

　　鄉村建設運動復興農村經濟的目的之所以未能實現，是它沒能解決以下
三個有著重大影響的問題。

　　第一，帝國主義農產品的傾銷問題。1920 年代末 1930 年代初中國農村
經濟衰落的一個突出表現，便是帝國主義農產品的大量傾銷，造成中國農產
品價格的大幅度跌落，並進而導致了田地價格大幅度下跌和農產的嚴重萎縮。
因此，制止帝國主義農產品的大量傾銷，是復興農村經濟的必要前提。制止帝
國主義農產品大量傾銷的最好辦法無非兩個：一是取消帝國主義強加給中國
人民的種種侵略特權包括關稅協定權，由國家根據國際慣例和本國利益，制定
合適的農產品進口稅稅率，以保護本國農產品市場；二是大力發展本國農業，
尤其是規模、高效農業，加大科技和資金投入，提高農業生產效率，以增強本
國農產品的競爭能力。而這兩點都只有在一個代表人民根本利益並能獨立行
使國家主權的中央政府的領導下才能實現。但當時的國民黨政府顯然還不具
有這樣的資格和能力，它不僅沒有採取措施制止帝國主義農產品的大量傾銷，
相反還先後與美國達成「美棉借款」和「美棉麥借款」協定，使美國的小麥和
棉花通過政治貸款的方式如潮水般地輸入中國，從而導致了中國農產品價格的
進一步跌落。

60　李景漢：〈定縣農村經濟現狀〉、〈農村高利貸的調查〉、〈定縣人民出外謀生的調查〉，
　　《民間》第 1 卷第 1、14、7 期，1934 年。
61　《晏陽初全集》（1），第 200 頁。

各鄉建團體在從事鄉村建設實驗的過程中，雖然也感受到因外國農產品的大量輸入所導致的本國農產品價格大幅度跌落給農民帶來的危害，如蘭溪實驗縣的鄉建工作者就認識到：「第一，手工業無論如何提倡，總敵不了外來貨物的傾銷，則手工業還有什麼前途？第二，外來農產品傾銷到農村，有什麼方法可以把洋米洋麵趕出去？如果趕不出去，則改良農業生產，增加收穫，豈非更將使農產品價格跌落，農民愈不能維持」。[62] 無錫教育學院的俞慶棠也指出：「從事於鄉村工作者費了九牛二虎之力，使每畝農作物的田地增加半擔以上的收穫，這是了不起的成績了。如果一旦洋米傾銷，或棉花大量進口，每擔農作物的價格，立即可以跌到原有價格的半數。」[63] 但鄉建團體所能採取的措施只是組織農民成立運銷合作社，以免除中間商人對農民的坑害，從而使合作社社員的農產品相對於當地市價而言賣一個好價錢，而沒有提出任何從根本上解決外國農產品大量傾銷的方案，甚至沒有向國民黨提出建議，要求其採取措施，減少農產品的進口，以保護本國農產品市場。就目前所見到的材料而言，儘管梁漱溟、晏陽初、高踐四等人多次被國民黨邀請參加有關會議，或與國民黨黨國要人經常會晤，但都沒有向國民黨提出過減少外國農產品進口，保護本國農產品市場的要求，全國鄉村工作討論會三次年會也沒有討論這一問題。

　　第二，土地分配不均問題。1920 年代末 1930 年代初中國農村經濟衰落的另一個突出表現便是土地高度集中，不少農民失去土地而成為無地或只有少量土地的貧雇農。其結果，一是兩極分化更形嚴重，廣大失去土地的農民生活更加貧困；二是無地或少地的農民對改良農業積極性不高，嚴重影響著農業進步。因此，抑制土地集中，使失去土地的農民重新獲得土地，是復興農村經濟的又一必要前提。不少鄉建工作者尤其是他們的領袖人物不僅對土地分配不均有一定的認識，如號稱鄉村建設理論家的梁漱溟就認為在土地上存在著三個問題：一是耕地不足，人多地少；二是使用不太經濟，沒有做到合理使用；三是分配不均，「有的地方且相當嚴重，或很嚴重」。[64] 晏陽初也承認：「農村經濟問題中最嚴重的，莫如土地問題」。[65] 他們還提出過各種各樣的解決方案。梁漱溟提出的方案是實行土地公有，他認為：「土地分配不均，是從土地

62　轉引自李紫翔〈農村建設運動應有的轉變〉，《中國農村》第 2 卷第 10 期，1936 年。
63　轉引自余霖〈鄉村工作的理論和實踐〉，《中國農村》第 2 卷第 1 期，1936 年。
64　〈鄉村建設理論〉，《梁漱溟全集》（2），第 530 頁。
65　〈十年來的中國鄉村建設〉，《晏陽初全集》（1），第 567 頁。

私有制來的流弊；私有土地的結果就難免不均。要想根本免於不均，只有土地全歸公」。[66] 一位名叫許公鑒的鄉建工作者也認為，孫中山提出的「耕者有其田」政策，「是解決我們土地問題的一種好方法」。[67] 全國鄉村工作討論會第三次年會在討論土地問題時，不少與會者贊同「土地國有原則」，並提出「土地分配最好以勞動力為標準，不以兩性為界限」。[68]

　　鄉建工作者雖然主張土地國有，實行孫中山的「耕者有其田」政策，但他們反對以暴力手段剝奪地主土地，並無條件地分配給少地或無地的農民。如梁漱溟主張通過政府立法形式，「從法律上設為種種限制，裁抑地主，終使其出賣土地」，同時，建立「完整的農業金融系統」，給農民提供長期貸款，鼓勵並幫助他們購買土地，從而「達到土地利用的合理化，農業經營的合理化」。[69] 李景漢也認為：「中山先生的平均地權辦法實為由土地私有變為土地農有，再由土地農有變為土地國有的和平辦法。若能早日實行平均地權，同時亦能節制資本，則土地問題則可徹底解決。」[70] 從理論上講，用政府立法的形式，迫使地主出賣土地和國家通過「照價納稅」及「照價收買」，將土地收歸國有，的確不失為解決土地問題的好方法，但從操作上說，在當時國民黨政府不代表農民的根本利益和農民極端貧困的條件下，這又是行不通的，實際上也從來沒有實行過。因此，直至鄉村建設運動結束，各實驗區（縣）的土地問題都沒有得到解決，土地集中不僅沒有緩解，相反呈現出進一步加劇的趨勢。如無錫每戶地主占有的土地，1933 年就比 1929 年擴大 160 畝，從平均的 54.5 畝增加到 214 畝。

　　第三，農民負擔過重問題。1920 年代末 1930 年代初，農民負擔特別沉重，主要包括三個方面。一是地租負擔。當時的地租額平均在收穫量的 50%—80%，有的甚至超過了 100%，再加上押租、預租和附加租等種種名目的剝削，佃農的地租負擔甚是沉重，要求減租或抗租的事件層出不窮。但就目前所發現的資料來看，和全國絕大多數地區一樣，各實驗區（縣）並沒有實行過減租。

66　〈鄉村建設理論〉，《梁漱溟全集》（2），第 530 頁。

67　許公鑒：〈從挽救農村經濟說到民眾教育的功能〉，《教育與民眾》第 5 卷第 5 期，1934 年。

68　《鄉村建設實驗》第 3 集，第 45 頁。

69　〈鄉村建設理論〉，《梁漱溟全集》（2），第 531—532 頁。

70　李景漢：《中國農村問題》，商務印書館，1937，第 129 頁。

個別實驗區雖然提出過要求，但因地主的反對，最後是不了了之。[71]

　　二是賦稅負擔。當時農民除要繳納高額的田賦外，還要負擔名目繁多的苛捐雜稅。賦稅負擔的苛重是造成農村經濟衰落的一個重要原因。但由於田賦和各種苛捐雜稅是中央和省、縣三級政府的主要收入來源，並且只有這三級政府才有權決定田賦和各種苛捐雜稅的稅額及徵收或減免，因此，儘管一些鄉建工作者認識到「賦稅繁重，民不堪命」；[72]「農民生活愈困，則於農業生產愈無力。所以（農民）負擔之重，是農業生產的致命傷，這個問題的解決，則俾益生產者甚大」，[73] 也對農民的賦稅負擔做過一些調查，並在鄉村工作討論會上提出要「改革非法徵收」，但他們無權決定賦稅的減免，因此，除江寧、蘭溪等少數實驗區（縣）對田賦和捐稅的徵收進行過整頓外，絕大多數實驗區（縣）沒有涉及過田賦和捐稅問題。而江寧、蘭溪等少數實驗區整頓田賦和捐稅徵收的主要目的，不是減免農民的賦稅負擔，而是簡化徵收手續，革除徵收過程中存在的諸如貪汙中飽等種種弊端，從而使田賦能如數如期徵收歸倉。

　　三是債務負擔。1920 年代末 1930 年代初農民因生活困難而借債的現象十分普遍。1933 年河北定縣借債戶就占全縣總戶數的 67％。由於農村金融的枯竭和現代金融業的不發達，農民主要借的是高利貸，而高利貸的最主要特點就是利率高，而且多是利滾利。農民一旦借了高利貸，其利息往往使他們不堪重負，甚至家破人亡。所以，解決債務問題是復興農村經濟的又一必要條件。這應包括三個方面的措施：減輕或取消農民已借高利貸的利息；對今後高利貸利率做出限制；儘量使農民不再向高利貸者借款。就第一、第二方面來看，沒有一個實驗區（縣）實行過減息，也沒有一個實驗區（縣）嚴格限制過高利貸的利率。第三個方面，各實驗區（縣）雖然採取過一些流通金融的措施，但向農民提供的貸款十分有限，根本不能滿足農民解決生產生活困難的需要，農民仍需向高利貸者借貸，遭受高額利息的剝削。

　　正因為鄉村建設運動沒能解決外國農產品的大量傾銷、土地分配嚴重不均和農民負擔過於沉重這三個問題，其復興農村經濟的目的自然也就無法實現。

71　秦柳方：〈農村破產現況下民眾教育應有之努力〉，《教育與民眾》第 7 卷第 4 期，1935 年。
72　〈江蘇省立教育學院鄉村民眾教育實驗工作報告〉，《鄉村建設實驗》第 3 集，第 63 頁。
73　〈鄉村建設理論〉，《梁漱溟全集》（2），第 516 頁。

「鄉村不動」的原因分析

鄉建工作者尤其是他們的領袖人物認識到，鄉村建設運動要想取得成功，其關鍵是要使廣大農民起來投身鄉村建設運動並成為其主力。晏陽初在《十年來的中國鄉村建設》一文中也指出：「鄉村問題的解決，天然要靠鄉村人為主力。我們組織鄉村的意識，就是要形成這解決問題的主力。」[74] 中華職業教育社所揭示的從事鄉村建設的「主旨」，其第一條是：「重在啟發本地農民自動，扶植農民自主、自立、自治。」[75] 然而，鄉村建設運動的結果卻出現了梁漱溟稱之的「號稱鄉村運動而鄉村不動」的難局。他在一篇題為《我們的兩大難處》的講演詞中寫道：

> 「號稱鄉村運動而鄉村不動」這個話，差不多是一個事實。在無錫我們開的鄉村工作討論會，乃至去年在定縣的一屆年會，都可以看出其間鄉村農民的代表差不多沒有。放寬點說：即令有，為數也太少；最多的，還是教育界的人。其他如農業家、公共衛生家，這樣的技術人才倒有；政府的人也很不少，地方政府、中央政府，都有人出席；可是從鄉村來的，代表農民的，甚是鳳毛麟角。即此可見鄉村之不動。彷彿鄉村工作討論會和鄉村沒大關係，鄉下人漠不關心，只見鄉村以外的人瞎嚷嚷。不但如此，我們試以鄉村工作的幾個重要的地方說：頭一個定縣平教會，在定縣人並不歡迎。本來最理想的鄉村運動，是鄉下人動，我們幫他吶喊。退一步說，也應當是他想動，而我們領著他動。現在完全不是這樣。現在是我們動，他們不動；他們不惟不動，甚且因為我們動，反來和我們鬧得很不合適，幾乎讓我們作不下去。此足見我們未能代表鄉村的要求！我們自以為我們的工作和鄉村有好處，然而鄉村並不歡迎；至少是彼此兩回事，沒有打成一片。

為什麼會出現「號稱鄉村運動而鄉村不動」這種難局呢？梁漱溟在同一篇講演詞中對此分析說：「鄉村不動」的根本原因，「是農民偏乎靜，我們偏乎動；農民偏乎舊，我們偏乎新……總之，從心理上根本合不來。」[76]

把「號稱鄉村運動而鄉村不動」的根本原因歸結於鄉村建設運動與農民

74　〈十年來的中國鄉村建設〉，《晏陽初全集》（1），第 562 頁。
75　江恆源：《徐公橋》，中華職業教育社，1929，第 11 頁。
76　《梁漱溟全集》（2），第 574—575、581 頁。

「從心理上根本合不來」，這顯然是皮相之見。中國共產黨領導的農民運動的成功已經證明，農民並不像梁漱溟所說的那樣天生就「偏乎靜」、「偏乎舊」，他們中間蘊藏著巨大的積極性和創造力，一旦被動員起來，就能成為埋葬舊世界、創造新世界的主力軍。15 年後，亦即在參加了 1950 年代初期的土地改革運動後，梁漱溟對這一問題有了新的認識，認為只要抓住農民的痛癢而啟發之，「他還是要動的」。[77]

鄉村建設運動與農民「從心理上合不來」不是造成「號稱鄉村運動而鄉村不動」的根本原因，造成「鄉村不動」的根本原因是，鄉村建設運動在經濟上沒能減輕農民的沉重負擔，滿足他們對土地的要求；在政治上沒能推翻地主階級的統治，使農民獲得翻身解放。

關於鄉村建設運動在經濟上沒能減輕農民的沉重負擔，滿足他們對土地的要求的問題，前文已有討論。這裡需要指出的是，鄉村建設運動在經濟上不僅沒能減輕農民的沉重負擔，相反在一些實驗區（縣）農民的負擔因鄉村建設運動而有所加重。

鄉村建設需要大量人力和財力的投入，而當時各鄉建團體的經費，或主要來自國外（如定縣），或主要來自政府（鄒平），或主要來自自籌（如徐公橋），但無論來自何方，對於大多數鄉建團體來說，其經費都比較緊張，就是中華平民教育促進會，因得到美國一些大公司和財團的捐助，算得上是財大氣粗，然而有時也會捉襟見肘。據晏陽初報告，1932 年度平教會的經費預算為 38 萬元，但實際上 90％尚未實收，所以他要求平教會職員「不可以為有現款存下，以用完為快」。[78]

一方面是經費有限，另一方面舉辦鄉建事業又要經費投入，為了解決經費的困難，不少實驗區（縣）便採取「羊毛出在羊身上」的措施，向農民攤派鄉建經費。如鄒平的村學鄉學的經費就以地方自籌為主，縣政府酌量予以補助。其自籌辦法，按各村各鄉丁銀多少攤收。再如鎮平的自治經費也主要依靠攤派來籌集，僅 1931 年度該縣就共向農民攤派小麥 7194820 斤。烏江實驗區有一段時何，因中央農業推廣委員會停止經費供給，農民不得不負擔實驗區

77　〈兩年來我有了哪些轉變〉，《梁漱溟全集》（6），山東人民出版社，1993，第 873 頁。
78　〈在周會上的講話〉，《晏陽初全集》（1），第 232 頁。

工作人員的生活費用。[79] 農民負擔的苛捐雜稅等本來就已相當沉重，現在又加上攤派的鄉建經費，無疑雪上加霜，使他們的生活更形困苦。

除負擔鄉建經費外，一些實驗區（縣）的農民還要無償出工出力，為鄉村建設運動服務。比如不少實驗區（縣）成立了民團或保衛團，並且一般都採取瑞士義務徵兵制，凡18歲以上45歲以下的壯丁都是民團或保衛團團員，有接受抽調訓練和執勤的義務。接受抽調訓練的時間十幾天或幾個月不等，其間不僅沒有工資，不少實驗區（縣）還要自帶武器和伙食。另外，各實驗區（縣）的修橋築路、開挖管道等建設工程，也都要抽調農民義務工。

如果說鄉村建設運動能給廣大農民尤其是貧苦農民帶來利益，那麼農民為此出錢出力是值得的，也是應該的。但事實與此相反，廣大貧苦農民從鄉村建設運動中得到的利益甚微，得到利益的主要是地主、富農和一部分比較富裕的自耕農。以民團或保衛團為例。一些實驗區（縣）成立民團或保衛團的主要目的是為了維護社會秩序，保護地方免遭土匪搶劫。但廣大貧苦農民已一貧如洗，他們沒有什麼需要保護的，所以是否成立民團或保衛團對他們來說無關緊要，只有有錢的地主、富農和富裕的自耕農才怕土匪搶劫，需要保護。既然除增加負擔外，廣大貧苦農民從鄉村建設運動中並沒有得到什麼利益，那麼他們理所當然地也就會對鄉村建設運動抱冷淡態度。

和經濟上一樣，政治上鄉村建設運動也沒有給廣大貧苦農民帶來什麼好處，他們仍處於受壓迫受奴役的地位。如前所論及的，地方自治組織的建立和改革，並沒有改變地方政權的性質，各級權力仍然掌握在地主階級手中。其他如合作社、借貸處、民團或保衛團、自治團體或鄉村組織，其領導權也大多為地主豪紳所掌握。以鄒平的村學鄉學為例。鄒平的村學鄉學主要由三種人組成：一是「鄉村領袖」，他們充任「學董」、「理事」（又稱「常務學董」）和「學長」；二是成年農民，他們充任學眾；三是鄉建工作人員，他們充任「教員」和「輔導員」。村學鄉學的最高權力機構是「學董會」，理事負責日常工作，學長起「監督訓導的作用」。所謂「鄉村領袖」實際上大多是當地的地主豪紳。所以儘管梁漱溟否認農村存在著階級和階級鬥爭，但實際上村學鄉學的權力掌握在地主豪紳手中，廣大貧苦農民，即所謂「學眾」只能服從他們的

---

79 孫友農：〈安徽和縣烏江鄉村建設事業概況〉，《鄉村建設實驗》第 1 集，第 103 頁。

領導。鄒平的民團也是如此。根據山東鄉村建設研究院和實驗縣政府的規定，只有高小畢業並有身家財產的人，才有資格被各鄉理事推選為民團鄉隊長的候選人，最終通過考試和訓練成為鄉隊長。在當時鄉村教育不普及、廣大農民生活極端貧困的條件下，能讀到高小畢業的人，多數只能是地主、富農的子弟。

　　實際上，鄉村建設運動自始走的就是一條依靠地主階級推動鄉村建設的政治路線。因此，儘管各實驗區（縣）鄉村建設的方法、措施和側重點有所不同，但有一點是一致的，即都特別重視發揮「鄉村領袖」的作用，力爭獲得他們對鄉村建設運動的支持。如定縣，據晏陽初介紹，無論是從事社會調查，還是成立平民學校，平教會職員都要先與本地「領袖」（村長、村副和德高望重的長老）「接洽」，徵求他們的意見，讓他們出面領導。[80] 鄒平的村學鄉學設立的第一步，是山東鄉村建設研究院的工作人員訪問各村鄉的「領袖」；第二步，是組織學董會，把各村鄉的「領袖」納入學董會之中；第三步，是由學董會推選學長和理事；第四步，是迎接教員；第五步是召開學眾大會，宣告村學鄉學的成立。廣大學眾只有到村學鄉學成立的那一天，才知道村學鄉學是怎麼一回事。職教社幹事江恆源在介紹徐公橋試驗區推進鄉村建設運動的經驗時承認：「他們是仗著地方諸位領袖，熱心幫助，才能使會務（指鄉村改進會會務——引者注）進行不懈，略有一些事業可言」。[81]

　　毋庸否認，不是所有的地主都是魚肉鄉里的惡霸，「鄉村領袖」中也不乏熱心公益事業之士，但也必須承認，地主中不少人確實是土豪劣紳，是南霸天、胡漢三式的人物。各實驗區（縣）依靠他們來推進鄉村建設運動，讓他們掌握合作社、借貸處、民團或保衛團、自治組織或鄉村組織的領導權，這就給他們進一步提供了掠奪、欺壓和奴役廣大貧苦農民的機會和權力，從而既加重了廣大貧苦農民的痛苦，也使鄉村建設運動失去了廣大貧苦農民的參與和支持。其結果與鄉村建設者的初衷相反，依靠地主階級的政治路線不僅沒能推進鄉村建設運動，相反導致了「號稱鄉村運動而鄉村不動」的局面出現。

「深入民間」的歷史意義

　　鄉建工作者尤其是他們的領袖一方面特別強調農民成為其主力對於鄉村

80　〈有文化的中國新農民〉、〈中華平民教育促進會定縣實驗工作報告〉，《晏陽初全集》（1），第 147—148、314—315 頁。
81　江恆源：《徐公橋》，第 11 頁。

建設運動的重要意義，但同時也認為，鄉村建設運動要想取得成功，僅有農民成為主力還不夠，還必須要有外來的知識分子「深入民間」，與農民結合，起提倡、輔導和推動鄉村建設的作用。晏陽初在〈十年來的中國鄉村建設〉一文中就明確指出：「有了鄉村人為解決問題的主力就夠了嗎？不夠！單是鄉村人解決不了鄉村問題，因為鄉村人對於問題只能直覺地感覺到，而對於問題的來源，他們不能瞭解認識……所以鄉村問題的解決，第一固然要靠鄉村人為主力，第二亦必須靠有知識、有眼光、有新方法、新技術（這些都是鄉村人所沒有的）的人與他們結合起來，方能解決問題。」[82] 因此，有成百上千的知識分子，其中還有不少人是取得過碩士、博士學位的歸國留學生，或是大學校長、教授和著名專家學者，拋棄了城市的優厚工作和生活條件，來到各方面都比較艱苦的農村，從事鄉村建設的實驗工作。僅以平教會為例。1926 年到定縣的工作人員是 66 人，以後隨著平教會在定縣工作的開展而年年增長，1928 年，82 人；1929 年，204 人；1932 年，224 人；到 1935 年時達到 500 人。山東鄉村建設研究院僅其研究部和訓練部培養的學生，留在實驗區工作的就有近千人之多。

　　毋庸否認，在這成百上千人之中，正如有的批評者所指出的那樣，有個別或一小部分人投身鄉村建設運動，或是因生活所迫，在城市找不到稱心的工作，暫以鄉建為棲身之所；或是沽名釣譽，想投機取巧。但就大多數人而言，他們投身鄉村建設運動，「不是為著個人的金錢或地位，而是為著追求光明，追求自己的空洞理想」，[83] 真心實意地想為農民做一點好事。有一位叫徐寶謙的鄉建工作者在談到「深入民間」的問題時就指出：「我們知識分子，幾千年以來，既然犯了欺壓民眾的大罪過，現在自然應該懺悔，定志為他們去服務。」[84]

　　當然，「深入民間」，走與農民相結合的道路，說起來容易，但要真正做到並且做好不是一件容易的事。這首先要克服生活上的種種困難，使自己逐漸適應農村的艱苦環境。李景漢晚年曾回憶他初到定縣時的情況：「從北京到定縣現在只需要三個多小時，而那時的火車沒個准鐘點，要行相當長的時間，

82　《晏陽初全集》（1），第 562 頁。

83　薛暮橋：〈關於中國農村經濟研究會及白區工作問題——給少奇同志的報告〉，《〈中國農村〉論文選》（上），第 23 頁。

84　〈鄉村建設運動的精神基礎〉，《鄉村建設》第 6 卷第 3 期，1936 年。

有時要二十四小時。記得我坐著敞棚車，天還下著雨，渾身濕透。火車走走停停，一天多才到。到定縣後離翟城村（平教會辦事處設在該村——引者注）還有三十里路，當夜宿在定縣的旅店裡。夜裡，我雖然十分疲乏，卻翻來覆去睡不著覺，覺得身上奇癢難耐，我換到桌子上去睡，仍是無法入眠。後來我才知道那是臭蟲在咬。在去定縣之前，我的生活一直比較優越，對農村生活並無體驗。來到了定縣，無異於是一個極大的變化。第二天雇了一輛大車來到翟城村，平教會在那裡已開始工作，辦公室宿舍設在幾間破舊的草房裡，條件儘管很艱苦，但是平教會的同仁們情緒都十分高漲。」[85] 那時平教會工作人員和老百姓住一樣的房子，只是牆壁上多開了幾扇窗戶，以便通風，居室內的設備也非常簡陋，冬季要洗澡就得跑 30 多里路到縣城的澡堂去洗，因此那些在城市生活和工作時已習慣每天或隔天洗一次澡的工作人員，有時一個星期或幾個星期才洗得上一次澡。後來隨著定縣工作的開展，平教會總會遷至定縣縣城內，洗澡問題才得到解決。由於生活條件過於艱苦，一些工作人員不能適應，因而做了一段時間後離開了。其次要在思想上、作風上以及學術研究的觀念及方法上來一個根本的轉變和突破，使自己逐漸地適應新的工作需要。到農村工作的鄉建工作者許多是大學教授或科研機構的研究人員，已習慣於課堂講授或實驗室研究，不是大學教授和研究人員的，也多是歸國留學生或本國大學畢業生，也早已習慣於自己的工作和學習方法。來到農村後，面對的是自己既不瞭解甚至從來沒有接觸過的農民生活，一下子感到很難適應，有的人不知道如何運用自己的知識去尋求實際問題；有的人雖然碰到或發現了問題，但不知道如何從農民的實際生活中去研究和解決問題。山東鄉村建設研究院主辦的《鄉村建設》雜誌曾開闢「鄉運者的話」的專欄，專門刊登鄉運者的經驗報告、工作寫述、問題討論、對於整個鄉運或一地工作的主張或批評，及其關於國事與社會的種種意見。

儘管「深入民間」，從事鄉村建設工作十分不易，甚至有不少人或因不能吃苦、過艱苦的生活，或因夫人孩子的不理解、不支持，或因不能適應鄉村的工作對象和環境而離開鄉建隊伍（如平教會就有 1／3 的工作人員先後離開定縣），但仍有很多鄉建工作者堅持了下來，並不斷有新人充實到鄉建隊

85　李景漢：〈回憶平教會定縣實驗區的社會調查工作〉，《晏陽初與定縣平民教育》，第447—448 頁。

伍之中，「他們為自己的理想而喜悅，又為自己艱苦工作中所獲得的結果（農村破產）而苦悶，他們在矛盾中生活著，工作著，鬥爭著。」[86] 從而使定縣、鄒平、無錫等地的鄉村建設實驗工作堅持達數年或十餘年之久，直到 1937 年因日本的侵略才被迫中止。

在「深入民間」的過程中，晏陽初、陶行知等人還提出過「農民化」的口號，要求鄉村工作者從外表到思想，從衣食到語言，都要和農民保持一致。陶行知在介紹曉莊經驗時就曾指出：「我們開始就立了一個信念，要化農民，須受農民化。」[87] 晏陽初也強調過這個問題。他們還身體力行，為其他鄉建工作者的「農民化」起表率作用。如陶行知自曉莊一開辦，就脫了西裝、馬褂，穿起了粗布衣，打起了草鞋。有一次，江寧師範請他去演講，他天不亮動身，徒步而去，走到鎮上饑腸轆轆，便買了油條在街上一邊走一邊吃。該校校長特派學生到鎮頭迎接，久候不至。迎接的人以為像陶先生那樣頗有名氣的大教授一定舉止闊綽，不曾想他會身著農民衣服，和當地農民一樣邊走邊啃油條。回到學校一看，曾從他們身邊走過的人便是大名鼎鼎的陶先生、陶教授。[88] 陶行知還經常走村串戶，和農民交朋友。當地農民有事也喜歡和他商量，討個主意。無論多忙，只要農民來找他，他都熱情接待，耐心聽他們敘說一些瑣碎小事，並且眯著眼睛笑嘻嘻地給他們以滿意的回答。由於陶行知能和農民知心、交心，深得當地農民的尊敬和愛戴，農民在路旁碰見他，無論男女老幼，都要親熱地喊他一聲「陶叟」（鄉村土語，即「陶先生」）！晏陽初也是如此。他是最早將全家遷移到定縣與農民共同生活的平教會領導人之一，也經常騎著小毛驢下鄉，深入農家，和農民交朋友。在陶行知、晏陽初等人的影響下，不少鄉建工作者放下知識分子的架子，和農民同生活，同勞動，盡量使自己「農民化」，有的甚至到農村安家落戶。

知識分子「深入民間」，走與農民相結合的道路，這首先是對傳統「學而優則仕」觀念的超越或否定。幾千年來，文人讀書的主要目的，就是為了應試科舉，以期一朝登科，拜相封侯。儘管科舉制度早在 1905 年就已被廢除，封建王朝也於 1911 年辛亥革命後成為歷史，但這種傳統的「學而優則仕」觀

---

86 薛暮橋：〈關於中國農村經濟研究會及白區工作問題——給少奇同志的報告〉，《〈中國農村〉論文選》（上），第 23 頁。

87 陶行知：〈曉莊試驗鄉村師範的第一年〉，《鄉教叢訊》第 2 卷第 5 期，1928 年。

88 見袁振國、張葵編著《偉大的人民教育家陶行知》，江蘇教育出版社，1991，第 105—106 頁。

念在不少人的思想中仍根深蒂固。然而和那些「自命為優秀分子的舊士大夫」相反，投身於鄉村建設運動的知識分子選擇了「深入民間」，與農民相結合的道路，有的人甚至是辭官不做。如平教會衛生教育部主任陳志潛，加入平教會之前，是南京行政院衛生署公共衛生處主任。平教會幹事長晏陽初曾多次謝絕當局要他出山做官的邀請，也放棄過不少發大財的機會，安心率領平教會同人身居定縣，從事鄉村建設實驗，過著清苦、簡樸的鄉間生活。在當時的社會環境下，知識分子能超越傳統的「學而優則仕」觀念，心甘情願地到農村走與農民相結合的道路，這是非常難能可貴的。

其次，知識分子「深入民間」，走與農民相結合的道路，有利於發揮他們的聰明才智，更好地實現自身價值。由於農村條件差，生活艱苦，城市知識分子都不願到農村去工作，就是農村出來的大中專學生畢業後也都想方設法留在城市。其結果，一方面是城市裡知識分子成堆，許多人甚至找不到事做；另一方面是農村知識分子尤其科技人才奇缺，農民急需有文化、懂科學的人去幫助。鄉村建設運動中，成百上千的城市知識分子來到農村，或當民眾學校的教師，為農民上課，掃除文盲；或任農民醫院的醫生、護士，為農民看病治病，解除他們的痛苦；或在田間地頭，指導農民防病治蟲，種植優良品種。他們找到了能實現自身價值的用武之地。如參加定縣實驗的農業工程專家劉拓博士，經過 6 個月的觀察和反復研究實驗，發明了一種經濟方便、深受農民歡迎的新水車。再如美國威斯康星大學畢業的陸燮鈞博士，到定縣後負責家畜改良工作。為了尋找優良雞種，他差不多走遍了全縣的村村寨寨，終於在一戶農民家裡發現了一隻好的雞種。後來他將這隻雞種與國外雞進行雜交，培育出了定縣自己的優良雞種。他還對豬進行同樣的實驗，使定縣的豬種得到了改良。[89] 陸燮鈞博士培育出來的優良雞種和豬種，今天仍是定縣農民飼養的主要雞種和豬種之一。[90] 鄉村建設運動中知識分子「深入民間」，走與農民相結合的道路所取得的成績說明，農村確實是一個廣闊天地，知識分子在那裡是可以大有作為的。

總之，鄉村建設運動中廣大知識分子「深入民間」，走與農民相結合的道路，其歷史意義應該給予充分肯定。

89　〈有文化的中國新農民〉，《晏陽初全集》（1），第 156—157 頁。
90　見〈邵芳致晏陽初〉，《河北文史資料》第 11 輯，河北人民出版社，1983。

第二十四章　尋找富強之路：近代中國教育發展的觀察

一、近代中國教育的演進

晚清末年，新式教育的推行，乃迫於列強的船堅炮利，希望借教育力量臻國家於富強境地，也就是想用新教育來抵制新敵國，創造新中國。[1]至此，以往被視為保守傾向，或僅是文化保存及延續機構的教育行政體系，成為對抗強權國家的利器。但是，傳統的科舉考試制度，形成了一個只有少數人的統治階級，及一個有絕大多數人的被統治階級，這種「單線社會流動」的狀況必須改變，才能達到禦敵救國的目的。[2]嚴復曾經指出，中國傳統教育，只是造就少數御用人才。他認為西方富強的主因，在於其教育目的是「善群」，也就是要使每一位國民都能接受良好的教育。[3]甲午戰敗後，列強侵華日亟，此時知識分子驚覺西方之強不只是堅船利炮，單在器物技能上模仿西方，似乎仍難達到富強之境；真正致強之道，須在制度上求改變，而教育制度尤為根本之圖，他們咸信國家興衰繫於人才的培養，而人才則出自學校教育。

在康有為、梁啟超等維新改良教育思想的積極鼓吹與內外情勢壓迫下，清政府逐漸進行種種新教育的改革，如廢止八股取士、停止科舉考試、改書院為新式學堂等；迨《奏定學堂章程》頒布，乃開始建立現代化的學制系統和中央教育行政體系，使中國教育走上近代化的途程。此一「教育救國」理念，

---

* 本章由陳進金撰寫。

1　蘇雲峰：《張之洞與湖北教育改革》，中研院近代史研究所，1976，第 25—27 頁。

2　李弘祺：〈公正、平等與開放〉，載氏著《宋代教育散論》，東升出版公司，1980，第 33 頁。

3　振甫：〈嚴復的中西文化觀〉，《東方雜誌》第 34 卷第 1 期，1937 年，第 295 頁。

亦成為清末民初知識分子普遍的信仰。

五四以後，隨著西方學者來華講學，與中央威權的喪失，教育界呈現前所未有的活潑景象，過去集權中央的教育行政體系，開始承受來自地方的挑戰，各地方對課程教學以至教育宗旨，均自行試驗與釐訂。[4] 這種衍出於美式教育系統的放任教育，廣受國內知識界的熱烈支持，但因缺乏共同的目標，隨著政局動盪不安，也產生許多流弊。1926 年、1927 年的教育界，甚至被形容為：好像幾個逃荒的難民住在一所牆壁破漏的房子中，外面誰都可以丟塊瓦片或伸隻手進去；裡面無論是誰亦均忙於找尋生路，只不過暫時蹲在一起。[5] 在如此紊亂的情況下，學界大都渴望經由政治的統一與安定，來徹底解決沉痾已久的教育問題。國民革命軍北伐完成後，國民黨的黨化教育提出平民化、科學化和革命化的教育原則，正迎合了教育界的期盼。

在北伐告成之前，中國教育發展有些畸形的現象，如側重高等教育，忽視初級教育；側重普通教育，忽視職業教育；高等教育偏重文、法、商科，輕視理、工、農、醫等科；側重男子教育，忽視女子教育；城鄉教育發展不均衡，尤以邊疆教育嚴重不足。[6] 國民政府針對這些弊端，提出因應的措施，以求「三民主義教育宗旨」的實現。1928 年 5 月，大學院召開第一次全國教育會議，確立了三民主義教育政策。此後，國民政府教育政策，即根據三民主義，以充實人民生活、扶植社會生存、發展國民生計、延續民族生命為目的。

1937 年七七盧溝橋事變爆發，中國面臨民族存亡的緊急關頭，激發教育界要求政府調整學校教育系統，以適應戰時的需要。當時，教育界議論的主題圍繞「平時教育與戰時教育」的異同上，進而引發學校教育系統是否值得繼續維持的爭議。[7] 同時，為了因應抗日戰爭，國民黨於 1938 年 3 月底到 4 月初召開臨時全國代表大會，通過《抗戰建國綱領》和《戰時各級教育實施方案綱要》，作為抗日戰爭時期教育的基本方針與政策。其中《戰時各級教育實施方案綱要》共提出 9 大教育方針與 17 項實施要點，不僅規範了戰時各級學校教育目標，對於學制、師資訓練、課程教材、教育經費，以及留學政策與學術審

---

4 舒新城：〈中國教育建設方針〉，《教育雜誌》第 20 卷第 5 期，1928 年，總第 31205—31211 頁。
5 劉薰宇：〈中國教育的危機〉，《教育雜誌》第 19 卷第 1 期，1927 年，總第 28947 頁。
6 張玉法：《中國現代史》下冊，東華書局，1983，第 484 頁。
7 吳家瑩：《中華民國教育政策發展史・國民政府時期（1925—1940）》，五南圖書出版公司，1990，第 345 頁。

議等都有具體的規定。時任教育部部長的陳立夫就曾指出，戰時教育亟需解決的是「量」與「質」的問題。[8]

綜合上述，觀察近代中國教育的發展，歷經清末的新式教育、民初新思潮的啟迪、國民黨的黨化教育以及戰時教育的實施等階段，而每一階段所圍繞的主軸都是求國家富強，即希望藉由教育的發展來達到民富國強的目的。

事實上，教育是一個時代的重要指標，因為教育改革所涉及的層面很廣泛，舉凡政治、經濟、社會等因素，均與教育保持著互動的關係。一項教育政策（措施），沒有政治為後盾，缺乏財政的支持，或不為社會所需求，則難以獲得重大的成效。相反，成功的教育改革，適足以反映時代環境的需要，甚至影響爾後政經和社會環境的發展走向。是以，本章即欲以「尋找富強之路」為題，進一步分析近代中國教育的發展。

二、傳統與西潮：清朝末年的新教育

傳統中國的教育，在儒家「內聖外王」的目標下，形成一種官本位模式，教育的出路僅在於為政治服務。[9]因此古代士子求學的目的，大都為獵取功名，仕途通達；此一價值觀念，不但支配士人的言行和社會思潮，而且成為維護封建社會結構的強大力量。中國自唐宋以降，學校逐漸衰微，科舉考試代之興起，統治者亦常借科舉為工具，來達成其政治上的目的。清入關後，襲取元代教育政策，以科舉利祿羈縻漢族，遂行其統治駕馭。但自鴉片戰爭失敗後，清廷即面臨「數千年來未有之變局」，遭遇「數千年來未有之強敵」，在列強的侵略壓迫下，無論政治、經濟、社會各方面均發生了急遽的變化。故以儒學為正宗、以經典為依歸的傳統教育，已無法因應重大變局，中國近代教育思想乃在西力的衝擊下產生。[10]晚清中國在屢戰屢敗的情況下，除了被迫放棄天朝觀外，且時受割地賠款之辱，在領土、政治、法律、經濟等方面的主權都無法保持完整下，中國社會有了根本而全面的改變。因此，傳統封建式的舊教育，已不能因應變遷的社會，中國似乎必須藉由教育來尋找富強之路。

8　陳立夫：《戰時教育行政回憶》，臺灣商務印書館，1973，第 10—12 頁；《成敗之鑒——陳立夫回憶錄》，正中書局，1994，第 242 頁。

9　高瑞泉：〈民族思維定勢與傳統教育模式〉，載丁鋼主編《文化的傳遞與嬗變：中國文化與教育》，上海教育出版社，1992，第 34—35 頁。

10　蘇雲峰：〈近代中國教育思想之演變〉，《中央研究院近代史研究所集刊》第 10 期，1981年，第 1—5 頁。

　　鴉片戰敗後，有識之士深知中國的確有不如外國之處，林則徐、魏源、徐繼畬、姚瑩等人都已經瞭解「查訪夷情」、「開眼看世界」的重要性。《四洲志》、《海國圖志》、《瀛寰志略》等書的編寫，開始動搖傳統中國的世界觀，而魏源「師夷之長技以制夷」的思想，更為晚清新式教育的萌芽提供了理論基礎。[11] 1860 年英法聯軍攻陷北京城，清廷創痛尤鉅，負責善後的恭親王奕訢和文祥等人，深知爭端之起，實由於應付不當，故今後必須講求外交，乃議設總理各國事務衙門以辦理外交事務。[12] 此外，中國軍事的失敗，肇因於軍器、訓練不如人，故今後須以制器、練兵為首要，故負責總理各國事務衙門的奕訢乃上奏摺云：「夫中國之直謀自強，至今日而已亟矣。識時務者，莫不以採西學、制洋器為自強之道。」[13] 欲達此一目的，則須培養外語人才，以便妥善辦理外交事務及通曉西洋技巧，清政府乃相繼設京師同文館、上海廣方言館、廣州同文館等。1863 年，江蘇巡撫李鴻章奏請籌辦廣方言館時曾云：

> 彼西人所擅長者，推算之學，格物之理，制器尚象之法，無不專精務實，沴有成書，經譯者十才一二，必能盡閱其未譯之書，方可探賾索隱，由粗淺而入精微。我中華智巧聰明，豈出西人之下。果有精熟西文者轉相傳習，一切輪船火器等巧技，當可由漸通曉，於中國自強之道似有裨助。[14]

　　關於積極向西方學習的主張，當時已有人提出建議，馮桂芬《校邠廬抗議》一書即云：

> 太史公論治曰：法後王，為其近己而俗變相類，議卑而易行也。愚以為，在今日又宜曰：鑒諸國同時並域，獨能自致富強，豈非相類而易行之尤大彰明較著者？如以中國之倫常名教為本，輔以諸國富強之術，不更善之善者哉？[15]

　　馮桂芬「採西學」、「鑒諸國」的思想，不僅成為早期新式學堂創辦的

11　樂正：〈從學堂看清末新學的興起〉，載中華近代文化史叢書編委會編《中國近代文化問題》，中華書局，1989，第 151—152 頁。

12　李劍農：《中國近百年政治史（1840—1926）》上冊，臺灣商務印書館，1982，第 112 頁。

13　《籌辦夷務始末（同治朝）》第 6 冊，國風出版社影印版，1963，總第 1127 頁。

14　李鴻章：《李文忠公集・奏稿》卷 3，第 11—13 頁。

15　馮桂芬：《校邠廬抗議》，《中國近代史資料叢刊・戊戌變法》第 1 冊，人民出版社，1953，第 28 頁。

基調，亦描繪出近代文化思想變革的方向和途徑。因此，論者謂：馮桂芬不僅是新式學堂的思想奠基者，且是清末新學的啟蒙者。[16]

　　觀察以上諸端，皆是在外力衝擊下所產生的反應，也是近代中國新式教育的濫觴。但是，此一教育思想的轉變並非一蹴即成，於蛻變的過程中，經常受到來自傳統價值觀念的制約和抵制，是以，清末教育改革的歷程，可說是一個對傳統價值觀念的反思過程，且是一緩慢的過程。傳統舊教育直到甲午戰敗，才逐漸被新式學堂所取代。在甲午戰前所籌設的新式學堂，大多偏重於外語和軍事，可知注重「方言」與「軍備」教育成了晚清洋務運動時期的教育思潮。[17]

　　李鴻章等人宣導新學、興辦洋務是為了學習西方長技以制夷，彼等認為西方勝於中國的只有船堅炮利，絕不承認西洋文化優於中華文化，甚至只是為了借西法以證明中法。[18]晚清領導洋務運動者，對於西方達到富強之道，並未深入瞭解，殊不知工藝的發展須有科學為基礎，國防建設須與政治相配合。故當時的洋務運動者，只知一味追求「西文」與「西藝」的學習，而未致力於治本之道的政教改革。[19]因此，洋務人士秉持「變器不變道」的態度，其所論新式教育，多屬一藝一技之事，所設學堂毫無系統可言。他們咸信透過此一歷程，即可將西方的器藝技巧，完全移植中土，實乃一廂情願的陋見。[20]關於此時期清廷所設的新式學堂，鄭觀應曾有一段頗為中肯的評論：

> 廣方言館、同文館雖羅致英才，聘請教習，要亦不過只學語言文字，若夫天文、輿地、算學、化學直不過粗習皮毛而已。他如水師武備學堂，僅設於通商口岸，為數無多；且皆未能悉照西洋認真學習，良以上不重之故，下亦不好。世家子弟皆不屑就，恆招募窶人子下及輿臺賤役之子弟入充學生。況督理非人，教習充數，專精研習曾無一人，何得有傑出之士，成非常之才耶？[21]

16　樂正：〈從學堂看清末新學的興起〉，載《中國近代文化問題》，第 153 頁。
17　陳青之：《中國教育史》，臺灣商務印書館，1963，第 557 頁。
18　〔日〕小野川秀美：《晚清政治思想研究》，林明德、黃福慶譯，時報文化出版公司，1982，第 8 頁。
19　陳景磐：《中國近代教育史》，人民教育出版社，1983，第 80—82 頁。
20　瞿立鶴：《清末教育思潮》，中國學術著作協會，1971，第 86—87 頁。
21　鄭觀應：〈西學〉，沈雲龍編《近代中國史料叢刊》第 751 冊，文海出版社，1966，第 33—35 頁。

　　晚清創辦新式學堂效果不彰的原因，除了鄭觀應所云「督理非人，教習充數」等因素外，根本癥結在於傳統舊教育的束縛與保守人士的阻撓。試問科舉依然舉行，八股照舊考試，甚至留美的幼童還須課以《孝經》、《五經》、《國朝律例》，每逢節日且由監督召集學生宣講《聖喻廣訓》，並且望著闕門行跪拜禮，在這種情況下，新式教育怎能發展？而守舊派人士也動輒以「堯舜之道」、「孔孟教義」來反對洋務，益使新式教育不能普遍推展。如監察御史張盛藻特別反對「專用正途科甲人員學習天文算術」。[22] 名重一時的理學家大學士倭仁，亦認為「立國之道當以禮義人心為本，未有專恃術數而能起衰振弱者。天文、算學只為末議，即不講習，於國家大計亦無所損」。[23] 保守人士群起附和，競相詬病新學，有志者亦懍於眾論而瞻顧不前。是以，清末教育改革的另一要務，即在於「廢科舉」。

　　中國科舉考試制度施行至明清，方法更趨嚴密，而弊端也層出不窮，其中尤以八股取士之空洞無用，最為人所訾議，顧炎武甚至認為「八股之害等於焚書」。[24] 當時議論八股文之害者，更不乏其人，尤以鄭觀應分析最為精闢透徹，他說：

> 中國文士，專上制藝，即本國之風土人情，兵刑錢穀等事，亦非素習。功令所在，士之功於此者得第，不功於此者不得第，雖豪傑之士，亦不得不以有用之心，消磨於無用之時文。即字字之精工，句句純熟，試問能以之義安國家乎？不能也。能以懷柔遠人乎？不能也。[25]

　　明清科舉制度以八股取士，確實使聰明智巧之士，消磨於時文、試帖、楷書等無用之事。自鴉片戰敗後，外患紛至遝來，有識之士紛紛講求富國強邦之策和經世致用之學，改革科舉之聲隨之四起。魏源曾提議增設水師科云：

> 今宜於閩粵二省，武試增水師一科，有能造西洋戰艦、火輪舟，造飛炮、

22　〈同治六年正月二十九日掌山東道監察御史張盛藻折〉中云：「朝廷命官必用科甲正途者，為其讀孔孟之書，學堯舜之道，明體達用，規模宏遠也，何必令其習為機巧，專明製造輪船、洋槍之理乎？」見《中國近代史料叢刊・洋務運動》第 2 冊，人民出版社，1961，第 28—29 頁。

23　〈同治六年三月二十一日倭仁折〉，《洋務運動》第 2 冊，第 38 頁。

24　顧炎武：〈日知錄集釋〉第 16 卷，轉引自鄧嗣禹《中國考試制度》，臺灣學生書局，1982，第 268 頁。

25　鄭觀應：〈盛世危言〉，朱有瓛主編《中國近代學制史料》第 1 輯（下），華東師範大學出版社，1989，第 9 頁。

火箭、水電、奇器者，為科甲出身。能駕駛颶濤，能熟風雨沙線，能槍
炮有准者，為武行出身。皆由水師提督考取，會同總督拔取，送京驗試，
分發沿海水師教習技藝。[26]

　　但是，洋務運動時期所創辦的新式學堂，卻因為朝廷用人進取之途不在
於此，而無法吸引士大夫進學堂學習洋務。是以，1874 年李鴻章奏請增設算
學科；1875 年，禮部也奏請開設算學科，以獎掖精通算學者；1884 年總理衙
門會議以算學取士。[27] 至此，清廷終於改革科考內容，增列算學科取士之舉，
可視為晚清廢科舉的第一步，而其加速的催化劑便是甲午戰爭。

　　甲午戰敗，外侮日亟，變法思潮高漲，在教育上要求廢止科舉，廣置學校。
嚴復在《救亡決論》一文中曾云：「如今日中國不變法，則必亡是已，然則變，
將何先？曰：莫亟於廢八股。」[28] 梁啟超也認為：「變法之根本在育人才，人
才之興在開學校，學校之立在變科舉」。[29] 蓋變法講求富強之道，而八股取士
禁錮士人智慧，其害使天下無才，已無法讓清廷振衰起敝。張之洞《勸學篇》
進一步提道：

> 科舉自明至今，行之已五百餘年，文勝而實衰，法久而弊生。主司取
> 便以藏拙，舉子因陋以徼幸，遂有三場實止一場之弊……近今數十年，
> 文體日益佻薄，非惟不通古今，不切經濟，並所謂時文之法度，文筆
> 而俱亡之。今之時局日新，而應科舉者拘瞀益甚，傲然曰：吾所習孔、
> 孟之精理，堯舜之治法也。遇講時務經濟者尤鄙夷排擊之，以自護其
> 短，故人才益乏，無能為國家扶危禦侮者。[30]

　　八股取士不僅無法為國家扶危禦侮，梁啟超甚且認為，民之愚、國之弱
皆由於此。[31] 是以，戊戌變法人士的第一要務便是要廢八股。1898 年 4 月，
康有為奏請廢八股改試策論，冀養人才，以為國用。[32] 同時，梁啟超等人「公

26　魏源：〈海國圖志〉，朱有瓛主編《中國近代學制史料》第 1 輯（下），第 1 頁。
27　〈同治十三年十一月李鴻章籌議海防折〉、〈光緒元年正月禮部奏請考試算學折〉、〈光
　　緒十三年十月總理衙門會議算學取士〉，朱有瓛主編《中國近代學制史料》第 1 輯（下），
　　第 17、18—20、29—30 頁。
28　嚴復：〈救亡決論〉，朱有瓛主編《中國近代學制史料》第 1 輯（下），第 38 頁。
29　梁啟超：《戊戌政變記》卷 3，文海出版社，1964，第 177 頁。
30　張之洞：〈勸學篇〉，《張文襄公全集》第 6 冊，文海出版社，1963，總第 3735 頁。
31　梁啟超：《戊戌政變記》卷 1，第 52 頁。
32　〈光緒二十四年四月二十九日康有為請廢八股試帖楷法試士改用策論折〉，朱有瓛主編《中
　　國近代學制史料》第 1 輯（下），第 75—79 頁。

車上書」也籲請停止八股試帖，推行經濟六科，以育人才。[33] 停止八股取士，是在科舉制度不能驟廢時的漸進措施，若欲盡棄科舉，必先廣設學校，務使人才皆由學校出。為了廣設學校，1898 年 5 月光緒頒布上諭，將各省書院改建為學堂，是為變科舉的先聲；9 月，因戊戌政變，遂停止各省書院改建學堂之議。[34] 戊戌政變使廢科舉曇花一現，八股取士復甦，直到庚子事變後，廢科舉之聲再起。

1900 年，八國聯軍攻陷北京，給清廷帶來巨大的創痛，改革之議再起。兩廣總督陶模、湖廣總督張之洞、兩江總督劉坤一、山東巡撫袁世凱、安徽巡撫王之春、江西巡撫李興銳等人，奏請改革科舉，遞減科舉取士名額，逐漸以學堂生員補充。[35] 基於此，清廷乃於 1901 年 8 月再頒上諭：「將各省所有書院，於省城均改設大學堂，各府廳直隸州均設中學堂，各州縣均設小學堂，並多設蒙養學堂。」[36] 有學者對此評論說，此可謂能治其本，深得培養人才之道矣![37]

事實上，檢核各省實況，則大多不奉行，即 1901 年令諭改書院為學堂頒布後，傳統教育仍在觀望。[38] 晚清科考制度幾經改革，未能盡廢，致使新教育難以推展。《東方雜誌》刊文即明確指出：「科舉之毒我中國人者，千有數百年。中國人之迷焉為之，拋棄其真學術，消盡其良性質，而從事於迂腐無用之學，蒙蒙混混，以致有今日之辱（指庚子事變）。嗚乎！慘矣！」[39] 鑒於「科舉一日不停，士人皆有僥倖得第之心，以分其砥礪實修之志，學堂絕無大興之望」，1905 年，直隸總督袁世凱、盛京將軍趙爾巽、兩湖總督張之洞、兩江總督周馥、兩廣總督岑春宣、湖南巡撫端方等人，奏請停止科舉，興辦學堂。他們一致認為若能停止科舉，將可以「廣學育才，化民成俗，內定國勢，外服

---

33 〈光緒二十四年四月梁啟超等公車上書請變通科舉折〉，朱有瓛主編《中國近代學制史料》第 1 輯（下），第 79—82 頁。

34 丁致聘：《中國近七十年來教育記事》，第 7 頁。

35 朱有瓛主編《中國近代學制史料》第 1 輯（下），第 117—126 頁。

36 《清德宗（光緒）皇帝實錄》卷 486，華聯書局，1964，第 2 頁。

37 盛朗西：《中國書院制度》，中華書局，1934，第 236 頁。

38 劉伯驥：《廣東書院制度》，「國立編譯館中華叢書編審委員會」，1978，第 402 頁；學部總務司編《光緒三十三年分第一次教育統計圖表》，中國出版社，1973，第 37—40 頁。

39 〈論科舉誤人之深〉，《東方雜誌》第 1 卷第 8 期，1904 年，臺灣商務印書館影印版，總第 1890—1892 頁。

強鄰，轉危為安」。[40] 8 月，清廷乃諭令停科舉以廣學校，決定所有鄉會試一律停止，各省歲科考試亦即停辦。學者認為，科舉制廢除所造成道治二統兩分的直接後果，就是其載體士與大夫的分離。[41] 事實上，中國自隋唐起，實行 1300 餘年的科舉考試制度，至此宣告終止，更是象徵傳統舊教育制度在形式上的結束。但是，新教育制度的建立，還須依賴完整教育行政機關的籌設。

清廷自 19 世紀中葉進行教育改革以來，一直缺乏完備的教育行政機關組織。甲午戰敗後中央雖設有管學大臣，但其一方面要主持京師大學堂，一方面又要管轄全國各學堂，職權混淆。1903 年張之洞等奏擬的《奏定學堂章程》頒布，改管學大臣為總理學務大臣，大學堂另派專員負責管理。《奏定學堂章程》分學務綱要與各式學堂章程，即為近代教育新學制的確立。[42] 該學制兼顧普通教育、實業教育和師範教育，規範完備，清末新式教育即比照此章程施行。清廷頒布《奏定學堂章程》的目的，在使學生「上知愛國，下足立身」，以挽救國勢衰微的危機。《全國學堂總要》云：

> 以端正趨向造就通才為宗旨，正合三代學校選舉德行道藝四者並重之意。各省興辦學堂，宜深體此意；從幼童入初等小學堂始，教員者，於講授功課時，務須隨時指導，曉之以尊親之義，納之於規矩之中，一切邪說詖詞，嚴拒力斥。使學生他日成就，無論為士、為農、為工、為商，均上知愛國，下足以立身，始不負。[43]

《奏定學堂章程》的頒布，使舉務運動時期盲目、膚淺仿效西方，有如在舊八股外加添點洋八股的情形獲得改善。《奏定學堂章程》明確規定：「無論何等學堂，均以忠孝為本，中國經史之學為基，俾學生心術壹歸於純正，而後以西學淪其知識，煉其藝能，務期他日成材，各適實用。」其與傳統教育相比，有了明顯的進步，對當時工商業的發展和近代科學技術的傳播應用，也打開了一點門徑。尤其 1906 年清廷正式成立學部，開始有了統轄全國教育行政的正式機關，新式教育的行政制度乃告完備，一定的學制、教育行政組織、教育宗旨，不但使清末教育改革漸趨完善，更奠定近代中國教育現代化的基礎，

40　〈諭立停科舉以廣學校〉，舒新城編《近代中國教育史料》第 4 冊，中華書局，1933，第 124—128 頁。
41　羅志田：《亂世潛流：民族主義與民國政治》，上海古籍出版社，2001，第 8—9 頁。
42　多賀秋五郎編《近代中國教育史資料‧清末篇》，文海出版社，1976，第 208—408 頁。
43　多賀秋五郎編《近代中國教育史資料‧清末篇》，第 209 頁。

而有其承先啟後的歷史地位。[44] 不過，清廷欲借革新教育，來挽救其國祚的目的卻未達成，廢科舉、設學部後不到七年的時間，清朝政府即告滅亡。

三、啟蒙與救亡：民國初年的新思潮

學者認為，五四運動包含兩個性質不同的運動，一個是新文化運動（啟蒙），一個是學生愛國反帝運動（救亡），兩者之間的關係，則是由「啟蒙與救亡的相互促進」到「救亡壓倒啟蒙」。[45] 是以，啟蒙與救亡乃是民國初年亟待解決的兩大問題，也是民初教育政策所必須面對的重要課題，其中，引進世界各種新思潮，在民初教育發展中最為關鍵。

發展中國家的教育制度，大都移植於外國。[46] 民國初年，教育界為了達成啟蒙與救亡的雙重任務，乃向各國取經，開始引進新思潮，俾以建設新中國。美國比較教育學者貝乃德曾云：「就一個國家而言，要瞭解別的國家並不是為了好奇，而是有此必要；研究他國教育，不僅是為了認識別人，更是為了認識自己。」[47] 因此，考察民初教育新思潮的引進與發展情形，不僅有助於瞭解近代各國教育新趨勢及其對中國的影響，也能進一步說明面對啟蒙與救亡兩大課題時，教育方面如何因應。

民初教育新思潮承續清末，晚清中國教育改革主要受英、美、德、法等國的影響。甲午戰敗後，中國始知國力遠遜於日本，學習的對象由歐美轉向日本。以留學生為例，清政府派遣學生去日本留學始於 1896 年；1898 年，因日人矢野文雄倡議，御史楊深秀贊同，清政府令各省選派留日學生，並視之為一固定政策。[48] 經庚子事變，變法要求日增，新政用人益切，國內新式學堂設立緩不濟用，疆吏之奏新政者，莫不以派遣留學生為重。1901—1906 年，留日學生增加到萬餘人。[49] 為了鼓勵留日學生，清政府規定：「凡在日本國家大

44　關曉紅：《晚清學部研究》，廣東教育出版社，2000，第 143—151 頁。

45　李澤厚：〈啟蒙與救亡的雙重變奏〉，載氏著《中國現代史想史論》，三民書局，1996，第 3—46 頁。

46　James S. Coleman, *Education and Ploitical Development* (New Jersey: Prinston University Press, 1965) , p.5.

47　George Z. F. Bereday, *Comparative Method in Education* (New York: Halt, Rinhart & Winston, Inc., 1964) , p.5.，轉引自呂俊甫《美國教育》，臺灣商務印書館，1967，第 1 頁。

48　舒新城：《近代中國留學史》，第 21—24 頁。

49　舒新城：《近代中國留學史》，第 46—47 頁。張之洞認為遊學日本有五大優點：路近省費可多遣；去華近易考察；東文（日文）近於中文易通曉；西學不切要者，東人已刪節而酌改；中東（日）情勢風俗相近，易仿行可收事半功倍之效。參閱張之洞〈勸學篇〉，《張文襄

學堂暨程度相當之官設學堂之中畢業，得有學士文憑者給以翰林出身」；「凡在日本國家大學院五年畢業得有博士文憑者，除給以翰林出身外，並予以翰林升階」。[50] 在此優厚的條件下，中國的留日學生日增，故其政治、文化發展即受日本的影響，教育政策亦然。[51]

至於學校系統，民初中國以模仿美國為主，美國是在小學校（Elementary School）之上有中等學校（High School，分有 Junior High School 和 Senior High School），中等學校之上有專門學校（College），再上有研究院（Graduate School），任何人都有均等受教育的機會。[52] 美國的學校系統屬於一種平等主義，而非階級的；日本的學校系統與美國相似，明治維新的基本精神即在反對江戶時代封建的階級觀念；另外在儒教自天子至庶民都可以入學學習的教育觀，與佛教的平等觀念等思想背景下，明治維新的學校教育徹底的民主化，不計貧富貴賤都可以送子弟到公立學校接受教育。[53] 晚清教育方針與目標深受日本明治時代的影響，如重視師資養成的師範教育，張百熙等《重訂學堂章程折》中有「辦理學堂，首重師範」一語，其目的即在達成「開民智」的理想。

此外，日本明治時代國民思想的訓練，原以萬世一系的皇統中心思想為最高目標，教育目的在養成忠君愛國的國民；同時，把儒家所主張的忠孝作為教育的中心內容，規定教育根本方針在於培養學生對天皇及帝國之信奉，使之成為忠君愛國、義勇奉公的順良臣民，驅使學生肝腦塗地地擁護萬世一系的天皇。日本各級學校每逢舉行典禮，必須對明治天皇御像行最敬禮，並恭讀《教育敕語》，甚至當學校發生火災時，有些教員或校長為保護御像而致犧牲性命。[54] 明治時代把整個教育制度都納入富國強兵的軍國主義軌道，這正與清末教育改革者培養「上知愛國，下足以立身」，「出為名臣，處為名儒」人才的目標相契合。[55]

公全集》第 6 冊，總第 3726—3727 頁。

50　〈約章成案匯覽〉第 32 卷（上），轉引自舒新城《近代中國留學史》，第 180—181 頁。

51　Sally Borthwick, *Education and Social Change in China: The Beginnings of the Modern Era* (Hoover Institution Press, Stanford University, 1983), pp.66-68.

52　常導之：《各國教育制度》下卷，中華書局，1936，第 181—182 頁。

53　吉田熊次：〈近代日本教育之文化史的考察〉，陳竺同譯，《教育雜誌》第 22 卷第 12 期，1930 年，總第 35978 頁。

54　金嶸軒：〈現代日本教育思想的變遷和派別〉，《教育雜誌》第 22 卷第 7 期，1930 年，總第 35255 頁。

55　Sally Borthwick, *Education and Social Change in China: The Beginnings of the Modern Era*, pp.65-86.

　　1906 年，清政府學部奏請宣示教育宗旨，其內容更表明受日本明治維新教育制度的影響。清末明定的教育宗旨為忠君、尊孔、尚公、尚武、尚實五端。所謂「忠君」，折中以日本為例云：

> 日本之圖強也，凡其國家危所系之事，皆融會其意於小學讀本中，先入為主，少成若性，故人人有急公義洗國恥之志，視君心之休戚為全國之榮辱，視全國之榮辱即一己之禍福，所謂君民一體者也。

　　因此，清廷要以日本為師，欲將「近年之事變，聖主之憂勞，外患之所由乘，內政之所當亟，捐除忌諱，擇要編輯，列入教科；務使全國學生每飯不忘忠義，仰先烈而思天地高厚之思」。[56] 此乃效法日本教育所表彰之萬世一系的皇統。

　　又如「尚武」一端，折中引日本小學校、師範學校為例，欲寓軍國民主義於中小學堂各種教科書中，欲救國民「餂糈之心厚而忠義之氣薄，性命之慮重而國家之念輕」的弊病。[57] 至於「尚公」強調道德教育，與明治教育注重修身與道德人格的養成，如出一轍。[58] 至於「尚實」一端，則以「求實業為要政，必人人有可農可工可商之，斯下益民生，上裨國計」，[59] 故為富強之要圖，而教育中最有實益者。

　　辛亥革命後，建立民國政府，以忠君尊孔不符共和政體與信教自由，乃刪除「忠君尊孔」的教育宗旨。而「尚公」、「尚武」、「尚實」三條，對民初教育發展仍有相當影響。1912 年，教育部公布的教育宗旨為：「注重道德教育，以實利教育、軍國民教育輔之，更以美感教育完成其道德。」其中的「注重道德教育」、「實利教育」、「軍國民教育」即清末所謂的「尚公」、「尚實」、「尚武」三端，亦是民初盛行的教育思潮。

軍國民教育思潮

　　清同光新政期間，一切教育上的措施均以整軍經武為目標，如張之洞《勸學篇》有「兵學」一篇，《奏定京師大學堂章程》有「兵學」一門。但以當時

56　舒新城編《中國近代教育史資料》上冊，第 218 頁。
57　舒新城編《中國近代教育史資料》上冊，第 220 頁。
58　孫百剛：《近六十年來日本教育之演進及其學制之研究》，第 51—52 頁；〈日俄戰爭與日本修身教育〉，《教育雜誌》第 1 卷第 1 期，1909 年，總第 00081 頁。
59　舒新城編《中國近代教育史資料》上冊，第 220 頁。

認識所及，僅限鐵甲兵器、陸海新軍，尚無所謂軍國民主義之思想。直到日本以軍國民教育實施成果，於甲午一役打敗中國，留日學生受此教育趨勢影響，乃有軍國民主義的主張。梁啟超《新民說》云：「蓋強權之世，惟能戰者乃能和。」1902 年，蔡鍔《軍國民篇》曾說：「中國居今日而不以軍國民主義普及四萬萬，則中國其真亡矣！」又解釋何謂「軍國民」云：「軍者國民之負債也。軍人之智識，軍人之精神，軍人之本領，不獨限之從戎者，凡全國民皆宜具有之。」[60] 同一年，蔣百里翻譯《軍國民之教育》，將軍人精神教育分成愛國心、公德心、名譽心及質素與忍耐力四大綱，並訂屬於學校的軍國民教育與屬於社會的軍國民教育兩種方案。[61] 清末革命黨人亦極力鼓吹「軍國民」或「尚武」的教育，其目的不僅在於抗禦外侮，還含有以武力推翻封建專制的意義。[62]

　　1919 年歐戰結束，國際和平氣氛瀰漫，教育調查會以軍國民教育不合民主本意、不合世界潮流，主張廢除。但巴黎和會上山東問題未獲正當解決，各國間又貌合神離，鉤心鬥角，世界和渺不可及。教育界人士，雖諱言軍國民教育，但軍國民教育的內容、目標仍為教育界所承續。1925 年五卅慘案發生後，軍國民教育思想再度復甦，注重普及軍事訓練於各種學校。可見清末以來，中國只要一受刺激，軍國民教育的呼聲便一振。蓋教育者深信學校實施軍事教育，在政治上可以禦外侮、定內亂；在教育上可以強身體、飭學風。

實利主義教育思潮

　　傳統中國的儒生對農、工、商採較鄙視的態度，鴉片戰爭後，傳統經濟與生產技術的落後，已無法應付變局；尤以戰敗後條約的束縛，更使中國近代通商體制發生了重大的改變。基於此，朝野人士乃自覺到必須學習西方的科學技術，才不致步印度、緬甸後塵，淪為異族統治。這個經驗與認識成為同光年間洋務運動的主動力。[63] 因此，清末新教育實施時，即偏重與國防有關之西

60　奮翮生（蔡鍔）：〈軍國民篇〉，《新民叢報》第 1 號，1902 年，藝文印書館影印版，1966，第 80—81 頁。

61　百里：〈軍國民之教育〉，《新民叢報》第 22 號，1902 年，第 35—40 頁。屬於學校的軍國民教育方案，最重要的是擴充教育於學校，使軍隊與學校聯絡，變學校為軍隊；屬於社會的軍國民教育方案，最重要的是社會組織軍隊化，社會風俗勤苦化，並以新聞、演劇、美術等引起國民激昂慷慨的精神。

62　如庚子事變後，留日學生曾組織軍國民教育會，1903 年留日學生又組成拒俄義勇隊，進行軍事操練，準備開往東北；又如革命黨人蔡元培、章太炎等在愛國學社，秋瑾、徐錫麟等在大通學校，都利用學校學習軍操、組織義勇軍，從事革命活動。

63　王業鍵：〈傳統與近代中國經濟發展〉，《思與言》第 15 卷第 5 期，1978 年，第 1 頁。

藝學堂的設立；甲午戰後，轉而日漸注重與國計民生有關的實業學堂之設立。清末欽定教育宗旨，對於「尚實」教育的教材及教學法都有具體指示，即以躬行實踐為方法，開發實業為目標，使士人不僅為士，且成可農可工可商之才，以益民生而裨國計。對當時八股之餘毒猶存，人尚虛偽，士習浮誇的情形，「尚實」教育，確為對症之良劑。[64] 這種類型的學校教育為民初政府與教育界所倡行。實利教育提倡最力者，首推陸費逵，其〈民國教育當采實利主義〉一文中，說明實利主義教育不僅在開發實業，使民有智，而且可以養成人能勤儉、耐勞、自立、自營的美德，促進社會國家同時進步。[65]

民國初年的教育與實際生活相隔絕，學生受教育不能增進生活技能，反而失掉生活的能力，實利主義教育即在去除此種弊端。[66] 1915 年，全國教育聯合會議決通過《實業教育進行計畫案》；[67] 1919 年，北京政府教育部訓令實業教育之主旨：在使學生畢業後，得應用所學，圖地方生產事業之改進。今各省區實業學校所設學科、所取教材應適應地方之需要，配合地方情形，以學術助實業發達。[68]

民初職業教育，雖源於清末的「尚實」教育，但蔚為思潮的主因，則來自美國的影響。20 世紀以前，教育與經濟之密切關係，尚不為教育人士所瞭解；屬於農業或工商性質之職業教育，尚不包含於國家教育制度之內。直至進入 20 世紀，各國政府開始支出巨額經費於職業教育時，職業學校才得納於一種制度，對於普通教育有多少的獨立性質。職業教育可能源自中世紀歐洲的「學徒制度」，近代的職業教育是伴隨著近代大工業而產生，而在西方各國首先發展，它的興起反映了大規模機器生產對勞動力在品質和數量上的新需求，最初盛行於歐洲各國，後漸推於美國。[69]

中國的職業教育思想，主要是受到美國的影響，職業教育家黃炎培更坦

---

64 孫百剛：《各國教育制度及概況》，附錄 2，第 31 頁。

65 任時先：《中國教育思想史》，臺灣商務印書館，1968，第 341—342 頁。

66 黃炎培：〈學校教育採用實用主義之商榷〉、莊俞：〈採用實用主義〉，《教育雜誌》第 5 卷第 7 期，1913 年，總第 5639—5666、5537—5545 頁。這兩篇文章對民初教育現狀之缺失描述頗為盡致，均積極提倡實利主義以救教育之弊。

67 丁致聘：《中國近七十年來教育記事》，第 68 頁。

68 中央教育科學研究所：《中國現代教育大事記（1919—1949）》，教育科學出版社，1988，第 8 頁。

69 Nicholas A. Hans, *The Principles of Educational Policy*, 李之鷗譯，載《各國教育政策之綜合研究》，第 118、123—126 頁。

言是受美國教育家杜威（John Dewey）的影響。1915 年，黃炎培曾隨農商部
遊美實業團赴美參觀考察，相繼在《教育雜誌》上發表文章，對美國連續頒
布的幾個職業教育法案與職業教育蓬勃發展的情形，如職工教育問題、補習方
法、工廠中的效能工程師等，均有極詳細的說明。黃氏並云：「觀其職業教育
之成績，益覺我國教育之亟宜改革。」[70]

　　自歐戰爆發以後，中國教育界承續以往實利主義教育的內涵與目標，又
受歐美職業教育思想的影響，轉而提倡職業教育。1917 年 5 月，黃炎培等人
創立中華職業教育社於上海，成立宣言中說明中國教育之最大危機在於畢業者
失業，就業者所學亦不能適於用。中華職教社的章程揭示其成立之目的在於
推廣職業教育、改良職業教育、改良普通教育，俾為適於生活之準備。[71] 此後，
中國的職業教育思想乃有一專門機構以資策勵，1918 年以後職業教育的目的
更由「謀生」而推廣至「做人」，即中華職業教育社所揭櫫的為個人謀生之準
備、為個人服務社會之準備、為國家及世界增加生產能力等三大目標。[72] 在中
華職教社的努力下，1922 年新學制頒布時，確定了職業教育在學制上與法制
上的地位。[73] 但因中國內戰爭頻仍，經濟艱困，且過去職業教育與社會脫節，
雖有教育人士盡力而為，仍距理想甚遠。黃炎培乃於《教育與職業》撰文，提
出「大職業教育主義」，即強調職業教育界須與一切教育界、職業界聯絡溝通，

70　黃炎培：〈旅美隨筆〉，《教育雜誌》第 7 卷第 8、10、11 期連載，1915 年，總第 9081—
　　9084、9350—9353、9481—9486 頁；〈黃炎培君調查美國教育報告〉，《教育雜誌》第 8
　　卷第 4、6 期連載，1916 年，總第 10239—10246、10528—10533 頁。
71　許漢三：《黃炎培年譜》，文史資料出版社，1985，第 38 頁；《教育雜誌》第 9 卷第 7 期，
　　1917 年，總第 12304 頁。
72　任時先：《中國教育思想史》，第 349—350 頁。
73　1922 年中國頒布新學制系統，對職業教育的設計為：初等教育規定：小學課程得於較高
　　年級斟酌地方情形，增置職業準備之教育，初級小學修了後，得以相當年期之補習教育，
　　對於年長失學者宜設補習學校。中等教育規定：初級中學施行普通教育，但得視地方需要
　　兼設各種職業科，高級中學分普通、農、工商、師範、家事等科，但得酌量地方情形單設
　　一科或兼設數科，依舊制設立之甲種實業學校酌改為職業學校或高級中學農工商等科；各
　　地方得設中等程度之補習學校或補習科，其補習之種類及年限視地方情形定之；職業學校
　　之期限及程度得酌量各地方實際需要情形定之，依舊制設立之乙種實業學校改為職業學
　　校，收受高級小學畢業生，但依地方情形亦得收受相當年齡之初級小學畢業生。高等教育
　　規定：因學科及地方特別情形得設專門學校，高級中學畢業生入之，修業年限三年以上。
　　年限與大學同者，待遇亦同。依舊制設立之專門學校應於相當時期內，提高程度，收受高
　　級中學畢業生；大學校及專門學校得附設專修科，修業年限不等，凡志願修習某種學術
　　或職業而有相當程度者入之。參閱《教育雜誌》第 14 卷第 10 期，1922 年，總第 20619—
　　20621 頁。

積極參加社會運動。[74] 黃炎培的這一主張，讓民初的實利教育由強調國家的富強，開始轉向個人技能養成的關懷。

平民主義教育思潮

民初受美國影響的另一股教育思潮，即為平民主義教育思潮。1912 年，教育總長蔡元培赴參議院宣布政見時，提及教育方針應分為二：普通與專門。在普通教育方面，務順應時勢，養成共和國民健全之人格；在專門教育方面，務養成學問神聖之風習。所謂「養成共和國民健全之人格」即從受教育者本體著想，立於兒童之地位而體驗之，以定教育方法。[75] 這種以兒童為本位，注重個性的教育，即為民初平民主義教育的先聲。1919 年歐戰結束，民主思想盛行，平民主義教育的要求亦告急切，適於此時，平民主義教育宣導者杜威來華講學，經胡適、陶行知等介紹其學說，遂成為當時中國最有影響力的一股教育思潮。[76]

杜威的平民主義教育主張，詳見於《民本主義與教育》（Democracy and Education）一書，其教育思想信念是「教育即生活，學校即社會」，特別重視經驗與教育的關係，他曾說，教育即經驗的重組或改造，以便增加經驗的意義並增進爾後指導經驗或控制經驗的能力。有關杜威平民主義教育的內涵，胡適在《實驗主義》一文中說明得最為具體，大意為：現代的世界是平民政治的世界，階級制度根本不能成立。杜威主張平民主義教育須有兩大條件，即須養成智慧的個性（intellectual individuality），和須養成共同活動的觀念與習慣（co-operation in activity），即杜威的新教育理論，只是要打破從前的階級教育，歸到平民主義的教育。[77] 所以平民主義教育，是由近代政治思想的轉變而產生的。它具備了幾個要件：反封建的，反階級的，科學的，大眾的。[78] 平民教育思潮輸入中國後，教育界受其影響至深且鉅，舉其犖犖大者如：1919 年廢除舊教育宗旨，議定「養成健全人格，發展共和精神」為教育本義；教育行政與學校行政，由中央集權制而變為地方分權制；課程編制原則改變，由平板而趨向活動且與各地方實情相配合；研究與改進教學法，注重實驗；各級學校開放

74　許漢三：《黃炎培年譜》，第 66 頁。
75　孫常煒：《蔡元培先生年譜傳記》上冊，第 312、329 頁。
76　陳啟天：《近代中國教育史》，中華書局，1969，第 208 頁。
77　陳啟天：《近代中國教育史》，第 209—210 頁。
78　任時先：《中國教育思想史》，第 361 頁。

女禁，男女教育機會平等；教育研究盛行，許多教育刊物出版；進行教育實驗，產生許多試驗學校；平民主義教育推行於全國，且有中華平民教育促進會的組織；學生實行自治，有學生自治團體的組織，學生在校內權力加大，在校外參加政治運動。[79]

　　歐戰結束後，風行於中國的職業教育思潮、平民主義教育思潮或科學教育思潮等均深受美國的影響。其主因乃清末以來，中央政府對教育未加重視，教育領導地位轉入私人教育家之手，其中尤以留美者（大都為哥倫比亞大學畢業者）居多。[80] 除了教育新思潮湧入中國外，1922 年公布的新學制系統，即仿效美國學制。可知中國的教育政策，已由清末的以日為師，到了民初轉而向美國學習，而中國的學制系統，從此即無重大改變。此外，從上述各種新思潮的引進中國，可知救亡與啟蒙確實為此時期之重大課題，值得注意的是，在政治上，從某種意義上說最後是「救亡壓倒了啟蒙」；在教育上，則從晚清重視國家富強中，開始注意個人技能養成的關懷與思考。

四、控制與建設：抗戰前的黨化教育

　　民國建立以來，北京教育部幾為腐敗官僚植營黨私的場所；是以，國民政府建立後，乃舍教育部之名改設大學院，為管理學術及教育之機關。[81] 大學院制之精神，雖仿自法國卻非全盤移植，其含有專門學術研究系用英國制，其兼重社會教育系用美國制，大學校長由教授公舉系用德國制。可見大學院除了襲取法國的精神外，還擷取英、美、德諸國優良的教育制度，被視為「一個完美的教育制度」。[82]

　　大學院制的設立源於 1922 年的教育獨立思潮，李石岑在《教育獨立建議》一文中，主張廢除中央教育部、地方教育廳，旨在使教育超乎政府管轄之外，免受政潮波及。[83] 蔡元培也極力主張教育脫離政黨與宗教而獨立。如何可以實行超然的教育，蔡元培提出一個辦法，即「分全國為若干大學區，每區設立一大學；凡中等以上各種專門學術，都可以設在大學裡面。大學的事務，都由大

79　陳啟天：《近代中國教育史》，第 210 頁。
80　Y. C. Wang, *Chinese Intellectuals and The West*, 梅寅生譯，載《中國知識分子與西方》，久大文化公司，1991，第 67 頁。此期民間教育團體的領導者以留美者居多。
81　蔡元培：〈《大學院公報》發刊詞〉，《大學院公報》第 1 年第 1 期，1928 年，第 11—13 頁。
82　陳哲三：《中華民國大學院之研究》，臺灣商務印書館，1976，第 94—95 頁。
83　《教育雜誌》第 14 卷第 2 期，1922 年，總第 19365—19373 頁。

學教授所組織的教育委員會主持。大學校長也由委員會選舉。由各大學校長，組織高等教育會議，辦理各大學互相關係的事務」。[84] 秉此理想，國民政府乃於 1928 年設立大學院制。但是，大學院制試行不到一年即告取消，其原因在於，與訓政精神不合、學界派系傾軋、經費的困難及主持者的不合等。[85] 其中與訓政精神不合係為主因，其他如學界派系傾軋、教育經費困難等皆為民國教育界常有的現象。

　　大學院設立後，蔡元培即致力於爭取教育經費的獨立，相繼組織教育經費計畫委員會，計畫全國教育經費；會同財政部向國府提議保障教育經費獨立；籌設教育儲蓄銀行、庚款興學委員會；指撥錫箔捐及註冊稅充全國教育經費、附加煤油特稅充中央及地方教育經費等。[86] 然因當時國家財政緊張，且庚款又轉撥築路、水利及電氣事業之用，教育經費要獨立，實為困難；而大學院制又要求人事、立法獨立，與訓政時期「以黨治國」的精神相違背。[87] 教育政策制定權的衝突，使大學院終被取消，蔡元培亦以「老腐之身，不宜再妨賢路」為由，辭卻本兼各職。[88]

　　大學院試行失敗後，民族本位教育昌行，教育界對各國教育思潮仍積極宣導，如《教育研究》於第 22 期（1930 年 10 月）出版「歐美新教育運動專號」，《教育雜誌》亦於第 22 卷第 6、7 兩期（1930 年 6、7 月）出版「現代世界教育專號（上、下）」，莊澤宣亦相繼出版《各國教育比較論》、《各國教育新趨勢》，常導之編著《各國教育制度》等。可見，國民政府時期的教育政策仍受各國教育思潮影響，尤以蘇俄及德意等國為深。[89]

　　在俄、德、意等國獨裁集權的教育思潮下，中國國民黨亦希望根據三民主義，以養成黨治下健全的國民，[90] 尤其北伐完成後，在內憂外患的交迫下，

84　孫常煒：《蔡元培先生年譜傳記》上冊，第 587、588 頁。
85　陳哲三：《中華民國大學院之研究》，第 180—195 頁。
86　《大學院之工作報告與決算》，中華民國大學院編印，1928，第 10—11 頁。
87　陳哲三：《中華民國大學院之研究》，第 184、195—196 頁；Allen B. Linden, "Politics and Education in Nationalist China: The Case of the University Council, 1927-1928," *The Journal of Asian Studies*, vol.26, no.4 (August 1968)：p.224.
88　〈大專院校教職員任免案——大學院〉，「國史館」藏檔：02000.0323.20/4050。蔡元培曾分別於 1928 年 8 月 17 日、9 月 3、15 日，10 月 1 日四次呈函國民政府辭卻本兼各職（大學院院長、代理司法部長、國民政府委員、政治會議委員）
89　陳進金：《抗戰前教育政策之研究（民國 17 年至 26 年）》，近代中國出版社，1997，第 43—45 頁。
90　張九如：《黨化教育下各科教學法綱要》，新時代教育社，1927，第 6 頁。

更期望用「三民主義教育」來救中國。[91] 此外，國民黨黨政要員也相繼在《中央黨務月刊》發表有關教育的論述，其中胡漢民於《建設與教育》一文中即論述道：

> 今後我們在惟一主義的民族，惟一主義的國家，惟一主義的政治之下，必不須教育獨異於此惟一的主義……今後三民主義如果連在教育中，都沒有肯定的惟一地位，那還說什麼訓導全國以求實現，推行世界以進大同！那樣教育所造就的人才，有何補於訓政與建設！[92]

北伐後，政治上主張「首領集權制」，[93] 教育則須受三民主義指導，正是俄、德、意等國極權獨裁的影響所致。可以說，抗戰前的中國教育，實施了符合國民黨訓政的三民主義教育亦即黨化教育。

抗戰前國民黨實施黨化教育，著重於對教育的控制，引發了學界的爭論。早於民國肇立時，蔡元培曾主張，在共和時代，教育家得立於人民之地位，以定標準，乃得有超軼政治之教育。他特別強調民國教育與君主時代的教育不同，因為君主時代的教育方針，不從受教育者本體上著想，只是用一個人主義或部分人主義，利用一種方法，驅使受教育者遷就他的主義。民國時代的教育方針，應從受教育者本體著想，有如何能力，方能盡如何責任；受如何教育，始能具如何能力。[94] 為實現其超軼乎政治的民國教育，不使教育淪為一己一私或一黨一派的工具，驅使受教育者遷就其主義，蔡元培特別打破政黨的藩籬，請不同黨派的范源濂任教育部次長。[95]

基於共和時代教育應當立在政潮之外、脫離政黨而獨立的理念，1922 年蔡元培發表《教育獨立議》一文，力陳「教育事業，當完全交與教育家，保有獨立的資格，毫不受各派政黨及各派教會的影響」的主張，他認為，若把教育權交與政黨，兩黨更迭時，教育方針也要跟著改變，教育就沒有成效力量。[96] 蔡元培「獨立教育制度」的主張，曾於 1927—1929 年大學區制的試行中獲得

91　朱家驊：〈今後要加緊教育工作〉（1930 年 11 月 10 日在中央黨部總理紀念周演講詞），《中央黨務月刊》第 29 期，1930 年，第 226 頁。
92　胡漢民：〈建設與教育〉，《中央黨務月刊》第 15 期，1929 年，第 248—249 頁。
93　程天放：〈民主與獨裁〉，《中央黨務月刊》第 79 期，1935 年，第 162—163 頁。
94　蔡元培：〈對於新教育之意見〉、〈對於教育宗旨案之說明〉，載孫常煒《蔡元培先生年譜傳記》上冊，第 275、325 頁。
95　梁容若：〈記范靜生先生〉，《傳記文學》第 1 卷第 6 期，1962 年，第 13—14 頁。
96　蔡元培：〈教育獨立議〉，載孫常煒《蔡元培先生年譜傳記》中冊，第 587—588 頁。

實現。但大學區制試行未及一年，中央大學區（江蘇）中等學校教職員聯合會呈請南京國國民政府、國民黨中央黨部要求變更大學區制。呈文中列舉大學區之重大弊害有：易受政潮之牽涉；經費分配不公；行政效率之減低；學風之影響；釀成學閥把持之勢力。[97] 基於此，國民政府於 1929 年 6 月依據國民黨三屆二中全會決議，把試行兩年的大學區制停止，使教育與學術打成一片的原則沒有實現。[98] 取消大學院改設教育部，與大學區試行的停止，使蔡元培教育獨立的理想猶如曇花一現。

　　蔡元培所謂超軼政治的共和時代教育，確實是難以實現的理想，正如周谷城在《教育雜誌》撰文指出，教育無時無處不與政治相關，解決中國教育上的幾種病態，必須運用政治力量始能奏效，教育問題，必須政治問題徹底解決時，始能有徹底之解決。[99] 抗戰前國民黨基於黨治和訓政的需要，尤須控制教育，作為宣傳的重要工具。在廣州時期，國民黨中央執行委員會曾致函廣東大學校長鄒魯稱：本會決議凡教育機關人員及學校教職員均須一律入黨，請貴校長查照。該決議並規定：所有廣州市教育局職員，均勸令一個月內加入本黨，逾期不入者須提出正當理由。如有決意反對本黨主義者，應分別撤換停職。廣州國民政府亟思控制教育，謀使「學校為整個的黨部，教育為整個黨務，師生為整個黨團」。[100]

　　幾乎同一時間，主張國家主義教育的余家菊、李璜、左舜生、陳啟天等39 人也正式成立國家教育協會，以擁護國權、發揚國光、陶鑄國魂、燮和國民為宗旨。國家主義教育者認為，教育是一種國家主權，教育是一種「國家事業」，教育是一種國家工具，教育是一種國家制度。所以必須養成以國家為前提的愛國國民教育，建設教育的國家制度，才能運用教育的國家工具，完成教

97　《教育雜誌》第 20 卷第 7 期，1928 年，總第 31597—31599 頁。《申報》亦報導該會說明大學區制之弊端有：一為經費分配不均，大學成畸形之發展；二為政潮起伏，各級學校均有橫被牽連之危險；三為評議會之組織，側重大學而忽視中學，且仍受校長之操縱；四為校長處長對於校務政務不能兼顧，且各校公文往往延至三月尚未批答；五為大學屢起風潮，延及中學。見《大學院公報》第 1 年第 8 期，1928 年，第 45—48 頁。

98　何炳松：〈三十五年來中國之大學教育〉，載蔡元培等《晚清三十五年來（1897—1931）之中國教育》，龍門書店影印版，1969，第 116 頁。

99　周谷城：〈教育新論〉，《教育雜誌》第 20 卷第 1 期，1928 年，總第 30583—30596 頁。

100　《中國現代教育大事記（1919—1949）》，第 95 頁；張九如：《三民主義教育學》，商務印書館，1928，第 72 頁。

育的國家職能，保持教育的國家主權。[101] 1923 年，余家菊、李璜合著《國家主義的教育》一書，使國家主義教育，受到教育界的注意；五卅慘案後，國家主義教育更是風靡了整個中國教育界。[102] 但是，隨著國民革命軍北伐，國家主義被視為帝國主義的前身，又違反國民黨黨治原則，遂遭到國民政府的壓制和禁止。但余家菊等人依舊堅持國家主義教育的主張，反對國民黨的黨化教育。

北伐前後，除了國家主義派反對黨化教育外，1925 年 1 月東南大學校長郭秉文被北京執政政府教育部免職，因汪精衛、吳稚暉的介入，也曾引起一場反對黨化教育的風潮。東南大學教授發表通告云：「教育之不應為政潮所左右，中外公認，今偶因政治上之得勢，實行黨化教育之運動，是則從事教育者失其自由，不黨者無以自存，紛亂社會，摧殘教育，莫此為甚。」[103] 針對東南大學事件，陶知行也發表《國家教育與黨化運動》一文，認為：「教育是國家萬年之計應當超然，應當純粹，應當除去政黨的色彩，應當保持獨立的精神，全體國民黨人與非黨人，都應當站在教育精神獨立的旗幟之下」。[104]

陶文引起國民黨機關報《民國日報》的批駁，1 月 26 日該報刊登《黨化教育的意義》一文，稱國民黨的運動是全民運動，黨化的目標，不單在教育；是民眾的場所，就是國民黨徵求同志的場所。國民黨主張黨化各階級民眾。[105] 針對《民國日報》的批駁，陶知行於 29 日又發表《一封致國民黨機關報的公開信》，特別強調贊成用出版自由、言論自由、集會自由的方法，去宣傳黨綱政見，入黨與否，一聽人民自決，但不能用勉強的方法，去逼迫不受同化的人。[106] 張奚若則在《黨化教育與東南大學》一文中，直指郭秉文被免職，純是因為郭本身的種種「劣跡」，如推翻評議會、取消工科、擅改校章、聯合齊燮元等，與一般人所謂的「黨化」無關。[107]

郭秉文免職案，引發 1925 年的東南大學學潮，正是黨化教育者與江蘇省

101　陳啟天：《近代中國教育史》，第 212—213 頁。
102　余家菊、李璜：《國家主義的教育》，冬青出版社影印版，1974。原書付梓於 1923 年，多為余、李二氏在巴黎主張國家主義教育的文稿。
103　《時事新報》1929 年 1 月 18 日，「國史館」藏縮微卷。
104　陶知行：〈國家教育與黨化運動〉，《時事新報》1925 年 1 月 19 日，中國國民黨黨史會藏剪報資料。陶知行，即陶行知。
105　〈黨化教育的意義〉，上海《民國日報》1925 年 1 月 26 日，中國國民黨黨史會藏剪報資料。
106　陶知行：〈一封致國民黨機關報的公開信〉，《時事新報》1925 年 1 月 29 日，中國國民黨黨史會藏剪報資料。
107　張奚若：《黨化教育與東南大學》，中國國民黨黨史會藏剪報資料。

教育會之間的角力，在擁郭派與反郭派的爭持下，導致校外謠言不斷，校內則劍拔弩張，並於3月發生東大「奇變」，胡敦復被學生飽以老拳及脅迫簽具「永不就東大校長職」甘結。[108] 可見，在國民黨黨治原則下，其勢力所及，凡在政治上、教育上、社會上，均要求完全黨化。任何機關團體，無不以國民黨之主義是從，苟有反對國民黨主義，或反對國民黨主義之贊同者，似不許其存在。[109]東南大學免郭案，或許正寓含此意。

　　黨化教育運動，雖然受到部分人士的反對，但在北伐期間仍深受各界歡迎。有學者分析其因，認為是五四時期，革命黨人對新思潮的回應，落實到中國國民黨的改組，充實了改組的內涵，振興了國民黨，促成了革命的再起。[110]不過，北伐期間國民黨文化保守主義的傾向，也遭到自由主義學者的批評。1929年底，胡適針對葉楚傖〈由黨的力量來挽回頹風〉一文，在《新月》發表〈新文化運動與國民黨〉，抨擊國民黨打著「剷除封建勢力，打倒封建思想」的旗幟，黨內重要人物卻發表維護傳統文化的思想。胡適認為，國民黨的運動根本上是種極端民族主義運動，自始便含有保守的性質，含有傳統文化的成分。[111] 事實上，國民黨對傳統文化與新思潮的把握，有其一定的原則。[112] 對文化思想、青年學生的惡化和腐化，也均有剴切的宣示。

　　除了文化上保守與進取的爭議外，最大的爭論來自對國民黨訓政的質疑。1929年6月，國民黨三屆二中全會決議訓政時期為6年，至1935年完成。訓政，本是革命過程之一，作用在於訓練人民行使政權，以便在民主政治中，能正確實行民主憲政。但若借訓政為名，以求政權壟斷，則難以普遍得到國人的贊成。因此三屆二中全會通過訓政時期規定案後，胡適馬上在《新月》發表〈我們什麼時候才可有憲法？〉，不相信「無憲法可以訓政，認為無憲法的訓政只是專政」。[113] 至1931年九一八事變時，朝野已頻有「提前結束訓政」，

108　呂芳上：〈民國十四年的東南大學學潮〉，載國父建黨革命一百周年學術討論集編輯委員會編《國父建黨革命一百周年學術討論會論文集》第2冊，第144—145頁。

109　陳味涼：《中國國民黨之沿革與組織》，世界書局，1927，第95頁。

110　呂芳上：《革命之再起——中國國民黨改組前對新思潮的回應（1914—1924）》，中研院近代史研究所，1989，第560頁；美國學者韋慕庭（C. Martin Wilbur）稱之為「國民黨的再生」（Rejunvenating the Kuomintang），見 C. Martin Wilbur, *The Nationalist Revolution in China, 1923-1928* (Cambridge: Cambridge University Press, 1984) , p.8.

111　見胡頌平編《胡適之先生年譜長編初稿》第3冊，聯經出版公司，1984，第803—804頁。

112　呂芳上：《革命之再起》，第549—560頁。

113　見胡頌平編《胡適之先生年譜長編初稿》第3冊，第795頁。

「召開國民代表大會，議決憲法，決定頒布日期」的呼聲。[114] 不過，反對提前結束訓政的朱經農，在參加國難會議後，則寫了一篇《結束訓政的時間問題》，申明其反對提前結束訓政的理由，他認為：「民國十二年以前中國憲政的失敗，根本原因就在民眾缺乏訓練」，如果希望憲政早日實現，「也應該容許政府有一些訓練民眾的時間」。[115]

因九一八事變的發生與對國民黨訓政理論的爭議，乃有 1930 年代民主與獨裁的論戰。民主論者認為國難時期應行也能行民主憲政，主張開放黨禁、政治統一與結束訓政；獨裁論者則認為為統一、建國應行專制獨裁，主張武力統一、維持黨禁與個人專制。[116] 隨著民主與獨裁的論戰，黨化教育的施行亦遭波及，引起各界的批評與質疑。

北伐期間國民黨實施的黨化教育，曾遭到余家菊、陳啟天和陶行知等人的反對與批評。1928 年，大學院召開第一次全國教育會議時，議決通過廢除黨化教育代以三民主義教育的議案，其實黨化教育政策並未改變。在大學院召開全國教育會議時，天津《大公報》的社評，曾針對幾年來的黨化教育提出抨擊道：「南方近年標榜黨化教育，略師蘇俄之宣傳訓練，而輕視學術，並有束縛思想自由之憾。」文中提及學生運動說：

> 承多年黨化教育政策之後，欲縱之歟，則流弊已多；欲抑之歟，又自相矛盾。且即撇開過去關係與中國特殊情形，而從純理論上解決此事，亦屬不易。換言之，「學生與政治」，其關係應如何安排，方為恰當，實一難題也。吾人所見，至少願有消極的兩前提：其一，學生運動，應在不荒廢學科範圍之內；其二，學生思想自由，不宜束縛之。故不應以狹義的黨義籠蓋全體學生。易言之，應放棄過去之黨化政策。[117]

周谷城在〈教育界之黨派觀〉一文中更直謂：「民族生命在過去數年並未受教育之賜，甚且反遭其惡劣影響，其最大原因乃教育界之黨派是也。」[118] 雖有上述反對聲浪，國民政府仍於 1929 年 3 月通過《確定教育宗旨及其實施

114　陳進金：《抗戰前教育政策之研究（民國 17 年至 26 年）》，第 136—137 頁。

115　經農：〈結束訓政的時間問題〉，《獨立評論》第 7 號，1932 年，第 18 頁。

116　1930 年代民主與獨裁論戰，以《獨立評論》為主要戰場，參閱陳儀深《〈獨立評論〉的民主思想》，聯經出版公司，1989，第 3 章。

117　《大公報》1928 年 5 月 22 日。

118　《教育雜誌》第 20 卷第 7 期，1928 年，總第 31475—31479 頁。

方針案》。[119] 國民黨要員甚至認為學潮紛擾，是因為缺乏統一思想，故要繼續加強黨義的灌輸，所謂「捨三民主義無可統一」；而反對者則認為學潮頻仍，實因黨化教育政策之故。針對國民政府行政院的《整頓學風令》，《大公報》於 1930 年 12 月 8 日發表社評云：

> 政治之派別分歧，引誘之法術無窮，學校在學之學生，變為政爭之貨品，由互爭而互鬥而互殺……今既整頓學風，自宜將學生運動引入正軌，速令各校學生會依據新章，如法自治，在學青年參與黨務，宜有限制……今欲整頓學風，宜將青年黨員在學校之地位與參與黨務之程度規定明白。

而國民政府積極實施黨義教育的結果，非但不能消弭學潮，反而使得學潮愈演愈烈。馬超俊乃重申：要避免青年學生受反動派或共產黨「蠱惑」，只有再積極實施黨義教育，並對 12─18 歲的青少年施以黨義教育的訓練，然後黨的力量才能雄厚，基礎才能鞏固。[120] 但其解決學潮的成效並不見著。

九一八事變後，國民政府教育政策有所轉向，開始強調民族主義精神教育與生產教育，希望用教育來救國等。但其一貫的黨化教育政策亦因民主與獨裁論戰而遭到批評，任鴻雋在〈黨化教育是可能的嗎？〉一文中認為，教育的目的在一個全人的發展，與黨的目的在信徒的造成不同，是以黨化與教育不能並立，有了黨化便沒教育，要教育須先取消黨化。任鴻雋以為宣傳黨義的最好方法，是把黨義放在一個自生自活的地位，而不要把黨義放在特殊位置上，使其喪失自由競爭機會，進而漸漸失去向上改進的本能。所以國民政府應該對全國教育負責，它的義務應該先發展教育，再談黨義。[121]

任鴻雋在訓政時期黨治原則下，直接論述黨義教育政策的錯誤與完全失敗，真可謂「大膽」。在〈再論黨義教育〉一文中任鴻雋借答覆范雲龍疑問重申：根據黨義教育的事實，黨義教育已完全失敗。[122] 而曾任北平師範大學校長的徐炳昶，更在《獨立評論》連續發表六篇〈教育罪言〉，從學生受課情形及成績、學校管理、功課的編制、學校經費的支配等方面論述，除了對 1928 年

119　《革命文獻》第 76 輯，中國國民黨黨史會編印，1978，第 110 頁。
120　馬超俊：〈實施黨義教育之重要〉，《中央黨務月刊》第 32 期，1931 年，第 683─685 頁。
121　叔永：〈黨化教育是可能的嗎？〉，《獨立評論》第 3 號，1932 年，第 10─15 頁。
122　叔永：〈再論黨化教育〉，《獨立評論》第 8 號，1932 年，第 10─12 頁。

以來國民政府的教育政策提出檢討外，也反映出當時教育界的種種病態。[123]

不過，抗戰前的教育也有較為長足的進步，其具體的建設約有下列幾方面。

一是國民自治能力的培養。在訓政時期，首先必須訓練民眾運用政權，屬行地方自治，也就是要培養國民的自治能力，這是抗戰前三民主義教育所達成的第一個目標。要培養國民自治能力，必先掃除全國近 3.2 億人口的文盲，為此，國民政府分別從民眾教育和普及義務教育著手。在民眾教育方面，其積極方法在廣設民眾學校以及推行識字運動。1936 年，國民政府頒布《失學民眾補習教育辦法大綱》，規定全國超過義務教育年齡之失學民眾，在 6 年期限內應一律入民眾學校。[124] 其實施的結果，據教育部統計，1936—1937 年掃除文盲總數，當在 2000 萬人以上。[125] 又根據傅葆琛的估計，當時辦理民眾教育一年，約可減少文盲 13.5%。[126] 因此，在國聯教育考察團的報告書中，對中國教育感到最滿意的便是「成人教育」。[127] 而實施民眾失學補習教育，不但能掃除文盲，也能勸誘成人使其子女接受較良好的教育，並感化成人使之贊助教育運動的推廣，對於國民自治能力的培養，確有莫大幫助。在普及義務教育方面，鑑於國家財政無法負荷過巨的經費，國民政府採用二部制，使一校可抵兩校使用，在學校數增加率只有 50.71% 的情況下，學生增長率達到 106.76%。若以學童占全國學齡兒童百分比而論，則從 1929 年的 17.10% 增加至 1936 年的 37.17%。[128] 這都是抗戰前 10 年，國民政府在國事蜩螗之際，仍致力於培養國民自治能力的明證。

二是國民生產技能的訓練。傳統中國教育過度側重文字教育而輕視實用教育，使文法科學生過剩。如前所述，民國成立後，教育界為厚植國家的物質

123　徐炳昶發表的〈教育罪言〉，分別載於《獨立評論》第 25、27、30、33、34、37、38 號，1932、1933 年。

124　多賀秋五郎編《近代中國教育史資料・民國編》（下），第 285—287 頁。各省市實施失學民眾補習教育情形，可參閱《各省市實施失學民眾補習教育計畫彙編》，教育部社會教育司編印，1937。

125　《中國社會教育概況》，教育部社會教育司編印，1939，第 2—3 頁。

126　傅葆琛：〈文盲與非文盲的研究〉，《教育與民眾》第 1 卷第 10 期，轉引自黃裳《文盲研究》，廣東省立民眾教育館，1935，第 34 頁。

127　《中國教育之改進——國聯教育考察團報告書》，宗青圖書出版公司影印版，1990，第 248 頁。

128　陳進金：《抗戰前教育政策之研究（民國 17 年至 26 年）》，第 191 頁。

基礎，雖不再使用實業教育之名，卻轉而提倡職業教育，以喚起政府更自覺地發展與國家物質建設息息相關的課程及學校類型。

抗戰前中國正面臨生產落後、經濟枯竭的危機，亟需實科人才以從事國家建設和改善民生。國民政府為致力於國民生產能力的訓練，曾下令各小學多注意生產教育；各中等學校多提倡職業訓練，並廣設職業學校；高等教育則著重於實用課程，並限制招收文科新生人數。例如「高級中學分設普通、師範、農業、工業、商業、家事各科」。此外，高等教育必須注重與國家物質建設相關的實用科學，大學教育也注重實用科學之原則，包含理學院或農、工、商醫各學院之一。[129] 其目的在糾正以往過分偏重文法政科之弊。經過 10 年的努力，中等職業學校由 1928 年的 149 所，至 1936 年已達 494 所，學生人數亦達 5.6 萬餘人。高等教育，自 1935 年度起，實類新生已超越文類新生。而出國留學生人數中，實科人數比例亦從 1929 年的 36.08％，至 1937 年增至 62.30％。[130] 可知戰前國民政府堅持推展生產教育，積極訓練國民生產技能，提供了日後八年抗戰期間，從事各項建設所需的人才。

三是國家民族意識的恢復。中國自鴉片戰以爭以降，帝國主義侵略，紛至遝來，使中國瀕臨滅亡的邊緣，種種應運而生的教育思想，無不直接或間接以復興民族為目的。北伐完成後，國民政府為恢復民族自信心，達到完全的民族獨立，特別提倡民族精神教育。尤其自九一八事變後，為挽救國難，國民政府分別從軍事教育、體育訓練、國語文教育以及國民道德教育等方向努力，一方面加強推行軍事教育配合體育訓練，以培養學生的民族精神和愛國情操；另一方面積極推展國語文教育並佐以國民道德教育，以促進民族同化與恢復民族地位。國民政府經過 10 年的努力，不但培育了國民精神戰力，並且奠定後來對日長期抗戰的基礎。

四是教育均衡發展的努力。國民政府除積極推廣普及教育，以增進教育機會均等外，又特別重視女子教育與邊疆教育，尤其是職業學校的推廣，1922 年女學生占全部學生人數的 7.13％，1929 年增至 26.27％，人數由 1452 人增為 7003 人。而全國大學女生占全部學生人數的比例，由 1928 年的 8.59％，到 1936 年增為 15.21％，人數由 1485 人激增至 6375 人。此外，為了發展邊

129　多賀秋五郎編《近代中國教育史資料・民國編》（中），第 483—484、586 頁。
130　陳進金：《抗戰前教育政策之研究（民國 17 年至 26 年）》，第 201—202、197—199 頁。

疆教育，國民政府教育部於 1930 年籌備成立蒙藏教育司，專轄蒙藏教育事宜，並頒行《待遇蒙藏學生章程》，優惠蒙藏學生受學。爾後《修正待遇蒙藏學生章程》使新疆、西康、寧夏、青海、甘肅等邊地，亦適用該優惠待遇。在國民政府發展邊地教育方針下，至抗戰初期邊疆小學計有 3374 所，對邊地兒童基礎教育的養成，發揮了一定的作用，卻也是邊疆民族逐漸中央化的具體呈現。

　　五是教育權的統一與劃分。抗戰前國民政府的教育政策，力求實踐三民主義教育宗旨。鑒於清末以來，國家教育行政因學制的屢次變動、教育法令的頒而不行、教育事權的不統一等因素，呈現頗為紊亂的現象，為使三民主義教育政策能具體可行，國民政府亦整頓相關的教育行政問題。在教育權的統一與劃分方面，國民政府為了強化國家教育權的統一，首先便賡續了民國初年教育界的收回教育權運動，相繼制定了《私立學校立案規程》、《私立大學及專門學校立案條例》、《私立中等學校及小學立案條例》、《私立學校規程》以及《取締宗教團體私立各學校辦法》等法令，以規範教會學校，使其納入中國教育體制。在國民政府或令停止招生、或令飭停辦、或令封閉學校等措施下，國家教育權逐漸統一。其次，有關教育行政事權的劃分，鑒於北洋政府放任主義的流弊，國民政府擬採用集權中央的原則，以配合訓政時期黨治的遂行；但因中國幅員遼廓，教育行政事權採用集權制度，每因中央與地方隔閡而發生扞格不入情事，為謀因地制宜，以促進教育的進行，乃改採中央與地方合作的「均權制度」，使教育能適應各地方需要，又不失整齊劃一的要求。[131]

　　六是教育經費與人事安定。抗戰前國民政府實施三民主義教育政策能有較受肯定的成效，除了對相關教育行政問題的整頓與改革外，還有兩項因素：一是人事的安定；二是經費問題的解決。就人事安定而言，民國建立至北伐統一前（1928 年），中央教育長官共經歷 44 人次，平均每年要更換 2.75 位教育總長。而抗戰前 10 年，中央教育長官共經歷 10 人次，平均每年只要更換 1 位，尤其後 5 年教育部部長為王世杰，連政務次長（段錫朋）、常務次長（錢昌照）也沒有更換。人事的穩定對於教育事業的發展有其決定性的影響。再就教育經費而言，抗戰前 10 年來，歲出教育文化費雖只占中央歲出總額的 5% 左右，但其經費額由 1931 年的 18658536 元至 1936 年增至 44339962 元，

131　以上幾段，分見陳進金《抗戰前教育政策之研究（民國 17 年至 26 年）》，第 205—219、223—224、226—232、258—275 頁。

增長率高達 238%。且因中央與地方教育經費的籌措與分配得宜，幾乎從未發生拖欠教費情事。基於上述，教育行政穩定，教育經費不拖欠，教授生活安定，為民國成立以來 20 餘年所僅見。因此，抗戰前 10 年，雖然黨化教育引發各界爭議，仍然被譽為「民國以來教育學術的黃金時代」。[132]

五、堅持與對抗：戰時教育及其爭論

1935 年底，華北局勢危急，國勢日蹙；翌年 1 月，國民政府宣布《國難時期教育宗旨》，強調擁護國家領土主權之完整，並盡力實施切合國難時期需要之教育，即著重於抗戰與建國並行的教育方針。[133] 1937 年 7 月 7 日，爆發盧溝橋事變；8 月 27 日，教育部頒布《總動員時督導教育工作辦法綱領》，再度重申維持正規教育的意旨。[134]

1938 年 4 月，國民黨於武昌召集臨時全國代表大會，討論《抗戰建國綱領》時，有關教育方面提出 4 項綱領，分別是：（1）改訂教育制度及教材，推行戰時教程；（2）訓練各種專門技術人員，以適當之分配，以應抗戰之需要；（3）注重國民道德之修養，提高科學之研究與擴充其設備；（4）訓練青年，俾能服務於社會事業，以增加抗戰力量。基於此，國民黨乃提出戰時各級教育方案綱要，規定 9 大教育方針 17 項實施要點。其中 9 大教育實施方針分別為：（1）三育並重；（2）文武合一；（3）農村需要與工業需要並重；（4）教育目的與政治目的一貫；（5）家庭教育與學校教育密切聯繫；（6）對於吾國固有文化精粹所寄之文史哲藝，以科學方法加以整理發揚，以立民族之自信；（7）對於自然科學，依據需要，迎頭趕上，以應國防與生產之急需；（8）對於社會科學，取人之長，補己之短，對其原則加以整理，對於制度應謀創造，以求一切適合國情；（9）對於各級學校教育，力求目標之明顯，並謀各地平均之發展，對於義務教育，依照原定期限，以達普及，對於社會教育與家庭教育力求有計劃之實施。[135] 抗戰時期的教育政策與方針，主要就是根據上述方案實施，亦即抗戰與建國並行的教育政策。

抗日戰爭期間，教育該如何因應，輿論主張著重在培養民族的力量，適

132　郭廷以：《近代中國史綱》，南天書局，1980，第 670 頁。
133　《申報》1936 年 1 月 30 日。
134　申曉雲：《動盪轉型中的民國教育》，河南人民出版社，1994，第 236—237 頁。
135　「教育部」編《教育方針與政策資料》，中央文物供應社，1951，第 125 頁。

應戰時環境的需要，糾正現存的缺點，負起抗戰的責任。因此，抗日戰爭爆發之後，教育該如何應變成為當務之急，尤其位處前線地區（如平津）的學校，更是當時教育行政機關亟待解決的問題。1937年8月11—14日，《中央日報》連載《抗戰期中教育之應變措施》一文，提出了10種應變辦法，分別是：（1）依人口、交通、經濟、物產及文化情形，劃分全國為7個學術中心區，即陝甘區、湘鄂區、四川區、滇黔區、粵桂區、京滬區和平津區等；（2）平津各大學學生，應准其免試轉入其他各大學院系相同之原年級上課；（3）平津各國立大學，如因事實之需要，得行合併，托一二私立大學代辦；（4）平津各國立大學，本學期停止上課，統遷至內地合併設立；（5）大學教授可自動成立研究團體，分組商討金融、外交、交通、工業、糧食、治安及文藝等與作戰有關之各種問題，以貢獻結論於政府，或實際參加工作，或自行發展，以期集思廣益，充實抗戰之力量；（6）平津區域及其他作戰區域之中小學，暫維現狀，其學生欲轉學，與教職員之欲辭職者，悉聽自由；（7）全國各地中小學，其因學生人數驟增者，採用半日制以資補救，其餘學校之教材分量與教學時期，概縮減 1/5—1/3；（8）中小學教員與高年級學生，均於課暇受短期訓練以便參加後方工作，且宜為有組織有團體的活動；（9）大學學生成立後方團體，或參加當地其他民眾團體，擔任救護、慰勞、運輸、維持秩序、調查戶口、清除漢奸等工作，其四五年級學生，奉調時應至軍政機關服役；（10）社會教育為比較接近民眾之教育機關，今後應求確實利用，發揮教育之更大權益。

　　觀察這10項應變措施的內容，可知平津地區大學的內遷與學生的安置，成為戰時教育政策的重點，而負責其事者即為教育部部長陳立夫。1938年1月，陳立夫接任教育部部長，直到1944年12月去職，主持戰時教育行政計7年，其任期幾乎與抗日戰爭相終始。陳立夫晚年回憶戰時主持教育行政工作時曾經提道：「在此7年之中，撫輯流亡學生，重振後方弦歌，擴展各級教育，改革並建立制度，發揚民族文化，訓練並徵調學生直接參加抗戰工作，實在做了不少事。」[136] 其中，有兩項具體內容值得記述。

　　其一，大學的內遷與發展。抗日戰爭期間，中國的高等教育飽受日軍摧殘，但誠如學者所云：「各高等院校的廣大師生，並沒有屈從於日寇的鐵蹄。

136　《成敗之鑒——陳立夫回憶錄》，第235頁。

他們紛紛內遷大後方，團結奮進，與神聖的反侵略戰爭相始終。在敵人炮火的威脅下，中國的大學教育不但沒有被摧毀，反而得到了恢復和進一步的發展。」此時期中國大學的內遷可分為三個階段。第一階段，從 1937 年 8 月至 1939 年初，此為日軍戰略進攻階段，東南沿海各大學中，除部分教會大學在英美等國保護之下，及少數大學就近遷入租界外，其餘絕大多數高校遷往西南、西北，或遷往附近山區，戰時維持弦歌不輟。第二階段，自 1940 年下半年至 1943 年春，此時期英美與日本關係日趨緊張，致使上海租界與香港等地淪為日軍統治，華南地區岌岌可危，許多教會大學和原遷入租界或暫時避居華東、華南山區的高等院校，乃向西南大後方遷移。第三階段，自 1944 年至 1945 年，此一時期日軍為打通大陸交通線，發動豫湘桂戰役和黔南戰役，又使原本遷移至廣西、雲南和貴州等地的高校，被迫再度遷往四川境內。[137]

抗戰時期，中國高等院校內遷最具代表性的應為北京大學、清華大學、南開大學三校聯合的西南聯合大學。平津淪陷後，教育部命平津兩地 6 所大學分別內遷到長沙、西安，組成長沙臨時大學和西安臨時大學。長沙臨時大學即由北京大學、清華大學、南開大學三校組成，1937 年 8 月成立籌備委員會，由北大校長蔣夢麟、清華校長梅貽琦、南開校長張伯苓為籌備委員，10 月 25 日，長沙臨時大學正式開學。12 月，南京淪陷，華北及長江一帶遭到日軍步步進逼，情勢異常危急，1938 年 1 月，教育部下令長沙臨大遷往昆明。2 月 19 日，長沙臨大師生開始西遷，歷經 68 天，長途跋涉 1600 餘公里，於 4 月底抵達雲南昆明，這段歷程被稱為聯大的「長征」。學者認為，從長沙到昆明的長征，影響最大的並不是「旅行團」團員的工作，而是這所大學的學風；這次長征之旅，成為苦難中國知識分子群體才能的表徵，更是中國高等教育與文化持續不輟的象徵。[138]

西南聯大到昆明之後，擁有 5 個學院、26 個系、2 個專修科和 1 個先修班，約有 170 餘位教師、3000 名學生，是戰時中國最大最全面的綜合性大學。易社強在撰寫《戰爭與革命中的西南聯大》一書時，以 100 多頁的篇幅來描述西南聯大各學院的發展情形，對聯大教授堅持學術的毅力予以高度評價，認為

137　金以林：《近代中國大學研究（1895—1949）》，中央文獻出版社，2000，第 226、232—233 頁。

138　〔美〕易社強：《戰爭與革命中的西南聯大》，饒佳榮譯，傳記文學出版社，2010，第 33—64 頁。

西南聯大創造了「區域性的文藝復興」。而西南聯大對雲南地區的文化教育更是產生了重大影響，從最初的文化衝突，到促進雲南全省中小學教育的發展，聯大確實對雲南貢獻巨大。[139]

其二，青年的貸金制救濟。國民政府在中日戰爭爆發後，努力維持學校系統，不僅遷移學校，還根據需要增設了學校，故學校數量不減反增，因此須以龐大的教育經費來維持，且為了救濟學生使之能安心在校求學，國庫得支出大筆貸金。抗日戰爭時期，教育經費的支出僅次於軍費。[140] 戰時龐大的教育經費支出中，有一項對青年學生影響最鉅者，即為青年的貸金制救濟。1938 年 2 月，教育部頒布《公立專科以上學校戰區學生貸金暫行辦法》11 條，規定專科以上學校學生家在戰區，費用來源斷絕，經確切證明必須救濟者，可向政府申請貸金。1940 年 5 月，教育部以學生營養不足，影響健康甚鉅，乃通過《戰時救濟大中學生膳食暫行辦法》，提高了學生膳食貸金，以保障各地學生獲得營養必須條件為限。[141] 1943 年，教育部取消貸金制度，改為公費制。

抗戰時期，大多數公立高校的青年學子，是依靠貸金和公費制度完成學業的；此外，因政府的補助，使得私立大學的學生也可以享受貸金或免收學費的優惠。戰時的貸金制度，不僅保證了來自淪陷區的學生繼續求學，並且扭轉了近代中國高等教育貴族化的傾向。一些家境清寒的學生，也可以透過自身的努力，依靠政府的貸金救濟享受高等教育。根據統計，戰時專科以上學校學生獲得貸金或公費者，每年有 5 萬—7 萬人，約占在校生的 80％。[142] 時任教育部部長陳立夫回憶戰時從事教育行政時，特別提道：

> 據統計，戰時由中學以致大專學校畢業，全賴國家貸金或公費以完成學業者，共達十二萬八千餘人之多。此等皆是國家不可少之人才。凡是現在國內五十歲以上之社會中堅分子，幾無人未受貸金或公費之惠。如無貸金及公費制度，不知道有多少人失學，將為國家一大損失。[143]

抗戰時期，因為教育部堅持實施大專院校內遷與青年貸金救濟政策，使

139　參見〔美〕易社強《戰爭與革命中的西南聯大》，第 104、161—277 頁。
140　《成敗之鑒——陳立夫回憶錄》，第 242 頁；吳家瑩：《中華民國教育政策發展史》，第 393 頁。
141　《教育通訊》第 3 期，1938 年，第 6—7 頁；第 21 期，1940 年 6 月，第 7 頁。
142　金以林：《近代中國大學研究（1895—1949）》，第 261—264 頁。
143　《成敗之鑒——陳立夫回憶錄》，第 288—289 頁。

得中國高等教育得以繼續維持、恢復與發展。不過，抗戰時期的中國教育也引發了兩場較大規模的爭論與對抗，其對戰時教育發展產生了影響。茲分述如後。

一是關於平時教育與戰時教育的爭論。中日戰爭全面爆發前後，中國教育界曾經有一場「平時教育與戰時教育異同」的論辯。隨著日本侵華日亟，教育界對於現行教育系統的救國價值產生懷疑，學者甚至主張廢除學校教育制度。[144] 當時教育界有關這方面所發表的言論，或被歸類為徹底改造派、維持原狀派和調和折中派等三派，或被分為戰時教育無用論、戰時教育應維持原狀論及戰時教育應摒棄原有之正規教育而專辦應付戰時需要之短期訓練論等。[145]

根據學者觀察，可將當時教育界討論因應戰爭時期的教育改革言論劃分為兩種：主張發展學校制度以外的教育形態作為推行戰時教育的主體；主張將學校的教育內容及方式做適度調整，仍以學校制度作為戰時教育的主體。[146] 前者認為：「凡是中華民國國民，不分種族、不分職業、不分貧富、不分階層、不分男女老幼，都要有受戰時教育的機會。」「我們過去的教育是貴族化、特殊化……大多數貧苦的子弟，都沒有受教育的機會，普及教育、教育平等這句話，完全成了空頭支票。」[147] 現行教育系統在平時已無法達成普及教育功能，其在戰時校舍又遭日本摧毀情況下，更難利用學校來普及迫切需要的戰時教育。因此，他們主張採用「集體主義的自我教育」（或工農商學兵團制度）以及「函授自修」（或自學制度）等方式，作為戰時教育的方法。[148]

另一派則主張仍維持學校制度作為推行戰時教育的主體，他們認為：

> 全面抗戰，不只是就地區而言，乃是就發動全國國力而言。作戰的時候，不是叫在作各項事業的人，一起停頓下來，都去當兵。全國總動員的意義，是國家作戰的時候，前方的人打仗，後方的人也打仗……若是一開仗了，國內的百項事業，都告停頓，這個不叫「總動員」，這叫「總休息」。若是一開仗了，大家把本分的事都不問，勇敢地以

144　《教育雜誌》第 25 卷第 1 號，1935 年，總第 38592 頁。
145　吳景宏：〈戰時高等教育問題論戰的總檢〉，《教育雜誌》第 30 卷第 1 號，1940 年，第 1—12 頁；陳禮江：〈論戰時教育〉，《教育通訊週刊》第 7 期，1938 年，第 1 頁。
146　吳家瑩：《中華民國教育政策發展史》，第 348—349 頁。
147　李公樸：《抗戰教育的理論與實踐》，讀書生活出版社，1938，第 16 頁。
148　吳家瑩：《中華民國教育政策發展史》，第 349—360 頁。

烏合之眾湧上前線，狂熱地叫號奔走，反而妨礙他人的職務，這個也不叫「總動員」，這叫「亂動員」。「總休息」固然是待亡之道，「亂動員」也是必敗之道。[149]

　　有鑑於此，此派學者主張現行的學校教育制度及措施仍須加以維持，且應就現行學校系統的組織、課程及運作方式做調整，以應當時國家之急需，其重點有：（1）學校組織的調整，著重在增設臨時機構及調整修業年限；（2）相關課程科目及教材的調整，著重在刪減不合時宜課程及補充戰時的教材，如軍訓及護理等；（3）師生活動方式的調整，著重在由校內走向校外與切實把學生組織成集體的力量等。[150]

　　兩派的爭論於高等教育更為分歧，張治中與陳誠即持不同觀點。張治中在一場演講中，對著大專青年說道：際此國難當頭，你們這批青年不上前線作戰服務，躲在這裡幹嘛？陳誠則把大學生喻為國寶，指出國家雖在危難之中，但青年完成學業仍然極為重要。[151] 蔣介石也認為，戰時教育的目的，不僅是民族存亡的需要，也是戰後建國的需要。因此，國民政府確立了「維持學校系統正常運作，並對其平時教育措施作最大彈性調整的政策」，即實施「平時教育與戰時教育」二元並重的政策，如陳立夫所云：「一方面固在力維教育之系統於不墜，其他方面亦在將過去之弊端，切實糾正，雙方同時重要，不容偏廢也。」[152]

　　二是昆明與重慶的對抗。抗戰時期另一場對抗是指昆明西南聯大與重慶中央政府的對抗，易社強認為：「外在的威脅迫使聯大同仁團結一致，重慶中央政府的控制是這種脅迫勢力之一。」自國民革命軍完成北伐後，國民政府對於各級教育，即試圖實行政治控制，曾引發黨化教育的論爭。1935 年以後，大學成為學潮的策源地，學生反對南京政府對日本侵略者屈膝妥協的政策，黃埔系和 CC 系成為追求自由的大學的死對頭，並強力反對陳果夫於戰前停辦 10 年文法科的提議。[153] 延續此一歷史脈絡，抗戰時期的重慶政府及其教育部（部

149　〈抗戰的國力與文化的整個性〉，載該書編輯委員會編《羅家倫先生文存》第 1 冊，中國國民黨黨史會等，1976，第 586—587 頁。
150　吳家瑩：《中華民國教育政策發展史》，第 360—377 頁。
151　金以林：《近代中國大學研究（1895—1949）》，第 250—252 頁。
152　陳立夫：〈抗戰一年來之教育〉，《教育雜誌》第 29 卷第 9 號，1938 年，總第 46431 頁。
153　〔美〕易社強：《戰爭與革命中的西南聯大》，第 105—106 頁。有關陳果夫《改革教育初步方案》及其爭論情形，可參閱陳進金《抗戰前教育政策之研究（民國 17 年至 26 年）》，

長即為 CC 系的陳立夫），仍試圖透過課程標準化，尤其是訓育、軍訓等課程的實施，再由學校三大行政機構之一的訓導處（另兩個為教務處和總務處）來達到控制的目的。

在課程標準方面，1938 年 2 月，教育部把大學課程加以整理，並定整理原則如下：（1）統一標準，不許各校自行規定，先從規定必修科目入手，選科暫不完全確定，以其與國家文化及建設之政策相吻合。（2）注重基本訓練，分系不得過早，對於一般學術的基本訓練，必須深厚以便深造；將文、理、化各最基本學科，如國文、外國語、自然科學、社會科學等定為共同必修科。（3）注重精要科目，力避過去龐雜繁瑣的弊病，使青年得到一門專長。[154] 9 月，大學課程會議中通過了統一的院校課程表，教育部隨即頒布，規定所有大學照此執行。1939 年 6 月，教育部就文、理、法、商四個學院再度召開課程會議，刪減了大批課程。教育部的這些措施使大學課程職業化傾向更為明顯，乃引發了學界的質疑，梅貽琦就曾直言，大學教育「重心所寄應在通而不在專」，並敬告蔣介石、陳立夫，教育部為了實用而犧牲人文學科的做法是錯誤的，要求政府允許學校執行這些規章時有「迴旋之自由」。[155]

除了課程表標準化的對抗外，西南聯大學生對於畢業統一會考制度亦持反對的態度，1939 年、1940 年這兩年的畢業統一會考中，聯大是唯一一所學生拒絕參加考試的學校；教育部乃要脅拒發給畢業證書，但聯大依然不為所動，最後教育部讓步，只要求聯大學生參加畢業會考，可自動全部及格且聯大不用上報成績。但自 1941 年度起，聯大依然不理會教育部的畢業會考制度。再者，聯大學生對訓育、軍訓等課程也持反對態度。教育部規定必修的訓育課，其實是延續抗戰前的黨化教育，這一官方宣傳灌輸的教育觀，恰好與聯大重視學術自由的理念相悖。西南聯大雖然被迫開設三民主義課程，但是選讀同學不多，其實際效果有限。軍訓課程亦然，聯大師範學院院長黃子堅對聯大軍訓課的評語為：「一個笑柄」。

聯大對於教育部的最大對抗是「訓導與控制」。大學訓導處的主要職責，在於控制學生思想和行動，同時配合黨和政府開展工作，即訓導處的任務是

「學生思想之訓導」、「社會服務之策劃」、「學生團體登記與指導」，以及「軍事管理之監督」；尤其在發放貸金與獎學金方面，訓導處握有重大權限，同時還負責登記、審核學生社團及活動。不過，聯大的訓導處雖然對學生社團活動的管理毫不放鬆，但在實際操作過程中是很有分寸的，而且幾乎找不到用經濟權懲罰持不同政見者的事例。[156] 揆其原因，一為聯大訓導長查良釗完全不是儒家式的家長權威擁護者，更重要的因素則為聯大的自由學風，足以對抗來自重慶教育部的層層壓力。基於上述，在昆明與重慶的對抗中，昆明較處於上風，重慶教育部的管轄權似乎不及昆明的聯大。

　　吾人觀察近代中國教育的發展，從清末新式教育的實施、民初新思潮的引進、抗戰前國民黨的黨化教育，到抗戰時期的戰時教育方案等，每一個階段都環繞著一個主軸，就是如何透過教育來達到民富國強的目的。也就是說，近代中國的教育，成為執政者邁向富強的鎖鑰。但是，近百年中國教育的改革，似乎都只是為了達到政治上的某種目的。清末為了因應外力，盲目仿效西方設立的新式學堂，北伐前後為了掃除革命障礙，所積極灌輸的黨義，戰前所實施的三民主義教育，在在都只是與政治結合，專為政治服務。近百年中國的教育迷思於追求國家富強，卻欠缺以教育為主體的思考，教育自主地位被抹煞，而淪為政治的工具。其因應內外情勢演變，而決定教育改革，容易形成「頭痛醫頭，腳痛醫腳」的窘境。

　　觀察近百年中國教育發展，可以說，惟有教育獨立自主地位獲得保障，教育事業才有前途可言。

156　本段及以上段，分見〔美〕易社強《戰爭與革命中的西南聯大》，第 113—115、117—118 頁。

第二十五章　由「學戰」到「思想戰」：
民國時期的思想與學術

　　審視民國時期的思想與學術，首先面臨「寫法」的難題。如何確立相應的時段，以及所書寫的具體內容，這些看似清晰的問題，皆有必要細加推敲。對此略加說明，顯然是必要的。將近代中國歷史區分為晚清、民國兩個時段，是習見的做法，然而檢討民國時期的思想與學術，卻有必要說明，打通「晚清」與「民國」這兩個被「政治史」所分割的時段早已是學界努力的方向，「沒有晚清，何來五四」的見解，也產生了廣泛影響。[1]基於此，多少可以從更為「長程的時段」來認識近代中國思想與學術的演進。梁啟超與胡適針對近代中國思想演化進行分期工作，亦是結合這兩個時段展開。1923 年梁撰寫的《五十年中國進化概論》，即是將「從甲午戰役到民國六七年間止」這段時間界定為近代以來中國思想演化之「第二期」。[2] 10 年以後，胡適以 1923 年為界將現代思想分為前後兩期，前期所指即為「從梁任公到《新青年》」這一時期。[3]在「沒有晚清，何來五四」漸成共識的同時，選擇怎樣的視野把握近代中國思想學術的演進，也在形成較為一致的看法。「轉型年代」成為熱門話題，即展現出對此的把握，漸漸擺脫以人物與著作為重心的論述，聚焦新型傳播媒介

---

* 本章由章清撰寫。
1　參見王德威〈被壓抑的現代性：沒有晚清，何來五四？〉，《學人》第 10 輯，江蘇文藝出版社，1996，第 219—337 頁。後來又將「沒有晚清，何來五四」作為其所撰《被壓抑的現代性：晚清小說新論》（宋偉傑譯，北京大學出版社，2005）一書導言。實際上，還在 20 世紀 70 年代撰寫的論著中，張灝已表達了這樣的看法，認為 19 世紀 90 年代中葉至 20 世紀最初 10 年裡發生的思想變化，應被看成一個比五四時代更為重要的分水嶺。見氏著《梁啟超與中國思想的過渡（1890—1907）》，崔志海、葛夫平譯，江蘇人民出版社，1997，第 218 頁。
2　梁啟超：《飲冰室合集 · 文集之十四》，中華書局，1989。
3　《胡適的日記（手稿本）》第 11 冊，1933 年 12 月 22 日，遠流出版公司，1990。

所催生的變革。[4]張灝曾揭示了，1895年至1920年前後大約25年時間，是中國思想文化由傳統過渡到現代的關鍵年代，主要變化有二：一是報紙雜誌、新式學校及學會等制度性傳播媒介的大量湧現，一是新的社群媒體——知識階層的出現。[5]楊國強也強調晚清造出了一個前所未有的「言論界」，由此「思想、學理、意見、願望都能借助於文字而化作橫議」。[6]李孝悌在研究中則貫穿了「向下視野」，展現出伴隨白話報刊的成長而興起的「閱報社」及「宣講、講報與演說」等活動。[7]

從更為「長程的時段」，並且基於新型傳播媒介把握晚清以降思想學術的演進，是難以迴避的選擇。聚焦於此，或許也才能在有限的篇幅中，對民國時期的思想與學術略加梳理。為此，本章所選擇的角度，也配合著此展開。依拙見，由「學戰」到「思想戰」，或可作為審視民國時期思想學術發展的切入點。研究者已揭示了，逐漸認識到中西競爭最終是一場「學戰」，是晚清自覺重視這場文化競爭的體現。[8]不過，明顯由「商戰」發展而來的「學戰」，傳遞的是對技藝背後之「學」的重視；「思想戰」主張的浮現則上升為對社會變動的思考，其中的差異也至為明顯。值得重點關注的是「思想界」構成此一時期思想學術演進的「舞臺」，具體表現在報紙雜誌、新式學校及學會等制度性傳播媒介的大量湧現構成推動晚清社會轉型的重要象徵；民國時期逐步發展起來的「大學」（包括研究機構），也顯示此一時期思想學術發展新的氣象；而伴隨報章、書局、大學等思想學術園地的成長，讀書人的基本生活形態也因此產生重大變化，寫作方式乃至謀生手段，也烙上新時代的特質。圍繞著上述問題略做申論，既試圖從新的視野發掘問題，也期望從新的角度認識民國時期的思想與學術。

4　對「新型媒介」的稱呼用到「新聞紙」、「報章」、「雜誌」、「報刊」、「期刊」等不同的提法，係因為在不同時期對此的認知即是如此，並未嚴格加以區分。

5　張灝：〈中國近代思想史的轉型時代〉，《二十一世紀》總第52期，1999年。

6　楊國強：〈晚清的清流與名士〉，載氏著《晚清的士人與世相》，三聯書店，2008，第207頁。

7　李孝悌：《清末的下層社會啟蒙運動：1901—1911》，河北教育出版社，2001，第240—241頁。

8　王爾敏：〈商戰觀念與重商思想〉，載氏著《中國近代思想史論》，社會科學文獻出版社，2003，第198—322頁；羅志田：〈新的崇拜：西潮衝擊下近代中國思想權勢的轉移〉，載氏著《權勢轉移：近代中國的思想、社會與學術》，湖北人民出版社，1998，第18—81頁。

一、由「學戰」到「思想戰」：「思想界」具有的象徵意義

聚焦於新型傳播媒介以審視近代中國思想學術的演進，旨在說明思想學術成長的環境，已迥異於往昔。實際上，新型傳播媒介對推進人類社會演進所發揮的重要作用，早為學界所重視，哈貝馬斯（Jürgen Habermas）與安德森（Benedict Anderson）也成為常被引用的範例。哈貝馬斯揭示了在近世西歐社會，資產階級的報刊、俱樂部、咖啡館等場所催生出「公共領域」（public sphere），供人們討論和爭論公眾事務，報刊乃「公共領域最典型的機制」。[9] 安德森則致力於探討「印刷資本主義」（print-capitalism）如何影響民族概念的散佈與流傳，闡明沒有什麼東西比印刷資本主義更能加快這個追尋的腳步。[10] 而如何開展印刷書籍、報刊等新型傳播媒介的研究，不乏研究者進行了有益嘗試，構成「新文化史」重點關注的領域。受此影響，探究傳播媒介與思想、政治、社會之間的互動，構成了中國研究的熱門話題。作為新型傳播媒介的報章，濫觴於晚清，到民國時期則有了新的景象。因此，首先有必要結合新型傳播媒介所營造的思想環境，略加辨析。當然，其中包含的內容甚為廣泛，不是這裡所能周全的，所能關注的主要是與讀書人密切相關的那部分。一方面試圖說明新式媒介經歷晚清的發展到民國有什麼新的變化，以檢討民國時期由新型傳播媒介所營造的思想環境有怎樣的特徵。另一方面則試圖結合讀書人與此的互動，尤其是身處大學校園的讀書人與之的關聯，審視讀書人的生活形態呈現哪些新的特性。無論什麼時候，讀書人總有展現其身分意義的象徵，民國時期的讀書人也不例外，透過報章、書局、大學等新型傳播媒介與讀書人的互動，可以更好說明思想環境如何影響到對讀書人的塑造。

新型傳播媒介所營造的「思想界」

作為新型傳播媒介主要代表的「新聞紙」，是傳教士帶入中國的新的出版形式，由於改變了帝制時代資訊傳播的機制，引起種種紛爭自是可以想見的。不單是形式問題，是否接受報章，往往還糾纏著所謂「天下有道，庶人不議」的古訓。說起來，在皇權架構下並非沒有資訊發布方式，只是「邸報」、「京報」等形式，作為聯繫上下的溝通管道，成為帝制時代權力的體現。近代

9　〔德〕哈貝馬斯：《公共領域的結構轉型》，曹衛東等譯，上海學林出版社，1999，第218頁。
10　〔美〕安德森：《想像的共同體：民族主義的起源與散佈》，吳叡人譯，上海人民出版社，2005，第32—33頁。

報章改變這樣的資訊傳播方式，也意味著動搖自上而下的統治方式。1927 年出版的《中國新聞發達史》一書，即以這樣的方式加以總結：「近代報紙的時質，代表輿論，古代報紙的時質，是代表統治階級的意旨的，是專為官場說話的。」[11] 姚公鶴更是強調：「報紙濫觴於邸鈔，邸鈔原始於時政記及起居注，為專門政治上傳達消息之用，與書籍自印板而後，公諸社會，其效用尤各別也。」[12] 這些都揭示新型出版物對於推進社會變革具有重要影響。

　　中國士人介入新式書局及報章之創辦，肇端於晚清，新型出版物也成為「合群」的最大助力，並且與學校、學會等相配合共同構成推進社會轉型的重要方面。其中值得重視的是，新書出版實際與雜誌發行緊密結合在一起，不僅出版機構廣泛發行雜誌，雜誌社也印行圖書。此外，構成西方近代印刷業三大要素的石印法、鉛印法、蒸汽機印刷等新式印刷技術在晚清傳入中國，也構成對新式出版業的推動與促進。經歷這樣的洗禮，當時的讀書人對於新型出版物所具有的作用，已形成較為一致的看法。對於民國史來說，1911 年是具有特定意義的年分，《時報》刊發的幾篇文字對出版業就表達了不少期許。一篇文章提出：「今夫文野程度，全視印刷物之多寡以為衡。歐美各國近數十年內所以進步如此之速者，皆由印刷物導之先河。」「未有印刷物不發達，而文明程度可以增進者」。[13] 另一篇文字則從「出版自由」立論：「文明國三大自由，出版居其一，是出版而得自由，固文明國之所應有也。」其真諦即體現在「有以表著其高尚優美之學說，發揮道德思想，闡揚政治精神，使一國士民之德行才藝，俱躍然於印刷品之行間」。[14] 還有一篇文字集中說明：「書業之盛，此足以諗教育之普及與學術之振興」，「俾其文物聲名為大地所仰企也」。[15] 在將出版業與「文野程度」相聯繫的同時，這些文字對中國不能令人滿意的地方也多有檢討，反復追問「吾國每歲出版之物有幾何」？

　　通過《時報》登載的上述文字不難看出，經歷晚清的發展，對於新型傳播媒介所具有的指標意義，已成為社會的共識。以辛亥年發表的言論作為開篇，正可以映射出到民國時期的發展情況。這其中，隱然已在的「思想界」將

11　蔣國珍：《中國新聞發達史》，世界書局，1927，第 12—13 頁。
12　姚公鶴：〈上海報紙小史〉，《東方雜誌》第 14 卷第 6 號，1917 年，第 196 頁。
13　孤憤：〈論印刷物可覘文明程度之高下〉，《時報》1911 年 3 月 9 日。
14　指嚴：〈論吾國之出版自由〉，《時報》1911 年 3 月 16 日。
15　惜誦：〈論上海書業之變遷〉，《時報》1911 年 7 月 31 日。

這一特質清晰地呈現出來。

「思想界」在今日實在是再平常不過的字眼，針對古代中國，就不乏「某朝（代）思想界」的提法。很顯然，以往對歷朝歷代「思想界」的表述，皆來自後世的總結，作為漢語新詞在中文世界的表述，是在晚清完成的。就其意義來說，並非無關宏旨，既和近代中國形成國家與社會新的對應關係密切關聯，也體現了走出科舉時代的讀書人對新的角色與身分的探求。換言之，「思想界」除與讀書人的角色聯繫在一起，還與報章雜誌、新式出版業及大學等「載體」密不可分。正是在由這些媒介所營造的「舞臺」上，展現出讀書人基本的生活形態。[16]

透過廣義的「～～界」，或能更好把握「思想界」形成具有的特殊意義。所謂「～～界」，表達的是「社會」的含義，並構成中國社會轉型的寫照，其中最顯著的變化之一即是表達社會身分的新方式隨之出現。論者注意到，通常被翻譯成集團或團體的漢語新詞彙「界」，如「政界」、「商界」等，在清末民初的報刊和其他事務性報導中不斷出現，表明一個易於識別但外表相當鬆散的多中心的亞文化圈世界（界）的形成。[17]不過，這裡也提示我們關注一個基本問題，那就是「～～界」的內涵，未必都很清楚。大致說來，基於社會活動領域或職業命名的「界別」，多少讓人清楚其所指；關乎研究領域或體裁的「界別」，也還算比較明確。然而，所謂「思想界」（包括「學界」）其內涵卻並不那麼清晰，無論是以職業來指稱，還是用研究領域涵蓋，都顯得不是那麼回事；諸如「輿論界」、「學術界」、「教育界」、「報界」、「出版界」等的表述，也難以與「思想界」截然分開。不能簡單說「思想界」即是「思想人物」活動的舞臺，活躍於此的實際包括各個業別的人士（當然主要是讀書人）。

重要的是表達的載體與人，「思想界」除與讀書人的角色聯繫在一起，還與表達的「載體」密不可分，離開「出版物」，所謂「思想界」是難於把握的。高長虹在一篇文字中討論到「出版界」，就頗有意思地談到，我們常掛在嘴邊

16　這裡無法展開討論，參見筆者圍繞「思想界」討論的兩篇文章：〈晚清中國「思想界」的形成與知識分子新的角色探求〉，《知識分子論叢》第 6 輯，江蘇人民出版社，2007，第203—234 頁；〈民初「思想界」解析——報刊媒介與讀書人的生活形態〉，《近代史研究》2007 年第 3 期，第 1—25 頁。

17　〔美〕蕭邦奇：《血路——革命中國中的沈定一（玄廬）傳奇》，周武彪譯，江蘇人民出版社，1999，第 14 頁。

的「文壇」、「思想界」，仔細一考較，即可發現都是「妄言妄聽」，所謂「文壇」，實則說的只是這本詩集、那本小說之類；所謂「思想界」，其實也只是幾本書或幾種定期刊物，「此外便什麼也沒有」。[18] 這倒是值得重視的提示，可以換一個角度關注「思想界」如何由隱避走向前臺。事實上，浮現於晚清的「思想界」，到民國以後才呈現較為清晰的圖景，「思想界」作用於社會與個人的方式，有了全新面貌。

經歷晚清的發展，至民初時對報刊的定位已不可同日而語。梁啟超 1912 年歸國後在一次演講中，聯繫自己 18 年前之投身報業，不免感觸良多：「今國中報館之發達，一日千里，即以京師論，已逾百家，回想十八年前《中外日報》沿門丐閱時代，殆如隔世；崇論閎議，家喻戶曉，豈復鄙人所能望其肩背。」[19] 事實亦然，就在該年 12 月梁創辦的《庸言》雜誌，即有不俗的成績，在一通家信中梁就報告說：「第一號印一萬份，頃已罄，而續定者尚數千，大約明年二三月間，可望至二萬份，果爾則家計粗足自給矣。」[20] 由此亦可推斷進入民國以後的輿論環境及出版市場的情形。被尊為中國新聞界「開山祖」的徐寶璜甚至表達了這樣的看法：「在民智開通之國的英美，有不看書者，無不看報者。新聞紙之有用於人，幾若菽粟水火之不可一日無。其勢力實駕乎學校教員、教堂牧師而上之。」[21] 同時，在當時的言說中更加明確將報刊與「思想界」結合起來。鄭振鐸便表示：「我對於一九一九年的中國出版界的成績，有樂觀的，也有悲觀的。樂觀的是定期出版物的發達，悲觀的是大多數的文人，還是如此沒有覺悟；中國的思想界，還是如此不長進。」[22] 既如此，也有必要勾畫從晚清到民國由報章所營造的「思想版圖」呈現怎樣的格局，以此審視報章作用於社會及個人的方式。

報刊所呈現的「思想版圖」

所謂「思想版圖」，指的是報章的出版與發行所呈現的空間格局。揭示這樣的「思想版圖」可以基於近代中國的背景瞭解報章出版的情況，也便於評

18　高長虹：〈1926 年，北京出版界形勢指掌圖〉，《走到出版界》，泰東圖書局，1929，第 84 頁。

19　梁啟超：〈鄙人對於言論界之過去及將來〉，《庸言》第 1 卷第 1 號，1912 年。

20　梁啟超：〈與嫻兒書〉（民國元年十二月十八日），丁文江、趙豐田編《梁啟超年譜長編》，上海人民出版社，1983，第 661 頁。

21　徐寶璜：〈發刊詞〉，《北京大學日刊》1919 年 4 月 21 日。

22　鄭振鐸：〈一九一九年中國的出版界〉，《新社會》第 71 期，1920 年。

估報章作用於社會及個人的方式。不可否認，通過報刊的發展以呈現民國時期的「思想版圖」，是頗為困難的一項工作。1919 年羅家倫欲批評當日中國之「雜誌界」，即生發這樣的感歎：「（一）中國近年來雜誌太多，不能全看；（二）這班雜誌，忽生忽滅，不知上年出版的今年是否繼續出版。」[23] 這裡所道出的亦屬實情，一個時期的「雜誌界」已難以把握，範圍擴大為民國時期，則更遭遇諸多困難。

民國肇建後中國報刊發展的情況，目前可依據的是俄羅斯人波列伏依 1913 年發表在海參崴《東方學院叢刊》第 47 輯上的中文報刊目錄，該目錄以 1911—1912 年為斷，記錄了中國本土和境外重要城市出版的 487 種中文報刊名錄，其中不足 200 種是民國以前所出，約 300 種是民國初年創辦。遺憾的是，這一目錄長期未能被利用，對民初報刊發行情況的判斷，多援據戈公振的《中國報學史》和賴光臨的《七十年中國報業史》，然此二書所記錄的報刊情況，遠少於俄羅斯人的記錄。[24] 戈公振研究中國報學的開山之作《中國報學史》，自是值得重視的資料。該書援引了當時的兩份資料大致給出了「報界之現狀」：一是「第二屆全國報界大會紀事錄」載明 1921 年全國共有報紙 1134 種；一是「中外報章類纂社」調查出最近兩年華文報紙之每日發行者共 628 種。[25] 中文出版的「年鑑」，也能說明一些問題。1924 年阮湘等編《第一回中國年鑑》，算得上中國人自編的第一部中文版「中國年鑑」，在「報紙」一欄，列出有「中國各地著名報紙表」。[26] 這份資料也是極不完整的，有的按「省分」，有的按「城市」，這樣的統計更不足取。不過，因為涉及不少小城市的資料，倒是揭示出報章在中國的流行情況。

民國時期報章的情況之所以難以把握，原因必多。不難理解的是，政治上的混亂帶來的是治理上的無能力。南京國民政府成立以後，加強了對報章的管理，報章發行往往需要登記備案，《申報年鑑》主要依據這些統計資料，也大體能反映 1930 年代以後報章發行的情況。第一次出版之《申報年鑑》便列有「出版」一節，統計出 17 省 7 市大報 261 種，三日刊 32 種，五日刊 4 種，週報 14 種，小報 32 種，通信社 163 家。這同樣是不足說明問題的數字。

23 羅家倫：〈今日中國之雜誌界〉，《新潮》第 1 卷第 4 號，1919 年。
24 周振鶴：〈一九一三年俄人波列伏依的中文報刊目錄〉，《出版史料》1993 年第 2 期。
25 戈公振：《中國報學史》，三聯書店，1955，第 358—359 頁。
26 阮湘等編《第一回中國年鑑》，商務印書館，1924，第 1966—1970 頁。

《年鑑》說明「本表所列各省市新聞紙、雜誌種數係就業經依法核准登記者查明填制」，因此，該數字只能說明向「宣傳部」登記的報章實在微不足道，官方也並未能實施有效管理。且不說那些完全沒有提供資料的省市，即便提供的數字，也未必說明問題。[27] 此外，尚可根據西文、日文的資料瞭解報章發行的情況。1923 年出版的《中華年鑑》（China Year Book）根據郵政總局截止1921 年 12 月 31 日的資料，得出出版報刊總計 951 種，另有英文雜誌 54 種。[28] 日文方面的資料，據《支那新聞一覽表》說明，1926 年有 69 個市縣（雲南省作為一個單位進行統計）創立了新聞業（包括開設報館、通訊社或設立通訊員），計有漢文報章 296 種，日文 36 種，英文 27 種，俄文 11 種，法文 3 種，其他文字 3 種，合計報刊 376 種，通訊社 111 家。[29]

毋庸諱言，上述數字並不足以完整呈現民國時期由報刊所呈現的「思想版圖」。值得深思的是，報章雜誌能否涵蓋中國社會的「中心」與「邊緣」，固然是社會發展程度的指標，能否將相關資料完整呈現，也是政府「社會控制力」的具體體現。南京國民政府成立後加強了對社會的控制力，然而從《申報年鑑》等資料展現的情況看，對報章之管理是難以令人滿意的。而且，關心報章所營造的「思想版圖」，各地出版的報章自是重要的一方面，同樣重要的還包括發行的情況，邊陲之地是否能夠接收到中心城市出版的報章，也是重要的資訊。這在官方提供的統計數字中，完全沒有反映，有賴通過各書局、報館所提供的資料去復原。

總結說來，由於統計時段選擇不同，對象各異，上述數字只具參考意義。這裡也無意從量上全面審視民國時期報章的發展；即便數字可靠，每個報刊還存在發行時間、地點及量的區別，也難以獲取對等的資訊。譬如，《申報》、《東方雜誌》等報刊與那些發行量有限，或僅出一二期的報刊相比，無論從哪方面說都不能相提並論，但在統計時卻只能以一個計量單位計算。可以說，依據量化資料勾畫民國時期報刊之「思想版圖」，幾乎做不到。而且，所謂「思想版圖」，並非僅僅是量的概念，還包含報紙雜誌所營造的空間結構，即在各

27　〈一年來之上海出版界〉，《申報年鑑》，申報年鑑社，1933，第 R4、R8 頁。
28　H. G. W. Woodhead ed., *The China Year Book, 1923* (The Tientsin Press, Ltd., 1923), pp.152-199.
29　《支那新聞一覽表——附北京上海通訊社》，該書由南滿鐵道株式會社北京公所研究室1926 年出版，此據王潤澤《北洋政府時期的新聞業及其現代化（1916—1928）》，中國人民大學出版社，2010，第 30—33 頁。

地出版、發行的情況，以及從業者的情況，由這些要素勾畫刊物的發展，或許才具備「思想版圖」的意義。

　　儘管在數量上難以判明民國時期報章發展的具體情形，但勾畫報刊的結構性轉變，還是可能的。值得重視的正是報刊在格局上呈現的新氣象。其一是新建政權的各級機關報取代前清官報大量出版（名稱多由清末之「官報」而改稱「公報」）。1899—1919 年出版的各種「公報」113 種，其中辛亥以前出版的 49 種，辛亥以後出版的 64 種。其二是承襲晚清以來的興學潮，湧現許多教育類報刊。辛亥前後各地發行的教育期刊達到 118 種，其中 1911 年以前出版的有 27 種，1912—1919 年創刊 97 種。[30] 其三則是服務於政黨的報刊大量出現。據調查，民初有 312 個政治性的黨會，刊佈報紙雜誌也成為各政黨最普遍的宣傳方法。[31] 上述報刊的出現，皆是因應於民國創建後的政治形勢，有助於瞭解民國時期由報刊所營造的「思想版圖」。

　　不僅如此，伴隨中國社會的重新組織，刊物作為主要的動員方式也頗為引人矚目。最突出的是刊物的欄目多按「界別」來組織文章；直接以「界」作為雜誌名稱的，亦復不少。這是基於傳達某一社會階層的訴求，或針對特定的「閱讀公眾」。商務印書館自 1897 年創辦以後，陸續出版了不少刊物，所針對的受眾，涵蓋不同的社會階層，包括性別、年齡及職業的區分，明顯是針對不同的「界別」爭取受眾。[32] 民初中華書局編輯出版的八大雜誌《大中華》、《中華教育界》、《中華實業界》、《中華學生界》、《中華婦女界》、《中華童子界》、《中華小說界》、《中華兒童畫報》，也醒目突出了「界」的色彩。總體來看，這其中既有針對諸如女性、學生等特定社會群體的報刊，也涵蓋了社會的方方面面，佛教方面的報刊大量湧現，即為明證。至於伴隨著報刊的流行，催生出諸多白話報刊，更體現出報刊深入「下層社會」的努力。凡此種種，皆說明報刊構成近代中國社會的主要標識，呂思勉在檢討「三十年來之出版界（1894—1923）」的一篇文字中即言及「三十年來撼動社會之力，

30　陳新段、史復洋：〈近代公報類期刊簡介〉，張小平、陳新段、史復洋：〈辛亥革命時期的教育期刊簡介〉，均載丁守和主編《辛亥革命時期期刊介紹》第 5 集，人民出版社，1987，第 579—602、547—578 頁。
31　張玉法：《民國初年的政黨》，嶽麓書社，2004，第 35、178、203 頁。
32　商務印書館的定期刊物，其內部資料有大致說明，見《商務印書館志略》，商務印書館，1929，第 32 頁。

必推雜誌為最鉅」。[33]

由於報刊受創刊年限與發行範圍及數量的影響甚鉅，因而要通過某種方式呈現其圖景，無疑是困難的。不過，通過以上的梳理，對於民國時期由報刊營造的「思想版圖」，還是可以獲得基本的認知，這一「思想版圖」若置於地理版圖，或還不足以展示報刊的「星羅棋布」，然經歷晚清以後的發展，報刊已不再局限於少數大城市或沿海城市，也並非由少數社會階層所操控。當然，若要審視民國時期由報刊所勾畫的「思想版圖」，當重視什麼因素主導了報刊之興起，報刊的發展又呈現了「思想界」怎樣的趨向。這是接下來所要重點探討的。

由「學戰」到「思想戰」

杜亞泉在 1915 年的一篇文字中曾集中表達了這樣的意思：「今之時代，為思想戰之時代」；並指明 18 世紀民權思想之普及，19 世紀民族思想之發達，「波及吾國，而有辛亥之役」，因此，「吾國之思想戰，蓋以此為著矣」。[34] 這裡所說的「思想戰」，很容易讓人聯想到所謂的「學戰」，然而其語境與晚清卻不能相提並論；「思想戰」在新文化運動時期被提出，無疑揭示出此一時期「思想界」頗耐人尋味的一幕，突出「思想」在社會變遷中的作用，構成論述的中心。

被譽為「中國第一個真正現代意義上的記者」的黃遠生，在其撰寫的一系列文字中，就將問題的癥結引向對「思想界」的思考。還在 1916 年初，黃在《東方雜誌》發表的《國人之公毒》一文，就明確表示「搜求公毒為救國之第一義」，而所謂「公毒」，「一言蔽之曰，思想界之籠統而已」。「中國今日之輸入外國制度與學術也，一切皆以籠統主義籠統之。」在下一期《東方雜誌》，黃又發表《新舊思想之衝突》一文，強調「新舊異同，其要點本不在槍炮工藝以及政法制度等等」，「本源所在，在其思想。夫思想者，乃凡百事物所從出之原也」。[35] 這裡對「思想」的重要性，也表達了特別的看法。按照汪敬熙稍後的總結，自《國人之公毒》發表後，「有許多人都同聲說，我們

---

33 〈三十年來之出版界（1894—1923）〉，《呂思勉論學叢稿》，上海古籍出版社，2006，第 287 頁。

34 杜亞泉：〈論思想戰〉，《東方雜誌》第 12 卷第 3 號，1915 年。

35 遠生：〈國人之公毒〉、〈新舊思想之衝突〉，《東方雜誌》第 13 卷第 1、2 號，1916 年。

中國各種壞處的根源就是思想界，並且又說，如想改革中國，第一步就須改革思想」。[36] 羅家倫在《新潮》即撰文指明政治運動當與思想運動互相促進，「我們這次運動的失敗，也是由於文化運動基礎太薄弱的緣故。因為思想的來源，是一切運動的原動力；沒有思想未曾改變而行動可以改變的」。故此未來的文化運動當「以思想革命，為一切改造的基礎」。[37]《時事新報》刊登的一篇討論思想界兩大潮流的文字更是強調：「諸君大概都知道改革社會，是要改造思想的」。不僅把「思想」之優先性作為討論問題的前提，還進一步說明，思想是一切社會、政治、學術的源頭，「思想變了，那學術社會政治一定跟著變」。[38]

　　作為革命者的孫中山，也在轉變著論述的重心，他為《建設》雜誌撰寫的發刊辭，就將中國社會出現之亂象歸於「革命破壞之後，而不能建設」，「所以不能者，以不知其道也」。[39] 五四學生運動發生，孫更是深切感受到由熱心青年所辦之各種出版物，使社會蒙絕大之影響，「雖以頑劣之偽政府，猶且不敢攖其鋒」。受此感召，孫也相信「吾黨欲收革命之成功，必有賴於思想之變化」，並肯定國民黨創辦《建設》、《星期評論》頗有功於「樹立新事業之基礎，描繪新計畫之雛形」。[40] 可以說，「思想」之優先性，也得到行動者積極回應。廖仲愷甚至致信胡適表示：「我輩對於先生鼓吹白話文學，於文章界興一革命，使思想借文字之媒介，傳於各級社會，以為所造福德，較孔孟大且十倍。」[41]

　　強調「思想」的「優先性」，或可看作強調「學高於政」的傳統思想模式的影響，可謂淵源有自，然而勾畫報刊媒介與讀書人的互動，卻讓我們看到問題的另一面。其關鍵便在於報刊媒介展示了獨特的作用。報刊之所以吸引各方人士投身其中，是看重這一傳媒樣式的作用；而既投身於報刊，則不免為其正當性加以辯護，「思想革命」話語由此流行開來，自也是題中應有之意。可以說，要解釋五四時期「話語」的流行，或不能忽視報刊媒介構成讀書人主要的發言平臺。而且，「思想革命」的觀念不僅流行於五四時期，後五四時期

36　汪敬熙：〈什麼是思想？〉，《新潮》第1卷第4號，1919年。
37　羅家倫：〈一年來我們學生運動底成功失敗和將來應取的方針〉，《新潮》第2卷第4號，1920年。
38　陳問濤：〈中國最近思想界兩大潮流〉，《時事新報》副刊《學燈》，1923年4月29日。
39　孫中山：〈《建設》發刊辭〉，《建設》第1卷第1號，1919年。
40　〈致海外國民黨同志函〉，《孫中山全集》第3卷，中華書局，1985，第207—212頁。
41　廖仲愷：〈致胡適〉（1919年7月19日），中國社會科學院近代研究所中華民國史組編《胡適來往書信選》上冊，中華書局，1979，第64頁。

仍延續著同樣的思路。論者提出「五四記憶」問題，內中即揭示出「思想革命」的觀念如何延續下去。[42]

二、書局・報章與大學：思想學術的載體

報章媒介所營造的「思想版圖」，顯示出報章作為制度性傳播媒介重新定位了民國時期的思想學術環境，思想學術展現的舞臺也因此而改變。尚需注意的是，報章作為「合群」的助力，還推動著其他媒介的整合，晚清時主要透過報章、學校、學會的整合，民國時期則更突出展現在報章與書局、大學的結合，因此，還有必要結合作為思想學術基本載體的書局、報章與大學做進一步的申論。而這一切又構成晚清以降讀書人基本的生活形態，不可不察。乍看起來，報章、書局與大學自然與「學」及「學人」有著密切的關聯，然而，問題的關鍵在於，這樣的結合往往還透過大學這一管道。相應的，大學與書局、報章之結合，以及讀書人游走於這些場所，也成為把握民國時期思想學術發展不可忽視的環節。

《新青年》與北京大學

大學作為思想學術的載體，在民國時期所發揮的重要影響，也許再怎麼估計都不為過。以分科為標識的現代學術，原本依賴於這樣的制度性建制。華勒斯坦（Immanuel Wallerstein）即揭示了，19世紀後半葉主要有三種方法促成了學科的制度化：大學以學科名稱設立學系（或至少設立教授職位），成立國家學者機構（後來更成立國際學者機構），圖書館亦開始以學科作為書籍分類系統。[43]這裡所要檢討的是，大學與書局、報章的結合，使民國思想界呈現出有別於晚清的圖景，尤其還決定著讀書人學術成果的發表機制。《新青年》的走向，即展現了一本雜誌如何與北京大學結合在一起，又產生了怎樣的影響。

創辦於1898年的北京大學，與1915年創刊的《新青年》雜誌結緣，是由蔡元培一手促成的。最高學府與一本雜誌走到一起，本身即是耐人尋味的。在就任北京大學校長的演說中，蔡是這樣表示的：「大學者，研究高深學問者

42　微拉・舒衡哲：〈五四：民族記憶之鑒〉，中國社會科學院科研局等編《五四運動與中國文化建設——五四運動七十周年學術討論會論文選》上冊，中國社會科學出版社，1989，第151頁。

43　〔美〕華勒斯坦等：《學科・知識・權力》，劉健芝等譯，三聯書店，1999，第213—226頁。

也。」他並反覆告誡學生，大學不同於專門學校，學生須抱定宗旨，為求學而來。入法科者，非為做官；入商科者，非為致富。如果欲達做官發財之目的，則另有不少專門學校，又何必來此大學。[44] 既將大學定位於「囊括大典網羅眾家之學府」，相應的，也採取「思想自由」、「相容並包」的辦學方針，為北大網羅不少專心向學且學有所長之士，使其很快成為中國學術之重鎮。正是在這樣的背景下，陳獨秀與《新青年》一起被帶到北大，並產生了特別的迴響。

　　1915 年陳獨秀創辦的《青年雜誌》，最初匯聚的主要是皖籍讀書人，影響也有限。據張國燾說，《新青年》最初發行時，「北大同學知道這刊物的非常少」，直到 1917 年春陳獨秀任北大文科學長，才能在學校和書攤上買到。[45] 周作人也提及，初來北京，魯迅曾以《新青年》數冊見示，並且引述他人的意見表示「這裡邊頗有些謬論，可以一駁」。他卻「覺得沒有什麼謬，雖然也並不怎麼對」，也就是一個普通刊物，「看不出什麼特色來」。《新青年》1917 年後有了新的氣象，關鍵即在陳獨秀當上了北大文科學長，胡適、劉半農等人進了北大，「這與北大也就發生不可分的關係了」。[46] 從出版的角度看，也是如此。據汪原放所憶，陳獨秀 1913 年到上海，向汪孟鄒表達了出一本雜誌的想法，表示「只要十年八年的功夫，一定會發生很大的影響」。但當時亞東正在印行《甲寅》雜誌，沒有力量做，於是將其介紹給群益書社。《新青年》最初每期印 1000 本，只發行了 6 號，就停刊了半年。[47] 對此，陳頗為沮喪，「本志出版半載，持論多與時俗相左，然亦罕受駁論，此本志之不幸，亦社會之不幸」。[48]

　　蔡元培任命陳獨秀為文科學長，《新青年》也成為「敲門磚」。蔡後來回顧了這一過程，1916 年冬天，還在法國的蔡元培接到教育部電，促其回國出長北大。到北京後，他先訪醫專校長湯爾和。湯表示：「文科學長如未定，可請陳仲甫君；陳君現改名獨秀，主編《新青年》雜誌，確可為青年的指導者。」蔡也有這樣的看法，「我對於陳君，本來有一種不忘的印象」，「聽湯

44　蔡元培：〈就任北京大學校長之演說〉，高叔平編《蔡元培全集》第 3 卷，中華書局，1984，第 5—7 頁。
45　張國燾：《我的回憶》上冊，東方出版社，2004，第 37 頁。
46　周作人：《知堂回想錄》，三育圖書公司，1980，第 333—334、355 頁。
47　汪原放：《亞東圖書館與陳獨秀》，學林出版社，2006，第 37、33 頁。
48　陳獨秀：〈答陳恨我〉，《新青年》第 2 卷第 1 號，1916 年。

君話，又翻閱了《新青年》，決意聘他」。有意思的是，對於蔡的相邀，陳獨秀起初斷然回絕，「因為正在辦雜誌」。蔡則表示：「那沒關係，把雜誌帶到學校裡來辦好了。」[49] 這樣《新青年》也伴隨陳獨秀走進北大。獲悉陳被任命為北大文科學長，汪原放諸人不禁議論道：「陳仲翁任國立北京大學文科學長好得多了，比搞一個大書店，實在好得多。」「學堂、報館、書店都要緊，我看，學堂更要緊。」[50] 這是在議論大學、報館、書店哪個更重要，殊未料彼此之間還有關係。陳主持北大文科後發行的《新青年》第 3 卷，其撰稿人則幾盡是北大教員和學生，《新青年》迅即成為北大革新力量的言論陣地。陳獨秀也不再獨自控制這一刊物，胡適、錢玄同、高一涵、李大釗、劉半農、沈尹默、陶孟和以及周氏兄弟，成為刊物之要角。

較之晚清，民國時期最引人注目的變化主要是刊物創辦者往往兼有大學教授的身分，不單教授們在辦刊物，許多學生也投身到刊物的創辦中。《新潮》雜誌發刊時，傅斯年就不無意味地表示：「北京大學之生命，已歷二十一年；而學生之自動刊物，不幸遲至今日然後出版。」以其所見，「學生應該辦幾種雜誌」，「我們將來的生活，總離不了教育界和出版界，那麼，我們曷不在當學生的時候，練習一回呢」。[51] 張國燾也描繪了那個年代讀書人之選擇辦刊物，差不多成為「行動的第一步」：「要救國，就要組織團體，發行一種刊物，作為行動的第一步。當時這種組織小團體的想法頗為流行，不少有抱負的青年都想藉以一試身手，登高一鳴」。[52]

要完整梳理身處大學校園的讀書人介入創辦刊物的情況，無疑是困難的，這裡可根據北大的情況略加說明。據《北京大學日刊》1920 年提供的資料，北大之「定期出版品」（除純屬本校出版者外，與本校關係較深者亦陳列）包括《北京大學月刊》、《北京大學日刊》、《北京大學學生週刊》、《新潮》、《數理雜誌》、《音樂雜誌》、《繪學雜誌》、《批評半月刊》、《評論之評論》，「其現在暫行停刊者為《國故》月刊、《奮鬥》週刊，曾經擬議尚未實現者，

---

49 蔡元培：〈我在北京大學的經歷〉，《東方雜誌》第 31 卷第 1 號，1934 年；唐寶林、林茂生編《陳獨秀年譜》，上海人民出版社，1988，第 75 頁。

50 汪原放：《亞東圖書館與陳獨秀》，第 37 頁。

51 傅斯年：〈《新潮》發刊旨趣書〉、〈《新潮》之回顧與前瞻〉，《新潮》第 1 卷第 1 號、第 2 卷第 1 號，1919 年。

52 張國燾：《我的回憶》上冊，第 43 頁。

有史學系之《史學雜誌》與地質研究會之《地質雜誌》」。通過這些資料，我們對北大師生介入創辦雜誌的情況可以有大致瞭解。由此亦不難看出，這一時期讀書人的學術成績主要體現在創辦的雜誌上，其他出版物實在有限，只列出「北京大學叢書」、「新潮叢書」、「世界叢書」。儘管編者解釋北大師生「在外間出版者無從調查」，但並不能改變這一基本格局。[53]

對此狀況北大教員也是頗有看法的。1920 年北大開學典禮上胡適就表示，北大這些年總算掛著「新思潮的先驅」、「新文化中心」的招牌，但面對學術界大破產的現象，面對自己在智識學問上的貧乏，應該感到慚愧；以目前整個學校兩年間只能出版 5 期月刊、5 種著作、1 種譯著所體現的學術水準，遠沒有資格談「普及」。[54] 到 1922 年北大 25 周年校慶，胡適也再三痛陳北大「開風氣則有餘，創造學術則不足」，認為號稱最高學府就應該有與其名聲相當的具有世界性貢獻的學術，但實際依舊是百分之九十九的稗販。[55] 這也構成評價北大的主要基調，王世杰就表示：「用普通教育的眼光，去評量當時的北大，北大的成就，誠然不算特別優異。從思想的革命方面去評量北大，北大的成就，不是當時任何學校所能比擬，也不是中國歷史上任何學府能比擬的。」[56] 魯迅則有言：「第一，北大是常為新的、改進的運動的先鋒；第二，北大是常與黑暗勢力抗戰的。」[57] 皆肯定北大在思想革命方面的作用，而不及於學術。

這一狀況的造成，自有其原因。除了報刊媒介自身屬性催生「急就章」，最基本的是讀書人所依託的「學術期刊」此時尚處萌芽中，要到 20 世紀二三十年代才逐漸成形；當時的大學對於教員的成果發表也沒有明確要求。不管怎樣，民國時期讀書人表達的載體主要還是各種期刊。1918 年張申府在一篇短文中，甚至指出「中國舊無雜誌，與之不相習，故罕能利用之」。在他看來，「西土學者著作之方今古已有不同。古之學者畢一生之力，匯其所學，成一大典，以為不朽之業。今之學者學有所得，常即發為演講，布諸雜誌，以相討論，以求增益。一二年所得，罕有刊成書冊者。治一學，而欲知新，而欲

53　〈出版品〉，《北京大學日刊》1920 年 12 月 17 日。

54　胡適：〈提高和普及〉，《北京大學日刊》1920 年 9 月 18 日。

55　胡適：〈回顧與反省〉，《北京大學日刊》1922 年 12 月 17 日。

56　王世杰：〈追憶蔡元培〉，載陳平原、鄭勇編《追憶蔡元培》，中國廣播電視出版社，1997，第 80 頁。

57　〈我觀北大〉，《魯迅全集》第 3 卷，人民文學出版社，1989，第 157—158 頁。

與時偕進，乃非讀其學之雜誌不可」。[58] 後來，張在一篇文字中列出了其撰寫的主要文章，從這個清單便不難看出，民國時期的讀書人和期刊的關係是何等密切，投稿報刊構成了基本的生活形態。[59] 即便是「單行本書及小冊子」，也主要匯集發表於期刊的文字，我們所熟悉的《獨秀文存》、《胡適文存》，便是如此。

大學教員捲入報章之創辦，只是問題的一面，影響所及，社會層面所出版的諸多雜誌，也同樣具有鮮明的「學」的色彩，基於「分科」組織雜誌的文章，也構成新文化運動時期所創辦刊物的普遍情形。《解放與改造》在一則《本刊啟事》中，就說明「凡關於哲學、心理、社會、倫理、政治、經濟、教育、法律、生物、文學等著述」，「皆所歡迎」。[60]《申報年鑒》曾列出全國雜誌分類統計表，由此亦可看出當時出版的雜誌，較為重視「學」。[61] 上海市年鑒編纂委員會編纂的《上海市年鑒》（1935年），也這樣來總結「一年來出版界之趨勢」：「雜誌方面，可謂極其發達，除《東方雜誌》、《新中華》、《申報月刊》、《人文》、《現代》、《文學》等著名之雜誌，於編制印刷方面均有所改進外，其它各學術團體所刊行之雜誌，及一般文藝刊物，紛紛出版，數量頗多。」[62]

推而論之，整個新文化運動即是以出版事業為基礎的。蔣夢麟1932年為其所著《過渡時代之思想與教育》一書撰寫的引言，即表達了這樣的意思：「回溯民七至民十一年之間，從文字上而使吾國思想界生轉變者，有《新青年》，其文學革命、思想革命之鼓動，影響青年最大。其後北京之《每週評論》，上海之《星期評論》，和其它的刊物，亦不無相當之勢力。」[63] 時人對出版界的分析，也指出了這一點：「中國新文化的勃興，可說是以出版事業為基礎的。舉凡革命主張的鼓吹，世界思潮的介紹，現代文學的提倡，新興藝術的引進，科學精神的展開，哲學理論的探討……其所持的工具，莫非為報章、雜誌、書籍，凡此無一不屬於出版事業。」而且，「不但在中國是如此，在世界其它各

---

58 張萬年（中府）：〈勸讀雜誌〉，《新青年》第5卷第4號，1918年。
59 〈所憶〉，《張申府文集》第3卷，河北人民出版社，2005，第565—607頁。
60 〈本刊啟事一〉，《解放與改造》第1卷第3號，1919年。
61 〈申報年鑒〉，上海申報館，1933，第R1—R2頁。
62 上海市年鑒編纂委員會編纂《上海市年鑒》（1935年），上海市通志館，1935，第T12—T17頁。
63 蔣夢麟：《過渡時代之思想與教育》，商務印書館，1932，「引言」，第3頁。

國也莫不如此。蓋因近代印刷術的發達，差不多成了壓倒其它一切的文化流傳的工具，所以出版事業也成了促進文化的主要動力」。[64]

商務印書館與讀書人

作為新型傳播媒介的報章走向與大學的合作，只是問題的一方面，同樣值得重視的是，新式書局也走向與學界的合作，我們所熟悉的商務印書館、中華書局等出版機構，正崛起於這樣的背景。值得稍加補充的是，晚清以降「采西學」的訴求，新式學堂的開辦，都意味著對新式出版物的需要頗為急迫，只是，儘管對新書的需求甚大，但就整個書業來說，遠談不上發達。《東方雜誌》刊登的〈論中國書報不能發達之故〉一文，對於中國書報發行的情況就有所檢討：「新書報紙，不能大行於中國者，其原因至為繁賾，而民智不開鐵軌未通之說無當焉。抉其病根，半在社會，半在主持書報者。」[65]這一情況一直延續到新文化運動時期，一篇〈敬告新書業家〉的文章，就指明面對「讀者的信用益失，新書的銷路呆滯」，中國新書業家當「蠲除相互的意見，大家聯合起來，以文化事業為前提，為中國的讀書界謀一點幸福！」[66]書局與「學界」的合作，正推動著這一局面的改觀，商務印書館即是值得重點解讀的例證。

茅盾曾在一篇回憶文章中頗為感慨地表示：「在中國新式出版事業中，張菊生確實是開闢草萊的人。」[67]張元濟之所以能帶領商務有更好發展，突出的一環正體現在努力開掘學界資源。張之所以重視與學界的合作，也是時勢使然。新文化運動蓬勃開展後，商務也受到很大衝擊。1918年張在日記中就有如下記載：「擬將《東方雜誌》大減。一面抵制《青年》、《進步》及其他同等之雜誌，一面推廣印，藉以招徠廣告。今日見北京大學又辦有《新潮》一種。夢又言減價事，又應斟酌。」[68]可見伴隨《新青年》、《新潮》等雜誌影響力的拓展，原來的雜誌格局也被打破。除商務受到衝擊，中華原來所辦雜誌，這個時期停刊的也不少。傳言中華將雜誌「停去六種」，張於是要求「通

64　楊濤清：《中國出版界簡史》，永祥印書館，1946，附錄〈對於中國出版界之批判與希望〉，第75頁。

65　鶴谷：〈論中國書報不能發達之故〉，《東方雜誌》第2卷第1號，1905年。

66　羚郎：〈敬告新書業家〉，《中國新書月報》第1卷第3期，1931年。

67　茅盾：〈商務印書館編譯所和革新《小說月報》的前後〉，《商務印書館九十年》，商務印書館，1987，第147—48頁。

68　張人鳳整理《張元濟日記》上冊，1918年12月25日，河北教育出版社，2001，第670頁。

告分館，盡力推銷，勿失機會」。[69] 商務所出雜誌受到的衝擊，直接反映在雜誌的銷售額從 1917 年的 14.6 萬元減少到 1918 年 11.1 萬元；到 1919 年時，積壓的雜誌竟有 11 萬餘冊。[70]《東方雜誌》受到質疑最多，「只能維持現狀」的主編杜亞泉，也只有讓位於陶保霖（陶死後由錢智修接任主編）。其他雜誌的編輯人員也紛紛做了調整：《教育雜誌》改由李石岑編輯（實際由周予同負責），《小說月報》改由沈雁冰、鄭振鐸主持，《學生雜誌》、《婦女雜誌》也分別改為楊賢江、章錫琛編輯。

商務與讀書人的溝通，很快推進到與大學的合作上。1918 年 7 月張元濟在北京期間，就不乏這方面的溝通。蔡元培來談，傳遞出這樣的資訊，大學教員擬就現有教科書先行改良，問商務能否接受照改，張元濟當即表示：「極所欣盼，即酬報一層，將來亦應致送，雖不能豐，亦應盡所當為。」[71] 第二天，張即赴北京大學會晤蔡元培、陳獨秀等人，談及不少圖書出版的事，後又參加《北京大學叢書》的編譯茶話會，商議已成稿之三種書的出版。蔡元培還表示，大學須辦月刊，將來擬歸商務印刷，張也答應了。[72]

在此過程中，張元濟與學界代表性人物的聯繫，頗值得一說。希望胡適加入商務一事，即反映出這一點。1921 年 4 月，高夢旦受張元濟委託赴北京，力勸胡適辭去北大教職，來滬任商務編譯所所長，為此，胡適也明確表示：「此事的重要，我是承認的：得著一個商務印書館，比得著什麼學校更重要。」[73] 但胡適最終婉謝了這一邀請，力薦王雲五來主持。王進入商務以後，首先改組了編譯所，「就編譯所原設各部酌予調整，俾更合於學術分科性質。同時極力羅致國內專家學者，分別主持新設各部，或任所內編輯」。[74] 張元濟不單對胡適等人禮遇有加，與梁啟超一方的合作，也頗為密切。1920 年張在日記中寫道：「任公言，擬集同志編輯新書及中學教科書。約夢旦、叔通細談，擬撥二萬元預墊版稅，先行試辦一年。胡適之一面，亦如此數，囑任公不必約彼。」[75]

69　張人鳳整理《張元濟日記》上冊，1917 年 1 月 12 日，第 204 頁。
70　張人鳳整理《張元濟日記》上冊，1918 年 12 月 26 日，第 671 頁。
71　張人鳳整理《張元濟日記》上冊，1918 年 7 月 8 日，第 556 頁。
72　張人鳳整理《張元濟日記》上冊，1918 年 7 月 9 日，第 556—558 頁。所議論的書稿即是後來由商務出版的「北京大學叢書」，月刊則為《北京大學月刊》。
73　《胡適的日記（手稿本）》第 1 冊，1921 年 4 月 27 日。
74　王雲五：《岫廬八十自述》，臺灣商務印書館，1967，第 79、119 頁。
75　張人鳳整理《張元濟日記》下冊，1920 年 3 月 13 日，第 961 頁。

出版之外，共學社延聘歐美學者來華講學事，也得到商務不少支持：「所有演講稿由敝館出版各節，已與同人商定，均遵照尊意辦理。自十年分起，每年歲助講學社（即共學社）五千元，專為聘員來華演講之用，三年為限，以後再另作計議。」[76]

　　研究者注意到，「1919 年五四運動期間，期刊叢生，出版者與大學教師之間的聯繫趨向緊密：此時商務印書館開始發行由高等教育機構或學術團體所編輯的雜誌，從而擴展並補足了它的業務範圍。」[77]確實，商務構成的「文化帝國」，最值得注意的即是其開展的出版活動，均經由通過與學界的合作而實現，並且獲得了巨大的商業利益。不單商務如此，中華書局崛起後，也致力於與學界的合作，1915 年所發行之《大中華》雜誌，就與梁啟超訂立三年契約，請其擔任總撰述，中華書局此時還有發起時局小叢書的計畫，也請梁主編。[78]可以說，讀書人與書局的合作逐漸形成了差不多固定的模式，這既是書局的「生意」，也未嘗不是讀書人的「生意」。

三、遊走於新式傳播媒介：讀書人的「生意經」

　　報章、書局與大學的整合，構成民國時期思想與學術成長的基本載體，並且，這些載體也成為晚清以降讀書人新的安身立命之場所。1905 年廢除科舉，是一段歷史的終結，讀書人因此受到的衝擊不可謂不大。余英時提出中國知識分子的「邊緣化」，部分即是基於此的考慮。[79]然而，衝擊並非單向度發生，在「舊社會」瓦解之際，「新社會」也在成長中，報章媒介、新型書局以及大學的興起，就成為讀書人聯繫社會新的管道，其身分的意義也可能得以重新確立。這樣的角色身分，也使讀書人獲得新的「晉升的階梯」；同時，「以文字謀生」，成為讀書人可能的抉擇。1923 年《晨報副鐫》刊載的一篇文字，就頗有意味地講到了古今讀書人寫作之區別，作者甚至憤憤表示：「我國古哲著書，專講究藏之名山，以待來者。窺其書之內容，不是對於學術有特別發揮，就是對於世道有針砭公用。今日則不然。社會喜講戀愛，就千篇一律皆在作戀

76　張元濟：〈致任公吾兄書〉（民國九年十二月九日），丁文江、趙豐田編《梁啟超年譜長編》，第 926 頁。

77　〔法〕戴仁：《上海商務印書館（1897—1949）》，李桐實譯，商務印書館，2000，第 109—110、112 頁。

78　〈中華書局啟事〉，《大中華》第 1 卷第 1 期，1915 年。

79　余英時：〈中國知識分子的邊緣化〉，《二十一世紀》總第 6 期，1991 年。

愛小說，並不注意人心世道的轉移。社會喜談社會主義，就報紙雜誌皆言社會主義，毫不計較國家社會的經濟狀況。所以然者，古人著書為傳世，今人著書為賣錢。」[80] 對此略加分析，或有俾更好認知新型媒介的影響，也有助於檢討20 世紀的讀書人。

報章作為晉升的階梯

　　報章所展現的民國時期的「思想版圖」，已經說明報刊的影響無處不在；讀報章也成為日常生活的重要部分。至於讀書人在學業養成階段受到所讀報章的影響，更有諸多例證。李歐梵嘗試為五四一代做一個「集體素描」，即突出了讀報章這一環節。[81] 不寧唯是，在讀書人的自覺中，還把創辦刊物明確定位於與「國家」、「社會」發生關係之始。梁啟超在一次演說中就明確表示：「鄙人最初與國家發生關係，即自經營報事始。」[82] 瞿秋白也將參與組織《新社會》旬刊，視作其思想「第一次與社會生活接觸」。[83] 這裡也略可說明報章如何影響讀書人的生活，尤其是如何構成讀書人「晉升的階梯」。

　　用不著特別指明，隋唐以後綿延一千多年的科考制度，構成中國社會流動的主要管道。流動包括空間上的，也包括身分上的。民國時期讀書人的成長軌跡，也顯示了新式傳播媒介如何使個人與社會建立關聯，並仰賴此提升自己的社會地位。換言之，新式傳播媒介構成了讀書人晉升的階梯（當然只是階梯之一）。只是遊走的方式各不相同，有的是借助於報章敲開大學之門，有的則是身處大學通過創辦報章與社會發生聯繫。

　　吳虞通過報章走向大學即是一典型事例。其民初那段時間的日記，將此一過程有形象的展現，昭示出那個年代的讀書人，閱讀報章已構成基本的生活形態。當吳虞嘗試辦雜誌的時候，其所讀雜誌便起到示範作用。1914 年吳與幾位同道商定擬辦報刊的內容，要模仿的對象是《新民叢報》，「擬仿之分政治時評、教育時評、社會時評三門也」；稍後又提出：「文學之書當以《國粹學報》學篇文篇為依據，擇善而從，庶無氾濫之敝。」[84] 1915 年吳為自己

80　臧啟芳：〈出版與文化〉，《晨報副鐫》1923 年 8 月 9 日。
81　李歐梵：〈五四文人的浪漫精神〉，《五四與中國》，時報出版公司，1980，第 296—297 頁。
82　〈梁任公對報界之演說〉，《東方雜誌》第 14 卷第 3 號，1917 年。
83　〈餓鄉紀程〉，《瞿秋白文集·文學編》第 1 卷，人民文學出版社，1985，第 26 頁。
84　中國革命博物館整理《吳虞日記》上冊，四川人民出版社，1984，第 121、122 頁。

發表的文字做了一份清單，涉及雜誌有 25 種之多，除省內的成都、重慶等地，還遠涉上海、東京。1920 年的一則日記則說明其定購的雜誌達 12 種之多。[85] 這些都顯示一位讀書人如何通過報章與外部世界聯繫起來。

　　閱讀報刊的過程也是選擇同道的過程。凡覺得思想相近者，吳虞便致函相關編輯人員，並奉上自己的文稿，其與《甲寅》、《新青年》的關係，即由此肇端。他也希圖自己的思想得播於天下，知悉其文稿將刊於《新青年》，他在日記中便寫道：「余之非儒及攻家族制兩種學說，今得播於天下，私願甚慰矣。」[86] 與《甲寅》、《新青年》的關係也成為吳虞晉升之路的重要一環。先是吳虞在給陳獨秀的信中，將其文字依次錄上，「以求印證」。陳的回信則表示：「尊著倘全數寄賜，分載《青年》、《甲寅》，嘉惠後學，誠盛事也。」[87] 日記中這方面的例證頗多，顯示出讀書人與刊物之間的互動是如何發生的。1919 年吳虞在《時事新報》讀到朱謙之的《新舊之相反相成》，內中提到「蜀中有吳虞先生者，好為排孔之論，實於新舊遞嬗中為尤有功」。為此，吳馬上將《進步》雜誌所登其關於李卓吾的文字檢出寄給朱。兩個月後，朱謙之也自北京來函，「請作《李卓吾學記》」。[88]

　　通過報刊發表的文字，吳虞的影響力逐漸擴大，1917 年，主持南社的柳亞子致函吳虞：「前從《民國日報》傳讀大著，知為今世之能倡唐風者，無任佩服」，「竊幸吾道不孤，私以入社為請，甚以先生不棄鄙陋，惠然肯來，則拔幟樹幟，可以助我張目」。吳也欣然接受，「將社書填就，即以柳亞子、謝無量為紹介人」。不惟如此，因為在報刊上讀其文字而致函吳虞表示敬佩之意的，既有「僻處鄂西」的陳彥徵，復有來自日本的青木正兒。其影響並不限於輿論界，北京大學的大門也為之打開。1917 年其堂弟吳君毅來信言及「日前章行嚴、胡適之過談，盛稱兄學術思想不似多讀舊書者，弟擬薦兄主講中國文學於北京大學」。1921 年夏天吳正式受聘於北大，因獲得胡適等人佳評，他也不無驕傲地表示：「予之著作，在四川前數年，真有『蜀犬吠日』的景象。近來同調雖多，而『詫異驚奇』的人，委實還是不少。可是一到了人文薈萃的

85　《吳虞日記》上冊，第 230—231、561 頁。

86　《吳虞日記》上冊，第 295 頁。

87　陳獨秀：〈答吳又陵〉，《新青年》第 2 卷第 5 號，1917 年。

88　《吳虞日記》上冊，第 462、473 頁。

北京，簡直歡迎到這種地步，足見社會文化程度上的差異了。」[89]

　　無論什麼時候，讀書人皆有展現其身分意義的象徵（其他社會階層也是如此），變化的主要是表達身分的載體。報章之於民國時期的讀書人，正構成其聯結社會的「中間環節」。這裡並無意說明讀書人依託報章形成了單一的角色身分，事實上，民國區別於晚清的主要所在，正在於投身報界的讀書人，有著多重身分。重要的還在於，新式傳播媒介作為「晉升的階梯」還只是問題的一方面，與此相應的，「以文字謀生」也成為讀書人可能的選擇。

「以文字謀生」

　　讀書人閱讀報章以及為報章撰文，還只是問題的一面，內中涉及「生意」層面的關係不可忽略。報章之經營，本有其「生意經」，促成部分讀書人「賣文為生」，也是值得重視的一環。按照陸費逵的揭示，從清末到民國，上海圖書市場已逐漸形成一個通用的稿費標準，為每千字 2—4 元，5—6 元的很少，小書坊甚至收每千字 5 角至 1 元的書稿。[90] 很顯然，這是伴隨報業及新書出版業競爭的加劇發展而來。當文字可以賣錢漸漸成為風氣，則不乏讀書人將此作為一種職業，一種謀生的手段。在包天笑、張靜廬等人的回憶中，都涉及這方面的內容，對此略加分析，可窺見其中所發生的轉變。

　　包天笑最初創辦雜誌時，還談不到稿費一層。其最初的賣文生涯，是將翻譯的兩部小說售給了上海文明書局，獲得 100 元稿費。這可不是小數字，除了到上海的旅費，還「可以供幾個月的家用」，真是「何樂而不為」。當包天笑略有薄名，別的報章招其加入，就涉及薪資待遇問題。《時報》招其加入，給出的條件是，「每月要我寫論說六篇，其餘還是寫小說，每月送我薪水八十元」。這還不算，後來包又接受了《小說林》的聘任，每月有 40 元的收入，「每月有一百二十元的固定收入，而我的家庭開支與個人零用，至多不過五六十元而已，不是很有餘裕嗎？」「況且我還有寫小說的額外收入呢」。[91]

　　在張靜廬的自傳中，有一節專門描繪「從酒保到編輯」的經歷。他最初充當一家小店的「外帳房」，每月薪水 4 塊錢，約在 16 歲那年開始接觸報刊，

89　《吳虞日記》上冊，第 361、621 頁。

90　陸費逵：〈六十年來中國之出版業與印刷業〉，載張靜廬輯注《中國出版史料補編》，中華書局，1957，第 281 頁。

91　包天笑：《釧影樓回憶錄》，大華出版社，1971，第 173—174、317、324 頁。

並進入寫作的嘗試階段，刊登最多的是上海《中外日報》的副刊，卻未料在天津出版的《公民日報》，居然不打招呼就刊載了其小說，當他去信質詢，該報回信表示：「本報即將擴充篇幅，如先生不憚跋涉，願聘先生為副刊編輯」，還特別說明：「因社中經費支絀，請半盡義務，月致車費四十金。」張這樣描繪當時的心境：「天呀！這是做夢麼？『四十元』，這在我是做夢也想不到的。」[92]

這樣的故事，實際成為民國時期讀書人的常態。惲代英的日記就顯示一個在校學生與報刊有著非常緊密的聯繫，成為謀生的重要手段。養家負擔甚重的惲代英，向報刊投稿換取現金與贈書券，是支撐家庭生活和學習生活主要的倚靠。日記中記錄了其投稿各雜誌的情況，具體收益也詳細登錄，整個 1917 年，共得現洋 109 元，書券 35 元 2 角。[93]茅盾在回憶文章中也談及其收入情況，從 1918 年末始，《時事新報》副刊《學燈》以及《解放與改造》半月刊，都陸續約其寫稿，這樣收入自然增加不少，而在商務的月薪已增至 50 元，在《學生雜誌》上所寫稿件還不算在內，「向各處投稿的收入，平均每月也有四十元左右」。[94]

要說讀書人的「生意」，最突出的還是依託於大的書局、報館。商務在這方面可謂做得非常到位，也可謂給足了讀書人體面。張元濟日記中記錄了不少與讀書人的交往，梁啟超與商務的合作，就構成改善生計的重大轉機。1922 年張元濟在致梁啟超的一通信函中寫道：「前訂撰文之約，即自本月為始。弟等之意，仍以按月致送為宜。文興濃時，可以多做，反是則減少。」他還特別強調「千字二十元乞勿為人道及，播揚於外，人人援例要求，甚難應付」。[95] 1925 年 8 月 3 日，梁啟超在家信中提到該年收入，就說明「商務印書館售書費兩節共收到將五千元」。[96]這樣的收入，自然不是小數字。梁啟超未必具有代表性，但讀書人依託於書局與報章卻是頗為普遍情形，所謂「以

92　《出版界二十年——張靜廬自傳》，上海雜誌公司，1938，第 49—50、54—55 頁。

93　中央檔案館、中國革命博物館、中共中央黨校出版社編《惲代英日記》，中共中央黨校出版社，1981，第 211、219—221 頁。

94　茅盾：〈商務印書館編譯所和革新《小說月報》的前後〉，《商務印書館九十年》，第 177 頁。

95　張元濟：〈致梁啟超書〉（1922 年 10 月 12 日），張人鳳、柳和成編著《張元濟年譜長編》上卷，上海交通大學出版社，2011，第 662 頁。

96　梁啟超：〈給孩子們書〉（民國十四年八月三日），丁文江、趙豐田編《梁啟超年譜長編》，第 1049—1050 頁。

文字謀生」，自也構成民國時期讀書人基本的生活形態。

四、政治 • 思想 • 學術

　　報刊所營造的「思想界」展現了民國時期讀書人生活形態的一些面相，重要的還不僅是讀書人建立起與報刊、新式書局密切的關聯，新型傳播媒介的流行還另有樞機所在，深刻影響著讀書人的「話語」（discourse）。既如此，也有必要進一步討論，新型傳播媒介如何影響民國時期思想與學術的發展。勾畫民國時期報刊媒介與讀書人的互動，也可以讓我們注意到政治因素對思想學術發展的影響，成為不可忽略的問題。這裡的關鍵便在於報刊媒介展示了獨特的作用，報刊之所以吸引各方人士投身其中，是看重傳媒的作用；既投身於報刊，則不免為其正當性加以辯護，「思想革命」話語由此流行開來，自也是題中應有之意。可以說，要解釋五四時期「話語」的流行，不可忽略的還在於報章成為表達政治的重要工具。

「不談政治」的選擇

　　這裡不能不提到王朝崩潰所產生的衝擊，它所造成的整體性危機，民國成立後很快就反映出來。還沒有從舊王朝覆滅的「震驚」中走出，熱鬧非凡的民主憲政很快如曇花一現。魯迅就深有感觸地說過：「見過辛亥革命，見過二次革命，見過袁世凱稱帝、張勳復辟，看來看去，就看得懷疑起來，於是失望、頹唐得很了。」[97]魯迅上述常被人徵引的話，道出了民國成立後的景象距離人們的期望甚遠。論者以「共和幻象」（phantom republic）描繪革命光輝的式微，正揭示出甫經成立的民國並未能重建社會秩序。[98]這也難怪，一個古老帝國以往行之有效的統治方式失去效應後，要在較短的時間裡重建社會秩序，既不可能，也不現實。

　　在這種背景下發生的新文化運動，即可視作讀書人對政治秩序極度失望的結果。當時組織的很多團體，往往競相標榜「不黨」、不涉及「政界」，只是這樣的選擇無補於政治秩序的改善，也顯而易見。然而，這樣的政治走向於報刊的影響頗大，最初是政治熱情左右著報刊之沉浮；緊接著展開的，既以新

97　〈《自選集》自序〉，《魯迅全集》第 4 卷，第 455 頁。
98　Lucian W. Pye, *The Spirit of Chinese Politics: A Psychocultural Study of the Authority Crisis in Political Development* (Cambridge, Mass.: M. I. T. Press, 1968).

文化運動為標識，則雜誌的走向也受思想文化因素的主導。

　　就新文化一代來說，他們之登上思想文化的舞臺，祭起的便是「不談政治」的戒約。1915 年陳獨秀辦《青年雜誌》，就明確告白「批評時政，非其旨也」。陳 1916 年的一篇文字，還將明中葉以來所發生的變化區分為七期，第七期乃是指「民國憲政實行時代」，強調「此等政治根本解決問題，不得不待諸第七期吾人最後之覺悟」。原因在於，「倫理思想，影響於政治，各國皆然，吾華尤甚」，並斷言「倫理的覺悟，為吾人最後覺悟之最後覺悟」。[99] 胡適歸國後的選擇，也頗有代表性。在留學時期撰寫的文章中，他就嚴厲批評中國留學政策偏重實業而輕視文科是「忘本而逐末」。他反詰道：「晚近革命之功，成於言論家理想家乎？抑成於工程之師機械之匠乎？」[100] 這也規劃了其自我角色的方向，歸國以後做出相應選擇，也便順理成章：「打定二十年不談政治的決心，要想在思想文藝上替中國政治建築一個革新的基礎。」[101]

　　對於「不談政治」的標榜，需要加以辨析，這些言辭並非意味著新文化一代對政治冷漠，而是在政治與思想之間確立了新的路徑。《新青年》致力於思想文化，也只是為澄清政治的迷霧；況且該雜誌未必就真的「不談政治」。於新文化一代來說，創辦刊物並非意味著遠離政治，而是確立了思想具有超越政治的優先性。不單是胡適標榜「二十年不談政治」，這也代表著民初各方人士共同的見解，1913 年吳稚暉、蔡元培、李石曾、汪精衛等聚談時就有這樣的相同感受：「惟一之救國方法，止當致意青年有志力者，從事於最高深之學問，歷二三十年沉浸於一學，專門名家之學者出，其一言一動，皆足以起社會之尊信，而後學風始以丕變。」[102]

　　可以說，「思想界」之浮出水面，由於與報章媒介密切相關，從一開始就充滿「政治」的考量，與政治有不可分割的關係。以學術相標榜的讀書人，儘管常常祭起「不談政治」的戒約，還是難免捲入「思想衝突」中；更何況「思想界」也有「主義」，試圖主導現實政治的發展，規劃未來的方向；與之相應的，政治勢力也會借重於「思想界」。凡此種種，皆說明了「思想界」與政治

99　陳獨秀：〈吾人最後之覺悟〉，《青年雜誌》第 1 卷第 6 號，1916 年。
100　〈非留學篇〉，周質平主編《胡適早年文存》，遠流出版公司，1995，第 361、368 頁。
101　胡適：〈我的歧路〉，《努力》第 7 號，1922 年。
102　《吳敬恆選集・序跋遊記雜文》，文星書店，1967，第 221 頁。

的關聯，也意味著民國時期思想學術的發展與政治的密切關聯。

五四時期「思想界」的「分化」以及所發生的「思想衝突」，當時即已成為問題。1920 年瞿秋白注意到「中國社會思想到如今，已是一大變動的時候」，原因在於，「反動初起的時候，群流並進，集中於『舊』思想學術制度，作勇猛的攻擊。等到代表『舊』的勢力宣告無戰爭力的時期，『新』派思想之中，因潛伏的矛盾點⋯⋯漸漸發現出來，於是思潮的趨向就不像當初那樣簡單了」。[103]《每週評論》附錄的「新舊思想衝突平議」，更展示其中發生的激烈交鋒。一篇文章就注意到「近數日來，京城思想界陡起衝突，謠諑叢生，不可捉摸」，還特別說明「新派之主張，多散見於新聞雜誌之間；舊派之主張，亦但見諸書函之內」。[104] 這裡也揭示出在「思想衝突」中，報章雜誌作為媒介實際發揮著越來越重要的作用。也正因為此，展示於外界的即是「思想界」的派別之爭亦越演越烈。

「我們」與「他們」：思想界的聯合戰線

1922 年周作人在《晨報》發表的《思想界的傾向》，流露出這樣的看法：「現在思想界的情形⋯⋯是一個國粹主義勃興的局面；他的必然的兩種傾向是復古與排外。」[105] 胡適卻以為「這種悲觀的猜測，似乎錯了」，尤其是「把『不思想界』的情形看作了『思想界』的情形」。在他看來，「現在那些『參禪煉丹，或習技擊，或治乩卜』的人，難道真是『思想界』中人嗎？⋯⋯這樣的笨伯也當得起『思想界』的雅號嗎？」[106] 這倒是一個有意思的提法。胡適指出「思想界」並非誰都當得起，實際涉及劃分「思想界」的標準問題。「思想界」既有不同思想派別的對壘，也會有思想派別之間的聯合。五四時期激烈的思想交鋒，就明顯區分出「我們」與「他們」。

約在 1921 年初，也正是《新青年》雜誌鬧分裂的時候，胡適寫了封措辭嚴厲的信給陳獨秀。信中即將「我們」與「他們」的畛域悉數道出：「你難道不知我們在北京也時時刻刻在敵人包圍之中？你難道不知他們辦共學社是在《世界叢書》之後，他們改造《改造》是有意的？他們拉出他們的領袖來

103　〈餓鄉紀程〉，《瞿秋白文集・文學編》第 1 卷，第 29 頁。
104　「隱塵」：〈新舊思想衝突平議〉（一），《每週評論》第 17 號，1919 年。
105　仲密（周作人）：〈思想界的傾向〉，《晨報》1922 年 4 月 23 日。
106　胡適：〈讀仲密君〈思想界的傾向〉〉，《晨報》1922 年 4 月 27 日。

『講學』——講中國哲學史——是專對我們的？」[107] 胡適頗有些責怪陳不能區分「我們」與「他們」，足證他牢固樹立了這種意識。後來魯迅、周作人與陳源之間發生筆戰，胡適也致函稱：「『他們』的石子和穢水，尚且開始容忍，何況『我們』自家人的一點小誤解，一點子小猜疑呢？」言下之意，也努力強調「我們」「橫豎是水，可以相通」。[108]

同樣的，作為「他們」的一方，也透過所形成的發言臺以闡明共同的主張。梁啟超歐遊歸來後，頗有在學術上再出發之勢頭。《改造》出刊時，即標榜「嚶其鳴矣，求其友聲」，並明確主張：「本刊所鼓吹在使新文化運動向實際的方面進行。」[109] 這裡的要害是所謂「實際的方面」，試圖劃出彼此的界限。因此，儘管「東方文化派」來自對手的塗抹，但作為同一營壘，其同道與對手，在他們的言論中還是略有交代。梁漱溟就批評「所謂《新青年》一派的人生觀都不能讓我們滿意」。[110]《東西文化及其哲學》出版後，蔣百里致梁啟超信中，不僅稱道該書乃「邇來震古鑠今之著作」，還說明其「結末之告白」，「大與吾輩自由講座之宗旨相合」。[111]

無論稱為什麼派，展現於「思想界」的，則是「聯合戰線」問題很快就提了出來。尤其是《新青年》同人分化後所產生的聯合主張，具有明顯的排他性質，是基於文化立場思考「思想界的聯合戰線」。1923 年陳獨秀就提出了思想界聯合戰線問題，認為「在掃蕩封建宗法思想的革命戰線上」，相信「唯物史觀」和相信「實驗主義」的，應結成「思想革命上的聯合戰線」。[112] 他還將高唱「精神生活」、「東方文化」之論調，歸為吳稚暉所謂「禍國殃民亡國滅種之談」。他點到了張君勱、梁啟超、章士釗、梁漱溟等人，以深文周納的方式指出：「看他們比曹錕、吳佩孚更為可惡，因為他們的害處大過曹、吳。」[113]

思想界聯合戰線之議，顯示共產黨人也有「我們」與「他們」的區分，

---

107 胡適：〈致陳獨秀〉（約 1921 年初），《胡適來往書信選》上冊，第 119—120 頁。

108 胡適：〈致魯迅、周作人、陳源〉（1926 年 5 月 24 日），《胡適來往書信選》上冊，第 377—380 頁。

109 〈改造發刊詞〉，《改造》第 3 卷第 1 期，1920 年。

110 梁漱溟：〈合理的人生態度〉，《漱溟卅前文錄》，商務印書館，1926，第 193—199 頁。

111 蔣方震：〈與任師書〉（1921 年 11 月 26 日），趙豐田、丁文江編《梁啟超年譜長編》，第 941 頁。

112 陳獨秀：〈思想革命上的聯合戰線〉，《前鋒》第 1 期，1923 年。

113 陳獨秀：〈精神生活，東方文化〉，《前鋒》第 3 期，1924 年。

更說明當時思想界營壘的劃分，主要依據文化立場而非政治立場。1923 年鄧中夏對思想界進行劃分，明確分出「新興反動派」（即「東方文化派」），又將分了家的新文化運動者區分為「科學方法派」和「唯物史觀派」，認為後兩派應該「一致向前一派進攻、痛擊」。[114] 當陳獨秀提出思想界的聯合戰線問題，鄧也接過話題，同樣強調「我們應該結成聯合戰線，向反動的思想勢力分頭迎擊，一致進攻」。[115] 蕭楚女也曾撰文指出，在革命的呼聲下，尚有幾派，還「沒有肯把人類和時代合起來去著想」。這裡所指的也是「無政府派」、「東方文化派」（含「精神文明派」、「農村立國派」）和「國家主義派」。[116]

上述種種，大概可以留給我們這樣的印象，所謂「思想界的聯合戰線」在組織上未必有什麼具體形式，但各自所表達的主張，似乎又隱約存在著這樣的「聯合戰線」。最突出的是，雙方均將敵對的一方，納入相應的譜系中。這表明 20 年代上半期的中國思想界，識別思想派別的主要因素仍保持著鮮明的「文化色彩」，文化的理由，構成思想界識別的重要基礎。當然，這只是問題的一面，很快的，「我們」與「他們」的區分，就有了不同的意味；很快的，崛起的「創造社」一群，又在他們與五四一代之間豎起一道屏障，同樣將五四一代歸入落伍者的行列。而且，進一步的「清算」，還提升到政治層面，將胡適等人歸到反動的營壘。

略為勾畫五四及後五四時期思想衝突的加劇，大致可以看出「思想界」是以何種方式呈現的。這樣的景觀，也為當時的研究者所注意到。陸懋德 1925 年就指出中國今日之思想界，大致可區分這樣一些派別：一為民主派與非民主派；二為功利派與非功利派；三為宗教派與非宗教派；四為新文化派與非新文化派；五為社會派與非社會派。[117] 陶希聖也指出「今日中國的思想界，依然可大別為三大陣營」：「其一為封建社會的回想的陣營，其二為資本主義的模仿的壁壘，其三為社會主義的懸想的陣線。」[118] 曹亮所著《晚近中國思想界的剖視》，也基於所謂的「新興的思想」，以及反對這種「新興思想」的兩

114　鄧中夏：〈中國現在的思想界〉，《中國青年》第 6 期，1923 年。
115　鄧中夏：〈思想界的聯合戰線問題〉，《中國青年》第 15 期，1924 年。
116　蕭初遇（蕭楚女）：〈國民黨與最近中國思想界〉，《新建設》第 2 卷第 2 期，1924 年。
117　陸懋德：〈中國今日之思想界〉，《清華週刊》第 24 卷第 2 號，1925 年。
118　陶希聖：〈中國最近之思想界〉，《四十年代》第 6 卷第 3 期，1935 年。

派加以區分。[119] 可以看出，民國時期的「思想界」，逐漸成為「思潮」展演的舞臺，同時「思想界」所存在的「兩派」之爭，無論稱之為「新」與「舊」，還是自我區分為「我們」與「他們」，皆說明了鬥爭的複雜性。

「思想界」的「主義」

「思想界」成為此起彼伏的「思潮」表演的舞臺，只是問題的一面，還有必要進一步追問，「思潮」的紛爭因何而起？與各種「思潮」息息相關，甚至可視作更極端化的表現，即是這裡要進一步檢討的「主義」。原因在於，無論何種「思潮」，問題的癥結往往還落在「學術」與「社會」層面，而「主義」卻烙上政治的印痕。研究者已指明 1920 年代新主義崛起之後，堪稱形成了一個「主義時代」，「希望以某種主義去指導、規範政治、思想、文化、教育的活動」。[120] 對「思想界」的審察，也難以回避「主義」。不可否認的是，在「思想紛爭」的背後，往往都牽涉對「主義」的不同選擇，甚而不乏刊物自主選擇成為某種「主義」的傳聲筒，思想與政治，由此也更緊密結合在一起。在五四這個「趨新」的大舞臺，各種「主義」也呈現「你方唱罷我登臺」的景象，而且更加明確地與政治立場及政治選擇結合在一起。

施存統 1920 年的一篇短文即表達了這樣的意思：「我們不要存一個『以一個主義支配世界底野心』。」[121] 顯然，施所批評的，是實存的「有」，對應著五四時代的不少思想與不少的人。馬君武也曾痛批流行的「主義癖」：「無論何種主張，皆安上主義二字。其中每每有不通可笑的，又有自相衝突的」；如「nationalism」，孫中山稱為民族主義，「醒獅」同人則叫作國家主義，卻未料以民族主義相號召的國民黨，認尊奉國家主義的青年黨為仇敵。[122] 沈定一則將這樣的行徑形容為「傳播主義，維持生活」，並且憤憤寫道：「只是借傳播主義來維持生活，就活現一個擇肥而噬的拆白黨。」[123] 這些都點出「主義」在五四時期的具體表現。

119　曹亮：《晚近中國思想界的剖視》，青年協會書局，1934，第1—2頁。

120　王汎森：〈「主義」與「學問」——1920 年代中國思想界的分裂〉，載劉翠溶主編《四分溪論學集：慶祝李遠哲先生七十壽辰》上冊，允晨文化公司，2006，第 123—170 頁。

121　施存統：〈我們底大敵，究竟是誰呢？〉，《民國日報》副刊《覺悟》1920 年 11 月 7 日。

122　馬君武：〈讀書與救國——在上海大廈大學師生懇親會演說〉，《晨報副刊》1926 年 11 月 20 日。

123　沈定一：〈告青年〉，《勞動與婦女》第 2 期，1921 年，此據陶水木編《沈定一集》下冊，國家圖書館出版社，2010，第 445 頁。

　　五四時期「主義」的流行，確有上述所指陳的問題，不過，「主義」成為政治選擇的象徵，卻也不能回避，透過李大釗、陳獨秀的論述，則大體可瞭解「主義」是如何被界定的，成為推動「多數人的共同運動」的重要環節。李大釗就直截了當說明「問題」與「主義」，有不可分離的關係。原因在於，「要想使一個社會問題，成了社會上多數人共同的問題，應該使這社會上可以共同解決這個那個社會問題的多數人，先有一個共同趨向的理想、主義，作他們實驗自己生活上滿意不滿意的尺度」。[124] 陳獨秀則把「主義」比作行船：「我們行船時，一須定方向，二須努力。」「我敢說，改造社會和行船一樣，定方向與努力二者缺一不可。」[125] 李、陳的見解，多少說明成長中的中國共產黨人如何以「主義」作為政治努力的方向。

　　胡適「多談些問題，少談些『主義』」的議論，顯然是有感而發。就是「主義」的積極鼓吹者，也不免對「主義」可能產生的「誤導」有所提醒。陳獨秀就感歎於「教學者如扶醉人，扶得東來西又倒」，「你說要鼓吹主義，他就迷信了主義底名詞萬能。你說要注重問題，他就想出許多不成問題的問題來討論」。[126] 李大釗則擔心「主義」是否有大家都明白的蘊含，「世間有一種人物、主義、或是貨品流行，就有混充他的牌號的紛紛四起」。「社會主義」流行，就有「皇室中心的社會主義」、「基督教的社會主義」的出現，「這都是『混充牌號』」。[127]

　　因此，在「主義」流行的背後，所昭示的是政治的選擇，是報章媒介作用於政治的具體體現。分析胡適與李大釗圍繞「問題與主義」的論辯，以及《新青年》群體的分裂，即可說明，其背後的作用力主要還是政治。這其中的區別主要在於，陳獨秀毫不諱言要「談政治」，是因為有了明確的「理想」與「主義」。胡適也未必忌諱「談政治」，《星期評論》出版後，他就表示：「如果要使思想革新的運動能收實地的功效，非有一貫的團體主張不可」。只是胡尚未形成具體的「理想」與「主義」，故仍守護於「談政治」要基於「研究的結果」。[128]

124　李大釗：〈再論問題與主義〉，《每週評論》第 35 號，1919 年。
125　陳獨秀：〈主義與努力〉，《新青年》第 8 卷第 4 號，1920 年。
126　陳獨秀：〈青年底誤會〉，《新青年》第 9 卷第 2 號，1921 年。
127　李大釗：〈混充牌號〉，《每週評論》第 16 號，1919 年。
128　胡適：〈歡迎我們的兄弟——《星期評論》〉，《每週評論》第 28 號，1919 年。

　　「主義」代表的是思想的立場，也是政治選擇的標識，「思想界」成為「主義」競逐的戰場，也映射出近代中國思想與學術的發展同樣受到的「主義」的束縛，不單政治勢力會貼上「主義」的標籤，一份刊物，尤其是政論性的刊物，也難免會烙上這一「印痕」。以此也不難理解，報章之於近代中國有其「政治性」的一面，則思想與學術的成長同樣難以避免。

五、民國思想與學術流變之餘論

　　基於「學戰」到「思想戰」轉變，對於民國時期思想與學術的成長，只能做片段的呈現。在有限的篇幅下，這樣的「書寫」，實屬不得已而為之。必須說明的是，民國時期思想與學術的發展，自也展現出多姿多彩性。如錢穆指明的，「30 年代的中國學術界已醞釀出一種客觀的標準」。[129] 所謂客觀標準，指的即是相關的學術機構與學科共同體建立起來，學術有了新的評價體系，大學的逐步成熟、中央研究院等研究機構的成立，皆是重要的標誌。尤有甚者，學術的發展是以知識分科表現的，這其中既有我們所熟悉的歷史學、地理學等學科成長為現代學科的一面，更有政治學、社會學等新興學科的「援西入中」。前面討論到的不少讀書人，往往也都在各學科領域有卓越的表現，成為其身分的重要標識。要具體討論各學科的成長，顯然不可能，只能選擇以「外史」的方式展現思想與學術的某些面相。民國時期「思想界」所展示的上述特質，自也是思想與學術發展的寫照，其留下的諸多問題，也映射出思想與學術發展所經歷的諸多曲折。在本章的最後，不妨也對此略加說明。

　　還在民元時，黃遠生即在感歎報館數量之多「足令人驚駭」，「觀此不能不為人物經濟及社會經濟惜也。」[130] 到 1920 年，陳獨秀也闡明：「出版物是文化運動底一端，不是文化運動底全體。出版物以外，我們急於要做的、實在的事業很多，為什麼大家都只走這一條路？」[131] 類似的批評聲音所在多有。惲代英更是將「雜誌狂」與「新文化潮流」聯繫在一起，令人歎息的是，在這「學術荒廢」的時代，讀一兩本歐美書報，引用上幾句，「亦便足令這些少

129　余英時：〈猶記風吹水上鱗〉，載氏著《錢穆與中國文化》，上海遠東出版社，1994，第15 頁。
130　黃遠庸：〈北京之黨會與報館〉，林志鈞編《遠生遺著》上冊，商務印書館，1984，第 163 頁。
131　獨秀：〈新出版物〉，《新青年》第 7 卷第 2 號，1920 年。

見多怪的國民，詫為博學多聞」。[132] 羅家倫還具體指出中國學問之零落，思想界的破產，部分即在於大家都熱衷讀雜誌的文章，不去系統閱讀專門的著述，「西洋大部頭有系統的著述，應當從速翻譯介紹了！……中國人看西洋的學說，實在可憐得很，可以說是除了雜誌而外，其餘簡直沒有幾個看過成部的著作，那能有成熟的學說發現呢？」[133] 這樣的觀察，頗耐人尋味，可以說對於以這樣的方式展現出的思想與學術，讀書人也不無反省。

上述批評，都揭示出雜誌流行後暴露的種種弊端。事實上，自報刊流行，其特有的表達方式，即招來種種質疑的聲音。嚴復1902年的一篇文字就表示：「今世學者，為西人政論易，為西人科學難。政論有驕囂之風（如自由、平等、民權、壓力、革命皆是），科學多樸茂之意。且其人既不通科學，則其政論必多不根，而於天演消息之微，不能喻也。」[134] 王國維1905年發表的〈論近年之學術界〉，更明確指出晚清報刊文字「但有政治上之目的」，而不知學問為何物：「庚辛以還，各種雜誌接踵而起，其執筆者，非喜事之學生，則亡命之遁臣也。此等雜誌本不知學問為何物，而但有政治上之目的，雖有學術上之議論，不過剿竊滅裂而已。」[135] 張奚若在美國讀到《新青年》、《新潮》、《每週評論》等刊物，更是感觸良多：「蓋自國中頑固不進步的一方想起來便覺可喜，便覺應該贊成；然轉念想到真正建設的手續上，又覺這些一知半解、半生不熟的議論，不但討厭，簡直危險。」[136] 讀書人也在進行自我反省。傅斯年在俗世聲名如日中天之際選擇出國，多少即是身陷於報刊營造的熱鬧聲，愈發感到知識的匱乏。他把學術作為支撐大學理想的重要環節，還冀望其同道「切實的求學」，「畢業後再到外國去」，「非到三十歲不在社會服務」。[137] 傅斯年的選擇，也構成《新潮》社成員的縮影。

這裡的意味是，經歷短暫的熱鬧之後，曾經介入報刊媒介之讀書人對於報刊的負面效果，也逐漸有所體認。重拾學術理想，即可視作讀書人為此所做的調整。正因為此，也奠定了民國時期思想與學術發展的基調。這其中既有熱

132　〈怎樣創造少年中國？〉，《惲代英文集》上卷，人民出版社，1984，第205頁。

133　羅家倫：〈一年來我們學生運動底成功失敗和將來應取的方針〉，《新潮》第2卷第4號，1920年。

134　〈與《外交報》主人書〉，王栻主編《嚴復集》第3冊，中華書局，1986，第564—565頁。

135　〈論近年之學術界〉，《王國維文集》第3卷，中國文史出版社，1997，第36—37頁。

136　張奚若：〈致胡適〉（1919年3月13日），《胡適來往書信選》上冊，第30—31頁。

137　傅斯年：〈《新潮》發刊趣旨書〉，《新潮》第1卷第1號，1919年。

衷為報刊撰文的讀書人，也不乏讀書人依託於大學校園，「躲進小樓成一統」，
守望於「知識的莊嚴」。不必輕率評價不同選擇的得與失，但民國時期思想與
學術的發展，由此呈現多元的色彩，卻是書寫這段歷史尤其值得重視的。

第二十六章　信仰與社會：民國時期的宗教變動

　　民國時期社會變動的影響也體現在宗教自身的變化及其與社會的關係方面。中國的一些知識精英看到不同宗教與國家現代化之間的聯繫，他們對宗教的質疑最後都轉化到國家、政黨與宗教關係上。公眾話語和對宗教的政治管理確實有了深刻的變化。宗教自身出於現代性的需要也在變。不過，在各種社會力量博弈的形勢下，尤其是不同宗教自身條件的差異使改革的熱情和能力也各不相同，最後形成了民國宗教多元化、影響差序化的局面。

一、民國初期的宗教格局

　　民國初年，就制度化的宗教而言，中國已經形成被官方認可的傳統宗教和外來新宗教並存的格局。除了伊斯蘭教、藏傳佛教仍是一些少數民族的民族宗教外，有悠久歷史的儒釋道繼續影響著民眾的精神生活。清末時據估計獲得秀才以上功名的儒家知識分子約有 500 萬人，他們中的大部分當老師，有一些人提供准宗教的諸如主持家族的婚禮喪儀、祭祖及向神獻祭牲畜的禮儀。儘管儒學是否為嚴格意義上的宗教一直有爭議，但其在國家政治生活中准宗教的色彩顯然是非常濃重的，[1] 以致民初立孔教為國教的呼聲幾度甚囂塵上。

　　佛道兩大宗教依然是有合法地位的宗教，但自清代以來，佛道教在歷史上曾經的黃金歲月一去不再，在國家政治文化生活中日漸邊緣化。在 20 世紀初，佛教僧尼約有 100 萬人，絕大多數人是獨身的吃素的和尚和尼姑，少部分人住在著名寺廟裡，大部分受雇於地方的廟宇。道教的神職人員中正一派道

---

* 本章由陶飛亞、楊衛華撰寫。

1　任繼愈主編《儒教問題爭論集》，宗教文化出版社，2000。

士可以娶妻生子不必出家，全真派道士實行出家制度不可婚娶。他們的人數要
比僧人少一些。佛道神職人員通過自己的神學技能為民眾服務。因此在與上層
社會距離拉大的同時，佛道宗教更深入民間，在普通人民生活中產生著持續的
影響。在清末直到 20 世紀，除了神職人員和非常虔誠的人，只有很少的平信
徒會把自己歸之於佛教徒、道教徒或儒教徒，但大多數人至少會偶爾涉足各種
宗教儀式。例如，多數人儘管不認為自己是道教徒或佛教徒，但會很自然地去
邀請和尚或道士主持喪儀，地方社會的精英還會請他們來負責社團生活中如廟
宇維修一類的大事，應對自然災害如瘟疫或蝗災造成危機形勢，或者是不明原
因疾病需要神靈的幫助等等大事。[2]

　　事實上，唐宋以來儒釋道已經完成了理論上的互相吸收，甚至某些儀式
上的通借，這種趨勢一直延續到民國。在民間社會常常可以看到既念阿彌陀
佛，也請張天師捉鬼，急來什麼神都拜的宗教行為。因此，儒釋道在普通中國
人的思想中確實早已進到了「三教合一」的境界。三教被看成不是互相排斥
而是互相補充的。[3]例如，這樣的事情不足為奇的：有錢人家會同時邀請和尚、
道士和儒生來做法事，各自按自己的規矩做事而並行不悖。但在功能上的不同
仍是存在的，儒家在祭祖和婚禮方面有特別的作用，道教儀式在村廟舉行的共
用儀式上起主要作用，佛教則是喪儀的首選。[4]

　　另一方面，儒釋道支配中國人宗教世界的局面，在 19 世紀中葉的兩次鴉
片戰爭之後被徹底打破。[5]來自歐美的天主教和基督新教「騎著炮彈」進入中
國，在不平等條約的支持下廣泛傳播。雖然這一新來卻頗為強悍的宗教，在政
治與宗教文化的層面遭到中國人的反抗，也激起無數的教案，但作為一種被政
府承認的制度化宗教，最終還是在中國社會牢牢紮下根來，給中國的宗教文化
帶來前所未有的新東西。

　　例如宗教體制就大不相同。天主教有統一的組織，梵蒂岡的羅馬教廷通
過教廷傳信部監督和協調全世界各修會和教派的活動。在中國，傳信部通過稱

2　Vincent Goossaert, "The Social Organization of Religious Communities in the Twentieth Century,"
　　in David A. Palmer, Glenn Shive, and Philip L. Wickeri eds., *Chinese Religious Life* (Oxford
　　University Press, 2011), pp. 173-174.

3　劉鶚：《老殘遊記》，陳翔鶴校、戴鴻森注，人民文學出版社，1979，第 82 頁。

4　Vincent Goossaert, "The Social Organization of Religious Communities in the Twentieth Century,"
　　in David A. Palmer, Glenn Shive, and Philip L. Wickeri eds., *Chinese Religious Life*, p.174.

5　王鐵崖編《中外舊約章彙編》第 1 冊，三聯書店，1982，第 54、62、88、95、107 頁。

為教皇代牧區的行政區進行活動，每個行政區由教皇代牧領導，代牧在教階體制中屬主教一級。一般說來，教皇代牧區以省為單位，每區委託給一個修會負責。在 19 世紀中葉，中國各省區大致被由西班牙的多明我會、耶穌會、遣使會、方濟各會、巴黎外方傳教會負責，19 世紀 70 年代以後又增加了德國聖言會。所有天主教傳教士信仰和宣講同樣的教義，承認和實行同樣的聖禮，遵守同樣的戒律，服從同一個權威。整個天主教無形中有某種一體化的特點。在經濟上天主教依靠羅馬和歐洲的財政支持，並在一定程度上依靠在中國經營土地的收入支持傳教事業。[6] 在傳教方式上，天主教傾向於使整個村子皈依教會，在一些被稱為天主教村裡，形成關係密切的社團，渡過了清代不時發生的衝突危機。

　　新教不像天主教那樣有嚴密的系統，各國各派的新教團體各自為政，每個差會都有自己的組織、財源和關於基督教真義的信念。[7] 但在基本信仰一致的基礎上，它們也組成了以宗派或以地域劃分的各類委員會，經常召開大會小會，以協調和推動在華傳教。新教傳教士的財源主要來自本國社會各界信眾的捐款，迅速發展的資本主義工商業保證了在華傳教士的財政需求，他們通常不靠中國信徒錢袋來生活，反而為了傳教的目的大規模地興辦學校和醫院，有時還資助信徒就學求醫、建立教堂、開辦教會。相比天主教的傳教方式，新教傳教士的皈依對象是個人，並在文化教育和醫療事業的投入上遠遠勝過前者。

　　除了傳教體制的不同，基督宗教與信徒的關係也與佛道宗教明顯不同。基督教是有強烈排他性的宗教，體現了中國中庸文化特徵的「三教合一」式的宗教融合，不太可能在基督教與三教之間發生。它絕對要求基督教必須是信徒的唯一宗教，而不能同時接受其他「異教」。基督教的傳教方法也與佛道教不同，《新約聖經》中耶穌要求門徒走遍天涯海角「作我的見證」，這使得虔誠的信徒不僅自己要信奉，而且還有向別人傳播這種宗教的義務與使命。傳統宗教在文化心理上對民眾的影響方面有自己的歷史優勢，但守在寺廟道觀中坐待信徒上門，和基督教積極發展信徒大不相同。基督教還是一種社區宗教，教會組織延伸到社會基層，聳立在通都大邑到窮鄉僻壤的各色教堂按時舉行集

6　參見顧衛民《中國與羅馬教廷關係史略》，東方出版社，2000，第 121—188 頁。
7　參見段琦、陳東風、文庸《基督教學》，當代世界出版社，2000，第 55—64 頁。

體宗教活動，教會與信徒始終保持著緊密的聯繫。[8] 基督教還被稱為「說的最多」、「唱的最多的」的宗教，布道讀經唱詩等活動反復強化信徒的宗教意識，從而也對信徒的社會生活發揮經常性的影響。如果說除了佛道神職人員外，很難在世俗社會的基層發現明確的佛道教徒團體外，那麼那裡的天主教和新教的社團則是一目了然的。總之，基督宗教帶來的信徒的群體性、凝聚性和社會性在中國宗教史上是全新的現象，在沒有這種傳統文化的中國社會，有西洋背景的基督教團體與中國社會的磨合和為社會接受就會有更多的坎坷。

另外，基督教來自歐美資本主義國家，它宣揚的價值觀念在一定意義上是資產階級意識形態的組成部分。英國新教傳教士一般出身於中等階級，少數進過大學。美國傳教士大體來自小城市和窮鄉僻壤，男傳教士通常是教派大學的畢業生。因其文化教育背景中的現代性因素，在近代中國向現代社會轉型的早期過程中，基督宗教特別是新教參與了這種近代化的進程。他們中有許多人是「作為傳布福音的人來到中國的，但卻因偶然機會」，後來變成了傳教士醫生和教育家。在晚清社會改革運動中，傳教士介紹的西學曾經發生過重要影響，但隨著民國年間留學運動的發展，傳教士作為西學傳人的重要性在日益下降。[9]

因此，儘管到 1949 年中國基督徒的絕對數量仍然有限，天主教徒大約 300 萬人，新教徒大約不到 80 萬人，但因其相對集中在城市，在政治和文化上的影響，仍非其他宗教可比。[10] 在一個宗教向來被局限於寺廟宮觀的社會中，基督教在世俗社會中影響的上升，總是被看成對正統中華文化的一種威脅或者競爭。特別是基督教的傳播是和不平等條約糾纏在一起的，伴隨著基督教事業興起的是中國國際地位的沉淪，基督教一直被看成帝國主義侵華勢力的一部分，出於各種原因的反基督教衝突從 19 世紀中葉以來不絕如縷。[11] 19、20 世紀之交的義和團運動標誌著舊式反教鬥爭最後悲壯的失敗，但這並不意味著這種衝突的終結，將要興起的則是新形勢下更猛烈的衝擊。

8　參見〔英〕約翰・麥克曼勒斯主編《牛津基督教史》，張景龍等譯，貴州人民出版社，1995，第 467—490 頁。
9　參見王立新《美國傳教士與晚清中國現代化》，天津人民出版社，2008，第 285—320 頁。
10　晏可佳：《中國天主教簡史》，宗教文化出版社，2001，第 194—195 頁；趙天恩、莊婉芳：《當代中國基督教發展史》，中福出版公司，1997，第 60 頁。
11　參見趙樹好《教案與晚清社會》，中國文聯出版社，2001。

二、從神道設教到信仰自由

　　與前清相比，民國是一個政教關係發生重大變化的時代。中國歷史上的
政教關係中，「宗教一直支持政府，給統治集團以神聖的合法性，並且是加強
傳統價值的工具，以維持倫理道德秩序。而中國政府為保證從宗教那裡得到需
要的支援，同時也想減低宗教機構對政治權力的競爭，則對宗教信仰和機構
加以嚴格的控制」。[12] 清王朝在處理宗教問題方面延續了歷代封建王朝的老辦
法，在「神道設教」思想的指導下，尊「聖教」，崇「正學」，繼續奉行敬天
法祖祀孔的古代准宗教傳統，限制和利用佛教道教這樣的「異端」，嚴厲禁止
和打擊以民間宗教形式出現的「邪教」。[13] 但對待背後有列強支持的基督宗教，
清政府在不平等條約的束縛下步步退卻，從最初的「陽遵條約，陰拒教士」，
到最後不得不放任傳教士按西方宗教傳統在中國自由活動。顯然，清王朝的宗
教政策還是前現代國家的宗教政策。它繼承中國歷朝歷代的經驗與傳統，沒有
國家定於一尊的宗教，允許多元宗教信仰存在，形成有條件的「宗教寬容」。
國家並未陷入因宗教而引起的社會動盪，這是其政策有成效的一面。但信仰宗
教對國家來說，從未被看成人民的一種感情和精神的需要，更不用說是一種
「天賦」的權利，而只是因為「神鬼之說」有補充「王道」不足的「功能」。
在宗教管理體制方面，清朝中樞一向高度警覺，地方政府則負有重責。晚清最
後十年，經義和團一役創巨痛深，官方和各派宗教都有深刻教訓。因此民國建
立之前的幾年，宗教問題包括基督教引起的教案和本土民間宗教引發的衝突都
處於低谷時期。

　　中國新知識分子追求現代國家的努力中，也接觸到宗教自由的思想。梁
啟超戊戌後流亡日本，接受日本關於國家和宗教問題的新理論，認識並宣傳政
教分離、信教自由這一基本原則。[14] 梁啟超的論述對於擴大信教自由在公共思
想界的影響及其作為公民權利的政治含義具有重要意義。1910 年冬清政府準

12　C. K. Young, *Religion in Chinese Society* (Los Angeles:University of California Press,Berkly, 1961),
　　p.105. 何光滬：〈論中國歷史上的政教合一〉，載任繼愈主編《儒教問題爭論集》，第
　　176—202 頁；黃心川：〈論中國歷史上的宗教與國家的關係〉，《世界宗教研究》1998 年
　　第 1 期，第 1—9 頁；戴康生、彭耀主編《宗教社會學》，社會科學文獻出版社，2000，
　　第 232—255 頁。

13　周振鶴撰集、顧美華點校《聖諭廣訓》，上海書店出版社，2006，第 62—72 頁。

14　〔法〕巴斯蒂：〈梁啟超與宗教問題〉，載〔日〕狹間直樹編《梁啟超‧明治日本‧西方——
　　日本京都大學人文科學研究所共同研究報告》，社會科學文獻出版社，2001，第 438 頁。

備實行憲政，許子玉、誠靜怡、俞國楨、劉芳等人在北京發起宗教自由請願會。[15] 這一請願活動雖因清廷垮臺未見成果，卻影響了民國立法。辛亥革命之後，民國政府第一次以立法形式，引入現代國家在宗教上關於信仰自由和政教分離兩大基本原則。[16] 1912 年 3 月 10 日《中華民國臨時約法》第五條規定：「中華民國人民，一律平等，無種族、階級、宗教之區別。」第六條規定：「人民有信教之自由。」[17] 其後孫中山對政教分離也做過闡述，他說：「查近代世界各國政教之分甚嚴，在教徒苦心修持，絕不幹與政治，而在國家盡力保護，不稍吝惜。此種美風，最可效法。」中國歷來有宗教多元化的傳統，但承認信仰宗教是人民的一種自由在歷史上是第一次，這表現了資產階級共和國在宗教問題上的巨大歷史進步。同時基於對世界歷史經驗的認識，孫中山對宗教干預政治的弊端也明確要在法制上嚴加防範。不僅如此，中國是個多民族多宗教國家，孫中山針對清代的民族歧視和宗教歧視宣布「今日之中華民國，乃五族合力造成。國家政體既經改良，不惟五族平等，即宗教亦均平等」。這種宣布各宗教一律平等，對在清代屢受鎮壓的中國伊斯蘭教具有特別意義。孫中山對基督教的地位也發表看法，認為清末基督教的傳播是清政府在條約束縛下不得已的選擇，但在民國基督教則享有「完全獨立、自由信仰」。[18]

　　孫中山雖然強調宗教不得干預政治，但他認為宗教可在國家社會生活中發揮積極作用，「宗教與政治，有連帶之關係。國家政治之進行，全賴宗教以補助其所不及，蓋宗教富於道德故也。兄弟希望大眾以宗教上之道德，補政治所不及，則中華民國萬年鞏固」。他在對基督徒的演講說中稱：「為基督徒者，正宜發揚基督之教理，同負國家之責任，使政治、宗教同達完美之目的。」孫中山還強調宗教徒要發揚愛國思想。他在對伊斯蘭教徒演講時說道：「現宜以宗教感情，聯絡全國回教中人，發其愛國思想，擴充回教勢力，回復回教狀態。」在對基督徒的演說中稱：「更願諸君同發愛國心，對於民國各盡應盡之責任，有厚望焉云。」[19]

15　〈發起宗教自由請願會緣起〉，《聖教會報》第 4 冊第 4 號，1911 年，第 38 頁。

16　張訓謀：《歐美政教關係研究》，宗教文化出版社，2002。

17　〈中華民國臨時約法〉（1912 年 3 月 10 日），中國第二歷史檔案館編《中華民國史檔案資料彙編　第二輯　南京臨時政府》，江蘇古籍出版社，1981，第 106—107 頁。

18　《孫中山全集》第 2 卷，中華書局，1982，第 277、477、361 頁。

19　《孫中山全集》第 2 卷，第 447、361、477、568—569 頁。

　　孫中山在宗教問題上也受到個人經驗的局限，認為中國「偶像遍地，異端尚盛，未能一律崇奉一尊之宗教。今幸有西方教士為先覺，以（基督教）開導吾國」。[20] 但作為政治家的孫中山雖然對基督教有特殊感情，在宗教政策上則真正信奉宗教信仰自由的原則。他將這一思想載入約法，為此後歷屆政府關於宗教的大綱大法奠定了基礎。從此，宗教信仰自由的思想深入國人之心，袁世凱時代雖有立孔教為國教的喧囂，但終究無法公然否定這一思想和政策。從近代西方信教自由從思想輿論進入國家憲法經歷過數百年腥風血雨的洗滌來看，信教自由進入民國憲法似乎來得太容易了。因此，這種所謂的宗教自由有兩個先天不足，一是沒有近代自由主義政治思想的理論基礎，二是缺乏官民公認的現代政治和法律意義上的權利依託和保護。後來的歷史將證明在中國實現真正信教自由仍是來日方長。[21]

　　不過，民國約法還是開啟了宗教活動的新階段。1920 年一個全國性的調查表明各省紛紛建立宗教組織開展活動的情況，除了制度化的儒釋道外，民間信仰也相當活躍。[22] 自然，從民初的信仰自由中得益最多的還是基督教。但是，宗教特別是基督教在受益於中國現代化運動的同時，很快受到來自西方新思想激發起來的民族主義的挑戰。

三、新思潮與宗教：非宗教運動與非基運動

　　新文化運動轉向對宗教的批評，最初起源於反對康有為等宣導的立孔教為國教的運動。辛亥革命後不久，嚴復、陳煥章及其他一些知識界名流，紛紛鼓吹建立孔教會，把儒學作為國家學說。[23] 康有為聯合梁啟超和其他進步黨成員要求在憲法中承認儒學為國教，在呈送國會的請願書中說：「國家之基在於道德、道德之基在於宗教。」康有為和陳煥章認為，正像基督教賦予西方國家鮮明特徵一樣，儒學是集中體現中國特點的國粹。不過，儘管康有為主張立孔教為國教，他的目的還是落在政治和倫理方面，並不關心超自然的神學。在他的解釋中，儒學與中國人渴望的科學和工業化是並行不悖的。陳煥章還參考比

20　《孫中山全集》第 2 卷，第 568—569 頁。

21　劉義：〈基督教會與民初憲法上的信教自由——以定孔教為國教之爭為中心（1912—1917）〉，上海大學碩士學位論文，2005 年，第 22 頁。

22　中華續行委辦會調查特委會編《1901—1920 年中國基督教調查資料》上卷，蔡詠春等譯，中國社會科學出版社，1987，第 107—118 頁。

23　韓達編《評孔紀年（1911—1949）》，山東教育出版社，1985，第 5 頁。

利時、義大利、丹麥、土耳其等國憲法，以證明國教與信仰自由並不衝突。[24]
掌權的袁世凱出於政治目的，也認為立孔教為國教並不侵犯宗教自由。[25]但他
在表示支持孔教會的同時，也做出支持基督教的姿態，1914 年特許美國奮興
運動布道家艾迪（G. S. Eddy）在紫禁城開布道大會。但建立孔教的提議還是
遭到社會各界的強烈反對，基督教會和國會中的國民黨成員最積極。基督教在
北京發起成立反孔教會，天主教、道教、伊斯蘭教和佛教都參與其中。為抵消
孔教會的請願信的影響，他們在宗教和世俗報刊中連篇累牘地表達反對的意
願。[26]在袁世凱否定修憲提議後，立孔教為國教的希望成空，這次運動才告平
息。但以後袁世凱稱帝過程中又意欲立孔教為國教，再次遭到反對。[27]袁死後
修憲之議再起，立孔教之議也重新被提出並得到 19 位北洋將軍的支援。天主
教與基督教只得再次聯手向國會請願反對設立國教。各界成立宗教自由大會，
以徐謙為主席，馬相伯、誠靜怡分別代表天主教和基督教，佛教、伊斯蘭教及
其他宗教代表紛紛參與。[28]國會收到數以萬計的通電和聯名信，在強大的社會
壓力下，在憲法修訂時宗教自由條款得以通過。[29]

　　儘管國教之爭以孔教的失敗告終，但對儒學的批評方興未艾。《新青年》
認為辛亥革命失敗了，因為它只改變了政治形式，而沒有拋棄作為這種政治形
式的社會和哲學基礎的儒學。陳獨秀、吳虞、魯迅等以各種形式繼續對儒教的
批評。這股理性主義與科學主義的浪潮，很快也把基督教納入批判視野。《新
青年》編輯錢玄同最早提出為什麼只批評孔教而放過了西方宗教。另一位編
輯劉復則提出，任何宗教的價值，都要在對社會有用還是有害的前提下進行
重估。中國新知識界的討論終於指向對所有宗教的批判。惲代英在《新青年》
上撰文指出「信仰與知識」是衝突的，以信仰而不是知識來決定接受某種理念
是愚蠢的。蔡元培則主張「以美育代宗教」。知識分子中廣泛流傳的是對超自

24　〈孔教會請願書〉，沈雲龍主編《近代中國史資料叢刊》正編第 50 輯（498），文海出版社，
　　1966，第 5120—5127 頁。
25　〈大總統發布尊崇孔聖命令〉（1913 年 6 月 22 日），中國第二歷史檔案館編《中華民國
　　史檔案資料彙編　第三輯　文化》，江蘇古籍出版社，1991，第 1—2 頁。
26　Cheng Ching Yi, "Translation of Protest against the Movement in Favor of Making Confucianism
　　a State Religion," *The Chinese Recorder*, vol.XLIV, no.11 (November 1913), pp.687-688. 參見〈中
　　華民國定國教意見書〉，《大公報》1913 年 11 月 7—9 日。
27　〈教團之置疑〉，《中華聖公會報》第 7 冊第 3 號，1914 年，第 42—43 頁。
28　〈信教自由會宣言書・約言〉，《聖教雜誌》1917 年第 2 期，第 80—81 頁。
29　〈近事・本國之部〉，《聖教雜誌》1917 年第 6 期，第 266—269 頁。

然神的懷疑思想和對宗教評判必須以社會價值為標準。基督教在反對立孔教為國教運動中奮起抗議引人注目，這反過來使人們質疑有外國背景的基督教是否有資格代表中國人說話。

少年中國學會在這場批判宗教運動中起了帶頭作用。儘管這個團體在1920 年代初尚不具有特殊的意識形態特徵，但它的成員大都具有強烈的民族主義色彩，確信科學是救國的必要工具。其中一些領導人熟悉西方無政府主義的作品，並有在法國留學的背景，深受法國戰鬥的無神論思想的影響。討論宗教的直接起因是少年中國學會法國支部提議有宗教信仰者不得入會，學會執委會通過這一提議，引起一些人的抗議。在日本留學的田漢提出異議，要求學會重新考慮這一決定，他認為宗教自由是憲法權利，即使不接受耶穌是上帝之子的觀念，耶穌和聖經的教誨仍有價值。[30] 少年中國學會隨即組織「宗教問題」的演講，翻譯西方的聖經批判論著。1920 年以後《少年中國》雜誌接連出「宗教問題專號」專門討論宗教問題。[31] 在中國文化教育界最具影響的基督教成了這次宗教討論的重點。羅素 1920—1921 年正訪問中國，作為一個西方名人，他對宗教的批評更鼓舞了中國的非宗教運動。[32] 由於基督教在近代社會中的強勢地位及其西方背景，非宗教運動的矛頭邏輯地指向了基督宗教，幾乎所有文章都旨在揭示基督教的負面形象，進而在國內外形勢的變化下從思想批判演變為政治的非基督教運動。

非基運動是年輕的中國共產黨最早發動的政治運動之一，共產國際派駐中國的代表在運動中起了重要作用。俄共代表在中國傳播俄國革命經驗之初，主要是在知識分子和青年學生中開展工作，正是在這個階層中，他們注意到了美國基督教青年會在中國青年學生中的廣泛影響，並且有一部分「民主派」學生企圖利用美國「非侵略性資本」來發展中國的民族資本主義。這顯然是要使中國走上美國式的道路，而不是俄國革命的道路。因此，俄共代表認為這種思想具有「空想性質」，要發動「激進」的學生和這種思想展開鬥爭。[33] 處於

30　田漢：〈少年中國與宗教問題〉，《少年中國》第 2 卷第 8 期，1920 年，第 57—61 頁。

31　見《少年中國》第 2 卷第 8 期（1920 年）、11 期（1921 年）及第 3 卷第 1 期（1921 年）「宗教問題專號」。

32　《少年中國》第 2 卷第 8 期，1920 年。

33　〈關於俄共（布）中央西伯利亞局東方民族處的機構和工作問題給共產國際執委會的報告〉（1920 年 12 月 21 日於伊爾庫茨克），《聯共（布）、共產國際與中國國民革命運動（1920—1925）》，中共中央黨史研究室第一部譯，北京圖書館出版社，1997，第 54 頁。

發展全盛期的在華基督教，正大肆張揚地在清華學校召開世界基督教青年學生同盟大會，正好成為一個適當的鬥爭靶子。對宗教的思想批判運動一變成為反基督教反帝國主義的政治運動。

　　廣義上的非基督教運動從 1922 年 3 月爆發，其間經五卅運動和收回教育權運動的激盪形成幾次高潮，一直延續到國民革命軍北伐時期。雖然運動最迫切的目標是通過非基督教運動來揭露英美帝國主義對中國的侵略，削弱這些西方國家在中國社會的影響，動員青年投身革命，但對中國社會影響至深的對基督教乃至宗教的一些重要看法都是在這一時期形成的。1922 年 3 月 9 日標誌非基運動開端的《非基督教學生同盟宣言》，把矛頭對準基督教與資本主義經濟侵略的聯繫，它指出基督教不僅是維護資本主義制度的意識形態，還是外國侵略的一種勢力。1923 年 7 月，瞿秋白在〈帝國主義侵略中國之各種方式〉中提出著名的「文化侵略」說，認為文化侵略就是通過興辦各種留學及教會教育事業來「馴養」和「改制」中國人的「心肺」，造成「親美派」勢力。美國則是最有「能力」搞文化侵略的帝國主義。[34] 1926 年 6 月惲代英在〈反對帝國主義的文化侵略〉中則把文化侵略的指控集中到基督教會及其教育活動上來，指出其宣傳天堂地獄的迷信，使弱小民族不注意眼前所受的切身痛苦；宣傳片面的博愛平等，軟化弱小民族的反抗。實際上，非基運動中流行起來的基督教是帝國主義對中國實行文化侵略的工具，宗教是麻醉人民的鴉片這些論斷，形成了當時革命者思想中的集體記憶，成為他們認識宗教的思想基礎。[35]值得一提的是惲代英在大聲疾呼反對文化侵略的同時，仍保持著一種對歐美文化和宗教的客觀態度。他認為反對文化侵略「並不是說反對歐美的文化」，反對宗教「並不要將基督教的地位一概抹煞」，並且提倡贊助教會的自立運動。他對基督教及其教育活動的積極意義也有所肯定。[36] 不過，這種對基督教及其事業辯證的認識在反帝鬥爭壓倒一切的歲月中逐漸被人淡忘，中國革命民族主義者與包括基督教在內的西方侵華勢力的衝突還剛拉開序幕。

　　從基督教一方來講，非基運動啟動了中國信徒的民族主義思想。教會中

34　〈帝國主義侵略中國之各種方式〉（1923 年 5 月 26 日），《瞿秋白文集》，人民出版社，1988，第 70—80 頁。
35　〈反對帝國主義的文化侵略〉，《惲代英文集》下卷，人民出版社，1984，第 823—826 頁。
36　〈耶穌、孔子與革命青年：在嶺南大學的演說詞〉，《惲代英文集》下卷，第 815 頁。

人羅運炎曾說：「從此國人對於國家之觀念大非昔比。」[37] 另一教會人士翟從聖認為英美人士中也有「文化侵略」者，因此就「文化侵略」言，不能不收回教育權。[38] 不僅如此，非基運動對西方在華教會事業形成了民族主義的壓力，成為迫使這些事業中的中西人士發動內部改革的動力，以求得教會事業在中國的生存和發展。司徒雷登（J. L. Stuart）在推動燕京大學中國化的改革時表示了中國「日益高漲的民族主義浪潮」對他的影響，他說：「我們認為這些（教會）大學以這樣的方式加強中國學的研究，是和中國的民族主義者取得更好的一致立場的最佳途徑。」[39] 運動還推動在華基督教會的改革趨勢。中華基督教會發表廢除不平等條約大運動宣言，聲明中華基督教會與列強不平等條約脫離關係，並聯合各界進行廢除不平等條約運動。[40] 這些要求雖然不能完全實現，但基督教的中國化問題終於被提上日程，並且也取得些許進展。

當然，宗教與中國社會關係的複雜性依然存在。在非基運動平息不久，就有宗教界人士擔心「至宗教在將來的中國，要占什麼地位？基督教在中國能不能存在？這完全要看我們信仰宗教的人們，以後怎樣去努力了」。[41] 顯然，宗教的前景在迅速變化的中國社會仍然是不確定的。

四、政黨與宗教

國民黨的宗教政策

南京國民政府建立後，其宗教政策有兩個基本內容：一是在大原則上是奉行民初以來信仰自由和政教分離的基本政策；二是一部分國民黨人如戴季陶等認為傳統宗教過於迷信，西洋宗教則是文化侵略的產物，不利於黨化教育。作為新執政者迫切希望在一切可能影響大眾思想的領域中占有絕對的支配地位。因此在國民黨執政之初，一度希望通過行政手段抑制宗教，以三民主義來

---

37 《羅運炎論道文選》，上海廣學會，1931，第 24—25 頁。
38 翟從聖：〈收回教育權的我見和今後外國信徒辦學應取的態度〉，《真光》第 25 卷第 2 號，1926 年，第 36 頁。
39 〈司徒雷登致燕京大學托事部信〉，亞洲基督教高等教育聯合董事會檔案縮微膠捲第 334 卷 5116 部分，第 112 頁。
40 〈中華基督教會廢除不平等條約大運動宣言〉，《真光》第 25 卷第 456 號，1926 年，第 179 頁。
41 張欽士選輯《國內近十年來之宗教思潮——燕京華文學校研究參考資料》，京華印書局，1927，第 4 頁。

取代宗教，但在實際中對佛道教的做法遭到宗教界的抵制，對基督教的政策則受到國民政府與英美等西方國家關係的制約。因此，這兩方面都逐步從一廂情願的政策演變為妥協的做法。

基督教問題是國民黨宗教政策的重點。大革命時期在反帝旗幟下，北伐軍所到之處教會備受衝擊，以震驚世界的南京事件達到頂點。南京國民政府建立之後，中國基督教會中頭面人物中國耶穌教自立會領袖俞國楨、余日章等向國民政府呈請通飭各省保護宗教團體，國民政府頒布告示稱反帝並非反教和排外，下令保護教會。[42] 不過，當時國民黨內反對英美的民族主義情緒依然高漲，一部分國民黨人仍堅持打擊教會、反對教會在華興辦和控制文化教育的立場。國民黨推行「黨化教育」也要對教會教育機構實施控制。[43] 所有這些都使國民黨一方面力圖壓制體制外的學生反基督教運動，一方面則由通過政府法令來實施反對「文化侵略」運動中提出的要求。[44]

所以國民黨對基督教政策主要在政治主權方面。國民政府曾發布一系列關於基督教會的政府法令，其中有「嚴令教會學校應服從中國法令」、「教會醫院醫師應服從中國法令」，1929 年 4 月教育部頒布「宗教團體興辦教育事業辦法」，1930 年禁止金陵大學辦理宗教系，1930 年 6 月嚴令燕京大學撤銷宗教科目。[45] 1931 年 2 月，為指導基督教團體，國民黨中央民眾訓練部擬定《指導基督教團體辦法》，6 月，經國民黨中央常委會審議，改名為《指導外人傳教團辦法》。按規定，各地外人傳教團體應受黨部指導、政府監督，各團體如違反該法規定，由政府依法取締。

不過，在國民黨從在野到在朝的地位轉化過程中，隨著與英美關係日益密切，形勢向有利基督教一方傾斜。1930 年 10 月蔣介石在上海受洗入教。蔣作為國民黨最高領袖而加入教會，其影響顯然不能低估。[46] 其他黨國高層信仰基督教者不勝枚舉，如四大家族中的三家（蔣、宋、孔）及馮玉祥、張群、

---

42 中國第二歷史檔案館編《中華民國史檔案資料彙編　第五輯第一編　文化》（2），江蘇古籍出版社，1998，第 1096、1097 頁。

43 張振振：〈我的宗教觀〉，《民國日報》副刊《覺悟》1928 年 2 月 18 日。

44 〈三十五年來中國之大學教育〉，劉寅生等編校《何炳松論文集》，商務印書館，1990，第 434 頁。

45 〈三十五年來中國之大學教育〉，劉寅生等編校《何炳松論文集》，第 435 頁。

46 楊衛華：〈蔣介石基督徒身分的建構與民國基督徒的政治認同〉，《四川大學學報》2015 年第 3 期，第 27—37 頁。

何應欽等。此後，國民黨高層中基督教徒積極推進「黨教合作」。值得注意的是，正如先前基於政治原因的反對，現在則是基於政治原因對基督教的延納。不僅基督教方面，天主教方面也與國民政府互相聯絡。[47] 大致可以說自 1930 年代初，反對文化侵略和反對基督教逐漸淡出國民黨的輿論宣傳。九一八事變後，這種針對英美在華教會事業的民族主義運動被日益高漲的抗日情緒取代了。國民黨與基督教的關係日趨融洽，基督教在鄉村建設運動及新生活運動中積極與國民黨合作，部分實現了所謂的「黨教合作」。

　　但這不等於說國民黨對基督教及其在華事業完全放任。作為執政黨，它力圖把基督教納入國民政府行政管理的範圍，一方面用「宗教信仰自由」、「反帝不等於反教」來限制民眾運動；另一方面，也嚴厲推行教會學校註冊的規定，使得在北洋政府時期提出的這項政策，在 1930 年代大致得以實行。對地方上基督教與天主教的一些違法行為，國民政府也予以關注和限制。除了在行政上對教會實施管理外，國民政府對教會的一些要求審慎應對。1935 年 6 月，羅馬天主教廷駐華宗主教蔡寧寧，在給中國官方備忘錄中提出三項要求，一是請求在中國憲法上有信仰宗教絕對自由之規定。蔡請求將中國民國憲法草案第十五條「人民有信仰宗教之自由，非依法律不得限制之」中「非依法律不得限制之」刪除，因與信仰自由似有矛盾。二是請求教育自由權。蔡認為公教學校固當遵照教育部章程辦理，然公教學校對公教學生當有教授教理之自由權，至於外教學生自願研究教理者，亦當悉聽其便。三是請求公教有置產權。所有這些要求均被駁回。[48] 民國政府未能完全廢除在宗教方面的不平等條約，但它對基督教及其事業的管治較之前清和北洋政府時期是大大加強了。

　　在對待傳統宗教方面，國民政府並無多少新的舉措。但在教育界主張廟產興學與宗教界力爭保護廟產的衝突中，國民政府顯然忽視佛道宗教的權利。1929 年 1 月國民政府頒布的《寺廟管理條例》規定寺廟財產要由地方公共團體與寺廟僧道共同管理，並且硬性規定寺廟辦理地方公益事業。[49] 這引起佛道界的不滿及許多廟產糾紛。國民政府不得不在 11 月 30 日廢止前條，重新頒布《監督寺廟條例》。這一條例與此後國民政府內政部和司法院的解釋成為國

47　《中華民國史檔案資料彙編　第五輯第一編　文化》（2），第 1117、1141 頁。
48　《中華民國史檔案資料彙編　第五輯第一編　文化》（2），第 1121—1123、1133、1144 頁。
49　《中華民國史檔案資料彙編　第五輯第一編　文化》（2），第 1017—1019 頁。

民黨對漢傳佛教及道教的基本政策。這一政策中，國民政府承認除已被荒廢的寺廟，寺廟道觀財產屬宗教團體所有，地方政府無權處置。但為防止廟產被盜和流失，地方政府有全面監督寺廟財產的權力。國民政府同時規定興辦慈善事業為寺廟的義務，這不僅成為寺廟的沉重負擔，而且便利了政府干預。另外政府還規定，佛道教不得興辦與「公益無關」的「佛道教之學校」，這顯然不利於漢傳佛教、道教培養有文化的神職人員，不利於這些宗教的近代化進程。不過，國民政府雖然保留了相當大的監督權力，但並不主張介入寺廟內部事務，它比較重視佛教、道教界的自我管理，規定：「凡和尚之寺廟，均應屬於佛教會，道士觀宇均應屬於道教會」，從而將佛道兩教的眾多寺廟納入教會系統，便於統一管理。1931 年 8 月國民政府頒布不准侵占廟產的法令。

藏傳佛教有關方面的事務，由國民政府行政院蒙藏委員會負責。蒙藏委員會為調查各地喇嘛狀況以便於管理，特制定《喇嘛登記辦法》。該辦法要求，除達賴、班禪、哲布尊丹巴外，各地喇嘛均須向蒙藏委員會聲明登記。職銜喇嘛未經合法登記，不得享受職銜喇嘛權利；非職銜喇嘛未經合法登記，查出後勒令還俗。這一辦法試圖建立一個完善的登記管理制度，但在當時動盪的政局下事實上難以實行。1934 年 1 月，國民政府制定《邊疆宗教領袖來京展觀辦法》，仿照清朝舉措，規定「凡蒙藏及其它各地之呼圖克圖、諾們汗、綽爾濟、班第達呼畢勒罕」等藏傳佛教領袖，「分為六班，每年召集一班來京展觀」，以「報告邊地宗教情形」。1935 年 12 月，國民政府制定《管理喇嘛寺廟條例》，次年 1 月，又公布《喇嘛獎懲辦法》，這兩條法規，借鑑清代管理經驗，規定頗為詳細，但由於藏傳佛教主體不在國民政府有效控制範圍之內，顯然作用有限。

國民政府在舉步維艱的環境中，迫令基督教會學校向政府立案，維護了國家主權。它努力將宗教管理納入法制化軌道，以宗教法規的行政手段促進宗教改良，佛道教近代化有一定進展。但就佛道而言，這一政策的性質是相當複雜的。國民政府以是否有利於自己的統治，是否有益於社會為標準，來衡量宗教的進步程度，從理論上說，這有悖於信仰自由的原則，從宗教政策的繼承性上來看，反映了其與中國傳統的「神道設教」的聯繫。

中國共產黨宗教政策的形成

　　從土地革命時期起，中共走上武裝奪取政權的道路，以前對宗教只是居於言者的地位，有了政權之後就面臨著如何在實際社會生活層面上與宗教打交道了。其較早的政策性文獻是 1930 年代初紅軍在江西建立鞏固的根據地之後形成的。1931 年 11 月 5 日中共中央給中央蘇區指示的「憲法原則要點」中第十三條規定：「保證勞苦民眾有真正信教自由的實際和反宗教宣傳的自由」。在隨後通過的《中華蘇維埃共和國憲法大綱》中，進一步對上述原則做了闡述：一是中國蘇維埃政權保障工農勞苦民眾有真正的信教自由；二是絕對實行政教分離的原則；三是一切宗教不能得到蘇維埃政權國家的任何保護和費用；四是一切蘇維埃公民有反宗教宣傳的自由；五是帝國主義的教會只有服從蘇維埃法律時才允許其存在。[50] 這個憲法大綱肯定了信仰自由和政教分離的現代政教關係基本原則，但它將信教自由的權利只限於工農勞苦群眾，所謂信仰自由就有了階級身分的限制。明確聲明政府不保護宗教的條文也與保障信教自由自相矛盾。另外，強調反宗教宣傳的自由多少會被理解為政府對宗教的傾向性。顯然，這一政策表現了年輕的革命政權在激烈的階級鬥爭年代處理宗教問題方面的激進性和某種不成熟性。除了共產主義意識形態中的無神論思想與宗教的有神論思想的衝突成為這種政策的思想根源外，這裡可能也有自 1920 年代以來蘇聯大規模的反宗教運動對中國革命的某種影響。這一政策在政治上顯然有利也有弊，它在打擊國民黨利用宗教反對共產黨的同時，也在社會上不利於駁斥反共勢力張揚的所謂共產黨「消滅宗教」，不利於消除宗教對中共作為無神論者在處理宗教問題上的猜疑和不信任。

　　紅軍長征到陝北之後，中共的宗教政策開始轉變。促成變化的原因既有實際鬥爭的推動也有理論上的思考。首先，是建立國際國內抗日統一戰線的需要。在日軍侵華大敵當前的局勢下，必須團結和動員一切力量進行民族戰爭，與西方社會和中國社會各個階層有廣泛聯繫的各教各派宗教團體應當是統一戰線中的重要力量。其次，一些紅軍將領在實際鬥爭中與宗教界有所接觸，對宗教問題有了新的實際經驗，例如蕭克在與傳教士薄復禮的接觸中，逐漸認識到尋找「各國各階級各社會集團共同點」的重要性。[51] 最後，這一時期中共在

50　中央檔案館編《中共中央文件選集》第 7 冊，中共中央黨校出版社，1982，第 462、467 頁。
51　〔瑞士〕薄復禮：《一個被拘傳教士的自述》，張國琦譯，昆命出版社，1989，第 8、6 頁。

理論上對宗教的認識有了進一步的發展。1937 年李達發表《社會學大綱》，對原始宗教的世界觀、觀念論與宗教的關係、宗教的起源及其形態、古代宗教的特徵及基督教的起源、宗教在現代社會的作用、社會主義建設與宗教的鬥爭等問題做了系統的論述。1938 年毛澤東在讀李著中關於宗教問題的論述時，對宗教產生的根源及宗教在階級社會存在的必然性做了深刻的論述。[52]

　　另外，在抗擊日本侵略及與國民黨的政治較量中，中共更加意識到宗教的重要性。日本在擴大對華戰爭時，除使用軍事、政治、經濟等手段外，還千方百計地利用中國和其他亞洲國家的宗教力量，破壞中國的國際和國內抗日統一戰線。比如，在佛教廣泛流傳的東南亞各國，日本大肆宣揚「中國赤禍蔓延，共產黨毀滅宗教」，把自己的侵略戰爭美化為「弘揚佛教的聖戰」，甚至欺騙東亞的佛教界，鼓吹通過戰爭在中國建立佛教的「新摩揭陀帝國」，以此來破壞東亞人民對中國抗戰的同情和支持。國民黨也利用宗教反共。如 1943 年山東國民黨省黨部制定的反共計畫書就指出：「運用基督教民，向在當地之外國教師宣傳中共之一切暴行，取得國際間之明瞭與同情。」[53] 因此，提出一種符合實際的對宗教的方針就成為事關統一戰線的重要問題，這就在理論和實際上要求中共在宗教問題上提出新的政策。

　　最早表現出這種政策靈活性的是 1936 年中共中央創立全國各黨各派抗日人民陣線宣言，宣言表示「不分主張與信仰……共赴國難」。[54] 這就把宗教界納入了人民陣線的範疇。中共更明確的轉變體現在對基督教的政策上。1936年 7 月斯諾（Edgar Snow）在延安採訪毛澤東時，問道：「蘇維埃對外國傳教士的新政策是否意味著將承認他們財產權？他們是否將繼續享有傳教、教書、擁有土地、辦學校和其他事業的權利？」毛澤東除了將日本傳教士排除在外，都做了肯定的回答。[55] 此後，陝甘寧邊區施政綱領明確允許外國人在尊重中國主權遵守邊區政府法令的前提下，可以到邊區進行「宗教的活動」。[56] 此後，中共從維護抗日民族統一戰線的大局出發，相當重視發揮基督教在抗戰中的作

52　加潤國：〈馬克思主義宗教觀中國化的歷史、成就和經驗〉，《宗教與世界》2012 年 4 月號，
　　http://www.fjnet.com/fjlw/201204/t20120413_192410.htm。
53　《中共黨史參考資料》第 9 冊，中國人民解放軍政治學院黨史教研室編印，1979，第 303 頁。
54　《中共中央文件選集》第 11 冊，中共中央黨校出版社，1986，第 8 頁。
55　《毛澤東文集》第 2 卷，人民出版社，1993，第 394 頁。
56　《中共中央文件選集》第 11 冊，第 644 頁。

用。在基督教受到質疑時，《新華日報》以《抗戰與基督教徒》為題發表文章，認為「中國的基督教徒，都是很好的愛國主義者」，還特別提出「基督教青年會團結了許多青年，成為中國青年中一種很重要的組織」。[57] 1942年2月2日，在太平洋戰爭爆發不久，《解放日報》發表社論《在信教自由的旗幟下》，對抗戰以來各宗教團體在戰爭中的貢獻，特別對基督教會的活動予以充分肯定。社論還認為不僅在抗戰中，而且在建設新民主主義社會中，基督教會也將發揮作用。顯然，在中共的宗教政策中，基督教因其特有的組織性和對外聯繫一直占有重要的地位。

　　抗戰時期的宗教政策當然不僅涉及基督教，也是對過去宗教政策的全面修訂。1938年1月，《晉察冀邊區軍政民代表大會決議案》就指出：「邊區政府應扶植民眾團體之組織，予人民以集會、結社、言論、出版及宗教、信仰等自由。」[58] 1939年通過的《陝甘寧邊區抗戰時期施政綱領》進一步規定：「在不損害邊區主權和原則下，保護一切同情中國抗戰國家的人民、工商業者、教民，在邊區生產、經營與文化事業方面的活動。」[59] 1941年5月毛澤東親自起草的《陝甘寧邊區施政綱領》強調：保證一切抗日人民（地主、資本家、農民、工人等）的信仰自由權，尊重蒙、回民族的宗教信仰與風俗習慣。[60]邊區政府在對這一條例進行解釋時還說明，這裡的宗教是指「回教、喇嘛教、天主教等」。「弱小民族、信宗教的，都一樣有權利，誰也不能限制誰」。[61] 1942年1月，通過的《中共中央關於抗日根據地土地政策決定的附件》就規定：「宗教土地（基督教、佛教、回教、道教及其它教派的土地），均不變動。」[62]從沒收宗教土地到暫不「變動」宗教土地，這一調整從一個側面反映了處理宗教問題的嫻熟。比較江西時期的宗教政策，這些新規定包含著新的內容。第一，對宗教信仰自由做了充分的肯定，取消了對宗教自由的階級限制；第二，政府保護宗教信仰自由，尊重少數民族的宗教權利；第三，取消了對反宗教自

57　《新華日報》1938年7月12日。
58　河北省社會科學院歷史研究所等編《晉察冀抗日根據地史料選編》上冊，河北人民出版社，1983，第296頁。
59　《新中華報》1939年2月20日。
60　《毛澤東文集》第2卷，第334、337頁。
61　韓延龍、常兆儒編《中國新民主主義革命時期根據地法制文獻選編》第1卷，中國社會科學出版社，1981，第219、225頁。
62　《中共中央文件選集》第12冊，中共中央黨校出版社，1986，第18頁。

由的強調。這一政策具有更廣泛的意義，體現了對宗教信仰作為公民權利的尊重。在宗教問題上意識形態的革命性更多地要服從作為國家政權的政治需要。

不僅如此，中共還在理論上向社會各界闡明對宗教的態度。1942 年 2 月15 日《新華日報》發表社論《共產黨對宗教的態度》，駁斥日本人和社會上有些人認為共產黨是宗教的敵人和共產黨反對宗教自由的說法。社論承認共產黨是信仰唯物主義和共產主義的，但是共產黨「主張國家與宗教分離」，國家不偏袒任何宗教，但不強迫別人遵從共產主義的信仰，各人有各人的宗教信仰自由。社論指出：「共產黨這種對宗教信仰自由的正確立場，現在如此，將來也是如此。」這就意味著這種政策並不是抗戰的權宜之計，而是一種根本方針。1943 年 7 月 1 日，《解放日報》為紀念中共成立 22 周年發表的社論指出：「國家給予人民以言論、出版、集會、結社、信仰、居住、遷徙之自由，並在政治上物質上保證之。」[63] 1945 年毛澤東在七大政治報告中指出：「人民的言論、出版、集會、結社、思想、信仰和身體這幾項自由，是最重要的自由。」「根據信教自由的原則，中國解放區容許各派宗教存在。不論是基督教、天主教、回教、佛教及其它宗教，只要教徒們遵守人民政府法律，人民政府就給予保護。」[64]

新政策在很大程度上改善了中共與宗教界的關係。中共與西方傳教士也有接觸和交往。周恩來抗戰初期到武漢開展工作，漢口公會大主教美國人吳德施（L. H. Roots）積極參與八路軍駐武漢辦事處的活動，周恩來通過他向國際社會介紹中共領導的抗日戰爭。[65] 在抗戰期間到過延安的西方傳教士為數不少。1941 年到延安的加拿大傳教士羅天樂（Stanton Lautenschlager）後來寫了《與中國共產黨人在一起》，向世界介紹中共領導對宗教問題的新看法。1938 年曾由平涼到慶陽視察教務的西班牙天主教主教高金監（Bishop Ignacio Gregorio Larrañaga Lasa），1944 年 11 月再到邊區慶陽時，對中共掌管下邊區「人民信仰自由、政治民主」頗為讚歎。[66] 外國傳教人員在邊區的親身經歷有利於打破國民黨對解放區的封鎖，使當時盛傳的「共產黨消滅宗教」的謠言不攻自破，大大提高了中國共產黨的國際聲譽。

63　《中共中央文件選集》第 12 冊，第 233 頁。
64　《毛澤東在七大的報告和講話集》，中央文獻出版社，1995，第 66、90 頁。
65　《人民日報》1993 年 9 月 12 日。
66　《解放日報》1944 年 11 月 1 日。

　　中共還同一些宗教界知名人士建立聯繫。1939 年 5 月，周恩來在漢口專程拜訪基督教人士吳耀宗，向他表示：「馬列主義者是無神論者，但是尊重宗教信仰自由，並願和宗教界人士合作，共同抗日。」[67] 1941 年 12 月和 1943 年 5 月，周恩來又兩次會見吳耀宗，詳細闡述共產黨的宗教政策，並對宗教界人士為抗戰所做的工作給予高度評價。1939 年 4 月 6 日，天主教愛國老人馬相伯百歲誕辰時，中共中央致電祝賀，稱他為「國家之光，人類之瑞」。1940 年 9 月，彭德懷在中共北方局黨的高級幹部會議上的報告中指出與教會「建立了一些友誼關係」。[68]

　　除了基督宗教，中共領導與傳統佛道教上層人士也多有往來。1939 年 4 月，周恩來和葉劍英在南嶽會見祝聖寺法師暮笳、演文、巨贊等人，和他們一起討論抗日救亡工作。周恩來在暮笳的紀念冊上親筆題詞：「上馬殺賊，下馬學佛」，在佛教界產生很大的影響。後來，巨贊法師同暮笳法師率南嶽僧侶 200 多人，發起組織「南嶽佛教救國協會」。葉劍英知道後建議改稱「南嶽佛道教救難協會」，以體現「佛教救苦救難」的宗旨，團結更多的和尚、尼姑和道教徒一起從事抗日救亡運動。對少數民族宗教，中共也高度重視。1940 年 11 月，延安召開了中國回教救國協會陝甘寧邊區第一次代表大會及回教文化促進會成立大會。為爭取廣大伊斯蘭教徒抗日，中國共產黨的許多領導人赴會並發表講話。共產黨對宗教界上層人士的爭取工作，調動了宗教界抗敵的積極性，也消除了宗教界對共產黨的不少顧慮。

　　不過，中共宗教政策的轉變，最基本的著眼點還是在於建立最廣泛的統一戰線，為了統一戰線而與曾被看成「鴉片」和「文化侵略」工具的宗教在一定程度上妥協。在中共的觀念中宗教是鴉片的思想更深入人心。因此正如中共文件中所指出的，各級幹部中存在著「輕視教徒的偏向和反迷信的急躁簡單心理」。[69] 即使在陝甘寧邊區，由於歷史原因和認識原因，執行政策中往往還有「左」的做法，佔用宗教場所和財產的事情在邊區和根據地多有發生。[70]

67　〈立場堅定，旗幟鮮明，艱苦樸素，平易近人——紀念周恩來同志誕辰八十一周年〉，《文匯報》1979 年 3 月 5 日。

68　《晉察冀抗日根據地史料選編》下冊，第 410 頁。

69　山東革命歷史檔案館編《山東革命歷史檔案資料選編》第 17 冊，山東人民出版社，1984，第 114—116 頁。

70　《晉察冀抗日根據地史料選編》上冊，第 18 頁；齊心等編《陝甘寧邊區政府成立 50 周年論文選編》，三秦出版社，1988，第 242—243 頁。

這表明制定和執行成熟的宗教政策，對正在探索革命道路的中國共產黨來說，仍然是一個有待解決的問題。

五、宗教自身的變革

20 世紀上半葉對宗教來說也是不平常的年月，劇變的形勢向宗教提出挑戰，各宗教都實行過一些改革計畫和措施，但各教改革力度不同，結果也有參差。

佛教的改革

這一時期佛教發生了一系列變化。佛教弘法的手段得到更新和擴展，各種新技術和新媒體的引入使講經弘法更具現代色彩，其中最引人注目的是大量佛教報刊的創辦。最早的是 1912 年狄楚卿在上海創辦的《佛學叢報》和 1913 年太虛在上海發行的《佛教月報》，而歷史悠久、影響最大的是太虛 1920 年創刊的《海潮音》，學術價值最高的則是歐陽漸 1923 年開始在南京刊行的《內學》。其他或長或短、宗旨不一、遍佈全國的佛教佛學報刊不勝枚舉。[71] 佛教弘傳的中心逐漸從山林轉向城市，社會基礎從地主、農民漸漸向工商業者、知識分子傾斜，教團結構從寺僧中心、僧主俗從轉向僧俗結合。居士在佛教中的地位日趨重要。佛教宗旨從厭棄人生的彼岸走向利樂人生、莊嚴國土。佛教的社會功能也從薦亡超度、滿足部分厭世階層的宗教需要轉向服務社會甚至救國救世等世俗層面。[72]

佛教傳統僧團制度的腐化以及拘囿於寺院與社會隔離的狹隘不能適應新的社會形勢。晚清末年受廟產興學風潮所刺激的各地寺廟住持就紛紛組織僧教育會，成為近代佛教組織化的雛形。入民國後各類佛教組織層出不窮，各省及地區性的寺院有聯絡協調的組織、講經會和佛學研究團體、居士修行和弘法團體、救濟和慈善組織等，[73] 甚至有模仿基督教青年會的佛化新青年會之組織。

各類性質不一的地區性組織還謀求建立全國性的佛教團體以維護佛教界的利益。民初亂局中佛教界備受壓力、教產屢被侵奪，激發各地名僧創立全國

71　溫金玉：〈中國社會的巨變與近現代佛教的轉型〉，覺醒主編《佛教與現代化》（上），宗教文化出版社，2008，第 74 頁。
72　陳兵、鄧子美：《二十世紀中國佛教》，民族出版社，2000，第 26 頁。
73　鄧子美：《傳統佛教與中國近代化》，華東師範大學出版社，1994，第 198—199 頁。

性組織。如 1912 年立孔教為國教的爭議推動歐陽漸等在南京發起成立中國佛教會。1912 年 4 月敬安以原有各省僧教育會為支部，以統一佛教、弘揚佛法為宗旨，在上海創建全國性佛教團體中華佛教總會。儘管對外宣稱是推動教育發展，但其初衷是出於保護廟產的目的。總會存在的短短幾年中主要精力都耗費在與袁世凱政府打壓佛教的政策博弈上。敬安 1912 年北上謀求總會登記備案和合法化，在與北京政府的交涉中受辱悲憤而逝，全國震驚。後經熊希齡斡旋，袁世凱為免眾怒而對之予以核准。總會 1913 年在上海靜安寺重開成立大會，但因內部新舊兩派意見不合只能勉強維持。隨著政府頒布寺廟管理條例對寺院加強控制，總會的抗爭失敗，終在 1918 年遭段祺瑞政府取締。總會結束之後，佛教界謀設全國性組織的嘗試並未停歇，但多以失敗告終。直到 1929 年隨著第二波廟產興學風潮的興起，創建全國性組織以團結抗爭更形迫切，終於在上海召開 17 省佛教徒代表會議，成立中國佛教會，選舉圓瑛為主席，並獲蔣介石核准備案，成為合法性團體，促使國民政府對寺廟管理變得溫和起來。但外在壓力減輕後，中國佛教會內部企圖依靠這個全國性組織保護教產的保守派和想借此改革全國佛教的革新派鬥爭趨於白熱化，導致領導層分裂。特別是圓瑛和太虛的矛盾加劇，太虛辭職，圓瑛繼續領導中佛會。後由國民政府介入調停及在團結抗戰的大局下紛爭暫時停歇。南京陷落後，以圓瑛為代表駐留上海和以太虛為核心西遷重慶的兩派再起紛爭。因戰爭阻隔兩派實際上只能在影響所及範圍內各行其是。太虛領導下的重慶中佛會臨時辦事處在戰時傷病救護及災區救濟方面貢獻卓著，發揮了團結佛教界抗日的作用。1940 年圓瑛辭職後太虛派得以執掌中佛會，繼續為佛教的權益與政府抗爭，戰後則負責接收日偽佛教的事宜，直到 1949 年解散。[74] 這個佛教的全國性組織實際上是鬆散的，要將派別分殊的寺廟結合到一起並非易事。

　　佛教教育在民國時期繼續發展。清末大規模廟產興學使佛教界認識到與其讓佛教產業遭遇沒收，還不如自己起來開辦教育事業，新式的學校化僧教育隨之出現。1906 年經敬安抗爭獲得清政府自辦學校的許可後，寺院開辦的新式佛學堂在各地湧現，多為兼顧僧俗的中小學校。影響最大、真正成為近代佛學教育開端的是 1908 年居士楊文會汲取基督教和日本佛教的經驗創辦的祇洹精舍。該校兼重僧俗，設內外班，內班為僧教育以提高僧尼素質，外班為社會

74　陳兵、鄧子美：《二十世紀中國佛教》，第 35—55 頁。

教育以擴大佛教影響。精舍開辦不到兩年因經費不繼停辦，但從中走出大批佛教人才，成為民國佛教革新的前驅和中堅，其中最著名的是太虛和歐陽漸。[75]在此基礎上，民初佛教新式學校比比皆是。其中最著名的是月霞1913年在上海由哈同夫人支持創辦的華嚴大學。受基督教兼重神學教育和世俗教育的影響，佛教也力圖將僧尼教育和社會教育並舉。但實際上，在社會教育上佛教大都停留在興辦小學等基礎教育上，部分甚至帶有一定的慈善救濟性質，與體系化的基督教教育不能相提並論。[76]

但在僧尼宗教人才的培養方面，民國佛教界取得了一定成績。其中1922年歐陽漸在南京建立的支那內學院和同年太虛所設的武昌佛學院則成為佛教教育的標杆。兩院都借鑑普通教育制度設立了從初級到研究的正規學制，學科設中學、大學（又分補習科、預科、特科、本科，本科又分設法相、法性、真言三門）、研究（又設正班和試學班）、遊學。這是一套完整的學制設施，這是近代佛教教育在學制上的一大改變。這套制度都呈報內務部、教育部備案。[77]兼授佛教和其他人文自然科學知識，但由於師資限制，實際上只能保證佛學的正常或系統教授。歐陽漸的內院重在設置居士道場以培養佛學研究專門人才，它改變傳統的注入式方法，「教授以誘進閱藏、開啟心思為鵠的」，求學者數以千計，培養出了呂澂、湯用彤、熊十力等一代學術大師，成為民國佛學研究的主要基地，後因抗戰遷蜀通稱蜀院，1943年歐陽漸逝世後由呂澂繼任，直至1952年停辦，成為延續時間最長的佛院之一。但這種拘囿於居士佛學的辦學模式及其對僧界的挑戰遭到批評。太虛曾撰文指出其狹隘，與造就新式僧才的願望大相徑庭。太虛在武昌因著名居士李隱塵、陳元白等人的支持而創辦武院。武院的辦學模式凝聚了太虛的僧教育思想，積極汲取傳統和現代教育的精華，吸收楊文會和日本佛教的教育理念，僧俗並重，取得了一定效果。但太虛集中於培養一代僧才的堅持因與支持其辦學的居士希望學僧和居士並重的願望相左，武院的實踐並未達到預期的目標，太虛本人最終掛職而去。其後太虛及弟子興辦的佛學院不下四五十所，但直到1946年去世，太虛將傳統叢林教育和近代新式教育相結合，培養德才兼備的新式僧才以承擔起現代佛

75　鄧子美：《傳統佛教與中國近代化》，第108—110頁。
76　陳兵、鄧子美：《二十世紀中國佛教》，第99—100頁。
77　耿敬：〈中國近代佛教教育的興起和發展〉，http://read.goodweb.cn/news/news_view.asp?newsid=47728。

教改革的目標還遠未實現。一些接受新式僧教育的學僧不忍甘苦淡泊的持戒生活，以致喪失對佛教的信仰而還俗，憑藉所學而另謀他途。除歐陽漸和太虛外，圓瑛、虛雲等高僧也創辦一些高品質的佛院。

太虛的人間佛教是民國佛教改革的一個高峰。太虛早年出家，在遍訪佛教名山名師的同時受到維新派革命黨及西方社會主義的影響。在佛教革命的旗幟下，他致力於創設全國性佛教組織，推動面向整個佛教的改革。1912 年他與仁山擬建佛教協進會，試圖以鎮江金山寺為基地推動佛教改革，但其激進的變革遭遇保守派反抗而失敗。1913 年在上海佛教界舉行敬安追悼大會上，他在演講中再次提出佛教革命的口號，宣導三大革命：教制革命，以僧伽制度改革為先導，廢除傳統剃度制和子孫住持制，創辦佛教大學，從學僧中選拔住持；教產革命，化寺院財產住持私有為佛教公有，轉換廟產功能，興辦佛教教育和社會慈善事業；教理革命，祛除佛教曾被帝王以鬼神禍福作愚民工具的迷信，從重死後轉向厚現實，以佛教研究人生真相以指導世界與人類。[78] 但這種激進主義並沒有得到佛教界廣泛認同，太虛從教界寵兒逐漸成為避之不及的棄兒。失敗後太虛在普陀山閉關三載，總結改革教訓，1917 年出關，隨同出關的還有他著名的《整理僧伽制度論》，以提高僧伽的學養和能力為出發點，提出改革僧伽的構想，此書後來一再完善成為其改教思想的精華。但其中濃厚的烏托邦色彩使其就像康有為的《大同書》一樣無法有完整實踐的機會。

不過，太虛受基督教在中國社會廣泛影響的刺激和啟發，較早認識到佛教必須走進人間發揮社會功能。1928 年太虛首次演講人生佛教，1934 年發表《怎樣來建設人間佛教》，其人間佛教思想逐步走向成熟和系統化。人間佛教以淨化社會、建設人間淨土為宗旨，強調佛教必須適應現代社會，關懷社會，進而提升社會。[79] 太虛的人間佛教思想在 1930 年代一度勃興，為佛教轉向世俗化、人間化和生活化推波助瀾。當然太虛也明瞭世俗化的限度，世俗化不能以神聖性的喪失為代價，關鍵在拿捏好神聖與世俗的界限。但人間佛教的進程被隨後的戰爭所打斷，在太虛生前實踐的成效不大，最終在其身後於大陸和臺灣分別開花結果，成為現代佛教的潮流。他現在被世界所有大的佛教組織領袖稱為改革之祖。

78　鄧子美：《傳統佛教與中國近代化》，第 148—149 頁。
79　陳兵、鄧子美：《二十世紀中國佛教》，第 205、218 頁。

道教：本土宗教的衰微

　　民國道教仍延續正一和全真兩派並立的格局。正一派以江西龍虎山上清宮為中心，奉天師為教主，以「祈禱」（求福消災）為宗旨。全真派以北京白雲觀為中心，奉丘處機為教主，以「修養」（長生不老）為宗旨。但實際上全真派也多兼行齋醮祈禳，與正一派的差別日益縮小。與佛教、伊斯蘭教的宗教復興相反，作為中國本土宗教的道教在民國時期繼續走向衰微。中國思想界對道教的批評一直非常猛烈。五四新文化運動中陳獨秀、錢玄同、魯迅等對舊宗教、偶像崇拜、關帝、呂祖、九天玄女等道教神仙進行抨擊。

　　中國政治變動屢屢波及道教。南方正一派中心龍虎山首當其衝。1912 年江西都督李烈鈞借破除迷信取消張天師的封號及封地，六十二代天師張元旭倉惶逃往上海。後經張勳斡旋，在袁世凱治下得以重獲封號並發還田產。[80] 1927 年北伐軍到江西後，國民黨內的共產黨員方志敏、邵式平等發動農民運動打砸天師府，活捉張恩溥，收繳天師玉印寶劍，破毀天師關押妖魔之處。儘管在國共分裂後天師被釋，但經此變故威信掃地。1928 年國民政府頒布神祠廢存標準，在被廢止的神祠中，如岳飛、關帝、土地神、灶神、太上老君、三官、天師、龍王、城隍、文昌、送子娘娘等皆屬道教。儘管這一決定未能徹底實行，許多寺廟觀庵還是被廢除。中共革命根據地的反迷信鬥爭也波及道教及其宮觀。1935 年，天師張恩溥曾要求國民政府請賜封印遭到拒絕。張本人缺乏修行的精神造詣，在道教的革新上並無多少建樹，不能承擔起道教現代轉型的歷史使命。儘管天師稱號仍按教內傳統傳承，但在教內也遭遇冷落。他數次企圖以組建道教全國性組織的方式重建權威，但成效甚微，1949 年他悄然離開大陸遷往臺灣。

　　在南方正一派中心龍虎山權威失落時，北方的全真道祖庭北京白雲觀尚能正常運轉。白雲觀在陳明霦（1911—1936 為住持）時代確有振興的跡象，1912 年他發起成立中央道教總會，在宣言書中聲稱道教為中國國教，古今中外文明之精華，為救國救世之不二法門，但成效不大。[81] 此後他多次開壇傳戒，舉辦祈禱法會，修繕白雲觀，重印道藏，著書立說，交好北洋政要，成為一代名道。但在南京國民政府成立後，1930 年白雲觀因沒有遵守北平社會局的登

80　牟鐘鑒、張踐：《中國宗教通史》（下），社會科學文獻出版社，2003，第 1068—1069 頁。
81　唐大潮編著《中國道教簡史》，宗教文化出版社，2001，第 353—354、382 頁。

記令而發生第一次住持危機，陳明霖被革職，後在被迫認捐後復職。但 1936
年陳病卒後，白雲觀圍繞安世霖的住持資格陷入第二次住持危機，社會局在調
查後發現安的繼任違背道教諸山推舉的慣例，且在呈報中有蒙蔽之嫌，遂反對
安繼任，但因寺廟登記任務的迫切，或有權勢人物的插手，社會局轉變態度同
意安以監院身分暫代住持，但其權威和合法性的不足成為後來的悲劇根源。[82]
1946 年安世霖等人被反對派依據太上清規以火刑處死。慘案發生後，反對派
遭遇法律的懲處，白雲觀也被當局查封，後北平道教整理委員會成立白雲觀臨
時保管委員會代管，並於 1947 年邀請瀋陽太清宮趙誠藩為監院，住持一職則
一直闕如。[83]

　　民國道教也有組織化的努力。1912 年，以北京白雲觀為中心的 18 所全
真派道觀代表在北京聯合成立中央道教總會，並向袁政府登記獲准，道教第
一次有了合法性的全國性組織，但局限在全真道範圍。其分會中影響較大的
是 1913 年成立的四川道教總分會。正一派在 1912 年成立中華民國道教總會，
以上海為總機關部，以龍虎山為本部，以北京為總部，但除其上海總機關部稍
有活動外，並未在全國層面開展事務。這兩個名為全國性的道教組織充斥宗派
之見，不能算真正意義上的領導全國道教的團體，並且因為領導、組織及經
濟支援的匱乏，也缺乏應有的力量與權威，因此超越宗派的聯合是大勢所趨。
1936 年兩派合作，在上海成立中華道教會，惜爾後因時局巨變而終止。直到
1947 年兩派才重新聯合，創設上海市道教會，並擬以此為基礎謀設全國性組
織中國道教會，但因正一派代表張恩溥和全真派代表李理山意見不合，結果不
了了之。[84] 民國道教組織化程度與其他宗教相比相形見絀。

　　道教的振興雖然舉步維艱，但在理論上也有革新的努力。其代表是居士
出身的陳攖寧。陳氏有感於基督教的衝擊和道教的頹勢，強調道教是中國文化
的根基，呼籲把道教從出世的狹隘中解放出來，承擔起救國救世的責任。他提
倡道教生活化、普及化，將以往秘而不傳的道教煉養學轉化為普適性很強的
修煉養生學。陳對道教與時俱進的重要貢獻是將歷來主要被包容在道教思想中
的修煉養生內容，明確地概括到「仙學」的旗幟之下，並主張仙學脫離儒釋道

82　付海晏：〈1930 年代北平白雲觀的住持危機〉，《近代史研究》2010 年第 3 期，第 83—108 頁。
83　付海晏：〈安世霖的悲劇：1946 年北平白雲觀火燒住持案研究〉，《中央研究院近代史研
　　究所集刊》第 62 期，2008 年，第 43—86 頁。
84　唐大潮編著《中國道教簡史》，第 381—388 頁。

三教而獨立，只講道教的煉養學說而反對符籙派的低俗迷信，以提高道教的文明程度，避免遭遇科學的詰難而被淘汰。他積極進行仙學和科學的現代調適，將仙學和人體探秘及中醫結合起來，在將仙學納入科學軌道的同時強調仙學優於科學。陳攖寧還開展重振道教的實踐活動，他收授門徒，燒煉外丹 10 年。失敗後轉向內修，並借助辦刊、辦學等現代手段弘揚仙道。他也積極參與道教全國性組織的創建，為道教的統一而努力。儘管陳沒能進入中華道教會及上海市道教會的領導層，但是兩會最重要的文獻《中華全國道教會緣起》、《復興道教計畫書》都出自陳之手。後者提出「講經、道學研究、報刊、圖書、道書、救濟、修養、農林、科儀」九方面的道教復興計畫，是道教走向現代化的一份綱領性文件，陳事實上成為兩會的精神領袖和文化旗手。[85] 陳氏對道教的創造性轉化有重要貢獻，被譽為與佛教太虛、儒家馮友蘭齊名的一代道教大師。[86]

另外，道教在政界和知識分子中遭遇冷落，卻在民間獲得了發展。各種通俗形式的道教活動在民間越發活躍。關帝、文昌等道教神祇仍為廣大民眾所敬拜，並對各種民間祕密宗教產生極大的影響。[87] 正因下層百姓的需求，民國年間僅上海新建、重修或改建的全真派道觀達 10 所，而正一派道觀則多達 17 所。1912—1937 年僅本、蘇、錫、寧四大幫道院、道房就達 74 處，其他客幫尚未統計在內，以致「路路見道堂，處處有道房」。[88]

內地伊斯蘭教的文化復興

晚清時期伊斯蘭教因受政治「叛亂」的牽連而命運多舛。民國年間伊斯蘭教終於迎來了新的發展機遇，改變了清代那種自我封閉的落後狀態，最終實現了內地伊斯蘭在思想和文化上的復興，[89] 被顧頡剛稱為「近代中國回教徒第一次自覺發動的文化運動」。內地穆斯林的教派觀念相對淡漠，這促使他們能免除教派紛爭而相對團結地邁向現代。

教育成為伊斯蘭文化復興的重要內容。一是在延續明清以來培養阿訇為

85　參見劉延剛《陳攖寧與道教文化的現代轉型》，巴蜀書社，2006。

86　劉延剛：〈太虛、陳攖寧與佛道兩家的現代化〉，《中州學刊》2004 年第 5 期，第 158—160 頁；〈陳攖寧仙學思想的現代性特點〉，《社會科學研究》2004 年第 3 期，第 70—72 頁。

87　卿希泰：《中國道教史》（4），四川人民出版社，1996，第 225 頁。

88　《陳蓮笙文集》（下），上海辭書出版社，2009，第 265—277 頁。

89　傅統先：《中國回教史》，寧夏人民出版社，2000，第 149 頁。

目的的純宗教的經堂教育同時，興辦中小學和師範學校。[90] 在北京、濟南、上海、杭州、昆明等地都有一批比較成功的中小學和師範學校。二是赴海外留學。不同於基督教的走向歐美，阿拉伯國家成為他們留學的聖地。早期多為個體行為。1930 年代後，隨著一些伊斯蘭教新式學校的建立，開始有計劃、有組織、成批量的派遣學生赴外深造。先後有 6 批 30 多名留學生赴埃及深造，埃及著名的宗教學府愛資哈爾大學成為接納他們的搖籃。[91] 這些留學生通過深造不僅開闊了眼界，把阿拉伯國家優秀的文化帶回中國，其本身也成為中阿文化交流的重要橋梁。許多人回國後，成長為中國著名的伊斯蘭領袖、學者，像馬堅、龐士謙、納訓、納忠等是其中的傑出代表。三是創辦刊物。1908 年留日伊斯蘭教徒創辦的刊物《醒回篇》以強烈的民族、國家、社會和宗教的關懷為民國伊斯蘭教的發展定下了基調。入民國以後，各種伊斯蘭教報刊先後誕生。這些宗旨不一的刊物在教育、學術、宗教、救國方面充當廣大伊斯蘭教徒的喉舌，引導他們走向現代和強化他們的國家意識。其中影響最大的是 1929 年馬福祥、唐柯三、馬松亭等在北平創辦發行長達 20 年的內容豐富的《月華》，刊物遠銷國外 10 多個國家。伊斯蘭教徒還興辦出版機構，影響較大的有 1930 年買俊三創辦的上海中國回教經書局等，推動了伊斯蘭文化的繁榮。[92]

伊斯蘭教文化復興推動組織化程度的提高。近代以來以清真寺為中心帶有區域性和獨立性的教坊制組織顯現出分散性的弱點。晚清時期伊斯蘭教已有因教育或政治等目的而組成的特定社團。[93] 民國元年王寬在北京發起中國回教促進會，以「聯合國內回民，發揚回教教義，提高回民知識，增進回民福利」為宗旨，延請王靜齋等阿訇翻譯《古蘭經》，設立清真中小學及阿拉伯文專科學校，普及回民教育，設立講演社，刊行《穆光》，倡設男女工藝廠並力謀改進回民生計，發展慈善事業，調解回民內部意見衝突及教條之爭議，維護回民信教自由等。之後又有學術社團出現，1913 年和 1917 年先後在北京成立清真學會和清真學社，但影響最大的是 1925 年哈德成等在上海成立的全國性的中國回教學會。

90　馬景：〈民國穆斯林精英與經堂教育改良思想〉，丁士任主編《伊斯蘭文化》，甘肅人民
　　出版社，2010，第 212—224 頁。
91　秦惠彬：《伊斯蘭教志》，上海人民出版社，1998，第 168—172 頁。
92　馬明良：《簡明伊斯蘭史》，經濟日報出版社，2001，第 619—625 頁。
93　周燮藩、沙秋真：《伊斯蘭教在中國》，華文出版社，2002，第 157—163 頁。

伊斯蘭教還成立一些救國團體。影響最大的是 1937 王靜齋、時子周在河南發起成立的中國回民抗日救國協會，1938 年遷武漢後改名中國回民救國協會。唐柯三、孫繩武等政府官員加入後，其性質由民辦變為官辦。1939 年更名中國回教救國協會，隨後遷重慶。1946 年改名中國回教協會，遷往南京，白崇禧出任理事長。1949 年隨國民黨遷臺。該會以「興教建國」為宗旨，以提高穆斯林知識水準、增強經濟能力為己任，出版刊物，宣傳抗日，組織對外訪問和朝覲團向阿拉伯國家揭露日本罪行，在伊斯蘭教界曾產生一定影響。[94]

西北伊斯蘭教的新教派運動

中國伊斯蘭教從宗派上來講除極少數什葉派外多屬於遜尼派，在明清之際，形成門宦教派。門宦教派是蘇菲派神秘主義在中國特定社會歷史條件下的產物。其與非門宦教派間的根本區別在修道與否，門宦並神化崇拜教主，信仰拱北（教主先賢的陵墓等建築），掌教多採世襲制。在這一教派中，逐漸形成虎非耶、哲赫忍耶、嘎迪忍耶和庫布忍耶四大門宦及幾十個門宦支派。民國時期，從清末開始的門宦分化繼續發展。

伊赫瓦尼派的興起　伊赫瓦尼意為「同教兄弟」，是清末民初由甘肅河州馬萬福（1853—1934）創建的一個新興伊斯蘭教派。馬萬福本是北莊門宦下的阿訇，1888 年赴麥加朝覲後，認為中國伊斯蘭教受漢文化太多影響而有正本清源的必要，他還受到阿拉伯瓦哈比耶學說的影響，因而成為近代中國伊斯蘭教維新運動的宣導者之一。他退出北莊門宦，並聯合十大阿訇宣傳伊赫瓦尼的主張，以「憑經行教」、「遵經革俗」為號召，頒布十大綱領。這些主張主要是反對門宦及伊斯蘭的漢化，意在清理中國伊斯蘭教中流行已久的不符合經訓原則的習俗，還伊斯蘭教以本來面目，帶有原教旨主義的傾向。經過馬萬福等人的傳播，伊赫瓦尼逐漸獲得廣大穆斯林的擁護和支持，但因其明確反對門宦，公開批判教主和老派，遭到許多門宦及格底目抵制，後被迫離甘赴陝。辛亥革命後馬萬福重回甘肅臨夏，繼續宣揚伊赫瓦尼教義並得到進一步發展，在教派衝突中獲西寧提督馬麒支持，遂以西寧為根據地，推行伊赫瓦尼教義。[95] 1922 年，馬麒兄弟以行政手段強制推行伊赫瓦尼教義，因而引發多起教派間

94　馬明良：《簡明伊斯蘭史》，第 598—602 頁。
95　馬通：《中國伊斯蘭教派及門宦制度》，寧夏人民出版社，2000，第 133、97—100 頁。

的流血性事件，但其以武力推行伊赫瓦尼的計畫並沒能成功。在寧夏，伊赫瓦尼因受到省主席馬鴻逵的支持，逐漸成為一個在政治上佔優勢的教派，後者也仿效青馬，打出伊赫瓦尼旗號，藉以維護其割據統治。[96] 到 1940 年代中後期，伊赫瓦尼不僅在青海、甘肅兩省的伊斯蘭教中占主導地位，也在馬鴻逵的支持下在寧夏漸趨優勢，並在全國其他地區的回族伊斯蘭教徒中有廣泛的影響。[97]

西道堂　　西道堂是清末民初伊斯蘭內部興起的一個特殊的新式宗教社團。由馬啟西（1857—1914）1903 年正式建立於甘肅臨潭，他奉明清著名伊斯蘭學者劉智著作等為經典，注重伊斯蘭教和中國傳統文化的結合，借重漢文伊斯蘭經典宣傳伊斯蘭教義，因此被稱為漢學派。顧頡剛曾高度評價馬啟西為「利教化民為天下法，以身殉道做百世師」。[98] 他順應時代發展，贊成男子剪辮，反對女子裹足；教義上以「五件天命」課為全功，注重品德信義，不送錢財於阿訇教長；教育上注重新式教育，不強制孩童念經；經濟上重視經商務農，以道堂為家，過集體生活。他主張實行教主終身制及集權制，其中能清晰看到門宦的影子，但非世襲，以社團制為管理方式。西道堂成立後，很快遭到其他門宦教派的反對，成為宗教派別、軍事紛爭的犧牲品，最終導致馬啟西於 1914 年被害。隨後第二任教主丁全功也遇難。在 1917 年第三任教主馬明仁繼任後，汲取教訓，在發展教務的同時從事商業活動，積聚經濟力量，並結交白崇禧和西北諸馬等權貴作為教務的保護傘。馬明仁等甚至受到蔣介石接見，被授參議院參議，促使西道堂在馬明仁時代達到鼎盛，到 1949 年已興建 7 座宏偉的清真寺，以集體分工合作的方式從事商農林牧各業，開辦商號 10 個，興建農場 13 個、林場 13 處、牧場 3 個，在經濟上積累了大量財富。隨著經濟勢力的增強，西道堂逐漸由原先地方官吏隨意打壓變為爭取合作的對象，宗教上也由原先的不被承認變為得到認可。

西道堂另一個特色是注重教育，並憑藉優厚的經濟實力支撐興辦了幾所小學和一所中學。但在 1946 年馬明仁去世後，西道堂因缺乏強有力的領導及受部分中上層累積私財的衝擊，開始衰落，但直到今天，它仍是一個非常重要的教派。[99] 它是近代伊斯蘭在中國化道路上走得較遠的一個，也可視為伊斯蘭

96　秦惠彬：《伊斯蘭教志》，第 245—250 頁。
97　吳振貴：《中國歷代政權與伊斯蘭教》，寧夏人民出版社，1996，第 338 頁。
98　《三元集——馮今源宗教學術論著文選》（上），宗教文化出版社，2002，第 242 頁。
99　馬通：《中國伊斯蘭教派及閘宦制度》，第 113—151 頁。

走向現代的一種努力，但其中各種傳統與現代因素的矛盾結合又使其現代之路充滿曲折。

基督教：中國化的趨勢

從民初到 1922 年非基督教運動之前，基督教在中國有過一段「黃金時期」。有諷刺意味的是，義和團運動中傳教士的死亡並未阻嚇西方人的傳教熱情，例如在保定傳教士耶魯大學畢業生畢德金（H. F. Pitkin）被殺之後，居然刺激了美國東海岸一些大學生報名來華傳教，而專門以中國為目的地的耶魯中國差會也因此而建立。1905 年來華傳教士 3500 人，1915 年為 5500 人，到 1920 年代最高潮時超過 8000 人。中國新教徒也從 1900 年的 10 萬人，到 1922 年增長到了 50 萬人。最初的信徒大多來自鄉村的窮苦農民，但教會學校為一部分信徒家庭的年輕人提供了在社會中上升的通道，在幾個沿海城市形成了一些富裕信徒的群體。[100] 傳教士對自己事業的自信滿滿反映在 1922 年出版的大型在華傳教事業統計書中，該書居然以《中華歸主》為名激起很多中國人的反感，隨之而來的反教事件最終成為傳教運動由盛而衰的轉捩點。

晚清時代中國教徒被稱為「教民」以區別於一般平民，他們也沒有合法權利以自己的名義去建設和擁有教會。但到民國時代，中國信徒同樣被稱為「國民」，可以註冊和擁有自己的教產和教會。上海的俞國楨成立了中國耶穌教自立會，天津和北京的基督徒組建了中國基督教會。山東濟南也建立了山東基督教自立會。早期的自立教會並不是特別反對傳教士的。它們的牧師多數受過差會神學院教育，少數在西方受過訓練。來自長老會、公理會或者浸禮會的自立教會的中國信徒，在組織上與老差會還有某種聯繫，在神學上基本也無區別，因此並沒有對傳教士領導的在華新教運動形成威脅。但當時傳教士對此要麼漠不關心，要麼心存疑慮。[101]

基督教在世俗事業領域的活動也同樣引人注目。中國嚴重的社會問題和民族危機促使一些中西教會人士關注現實生活。在風行於西方的社會福音理論影響下，一部分傳教士主張福音不僅要救個人，同時要救國救社會，教會要承擔起社會改造的責任。這促使基督教勞工事業、鄉村建設、青年事業次第興

100　Daniel H. Bays, *A New History of Christianity in China* (Wiley-Blackwell, 2011), p.94.
101　Daniel H. Bays, *A New History of Christianity in China*, p.97.

起。晚清以來的醫療、教育、社會救濟、慈善事業在民國時期都獲得進一步發展，其中教育事業的進展最為突出。

　　基督教創辦的西式教育無疑是中國新教育的先驅，但進入 20 世紀後，隨著壬寅癸卯學制的頒布、科舉制的廢除，中國自身的新式教育迅速拓展，教會教育不可避免地失去了以往的壟斷地位。基督教教會企圖主導中國教育航向的雄心壯志慢慢消退。[102] 他們開始強調如何提高教會學校辦學品質和尋求中國政府對教會學校畢業生的承認。[103] 值得一提的是這一時期各國在華基督教團體聯合辦學成為一股潮流，逐漸形成了小學、中學、大學三級普通教育體制，外加幼稚園、神學教育、職業教育、盲童聾啞教育等特殊教育在內的完備的教育系統。這個系統的頂尖是東吳、齊魯、滬江、華西協和、金陵、之江、金陵女子、福建協和、燕京、華中、嶺南、聖約翰、華南女子文理學院等一系列教會大學。其中燕京大學等享有很高的社會聲譽。[104] 這個在基督教差會管控之下的教育體系，從二三十年代起，除了上海聖約翰大學之外，都按照要求在國民政府教育部門註冊登記，至少在名義上接受國民政府的監管，成為中國國家教育資源的組成部分。這些學校不僅培養教會人才和吸納基督徒，也面向非基督徒，培養世俗人才。其培養的新式人才在中國產生重要的影響。特別是以教會或教會學校為橋梁得以留學歐美的眾多的留學生，他們歸國後往往成為中國各界的精英，一批受過良好教育在社會上有聲望的中國基督徒在社會和政治改革活動中相當活躍。[105]

　　隨著接受高等教育尤其有留學經歷的中國知識分子基督徒的增加，在華基督新教運動的權力結構也開始發生變化。誠靜怡 1910 年在愛丁堡國際基督教大會上要求西方人從中國人立場看中國教會的發言引起關注，中國基督徒精英被吸收進在華傳教運動中，逐漸形成了由有影響力傳教士主導的中外合作的新教領導機制，其中有誠靜怡、余日章、王正廷、劉廷芳、趙紫宸、洪業、

102　王立新：《美國傳教士與晚清中國現代化》，第 248 頁。

103　在這種努力下，教育傳教士的人數穩步增加，到 1914 年，教會學校達 4100 餘所，學生 1906 年為 57683 人，1912 年 138937 人，到 1916 年達 184646 人。參見中國社會科學院世界宗教研究所編《中華歸主：中國基督教事業統計（1901—1920）》（下），中國社會科學出版社，1987，第 1205 頁。

104　Jessie G. Lutz, *China and the Christian Colleges*, 1850-1950 (Cornell University Press, 1966), pp.531-533.

105　趙曉陽：《基督教青年會在中國：本土和現代的探索》，社會科學文獻出版社，2008，第 106—123 頁。

吳雷川等。這些人除了基督教青年會的領袖外，基本上是燕京大學的教師。這個機制的意見和計畫對傾向於社會福音派的新教運動走向發揮了重要影響。[106]

　　基督教在民國的政治遭遇是不停變換的悲喜交集。基督教界曾經對身為基督徒的孫中山出任中華民國臨時大總統而對中國的前途充滿憧憬。但在中國仍戴著不平等條約枷鎖的情況下，起源於西方差會傳教的在華基督教會，在政治上一直處於易受攻擊的地位，1920年代以後就不斷遭到反帝運動和革命運動的打擊。1927年的南京事件中金陵大學副校長文懷恩（J. E. Williams）等傳教士被殺後，約7500名傳教士返回西方，從此在華傳教士人數再也沒有達到此前的峰值了。隨著蔣宋聯姻和蔣介石在1930年受洗入教，國民政府與基督教關係大為改善。基督教會開展的鄉村建設運動，有的是教會自發進行的，如晏陽初在河北定縣的實驗，山東齊魯大學在龍山的實驗以及金陵神學院畢範宇（F. W. Price）在江寧淳化鎮的實驗。有的則是應政府要求開展的，如牧恩波（G. W. Shepherd）江西黎川實驗區的工作以及參與新生活運動。但是由於這些基督教改革者無意也沒有力量觸動鄉村中的地主勢力和城市工商資本家的利益，其改革中國農村經濟制度的成效幾乎等於零。[107]

　　民國時期的基督教還有一個深刻的變化，這就是外國傳教運動在中國進入了「走向成熟、蓬勃發展，接著是衰老和死亡」的階段。傳教運動在1877年、1890年及1907年在來華新教傳教士全國大會上曾經有過的儘管有宗派差異，但還能保持「意見一致」的時代已經過去了。在第一次世界大戰之後，保守的基要派傳教士和主張適應時代的自由派或者現代派傳教士的關係日趨緊張。1932年剛剛獲得普利策獎的賽珍珠（P. S. Buck），因為在紐約的演講中批評了傳教士的無知與傲慢而被保守派要求辭去在美國南浸信會董事會的職務。差不多同時由哈佛大學教授霍金（W. E. Hocking）主持對傳教運動的評估報告，以自由主義神學思想表達了對基督教的排他性和傳教運動的合法性的質疑，也引起以中國聖經公會成員為主的保守派與中外新教合作機制聚攏的自由派之間的分歧和對立。

　　1930年代中期，整個中國的新教教會大致分為三種情況。第一類是中華

106　Daniel H. Bays, *A New History of Christianity in China*, pp.101-103.

107　陶飛亞、劉天路：《基督教會與近代山東社會》，山東大學出版社，1994，第263—264頁；
　　　Daniel H. Bays, *A New History of Christianity in China*, pp.125-127.

基督教會、基督教協進會相關的教會組織，中外合作新教建制中人在其中依然活躍，他們支配著主流教會的議程和做出相關的決定，其社會特點是比較明顯的民族主義色彩和積極參與社會改良運動。第二類是一些比較保守的差會群體和教會，他們脫離或者從來就沒有參加過中華基督教會，不贊成後者的自由主義神學和追求社會改革。它們可能是中國聖經公會的成員，其中最重要的是中國內地會，但也包括基督徒和傳教士聯盟，如美國南長老會和聖公會、路德會、美國自由衛理公會、拿撒勒會、神召會及幾個較小的五旬節會，還有就是10多個很小的差會，有的是只有一個人的信心差會。這些派別更強調個人而不是社會的皈依和重生，大多數這麼做的人某種程度上是堅信前千禧年觀念，相信基督不久會再臨人間。隨之而來的是像新約啟示錄中所說的那樣末日審判，因此時間緊迫，要向那些沒有得救的人傳播福音。他們並非沒有愛國心，但他們沒有把國家建設和改造社會放在傳福音、救靈魂那樣優先的地位。第三類是民國以後出現的新教會，儘管這些運動的領導人在其個人成長的早期都受到過外國基督徒的影響，但他們組織教會則完全獨立於外國差會。其中比較著名的有真耶穌教會、耶穌家庭以及在福州、上海圍繞著倪柝聲的教會組織，它被稱之為聚會處、小群，或者乾脆叫地方教會。

　　1937年抗戰爆發，這使基督教會有了展現愛國主義精神的機會，因為這次反對的是與基督教沒有任何瓜葛的日本帝國主義。大部分基督教大學也像國立大學一樣西遷，在困難的局面下繼續發揮培養知識精英的作用。中華基督教會和基督教協進會隨國民黨政府遷到大後方，以重慶和成都為中心繼續活動。整個抗戰期間教會領導架構在人員和財力都大受影響的情況下繼續發揮有限的作用，加入中華基督教會和協進會的教會組織也沒有增加，其信徒總數一直沒有達到整個中國新教徒數目的一半。它們發起的西藏、雲南、貴州等邊疆地區的傳教運動到抗戰結束時並沒有多大的進展。而那些鼓吹末世論和前千禧年的教派如真耶穌教會、耶穌家庭和小群卻在戰爭災難的局面下有了很大的發展。

　　太平洋戰爭爆發後，英美等西方國家成為日本的交戰國。相當數量來不及撤離中國的傳教士被日本人關進了在山東濰坊和上海近郊的集中營而受盡磨難。1941年日本軍方為了控制華北地區的基督教會，成立所謂的華北基督教團。除了王明道的北京基督徒會堂外，所有華北的基督教團體都被迫參與其

中。但對耶穌家庭以及在鄉間活動的基督教組織，日本人的控制仍是鞭長莫及。

抗戰勝利後，中華基督教會和基督教協進會遷回上海，大批傳教士也返回中國。由於離開傳教現場八年之久，一些差會的傳教士小心翼翼地與中國同事重新相處，而另一些特別是新近來華的傳教士則忘掉了過去模式的不平等，認為理所當然應該由自己負責這裡的教會，因此重新引起差會與教會關係的緊張。特別是當以美國為基礎的教會大學董事會要合併或者縮小教會大學規模時，遭到這些大學中方領導的頑強抵制。[108]

內戰爆發以後，新教教會又面臨一次歷史選擇。儘管蔣介石本人是基督徒，還是有一批教會人士極其厭惡國民黨政府的貪腐與無能。中華基督教會的《協進》和獨立的《天風》雜誌表達了基督教中自由主義甚至是激進主義的觀點。《天風》後來成為1950年代基督教三自運動的官方刊物。經常在上面發表文章的吳耀宗和青年會的江文漢不僅同情而且表現出盼望共產黨的勝利。在第一次政協會議上，宗教界代表7人，其中基督新教代表占5人，成為最為靠近中共的宗教。1949年年初共產黨在內戰中勝出的大局已定，傳教士和中國教會領袖面臨著離開還是留在大陸的選擇，儘管許多新教徒、傳教士和中國信徒對教會的未來感到憂慮，但還是有許多人對中外合作的新教事業能夠在共產黨政權下存在下去，並為「新中國」做出基督教的貢獻抱有希望。

天主教的本土化運動

義和團運動中在華天主教受到重創，運動之後它修改過去咄咄逼人的政策，換來與中國官民關係的緩和；同時一次大戰後羅馬教廷為弱化在華法國天主教勢力在保教權問題上的堅持，派遣美國天主教傳教士來華傳教。美國天主教支持在華傳教給天主教帶來新的動力，使天主教在華事業獲得較大進展。[109]與新教主要在城市發展和致力高等教育事業相比，天主教主要在農村活動，對高等教育等世俗事業關注較少。但天主教和新教同樣面臨如何改變洋教形象的問題。由於天主教教階制度更多體現為自上而下的體制變動，同時由於天主教

---

108 Liu Jiafeng, "Same Bed, Different Dreams: The American Postwar Plan for China's Christian Collegs, 1943-1946," in Daniel H. Bays and Ellen Widmer eds., *China's Christian Colleges: Cross-Cultural Connections, 1900-1950* (Stanford, CA: Stanford University Press, 2009), pp.281-240.

109 劉國鵬：《剛恆毅與中國天主教的本土化》，社會科學文獻出版社，2011，第14—20頁。

傳統勢力的保守性，改革的過程漫長而且成效甚微。

　　天主教制度變動最初集中在廢除法國對在華天主教的保教權上。法國在
19 世紀中期通過不平等條約攫取了天主教在華的保教權，即由法國承擔保護
各國在華傳教士和中國天主教教徒權益之責，實際上是其通過保教謀求自身在
華的政治和經濟利益，這給中國政府帶來無窮的麻煩，中國自晚清以來一直謀
求與梵蒂岡建立直接聯繫，取消法國保教權，都因法國從中作梗和教廷的顧慮
瞻盼而未果。民國宗教信仰自由政策的確立，使保教權更多成為傳教的障礙，
與教廷著眼宗教利益的目標衝突加劇，在部分非法籍傳教士和中國天主教徒中
取消保教權的呼聲日高。[110]

　　1912 年天津代牧區成立後，法國遣使會傳教士杜保祿（Dumond）成為首
任代牧，比利時傳教士雷鳴遠被杜提升為天津教區副主教。雷在 1901 年 18
歲時，開始來華傳教，他在天津傳教一段時間，與天主教平信徒《大公報》創
始人英斂之和上海天主教震旦大學創始人馬相伯等成為朋友，對中國天主教徒
的想法有更多的瞭解。其後雷一力提倡本土化策略，主張要和中國神父分享
教會管理權，注重中國神職人員的培養，鼓勵教徒愛國，並力倡廢除保教權，
讓中國信徒與非信徒平民一樣完全在中國的法律管轄之下，並且要有中國人擔
任主教。保教權因此開始與本土化問題聯繫在一起。1916 年杜保祿在天津法
租界興建主教座堂的嘗試遭到雷鳴遠等人的反對後，決心在鄰近法租界的老西
開建堂。教堂竣工後，法國藉口保教權試圖強占老西開地區，遭到中國民眾及
雷鳴遠的強烈反對，並促使傳教士內部的爭論公開化。這就是著名的老西開事
件。

　　老西開事件後，教廷 1918 年與中國建交的嘗試因法國的干預而再次失
敗。1919 年 11 月教宗本篤十五世發布《夫至大》牧函，以傳揚福音為要旨，
要求各傳教區的修會摒棄門戶之見，並盡力陶成本土神職人員。牧函並非僅針
對中國傳教區，而是整個天主教世界，但無疑吸收了雷鳴遠等在華宗教代牧的
報告或備忘錄，並對天主教在華發展有著非常特別的意義，它明確提出以建立
本地傳教區為目標，傳教士必須掌握本地語言，將本籍神職的培養和祝聖提上
日程，強調教會要嚴防帝國主義的玷污和物質主義的侵蝕，而以教廷的福音目

110　陳聰銘：〈1920 年代末梵、法在華保教權之爭——以教宗駐華代表剛恆毅為中心的討論〉，
　　《中央研究院近代史研究所集刊》第 65 期，2009 年，第 54—57 頁。

標為中心。1922 年 11 月教廷第一任宗坐代表剛恆毅祕密抵達香港，並巡視中國各地教區，最後為擺脫京滬法國傳教士干擾駐節漢口，1923 年在助手中國神父趙懷義的建議下移座北京。[111]

　　與此同時，中國非基督教運動的巨大壓力，迫使剛恆毅為應對中國民族主義挑戰，推行以本土神職人員為基礎成立本地教會，重視適應化策略和學術文化傳教，並借平信徒協助傳教，共同促進教會的復興和天主教在中國本土化的傳教模式。1926 年教廷特意針對非基運動發布《自吾登基以來》牧函，重申以本土神職代替傳教士的宗旨，並囑傳教士應專注傳道而不得涉足政治。這雙重因素使本土化再次向前邁進，剛恆毅又先後成立 4 個本籍代牧區。同年 10 月羅馬教皇親自為隨同剛恆毅而來的 6 位中國主教祝聖，這是自清初羅文藻擔任主教 200 多年以後再次由中國信徒擔任主教，在教內外產生巨大影響。[112] 在剛恆毅積極本土化策略下，到 1935 年中國本籍主教區從無到有共達 23 個，占全國總數的 1/5 弱。經有意識的培訓和提拔，中國籍神父到 1933 年達 1600 人，而修女則增加到 3600 人，本土神職人員的培養向前邁進了一大步。[113] 在其主持下，許多培養平信徒的組織如全國公教進行會、公教教育聯合會、中國公教青年總會等先後成立，為發揮平信徒的潛力和提高天主教在公眾層面的影響提供了組織路徑，天主教教育機構的進一步拓展如輔仁大學的創設等也是其注重學術文化傳教的體現。1933 年剛恆毅離華後積極本土化進程放緩。抗戰爆發對本土化形成新的障礙，而陷入日本侵華和偽滿問題的糾葛中。

　　抗戰勝利後，庇護十二給中國天主教的指示是「更加中國化」，開始醞釀祝聖中國樞機主教，1945 年青島教區主教田耕莘被教宗任命為遠東第一位樞機主教，並赴梵蒂岡行加冠禮，向教宗建言早日在華設置聖統制。1946 年 4 月 11 日，庇護十二發布諭旨，在中國建立聖統制，將全國分為 20 個教省（每省設立一個總主教座）、79 個主教區和 38 個教區，共 137 教區。[114] 中國聖統制的建立使教內統序由代牧制轉化為通常的主教制，使中國天主教的本土化向前邁進了一大步。但這並不足以完全改變天主教受傳教士主導的附屬地位，在 20 名總主教中華人只有 3 位，其中田耕莘樞機出任北京總主教，于斌出任

111　劉國鵬：《剛恆毅與中國天主教的本土化》，第 246─279 頁。
112　劉國鵬：《剛恆毅與中國天主教的本土化》，第 292─309 頁。
113　顧衛民：《中國與羅馬教廷關係史略》，第 150─152 頁。
114　顧衛民：《中國天主教編年史》，上海書店出版社，2003，第 512─513 頁。

南京總主教，周濟世出任南昌總主教，而在全國 137 名主教中，傳教士占了 110 名。[115] 中國天主教的本土化之路仍然有待來日。

民間宗教的裂變

民間宗教稱謂不一，歸納起來主要有以下幾種：民間祕密宗教、祕密宗教結社、祕密教派、祕密教門、新興民間宗教、下層宗教等。入民國以後，中央權威的不足減輕了對民間宗教的政治壓力，而社會的動盪與民生的凋敝又為其贏得廣泛的社會基礎。其思想資源除援引儒釋道三教與現代科學之外，又從耶回兩教中汲取新的營養，在延續傳統組織形態的同時借用近代社團的機構形式，在新時代呈現一些新的特點：在政治上，維護封建專制體制，個別甚至夢想登基稱帝，反對民主共和；在思想上，維護舊的倫理道德，反對新思想、新道德；在教義上，更多增添了巫術、氣功等內容；在活動狀態上，漸漸由祕密轉為半公開、公開。這四個特徵，標誌著祕密宗教完成了向會道門的轉變。[116] 但部分民間宗教團體能順應歷史的發展，在慈善救濟和抗戰中發揮了一定的積極作用。

民國因法律上規定了宗教自由，諸多以會、道、門命名的民間祕密教派一變而為合法組織，獲得更大的發展空間。北洋時期是會道門蓬勃發展的高潮期，眾多軍閥官僚成為其背後的支撐，大致分三部分：明清祕密教門的延續，可稱舊式會道門，影響較大的有一貫道、先天道、九宮道、聖賢道、黃天道、大乘教、無為教等，多未向政府登記，在民間悄然流行；二是在民國創立或變更名色的新式會道門，多向政府註冊，被定為宗教、慈善或公益團體，如同善社、道院、萬國道德會、道德學社、中華理教會等；三是武裝型的會道門，比如紅槍會、大刀會等。南京國民政府成立後，加強了對祕密宗教結社的控制，規定各類社團組織按規定註冊，成為合法團體。會道門多向政府註冊，登記為宗教、慈善或公益團體。如一貫道、萬國道德會等為宗教團體，世界紅萬字會為慈善團體，理教會、聯莊會、民團等為公益團體，而分子複雜、良莠不濟的被強令解散或改編。[117]

---

115 顧衛民：《中國與羅馬教廷關係史略》，第 180 頁。
116 劉平：《中國祕密宗教史研究》，北京大學出版社，2010，第 128 頁。
117 劉平：《中國祕密宗教史研究》，第 128—131 頁。

民間信仰的衰微

存在於民眾中最普遍的民間信仰是祭祖的思想與行為。[118] 民國時期祭祖仍然是中國人最基本的有準宗教色彩的儀式。人們相信祭祖是因為他們認為死者需要活人的供品，先人的在天之靈如果沒有後人的祭祀是很不快慰的，甚至會備受折磨。他們還相信先人能夠保佑或懲罰其後人。祭祖後面有深厚的社會感情，這種感情把祭祖與現實的道德和社會生活聯繫在一起。人們樂意保留這種特殊形式的家庭和社會生活，普遍遵行各種祭祖的禮節來表達這種感情。

萬物有靈論（亦稱泛靈論）在民眾中也有廣泛的影響。一方面是人們認為自然現象都像人一樣具有生命，並且能夠幫助他滿足要求或者反對他的要求。人們設想自己是周圍自然力量的一種，可以借助魔法得到「善」的福佑並戰勝「惡」。另一方面，人們認為世界充滿了包括死人靈魂以及由各種原因產生的神靈。這些神靈在人類生活和社會生活各方面各司其事，財產、子嗣、壽命、消災祛病、現實社會秩序和生活等，全取決於這些神靈。人們一般是在廟裡供奉神靈，向他們祈求個人、家庭或社會集團的各種需要。對神靈的崇拜具有地方性，各地有各地的神靈，但也有全國公認的神靈。地方神靈因與地方關係密切而更為當地人所崇拜。祈求神靈多半是為了求雨、防洪、驅魔祛病，因為人們面臨災害和死亡，找不到解脫辦法，只能這樣來緩解受災害恐嚇的情緒，用集體祈求的方式來堅定人們的希望，使人們冷靜地面對現實。[119]

1922 年《教務雜誌》曾經在中國的 9 個省分做過一個問卷調查，內容是關於個人的信仰及其崇拜的形式，關於原罪、得救、神、邪靈、靈魂的本質和死後的生活。調查對象中包括商人、職員、農民、裁縫、苦力、無職業者、教師、學生、做鞋的、醫生、鐵匠、木匠、小官吏、廚師或者看廟的人。結果表明中國民間被無數的信仰行為所束縛，這些行為影響一個人從生到死的每一個階段。在出生、結婚和死亡時都有宗教儀式。人們用數以百計的紙符，以求帶來富裕、驅趕惡鬼、治癒疾病和獲得嚮往的幸福。實際上，每家都有貼在牆上的灶王爺，許多人家還有貼在大門上的門神。每一座墳墓、每一條道路、每一棟房子的位置都要按風水師的指點來安排，這樣就不會因為位置不對而使神靈給人們帶來災難。一年中的宴會也有宗教的意味。數以百萬計的中國人樂

118　〔美〕J. L. 斯圖爾特：《中國的文化與宗教》，閔甲等譯，吉林文史出版社，1991，第 129 頁。
119　《1901—1920 年中國基督教調查資料》上卷，第 107—108 頁。

於朝聖，或者到附近的廟宇，或者到遠處的廟宇和聖山。[120]

這種民間信仰的風習一直被維持下來。1939 年的社會調查中指出「祖先的崇拜，是我國很普遍的一種現象，特別是在華南一帶，此種風習尤為普遍」。[121] 華北農村的情況也如此，大量材料顯示人們的宗教信仰及行為是極其廣泛的。對大多數農村家庭來說，執著而強烈的宗教信仰依然在整個家庭生活中具有不可替代的普遍意義。[122] 一般民眾，尤其是老年人和婦女差不多都崇拜偶像，他們以為一生禍福都寄在鬼神身上，一切疑難只靠誠意祈求而已，就是一般受過教育的知識分子，遇有疾病或困難時，亦照例燒香拜神，迷信之深，可以想見。[123]

朝聖的傳統也是如此。德國同善會傳教士衛禮賢（Richard Wilhem）在遊覽泰山時看到的是「在特殊的進香季節，每條道路上都活躍著無數香客。泰山上的神多極了。人們往往從遠處前來，或是為了還願，或是為了表達自己內心的崇敬」。[124] 1947 年 9 月 5 日的《申報》報導說：「陰曆七月是一個人為鬼忙的季節，杭城西北的東嶽廟，這半月來已成了神秘的鬼世界，上千上萬的善男信女，都來到這裡來燒香。」

不過，民國時期破除迷信、改造鄉村的呼聲不斷，國民政府嚴格禁止「淫祠雜祀」。新思想和科學知識的傳播也在削弱這種思想的影響。[125] 這些民間信仰傳統受到各種力量的挑戰。個性解放的急劇發展衝擊著傳統的五倫（君臣、父子、夫婦、兄弟、朋友）。個人在五倫中有了更高的地位。家庭的權力減弱了。農村中的氏族制度和大家庭體制甚至在崩潰，變化更為迅速。隨著家庭結構的變化和個人自由的增加，祭祖活動的性質從祖先與後代之間的神秘關係轉變成一種道德關係。「傳統的祭祖儀式還可能存在若干年，但那種愚蠢的

120　Albert George Parker, "A Study of the Religious Beliefs and Practices of the Common Chinese People," *The Chinese Recorder,* Aug. 1922, p.504.

121　湖南省衡山鄉村師範學校第一二五班編〈新寧白楊鄉社會概況調查〉（1939 年），李文海、夏明方、黃興濤編《民國時期社會調查叢編》第 2 編鄉村社會卷，福建教育出版社，2009，第 982 頁。

122　傅建成：〈論民國時期華北農村農家的宗教信仰〉，《歷史教學》1995 年第 2 期，第 7 頁。

123　湖南省衡山鄉村師範學校第一二五班編〈新寧白楊鄉社會概況調查〉（1939 年），李文海、夏明方、黃興濤編《民國時期社會調查叢編》第 2 編鄉村社會卷，第 982 頁。

124　〔德〕衛禮賢：《中國心靈》，王宇潔等譯，國際文化出版公司，1998，第 91 頁。

125　馬莉：〈民國政府的宗教政策研究〉，中央民族大學博士學位論文，2007，第 113 頁；《申報》1941 年 5 月 11 日。

迷信形式將被摒棄而代之以含有道德目的的儀式。」萬物有靈論的影響也在削弱之中。「近年來很多神像被拋棄了，被遺忘了。文人們的神很快就消失了。祭祀神農氏的先農壇已改為農業實驗站。皇帝祈求豐收的祈年殿也成了公園的一部分。文昌帝君和魁星原是科舉之神，現在也消失了。一些其他的神在新時代也失去了意義。由於種了牛痘，痘神娘娘廟也被廢棄了。甚至迎神賽會也變成了宣傳衛生的遊行隊伍。鐵路、學校、新文化運動和教會的宣傳工作破壞了人們對偶像的信仰。各種消息都告訴我們萬物有靈論在人們心目中的地位大大降低了。」[126]

六、宗教的社會影響

民國時期的宗教自身變動歸根到底為的是在一個社會轉型的時代維護其自身的存在和發展，所有制度化宗教都曾有過努力，但到新中國成立前各宗教的局面各不相同。

民初儘管有孔教會、佛教會及道教會等組織希望振興這些宗教，但結果並未如願。傳統活動方式的局限性、組織的渙散，加上國民政府對傳統宗教不時的限制政策，使它們始終沒有真正振興起來。衛禮賢在山東傳教時多次到過泰山，他在最後一次的觀感中說：「寺院廟宇的牆壁和所有的歷史古蹟都更加殘破，還有個別的廟宇燒毀了，只剩下銅塑的神像立在庭院的大樹下。」[127]與宗教建築的頹敗互為表裡的是宗教精神的失落。1913 年 3—4 月間，北洋大學地質考察隊遊岱廟時見到：「善男信女，隨地禱拜，有道士持木椎，見人拜，即擊磬，復擊地，令拜者施香火錢。每人約擲一、二文於席上。道士即指手劃腳，向壁上所繪之仙女亂猩。」[128]抗戰前馮玉祥寓居泰山賦詩描繪和尚誦經時說：「破佛堂，一爐香，五個和尚背金剛，鑼鼓傢伙響叮噹。圓領大袖落拓相，愁眉苦臉喊高腔。」[129]在山東不完全的統計資料中也反映出在宗教舞臺上各派力量的消長。1940 年代在八路軍控制的 66 縣的宗教調查中，和所有的本土宗教相比，基督教是唯一處於上升趨勢中的宗教。[130]類似的情況在其他地區也

126　《1901—1920 年中國基督教調查資料》上卷，第 107—109 頁。
127　〔德〕衛禮賢：《中國心靈》，第 97 頁。
128　梁宗鼎：〈山東地質實習記〉，《東方雜誌》第 10 卷第 8 號，1914 年；參見張玉法《中國現代化區域研究：山東省、1860—1916》，中研院近代史研究所，1982，第 127 頁。
129　《山東省志·少數民族志·宗教志》，山東人民出版社，1998，第 351 頁。
130　《山東老區宗教變化情況》，山東省檔案館藏宗教檔案：A-04，第 4、5 頁。

有發生。李世瑜1947年去察南萬全縣調查，該縣「92個村中有佛道廟宇570個，但只有四五個廟中有一個和尚或道士，而這些人常常是白癡，甚至不知道他所看守的廟中的神名」。[131]

基督宗教同樣經歷革命運動的震盪和日本侵華戰爭的打擊，但由於有西方差會基礎及支持，以及蔣介石夫婦與基督教的密切關係，基督宗教在中國社會的現代性事業是其他任何宗教望塵莫及的。以1950年基督教新教的全國性統計資料來看，新教在全國各地有大學13所，中學240所，醫院診所312所。各種刊物89種，8個全國性社會福利救濟機構，連中國國際工業合作協會、中國紅十字會、世界衛生組織、國際難民組織、國際兒童緊急基金等組織都是基督教的附屬機構。基督教宗教團體的社會化程度也是最高的，除了全國性的基督教協會外，還有各種地區性的協會。[132]

在有基督教社團的鄉村地區，基督教也成為傳統宗教一個有力的競爭者，民國時期有一些傳統宗教的精英流向了基督教會，一些民間宗教社團信徒如金丹道、離卦教的信徒轉變為基督教徒，廟宇被改建為教堂。[133]

其實，處於同樣的社會環境中，基督宗教也面臨種種挑戰。教會領袖曾經綜合各方面的批評，其中包括：「1.對於現實社會罪惡太屈服，不能左右人心，不能左右政局，不能挽回社會風氣。2.不能領導國家民族的前途和命運，不能幫助國家建立新道德文化基礎。3.多數教友『潔身自好』，『獨善其身』，不問國事，不知民間疾苦，不能實行耶穌基督的教訓，『能說不能行』。4.教會中人或信仰不堅，常有投機、變節、腐化事實，致有人乘隙利用基督教，出賣基督教。5.對於青年失去號召作用，對於時代失去挑戰作用，尤其對於熱心國事的青年不能發揮積極有力的指導。6.多數教友宗教生活鬆懈，靈性生活空虛，甚或不禮拜，不讀經，不祈禱，不靈修等。7.大部分牧師（尤以鄉間為然）墨守成規，不讀書，不進步，無膽識，無靈力。8.有一部分教友只知個人得救，不管民生疾苦，不顧社會淪亡。總之，今日中國教會是患了『貧血症』，往者已矣，目前又無傑出的人才和領袖，又乏新進的有學識的熱心青

131　李世瑜：《現代華北祕密宗教》，上海文藝出版社影印本，1990，第7頁。
132　劉家峰：《中國基督教調查資料兩種》，未刊稿，第252—362頁。
133　陶飛亞、劉天路：《基督教會與近代山東社會》，第129—133頁。

年教友，無怪基督教陣容散漫，難有活潑魄力和生氣。」[134]

此外，傳教士的調查報告認為，中國人關於宗教生活最主要的思想可以歸結如下。中國人從來就不是宗教性的，至少他們對任何宗教都不是非常認真看待的。他們經常把宗教混同於倫理。他們相信與人相處要遠比與那些看不見的力量相處來得重要。[135]傳教士還強調，中國有很大一批人的宗教生活幾乎是零。從5%到25%的人或者說2000萬到1億的人，他們沒有宗教，從不到廟裡崇拜，到廟裡的唯一目的是看集市或看戲，從不使用神職人員，從不在廟裡或家裡祈禱，甚至不對祖先祈禱；從不出錢修造廟宇，從不花錢在宗教上，不在家裡也不到祖先的墳前祈禱，不知道有宗教書的存在，說行善和作惡都沒有後果，說人沒有靈魂。[136]

由於缺乏系統的統計，很難對民國宗教的各個方面在量化基礎上描述其精確的發展趨勢，傳教士上面的統計雖然涉及多個省分，但樣板太少，數字的誤差肯定會比較大，傳教士的看法，由於來自很不相同的宗教背景，也存在著簡單化和絕對化的弊病，大致可以說，儘管制度化宗教都有程度不同的改革舉措，但都遠離各自設定的目標。同時，民國時期信仰制度化宗教的民眾仍然是少數群體，而彌散性宗教的影響要廣泛得多，但總的來說，宗教在中國的社會生活中仍然是非常邊緣性的。

134　方畎予：〈基督教的複習和前進運動〉，《恩友》復刊第2期，1947年，轉引自段琦《奮進的歷史——中國基督教的本色化》，商務印書館，2004，第501—502頁。

135　What "Religion" means in China, *CR*, Nov. 1927, p.704.

136　Albert George Parker, "A Study of the Religious Beliefs and Practices of the Common Chinese People," *The Chinese Recorder*, Aug. 1922, p.584.

第二十七章　現代性與民國城市日常生活

一、城市日常生活的現代意義

　　城市生活是區別於鄉村生活的一種生活方式。對於民國時期的城裡人和鄉下人來說，城市究竟意味著什麼？民國城市是一種怎樣的生活方式，多大程度上、怎樣與過去相區別以及與鄉村相區別？民國城市是否讓生活更美好？

　　近代以來，受到工業革命的驅動，西方國家掀起了一場城市化運動。城市化運動首先意味著農村人口向城市的流動，以至於農村和城市的人口比例呈現明顯的消長關係，其結果是城市在地理空間上的膨脹；其次也意味著以生產和生活方式的轉變為基礎的從鄉民到市民的身分轉變，伴隨這種轉變的是城市設施和管理方式的近代化，其結果就是城市更像是「城市」。

　　逐漸被捲入世界資本主義體系的中國，也同樣發生了類似西方的城市化運動。但受制於戰亂及工業發展水準低下等諸多因素，近代中國的城市化進程相對緩慢。根據美國學者施堅雅的定量分析，1843 年中國超過 2000 人的城鎮有 1653 個，城鎮人口為 2072 萬人，占總人口的 5.1%。到 1894 年，中國城鎮人口增至 2351 萬，在總人口中的比重增至 6%。至 1949 年，城鎮人口增至 5765 萬，所占比重增至 10.6%。也就是說，在一百餘年的近代史進程中，中國的城市化率只增長了 5.5 個百分點。[1] 從世界範圍來看，1875 年印度的城市化率，僅比中國高出約 3 個百分點，但 1951 年達到 17.6%，比中國 1949

---

* 本章由忻平撰寫。

1　參見〔美〕施堅雅〈十九世紀中國的地區城市化〉，載氏主編《中華帝國晚期的城市》，葉光庭等譯，中華書局，2000。

年的水準高出 7 個百分點。1850 年發展中國家的城市化率為 4.4%，低於中國水準，但到 1950 年發展中國家的平均水準達到 16.7%，高出中國約 6 個百分點。1850 年中國的城市化率落後西方工業發達國家 5 個百分點，1950 年，差距擴大到約 42 個百分點。可見，單從人口比例的角度看，近代中國城市化呈現一種緩慢發展的態勢。[2]

在近代中國緩慢的城市化進程中，還存在較為明顯的發展不平衡現象。城市學家顧朝林從近代中國城市中抽取了 61 個具有一定代表性的大陸城市進行量化分析，發現在這 61 個城市中，屬增長型的有 30 個，停滯型 24 個，衰落型 7 個。[3] 寶雞原為陝西西部的一個小縣城，隴海鐵路的開通使得寶雞在抗戰後成為大西北的交通樞紐，人口由六七千一度膨脹式發展到 10 萬以上。而西安在近代則經歷了一場典型的大衰退，只是由於抗日戰爭的機緣，才得以復興。曹聚仁《閒話揚州》中有一段文字談到了揚州的衰落：

> 友人窳君家雇用一揚州女傭，她和鄉伴閒談，指我們這些湘贛浙閩的人，說是南蠻子怎樣怎樣，我不禁為之訝然。在另一場合，我在講授《中國文化史》，問在座的同學：「百五十年以前，黃浦江兩岸蒲葦遍地，田野間偶見村落，很少的人知道有所謂上海。諸位試想想那時中國最繁華的城市是什麼地方？」同學們有的說是北京，有的說是洛陽，有的說是南京，沒有人說到揚州。自吳晉以來，占據中國經濟中心，為詩人騷客所謳歌的揚州，在這短短百年間，已踢出於一般人記憶之外，讓上海代替了她的地位；這在有過光榮歷史養成那麼自尊心的揚州人看來，那是多麼悲涼的事！我曾笑語窳君：「現在揚州人到上海來，上海人會把他們當作阿木林，從前我們南蠻子到揚州去，揚州人也會把我們當作阿木林。『十年一覺揚州夢，贏得青樓薄幸名。』便是天字第一號瘟生。」窳君亦以為然。[4]

一個城市的衰落，使得生活在這個城市的人也被人輕視和嘲笑。那個揚州女僕，因為稱湘贛浙閩的人為南蠻子，而遭到了曹聚仁的奚落。

2　參見黃士誠《城市建設經濟學》，中國建築工業出版社，1987。
3　參見顧朝林《中國城鎮體系——歷史、現狀、展望》，商務印書館，1996。
4　曹聚仁：〈閒話揚州〉，載《中國新文學大系（1927—1937）》第 11 集散文集（2），上海文藝出版社，1987，第 230 頁。

改變近代中國城市發展格局的一個最重要因素是中國經濟的半殖民地化。以對外貿易為支撐的沿江沿海尤其是條約開放口岸城市出現了畸形的繁榮。上海、天津、青島等沿海城市都呈現典型的半殖民地特徵，武漢、九江、重慶等沿江城市也無不受資本主義世界體系的影響。

儘管中國城市化進程緩慢且發展不平衡，但這終歸是一個不斷進步的近代化過程。我們從城市日常生活的角度也可以看出，民國城市在一步一步地與傳統背向而去。城市設施和管理的近代化呈現為一個逐漸被市民接受為常識和習慣的過程。電燈的普及，讓許多人無法再忍受油燈的昏暗。一旦自來水的飲用成為習慣，飲用河水就變成了骯髒的、不衛生的、令人難以接受的行為。由於社會精英的不斷啟蒙，「現代性」越來越多地影響、改變甚至重新規範了城市居民的日常生活。

就民國城市日常生活而言，不僅城市內部存在多元與分層，不同城市之間地域差異和類型差異也極大。但是，隨著現代性的持續滲透，民國城市也具有明顯區別於傳統的現代性。進而借助現代性這個概念來看，民國城市具有明顯區別於鄉村的城市性。因此，儘管其自身存在巨大的時空差異和功能區別，仍然可以進行整體觀照。

事實上，城市史的研究者也已注意到現代性在塑造近代中國城市過程中所扮演的關鍵因素。他們追問的核心問題之一是，現代性在塑造民族國家的同時，是如何以及在多大程度上影響、改變和重建城市居民的日常生活的？

日常生活儘管更經驗、更表象，但因為瑣碎和司空見慣，反倒不容易進入歷史。相對於現代性的光彩奪目，日常生活往往顯得暗淡無光；相對於現代性連貫的邏輯敘事，日常生活敘事顯得支離破碎。那麼，日常生活中的碎片又是如何與現代性相關聯的呢？歷史學界通常認為，日常生活如果不與重大歷史問題和歷史事件相關聯，就無非是雞毛蒜皮。如何避免這些歷史碎片成為雞毛蒜皮，王笛的《茶館》（中譯本見社會科學文獻出版社，2010）便是一個成功的嘗試。作者從一個小小場所裡的日常生活揭示了成都民間的微觀政治，換句話說，也即反映了國家權力和話語對下層市民日常生活的滲透。但茶館某種意義上是一種公共領域，容易展現人們的交往與關係。如果把場景切換到石庫門，情況又會怎樣？上海的石庫門被隔成「鴿子籠」後，能容納多家住戶，

滬劇《七十二家房客》講述的就是這樣一種情況。即使再小到石庫門裡共用的廚房，也能反映鄰里之間微妙的日常關係和城市社會生活的眾生相，進而反映一個城市的市民文化和城市精神。盧漢超和李歐梵對石庫門的描述和闡釋，都是非常成功的案例。[5]

現代性作為一種精英話語，往往在報刊上表現得轟轟烈烈，但它對日常生活究竟有多大程度的滲透，則又是另一回事。舉例說，學界通常認為，在清末民初的制度轉型過程中，西壓倒了中，新壓倒了舊。梁啟超在 1904 年更是指出：「近數年來中國之言論，複雜不可殫數。若論革命者，可謂其最有力之一種也已矣。」[6]但 1913 年江蘇第一師範學校的一份招生試卷，展現的是另一幅圖景。校長楊月如令考生舉出各自崇拜的人物，以表示其景仰之誠。結果應考的 300 餘個中小學生中，崇拜孔子的有 157 人，孟子 61 人，孫文 17 人，顏淵 11 人，諸葛亮、范文正 8 人，岳飛 7 人，王守仁、黎元洪 6 人，大禹、陶侃、朱熹、華盛頓 4 人，程德全 3 人，蘇軾、康有為、袁世凱、屠元博 2 人，其餘學生各自崇拜的對象也大都是中國古代的傑出人物。[7]這表明，在清末民初看似新學興盛、革命最有力，但真正深入人心的還是既不新更談不上革命的孔孟二聖。

再舉一個婚姻的例子。五四運動宣導的戀愛自由和婚姻自由觀念在思想史上得到過大量表述，但事實又是怎樣的呢？以五四後 10 年為例，當時有不少針對學生的婚姻調查報告。在這些報告中，一方面無論是已婚、訂婚還是未婚的在校學生，對婚姻自由的支持度都取得了壓倒性優勢；但另一方面，整個 1920 年代，多數學生中已婚和訂婚者的婚約是由父母指定的。如 1921 年陳鶴琴對全國 631 位大學生所做的婚姻調查問卷顯示，在被調查的 184 位已婚者中，自訂婚姻的只有 6 人。而與此同時，在對代訂婚姻做出表態的 145 人中，願代訂的為 56 人，不願代訂的則為 89 人。[8] 1921 年距離五四太近，不排除大量被調查者在五四前便已結婚的可能，因此觀念與事實的落差在數字中遭到誇大。但此後 10 餘年一系列的調查問卷都反映了婚姻自主意願與婚姻自主權

5　盧漢超：《霓虹燈外——20 世紀初日常生活中的上海》，上海古籍出版社，2004；李歐梵：《上海摩登——一種新都市文化在中國》，北京大學出版社，2001。
6　中國之新民（梁啟超）：〈中國歷史上革命之研究〉，《新民叢報》第 46-48 合號，1904 年。
7　〈考師範之笑話〉，《時報》1913 年 7 月 1 日。
8　李文海主編《民國社會調查叢編・婚姻家庭卷》，福建教育出版社，2005，第 15—17 頁。

之間的落差。

上述兩個案例說明，由現代性主導的歷史敘事與日常生活的歷史事實之間往往存在著一種緊張關係。

在民國的現代性啟蒙話語中，人力車夫作為被壓迫階級的代表而受到知識分子的同情，甚至有人將人力車業視為一種有悖道德倫理的行業而呼籲取締。那麼，人力車夫自身的社會態度又是怎樣的呢？1930 年《社會學界》發表了黃公度〈對於無產階級社會態度的一個小小測驗〉。這個測驗如今看起來非常有趣。它是針對北平市的 100 個人力車夫進行的。據黃公度自稱：

> 我們的社會思想只是智識階級的社會思想。我們平日從書本中得來的一些社會思想材料，也只是智識階級或中產階級的社會思想。可是我們智識階級或中產階級在社會中只占一小部分，換言之，我們現時所有的、所知道的社會思想，只是社會中一小部分人的社會思想。我們對於社會中大多數的人們的社會思想或社會觀念毫不知道。[9]

黃公度從社會、家庭、娛樂、政治和教育 5 個方面提問。其中政治方面包括什麼是革命的問題。那麼，這 100 位人力車夫給出的答案包括男女平權、誰也不准做皇帝、打倒土豪劣紳、東征西討、打倒共產黨、謀幸福、民生主義、一統江山、入黨做官、打倒一切、設立工會、打倒外國人、造反、打倒反動派、打倒帝國主義、搗亂、孫中山打張作霖、亂世、打倒貪官污吏、天下不太平、打倒軍閥、打倒資本家、打仗、打倒日本等。從「東征西討」和「一統江山」可知這是聽說書得來的印象。打倒外國人、帝國主義、日本、軍閥和共產黨等答案，正是當時國民黨官方意識形態的反映。而像「亂世」、「入黨做官」等回答，顯然是一種樸素的認識了。

從這些答案我們不難看出，一方面民國以民族國家建構為核心的現代性，作為一種觀念形態已經滲透到人力車夫這個底層群體當中，他們對社會的看法，一定程度上已經與智識階級形成了同構的關係；另一方面底層群體的知識來源和結構呈現多元化傾向，其中傳統與現代的並存尤其明顯，這正是近代社會轉型時期中國城市居民精神世界的普遍狀態。

---

9 李文海主編《民國時期社會調查叢編·城市（勞工）生活卷》（下），第 1283 頁。

二、民國市政的近代化

在傳統中國，城市和鄉村的差別不大。人們對城市沒有什麼嚮往之情。但晚清以來啟動的城市近代化進程，讓一些人感受到了城市生活的便利。他們開始相信城市能夠讓生活更美好。到了民國，城市建設成為許多人的一種自覺。正如有作者聲稱的：「城市為文化之母，文化為城市之花，凡一國無建設城市之能力者，其文化必難十分發達，無文化之國家不能生存於今日競爭時代也，歐美各國十九世紀以還，即重視市政，緣文化之表現，在城市也。」[10]令人遺憾的是，由於政治的不穩和投資的不足，近代中國的城市化步伐相當緩慢。

城市化作為一種持續不斷的歷史進程，主要包含三個方面的內容：城市地理空間的拓展；城市設施的近代化；城市管理的近代化。本章只談論與城市生活直接相關的城市設施和管理的近代化。

城市近代化最明顯的外在特徵，是其近代城市設施從無到有、從租界到華界、從小眾到大眾的發展。這些設施包括水、電、煤氣、通信、馬路、廣場、電車、公園、菜市場、醫院、百貨商場、電影院、跑馬場、圖書館、博物館等。1996 年著名美籍華裔學者周錫瑞在加州大學主持召開了題為「上海之外：勾畫民國時期的中國城市」的學術會議，會上提交的論文對民國時期城市市政問題如此設問：「全中國城市的市政改革家如何試圖按照民國時期被承認為『近代』的方式整頓城市空間，馴化百姓？如果說，為中華帝國城市提供了直線方城型規劃模式（比較而言）的傳統智慧創建了城市空間的話，那麼我們如何理解 20 世紀的城市精英顯然關注於重整被他們認為是極為混亂之地？各個城市的領導者和居民如何將他們城市的經歷與上海的榜樣聯繫在一起？」[11]事實上，近代中國的市政建設具有強烈的目的性，即使一些看似無關緊要的休閒場所也參與劃定和規範了人們的日常生活。《生活週刊》的一篇文章便指出：

> 普通的社會，每多茶肆酒店，煙館賭場，多數的平民，沒有不借此以解悶。何以故？因為現在的平民，智識既薄，也無正當的消遣，其以

10　王晉伯：〈舉辦市政之根本策略〉，《市政評論》第 2 卷第 11 期，1935 年。

11　參見美國城市史學會會刊《城牆與市場：中國城市史研究通訊》第 1 卷第 2 期，1996 年秋，轉引自塗文學〈「市政改革」與中國城市早期現代化——以 20 世紀二三十年代漢口為中心〉，華中師範大學博士學位論文，2006。

> 為消遣者，不是集人作賭，便在酒館狂飲；不是蕩馬路，逛遊戲場，
> 便入花叢間解悶。至若遠足、音樂、打球等等，在他們固視為常事，
> 也不屑的借為消遣。因此當消遣者不以為消遣，不當消遣者以為消遣，
> 也何怪趨入歧途呢？[12]

　　作者當然希望人們獲得有益的消遣。在民國，一大批留學歸國的市政專家走上了市政建設的領導崗位，將其市政理念付諸實踐，塑造了近代中國的城市公共空間。實際上，城市公共空間與民國歷史變遷有重大關聯。特別是南京國民政府成立後，國家力量向社會的滲透日益強化，政府在市政規劃與建設中重新安排城市空間布局。其空間策略成為國家進行社會控制的重要技術手段。近年來，國內學界也越來越提倡從空間角度來觀察城市生活。如陳蘊茜對近代中國城市空間轉型中的國家和社會關係做了精闢的論述，指出「從晚清到民國，城市中出現了大量公共空間，博物館、圖書館、公共體育場、公園、新式劇院等，生活於城市中的人，無處不在地被空間規訓著，公共空間成為國家和精英規訓、引導大眾文化的場域」。[13]反過來，空間也有一個被塑造的過程。許紀霖便從都市史的角度來探究知識分子在特定的社會語境和關係網絡中，如何構建知識分子共同體和社會公共空間。

　　在晚清和民國，公園作為一種重要的城市公共設施，被賦予了更多的教化功能，成為城市公共空間的重要組成部分。相對於私家花園，其性質尤其是背後的意蘊之別在於現代性和公共性的塑造。民國時期，中國各地的許多城市建立了公園，如新鄉這個因鐵路而新興的內陸城市即有修建。1927 年 7 月，馮玉祥所屬的吉鴻昌部駐紮新鄉，成立了禁煙局，用禁毒罰款在火車站建成了道清花園。後來當地的報刊誇耀其清涼襲人勝過北平的中山公園，並提到其間的花圃設計為一個黨徽圖案。此處的「中山公園」在南京國民政府時期是公園應用最多的命名，政府意在以此加強意識形態的滲透。花圃中的黨徽圖案也是這樣一種功能。

　　公園只是城市設施近代化的一個縮影。民國時期，不僅上海、廣州、大連、福州、廈門等沿海口岸城市建立了一系列近代化的城市設施，即如沿海的小城鎮，也不無創設。如江蘇省如皋便在 1918 年由沙元炳、沙元榘等人創設了皋

12　楊流雲：〈日常所忽略的幾件事〉，《生活週刊》1927 年 1 月，第 136 頁。
13　陳蘊茜：〈空間維度下的中國城市史研究〉，《學術月刊》2009 年第 10 期。

明電燈公司，購買了兩臺柴油發電機，向城區供電照明，後又擴股 10 萬元將公司改名為耀如電氣公司，在如皋城東門外再購地 7 畝，修建廠房，增加設備，業務逐步發展，公司一直經營到新中國成立以後。[14] 如皋的現代化並非個例，像實業家張謇的故鄉南通起步就更早了。

北京在近代擁有特殊地位，但進入 20 世紀後，城市設施非常落後。「當時大多數北京居民飲用的是味道刺鼻的苦水，點煤油燈照明，幾乎沒有什麼可供娛樂的公共空間，有事外出主要是步行或坐畜力車。只有權貴之家才能用煤氣燈，飲用清潔的泉水，出門乘坐轎子，在自己家的花園裡盡情享樂。」而在進入 20 世紀後的二三十年裡，北京得到了比較好的改造，包括道路的鋪設，溝渠的重建，電力的使用，自來水的引進，鐵路和電車交通網的修建等，使古老的北京開始走向近代化的大都市。這種變化之大，以至於若干年後重訪北京的遊客感到自己到了一個完全不同的城市，「簡直無法把北京與昔日的那個老城市聯繫在一起」。[15]

西安是內陸大城市的代表。它在近代本已趨向衰落，但抗戰期間，國民政府將西安改名為西京，定為陪都，刺激了它的發展。陳賡雅在《西北視察記》中敘述了西京新市商業的繁榮景象：「年來機關增多，交通發達日呈繁榮之象。如中山大街（東大街）、竹笆市、民眾大街（南院門）一帶，均為百貨、綢緞、皮貨、紙莊等商店，裝潢尚不少新式者。旅館飯店，如中山大街之西京飯店及西北飯店，建築設備，在西北尚屬難得。街道亦甚寬闊，人車分行，可免雜遝。兩旁新植槐、柳，市容突增美觀。」[16]

內陸中小城市的基礎設施也取得進步。以湖南常德為例，1917 年 9 月，胡鼎珊和羅北鼎等人創辦朗朗電燈公司。電話在常德出現始於 1925 年。商民王新民、曾顯庭等發起創辦的常敏電話公司是全省第一家市話股份有限公司。1928 年常德第一家專業電影院光華電影院落成，有座位 1000 個。至抗戰爆發之前，常德地區先後有私營電影院 5 家，兼放電影的戲院 3 家。[17]

14　參見孫紅兵、黃翠紅〈從如皋看江蘇沿海城鎮的近代化歷程〉，《經濟與社會發展》2011 年第 3 期。

15　史明正：《走向近代化的北京城——城市建設與社會變革》，北京大學出版社，1995，第 15 頁。

16　陳賡雅：《西北視察記》，甘肅人民出版社，2002，第 293 頁。

17　管宏平：〈常德城市現代化進程研究（1840—1949）〉，湘潭大學碩士學位論文，2010。

民國城市設施的建設並非一帆風順。不妨以北京的電車為例。上海在晚清已經通行了電車，而北京直到 1921 年夏天，才成立了北京電車公司。該公司在籌建過程中，遭到各界的強烈反對。從購置設備材料到路軌的鋪建以及電廠的籌建屢屢受阻。據 1923 年 6 月《電車公司第二屆董事會報告書》記載：「京城初次設立電車，謠疑迭起，困難滋多。本公司以事屬公眾交通，一切建設力求美備，與各方往返商榷，不厭精詳。從電杆電線的安裝，路軌的鋪設，到挪移水管等諸多事項無不受阻，乃至『文書盈篋』，頗費時日。」[18] 京師總商會便是電車的阻力之一，它認為「京師並非通商口岸，而民房、商店又櫛比繁多……若勢必興辦，定需拆毀民房。一則多數商家因被拆歇業直接蒙害者既巨；二則影響所及，致起營業之糾葛，發生訴訟，間接損失者更在在皆是。是交通事業未蒙有發達之利益，而京師社會先受經濟上重大之損失，利不敵害，益少損多，名為便民，實則害民」。[19]

當然，真正阻礙民國城市設施近代化的，不是觀念和利害衝突，而是投資和生產力的嚴重不足。上海作為民國時期最繁華的大都市，其雄心勃勃的「大上海計畫」也主要因資金問題而未能按計劃完成。實際上，民國城市的基礎設施嚴重不足，無法保障大多數市民享用其成果和便利。那些生活在上海、南京等大城市簡易棚戶區的住戶，連自來水飲用都成問題。

再來看民國的城市管理。城市管理的近代化，是城市化的一個重要組成部分。城市社會結構複雜，人口基數大，密度大，專業分工複雜。如果沒有一系列的管理措施，城市便無法運行。近代的城市管理逐漸擴散到城市生活的方方面面，大到工廠公司，小到小商小販，都有相應的管理辦法。舉例而言，在傳統社會，小販沿街賣菜是司空見慣的事情，但在上海，租界率先建立了專門的菜市場，著名的三角地菜場一度是遠東最大的菜場。菜販在繳納費用後到菜市場營業，這對於市容市貌的整飭無疑具有重要意義。[20]

---

18 北京市檔案館編《北京電車公司文件案史料》，北京燕山出版社，1988，第 44 頁。
19 北京市檔案館編《北京電車公司文件案史料》，第 104 頁。
20 當然，城市管理的引進也影響到市民的固有生活方式，形成「改革的陣痛」。晚清的一份畫報曾繪製一幅《沿街小販被巡捕驅逐之慌張》的圖畫。其解說文字稱：「租界定章，凡肩挑步擔之小販人等，只准在小菜場貿易，不准沿街設攤歇擔。如違拘罰不貸。禁令極嚴，蓋為清除街道起見，固應爾也。乃各小販只圖見利，每多陽奉陰違。於是倘為巡捕所見，必加驅逐。若輩很命奔逃，遲恐被拘。且慮攤擔等為捕掀翻致費事，其情可惡，其狀亦複可憐。因作是圖。」見〈沿街小販被巡捕驅逐之慌張〉，《圖畫日報》第 162 號，1910 年，第 7 頁。

市政管理在民國得到了不少國人的重視，誠如一篇文章中寫道：

> 目前國內各市區，尤有嚴密管理的必要。尤其是日趨繁盛的大商埠大城
> 市，倘管理不嚴，則百廢莫舉，百弊叢生，不但阻礙市政的發展，亦且
> 關係國家的文明。所以李謨先生曾經說過：「都市愈熱鬧，都市行政益
> 發達，而管理方法，益應縝密也。」實是至理名言，否則市政的物質
> 雖然達於至善至美的地步，而管理的方法不完密，精神建設失了憑依，
> 仍算不得良好的市政，只有日趨於腐惡凋敝的地位。若管理得法，精神
> 和物質兩方面同時並進，這是很容易達于優良地步的，文化自然發揚，
> 實業自易振興，文明的程度，亦易增高，國家的富強，亦指日可待。[21]

公共衛生是城市市政管理中的重要部分。上海醫界名士陳邦賢在談到公
共衛生的重要性時說道：「沒有電燈、沒有電話、沒有交通、甚至沒有員警，
都可以支持兩三天，可是一天不排除污穢，馬上便發生很大的危險了。」[22] 正
如何小蓮指出的，由於「公共衛生問題與人口集聚數量、人口密度、互動頻率
成正比關係。公共衛生作為世界性問題，主要是城市問題，是近代化的重要組
成部分」。[23] 1920 年代，出現了很多呼籲成立公共衛生機關的言論，胡宣明
就曾大聲呼籲進行衛生建設，稱：

> 我國之公共衛生缺點極多，待解決的問題複雜異常。當局無衛生行政
> 之經驗，人民無衛生之常識。以視中古之歐人，相去不遠也。正宜急
> 起直追，竭力求學，搜羅世界數百年來所積之學術，調查國內公共衛
> 生之實況，研究合乎國情之辦法。[24]

何小蓮說：「除了上海先行以外，到民國年間，大多數城市都設立了專
門管理公共衛生的衛生局或衛生處，市政設施都有一定程度的改善，公共衛生
事業都有所發展。」何小蓮：[25] 南京國民政府成立後，設立衛生部，全國範圍
內的衛生系統逐漸完善。衛生部門將其職能滲透到社會的許多角落，制定了大
量的條文，用以加強公共衛生的管理。下面是 1929 年營口市政籌備處根據民
政廳制定的衛生規則所頒發的布告：（1）保持身體健康；（2）注重清潔；（3）

21　劉鬱櫻：〈談市政管理〉，《道路月刊》第 32 卷第 1 號，1932 年。
22　陳邦賢：〈日常清潔掃除與新生活運動〉，《衛生教育週刊選輯》，第 10—11 頁。
23　何小蓮：〈論中國公共衛生事業近代化之濫觴〉，《學術月刊》2003 年第 2 期。
24　胡宣明：〈中國公共衛生之建設〉，東亞圖書館，1928，「自序」。
25　〈論中國公共衛生事業近代化之濫觴〉，《學術月刊》2003 年第 2 期。

撲滅蚊蠅；（4）廁所應灑石灰或石碳酸；（5）不可隨地吐痰；（6）勿飲涼水冰糕暨禁用瓜果；（7）衣服宜常洗濯；（8）須隔離時令病；（9）病人用物應隨時消毒；（10）掃除穢物。[26]

我們分別從北平的理髮館和奉天的公共浴池兩個例子來看一看民國時期的公共衛生管理。1930 年代《北平市取締理髮館規則》對理髮館房屋、器械以及服務匠役的衛生狀況做了明確規定。關於理髮館房屋設施方面，要求室內必須「保持適當溫度」；室內必須安設「通氣管或通氣天窗」；理髮館的盥洗處必須設有排泄穢水的暗溝。關於理髮所用的器械等也明確規定：刀剪、梳篦、毛刷等，每次用後必須進行消毒，才可以再次使用；洗面盆每次用後，必須用沸水和鹼皂洗刷一次；面巾每次用完，必須消毒後，才可以再次使用；圍布每日至少須洗滌一次；理髮室內必須設置痰盂，隨時灑掃清潔，剪下的碎髮必須隨時裝貯，逐日清除。對理髮館所用的匠役要求身體健康，禁止雇用「患有禿瘡、砂眼、肺疥及花柳病者」，患有急性感冒者也必須臨時停止工作。規則還要求匠役在工作時注意清潔衛生，必須戴口罩，穿著白布衣衫或白布圍裙，口罩、白布衣衫和白布圍裙必須時常洗滌，保持清潔，理髮前，必須用熱水、鹼皂洗手一次。[27]

再來看 1920 年代初奉天對公共浴池的規定。據《盛京時報》報導，員警廳廳長陶菊溪認為澡塘為公共浴場，衛生清潔關係重要。但「近查城關各澡塘講求衛生，注意清潔，固不乏人，而污穢不堪者亦所在皆是，如不嚴加取締，殊非慎重公共衛生之道」。因此制定了取締辦法 13 條，大致內容包括「須修暗溝以放穢水，不得汜濫，街巷窗戶啟閉規定時間，以通空氣，每日池塘務要刷洗，以資清潔，多設痰筒，不時傾倒，俾重衛生，塘布手巾按日洗濯，免帶穢氣，官盆按次刷洗，不得疏漏，使用人役務要清潔，不得雇用有病之人，院內廁所按時清除，布石灰以上，各種澡塘如有違者，即嚴加懲罰」。另外還有限制浴客入浴者 5 條：一是身帶瘡疾易於傳染者不得入浴；二是病體較重不能支持者不得入浴；三是飲酒過量者不得入浴；四是素有癲癇症者不得入浴；五是年紀過老身體衰弱者不得入浴。[28]

26　〈市政處標語衛生〉，《盛京時報》1929 年 7 月 24 日。
27　參見杜麗紅〈20 世紀 30 年代的北平城市管理〉，中國社會科學院研究生院博士學位論文，2002，第 64 頁。
28　〈取締澡塘〉，《盛京時報》1923 年 5 月 29 日。

　　對娛樂業的管理也是城市管理的一項重要內容。民國時期，娛樂與風化及政治息息相關。南京作為首善之地，其娛樂管理自然引人注目。據南京特別市政府管理公共娛樂場所規則介紹：

> 本市舊日娛樂場所，以秦淮河畔為最繁華，夏秋良辰，河面畫舫如織，旅客遊人，多於此時，征歌選色，而淮清橋、釣魚巷一帶，娼寮林立，尤為浪蕩者縱樂之場，自國民政府奠都後刷新庶政，與民更始，廢娼文告，三令五申，秦淮風月，頓改舊觀，雖藝員登記，仍照常進行，而已登記之藝員，往往託名業藝，私行賣淫。[29]

　　因此市政府重新頒布規則，規定了娛樂場所和藝員的登記辦法，並規定違背「本黨主義」者、宣傳反動思想者、有傷風化者、有危險性者以及有悖人道者等項目，均不准表演。

　　舞廳是在 1920 年代後期興盛起來的。因其涉嫌傷害風化，常引起政府的關注。以北平為例，《北平市警察局管理舞廳規則》對舞廳的經營時間和專案都有規定。對於屢犯規定、利用舞女以色相招引顧客的舞廳，市府即予以停業懲罰。但多數舞廳對管理規則置若罔聞，致使北平所有的舞廳一度都被勒令停辦。政府對戲院也規定了具體管理辦法。一般劇本及演出內容是重點審查對象，但有時演員的服裝也在檢查之列。著名演員白玉霜在一齣戲中因涉嫌穿著不當，而遭到社會局的通報：

> 後半部劇情，係三個女性蒼蠅精，迷惑兩男性青年，由白伶及兩女伶分飾蒼蠅精，著白色衛生衣褲，長筒絲襪、紅色兜肚，褲長不及膝，緊裹其身，外披翼形氅衣，由蒼蠅成精起至被天兵捉拿止，除生子一幕著衣裙外，其餘各場，均著上述衣飾。且全場電燈熄滅，用五色電光，照耀臺上，該伶等且歌且舞，宛如裸體，劇情及唱詞，亦均極猥褻，實有審查章程第五條乙項第二款情事。[30]

　　接到社會局通告，警察局遂對白玉霜戲班進行了處罰，要求白玉霜今後在任何戲園都不得演唱此劇。

29　《南京社會特刊》第 3 冊，載張研、孫燕京主編《民國史料叢刊》（700），大象出版社，2009，第 220 頁。

30　北京市檔案館藏檔案：J2-3-102，轉引自李少兵〈1927—1937 年的北京娛樂文化——官方、民間因素與新時尚的形成〉，《歷史檔案》2005 年第 1 期。

　　對娼妓的管理在民國是個引人注目的話題，同時也是關於民國現代性研究的重要案例。民國對娼妓的管理和言說，體現了近代中國民族國家建構的努力。雷莎蓓將民國時期地方政權的治娼模式主要分為四種類型：（1）政府向公娼頒發營業執照，象徵性地徵收捐稅而較少介入娼業的具體經營；（2）政府實行全面禁娼或分期抽廢的治娼模式，與之相應，為廢娼謀求其他出路或將她們逐出當地；（3）政府對娼業實行重稅政策，所徵妓捐不但用於發展濟良所、公娼檢驗所等與治娼相聯繫的機構，而且用於學校、道路、醫院等其他項目的建設發展；（4）政府壟斷娼業運營，將娼妓分類集中在與外界隔離的區域營業，對妓院院主和妓女統一監管並從中抽取一定稅收。[31]

　　電影業在民國時期迅速發展，全國許多城市都相繼建立了電影院。上海的電影院尤其發達，可與傳統的戲院並駕齊驅。民國政府對電影實行了嚴格的審查制度。據汪朝光的研究，民國時期國民黨當局對於具有廣泛大眾影響力的電影一直頗為重視，通過制定規章和建立機構來加強管理。國民政府電影檢查制度的脈絡從上海市電影檢查委員會到教育、內政部電影檢查委員會，再到中央電影檢查委員會，逐步得以完善。如汪朝光所論，電影檢查制度本就具有一定的保守特質，加以「中央電檢會的成立，是國民黨電影檢查制度建立之後，其電影政策在左翼電影勃興的現實威脅下，由於代表其黨內右翼之黨務、宣傳系統推動壓迫的產物，故就其組成人員的思想意識和政治態度、組織構成和檢查方式的改變、對相關檢查法規條文解釋尺度的收緊等方面而論，自較其前任教育、內政部電影檢查委員會更趨保守」。[32]電影在民國具有廣泛社會影響力，國民黨對它的集中管理與控制，對意識形態的宣傳和控制起到了重要作用。

　　民國時期，由於城市交通壓力的增大，交通管理也成為城市管理的一項內容。在上海，1920 年代末開始利用紅綠交通燈指揮交通。有研究者根據檔案材料，詳細介紹了北平的交通管理。1933 年公安局認為「本市近來交通日繁，車輛尤夥，所有前訂指揮交通規則，時殊勢異，亟應詳加改訂」。據此於 1934 年 6 月 2 日頒布《北平市政府公安局管理交通規則》，對市內各種車輛的行駛和行人應遵守的規範以及交通指揮的基本手勢等進行了詳細的規定。

31　轉引自羅衍軍〈民國時期的娼妓書寫與治理——以杭州（1927—1937）為中心〉，《浙江社會科學》2008 年第 5 期。

32　汪朝光：〈影藝的政治：一九三〇年代中期中央電影檢查委員會研究〉，《歷史研究》2006 年第 2 期。

三、民國城市日常消費

　　民國城市的日常生活是怎麼樣的呢？民國大小城市數以千百計，分布在近 1000 萬平方公里的土地上，沿海與內地、江南與華北，其生活方式迥然不同。此外，民國自 1912 年始，至 1949 年中華人民共和國成立，經歷了將近 40 年的歷史，隨著城市化的進展，以及各種社會變革和政治動盪帶來的興衰，城市生活必定經歷一個變遷的過程。在此，我們僅以幾個城市為個案，分別從經驗感知和田野調查兩個角度來管窺。日常生活包羅萬象，在此我們淡化市民的生產經營活動，將目光聚焦在衣食住行用等最具日常性的消費方面。

　　消費作為一種社會和文化行為，往往是決定個人身分的關鍵所在。有學者曾以《申報》廣告為例，揭示時人對「上等社會」的建構：「翻開《申報》，我們注意到，在香煙、飲料、服飾、汽車、住宅等廣告中，到處充斥著『上等人』、『上等社會』、『上等人士』、『上等士女』、『上流社會』、『高雅人士』等詞語。那些含有此類詞語的廣告，成功地為人們虛擬了一個『上等社會』，並描繪了『上等社會』的生活模式……倘若你自認是『上等社會』的一員，你就必須按照廣告開出的清單去消費，離開了這些具有標籤作用的商品，你就無法證明你屬於『上等社會』。」[33] 無疑，這個經由大量商品廣告的引導所建構起來的「上等社會」，對非「上等人士」的誘惑力可能更大。它不僅促成了近代上海「消費革命」的發生，而且為人們的生活樹立了價值和目標。1912 年《申報》「自由談」欄目刊發一篇名為《做上海人安得不窮》的隨筆。該文列舉了 10 餘個例子，來說明上海人生活費用的高漲。其中一條稱：「從前家中陳設，不過榆樹器具，及瓷瓶銅盆，已覺十分體面。今上海人紅木房間覺得尋常之極。一定要鐵床皮椅電燈風扇才覺得適意，做上海人安得不窮。」[34] 顯然，作者不是在講物價上漲導致上海人變窮，而是在說消費規格的提升，導致上海人必須支付更多的貨幣。作者所謂的「做上海人」提示我們，一個「上海人」的身分認同，從某種意義上講是通過特定的消費行為來實現的。

　　毫無疑問，城市化給那些有足夠消費能力的富人的日常生活帶來了舒適和便利。老舍的短篇小說《且說屋裡》開頭寫道：

33　許紀霖、王儒年：〈近代上海消費主義意識形態之建——20 世紀 20—30 年代《申報》廣告研究〉，《學術月刊》2005 年第 4 期。

34　〈做上海人安得不窮〉，《申報》1912 年 8 月 9 日。

一個二十世紀的中國人所能享受與占有的，包善卿已經都享受和占有過，現在還享受與占有著。他有錢，有洋樓，有汽車，有兒女，有姨太太，有古玩，有可作擺設用的書籍，有名望，有身分，有一串可以印在名片上與訃聞上的官銜，有各色的朋友，有電燈、電話、電鈴、電扇，有壽數，有胖胖的身體和各種補藥。[35]

老舍描寫的是一個中國富人典型的日常生活。洋樓、汽車、電燈、電話等現代城市設施讓他的衣食住行顯得既舒適又便利，但這是普通市民無法企及的。在民國，汽車不僅是一種交通工具，更是一種身分的象徵。普通市民根本無法將乘汽車作為日常消費，也正因此，偶一為之就成了一種隆重而體面的行為。

大體可以說，民國城市的整體生活水準比老舍小說裡的包善卿要糟得多。1920 年代中期，社會學家李景漢在一篇文章中描述了北京大多數家庭的生存狀態：「總體來說，北京大多數的家庭是住在一兩間屋子裡的。平均每家四五口人。平均計算每人每月的飲食費不到二元半，每年全家衣服費不到二十元，每月房費不到三元，燃料費不到一元半。衣食住外他項雜費不到總支出的百分之五。彼等都在最低健康的生活標準以下活著。」[36] 曹聚仁在《上海春秋》一書中曾引用《申報》編輯部主要人物雷縉的記述，稱：

> 吾輩起居辦事之室，方廣不逾尋丈，光線甚暗。而寢處飲食便溺，悉在其中。冬則寒風砭骨，夏則熾熱如爐。最難堪者，臭蟲生殖之繁，到處蠕蠕，大堪驚異，往往終夜被擾，不能睡眠。薪水按西曆發給，至半月不過銀幣四十元，餘則以次遞降，最低之數，只有十餘元。而飯食、茗點、茶水、洗衣、剃髮與夫筆墨等等，無不取給於中，生涯之落寞，蓋無有甚於此者。[37]

實際上，半個月 40 元的收入對當時大部分上海人來說已經相當可觀，雷縉卻仍感覺到生活品質的低下和人生的落寞。那麼，普通市民的日常生活和生活水準就可想而知了。

以住房為例，有人這樣評論上海的居住問題：「上海一隅為瀕海之處，

35　老舍：〈且說屋裡〉，《月牙集》，河北人民出版社，1981，第 170 頁。
36　李景漢：〈北京的窮相〉，《現代評論第二周年紀念增刊》，1926 年，第 76 頁。
37　曹聚仁：《上海春秋》，上海人民出版社，1996，第 116 頁。

素來荒蕪不治，城外皆係田畝，絕少居人。自通商開埠以來，城外為租界，經西人整理修葺，然後成為一大都會而居亦眾，地亦因之益貴，是亦必然之勢也。」[38] 為了減少住房開支，石庫門的房間被隔成鴿子籠，五六家共用一個廚房成為常態。馬桶無處擺放，也只好放在廚房裡。臥室被床占去大部分空間，家裡來了客人幾乎無處立腳。[39] 上海居住困難，當然有人口密集的原因，但居住條件惡劣是整個民國城市都存在的問題，說到底還是民國生產力和消費能力不足的問題。

中國的現代化某種程度上就是一種西化。民初《申報》曾以諷刺的口吻描繪了機關工作人員的西化程度，說他們「頭戴外國帽，眼架金絲鏡，口吸紙捲煙，身著嗶嘰服，腳踏軟皮鞋，吃西菜，住洋房，點電燈，臥銅床，以至檯燈、氈毯、面盒、手巾、痰盂、便桶無一非外國貨，算來衣食住處處仿效外國人」。[40] 這種生活方式跟富人的一樣，並非中國人普遍的生活方式。在日常生活層面，雖有城市居民吃西餐、喝咖啡、穿西裝，但人們的衣與食中，傳統還是占據著優勢，即使上海這樣的現代都市，穿西裝的中國人也屬於百不有一。當然，對於服裝一項要具體分析，嚴昌洪談到北京二三十年代的著裝時說，經過對中國傳統服裝和西式服裝都進行改良和選擇以後，男子的大襟長衫、對襟唐裝、折腰長褲和女子的斧口衫、大襟短衫都成了常服式樣；在滿裝的基礎上加以改造後的長袍馬褂和旗袍又流行起來；雖然作為外套的西服沒有得到普及，但洋式襯衣、絨衣、針織衫、西褲、紗襪、膠鞋、皮鞋等卻漸漸得到推廣。[41] 也就是說，北京人在民國時期的著裝實際上是中西合璧的。這大體上能夠反映整個中國城市的情況。至於食物，其惰性和慣性要明顯強過衣服。總體上說，中國城市市民的飲食結構大體上是傳統的延續。雖然啤酒、汽水和麵包早已傳入中國，但它們很難進入普通市民家庭。

1920 年代後期，中國的社會調查開始興起，其中有不少是針對城市居民生活程度（即生活水準）的調查。這些調查顯然比人們的經驗感知多了一些實證性。下文根據這些調查，選取北京、天津、上海、成都、昆明等幾個城市，藉以瞭解當時中國一些重要城市的生活狀況。

38　〔美〕霍塞：《出賣上海灘》，越裔譯，上海書店出版社，2000，第 40 頁。
39　〈鴿子籠中的遊記〉，《申報》1923 年 11 月 4 日。
40　〈中華民國國務員之衣食住〉，《申報》1912 年 5 月 7 日。
41　嚴昌洪：《西俗東漸記——中國近代社會風俗的演變》，湖南出版社，1991，第 160 頁。

　　1920 年代的北京。1926—1927 年，北京社會調查部對該市的 48 戶家庭進行了為期 6 個月的調查。根據 1926 年底員警廳的調查，北京的住戶按貧富分為 5 類，分別為極貧戶、次貧戶、下戶、中戶、上戶。由於分類標準不明確，只能大體確定這 48 戶家庭中約半數屬於下戶，其餘則屬於次貧戶。我們抽取他們的飲食和家庭用具兩項來管窺其日常生活情況。

　　在所調查的 48 戶家庭中，小米、玉米麵、小米麵、白麵、白菜、醃蘿蔔、菠菜、豆腐、蔥、香油、黃醬、鹽、醋及羊肉等物，為全體家庭所購食，故也可認為是他們的「標準食品」。「大米非北方人常用食品，且售價較昂，故僅偶爾用以煮粥」。在北京吃羊肉的人比吃豬肉的人多。各家飲食費，用於米麵的占 80％。「各家庭既少食肉及其他精美品，只可以鹹辣及富於刺激性者為佐食之資」。[42]

　　這個調查報告還展示了兩個家庭衣服用具的清單。調查表首先以公用物品和個人用品分類，公用物品分傢俱什物、雜物、廚房用具、梳妝用具和雜類幾項，個人物品主要指衣飾和被褥。如其中一戶家庭的傢俱什物為：抽屜桌 1 張、長凳 1 條、紙箱 2 個、茶壺 1 盞、茶碗 2 盞、傘 1 把、燈 1 盞、剪刀 1 把、針線簸籮 1 個、尺 1 把、銅頂針 2 個、掃帚 2 把、簸箕 1 個、布門簾 1 個、鐵鍬 1 把、炕席 1 張、草薦 1 張、花盆 4 個、畫 2 幅。以上用品購買時的價格計 14.94 元。那麼這戶家庭的全部家當值多少呢？用品購買時的價格為 104.28 元，調查時折價 51.32 元。由此可見這戶家庭之貧窮了。而這戶家庭在所調查的 48 戶家庭中已經算是中等之家了。

　　1920 年代的天津。南開大學社會經濟委員會在 1927—1928 年對天津 132 家手藝工人的家庭生活進行了調查分析。我們不妨截取兩個片段。一是照明情況，「點燈以煤油為主，冬日夜長，夏日夜短，所費自有伸縮。至貧之家每至夏夜即不舉火，晚餐以後，即在室外納涼，倦而後息，無用燈為。更有在冬夜亦不點燈，即於黑暗中度過漫漫之長夜者。」二是對天津、北平和上海三地的雜用費比較：雜用費占全部生活費用的支出比例，天津為 5.33％，北平 3.12％，上海 20.60％，上海楊樹浦 25.36％，上海商務印書館工人 21.29％，上海郵工 23.73％。雜用項目包括宗教、教育、嗜好、娛樂、衛生、

42　本段及以下幾段，分見李文海主編《民國時期社會調查叢編・城市（勞工）生活卷》（上），
　　第 481、297、296、298、3388、108、129、132、157 頁。

交通、傢俱、裝飾、交際、婚事、喪事、利息、稅捐、家用、其他。雜用費的分配，北平與天津相近，與上海的工人在嗜好、衛生和交際三方面差距很大，也體現出生活現代化程度的差距。

1920 年代的上海。1920 年代末，北平調查所以上海最重要的棉紡工業為調查範圍，以紗廠工人居住最多的西區曹家渡為調查區域，以 230 個工人家庭為調查對象，通過記帳本的方式，對上述工人家庭的收入支出進行統計分析，截取時間為 1927 年 11 月—1928 年 10 月。這 230 戶家庭的基本情況是：「共有人口 1097 人，其中男子 587 人，女子 510 人。男子做工者 319 人中有 267 人做紗廠工作，其餘 52 人做其他工作。女子做工者 219 人中有 203 人做紡廠工，其餘 16 人做其他工作。」這些紗廠工人的平均日工作時間為 10.40 小時，平均每日工資，普通工人男 0.51 元，女 0.47 元。平均每家每月的總收入為 32.89 元，工資收入占全部收入的 95.5%。平均每月生活費約為 32.5 元，其中食品為 18.21 元，衣服 3.06 元，房租 2.09 元，燃料 2.45 元，雜類 6.70 元。食品占據了總消費的 56%。

據調查報告稱：「棉紡業男工的工資在上海各工業中算是極低的，棉紡業女工的平均月入比較全體工廠女工的平均月入卻所差甚微，棉紡業童工的平均月入亦略低於各業全體童工的平均月入。棉紡業的工資在上海各業中既偏於低的一面，這次調查所得的生活程度也許是上海全體工廠工人的生活程度中偏於低的一面。」不過此次調查顯示「上海工人的生活費與北平、天津、塘沽各地有技能工人的生活費比較，在實數上上海工人高於其餘各地的工人，在食品費的百分數上則四處都逼近於一個數字，就是 56%」。上海工人的膳食也「比北平工人稍好一點，因為食物的內容較為複雜，肉和魚也多吃一點，米麵類費用占全食品費的百分比（53.2%）也比北平工人低得多（80%）」。因此總的來看，上海棉紡工人家庭的生活水準雖然在上海工人中是比較低的，但在國內來說還是稍微好一些。由此反映出上海市民的總體生活在國內屬於高水準，這也是上海能持續吸引大量移民的緣故。當然，從絕對生活水準而言，上海工人生活也是比較艱難的。在另一份針對上海工人生活狀況的調查報告中，蔡正雅在序中稱：

　　工人家庭，平均說來，年年虧損，故不惜重利舉債，備受剝削壓制之

苦。近年以來，工商凋敝，百業衰微，工人生活的艱難，自必更深一層。入不敷出，陷於不拔之境，此不可不為深思者一。工人住屋，湫隘擁擠，有礙衛生，而屋租卻又甚高。近雖物價低落，而房租迄未下降，將使工人階級無以負此重任，而愈趨於擁擠湫隘之境，此不可不為深思者又一。

戰時的成都。成都是中國西南的一個重要城市，尤其隨著抗戰爆發後國民政府遷都重慶，西南地區的地位一時攀升，成都也受到關注。我們從戰時一份關於成都生活指數的調查中抽取了兩個片段。一是成都的娛樂。「成都公共遊戲場所，頗感缺乏。所謂娛樂，不過電影、京戲、川戲、說書、坐茶館而已。電影、京戲、川戲，收費昂貴，大半是有資階級出入的地方，不能供一般平民普遍欣賞。一般貧乏階級，多以坐茶館擺『龍門陣』（閒話之俗語）為其最經濟最普遍之娛樂。但在平日，也只限於家庭中的生產者，家庭中其他分子很少有享受的機會。」

二是成都的疾病。報告稱，雖然「因病而求醫服藥，不論貧富，是不可免的」，但「以收入之大小而觀醫藥費多寡，知收入小，醫藥費亦少；收入增，醫藥費亦有增加之勢」。「大富之家偶爾染病，一切醫藥設備，皆取上等，每日數元數十元不等；小康之家入院就醫，掛普通號，住普通病房所費也有限；窮乏之家，或就中醫，服中藥，可省住院之費，或用土方，抓草藥，所費更微；赤貧之家不幸患病，往往依仗平日抗病的能力，略事休養或竟力疾而作，希望自然復元，也有往慈善機關施診施藥之處，就診乞藥可免費用。」考慮到貧困問題的普遍性，可推知廣大民眾在疾病治療上面臨的窘況。

最後重點介紹一下戰後的昆明。國立西南聯合大學孫蕙君的一篇畢業論文調查了戰後昆明市家庭生活情形。調查分為貧戶 5 家，大致入不敷出衣食住等情形均感不足者；普通戶 12 家，出入大致相抵飽粗食暖粗衣者；小康戶 5 家，稍有盈餘衣食住情形較普通戶為優者；富戶 5 家，頗有儲蓄豐衣足食有能力享用奢侈品者。

5 家貧戶全賴工作為生，若一日不做工則一日不能維持生活。平均收入為 708 元。食品占全年總支出的 80.69％。食品中以米麵類用錢最多，調味品次之，蔬菜類又次之，豆及豆製品更次之，其餘如肉、魚、蛋類、果實類、糖類

及其他食品，在 5 家貧戶中根本無此支出。食品中調味品的消費額比蔬菜還要高，是因為蔬菜消費少，而油鹽則是必需品，且價格比蔬菜貴。化妝、醫藥、茶葉、應酬、教育、交通、捐稅都是零消費。每日兩餐，上午 9 點左右吃早餐，下午 5 點左右吃晚飯。菜蔬多半是鹹菜，如醃菜、醬豆腐、鹹辣椒。衣服都是布衣，身上所穿的衣服大都是補過的，甚至補了又補，不常洗換，每件衣服都穿好幾年，不破的衣服平日捨不得穿。大都不穿襪子。衣服的樣式大都為短衣，便於做工，很少有穿長衣者，能保持溫暖已非易事，更談不到美觀、衛生、實用。被褥是十幾年前的，破破爛爛補了又補，勉強可以掩體。房屋多為租賃，無一家自備房屋者。各家所住房屋地方狹小，光線幽暗，一家大小集居一室，亦有將一室用破席子隔開的。住房開支僅占總數的 0.75%。廁所是公用的，一個露天的坑，用一堵矮牆或破籬笆擋著，「臭氣逼人，骯髒異常」。在一年的調查時間中，只有一家買了兩個碗，其他傢俱都無添置。5 家都無牙刷牙膏。男性往澡堂洗澡，平均一年洗 6 次，每次 2 角，女性在家洗，次數更少。無醫藥開支，並非不生病，因無錢就醫，所以遇到疾病，只好聽天由命。男子的消閒方式是去茶館喝茶，女子是和家長或去鄰居家聊天，小孩兒跳房子、打地螺、踢毽子、跳繩、拍皮球、滾鐵環、捉迷藏。

普通人家的情況是，「男女老幼全體動員，為衣為食，終日辛勞，每年收入除開支外，尚餘微數」。被調查者包括兵工廠工人、洗衣工、警衛、校役、造香工、製鞋工、店夥計、縫衣工、修筆工、機車匠工、篾匠、轎夫、傭工、科員等。全年平均收入 1500 元以上，食品開支占總支出的 72.69%。每日兩餐，分別為上午 10 點左右和下午 5 點左右。在典型的早飯或晚飯中有飯、燒白菜或炒白菜、炒菠菜、炒豆芽、燒蘿蔔、炒茴香菜、炒韭菜，青菜裡有時加少許肉絲或辣椒、蔥蒜，另有湯一碗，如豆腐肉絲湯、白菜豆腐湯或菠菜豆腐湯等，間或有一次燒肉或肉湯。

小康家庭平均年收入 5468 元，支出 4711 元，食品開支 44.30%，被褥四五年換一次棉花，平均每人兩條被子一條褥子。房屋為自建。室內的陳設概為大床一張，或再設小床一張及衣箱、衣櫃、方桌、木桌、方凳、茶几、梳妝檯等。傢俱的質料尚好。牆壁上懸掛著對聯、圖畫、相片，桌子上陳列著時鐘、花瓶、文具、茶壺、茶杯、食物罐等。梳粧檯上放著化妝品、洗臉盆、漱口杯、肥皂盒等。

富戶平均年收入 212880 元，其中以田產為主，薪金次之，紅利次之，房金又次之。從消費的角度講，富戶大致可分為三類，前兩類代表了兩種極端。「有些人家雖富而不奢，甚至有錢不用，克苦度日，在表面上看來與普通戶或小康戶差不多，但在實際上腰纏十萬貫，這類的富戶一般人呼之為土財主。又有些人家富而奢……他們吸鴉片、喝咖啡、看電影、坐汽車，享盡人間幸福，用盡各種方法消費。」作者推崇的是第三類富戶，即所謂「標準的富戶」，他們「是富貴全收，同時家庭教育非常注重，子女媳孫各有正業，粗茶淡飯，布衣裳，整潔大方，有禮貌，有品德，當用的錢一定用，不當用的就絕對不用，素富貴行乎富貴，素貧賤行乎貧賤，安分守己，可敬可欽」。

四、民國的城市社會問題

城市化一方面為人們提供大量就業機會，其先進的城市設施也讓市民的生活更舒適便利，但是伴隨城市化而來的，也有各種各樣的社會問題，如失業、貧窮、犯罪、自殺和娼妓等。民國的城市化過程中，也出現了大量的社會問題。以民國時期城市化程度最高的上海為例。上海的城市化為其注入了源源不斷的新鮮血液，吸引了大量的移民，使上海從開埠之初的 20 餘萬人，發展到 1949 年的 500 餘萬人。但上海在城市化的同時，也伴隨著各種各樣的社會問題，所謂的「城市病」在上海也有清晰的體現。筆者曾對 20 世紀二三十年代上海轉型時期的社會問題進行研究，認為：「20—30 年代的上海是一個轉型社會，在這個舊社會逐漸解體、新社會萌生發展的過渡時期，社會分化為不同的階層、群體和不同的利益集團，上海發展帶來的利益與痛苦分別由這些人們所享用和分擔，由此產生出一系列以社會抗拒為主題的社會問題……新一代上海人在享受所創造的新的社會生活和現代化成果賦予的恩惠的同時，也不得不咀嚼現代化代價所帶來的苦果。」應該看到，社會問題的存在「表明了社會未能有效地帶領全體成員有序地步入現代化軌道之中。從更廣闊的背景來看，這種不安定因素已經成為上海社會發展的巨大阻力。這從一個側面體現了上海社會現代化進程中的發展與緩滯、前進與代價、正面效應與負面效應交織的兩元結構的巨大勢差」。[43] 誠然，社會問題是近代上海城市化過程中需要面對的重重障礙。

43　忻平：〈無奈與抗拒：20—30 年代上海轉型時期的社會問題〉，《學術月刊》1998 年第 12 期。

在大量城市社會問題中，失業是一個核心問題。一個理想的社會自然要以各安其業為前提，失業率是衡量一個社會健康狀況的重要指標，當失業率達到一定高度，就會成為嚴重的社會問題，又引發貧窮、自殺、犯罪等一系列社會問題。失業是民國城市中普遍存在的一個較為嚴重的社會問題。1936年，上海、蘇州、無錫、南京、武昌、漢口、漢陽、重慶、北平、天津、青島、杭州、長沙及廣州等14座工商大埠失業人數達2655818人。單以上海為例，在1920年代末到1930年代初，由於世界性經濟危機的影響，上海的失業問題日益突出。1929年，上海特別市社會局對全市職工失業情況進行了一次調查統計，僅各行業工會會員失業者就達10009人，占全市工會會員總數的6.45％。[44] 考慮到大量的人並未加入工會，可以說當時上海失業人口要遠遠多於此數。據1929年6月上海市公安局的戶口統計，在華界的150萬市民當中，無職業者竟有25.7萬多人。據上海市社會局局長潘公展估計，如果再將租界算在其中，全市總人口約有270萬人，無職業者大概在45萬人。[45] 雖然無職業者不一定就是失業者，但失業者無疑占其中的絕大多數。1934年和1935年的失業情況更是持續惡化。

貧窮與失業無疑是息息相關的。民國城市工人靠微薄的工資養家糊口已屬不易，一旦失業，收入來源頓失，其生活狀況自然雪上加霜。貧窮問題在民國城市是相當突出的。1929年，有人驚歎天津的貧民人數多至近36萬人，而根據1928年的統計，天津市城鄉（包括5個區、3個特別區、5國租界及郊區）人口總數為154萬人，而貧民人數已經超過了總人口的20％。如果只計算市區，貧民人口所占比例也高達10％，1930年更上升到16％。與天津相鄰的北京情況也大體相近。據1926年員警廳的調查，北京城內外的254382戶家庭中，次貧戶達到23620戶，極貧戶達到42982戶。兩者分別占總戶數的9.29％和16.9％，兩者相加則占了總戶數的1/4強，可見北京貧窮問題之嚴重。在上海和南京等地，均有大量貧困人口長期生活在生存條件惡劣的棚戶區中。

乞丐也因貧窮而生，是民國城市一個常見的社會群體。有人專門對上海

---

44 上海特別市社會局：〈上海特別市職工失業統計之試編〉，《社會月刊》第2卷第2號，1936年。
45 參見徐直〈上海市失業問題及其救濟辦法〉，《社會月刊》第2卷第2號，1936年。

的 700 戶乞丐進行了調查，將其分為 25 種，包括告地狀、跟車、拉車、頂狗或釘把、走街丐、玩青龍、三腳蛤蟆、開天窗、水碗流心（星）、不開口、頂香爐、念三官經、三老江湖、鳳陽婆、僧侶、殘疾丐、拍胸、送財神、念春歌、趕節日、倒冷飯、拾荒、拾煙頭、開汽車門、碼頭丐等。[46] 上海乞丐種類的多樣化，倒不失為其社會分工發達的一個側面寫照。

　　自殺的大量存在，既是社會問題的反映，本身也是一種社會問題，據統計，1929—1934 年，上海自殺事件高達 10103 起，平均每年超過 2000 起。自殺人數逐年上升，1929 年為 1989 人；1934 年 2325 人，其中男 1122 人，女 1203 人。1935 年僅頭四個月就多達 901 人，比上年同期增長了 37%。自殺事件的頻頻發生從一個側面反映了當時上海所遭遇的社會危機，引起社會各界的關注。

　　20 世紀二三十年代失業者自殺成為一種不良的社會風氣。報紙對此常有記載。此外，自晚清以來的吸毒問題也常導致自殺事件的發生。以 1942 年在天安門自殺的林李氏一案為例。林李氏獲救後寫了如下供詞：

> 我係山東人，年三十三歲，無住址。情因我由前年染有白麵嗜好，我夫在今年二月間死了，我也無法生活，並無住址，家中衣服等典賣一空，我就在各白麵房住宿。現在生活實無著落，又兼染有不良嗜好，被逼無法，是以今日在天安門前投河自殺。[47]

　　面對貧窮的困境，一部分固然以自殺解脫，另一部分則通過犯罪手段來獲得財富。下面兩則例子，都是因貧窮而犯罪的案件。無錫人陳大郎因失業負債，難以維持生計，1936 年 5 月 19 日午時，書寫恐嚇信，向擺設牛肉攤的浦東婦人徐陳氏借款 200 元，要求「將法幣用紙包就藏於里中門首一垃圾桶中，牆上貼一紅紙為標記」。陳被捕後供稱「實因經濟困難，出此下策」。杭州人孫子嘉「從前經營商業。後來失業賦閑，困於生活，流入匪類」，先後做劫案 3 起。[48]

　　上海可作為城市犯罪問題的典型地域，它的「三國四方」行政劃分和人

46　吳元淑，蔣思壹：〈上海七百個乞丐的社會調查〉（未刊稿），1933；陳冷僧：〈上海乞丐問題的探討〉，《社會半月刊》第 1 卷第 6 期，1926 年。

47　〈北平市警察局‧內六區員警署關於林李氏自殺未遂請安置的呈〉，北京市檔案館藏檔案：J181-31-4572。

48　《申報》1936 年 5 月 26 日、1933 年 2 月 21 日。

口流動性極強的「五方雜處」等特點，導致社會治安問題嚴峻，各種犯罪行為層出不窮，以至於許多人將上海看作罪惡的淵藪。據 1930 年上海公共租界犯罪案件分類表，共開列 5 大類 61 種罪名。第一類是侵害人身之重大罪案，包括謀殺、強姦、墮胎、投藥、武裝綁票、拐誘、販賣婦女和恐嚇信等 13 種，當年犯罪 443 起。第二類是侵害人身及財產或只侵害財產之重大罪案，包括武裝搶劫、武裝攔路搶劫、徒手搶劫、暴動、放火、偽造和棍騙或欺詐等 15 種，當年犯罪 2626 起。第三類是侵害人身之輕微罪，包括非法拘留、勒案、虐待幼童、誣告、恐嚇賄賂、姦淫等 10 種，當年發案 742 起。第四類是侵害財產之輕微罪案，包括攫搶、竊盜和徘徊欲圖行竊等 7 種，當年案發 9039 起。第五類是雜項罪案，包括私鑄偽幣、煽惑文字、賭博、私運食鹽等 16 種，當年案發 1725 起。[49]

在社會轉型急劇的 1930 年代，上海犯罪案發率呈持續增多的勢態。1932年月均 52.5 件；1933 年月均 110.3 件；1934 年月均 112.8 件。據上海市公安局 1936 年 1 月統計，該月僅大案、命案、盜案共發生 134 件。而租界的案發率更高，1930—1936 年工部局司法機關僅因民、刑事案而定罪者共計49719 人，平均每年達 8286.5 人，占 1933 年公共租界人口的 5％。[50] 這樣一個高犯罪比例，與近代上海獨特的城市社會結構是密切相關的。從魏斐德的《上海歹土》可知，抗戰時期的上海犯罪更具有獨特的時代特徵，其猖獗程度更加令人觸目驚心。

最後重點提及一個人力車的案例。在民國，人力車也被視為一種社會問題。正如一份社會調查所說：「人力車之問題不僅為個人或國民經濟之問題，實為極重要之社會問題。此種職業乃剝削國民之精力，防害人民之健康，甚且遺害及於後代。此惡不除，全社會之生活被其影響，至於無窮，非過言也。」[51]有人還從道德倫理的角度指出人力車問題：「夫洋車之使用，富者坐之，貧者拉之，同為人類，同為同胞，只因貧富之相差，遂即判若人畜。」[52]

人力車在晚清從日本傳到上海，隨後又傳到中國各地。因來自日本，又

49　羅志如：《統計表中之上海》，上海，1932，第 123 頁。
50　忻平：〈無奈與抗拒：20—30 年代上海轉型時期的社會問題〉，《學術月刊》1998 年第 12 期。
51　李文海主編《民國時期社會調查叢編‧城市（勞工）生活卷》（下），第 1146 頁。
52　馮秉坤：〈廢除平市獨輪手車之我見〉，《市政評論》第 3 卷第 17 期，1936 年，第 3 頁。

名東洋車，又因一些人力車公司將註冊的人力車塗成黃色，所以在一些地區又稱黃包車。人力車是清末和民國城市最重要的交通工具。在成都，人力車甚至幾乎是唯一的公共交通工具。我們且以上海外白渡橋的晚清和民國交通工具變化為例來看一下人力車的地位。從表 27-1 可知，人力車在上海是唯一從晚清沿用到民國的交通工具，其生存能力之強可見一斑。

表 27-1　上海外白渡橋通行交通工具變化情況

單位：人

年分	步行	人力車	馬車	轎子	馬	腳踏車	機器腳踏車	汽車	公共汽車	有軌電車
1889	11770	6984	544	9	11	0	0	0	0	0
1926	50823	14600	0	0	0	3459	194	3764	172	922

注：1889 年數字係三天平均，1926 年數字係兩天平均。貨車未計入。
資料來源：《上海研究資料》，上海書店出版社，1984，第 360—361 頁；羅志如：《統
　　　　　計表中之上海》，第 60 頁。

　　人力車夫的來源多半是鄉村的破產農民和城市落魄的市民。「窮苦百姓到了山窮水盡的時候，沒有事幹，大半去做車夫。」[53] 大量的民國文獻將人力車夫作為一個底層勞動群體加以渲染。民國一本《天津指南》這樣評論人力車夫：「凡人力車夫為勞動界最苦者，且毫無知識又無團體，偶有小失常為員警所毒打，見者無不傷心。」[54] 老舍在其名作《駱駝祥子》中不無誇張地描述道：「他們設盡了辦法，用盡了力氣，死曳活曳的把車拉到了地方，為幾個銅子得破出一條命……冬天，他們整個地是在地獄裡，比鬼多一口活氣，而沒有鬼那樣清閒自在，鬼沒有他們這麼多的吃累！像條狗似的死在街頭，是他們最大的平安自在；凍死鬼，據說，臉上有些笑容。」[55]

　　以天津的人力車夫為例，其工作時間每日兩班，第一班從凌晨 5 點至下午 3 點，第二班從下午 3 點至第二天凌晨 2 點，各工作 10 小時和 11 小時，[56] 不但工作時間長，勞動強度也大。

53　〈長沙社會面面觀〉（社會調查），《新青年》第 7 卷第 1 號，1919 年。
54　孫學謙：《天津指南》，中華書局，1924，第 64 頁。
55　老舍：《駱駝祥子・離婚》，人民文學出版社，1994，第 73—74 頁。
56　房福安：〈中國的人力車業〉，莫若強譯，《社會月刊》第 2 卷第 7 期，1931 年，第 4—
　　5 頁。人力車夫的工作時間：上海為 14 小時和 10 小時，杭州為 12 小時，北平為 9 小時，
　　其他城市如南京、武昌、漢口、漢陽、成都、廣州、福州都在 8 小時以內。

　　人力車夫的居住狀況也異常窘迫。有作者這樣描述一個人力車夫家庭：「他們所住的，不過是幾間拿葦草做成的泥房，土檯子當作桌子，炕沿算是椅子，飛邊炸翅的炕席中間，又加八個大窟窿；父母兒女妻子六口，通腿睡覺，中間搭著一個上下夠不著的破被，或者連破被都沒有。在天津衛有著這麼一句俗語謂，『一間屋子半拉炕』就是這個情形。」[57]

　　在上海，收入微薄、勞動條件艱苦的人力車夫群體是棚戶區最常見的住戶。1930 年代的一份調查顯示，在上海租界的 10 萬名人力車夫中，大約有 4 萬人是有家眷的，其中「約有 2 萬以上是過著草棚生活的，他們在滬西越界築路一帶空地上花費一二十元，有的每月還要付幾角錢的地租（有的沒有地租），搭一間簡陋的棚舍，勉強作為棲身之所」。[58]

　　陶孟和在對北京人力車夫的調查報告中指出，人力車夫的工作也不合衛生：「蓋其佝僂馳驅之態防阻胸部之發展。其急迫之呼吸，所吸又為通衢上污濁之塵芥，實有害於肺部之健康。而其身體終日著汗垢所漬之衣服，尤易染受各種疾病。」陶孟和在調查中發現，人力車夫並沒有注意到自身的衛生問題，所以他斷定「車夫眼光中之所謂潔淨、衛生、安靜等語，未必與吾人所有之觀念確相合」。接著他給出證據：「關於人力車夫曾有疾病否，知有醫院或施醫處否諸問題填入答語者甚少，而其填入答語者則又皆言無病，或不往醫院診治。因此使人疑及人力車夫雖罹疾病，未必果確知其有疾病或已有疾病之危險。愚者或且慣居於產生疾病狀況之下，或抱病經年，而仍生存滋息，亦非不可能之情形。必待醫生診查，告以有病，人力車夫始知其有病也。」「人力車夫所常患之疾病，余聞醫者言，為腿痛，冬日之凍手、凍腳，喉疾，盲腸炎，及花柳病等」。[59]

　　人力車夫不但工作、生存條件惡劣，其社會地位也非常低下，尤其是經常受到員警的「關照」。「一般以拉車過活的人……沒有一個不遭遇著很悲慘很殘酷的命運，他們的凍斃、熱斃，他們的被警棍痛打、撬照會、拿坐墊、拳打、足踢，已成為普遍的現象。」[60]

57　吳平：〈農工衰敗與人力車夫〉，《勞工月刊》第 5 卷第 2—3 期合刊，1936 年，第 127—128 頁。
58　朱邦興等編《上海產業與上海職工》（上海史資料叢刊），第 676 頁。
59　李文海主編《民國時期社會調查叢編‧城市（勞工）生活卷》（下），第 1145—1147 頁。
60　〈讀者來信〉，《華年週刊》第 4 卷第 2 期，1934 年。

正因看到如此種種慘像，陶孟和對人力車夫這個行業提出質疑：

> 吾人若以馬車或公用電車代人力車，則價廉而速度高，自社會之方面觀之亦更為經濟。吾人有輕便良善之運輸法，如馬車電車之類，而不能用，乃必使一般人終日絞血汗以從事不衛生不經濟之人力車業，實社會之一大消耗也。設人力車業果能盡行廢止，人力車夫皆能改操新式之運輸業，則其工作較為簡易，更可以其餘之精力，從事於勞動以上簡單物質生活以上之事業（如消遣、娛樂、文化之教育等），豈不善哉？[61]

毫無疑問，在民國那樣一個大環境下，陶孟和的建議不過是紙上談兵。拉人力車畢竟是一個養家糊口的職業，人力車夫的生活雖苦，但不少人還是欲拉人力車而不可得。進入公司拉車是一個需要爭取的就業機會，如果擁有一輛自己的人力車那更是件令人欣喜的事情了。

五、民國城市的精神世界

民國時期市民的精神世界受到現代性話語不同程度的浸染，已經距離傳統愈行愈遠。1913 年的時候，孔子和孟子在一般讀書人的心目中還占有至高無上的地位，但是僅僅 10 年之後，在 1923 年底北京大學 25 周年校慶時的一次民意測驗中，當問及「你心目中國內或世界大人物，是哪位」時，得到的答案已經完全不同。在國內人物中，10 年前排名第一的孔子此時僅有 1 票，其他如莊周、王陽明等也各只有 1 票。孫文是當時國民黨的領袖，得票多很正常，連陳獨秀、蔡元培、胡適、李大釗等人的得票，都遠遠超過孔孟等碩儒。國外偶像中列寧 227 票高居榜首，美國總統威爾遜 51 票，羅素 24 票，泰戈爾 17 票，馬克思 6 票。[62] 這個結果表明，新文化運動對傳統社會價值觀念產生巨大衝擊力，儒學獨尊的地位在青年知識分子的意識中被嚴重動搖了。而列寧高居國外偶像的榜首，則說明社會主義成為一種新的時尚。[63]

當然，現代性的勢力範圍總有其邊界。黃公度對北平人力車夫的調查顯

61　李文海主編《民國時期社會調查叢編・城市（勞工）生活卷》（下），第 1146 頁。

62　朱務善：〈本校二十五周年紀念日之「民意測量」〉，《北京大學日刊》1924 年 3 月 5 日。

63　1923 年 4 月，北京中國大學 10 周年紀念日進行的公民常識測驗中，曾就中國的社會走向測問「你歡迎社會主義嗎」和「你歡迎資本主義嗎」？答案顯示：歡迎社會主義者為 2096 票，不歡迎者為 654 票；歡迎資本主義者為 736 票，不歡迎者為 1991 票。參見江沛〈二十世紀一二十年代沿海城市社會文化觀念變動評析〉，《史學月刊》2001 年第 4 期。

示，在以革命為時尚的 1920 年代末 1930 年代初，這些生活在底層的無產者
居然有半數不贊成革命。而他們正是革命要解放的對象。

另外一個例子是 1932 年有人撰文指出的：「如果我們不從統計上去考察，
而僅就報紙新聞欄中的地位分配看去，那便會覺得婚姻與戀愛糾紛的數量，是
占到所有社會糾紛的半部以上。」[64] 由此固然可以推測出，在二三十年代，婚
姻和戀愛糾紛已成為相當突出的社會問題，但如果從統計上去考察，情況就又
不一樣了。報紙為了吸引讀者，當然要挖掘一些社會事件作為新聞，以致顯得
問題很嚴重。

再舉一個例子，現代性崇尚科學，與科學格格不入的一些民間信仰自然
也就被打入迷信一類。民國政府多次禁止包括迎神賽會在內的迷信活動。葉聖
陶在小說《倪煥之》中描述過江南地區一次尋常規模的迎神賽會，表達了知識
分子對勞動者的瞭解之同情：

> 一般人為了生活，皺著眉頭，耐著性兒，使著力氣，流著血汗，偶爾能
> 得笑一笑、樂一樂，正是精神上的一服補劑。因為有這服補劑，才覺得
> 繼續努力下去還有意思，還有興致。否則只作肚子的奴隸，即使不至
> 於悲觀厭世，也必感到人生的空虛。有些人說，鄉村間的迎神演戲是
> 迷信又廢費的事情，應該取締。這是單看了一面的說法，照這個說法，
> 似乎農民只該勞苦又勞苦，一刻不息，直到埋入墳墓為止。要知道迎
> 一回神，演一場戲，可以喚回農民不知多少新鮮的精神，因而使他們
> 再高興地舉起鋤頭。迷信，果然；但不迷信而有同等功效的可以作為
> 代替的娛樂又在哪裡？[65]

實際上，迎神賽會不僅「可以喚回農民不知多少新鮮的精神」，對城市
市民亦然。從社會調查可知，城市市民用於迷信的消費占其雜費不小的比例，
說明傳統民間信仰與風俗仍然根深蒂固地存在於普通市民的頭腦和日常生活
中，因此即使在上海這樣的現代都市，迎神賽會仍然屢禁不止。[66]

風俗作為一種地方性的知識、文化和價值觀，「處在人類一般精神生活

---

64 孟如：〈目前中國之婚姻糾紛〉，《東方雜誌》第 29 卷第 4 期，1932 年。
65 葉聖陶：《倪煥之》，人民文學出版社，1982，第 96 頁。
66 艾萍：〈變俗與變政：上海市政府民俗變革研究（1927—1937）〉，華東師範大學博士學
    位論文，2007。

的基礎層」，[67] 往往是經過長期的歷史沉澱才形成的。其形成不易，變遷也難。但是在近代中國，伴隨著城市化的進程和社會的轉型，以及政府和知識界對移風易俗的鼓吹和宣導，民國城市居民的風俗也在變革。變政與變俗之間發生了明顯的關聯。[68] 一些舊的習俗淡出了，一些新的習俗形成了。同時，在新舊交替和衝突中，更產生了許多變體。由於國家政權和知識精英主要集中在城市，民國城市的民風民俗變遷速度大大超過了鄉村，從而加劇了城鄉之間知識、文化和價值觀諸多方面的斷裂，結果使得「城裡人」和「鄉下人」兩種認同逐漸得到了確立。

撇開城鄉差異不談，城市市民的精神世界是一個傳統與現代既衝突又並存的世界。下面我們通過性、愛情與婚姻這一串主題來展現近代城市中傳統與現代的糾葛。

在近代中國，關於性的話題大都與女性直接關聯。這些話題包括了她們的衣著、身體、職業和社交活動。在這裡，不妨從摩登女郎來談起。1930 年代的《玲瓏》雜誌曾刊登過一篇文章，題目為〈真正摩登女子〉，向人們描述摩登女郎常用的標準：一是有相當的學問；二是在交際中能酬對，大方而不討人厭；三是稍懂一點舞蹈；四是能管理家務。實際上這並不是當時主流視野中的摩登女郎，而更像是對女性的一種規範。就像電影《三個摩登女子》一樣，導演意在重新為「摩登」定義，將愛國主義塞入其中，但這些努力並不成功。在二三十年代主流觀念中的摩登女郎，一個重要表徵就是衣著的裸露。1936 年，一幅〈未來的上海風光的狂測〉的漫畫以戲劇化手法描畫、想像了未來女性成為上海統治力量的狀況，她們將「從裸腿露肩的裝扮進化到全體公開」，只是在「重要部分」繫了一絲細帶，而男性卻仍然穿著傳統的褲子，被解放了的她們稱作「封建餘孽」。[69] 難怪 1930 年代的新生活運動特地對摩登女郎的穿著做了規定。

實際上，摩登並非是闊太太和富家千金的專利，就連都市中的年輕女工也開始崇尚這種 摩登生活，「一般年輕的女工，天剛亮就坐了車子去做工，一直到日落回來，生活儘管勞苦，可是姑娘們是喜歡效尤新裝，誇奇鬥勝，

67　陳勤建：〈民俗——日常情景中的中國人的精神生活〉，《民俗研究》2007 年第 3 期。
68　參見艾萍《變俗與變政：上海市政府民俗變革研究（1927—1937）》。
69　張文元：〈未來的上海風光的狂測〉，《時代漫畫》第 30 期，1936 年。

總不惜汗血去換一個表面」。城市女性的摩登化從學校女學生的變化也可見一斑，「與 20 世紀初期女校樸素踏實的校風不盡相同，二三十年代的女學生開始崇尚趨勢和奢華了」。那麼，這種時尚是如何形成的呢？廣告的引導作用顯而易見。重慶的《商務日報》就用廣告文字描述了當時流行的女性裝扮，如商業場華盛百貨公司一份題為〈婦女剪髮之後〉的廣告稱：

> 婦女剪髮之後，須用頭油頭水梳光，再加壓髮圈壓平然後美觀，裝束上也要考究才能配合，適會天氣，正穿花樣雅致、材料輕軟、式樣適體的短旗袍，至於跳舞長襪、高跟皮鞋也是不可少的，商業場華盛百貨公司近到的各種化妝品、時新衣料及鞋襪等極合現時需要，歡迎賜顧參觀。[70]

實際上「女性符合美的每一個身體部位以及體現肉體美的裝束，無一不靠消費來實現」。理想的女性是工商資產階級「情欲的對象和商業利潤實現的工具」。[71]

再來看一看跳舞和舞廳問題。跳舞在 1920 年代末興起，像穆時英這樣的民國上海文人就經常流連於舞廳，並進行相關主題的文學創作。1928 年，某報如此評述上海跳舞熱潮：「今年上海人的跳舞熱，已達沸點，跳舞場之設立，亦如雨後之春筍，滋茁不已。少年淑女競相學習，頗有不能跳舞，即不能承認為上海人之勢。」[72] 但跳舞也是一種涉性的東西，早在清末西舞輸入中國時，孫寶瑄就曾從性的角度來觀察它：

> 西國有跳舞之俗，類皆一男一女相抱而舞，我國人鄙之，以為蠻野，不知彼蓋有深意存焉。男女相悅，乃發乎自然之感情，不可制也。而既非夫婦，則不能各遂其欲，必有鬱結不能發纖者焉。惟聽其行跳舞之儀，使凡愛慕於中者，皆得身相接，形相依，於以暢其情，達其欲，而不及於亂，豈非至道之極則乎？奈何薄之？[73]

但孫寶瑄的想法未免過於理想化。實際情況是，那些舞廳的經營者往往要強化跳舞的色情一面。從下面這則上海歌舞廳廣告即可知：「濃歌膩舞，現代的，藝術的，空前的，誘人的，自有真價，毋待吹噓。群雌顏如玉，裸而歌，

---

70 〈婦女剪髮之後〉，《商務日報》1929 年 6 月 17 日。

71 許紀霖、王儒年：〈近代上海消費主義意識形態之建構——20 世紀 20—30 年代《申報》廣告研究〉，《學術月刊》2005 年第 4 期。

72 《小日報》1928 年 5 月 3 日。

73 孫寶瑄：《忘山廬日記》（下），上海古籍出版社，1983，第 964 頁。

裸而舞，裸而撩撥人們的青春，妙樂似仙音，蕩人魂，銷人魄，感人的心，醉人的意。」[74] 措辭極盡誘惑之所能。這正是舞廳吸引人的一個重要原因。

跳舞和舞廳之所以引起社會輿論的廣泛關注，不僅是因為其專業舞女的色情行為，也是因為跳舞中的男女接觸引發了對「有傷風化」的擔憂。1927年在天津曾經發生一起社會名流反對跳舞的事件。先是 12 位社會名流聯名致函福祿林飯店股東，將跳舞與自由結婚、自由離婚、女子再嫁、社交公開等新潮聯繫起來，指責跳舞是新思潮之體現，是「毀壞名節，傷風敗俗」之舉，故堅決主張禁止。他們責罵跳舞是「於大庭廣場中，男女偎抱，旋轉蹲踢，兩體只隔一絲，而汗液浸淫，熱度之射激，其視野合之翻雲覆雨，相去幾何」；又說它「始猶借資遊觀，繼則引誘中國青年女子，隨波逐瀾，是乾柴烈火，大啟自由之漸，遂開誨淫之門」。[75] 但報界很快就響起反對禁舞的聲音。有人撰文將這些人譏諷為「遺老」。《大公報》發表題為〈跳舞與禮教〉的社評，對天津流行跳舞之風給予肯定，並指出跳舞與禁舞是一個社會問題。社評說：「天津今年忽流行跳舞。因而惹起反對，遂有福祿林飯店廢止跳舞之事。然廢者自廢，興者自興，究竟跳舞應否禁廢，禮教觀念，如何維持，乃一種有興味之社會問題，不僅天津所關已也。」[76]

所謂的「禮教觀念」，在這裡實際上就是一種性觀念，也正因為舞廳與色情的過分結合，在民國的確成為一個社會問題，時常成為被官方取締的對象。官方的管理和禁止固然沒有收到規範和禁絕的效果，但從郭衛東對瞽姬的研究案例可知，政府的干預如何影響人們的性觀念和性行為選擇。瞽姬多指舊時從事演藝特別是在風月場中賣唱賣笑乃至賣身的青年盲女。此行當在舊時的廣州等地興盛一時，但也逐漸遭到各界抵制，在 1930 年代終至出現世風轉移，部分盲女從此類行當中退出，「瞽姬」的名稱也成為歷史。但由於社會措施未能普適，部分盲女非但沒有改變命運，反而因為中上階層「公眾興趣」的轉移而更加墮入「今不如昔」的境地。[77]

性與戀愛在民國是一對糾纏不清的問題。五四後，自由戀愛觀開始風行，

---

74 廖沫沙：〈廣告摘要〉，《申報》1933 年 4 月 20 日。
75 我迁：〈從跳舞扯到名流筆下的「乾柴烈火」〉，《大公報》1927 年 5 月 21 日。
76 《大公報》1927 年 5 月 23 日。
77 郭衛東：〈瞽姬的命運：民國年間廣州世風丕變的一個縮影〉，《廣東社會科學》2011 年第 1 期。

而受西方影響，青年在處理戀愛與性的關係時，信奉靈與肉的結合。據蘇雪林敘述：

> 五四後，男學生都想交結一個女朋友，那怕那個男生家中已有妻兒，也非交一個女朋友不可。初說彼此通信，用以切磋學問，調劑感情，乃是極純潔的友誼，不過久而久之，友誼便不免變為戀愛了……貞操既屬封建，應該打倒，男女同學隨意亂來，班上女同學，多大肚羅漢現身，也無人以為恥。[78]

據盧劍波說，吳稚暉曾講過一個更極端的故事：「武漢某大集會上，男女雜眾，突有一青年男子向一女郎的肩上一拍，說，『我們交媾去』，邇時彼女郎面赧欲怒。青年男子便說，『你思想落後了。』女郎聞之回嗔作喜，與青年男子攜手而去。」在盧劍波本人看來，「假如當時男子確有性的切實要求而扳出道德面孔，加以抑遏，真是思想落後；受拍女郎爾時果自己有性的切實要求，或被引起了切實的性的要求，反而扳出貞潔面孔，加以抑遏，也是思想落後」。盧氏雖在文末聲稱「不主張過度性質的縱欲」，但其基本傾向已顯而易見。[79]

1928 年，上海發生了轟動一時的「馬振華和汪世昌事件」。汪世昌是名軍人，因對素不相識的馬振華一見傾心，便寫情書給她。馬也對汪大為欣賞，稱之「才貌兼全之奇男子」。兩人詩文往來，大有古代才子佳人的意味，並在認識三個多月後發生了肉體關係。後來汪世昌懷疑馬振華已非處女，竟退還情書，表示決裂。馬振華認為苦守的節操已被破壞，愛人又不再愛她，於是投水自殺。

事件引起輿論的廣泛關注，馬振華的婚前性行為是輿論界討論的話題之一。有作者如此評價：「她的道德並沒有壞，倘若社會不過因為她的被騙失身，就把失了貞操的罪名加上去，這就是錯誤的貞操觀念；馬女士受了騙，覺得無顏生存而自殺，也受了這種錯誤觀念的影響。」[80] 作者從反對貞操觀的角度出發間接支持了馬振華的婚前性行為。但鄒韜奮則表達了審慎的態度，說：「在女子方面，只要看所交的男友有不合理的生理上的要求，就是他百般言愛，但

78　蘇雪林：《浮生九四：雪林回憶錄》，三民書局，1991，第 45 頁。

79　盧劍波編《戀愛破滅論》，泰東書局，1928，第 56—57 頁。

80　落霞：〈打破錯誤的貞操觀念〉，《生活週刊》第 3 卷第 21 期，1928 年。

未有澈底瞭解而且正式結婚之前，遽有此要求，便是很危險的途徑，應拿定主意，毅然拒絕。這一點如拿得定，就是發現對方靠不住，顧而之他，也不至於有何淒慘的結果……馬振華女士之死於汪某，也是這一點沒有拿得定所致。」[81]鄒韜奮的這一觀念在當時擁有廣泛的支持者。1930 年的「葉冀熊劫殺孤孀案」進一步說明，傳統倫理道德依然具有廣泛的社會基礎，以「非婚」為歸宿的自由戀愛和性行為並不能得到社會認可。[82]

　　針對五四後流行的自由戀愛中的性行為問題，蔡元培曾經撰文指出：

> 盡世界人類而愛之，此普通之愛，純然為倫理學性質者也，而又有特別之愛專行於男女間者，謂之愛情，則以倫理之愛而兼生理之愛者也；生理之愛，常因人而有專泛久暫之殊，自有夫婦之制，而愛情乃貞固：此以倫理之愛，範圍生理之愛，而始有純潔之愛情也。

> 純潔之愛情何必限於夫婦？曰既有所愛，則必為所愛者保其健康，寧其心情，完其品格，芳其聞譽，而準備其未來之幸福。凡此諸端，准今日社會之制度，惟夫婦足以當之。若夫夫婦關係以外，縱生理之愛，而於所愛者之運命，忍然不顧，是不得謂之愛情，而謂之淫欲。[83]

　　蔡元培對「愛情」與「淫欲」的區分，符合當時社會的一般尺度。1932年發生的哲學家李石岑與其學生童蘊珍的情變事件便是一個例證。李石岑在蘇州有妻室，此前已三番五次與其女弟子上演始亂終棄的鬧劇。此次童某與其撕破面皮，對簿公堂，要求法庭對李定引誘少女之罪。此事引起了《生活》讀者的熱議和批評。不少讀者斥責李某「縱欲」、「私利」、「殘忍」，為人虛偽。「有蹂躪女子之實，卻冒名為『求人格之充實』，『新浪漫主義』以及『偉大』的美名。」

　　作為自由戀愛的一事之兩面，五四之後，婚姻自由觀念也在青年中同步流行。二三十年代，時常有人以學生為對象，調查他們對婚姻問題的看法。1929 年《廣州民國日報》的一篇研究報告，在調查的 181 名已婚學生中，自己做主訂婚的比父母代訂的要多。被調查者中，凡自己做主或自己同意的婚

81　編者：〈新女子最易上當的一件事〉，《生活週刊》第 4 卷第 10 期，1929 年。

82　趙秀麗：〈試論近代社會對自由戀愛的接受——以「葉冀熊劫殺孤孀案」為例〉，《三峽大學學報》2010 年第 4 期。

83　高平叔編《蔡元培教育論集》，湖南教育出版社，1987，第 122 頁。

事，婚後都比較滿意；由父母或他人代定的婚事大半不令人滿意。對於婚事不滿意而想離婚的，占44.3%。[84] 總之五四以後，婚姻自由觀念已深入青年一代的人心，青年在婚姻問題上的自主權也越來越大。

不應忽視的是，婚姻自由觀念存在著明顯的代溝，其結果是大批的男性知識青年無法接受已成事實的包辦婚姻，轉而渴望通過自由戀愛獲得理想伴侶。諸如魯迅、胡適、蔣介石、毛澤東等人都遭遇到類似的問題。1923年在上海夏令講學會上，著名社會活動家陳望道述說了自己的婚姻歷程：

> 我是一個曾經歷過舊式婚姻痛苦的人。當我十五歲時，便被強迫結婚。因此，我十六歲入學校讀書——以前是請人在家裡教讀——常住校中，不願回家，校中教員、同學都以為我是一個極端用功的學生，其實不然，後來我覺得這樣還不是根本的解決，非再走遠一點，直到外國去不可。就一直在外國住了十年，除了父母生病及別的緊急不曾回家一次，他們以為我是用心求學，其實一半便是逃婚罷了。[85]

婚姻自由的一項重要內容是離婚自由。1921年在湖南任教的謝覺哉在日記中這樣寫道：「自男女解放之聲浪盛，少年婚姻間所產生的苦痛益多，因知識之差異而害及感情，又以感情之無以維繫而變生俄頃。此雖過渡時不免之現象，要亦當思救濟之方，或頓變其主觀而歡戚自異，或改良其客觀而慰借自來也。」[86] 實際上民國時期的離婚問題得到不少的關注，其中離婚的原因受到了重點關注。上海市離婚率居民國各大城市之冠。上海市社會局發表的離婚統計材料表明，該市僅1928年8月至1930年12月兩年半中，共有近2000件離婚案件，離婚原因首先以意見不合占大多數，行為不端為其次，在這些離婚案中，雙方同意者占大多數，女方主動者有一部分，男方主動者不過百分之一二。

據天津《大公報》統計分析：「本埠最近三年來離婚之案件，原因不一，而大多數不外兩種：一為逼娼，一為虐待。從此可推知社會經濟之影響，不僅波及於物質界，並精神界而占有矣。不僅男子之勞力等於商品之供給，即女性亦成為商品矣。夫女子再為男子所支配，女子既失其支配自身之能力，社會又

---

84 碻士：〈學生婚姻問題之研究〉，《廣州民國日報》1929年11月11日。
85 陳望道：〈婦女問題〉（續），《婦女週報》1924年第48期。
86 《謝覺哉日記》，人民出版社，1984，第26頁。

不能充分收容女子為相當之服務，其結果遂流於賣性。而其最大原因，實由於女子教育之不普及，知識能力之薄弱，依賴性之養成。」[87]

1939 年蕭鼎瑛發表的〈成都離婚案之分析〉一文，對成都市 1937─1938 年計 70 件離婚案進行了系統研究。根據法院判決書中所載，其中 80% 為妻子主動提出離婚的。

民國時期的許多社會調查表明，從觀念層面言之，離婚已經被普遍接受。1928 年《大公報》曾刊登關錫斌關於〈婚姻問題調查的答案〉，32 位受訪青年男女中僅有 2 人明確表示無法接受離婚，其他人則表示認同。如天津一名 19 歲的男性在調查問卷上寫道：「我的婚姻是舊式婚姻，感情不和，毫無愛情，是不滿意的，仇人似的，一點快樂也沒有！婚姻是我們一生最有關係的，不應當拿金錢結合，不應當拿欺詐手段來結合！更不應當拿父母之命媒妁之言來結合！我們應當拿純粹的愛情來結合！因為我們各自的終身快樂起見，一定要離婚。」一位 22 歲的男子說：「我對離婚很贊成，夫妻情投意合當然沒有離婚的觀念，若是不和睦，整天裡不是相罵就是相打，你視我為眼中釘，我看你不順眼，夫妻變成仇敵，不如各尋山頭的好。」[88]

隨著離婚案例的增多，有些人將其視為一種社會問題，但另外一些人則認為它是社會進步的象徵，予以肯定。如《盛京時報》刊發的一篇文章稱：離婚是「國人思想發展之結果，婚姻關係人一生之苦樂，形式上雖注重在倫理上之結合，而實際上尤須賴理性之調適，徒有倫理上死板生捱，生拉硬扯，未有不發生問題者。今則科學昌明，神權日衰，思想解放之花大開。離婚案件之增加，除非我們認為人類思想發展是不好事，因此非但不容反對，還當原諒，還當援助」。[89] 陳劍華在《大公報》「婦女與家庭」專欄發表〈婚姻問題〉一文指出：「你若不滿意對方，實在沒有再商量的餘地，不如索性抱著『合則留，不合則去』的宗旨離婚，這如快刀斬亂麻一般，是最痛快的法子。」[90]

如上所論，城市生活史實際就是發生在城市這一特定空間裡的社會生活史。就如社會生活史是社會史的延伸一樣，城市生活史也是城市史的延伸。相

87　〈離婚案件之統計〉，《大公報》1929 年 2 月 10 日。
88　《大公報》1928 年 3 月 29 日。
89　〈離婚之芻議〉，《盛京時報》1923 年 11 月 4 日。
90　《大公報》1928 年 9 月 13 日。

比社會史，社會生活史眼光更加下移，更具有微觀史和新文化史的傾向，更關注社會的日常生活層面。城市生活史也是如此。相比城市史研究，城市生活史更關注城市居民的日常生活，並從日常生活層面出發探討城市與居民、國家與社會的關係。近年來，得益於社會史的興盛和城市史的發展，城市生活史研究正呈現出方興未艾之勢。

即如本章所論之民國城市日常生活而言，可以使我們看到民國社會的多重面相，由此亦可認知民國時代社會發展的各種可能性。這方面的研究仍有著巨大的拓展空間。

第二十八章　民國時期的邊海疆交涉

一、辛亥革命與多民族國民國家的認同

　　1911 年爆發的辛亥革命，開啟了中國由傳統封建社會向現代化國民國家轉型的歷程。過去，學者關注於辛亥革命的性質，從辛亥革命是資產階級革命的定位，到辛亥革命是全民革命的主張，再到辛亥革命是國民革命的探討，充分體現了老一輩學者的政治關懷。但在分析辛亥革命性質時，我們應該更加關注辛亥革命的雙重性和複雜性，在這場革命中，漢人反滿民族革命（即同盟會所標榜的「驅逐韃虜、恢復中華」政治目標）和各族先進分子反封建民主革命（推翻封建專制、建立共和制度）這兩個目標共存。在歷經維新運動和預備立憲運動失敗後，以商會、商團和新式知識階層為基礎的立憲派勢力逐漸發展，與此同時，經過湘、淮、北洋各系傳承，以袁世凱為核心的漢族官僚力量也在發展。當同盟會於 1911 年 10 月 10 日在武昌發動起義後，革命的烈火迅速燃遍全國。所以說，辛亥革命是由革命派、立憲派和漢族官僚合力發動並完成的，目標是建立一個採行主權在民、三權分立共和政體的現代國家。

　　康有為、梁啟超為首的立憲派在革命黨人之前就意識到「滿人不是中國人，只有漢人才是中國人」的想法太過激進與不當。[1] 1902 年，康有為在《辯革命書》中就指出滿族或蒙古族，「皆吾同種」，滿洲人也是中國人，盲目地排滿反滿，使中國有分裂的危險。梁啟超明確提出了「大、小民族主義觀」，亦即「小民族主義者何？漢族對國內他族是也。大民族主義者何？合國內本

---

* 本章由陳謙平撰寫。
1　葛志毅：〈小議戊戌前後康、梁的民族觀〉，《黑龍江社會科學》2006 年第 2 期。

部屬部之諸族以對於國外之諸族是也」。他提倡要擯棄「狹隘的民族復仇主義」，[2]並首創「中華民族」一詞。可見，梁啟超的「大民族主義」中包括了滿、蒙、回、藏、苗等諸多少數民族。

孫中山在革命的實踐中發現革命隊伍中的排滿反滿宣傳過於偏激，認為需要向全國人民表明革命的目的乃是推翻專制，而不是「種族復仇」，因為「就算漢人為君主，也不能不革命」，「假如我們去實行革命的時候，那滿洲人不來殘害我們，決無尋仇之理。」[3]而章太炎等革命黨人亦重新承認中國境內的滿、蒙、回、藏等多民族同為中華民族，使得「合漢滿蒙回藏，為一大共和國」[4]的口號廣泛傳播。

因此，從中華民國成立之初，南京臨時政府即提出「五族共和」的政治主張。南京臨時政府內最早提出這一主張的是宋教仁和陳其美。1912 年 1 月 1 日，南京臨時政府參議院決議以紅、黃、藍、白、黑五色旗為國旗。紅、黃、藍、白、黑五色分別代表漢、滿、蒙、回、藏五個民族，即所謂「五族共和」。孫中山在《臨時大總統就職宣言書》中指出：「國家之本，在於人民，合漢、滿、蒙、回、藏諸地方為一國，即合漢、滿、蒙、回、藏諸族為一人，是曰民族之統一。武漢首義，十數行省先後獨立。所謂獨立，對於清廷為脫離，對於各省為聯合，蒙古、西藏，意亦同此，行動既一，決無歧趨，樞機成於中央，斯經緯周於四至，是曰領土之統一。」[5]

提出建立以「五族共和」為主體的多民族現代民族國家，體現了孫中山、宋教仁等人的國家觀。這是辛亥革命最重要的成果之一。

1912 年 2 月 12 日，清皇室在頒布「退位詔書」時，就提出「由袁世凱以全權組織臨時共和政府，與民軍協商統一辦法。總期人民安堵，海宇乂安，仍合滿、漢、蒙、回、藏五族完全領土為一大中華民國」。同時在「關於滿蒙回藏各族待遇之條件」內明確提出「與漢人平等」。[6]這表明「五族共和」也

2 梁啟超：《飲冰室合集・文集之十三》，中華書局，1989，第 74—76 頁。
3 《孫中山全集》第 1 卷，中華書局，1981，第 325 頁。
4 《章太炎政論選集》，中華書局，1977，第 520 頁。
5 〈臨時大總統宣言書〉（1912 年 1 月 1 日），中國第二歷史檔案館編《南京臨時政府遺存珍文件》（壹），鳳凰出版傳媒集團、鳳凰出版社，2011，第 85—86 頁。
6 中國第二歷史檔案館編《中華民國史檔案資料彙編 第二輯 南京臨時政府》，江蘇人民出版社，1981，第 5—6 頁。

得到了清皇室的認同。

1912 年 3 月 11 日頒布的《中華民國臨時約法》，第一次將「五族共和」的思想法律化，其第一章「總綱」第三條規定：「中華民國領土，為二十二行省，內、外蒙古，西藏，青海。」第二章「人民」第五條規定：「中華民國人民，一律平等，無種族、階級、宗教之區別。」第三章「參議院」第十八條規定：「參議員，每行省、內蒙古、外蒙古、西藏各選派五人……參議院會議時，每參議有一表決權」。[7]

至此，民國政府在新政權成立之初，即確立了「五族共和」的國策，更在法律範圍內肯定了蒙藏都是中國領土的一部分，蒙藏人民對國家事務擁有平等的參政、議政權利。

1912 年 3 月 15 日，袁世凱就任臨時大總統，在蒙藏地位問題上，沿襲孫中山提出的「五族共和」政策和《臨時約法》的民族政策。3 月 25 日，袁世凱發布《勸諭蒙藏令》，分別致電達賴喇嘛、班禪額爾德尼、哲布尊丹巴呼圖克圖，稱：「凡我蒙藏人民，率循舊俗，作西北屏藩，安心內向……現在政體改革，連共和五大民族，均歸平等。本大總統堅心毅力，誓將一切舊日專制弊政悉行禁革。蒙藏地方，尤應體察輿情，保守治安」。為實現蒙藏地區的穩定，袁勸諭蒙藏上層僧俗「於中央大政及各該地方應興應革事宜，各抒所見，隨時報告，用備採擇。務使蒙藏人民一切公權私權，均與內地平等，以期大同而享幸福」。[8]

4 月 13 日袁世凱發布《廢除漢、滿、蒙、回、藏通婚禁令》。

4 月 22 日，袁世凱重申：

> 現在五族共和，凡蒙、藏、回疆各地方，同為我中華民國領土，則蒙、藏、回疆各民族，即同為我中華民國國民，自不能如帝政時代再有藩屬名稱。此後，蒙、藏、回疆等處，自應統籌規劃，以謀內政之統一，而冀民族之大同。[9]

1914 年 5 月 1 日，北京政府公布《中華民國約法》，其第一章「國家」

---

7 陳荷夫編《中國憲法類編》下冊，中國社會科學出版社，1980，第 336—367 頁。
8 《東方雜誌》第 8 卷第 11 號，1912 年。
9 《東方雜誌》第 8 卷第 12 號，1912 年。

第三條規定「中華民國之領土，依從前帝國所有之疆域」；第二章「人民」第四條規定「中華民國人民，無種族、階級、宗教之區別，法律上均為平等」；第十章「附則」第六十五條規定「中華民國元年二月十二日所宣布之……滿、蒙、回、藏各族待遇條件，永不變更其效力」。[10]

中華民國實行「五族共和」主張，既是對中國多民族國體的確認和聲張，更表現出對清代疆域等遺產的繼承和接受，顯然有別於歐洲單一民族國家（nation state）的概念。當然，對地域廣袤卻國力羸弱的中國來說，要想建立一個包括蒙、藏、回、滿等在內的「五族共和」的現代國家，路程註定是不平坦的。

二、北京政府維繫疆域的艱難努力

中華民國建立後面臨的國際環境對民國政府十分不利，英、俄、日等國在承認北京政府問題上所提出的嚴苛條件以及向袁世凱施加的外交壓力，幾乎使新政權處於崩潰的邊緣。儘管美國和德國相繼承認民國政府打破了列強間的一致，但中國政府在外蒙古和西藏問題上向俄英的妥協，導致邊疆不斷出現少數民族的分離、暴亂和界務危機，並始終為其所困擾。

外蒙古的失而復得與得而復失

沙俄對外蒙古的領土野心由來已久。從 1910 年開始，俄國政府便慫恿外蒙古王公密議獨立之事。1911 年 7 月，杭達多爾濟、車林齊密特等密赴彼得堡，乞求俄國派軍隊支援外蒙古獨立。武昌起義爆發後，俄國於 11 月底派軍隊護送杭達多爾濟等人返回庫倫。11 月 30 日晚，杭達親王以庫倫活佛哲布尊丹巴名義向庫倫辦事大臣三多遞交最後通牒，宣稱外蒙古「獨立」，推哲布尊丹巴為「大蒙古獨立國大皇帝」，並將中央政府官員全數驅逐出境。三多及部屬均避居俄國領事館，並於 12 月 5 日由俄國軍隊「護送」到恰克圖，取道西伯利亞回到天津。12 月 16 日，「大蒙古國」正式成立，以哲布尊丹巴為「皇帝」。[11] 外蒙獨立完全是由沙俄一手操縱的，正如三多所指出的，「在外蒙古一帶，俄國勢力業已根深蒂固，牢不可拔，事實上只能承認該地區已為俄國所

10　陳荷夫編《中國憲法類編》下冊，第 381 頁。

11　張忠紱編著《中華民國外交史》，正中書局，1943，第 78—79 頁。

有」。[12]

　　對於外蒙古的所謂獨立，北京臨時政府不予承認，並於 1912 年 6 月 30 日任命那彥圖為烏里雅蘇臺將軍，兼理土謝圖和車臣兩汗部事務。臨時大總統袁世凱還於 8 月接連致電哲布尊丹巴，曉之以理，勸其「熟觀時局，刻日取消獨立，仍與內地聯為一體」，並擬派專員前往庫倫「面商一切」，但哲布尊丹巴復電稱「與其派員來庫，徒事跋涉，莫若介紹鄰使，商榷一切之為愈也」，公然拒絕同中央政府直接商談。[13] 由於民國政府尚需得到列強的承認，國內政局亦沒有安定下來，無法以武力收復外蒙古，只好一面派員勸說外蒙取消獨立，一面同沙俄政府進行交涉。

　　俄政府內部對外蒙古獨立也存有不同的觀點，除了害怕強行併吞外蒙會引起其他帝國主義列強的反彈外，經濟上的因素也不可忽略。沙俄外交大臣就認為外蒙古如獨立，將加重俄國的財政負擔，於是決定先使外蒙古自治，讓中國保證對外蒙不移民、不駐軍、不干涉其政治。這種政策將使俄國在政治和經濟上均處於有利的地位。

　　基於這種政策，俄國政府拒絕了庫倫當局要俄國承認外蒙古獨立，並以兵力援助其「收復」內蒙古的要求，而於 1912 年 11 月 3 日同外蒙古當局簽訂了《俄蒙協約》及《俄蒙商務專約》，條約的簽訂實際上確立了俄國對外蒙古的統治。

　　北京政府外交總長梁如浩向沙俄駐華公使提出照會，聲明外蒙古為中國領土，中國政府「概不承認」俄國同外蒙古所訂立的任何條約。但俄國公使態度強硬，以不承認北京政府相要脅。中國當時既無外援，又無反抗能力，「惟有哀懇俄使，求其由俄提議，另訂《中俄協約》，以謀代《俄蒙協約》而已」。[14]

　　1915 年 6 月 7 日，《中俄蒙協約》在恰克圖簽訂。該約主要內容可歸納為：第一，中國在名義上獲得在外蒙古的宗主權。協約承認中國在外蒙古的宗主權；中俄承認外蒙古自治，為中國領土之一部分；外蒙古無權與各外國訂立政治及土地關係之國際條約；哲布尊丹巴呼圖克圖汗名號受中華民國大總統冊

12　鄒念之編譯《日本外交文書選譯——關於辛亥革命》，中國社會科學出版社，1980，第 136—139 頁。
13　程道德等編《中華民國外交史資料選編（1911—1919）》，北京大學出版社，1988，第 86—88 頁。
14　蔣恭晟：《國恥史》，中華書局，1929，第 129 頁。

封，外蒙古公事文件使用民國年曆，兼用蒙古干支紀年。第二，中國喪失了對外蒙古的實際控制，而俄國則確認了其在外蒙古的各項侵略權益。協約規定中俄承認外蒙古有辦理一切內政及與各外國訂立關於工商事宜的國際條約的專權；中俄不干涉外蒙古現有內政制度；《俄蒙商務專條》繼續有效；中俄在外蒙古派駐基本同等數量之衛隊，中國駐庫倫大員和俄國駐庫倫代表同樣享有獨見哲布尊丹巴之權；中國與外蒙古的正式劃界應由中俄兩國和外蒙古代表會同辦理。[15]

1917 年沙俄政府倒臺後，俄國陷入內戰。紅白兩黨戰事的騷擾和日本對外蒙古的垂涎，使外蒙古的王公貴族人人自危，遂於 1919 年 11 月向北京中央政府提出撤銷外蒙古自治的請求。北京政府接到請願書後，於 11 月 22 日以大總統令的形式，正式頒布外蒙古撤銷自治的命令，聲明「所有外蒙博克多哲布尊丹巴呼圖克圖汗應受之尊崇與四盟沙畢等應享之利益，一如舊制」，[16]同時，徐樹錚亦率領邊防軍開入外蒙古各地。這樣，中國中央政府正式收回了外蒙古主權。

1920 年 7 月直皖戰爭爆發前，邊防軍主力調回北京，庫倫守軍只有 2000 餘人，且久欠軍餉，已是軍心渙散。原俄國白黨將軍恩琴（Рома́н Фёдорович фон У́нгерн-Ште́рнберг）在日本援助下，於 1921 年 2 月初率領俄蒙軍隊近 5000 人攻佔庫倫。在白俄軍隊的控制下，哲布尊丹巴於 2 月 9 日再度宣布外蒙古獨立，並封恩琴為雙親王，組織政府。恩琴部隊隨後占領科布多、烏里雅蘇臺等地，外蒙古全境落入恩琴控制下。

蘇俄對外蒙古也有所圖。早在 1919 年 8 月 3 日，蘇俄政府在致蒙古人民與蒙古自治政府的宣言中就聲稱「蒙古現已成為一個獨立的國家」。恩琴率部攻佔庫倫後，蘇俄遠東共和國政府立即於 3 月 13 日在恰克圖成立臨時蒙古革命政府，準備派軍協助蒙古人民革命黨奪取外蒙古政權。同年 5 月，恩琴率部由外蒙古進攻蘇俄遠東共和國。蘇俄政府外交人民委員契切林（G. Chicherin）於 6 月 15 日照會北京政府，稱蘇俄決定出兵外蒙古，消滅白衛軍恩琴部，「一

---

15 參見程道德等編《中華民國外交史資料選編（1911—1919）》，第 123—126、119—122 頁；呂秋文《中俄外蒙交涉始末》，成文出版社，1976，第 114、117 頁；復旦大學歷史系中國近代史教研組編《中國近代對外關係史資料選輯（1840—1949）》上卷第 2 分冊，上海人民出版社，1977，第 347—349 頁。
16 〈大總統令〉（1919 年 11 月 22 日），《政府公報》第 1363 號，1919 年 11 月 23 日。

俟大功告成，俄軍即退出蒙境」。[17] 儘管北京政府嚴詞拒絕，但蘇俄紅軍仍於
7月6日進佔庫倫，恩琴被俘。7月12日，蘇俄幫助蒙古人民革命黨在庫倫
成立蒙古國民政府。同年11月5日，蘇俄政府同蒙古人民革命政府在莫斯科
訂立《俄蒙修好條約》，蘇俄承認外蒙古為完全獨立國。此後，蘇俄軍隊駐紮
在外蒙古各地，一直到第二次世界大戰結束後。

西藏同中央政府的疏離

中華民國成立以後，西藏遂成為英國在華侵略利益的核心地區。

早在1912年3月，印度總督哈定（Lord Charles Hardinge）就向英國政府
提出：「英國對中華民國的承認應以中國同意解決西藏問題為前提」。[18] 這就
表明，承認英國在西藏擁有特殊利益成為英國承認中國民國政府的先決條件。

同年8月17日，朱爾典（J. N. Jordan）向中國外交部遞交節略，正式聲
明英國的西藏政策，可歸納為以下5點：（1）「英政府雖正式承認中國對西
藏確有上邦之權，然不能承認中國有干涉西藏內政之權。」（2）「英政府對
於中國官員近兩年在藏占奪行政權限之事，概不承認。即袁大總統4月21日
所發命令，謂西藏與內地各省平等，又謂西藏地方一切政治俱屬內務行政範圍
各語，均不能承認。」（3）英政府不能承認中國在拉薩或西藏無限制駐兵權。
（4）「英政府力請將上言各節，訂成條約。此條約成立之後，方能承認中華
民國。」（5）在此項條約訂立之前，英國將「現時印藏之交通，對於華人應
做切實斷絕。」[19]

英國的真正目的是要壓迫中華民國政府在上述照會的基礎上，就西藏問
題同英國簽訂新的條約，「使西藏處於絕對依賴印度政府的地位……將中國和
俄國都排擠出去」。[20]

1912年康藏戰事爆發，民國政府電令四川總督尹昌衡、雲南都督蔡鍔率
軍西征，「迅撥得力軍隊，聯合進藏，竭力鎮撫。」[21] 由於川滇軍西征勢如破竹，

17　李嘉谷：《中蘇關係史（1917—1926）》，社會科學文獻出版社，1996，第138、140頁。
18　呂昭義：《英帝國與中國西南邊疆（1911—1947）》，中國藏學出版社，2001，第128頁。
19　中國藏學研究中心等合編《元以來西藏地方與中央政府關係檔案史料彙編》（以下簡稱《彙
　　編》）第6冊，中國藏學出版社，1994，第2385—2386頁。朱爾典節略英文件參見國界問
　　題研究叢書《中印國界研究》，「光復大陸設計研究委員會」，1977，附件5，第125頁。
20　Woodman, *Himalayan Frontiers* (New York, 1969) p.46.
21　憂患餘生等：《民元藏事電稿‧藏亂始末見聞記四種》，西藏人民出版社，1983，第11頁。

戰事對中央政府極為有利，十三世達賴喇嘛和西藏地方政府極為震驚。英國見勢遂出面干涉，袁世凱迫於壓力，下令川滇軍停止入藏，希望通過和平協商的方式解決西藏問題。

是年 10 月中旬，十三世達賴喇嘛通過新疆都督袁大化，向北京民國政府提出西藏與中央政府恢復關係的條件五款：「（1）西藏人保有與華（漢）人同一之權利。（2）中央政府每年補助西藏 500 萬元。（3）西藏有權許可他國之民採掘礦山，但西藏與英國所結條約當遵守之。（4）西藏有自由訓練軍隊之權，中央政府駐藏軍隊，其數不得超過 1500 名以上。（5）西藏官制，由中央政府制定之，但西藏政府之官吏，應以西藏人任之。」[22] 這表明十三世達賴喇嘛已萌發與中央政府和談的願望，雙方有實現和談的可能性。

自英國向北京政府遞交照會後，立即禁止漢人通過印度進入西藏。10 月 28 日，民國政府明令恢復達賴喇嘛被前清政府革去的「誠順贊化西天大善自在佛」名號，並派馬吉符、姚寶來為冊封使，擬取道印度大吉嶺，前往拉薩舉行冊封典禮，但遭到英國政府的拒絕。

1 月上旬，「俄煽惑哲布宗丹巴，英慫恿達賴……於庫倫祕密議定蒙藏協約」，其主要內容有：「（1）達賴喇嘛承認蒙古之實權，並承認辛亥十一月九日宣言，為黃教主活佛之獨立國。（2）蒙古政府承認西藏為自治國，達賴喇嘛為宗教主。（3）兩國為互圖黃教昌明起見，當執行一切之處治。（4）兩國政府危急存亡之秋，宜永久互相援助。」[23] 所謂「蒙藏協約」的簽署雖是事實，但是，這個協約是沒有法律效力的。因為事後沒有一方正式發表過這個協約，就連達賴喇嘛和西藏的官員也否認曾經授權其代表與外蒙古締結這樣的條約，西藏地方政府更是沒有批准過這樣的協約。所以這個協約得不到國際上的承認，它的披露遭到北京政府的嚴重譴責和抗議。

在英國政府的威逼下，民國政府終於派陳貽範等前往西姆拉參加中央與西藏及英國三方會議，由於中國中央代表繞道印度，耽誤了行程，原定 10 月 6 日開議的會議延期至 13 日才開會。

會議當天，西藏地方代表倫欽夏紮就在英國顧問柏爾（C. A. Bell）的指使

22　朱繡：《西藏六十年大事記》，西藏藏文古籍出版社，2010，第 39—40 頁。
23　朱繡：《西藏六十年大事記》，第 43—44 頁。

下，提出《1913年西藏要求書》，提出西藏「獨立」、劃定「中國與西藏國界」、
1893年與1908年的通商章程「由英藏政府雙方磋商允洽酌改」、不准駐藏
大臣等入藏等6項苛刻要求。[24] 陳貽範則提出《中國對西藏要求書之駁復書》，
指出西藏自元以來即正式歸入中國版圖，明清兩朝亦屬中國領土，同時提出
7條主張作為會議商議藏案的基礎。中央政府與西藏地方雙方提出的條款存在
本質上的區別，爭論的焦點集中在西藏「獨立」問題和西藏地區範圍的劃分。
中國政府代表要求將西藏地位問題作為會議主題，而英國代表麥克馬洪（Henry
McMahon，中文名馬麥含）卻建議會議先討論解決「西藏劃界」問題。

　　麥克馬洪在會上提出《英國關於西藏界務聲明》，並以一份地圖來說明。
英國聲明：（1）西藏之歷史界限即為其「簡明地圖中所劃之紅線」。（2）
將「自昔至今」中國在西藏的權力劃分為「中國權力有時偶及之範圍」和「中
國僅能頒布命令空文之範圍」。「此二範圍之區劃，即為圖上所畫之藍線。
本專員今擬將該兩範圍名曰內西藏與外西藏」，即紅藍線之間為內西藏，藍
線之西為外西藏。[25] 這就是麥克馬洪於會上正式提出將西藏劃分為內藏和外藏
的計畫。在英國的計畫中，內藏線自昆侖山脈起，東北行，至阿爾丁山（Altyn
Tagh），繞西寧、青海，折而南，經金川地、打箭爐、雅礱江至梯拉拉止；
外藏線也從昆侖山脈起，東經亞克嶺至白康普陀嶺，折而南，經德格、甘孜、
瞻對，復折而西，至乍丫，又南經江卡、德亞寺、門工，再至梯拉拉止。[26] 他
還提出了一條劃分藏區與內地的紅線，這條紅線從念青唐古喇山起，包括青
海、甘肅南部到四川西部，最後又從雲南與緬甸交界的尖高山折向不丹與西藏
交界處，而從滇緬邊境到不丹西藏交界這一段實際上就是後來麥克馬洪與倫欽
夏紮背著中國中央政府祕密交易的麥克馬洪線。

　　中國政府最終決定拒簽《西姆拉條約》。1914年7月3日上午，第八次
正式會議在西姆拉舉行。陳貽範「接到政府訓令，明確指示他拒簽三方條約」。
當倫欽夏紮表示要簽字時，陳貽範當即聲明：「前奉本國政府訓令，凡英藏本
日或他日所簽之條約或類似文件，中國政府一概不能承認。」陳貽範旋即退出

24　《中印國界研究》，附件6，第127—128頁。
25　《中印國界研究》，附件10，第149頁。英文本參見 PROCEEDINGS of the 4th meeting of
　　the Tibet Conference held at Delhi on the 17th February 1914，西姆拉會議（1913年10月4日—
　　1914年3月17日），「國史館」藏外交部西藏檔案：144/730。
26　《中印國界研究》，第90頁。

會場。[27] 7月6日，中國政府正式聲明：「英藏簽押，我自不能補簽……中國政府不能擅讓領土，致不能同意簽押，並不能承認中國未經承諾之英藏所簽之約或類似之文牘」。[28] 由於中國政府聲明否認，那個未經中國代表正式簽字的《西姆拉條約》並不具有法律效力。

西姆拉會議後，英國仍然試圖繼續壓迫中國政府承認《西姆拉條約》，但因第一次世界大戰很快爆發，英國無力顧及其東方利益，不得不將此議題暫時擱置。而1914年在印度西姆拉召開的「中藏印會議」，中英代表對於兩國在藏地位雖經商議達成一致，但在西藏自治、「漢藏劃界」這兩個主要問題上，中國政府未能同意，陳貽範擅自畫稿，中國政府聲明予以否認，並撤回專員。因此，會議所商定之《西姆拉條約》，既未成立，亦不生效。

英國分離西藏圖謀的破產

在中國政府拒絕讓步的情況下，英國採取了支持西藏當局進攻川康地區的手法。1917年9月，駐紮藏東類烏齊河的藏軍士兵2人越界割草，為邊界漢軍拿獲，解送昌都，藏方乞請昌都統領彭日升將藏兵交還，彭日升反將2人斬首，送還首級，引起藏人憤怒，舉兵攻打恩達、類烏齊等地。西藏此次發動戰爭，係有備而來。英印政府此前接濟藏軍步槍5000枝，子彈500萬發，藏軍實力增強，而內地軍閥混戰，無論是北京政府或是川滇軍閥均無力援助彭部，加以大小軍閥統治引起藏人不滿，「一時各縣番民背漢投藏者數不下十萬，勢甚猖獗」；而「邊軍久戍，餉械匱乏，軍無鬥志，又因分防多處，兵力益單，釁端一開，遂難據守」。至1918年2月，藏軍先後攻佔類烏齊、恩達等地，並包圍了昌都和察雅。4月，彭日升及其部下繳械投降，昌都和察雅失陷。藏軍勢如破竹，又接連攻克寧靜（今屬芒康）、貢覺、同普、德格、白玉、鄧柯、石渠、瞻化、武城等9縣，「亡邊軍八營，兵二千，知事、營長、員弁被俘者都數十員」，甘孜、巴塘等地危在旦夕。[29]

由於川藏戰事重開，朱爾典遂多次往晤北京政府外交總長陸徵祥，請求解決藏案，並不顧中國外交部的反對，於7月5日強行要求謁見國務總理段

---

27 PROCEEDINGS of the 8th meeting of the Tibet Conference held at Simla on the 3rd July 1914,《中印國界研究》，附件21，第94、191—192頁；《彙編》第6冊，第2422頁。

28 參見《彙編》第6冊，第2420—2422頁；《中印國界研究》，第94頁。

29 參見《彙編》第6冊，第2440—2441頁；牙含章編著《達賴喇嘛傳》，第262—264頁。

祺瑞，申明續議藏約之意。從 1918 年 2 月至 1919 年 5 月，英方到中國外交部催促共有 11 次之多，均被婉拒。1919 年 5 月 30 日，朱爾典再晤代理外交總長陳籙，催請中國政府解決「漢藏界務」問題。7 月 5 日，英國副領事臺克滿（Eric Teichman）蒞外交部，要求中國速將「中英關於西藏事件之實情宣布」，稱「西藏案件速了為善」。外交部僉事史悠明則表示：「最好從緩。因國民對於山東問題之風潮，尚未盡息，況某國借報紙宣傳謠言，蠱惑人心，深恐人民不明真相，反對貴國，徒傷感情也。」[30] 明確表達了緩議西藏問題的立場。

8 月 13 日，朱爾典又面見陳籙，稱「內外藏名稱係在印度會議時所定，且為權宜之計，既無根據，又無界限，將來必多障礙」，建議將內外藏名稱取消，仍用「中國西藏舊名」。而「原議內藏之地，一半劃歸中國，一半劃歸西藏」。[31]

9 月 4 日，朱爾典謁見大總統徐世昌，堅請繼續開議，但剛經歷過五四風潮的徐世昌自然不敢答應。他對朱爾典說道：「現在事勢與四年前大不相同，倘貴國政府於四年前允照該項辦法解決此事，當無困難之處。但現在情形已變。蓋因歐戰之結果造成社會上一種新思想，此種思想最易激動而發生風潮。故本國政府對於此種交涉事件務須戒慎將事，且必籌劃妥善之方法，以預防此種風潮發生。」徐世昌指出，中英商談西藏問題必須做到三點：「須電四川川邊派員來京接洽，以免外省反對」；「前後情形應由政府陸續詳細公布，以免人民誤會」；「條文須經國會通過，方能簽字」。[32]

對於中國政府拒絕續議藏事的態度，英國政府十分惱火，英國外交部於同年 11 月約見中國駐英公使施肇基，表示了強烈的不滿，威脅中國政府若繼續拖延不解決藏事，英國今後將拒絕在中日事件上為中國出力。[33]

外交部則致電施肇基，請其轉告英國政府目前不宜續議藏事理由：

30　〈英館臺副領事來部會晤史僉事問答〉（1919 年 7 月 5 日），中研院近代史研究所檔案館藏《外交部西藏檔案·會晤問答（3）》：03-28/24-(4)，第 18—19 頁。以下所引西藏檔案館藏同，略。

31　〈收陳部長十三日會晤英朱使問答〉（1919 年 8 月 15 日），《外交部西藏檔案·會晤問答（3）》：03-28/24-(4)，第 20—24 頁。

32　〈大總統接見英朱使問答〉（1919 年 9 月 4 日），《外交部西藏檔案·會晤問答（3）》：03-28/24-(4)，第 35—37 頁。

33　〈施肇基致外交部電〉（1919 年 11 月 26 日），《彙編》第 6 冊，第 2452 頁。

藏事不願即行解決，正為顧全中英邦交起見。蓋全國人民視藏案較山東問題尤重，現因山東問題已激起排斥日貨風潮，若同時提議藏事，必又激起反對。前此與朱使不正式接洽，各方面已紛電詰責，可見一斑……況西藏情形與外蒙古相類，現外蒙古已自請取消自治。對於藏事，政府方在與英議訂條約，尤難邀國民諒解。[34]

12月3日，朱爾典同陳籙再次會晤，陳籙明確指出：「現本國人民視西藏問題較青島尤為重大，且目前民眾易趨激昂，對於此事之反對，必甚劇烈，不易應付……若本部徑於開議，恐情勢愈趨愈壞，或致惹起本國人民對於貴國之惡感而影響中英邦交與商務」。[35]

是日，為了消除北京政府的顧慮，朱爾典就西藏問題公開發表5點聲明：（1）英國無侵略西藏野心；（2）英國絕無供給西藏軍火之事；（3）尊重中國為五族共建之國家；（4）藏界問題以維持印度之完全為目的，其他並無奢望；（5）將來雙方商議此事，英政府必可酌量讓步。[36] 英國政府以為發表了上述聲明，中國政府和民眾就會同意續議藏事。

1920年1月20日，朱爾典面晤陳籙，稱其接到外交大臣訓令，「中國方面提議在拉薩開議，可以照辦」，並稱自己因辦事不力，將調離回國。但陳籙以「現在決非商議藏案之時，時機未成熟，徒勞唇舌」而再次予以拒絕。[37]

1921年8月26日和31日，英國外交大臣寇松（G. N. Curzon）和駐華公使艾斯敦爵士（B. F. Alston）分別在倫敦和北京向中國新任駐英公使顧維鈞及中國政府外交總長顏惠慶遞交了英國政府的節略。艾斯敦並向顏惠慶聲明：

（1）若貴國政府不能於一個月內開始續議此案，以期三方了結，則英國政府不得不承認西藏為自治之邦，以後即與自治之西藏直接商定協約，增進英藏關係，委派印度官員前往拉薩，並為西藏謀普通之發展與疆域之保衛。

（2）如中國政府允於期內開議，則事後英國政府對於中國政府所請在

34　〈外交部復施肇基電〉（1919年12月3日），《彙編》第6冊，第2453頁。
35　〈收陳部長三日會晤英朱使問答〉（1919年12月3日），《外交部西藏檔案·會晤問答（3）》：03-28/24-(4)，第47—50頁。
36　《東方雜誌》第17卷第1號，1920年，第143頁。
37　〈收陳部長會晤英使問答〉（1920年1月20日），《外交部西藏檔案·會晤問答（4）》：03-28/24-(5)，第3—4頁。

印度設領一節願意從優考量。

顏惠慶答以「華盛頓會議開始在即，無暇顧及，俟該會議結束後再進行」。[38]

9月10日，中國外交部向英國公使館遞交節略，正式答覆英國政府，藏案「俟太平洋會議後必設法及早開議」。[39]

英國政府之所以如此急於要求中國續議西藏問題，其主要原因在於英國迫切希望儘快通過三方會談，以法律形式將西藏的地位確定下來。西姆拉會議由於中國撤出議約專員、拒簽條約而流產，一戰的爆發也令英國不得不暫時放棄對中國施加壓力。一戰結束後，英國之所以在山東問題上支持日本，隱藏在後面的險惡用心，就是試圖援例壓迫中國政府讓出在西藏的主權和權益。但中國因巴黎和會而爆發五四反帝愛國運動，使得北京政府不敢再在西藏問題上向英國讓步。

一戰後國際局勢的發展趨勢，對於英國圖謀控制西藏的野心不利。俄國十月革命推翻了沙皇政權，布爾什維克主義席捲中亞，蘇俄支持阿富汗反抗英印入侵的戰爭，同時蘇俄紅軍以追剿恩琴白匪軍為名侵入外蒙古，19世紀末英俄爭奪中亞的局面似乎又形成，引起英國的不安。作為英國防止蘇俄向印度擴張緩衝地的西藏，再次引起英國的重視。

華盛頓會議召開在即，美國向來標榜「門戶開放，利益均沾」的機會均等主義，美國國會否決凡爾賽和約以及華盛頓會議將解決日本在滿洲、蒙古、山東特殊地位問題列入議題，預示著英國要在華盛頓會議以後依照《西姆拉條約》範式同中國就西藏問題達成協議幾無可能。

中國政府當然不會順應英國的政策貿然行事，故希望利用華盛頓會議解決青島問題，以圖將來時機成熟時再行談判解決藏事。因此，自華盛頓會議結束，英國政府也不再與中國政府重提藏事談判。英國方面基本放棄了《西姆拉條約》，從此採取控制西藏、武裝西藏同中國中央政府抗衡的戰略。

38　〈顏總長八月三十一日會晤英艾使問答〉（1921年9月5日），《外交部西藏檔案‧會晤問答（4）》：03-28/24-(5)，第22─23頁；〈顧維鈞致外交部電〉（1921年8月26日），《彙編》第6冊，第2460頁。

39　〈外交部為答覆英使緩議節略內容致英使館電〉（1921年9月10日），《彙編》第6冊，第2464頁。

三、國民政府時期的邊疆動盪與危機

　　以 1925 年五卅運動為契機，中國的民族主義運動蓬勃興起。在蘇聯的支持和援助下，北伐戰爭於次年開始。國民革命是在一個非常複雜的國際背景下發生的，由於日本自華盛頓會議後對中國採取幣原外相的不干涉政策，英國成為主要打擊對象。隨著北伐軍攻城掠地，最終攻下杭州、南京和上海，推進到最富裕的長江三角洲流域，革命陣營內部的分裂亦愈加明顯。

　　南京事件的發生使西方列強干預國民革命的可能性倍增，同時也加劇了國民政府的分裂。隨著四一二「清黨」和南京國民政府的成立、武漢國民政府七一五分共，標誌著蘇聯在中國的影響開始衰退。

　　日本成為國民革命運動的最大贏家。南京事件發生後，儘管日本官民在南京遭受了巨大的生命財產損失，但日本拒絕參與英美軍艦炮擊南京城的聯合軍事行動。同時，日本努力說服英美不要向蔣介石施加壓力，堅持認為南京事件是武漢政府內的過激派策動的，其目的是要「使蔣陷入困境，促使蔣下臺」。幣原向英美保證蔣介石會採取行動來維護「自己的顏面」。[40]

　　日本的支持使蔣介石一度對其抱有高度信任感，為此，他於 1927 年 11 月 5 日在東京拜會田中義一，希望日本對國民革命軍的繼續北伐給予支持。但田中義一明確告訴蔣介石「應該專心致志於南方一帶的統一」，「日本的希望只在於滿洲的治安得到維持」。[41] 1928 年發生的濟南慘案徹底擊碎了蔣介石對日本的幻想。二次北伐期間，由於國民革命軍仍然存在危害歐美僑民生命和財產的「暴行」，歐美列強不僅在濟南慘案事件的態度上傾向日本，最終還與日本取得協調：張作霖軍隊撤回關外，閻錫山率部進駐京津地區，而將蔣介石和馮玉祥的軍隊拒之門外。

　　1928 年 6 月 20 日，楊增新宣布新疆易幟，服從國民政府。12 月 29 日，張學良亦宣布東北易幟，就任東北邊防軍司令長官。國民政府取得了形式上的統一。同年 12 月，十三世達賴喇嘛也主動派遣雍和宮堪布貢覺仲尼到南京謁見蔣介石，對新建立的國民政府表示祝賀，同時也試探政府對西藏問題的態度。然而，日本發動的九一八事變使得中國建立多民族國民國家的努力再次遭

40　外務省編《日本外交文書（昭和期 I）》第 1 部第 1 卷（昭和 2 年）、東京：外務省、1989、529—530 頁。
41　〈田中義一與蔣介石會談記錄〉，李華譯，《近代史資料》總第 45 號，1981，第 218—224 頁。

遇挫折。

日本侵華與中華民族的亡國危機

日本一直將南滿視為其勢力範圍，不容他國染指，十月革命以後，隨著沙俄影響力在北滿的消亡，日本侵占東北三省的野心充分顯露。濟南慘案發生後，田中義一通過殷汝耕向蔣介石明確轉達了日本不允許國民政府控制東北的資訊：「張作霖不久必處決，請注意勿使滿洲化為戰區，否則日方輿論頗難抑制。」[42] 在蔣介石通過鼓勵張學良易幟而間接取得對東北的控制權後，日本政府遂利用中東路衝突事件和中原大戰爆發的機會發動了九一八事變，將東北三省全部鯨吞，接著又侵占熱河，發動對長城各口隘的進攻，策動華北「自治運動」，使得中國陷入空前的亡國危機。

九一八事變後，國民政府採取了以「國際協調」為核心的外交政策與外交實踐，這在華北事變和抗戰前夕尤顯突出。國民政府一方面積極參與國際聯盟的活動，力圖通過國際聯盟的壓力來制止日本的侵略；另一方面，亦在進行抗日戰爭的經濟和軍事準備，整軍備戰。

全面抗戰爆發後，日本軍方斷定可以在三個月內摧毀中國政府、軍隊和民眾的抗戰意志與能力，但由於中國人民堅毅的抗日決心，加之德國軍事顧問團在華多年卓有成效的工作以及德國和蘇聯的軍事援助，中國軍民獨自抗擊日本達三年零五個月之久，並贏得西方的尊重。

堅持中國對西藏之主權

同北京政府一樣，國民政府堅持中國對西藏的固有主權。蔣介石於 1929 年 1 月復函十三世達賴喇嘛，指出：「西藏為我中華民族之一，政府現正督飭蒙藏委員會調查實際，用資建設……借悉法座高瞻遠矚，傾誠黨國之決心，遙望西陲，至為佩慰」；並表示「此後愈當並力一心，修內政而禦外侮，自不難相與造成民有、民治、民享之中國屹立於世界。」[43] 這是西藏地方與國民政府的第一次正式聯絡。國民政府向達賴喇嘛發出了和平信號。

達賴喇嘛委派的貢覺仲尼等三位代表於同年 8 月從北京出發，在太原拜

42　〈殷汝耕致蔣介石電〉（1928 年 5 月 14 日），斯坦福大學胡佛研究所檔案館藏黃郛檔案，第 2 盒。

43　《彙編》第 6 冊，第 2487—2488 頁。該信係 1929 年 1 月托大堪布羅桑巴桑攜往拉薩。

見蒙藏委員會委員長閻錫山，代表達賴喇嘛聲明三點：

> （1）達賴並無聯英之事，其與英國發生關係，不過係因英藏壤地毗連，不能不與之略事敷衍；

> （2）達賴仇華亦屬誤解，民六、民九、民十三達賴均有派員來華，併發有護照，內中言明中藏親睦，現有護照可證；

> （3）達賴與班禪感情素愜，其始之發生誤會係因班禪部下行為不法，達賴逮捕數人，班禪遂懼而出走，非達賴所逼。[44]

隨後，貢覺仲尼等人到達南京，9 月 10 日謁見蔣介石，「貢等聲明達賴不親英、不背中央，願迎班禪回藏。」蔣介石則表示「中央應本總理寬大之主義，許藏人完成自治」。[45]

1931 年初因大金白利糾紛而造成的第三次康藏軍事衝突使得中央政府與達賴的聯繫中斷，尤其是 1933 年 12 月十三世達賴喇嘛的圓寂，喪失了進一步溝通的良機。1934 年 2 月，年僅 24 歲的熱振活佛被推為西藏攝政。自此，中央政府同西藏的關係出現了轉機。

首先，西藏司倫噶廈致電駐京辦事處將由熱振出任攝政一事呈報中央。國民政府行政院於 1 月 31 日致電噶廈等，核准熱振活佛出任攝政。[46] 而熱振擔任攝政期間，致力於西藏地方同中央政府間的密切聯繫。儘管 1934 年下半年在拉薩致祭十三世達賴喇嘛期間未能同噶廈就解決漢藏關係，尤其是界務問題達成一致，但西藏地方當局明確承認西藏為中華民國領土的一部分，說明西藏地方並沒有決定徹底背離中央。[47] 同時，蒙藏委員會委員長黃慕松離藏前，將中央政府官員留駐拉薩，對抵制英國勢力入侵西藏和對中央政府與西藏地方關係的破壞均具有積極意義。

最重要的是中央政府自始至終主持了十三世達賴喇嘛轉世靈童的尋訪、

44　參見中國第二歷史檔案館藏國民政府蒙藏委員會檔案：2336—141。

45　祝啟源、喜饒尼瑪：《中華民國時期中央政府與西藏地方的關係》，中國藏學出版社，1991，第 78 頁。

46　〈噶廈為熱振出任攝政暨司倫等照舊奉職事循例呈報中央政府致西藏辦事處電〉、〈行政院為核准熱振代攝達賴喇嘛職權復西藏駐京辦事處轉司倫噶廈等電〉（1934 年 1 月 31 日），《彙編》第 6 冊，第 2695、2696 頁。

47　中國第二歷史檔案館、中國藏學研究中心合編《黃慕松吳忠信趙守鈺戴傳賢奉使辦理藏事報告書》，中國藏學出版社，1993，第 43—44 頁。

確立和十四世達賴喇嘛坐床等事宜，並向西藏噶廈撥款 40 萬元。蒙藏委員會委員長吳忠信 1940 年 1—4 月在拉薩的一系列活動，不僅充分宣示了中央政府對西藏的主權，亦對英印政府控制西藏並策動其獨立的陰謀予以有力反擊。

然而，英國在此一時期亦利用其在西藏的影響力，百般阻撓國民政府切實行使在西藏的主權。

其一，阻撓中央政府派軍隊護送九世班禪返回西藏。十三世達賴喇嘛圓寂後，九世班禪強烈要求中央政府派衛隊護送其返回紮什倫布寺。由於擔心中央政府的威信隨著九世班禪的返藏而樹立，使英印當局控制西藏地方政府、侵蝕西藏領土的活動暴露，英國唆使噶廈內親英派出面反對之，同時亦由英國外交部和駐華使節出面交涉。後由於中日戰爭全面爆發，蔣介石不得不下令九世班禪暫緩返藏。

其二，利用日本對華侵略之機，落井下石，挑起中印邊界爭端，將所謂的麥克馬洪線公之於世，向西藏當局索要屬於西藏管轄的門隅、珞隅和察隅大片領土，並從 1938 年起不斷派部隊侵入該地區，先後占領了達旺、瓦弄等，這種蠶食一直持續到戰後。

其三，扶持西藏親英集團。在十四世達賴喇嘛坐床後，英印政府鼓動西藏親英集團對熱振橫加指摘，甚至以生活作風問題為突破口，迫使熱振辭職。繼任攝政達紮上任後，很快成為親英集團的領袖，有意疏遠同中央政府的關係，如阻撓國民政府修築通過西藏的中印公路，擅自成立「外交局」，甚至利用外國干涉向國民政府施加壓力。

其四，戰後繼續支持達紮集團，唆使其以「獨立國」的身分參加亞洲會議，慫恿西藏商務代表團赴美英訪問，其中最陰狠的一招，是向達紮密告熱振活佛「勾結」中央政府，試圖奪取攝政職位，最終導致熱振被捕，被毒死在監獄裡。

不過，由於美國堅持承認中國對西藏擁有主權，英國分裂西藏的圖謀最終未能得逞。

蘇聯與新疆亂局

中蘇關係的惡化對於國民政府來講影響巨大。1927 年蔣介石奉行的反蘇反共政策導致中東路事件發生，但國民政府的反蘇政策並沒有得到西方陣營的

支持和回報，相反造成嚴重的邊疆民族危機。在東北，中蘇的軍事衝突使日本人漁利，日本關東軍乘機侵占了東三省，並將蘇聯利益排擠出去。

在外蒙古，蘇聯軍事支持下的蒙古人民革命黨政權取得了事實上的「獨立」。

在新疆，複雜的民族關係和國際政治背景，使得國民政府無力真正控制那裡的局面，蘇聯、英國、日本的插手導致新疆在政治上陷入混亂。

楊增新統治時期的新疆，由於第一次世界大戰的爆發以及十月革命後蘇俄要應付西方的干預和平息國內白黨的反叛，加上楊增新本人注重同蘇俄當局的關係，不允許白俄分子以新疆作為顛覆蘇聯的基地，總體上局勢穩定。但從1928年6月新疆易幟以後就陷入持續的動亂中：1928年7月7日樊耀南刺殺楊增新，金樹仁旋即平叛就任新疆省主席；1930年11月哈密發生回民暴動，甘肅回民領袖馬仲英率部入疆向金樹仁開戰；1933年4月12日青年軍官陳中等發動政變推翻金樹仁，而推金的參謀長盛世才為新疆臨時邊防督辦。

新疆從此陷入混戰，東有馬仲英，北有張培元，南有「東突厥斯坦伊斯蘭共和國」。過去的說法是日本支持馬仲英，英國支持沙比提大毛拉，國民政府支持張培元，但由於蘇聯最終支持盛世才，派蘇聯紅軍入疆作戰，先後打敗了張培元（1934年1月）、馬仲英（1934年2月）。然令人費解的是，馬仲英部敗退到南疆時「順便」消滅了「東突」政權，隨即由蘇聯駐喀什領事館官員陪同，率280餘人進入蘇聯，最後不知所終；而南疆的「東突」政權垮臺後，其「總統」霍加尼牙孜和「總理」麻木提從蘇聯返回莎車，將沙比提大毛拉逮捕，交由蘇聯人轉給盛世才。

蘇聯選擇支持盛世才的原因十分明顯：（1）遏制日本侵略勢力由東北延伸到新疆；（2）阻止英國侵略勢力對中亞地區的影響；（3）防止國民政府強化在新疆的統治；（4）建立一個親蘇的地方政權，有利於蘇聯同中共的聯繫，有利於中國革命的發展，可使陝甘寧邊區與新疆打成一片。

但太平洋戰爭爆發以後，盛世才致函蔣介石，「決心放棄馬克思主義，信仰三民主義，誓願竭誠擁護中央，忠實鈞座」。[48] 1942年9月，盛世才在新疆全面「清共」，並下令驅逐在新疆的所有蘇聯顧問、專家及在星星峽的駐

48　陳慧生、陳超：《民國新疆史》，新疆人民出版社，1999，第361頁。

軍。這為國民政府收復新疆打下堅實基礎。1943 年 9 月，第十八混成旅進駐哈密；1944 年 5 月，第二十九集團軍分別進駐伊犁、迪化一線。

盛世才的「背叛」讓史達林得出一個教訓，即無論是統治新疆的漢族軍閥還是少數民族領袖，均不可靠，於是蘇聯轉而在阿拉木圖和安集延建立了兩個軍事訓練基地，培養新疆少數民族革命者和反政府人士，為在新疆地區策劃武裝暴動提供軍事幹部。

隨著蘇聯在對德戰場局勢的好轉，史達林可以騰出手來在新疆製造事端。

1944 年 4 月，在蘇聯駐伊寧領事館的策動下，「伊寧解放組織」成立，主席為艾力汗‧吐烈，其成員大多為宗教上層人士、少數民族富商、地主和牧主。11 月 7 日，蘇聯正規軍或化裝入境支援，或直接參加作戰，會同當地游擊隊進攻伊寧政府機關和軍隊駐地，國民黨軍退出伊寧城。11 月 12 日，該組織在伊寧宣布成立「東突厥斯坦人民共和國臨時政府」。

1945 年 4 月 8 日，三區游擊隊改編成民族軍。蘇聯軍官團團長帕里諾夫任總指揮授中將銜。民族軍兵力有 6 個團又 3 個營，約 1.5 萬人。6 月初，在蘇聯軍事顧問幫助下，民族軍制定了北線解放塔城、阿山兩專區；中線以精河、烏蘇為目標，進而向迪化挺進；南線至南疆開展游擊戰，牽制國民黨軍隊的作戰計畫。至 9 月中旬，民族軍先後占領塔城、承化、烏蘇、精河，駐守烏蘇和精河的第四十五師全軍覆沒，師長郭岐被俘。

蔣介石認識到：「十五年以來，新疆幾乎已等於第二之東三省，完全成為俄國囊中之物……然而該省政權雖已統一於中央，而伊犁、伊寧則已為俄匪占領，今後新疆之動亂必多。應對俄速定具體之方針也。」[49]

四、雅爾達密約與戰後中國版圖的確定

早在 1941 年 8 月 2 日，蔣介石就致函國防最高委員會祕書長王寵惠，令國際問題討論會「祕密研究」戰後「收回外蒙、新疆、西藏之計畫」。[50]

抗戰勝利之初，國民政府依然想利用國際力量來制衡蘇聯、制約中國共

49　〈事略稿本〉，民國 34 年 1 月 7 日，「國史館」藏《蔣中正總統檔案》：002000000647A。以下所引該檔案館館藏同，略。
50　〈蔣中正令飭國際問題討論會研究收回外蒙新疆西藏之計畫〉（1941 年 8 月 2 日），《蔣中正總統檔案‧革命文獻——交擬稿件》：002-020300-00048-048。

產黨的發展。此時的中國雖然是四強之一，但這並非真正的國際地位。雅爾達協定則體現出中國國家利益再次被出賣的窘境。

按照史達林和羅斯福的約定，「何時通知中國知曉《雅爾達密約》內容，由蘇聯決定」。因此，羅斯福回到美國後將該密約一直鎖在白宮的保險櫃裡，連副總統杜魯門也不知道。[51] 但中國政府也耳聞三國瞞著中國達成了某種協定，蔣介石估計協定內容涉及東三省，因此非常擔心。白宮行政助理居里（Lauchlin Currie）1942 年 8 月在重慶曾告知蔣介石：「華盛頓一部分人之感想，以為中國東北應作為戰後日俄兩國間之緩衝國，蓋華盛頓之印象，已有不將中國東北認為中國一部分者」。[52] 1945 年 4 月 15 日，宋子文在華盛頓同白宮特別助理霍普金斯（H. L. Hopkins）談話後，報告蔣介石：「關於蘇聯問題，霍謂在雅爾達會議，史達林從未對東三省有何要求，僅對旅順及中東路恢復甦聯權益二點，盼與我方商定辦法。外傳蘇聯欲得東三省，實無其事。」[53]

最先將雅爾達協定內容透露給中國政府的是美國駐華大使赫爾利（Patrick Hurley）。赫爾利於 4 月 29 日和 5 月 21 日兩次以私人談話的形式向蔣介石詳述了密約內容。6 月 9 日，杜魯門總統在華盛頓接見宋子文時，向其宣讀了雅爾達協定，並告訴宋子文，已電令赫爾利大使將協定文本面陳蔣介石。杜魯門同時要求宋子文「在七月一日以前」必須到達蘇聯。[54]

在美國政府的堅持下，蔣介石和國民政府最終同意雅爾達協定中有關外蒙古、旅順、大連和中東鐵路的安排，立即同蘇聯就簽訂友好同盟條約進行談判。6 月 30 日，國民政府行政院院長宋子文和外交部部長王世杰一行飛抵莫斯科，旋即就訂立《中蘇友好同盟條約》及其相關事宜同史達林、莫洛托夫（V. M. Molotov）等舉行會談。

《中蘇友好同盟條約》的簽訂與蘇聯對華政策的轉變

蘇聯在雅爾達會議上提出加入對日作戰的條件之一是要維持中國外蒙古「獨立」現狀，這是其核心利益。而國民政府最關心的是東三省與新疆問題。

51　王永祥：《雅爾達密約與中蘇日蘇關係》，東大圖書公司，2003，第 74 頁。
52　〈事略稿本〉，民國 31 年 8 月 3 日，《蔣中正總統檔案》：002-060100-00167-003。
53　〈宋子文呈蔣委員長刪電〉（1945 年 4 月 15 日），《蔣中正總統檔案‧革命文獻——雅爾達密約有關交涉及中蘇協定》：002-020300-00048-008。
54　王永祥：《雅爾達密約與中蘇日蘇關係》，第 81、83、86 頁。

7月6日，蔣介石電示在蘇聯談判的宋子文：「東北與新疆之領土主權與行政完整之方針必須抓緊，且須有確實保障」。[55]

關於東北問題，蔣介石原本不打算在向蘇聯開放旅順軍港、大連商港等問題上讓步，並期待美國向蘇聯施加壓力。但美國大使赫爾利在莫斯科告訴宋子文：「美國對旅順問題態度有特殊困難，因美既擬永久占領日本附近海島，無法拒絕蘇聯使用旅順，故羅總統有如此讓步。如中國堅持旅順管理權屬中國，則蘇聯無從建築炮臺及其他軍事設備，不能保障旅順防衛之安全，彼認為中國提議後必須讓步。」美方還警告說：「如中國此次不能與蘇聯洽成協定，則結果對中國必更不利。因如此蘇聯進兵東三省，將無所約束」。[56]

7月9日下午史達林與宋子文在莫斯科舉行第四次會談，宋子文宣讀了蔣介石致蘇方的電文，蔣介石表示：「於此有三項問題切盼蘇聯政府予以充分之同情與援助，並給予具體而有決心之答覆」。（1）「滿洲領土主權及行政之完整。關係此點，史達林統帥業已表示尊重此項原則，吾人甚表感謝。」（2）「新疆在最近一年間發生叛亂，以致中蘇交通隔斷，商業貿易無法維持，吾人切盼蘇聯能依照以前約定，協同消滅此種叛亂，俾貿易交通可以恢復。至阿爾泰山脈原屬新疆，應仍為新疆之一部。」（3）中共問題。「深盼蘇聯只對中央政府予以所有精神上與物質上之援助……對中國之一切援助應以中央政府為限」。蔣介石表示「願於擊敗日本及上述三項由蘇聯政府接受之後，准許外蒙之獨立」。史達林當即答以「承認中國在滿洲之完全主權」；對中共則表示「並不予以支持，亦並無支持彼等之意向」；關於新疆問題，史達林閃爍其詞，不正面回答，最後希望中國政府「能覓得一政治解決，必將不惡」。[57]

《中蘇友好同盟條約》終於8月14日在莫斯科簽訂，24日由國民黨中央常務委員會和最高國防會議批准通過。

此時，三區革命的地位已降至蘇聯要脅國民黨政府允許外蒙古獨立的一

55　〈蔣中正電宋子文東北與新疆領土主權與行政完整方針須抓緊〉（1945年7月6日），《蔣中正總統檔案・革命文獻——雅爾達密約有關交涉及中蘇協定》：002-020300-00048-048。

56　〈宋子文電蔣中正與美赫爾利就東北問題談話時彼所表示之意見〉（1945年7月9日），《蔣中正總統檔案・革命文獻——雅爾達密約有關交涉及中蘇協定》：002-020300-00048-063。

57　〈宋子文電蔣中正見史達林談新疆等〉（1945年7月），《蔣中正總統檔案・革命文獻——雅爾達密約有關交涉及中蘇協定》：002-020300-00048-064。

個交換籌碼。條約換文中有「關於最近新疆事變，蘇聯政府重申，如友好同盟條約第五條所云，無意干涉中國內政」字樣。9 月 15 日，在倫敦出席五國外長會議的蘇聯外交部部長莫洛托夫與中國外交部部長王世杰就「新疆伊寧事件」進行磋商，莫洛托夫表示，此事件為「過渡現象」，請中國政府「放心勿重視」。[58]

同日，蘇聯駐華大使彼得羅夫（A. A. Petrov）拜會中國外交部次長甘乃光，謂：「蘇聯駐伊寧領事報告蘇聯政府，稱有回民數人自稱新疆暴動之人民代表，向該領事聲請並暗示，希望俄人出面為中間人，擔任調解彼等與中國當局間所發生之衝突。該代表等並聲明，暴動之人民並無主張脫離中國之意。其宗旨：凡回民在新疆顯占多數之各地，如伊寧、塔爾巴喀臺、阿勒泰、卡什喀爾，各區均求達到自治之目的」。彼得羅夫指出：「蘇聯政府因關心安定在其與新疆接連邊界上之安寧與秩序，若中國政府願意，則準備委派駐伊寧領事試對中國政府提供可能之協助，以便調整新疆已造成之局勢。」外交部不久答覆：蘇聯政府願意協助我政府，甚為感謝，請蘇聯駐伊寧領事通知「事變分子」派代表到迪化晉謁張治中部長，商洽和平解決之辦法。[59]

得到蘇聯的保證後，蔣介石在 10 月 10 日的廣播講話中表示「願意和平解決新疆問題」。於是，蘇聯對待三區革命的政策由全力支持新疆少數民族革命者、泛伊斯蘭主義者和泛突厥主義人士，轉變為在維護國民政府對新疆領土和主權完整的前提下，取消獨立的「東突厥斯坦共和國」，進而促成其與中央政府的談判。

10 月 14 日，張治中赴迪化，隨行人員有梁寒操、屈武等，代表南京政府同三區政府談判。三區代表為阿合買提江・哈斯木、賴希木江・沙比里、阿布都哈依爾・吐烈。經過三個月談判，1946 年 1 月 2 日，雙方簽訂《和平條款》（11 項）和附文一（省組織和部隊改編）。4—6 月，張治中又與三區代表舉行第二輪談判，主要是關於部隊改編問題，6 月 6 日達成附文二。和平談判終於有了結果。

在蘇聯直接干預下，三區臨時政府高層中部分封建勢力、宗教人士和泛

58　林美莉編輯校訂《王世杰日記》上冊，中研院近代史研究所，2012，第 733 頁。
59　〈甘乃光呈蔣中正蘇聯擬令駐伊寧領事調停新疆變亂應如何答覆〉（1945 年 9 月 16 日），《蔣中正總統檔案・革命文獻——政治：邊務（一）》：002000000443A。

突厥人士被清除出領導層，原臨時政府主席艾力汗・吐烈於 6 月 6 日晚蒞蘇聯駐伊犁領事館參加聯誼會時被扣押，並被祕密送到阿拉木圖。三區政府首腦由擁護統一和民族團結的阿合買提江・哈斯木擔任。「東突厥斯坦共和國」名稱被取消，改稱為新疆伊犁專區政府。

國民政府承認外蒙古獨立

《中蘇友好同盟條約》訂立後，蔣介石於同年 9 月約見蘇聯駐華大使彼得洛夫，指出外蒙古政府應在最短期內舉行公民投票，並由中國政府派代表觀察。9 月 19 日，蘇聯外交部向中國駐蘇聯大使傅秉常轉交了外蒙古政府總理兼外交部部長喬巴山（K. Choibarson）就獨立舉行公民投票致蘇聯的信函副本。喬巴山在信函中請蘇聯政府將下列幾點通知中國政府：

　　（1）蒙古人民多年來為本身的獨立奮鬥，1921 年就根據民主基礎組成獨立國家；蒙古人民為保衛其革命成就，對日本帝國主義一再予以武力抵抗。在這種情況下，向蒙古人民詢問其願意獨立否，係屬多餘。

　　（2）惟顧及 1945 年 8 月 14 日蒙古政府致蘇聯政府照會中所表示之願望，蒙古人民共和國政府同意舉行公民投票，俾重向全世界表示蒙古人民獨立之意志與願望。公民投票將于 1945 年 10 月 10 日至 20 日間舉行。

　　（3）蒙古人民共和國政府同意中國政府派代表參觀公民投票，但不得干涉公民投票實施程序。惟此項手續太繁，無法派出政府代表團於 1945 年 10 月 10 日赴重慶向中國政府說明公民投票之結果。

　　（4）如中國政府願直接自蒙古人民共和國代表得知公民投票結果，蒙古人民共和國政府當於本年 11 月初派代表赴重慶說明投票之結果。[60]

　　10 月 9 日，國民黨中央執行委員會常務委員會第十一次會議和國防最高委員會常務會議第一七二次會議聯席會議決定派遣代表團參觀[61]外蒙公民投票，並決定：（1）外蒙邊界問題不必在外蒙交涉，亦不必先提備忘錄，如其

60　〈駐蘇大使電部關於蒙古公民投票事〉（1945 年 9 月 19 日），《外交部檔案叢書——界務類》第 2 冊中蘇關係卷，「外交部」編印，臺北，2001，第 157—158 頁。

61　「參觀」兩字係根據中國駐蘇大使傅秉常電報的漢譯而定。根據外交部西亞司司長卜道明的說法，「參觀」俄文為「出席」之意。

投票區域超出現在之邊界地區之外時，則我可在當地發表聲明並向蘇聯、外蒙對邊界問題提出保留備忘錄，但亦可攜帶我國標準外蒙疆界圖，以備隨時參考。（2）派內政部常務次長雷法章為代表亦可。（3）承認外蒙獨立之時期必須待外蒙代表團到渝訂約等交涉完妥後，不可太早。[62]

國民政府認為此次外蒙古公民投票僅僅是一種形式而已。10 月 20 日是外蒙古獨立投票日，代表團人員分成兩組觀察公民投票情形，其中雷法章、楚明善、馬瑞圖、簡樸、許正直、劉劍等 6 人觀察庫倫市區。

依據蒙古政府的統計，登記的投票人數為 494960 人，因故未能投票者 7551 人，實際參加投票者 487409 人，占登記投票總人數的 98.4%。投票贊成外蒙古獨立者為 487409 人，贊成率為 100%，無人投反對票。[63]

1945 年 12 月 13 日，國民黨中央執行委員會第十六次常務會議就外蒙古獨立一案通過決議：（1）1946 年 1 月 15 日以前完成承認手續；（2）1946 年 1 月 15 日左右承認外蒙獨立，並希望現在內蒙境內的外蒙軍隊於承認前完全撤回外蒙境內。[64]

國民政府承認外蒙古獨立的公告於 1946 年 1 月 4 日由外交部部長王世杰面交國民政府文官處，「並囑務於一月五日正午十二時送中央社發表」。原文如下：

> 外蒙古人民於民國三十四年十月二十日舉行公民投票，中央曾派內政部次長雷法章前往觀察。近據外蒙古主持投票事務人員之報告，公民投票結果，已證實外蒙古人民贊成獨立。茲照國防最高委員會之審議決定，承認外蒙古之獨立。除由行政院轉飭內政部將此項決議正式通知外蒙古政府外，特此公告。[65]

62　〈中國國民黨中央執行委員會常務委員會第十一次、國防最高委員會常務會議第一七二次會議聯席會議決議〉（1945 年 10 月 9 日），「國史館」藏《國民政府檔案‧外蒙公民投票與外蒙獨立》：0500.02/2344.01-01。

63　參見蒙古人民共和國人民代表會議主席團主席〈布麻慶岱致中華民國國民政府外交部電〉（1945 年 11 月 13 日），《蔣中正總統檔案‧革命文獻——政治：邊務（二）》：002-020400-00040-126。

64　〈國防最高委員會祕書廳致國民政府文官處密函〉（1945 年 12 月 19 日），「國史館」藏《國民政府檔案‧外蒙公民投票與外蒙獨立》：0500.02/2344.01-01。

65　〈國民政府公告〉（1946 年 1 月 5 日），「國史館」藏《國民政府檔案‧外蒙公民投票與外蒙獨立》：0500.02/2344.01-01。

　　1 月 6 日，全國各大報紙均在頭版刊登了國民政府承認外蒙古獨立的公告，外蒙古的獨立遂正式完成了國際法上所需的手續。

五、中緬邊境交涉

　　1886 年 1 月 1 日，英國政府宣布合併上緬甸（Upper Burma），緬甸滅亡。清出使英法俄欽差大臣曾紀澤於 1 月 2 日向英國外交部提出抗議，並為存祀及朝貢事宜進行交涉，三個月內先後折衝 10 次，英國外交大臣索爾茲伯里（Marquess of Salisbury）「允許另立新王管教，照舊貢獻中國，政務由英統攝；但求商務對英尺度放寬」。後因英國內閣改組，「英復諉不肯踐言」，但「仍議每十年由緬督備前緬王應貢之物，派員進貢。八幕亦不允歸我；但允於大盈江北讓一股歸我，使我得到伊江，且得通於海」。[66] 2 月 22 日，英軍進駐新街、蠻春，土司□袢、鐘文源先後向清政府乞援。4 月初，曾紀澤回京供職，行前與英國外交部官員克蕾（E. Crey）「商定有關緬甸協議，互書節略存卷」。根據該節略，英方同意：（1）普洱西南邊外之撣人、南掌各地，均歸中國；（2）大金沙江上立一中國碼頭；（3）大金沙江為兩國公用之江；（4）野人山地在二十四度以北者，昔時本非緬地，應俟滇緬劃界之後，另由中英國會勘劃分。[67]

　　自此，中緬邊界問題凸顯。

片馬事件

　　1911 年 1 月 19 日，「英軍二千，馬二千五百匹，由密支那開抵片馬。宣言『高黎貢山以西為英國固有領土』。」22 日，雲貴總督李經羲致電清政府外務部，請再向英使交涉退兵勘界，倘英使拒絕，不惜兵戎相見。清廷於27 日電令李經羲「不可輕易言戰」，「以免牽動全域，無以收拾」；同時電令駐英公使劉玉麟向英國政府交涉。[68]

　　1 月 30 日，劉玉麟前往英國外交部詰問英兵強占片馬，並請其撤兵勘界。英國外交大臣卻指責「中國官吏於光緒三十二年以來，侵犯英國所指之邊界，不止一次」，並稱「英政府即實行薩使 1906 年預告，已遣兵至片馬」。同日，

66　柳長勳編著《中緬疆界研究》，「光復大陸設計委員會」，1977，第 128 頁。
67　薛福成：《出使公牘・滇緬界務書》卷 34，轉引自柳長勳編著《中緬疆界研究》第 152 頁。
68　柳長勳編著《中緬疆界研究》，第 137 頁。

英國駐北京公使朱爾典照會清廷外務部，謂「此時所有分水嶺以西之地，業由英官和平治理」。2月28日，朱爾典蒞外務部面稱：「請確定以高黎貢山為界，再行撤兵會勘」。外務部於3月11日復照英使，同意以高黎貢山為分水嶺，但堅持要求英國先撤兵。4月2日，英國外交部突然告知劉玉麟：「英軍將於」4月10日以後陸續自片馬撤退。但4月10日，朱爾典到外務部談片馬事宜，謂「本國所注重者，並不在於土地。實因查得高黎貢山為天然界線，應以此作為滇緬界線」；並照會中國外務部，強調英國絕不承認中國政府「除片馬、康方、古浪三處各寨外」，要道是「中國屬地」的說法。英軍不僅沒有撤退，反而在茨竹垭口等地私立界椿，強收戶稅，「既霸佔小江以南十八寨，又侵入小江西浪速地。」[69]

辛亥革命爆發後，中英關於片馬的交涉遂行停頓。英國利用中國政局未穩，不僅占據片馬地區不退，反而加緊在滇緬邊境的侵略與擴張。據雲南迤西道尹多次呈報：1912年8月，「英人在搬弄垭口、明光外大垭口私立界椿，由明光河頭沿高黎貢山頂，直至上帕為止；又在他戞建造營房，購糧運械，以備久戍；由片馬經俅夷通西藏道路，也正加工興修」。民國政府外交部抗議，英國政府置之不理。

1913年2月，「英軍挾喇嘛、漢奸及阿普頭目，分路侵入雲南境內的納采、茶穀河等處，築舍扼險把守。又有兩股溯狄滿江行進，似入西藏」。11月，據菖蒲行政委員報告：「英人侵犯駝洛主權」，發給駝洛江狄頭英文執照，「該處貢項，恐難收穫」。12月，雲南都督唐繼堯報告：「片馬英兵分路出發，一由帕跌河、卯照、老窩（老撾）之稱戞；一由上片馬過古炭河、魯掌、登梗入六庫；一由明光出騰越，窺察我邊疆。」[70]

1914年3月，「英人三名帶土人六十名，侵入拉打閣，擄走狄頭松襪，勒令交出中國發給的憑照，才給放回」。唐繼堯以英兵屢侵華界，據情電告外交部。7月2日，中國外交部向英使朱爾典提出抗議。

7月8日朱爾典復照稱：「滇緬邊界，北緯二十五度三十五分之北一段，應循厄勒瓦諦江（即伊洛瓦底江——引者注）及龍江分水嶺脊，至過龍江上游

69　本段及下段，分見柳長勳編著《中緬疆界研究》，第138、139頁。薩使，即薩道義（Sir Ernest Mason Satow），1900—1906年任駐華公使。
70　柳長勳編著《中緬疆界研究》，第139頁。

各溪，再循潞江及厄勒瓦諦江之分水嶺脊，順至西藏邊界之處。」他聲稱：「達拉閣地在厄勒瓦諦江、潞江分水嶺脊之西……不特未表明本國侵犯交界之情，反似係貴國私越疆界之證。」英方指責中國政府的行為「恐啟邊界之釁」，警告中國「若不願按照所擬各節允諾，則本國仍令緬甸政府駐守該處，治理一切，無須再行議商」。[71]

中國外交部於 7 月 14 日照復朱爾典，指出「滇緬邊界，北緯二十五度三十五分以北界線，至今並未經雙方同意劃定」，指斥「英人於未經劃界之地，擒去向歸中國管轄之狄頭，索獲華官頒給之執照，殊非敦睦之道」；同時鄭重聲明「此次界務，非照中英滇緬條約第四條辦理，永無解決之日」。[72]

8 月，由於歐戰爆發，英國撤走片馬駐軍。據維西縣知事後來調查，英國在俅江方面修築了 5 條道路，可以通達怒江和俅江之間山頂。[73]

第一次世界大戰結束後，英緬當局繼續加強對片馬地區的侵犯。1922 年夏，「英人再占片馬九角塘河與小江會口以西地方」；又在「距片馬三十英里向歸我明光土司所轄拖角地方，設立廳治，徵收戶稅，建造衙署，私立界樁。復於扒拉大山東麓，修堅固營壘二，跟廳署對立。更在小江流域東南端上片馬地方，安置營盤。自密支那向東，馬路修拓經搬瓦北達拖角政廳，復由板廠山西浪速管區北上。蘭州土司所屬俅夷和浪速以北的樂裕，都成為它羈撈的對象」。[74]

中國駐仰光領事張國威得悉此事，立即報告中央政府，並經騰越道尹查證確實。同年 12 月，唐繼堯質問英國駐昆明領事，要求其撤銷拖角廳治。英國領事後來復照唐繼堯，稱英緬政府「並無片馬設縣之意」。

江心坡事件

江心坡，土名卡苦戛，又名麻里，一名江土地，漢人稱為江心坡。江心坡面積約 27000 平方公里，即「縱行約三十餘日，橫闊約十二三日。以此計

71　達拉閣文件，參見柳長勳編著《中緬疆界研究》第 368—369 頁。達拉閣亦稱拉打閣。

72　達拉閣文件，參見柳長勳編著《中緬疆界研究》第 369 頁。查〈中英續議滇緬界、商務條款〉第四條：「今議定北緯二十五度三十五分之北一段邊界：俟將來查明該處情形稍詳，兩國再定界線。」參見柳長勳編著《中緬疆界研究》，第 310 頁。

73　柳長勳編著《中緬疆界研究》，第 140 頁。

74　本段及下段，均見柳長勳編著《中緬疆界研究》，第 140 頁。樂裕，即藏東南的珞隅地區。

之，則其地長度當在二千里左右，而闊亦不下四五百里」。江心坡地區居民以濮曼、浪速族為主，間有傈僳族。「濮曼是漢朝種，隨諸葛孔明征蠻而來，故大家都是漢姓」。坡內「村落總計有數千之多，每村落或數戶、或數十戶、或百餘戶不等……每村落間隔約有一天行程、或三四十里、或一二十里者亦有之」。坡內山官首領凡十九寨，各據一方，權力優越。每寨分轄村落數十百計不等。十九寨首領「以格蘭多及安那拉為最著」。[75]

1920 年，英國政府派緬甸籍測繪人員孟沛「攜帶槍支禮品，入江心坡結納土人，沿途調查實測」，迄 1922 年告一段落。「土人不識其陰謀，故未加以制止」。[76]

1926 年，英緬當局「多方設法誘致山官頭目，遊歷仰光，賜衣賜食，勸他們降附」。[77]同年夏，英官又在英屬密支那「戛擺」，[78]以重金賄買十九寨山官，並讓他們釋放「拌當」，[79]遭到拒絕。同年秋，「英人遣派軍隊約三百名，侵入坡內。各山官憤之，伏人於途間，竊殺英兵官一人。於是激怒英人，大肆橫暴。任意焚毀坡內大小寨棚十餘所，土民先後傷亡一百餘人，並被捕去山官五人、要員六人」。次年秋冬之際，英再次派兵千餘人，分三路進佔江心坡，以後往往是「至翌年雨水將落之際，英人因各種不便，則又行退出，及秋復至，迄今未絕」。[80]

1928 年 9 月 8 日，江心坡山官推全權代表董卡諾、張藻笥二人到騰越，奉石旦睄[81]所進信物龍頭寶，以示人民誓屬中國，要求政府向英交涉索回被擄山官要員。

1929 年 1 月，雲南交涉署照會駐滇英國總領事，抗議英軍強占江心坡，指出：「查尖高山以北，為片馬、拖角、江心坡，以迄於怒夷、俅夷各地，均為滇緬未定國界。必須將來經中英兩國派出大員會勘定後，樹立界椿，始足

75　〈滇緬界務研究會為英人進兵江心坡事上外交部呈文〉（1929 年 3 月 17 日），轉引自柳長勳編著《中緬疆界研究》，第 369—371 頁。濮曼族即布朗族，浪速族即景頗族。
76　柳長勳編著《中緬疆界研究》，第 140 頁。
77　柳長勳編著《中緬疆界研究》，第 140 頁。
78　戛擺，緬語，意為歡宴作樂，雜以歌舞戲耍。
79　拌當為各山官的家奴，多係土人，亦有少數緬、漢人，平時操作農事家務，戰時為兵役。
80　柳長勳編著《中緬疆界研究》，第 373 頁。
81　為十九寨山官之一。

以昭信守……在未勘定界址以前，雙方均不能私立界椿，肆意經營」。[82] 照會要求英國撤兵放人，並將尖高山以北各地私立界椿撤去，靜候兩國派員會勘。但英國領事藉口高黎貢山分水嶺為中緬分界線，說江心坡在邊界以西，「顯係英屬領土，毫無疑義」。同年夏，國民政府外交部成立滇緬界務研究委員會，10 月 12 日由內政、外交兩部會派尹明德為滇緬界務調查專員，負責主持有關調查工作。[83]

至 1929 年底，英國總督巴那（J. H. Barnard）「由密支那派遣哥爾卡兵三百名，運輸輜重牲口一千五百頭，分三路進兵：一由石灰卡經恩買卡，一由歸叨經大金沙江，一由林麻進大金沙江。此外在拖角、片馬、昔董、拱路、瓦坎底分駐防軍百人，林麻、歸叨、崩弄蚌、木疏足等地，分駐援軍各五十人」。為了斷絕當地居民同雲南省政府的聯繫，英緬當局在江心坡「實施封鎖政策，禁止坡內外人往來。設縣治於格仔，置行政委員二人主之，紮營盤一，屯兵二百。另在木勺戛設縣佐，置行政委員二人佐之，立營盤，置兵百名。復以兵艦巡弋於歸叨、崩弄蚌兩江，借資示威」。[84]

1930 年 5 月起，尹明德組織了 6 個調查組，化裝成小商販，分途進入北段未定界的茶山、里麻、孟養等中國舊屬的土司地及浪速、俅夷各地，進行偵察，到 1931 年春偵察完畢，遂提議「今後交涉北段界務，應整個的根據條約，另擬界線」，即「由北緯二十五度三十五分之尖高山起，循石峨河（深溝卡）西去，沿恩梅開江順流而下，至與邁立開江交會處，再向西。經盤蠻循戶拱南界，至拿戛（Naga Tribe）及曼尼坡（Manipur）與阿薩密（Assam）交界處，然後沿戶拱、坎底與阿薩密交界之巴開山、龍崗多山，直上西康，與阿薩密交界處止。包括戶拱、坎底、野人山、江心坡、俅夷、浪速、茶山各部在內，以遏阻英人由緬北入康藏之企圖」。[85]

班洪事件

獲悉雲南省政府有意在葫蘆王地開採銀礦後，印度總督於 1933 年 10 月

---

82 〈雲南交涉署與駐昆明英國總領事往復抗辯照會〉（1929 年 1 月），轉引自柳長勳編著《中緬疆界研究》，第 374 頁。

83 柳長勳編著《中緬疆界研究》，第 141 頁。

84 〈雲南外交問題〉（第 104、105 回），轉引自柳長勳編著《中緬疆界研究》，第 161—162 頁。

85 尹明德：〈滇緬界務北段報告善後意見書（要旨）〉（1931 年 4 月），轉引自柳長勳編著《中緬疆界研究》，第 377 頁。

讓曾於 1908 年進入卡瓦山區布道的基督教傳教士永偉里（W. M. Young）攜帶礦物標本前往印度，諮詢占據班洪的方略。12 月 14 日，英緬政府在班弄祕密開會部署，英軍於 19 日率先侵入班洪。1934 年 1 月，「英國開礦隊 2000 餘名，進抵爐房駐紮。並在滾弄、戶板、個怕谷至爐房沿途駐屯英兵；又督工在滇人吳尚賢所開茂隆銀廠舊址，開採礦砂，運英國人在臘戌西北邦海所組邦海銀礦公司班弄波龍老廠熔煉」。[86] 滇緬南段未定界糾紛就此觸發。

瀾滄縣民眾救國分會致電雲南省政府：「本縣邊境班洪地方上年十二月十四日突有英人七八名，到達該地，召集土人開祕密會議。繼於十九日發現英軍約二千餘人，各持器械工具，開築汽車路，現在修築班洪鐵路。」請省政府「嚴重交涉」。[87]

班洪土司胡玉山以英軍迫採，「調卡瓦兵千餘抗拒」。2 月 10 日，英人聯絡班弄、戶板、永班各地土民，加上英兵約計 2000 餘人，「以機槍大炮，直向班洪進攻」。胡玉山等退守班老義口寨。3 月 11 日，「英軍復進攻班老，犇（奔）奪下城。十二日毀下城，十三、四日，並班老、上城均焚劫。復向猛角、猛董土司進攻」。3 月 18 日，班洪、猛角、猛董各土司代表齊集昆明，拜謁雲南省主席龍雲。雲南省政府派外交部雲南特派員王占祺向英國駐滇領事哈定（Harding）質問，「並將衝突情形，電告中央」。[88]

哈定承認「衝突實有其事，燒毀約四、五村寨」，但辯稱「探礦隊決不至逾過去中國所指黃線」，「護送隊不到百人左右，不至有二千之多」。英方稱「爐房在劉鎮、陳道所擬黃線西南一公里半，並未越過此線」；3 月 13 日英軍「與土人小有衝突，但係在英界以內」。而根據李白垓 2 月 17 日和 3 月 5 日的電報，可以斷定英國軍人到達班洪確是事實，「攜有機槍大炮」，且「唔助永班、班弄土民，強壓人民投降」。3 月 24 日，國民政府外交部向英國駐華公使提出抗議，並照會英國政府在「問題未切實解決以前，不再有任何行動，以免益滋誤會」，但英國公使竟以「滇緬土人相爭，無關大局」作答。

---

86 根據張誠孫《中英滇緬疆界問題》第十八章「班洪事件」記載：英國人於 1890 年到邦海組織邦海銀公司，開採班弄的波龍老廠銀礦。參見柳長勳編著《中緬疆界研究》，第 225 頁。

87 《雲南民國日報》1934 年 1 月 27 日。

88 本段及下段，分見柳長勳編著《中緬疆界研究》，第 141、142 頁。

中英會同勘界

1935 年 4 月 9 日，國民政府行政院院長兼外交部部長汪精衛同英國駐華公使賈德幹（A. C. M. Cadogan）互換照會，成立中英會勘滇緬南段界務委員會。委員會「以委員五人組成之：由每方各派二人，並由國際聯合會行政院主席選派中立委員一人。該中立委員即為該委員會之委員長，如遇其他委員意見歧異其數相等時，該中立委員有最後之票決權」。[89]

界務委員會於同年 7 月成立。中國委員為梁宇皋、尹明德（辭職後由張祖蔭代）；英方委員為柯雷閣（J. Clague）、葛若思（F. S. Grose）。柯雷閣辭職後由英國駐騰越領事陶樂爾（W. S. Toller）代理。中立委員由國聯行政院指派瑞士人伊士林（F. Iselin）上校擔任，伊士林曾任國聯派駐伊拉克與敘利亞調查及劃界委員會主席。委員會於 12 月 1 日始在戶算上界勘察，隨後又陸續在金廠壩（爐房）、剛猛（班洪附近）、猛角、猛董、拉壩等地進行實地勘察，1936 年 4 月 5 日，至老廠，前後開會 67 次，因清明後雨季來臨勘察工作停止。[90]

11 月 30 日，中英勘界委員離開昆明前往邊界續勘。12 月 2 日，中英會勘滇緬南段界務委員會在中國營地舉行第一次會議，次年 1 月 19 日在英方營地開會。4 月調查結束，17 日委員會在緬甸境內的爽廊舉行會議，24 日雙方簽署調查報告書。根據建議線，爭議地區約 3/5 歸屬中國，包括班洪和猛梭。[91]

1938 年 6 月 18 日，滇緬南段國界線正式換文確定，但「劃界手續，迄未完成」。因為國民政府當時擬將滇緬北段未定界也予以勘定，但照會英國政府，未獲答覆。

戰後中英關於滇緬北段未定界區的交涉

1942 年 1 月 19 日，日軍進攻緬甸，至 5 月底，日軍先後攻佔仰光、曼德勒、八莫、密支那。盤踞江心坡的英軍退守緬甸北部的孫布拉蚌。1943 年 10 月下旬，中國駐印軍會同美軍由雷多向富康河谷發動攻勢，至 1944 年 5 月中旬圍攻密支那，6 月下旬攻克孟拱，8 月 5 日收復密支那，12 月 18 日克復八莫。東線方面，中國遠征軍於 1944 年 5 月 11 日強渡怒江，21 日進抵高

89　〈英公使賈德幹致汪兼署部長照會〉（1935 年 4 月 9 日），柳長勳編著《中緬疆界研究》，第 383 頁。
90　參見柳長勳編著《中緬疆界研究》，第 142 頁。
91　本段及下段，均見柳長勳編著《中緬疆界研究》，第 142 頁。

黎貢山的頂南、北齋公房附近。

當中國遠征軍在滇西緬北同日軍激戰之時，龜縮於滇緬未定界區的英方軍政人員卻率部隊對進出片馬、拖角的滇康緬特別游擊區總指揮部鄭坡部多次發動襲擊。6 月 23 日，鄭部行李隊在浪漾附近遇襲，「死我官一兵二」。6 月 28 日，鄭部挺進支隊第一大隊 11 人「於片馬押餉款十五萬元及夏服食鹽等赴拖角」，途中遇英緬軍六七十人突襲，除參謀長張英傑負傷歸隊外，大隊長吳若龍以下 10 人全部被害。9 月 7 日，英軍上尉沃倫（E. Warren）鼓動「夷民約千餘人，在五宗河、古浪、漁洞、三克河」發動大規模襲擊，滇康緬特別游擊區部隊「官兵死亡四十有九、傷五員名……為避免影響盟軍感情，奉命南撤」。[92]

1944 年冬，英國駐華軍事代表魏亞特（A. C. Wiart）致函蔣介石，稱「奉到東南亞盟軍總司令 11 月 11 日電一通」，電報通知中國戰區最高統帥：緬北戰境「現已稍有變動」，「在伊洛瓦底江東向沿恩梅開闈蘭至掃我班一線以北地區，劃定為『交通線地區』」，「此為北戰場之北界限，業已獲得索爾登（Daniel Sultan）之同意」。東南亞盟軍總司令兼緬甸行政長官「擬將此區，及以東至緬甸未定界一區域中之行政權，交付該軍區司令赫爾茲（Hirtz）指揮」。電報稱：「據報該區有若干非正式之中國隊伍，請轉詢該隊是否聽委座管轄？若然應向委座請求將該部隊撤回，因其無裨作戰，且易生糾紛也！」

1945 年 7 月 1 日，中國政府以軍令部第二廳廳長鄭介民名義復函魏亞特，稱：「根據目前緬境盟敵之態勢，閣下所建議設立緬北交通線區一節，事實上已無必要。該區因屬中緬未定界區域，其行政主權自應俟中英雙方以外交方式解決。故目前中英雙方，皆不得在該區駐留軍隊，該區內民政官員，亦應由中英雙方共同派遣。」

英國方面對此未予答覆。中國政府當即派尹明德任中緬未定界區行政官，準備進入。中國政府再次致送備忘錄給魏亞特，除了重申 7 月 1 日復函內容外，還敦請英國方面立即停止「情報人員」在片馬地區「積極組訓當地居民」的活動。

對於中國政府的備忘錄，英國方面仍然不予回復。抗戰結束後，中印公

路沿線的中國軍隊撤離，中英共同管理滇緬北段未定界區的要求等於放棄。

至 1947 年，英人在滇緬北段未定界區活動頻繁。在孫布拉蚌和瓦榜間駐紮的特務頭子為愛迪・文森（Eddy Vinson），他在此活動已有 40 餘年，1926 年將英軍引入江心坡的就是此人，諢名「老將軍」。在拖角、片馬附近指揮的是沃倫，他住在孔東北 12 里的峨澤，有電臺 1 座，3 名印度人專門負責通信聯絡。英人在拖角、王克河、片馬、於坤、葡萄、弄海、孫布拉蚌等地都設有小學校，教材多有排華親英思想。英國人還在尖高山以北擅自設立水泥製作的第 40—46 號界樁，其中第 43 號界樁被中國滇康緬特別游擊區部隊摧毀。

六、南海諸島主權之回歸

東沙群島之交涉

東沙群島原名大東沙，因「在萬山東，故呼東沙」。[93] 1907 年，廣東水師提督薩鎮冰派飛鷹艦管帶黃鐘英率艦兩艘前往東沙群島實地勘察，證實「該島上昔有我國漁民所居住，並建有天后廟、大王廟；常年住島者，有新泗和漁船船主梁應元，率有我國漁戶、漁船捕魚為業」。同年 8 月 8 日，日本商人西澤吉次乘「四國丸」駛向東沙群島，8 月 11 日登島，「樹立日旗，建築宿舍，開採鳥糞」，更將該島命名為「西澤島」。時任兩江總督端方聞訊後即致電外務部，並同時電告兩廣總督張人駿，指出「東沙確屬我國」。[94]

1909 年 3 月 20 日，張人駿照會日本駐廣州領事，「請致西澤撤退」。日本領事來到兩廣總督署，承認「該島原不屬日，彼政府亦無占領之意，惟當認為無主荒島；倘中國認該島為轄境，須有地方誌書及該島應歸何官何署管轄確據……至西澤經營該島，本係商人合例營業，已費頗巨；政府亦曾預聞，應有保護之責」。張人駿當即指出：「東沙係粵轄境，閩粵漁船前往捕魚停泊歷有年所，島內建有海神廟一座，為漁戶屯糧聖集之處；西澤到後將廟拆毀，基石雖被挪移，而挪去石塊及廟宇原地尚可指出該島應屬粵轄，此為最確證據，豈為無主荒境？」[95] 同時，清外務部亦電令駐日公使胡惟德向日本政府據

93　謝清高口述、楊炳南筆記、馮承鈞校注《海錄注》中卷，臺灣商務印書館，1970，第 59 頁。
94　張大軍編著《中越國界研究》，第 158、159 頁。
95　王彥威輯《清宣統朝外交史料》卷 2，北平外交史料編纂處，1932，第 39—40 頁。

理交涉，「以收回該島為宗旨」。最終日本政府指令日本公使同「粵督和平商結」，並請胡惟德留意：「西澤到該島創始營業，全係善意，此事結局縱定為中國領地，而對於該商平善事業應加相當之保護。」同年 5 月，粵督同日領事會商東沙島事宜。日本提出「西澤經營該島費資甚鉅，欲求收回本息」，試圖為其長期占據東沙島製造藉口。中方則提出先由西澤將東沙交換。島上西澤「安設各物業，應由兩國派員公平估值，由我國收買」。至於「島上廟宇被毀及沿海漁民被逐，歷年損失利益，亦由兩國派員公平估值，由西澤賠償」。西澤在島上「所採島產、海產應補納我國正半各稅」。但日方隨即提出：「非中國收買該島業務之價額確定」，不能辦理「交還該島」，而對西澤「賠償損失、補納稅項各節多不認允」。[96]

據張人駿 1909 年 3 月 11 日的調查報告：「島南有木碼頭，島上設小鐵軌、德律風、吸水管等物……經已安有制淡水機廠……日本式房屋約二三十座，皆草率成工者。日人豎旗，並立木椿一柱，書明治四十年八月，背面書西澤島字樣。辦公所一區，事務人名淺沼彥之亟暨兩醫生員弁等。與之問答，據稱：係受臺灣西澤吉治委任在此經商，並非公司，係個人生理，亦未知日政府曾否與聞。惟去年夏臺督曾派官吏六人至此。現在計有日本男女大小一百零一人，又由臺招來工人三十三名住此。」[97]

6 月 11 日，日領事致函粵督，擬訂了妥結辦法：（1）兩國列算估值西澤事業以估收買之價；（2）查核廟宇存在之時；（3）漁民被西澤驅逐之事，實有其事，則須調查西澤賠償額。所餘出口稅一事，並允存其名義，由政府收買價額內割一小額支出。談判結果，除派艦前往做實地勘估外，延至 10 月 9 日才由雙方簽訂合約。[98]

10 月 11 日，收回東沙條款最終確定並畫押：（1）中國收買在東沙島西澤物業之價定為廣東毫銀 16 萬元；（2）所有西澤交還漁船廟宇稅額等款定為廣東毫銀 3 萬元；（3）中國收買物業定價，西澤將該物業及現在挖出鳥糞照從前勘驗清單逐一點交中國委員之後，於半月內在廣東交付日本領事。[99] 此

96　王彥威輯《清宣統朝外交史料》卷 3，第 25—26 頁。
97　王彥威輯《清宣統朝外交史料》卷 2，第 6—7 頁。
98　張大軍編著《中越國界研究》，第 161 頁。
99　王彥威輯《清宣統朝外交史料》卷 9，第 39—40 頁。

為日本人西澤侵占東沙島及中國政府同日本政府交涉並收回經過。1926 年，廣東省政府又投資 20 萬元，在島上建立無線電臺、氣象情報臺、燈塔等設施，還設置了可與近海船舶以及越南、呂宋、香港、廣州、海南島聯絡的小型電臺。抗戰爆發後該島為日軍占領，1946 年底東沙群島為中國政府接收。1947 年末，國民政府內政部正式核定南海中屬於中國領土之東沙、西沙、中沙、南沙等各島嶼和島礁名稱，並宣告中外。[100]

西沙群島之交涉

中國人對西沙群島的稱呼多種多樣，唐貞元五年（789）曾以瓊為督府，「下有千里長沙」，「萬里石床」；宋代稱之為「長沙石塘」；元明時多稱之為「萬里石塘」、「七洋洲」或「七洲萬里石塘」；清代多以「千里石塘」稱之，亦有西人採用這一名稱，即稱為「Chienli Rocks」。[101]

西沙群島很早就劃入中國版圖之內，但是由於在中法、中日戰爭中的失敗，中國面臨各帝國主義的瓜分割地狂潮，南海諸島也成為其掠奪的對象。

1907 年 8 月日人西澤私登東沙島後，兩廣總督張人駿即派副將吳敬榮前往西沙群島查勘，並於 1909 年 5 月「設局籌辦經營」；5 月 19 日，派水師提督李准為總指揮，率海軍士兵 170 餘人乘「伏波」、「琛航」、「廣金」三艦艇，前往西沙群島查勘，並在伏波島插黃龍旗，立碑誌記。[102]

日人開採鳥糞　民國時期，中國商人開發西沙群島的計畫均未得到廣東省政府的批准，如 1917 年何承恩、1919 年鄧士瀛、1921 年港商梁國之等的計畫。唯有西沙群島實業有限公司於 1921 年 12 月、1923 年 4 月先後兩次申請籌辦獲准，該公司名義上的老闆為何瑞年，但實際權力操控於日本人手中。1921 年，該公司在永興島又組建南興實業公司。以往海南的漁民「一年兩次往返」該島，主要是捕魚，南興公司則在島上興建碼頭、鐵路、倉庫和工廠，並從臺灣、琉球運來大批工人開採鳥糞，運往大阪製造肥料。廣東沿海漁民和紳商不斷向中國政府告狀，稱他們傳統的捕魚及海產品採集地為日人侵占。

100　張大軍編著《中越國界研究》，第 162 頁。
101　參見《諸蕃志》卷下，嘉靖十四年重校萬卷樓本，第 15—16 頁；周去非《嶺外代答》卷 1，三合流條；張大軍編著《中越國界研究》，第 165—167 頁。
102　參見張大軍編著《中越國界研究》，第 170 頁；《中華民國南海四大群島節略》（油印本），「內政部地政司」，1974。

1926年6月沙基慘案發生後，該島日本人出於恐懼，7月間大部分乘「恭陽丸」離島返日，但仍有少數工人繼續開採。1927年，廣東省政府實業廳吊銷西沙群島實業公司執照，並於1928年5月22日派「海瑞」號軍艦前往西沙的永興等島查勘。自此，日人停止了開採作業。[103]

當時廣東省各機關亦派員隨「海瑞」號前往西沙群島，中山大學還組織了調查團，進行日人經營情況、西沙地理等調查，並開展西沙群島的測量與製圖工作。當時永興島上日人經營的碼頭、倉庫等完好如初。此次查勘工作還確定，永興島上的孤魂廟「亦屹然留存」，西沙的其他島嶼沒有日本人的建築。該調查團回到廣州後，於1928年6月出版了由沈鵬飛編寫的《調查西沙群島報告書》。廣東省政府當即「特准西沙群島磷礦歸中山大學，為實驗製造肥料之用」。

華商在西沙群島的開發活動　自1929年，廣東省政府先後批准三家華資公司參與西沙群島的開發。1929年7月13日，協濟公司宋錫權的申請獲批，赴西沙群島承辦開採；1931年4月3日，商人嚴景枝獲准成立西沙群島鳥糞磷礦國產田料公司，從事鳥糞開採；1932年3月1日，蘇子江的中華國產田料公司獲准在島上從事鳥糞開採。[104]

法國強占西沙群島　1931年九一八事變爆發，日本侵占東北三省，法國安南殖民當局乘機先行占領南沙群島的六座島礁。12月4日，法國政府外交部向中國駐法使館遞交節略，提出法國對西沙群島有先占權。節略稱：七洲島（Iles Paracels）「及附近礁石等距安南海岸一百五十英里，間有捕鱉漁人居住，向屬安南王國」。「但近來中國方面對於安南在該島之主權有所懷疑，並以該島為中國所轄領，因此本部應請貴國使館注意安南對七洲島之先有權，並查照一八一六年嘉隆（Gia Long）王正式占據該島之事實，甚望貴國政府以最友誼之精神與法政府共同解決此項法律問題」。[105]

中國外交部接法方節略後，立即分別諮請內政部、海軍部、參謀本部、廣東及廣西兩省政府以及瓊崖特別區長官公署，請其證明七洲島是否即係西沙

103　本段及下段，分見張大軍編著《中越國界研究》，第170、171頁。

104　〈西沙群島交涉及法占九島事〉，《外交部公報》第6卷第3號，1933年7—9月，第209—210頁。

105　中研院近代史研究所檔案館藏《外交部檔案·南沙群島（中越部分）》（1956年6月9—1959年11月12日）：11-EPA-04141（以下簡稱《外交部檔案·南沙群島》），第200019頁。

群島，並請將有關史乘暨圖籍抄示，以憑交涉。外交部嗣後接獲各方報告，「且得若干有力證據，足以證明該七洲島即西沙群島，確屬我國管轄」。[106]

　　次年9月29日，中國駐法使館遵令照會法國外交部，提出嚴重駁復：「查七洲島洋名 Iles Paracels，華名西沙群島，亦稱七洲洋，其東北有東沙群島遙相對峙，為我國廣東省領海 South China Sea 二大群島之一。按諸十七年西沙群島調查委員會主席、番禺沈鵬飛所編《調查西沙群島報告書》及廣東實業廳編印之《西沙島成案彙編》二書所載，該島當東經一百一十度十三分至一百十二度四十七分，包括大小島嶼共二十多座，大部為平沙不毛之地，計為灘為礁者約十餘處，其為島者計八處，分東西兩群。」照會指出：「查一八八七年中法越南續議界務專條第三款所載：『廣東界務現經兩國勘界大臣勘定，邊界之外，芒街以東及東北一帶，所有商論未定之處，均歸中國管轄。至於海中各島，照兩國勘定大臣所劃紅線，向南接劃，此線正過茶古社東邊山頭，即以該線為界；該線以東海中各島歸中國，該線以西海中九頭山及小島歸越南。』查安南與廣東交界之處，係以竹山地方為起點，約在北緯二十一度三十分，東經一百零八度二分，安南海岸且在竹山迤西。按照上述專條所載，由此遵海而南，無論如何接劃，西沙遠在該線之東，中間尚隔瓊崖大島，應歸何國，一覽便知。」

　　對於法國節略中所稱「1835年明命王復遣人至該島建塔及石碑」一節，照會駁斥道：「歷來僅有瓊崖人在此採礦捕魚為業，從未聞有安南人來此居留。安南各王憑何特殊關係來此樹碑建塔？法方摭拾安南一二遺史牽強附會，據為口實，殊不知百年前安南係我藩屬，於宗主國之領土境內私謀獨立占據之行為，當為事理所必無。法方所稱樹碑建塔，究在何島？」照會指出：「我民國十年以來，商人承墾該島而經廣東省當局批准者先後已達五次（第一次十年十二月六日，第二次十二年四月七日，均由省署批准，何瑞年承辦；第三次十八年七月十三日協濟公司宋錫權承辦；第四次二十年四月三日西沙群島鳥糞磷礦國產田料公司嚴景枝承辦；第五次二十一年三月一日中華國產田料公司蘇子江承辦），案牘俱在，歷歷可考。法方不於十餘年前提出異議，忽於此時表示懷疑，殊深訝異。」

　　照會明確向法方表示：「遠距大陸之島嶼，按照國際公法及慣例，以切

106　張大軍編著《中越國界研究》，第172頁。

實先占為取得領土主權之先決條件。換言之，何國人民首先占領與繼續不斷的居住其地，即為何國之領土。瓊人散處西沙，築廬而居，置舟而漁，有悠久之歷史。前清政府因東沙島案，曾於宣統二年，即西曆一九〇九年派廣東水師提督李准率艦勘量，以圖開發，曾耗國幣四十餘萬，並在東島、林島豎旗鳴炮，公告中外，從未聞法方有何異議。又宣統元年關於西沙建設燈塔，以保航行安全一案，成為國際問題。嗣經海關轉據航業關係者之請求，呈請我政府建設燈塔，此乃追證較遠之事實。前年四月間，香港召集遠東觀象會議，安南觀象臺臺長法人勃魯遜（E. Bruzon）及上海徐家匯法國觀象臺主任勞積遜（L. Froc）亦皆與會，曾共同建議我國代表在西沙建設觀象臺，是不特國際間早認西沙屬我領土，即法人自身亦有同樣之表示。」

照會指出：「遍查條約卷籍，西沙既經劃定為我國領土之一部，事實上復為華人久居之地，除條約明文具在，未由置辯外；揆諸國際公法先占與時效之原則，其為我國領土，他國不得主張權利。」[107]

1933 年 9 月 27 日，法國復照，一方面稱中國「出席一九三〇年海牙國際公法編纂會議代表既同意採納『三海浬原則』以劃領海，則該島不能認為貴國領土」；另一方面又稱「一八一六年，安南嘉隆王正式管領該島」。[108]
1934 年 3 月 20 日，國民政府外交部再次駁復法國政府：（1）「此案與『三海浬原則』毫無關係，蓋本國代表在一九三零年編纂國際法典會議同意採納『三海浬原則』固屬實在，但其採納此項原則之意在承認國家領海範圍以三海浬為限，而不在限制本國之海疆。准是以觀，上述三海浬範圍適用於我國時，自應以我國近海各處領土之邊疆為起點，而不限於瓊崖。法方以我國承認『三海浬原則』而即斷定我國南部海疆應以瓊崖為限，不知有何所依據？果如法外部所言，則法國在海外二殖民地，其距離法國本部有遠過一百四十五海浬者，若均視為非法國領土，法國政府可以予以承認乎？法方提出三海浬問題，似係對於我方去文第一節為故意之誤解。」（2）「查一八八七年中法越南續議界務專條第三款除劃清芒街（Moncoy）區域之中越界線外，對於海中島嶼之領土主權尚有明確之規定。該款中段所指『兩國勘界大臣所劃之紅線』，原為規

107　〈外交部長羅文幹致駐法使館訓令〉（1932 年 7 月 26 日），《外交部檔案・南沙群島》，第 200022 頁。

108　〈顧維鈞呈外交部公函〉（1933 年 10 月 27 日），《外交部檔案・南沙群島》，第 200025 頁。

定海中島嶼之領土主權而設。該款明白規定『紅線以東海中各島歸中國』。」
（3）「一八一六年安南尚隸屬中國，在勢在理，均無侵占中國領土之可能。
且中國歷史及書籍中，亦均無該島為屬國安南占領之記載。……至一九〇九年
李准之豎旗鳴炮，當係重定島名之一種紀念儀式。若夫該島之為中國所占有，
已遠在漢代馬伏波（馬援）將軍征南之前，此證諸中國歷史，班班可考者。即
以最近事實而論，凡商人之欲承墾該島者，均須經過廣東省當局之批准，此民
國十年以來之一貫辦法，至今行之無間。益證該島之為中國領土。中國政府始
終握有管理實權。」[109]

　　1936 年 11 月 23 日，法國外交部照會中國駐法使館，表示對於西沙群島
問題，「切願中法兩國政府能於最短期間獲得友好之解決」。1937 年初，法
國政府獲悉廣東省瓊州當局「擬派員赴西沙島調查，以備進行開發」，於 2
月 18 日復照中國駐法使館，稱「此項辦理如果證實，似出武斷，對於現時雙
方進行法律討論之結果，殊非所宜」。照會同時表示，法國政府「希望即在巴
黎或南京開直接談判，俾以懸案於原則上得一解決」，「法國政府對於此案
雙方友好之妥協極為重視，倘所勉力未能成功，則不得不提議付之仲裁之途
徑」。[110] 同年 6 月，國民政府同意廣東省政府派「海周」艦前往西沙群島巡視。

　　全面抗戰爆發後，法國趁火打劫，於 1938 年 7 月初派兵占領西沙群島。
國民政府外交部指令駐法大使顧維鈞向法國政府提出嚴重抗議。顧於 7 月 6
日拜訪法國外交部部長，「詢以報載越兵占據西沙群島事，並謂我於決定態度
以前，願知法方在該島處置實情」。法國外長聲稱「並非占據，該島主權素屬
安南」，並稱「最近為防海盜侵犯漁民，越政府復派少數員警駐該島，以維持
治安，實非占領之舉」。顧維鈞明確表示：「該島主權問題係屬多年懸案，我
國一再提出證據，證明主權實屬中國」，並指出前年（1936 年）法政府還表
明「雙方不宜有何積極動作，請我暫將在該島建設觀象臺之原議擱置，並靜候
交涉」之立場，「此次派警駐島，究係如何用意？是否於雙方法律上之立場並
無絲毫變更？」法方聲稱：「此案將來仍須交涉解決，此時中國政府可再聲明

109　〈兼署外交部長汪精衛致駐法使館指令〉（1934 年 3 月 20 日），《外交部檔案・南沙
　　群島》，第 200028 頁。
110　〈中國駐法使館致外交部呈〉（1937 年 3 月 17 日），《外交部檔案・南沙群島》，第
　　200043 頁。

立場，保留一切權利。」[111] 7 月 18 日，顧維鈞具節略交法外部，「聲明該島主權屬我，並保留一切權利」。據法亞洲司口頭答稱：彼此主權問題可請放心，將來自應友誼解決。日兵艦仍常巡行群島，漁人日漸增加，頗有覬覦之意，法不派警將為日占。[112] 1939 年 2 月，日軍占領海南島，旋即占據西沙和南沙群島，將島上法國人及其雇用人員全部驅離，並將西沙和南沙合併為新南群島，隸屬高雄州高雄市管轄。[113]

西沙群島主權之回歸　抗戰勝利後，日軍退出西沙和南沙群島。國民政府行政院立即命令內政、軍政等部和海軍總司令部派員，會同廣東省政府前往接收。廣東省政府派蕭次尹為接收西沙群島專員，於 1946 年 11 月 5 日晚 10 時乘「太平」、「永興」、「中建」、「中業」等四艘軍艦前往，11 月 28 日接收西沙，並在西沙之永興島立碑及派兵駐守，西沙仍由廣東省政府管轄。1947 年 3 月 15 日，國民政府准許內政部的請求，由海軍代管西沙群島。1949 年 4 月 1 日海南特別行政區成立，西沙和南沙群島同時隸屬海南行政區。[114]

與此同時，法國又占據了西沙群島中的甘泉島（Robert Island），並在島上設置電臺。中國政府多次向法國政府提出抗議，但其置之不理。

南沙群島交涉

南沙群島位於南海最南端，中國海南漁民在此居住了數百年。1933 年 9 月，法國出版的《世界著名之殖民小島——中國海的小島嶼》（Le Monde Coloniale Illusta Vivielle: Lee IloteDesmers de Chine）一書寫道：

> 九島之中，惟有華人（海南人）居住，華人以外，並無其他國人。當時西南島（今北子島——引者注，下同）上計有居民七人，中有孩童二人。帝都島（今中業島）上計有居民五人。斯拍拉島（今南威島）計有居民四人，較一九三〇年且增一人。羅灣島（今南鑰島）上有華人所留之神座、茅屋、水井。伊都阿巴島（今太平島，又稱長島、大島）

111　〈顧維鈞致漢口外交部呈〉（1937 年 7 月 6 日），《外交部檔案‧南沙群島》，第 200050—200051 頁。

112　〈顧維鈞致漢口外交部呈〉（1937 年 7 月 19 日），《外交部檔案‧南沙群島》，第 200056 頁。

113　張大軍編著《中越國界研究》，第 174 頁。

114　參見張大軍編著《中越國界研究》，第 174 頁。

雖不見人跡，而發現有中國字碑，大意謂運糧至此，覓不見人因留藏
於鐵皮之下。[115]

　　這是外國人所記述的中國人在南沙群島世代居住的鐵證。實際上，南沙
的中業島、太平島上「均有一座土地廟……用幾塊寬大石板所架成，三尺來
高，二尺多寬，中供奉石質之土地神像……南威、南鑰、西月各島均有類似小
廟。尤其每年十一月至次年四月魚汛期，海南島漁民結隊至太平島，補給淡
水，修理船隻」。這足以證明「此塊土地係彼等傳統之漁區與休息地」。[116]

　　日本染指南沙群島　　1917 年，在日本政府「水產南進」政策的引導下，
日本歌山縣宮崎乘船南下，占據南沙群島中的若干島嶼，回到日本後大肆宣
傳，引得日本人紛紛組團南下，侵占中國南海各島。同年，平田末治組團前往
南沙的太平島、雙子礁等處調查礦產。1918 年，日本海軍退役中佐小倉何之
助應日本拉薩磷礦有限公司之邀請，率 12 人至南沙群島，先後登上北子島、
南子島、西月島、三角島、太平島等 5 個主要島嶼。他們當時在南子島上就
碰上了 3 位攜帶羅盤、地圖進行捕魚作業的中國漁民。小倉何之助後來寫道：
「中國漁民每年十一月至翌年一月前往捕魚，並將所捕之海產運回中國；三月
至四月間復來一次，載人前來接替」。[117] 這再次證明南沙群島是中國海南漁民
的傳統漁場。

　　1919 年，日本人開始在太平島修建碼頭、輕軌鐵路、房屋等，準備大規
模開採磷礦。1921 年，拉薩磷礦公司在太平島正式出礦，產品運回日本銷售。
至 1929 年，拉薩公司在該島連續生產了 8 年，最繁忙時工作人員達 300 餘人，
將太平島的磷礦幾乎開採殆盡，再加上世界經濟危機的影響，該公司於同年停
止生產，人員撤回日本，只有開洋株式會社的部分員工在島上繼續進行小規模
經營。在此期間，中國漁民仍然經常來太平島捕魚。對於日本商人在太平島上
的採礦作業，北京政府曾有過交涉。[118]

　　法國占領南沙九島　　法國殖民當局對南沙群島主要島嶼垂涎已久，早在
1867 年，法國水路調查船「芙蓉爾滿」號就曾到群島北區測量製圖。法國殖

115　〈中華民國南海四大群島節略〉，「內政部地政司」油印，1974，南沙群島節，轉引自張
　　　大軍編著《中越國界研究》，第 187 頁。
116　張振國：〈南沙行〉，轉引自張大軍編著《中越國界研究》，第 187 頁。
117　〔日〕小倉何之助：〈暴風之島〉，轉引自張大軍編著《中越國界研究》，第 188 頁。
118　參見張大軍編著《中越國界研究》，第 187—188 頁。

民當局占領南沙群島分為兩個階段。第一階段，法國炮艦「瑪利休茲」號於1930 年占領了丹伯特島（即南威島）。第二階段，法國政府從 1933 年開始大規模侵占南沙群島。同年 4 月，法國軍艦「阿斯托洛拉巴」號、「亞列爾特」號與「調達勒遜」號停泊丹伯特島（南威島），並在島上升起法國國旗。當時南威島上「住有華人三名」。4 月 7 日，「阿斯托洛拉巴」號占領安布哇島（又稱安波那島，即安波那沙洲）；4 月 10 日占據地薩爾（即鄭和群礁）與依秋伯（即太平島）；4 月 10 日占據洛依塔（即南鑰島，又稱羅灣礁）；4 月 12日占據西杜（即中業島）與多幾爾（即雙子礁，包含北子礁和南子礁）兩島。1933 年 7 月 25 日，法國政府公報上登載一則通告，稱：「謂法屬印度支那菲律賓西北方中國海內之九小島，現屬於法國主權之下。各該小島於本年四月上半月，先後由法國軍艦豎立法國之旗，作為占領」。[119]

這就是震驚中外的法國占領中國南海九島事件。後來，法國公使韋禮德（H. A. Wilden）給中國政府的照會中只有七個島名，即安波那沙洲、南威島、太平島、鄭和群礁、羅灣礁、中業島和雙子礁。這是由於羅灣礁由南鑰島和蘭家島（即揚信沙洲）兩小島組成，雙子礁由北子礁和南子礁組成，故有九座小島。

法國占領南海九島的消息於 1933 年 7 月 14 日被法國媒體披露後，國民政府外交部即電令駐法公使館、駐馬尼拉總領事館和海軍部調查核實。此後，中國政府亦屢次向法國政府提出交涉，強調這些群島「為華人居住和歷代屬我」的史實。但由於法方的拖延和後來抗戰的爆發，致使交涉停頓。1939 年3 月 1 日，日軍侵占南沙群島，驅離法國人，4 月 9 日宣布占領，更名為新南群島。日占時期，南沙群島成為日軍向東南亞侵犯的前進基地，日軍在島上修建了潛艇基地、飛機場、電臺、氣象臺、燈塔、浮標、修理廠等軍事設施。太平洋戰爭後期，盟軍空軍數度對南沙群島實施空襲，島上所有建築和設施都被摧毀。

南沙群島主權之回歸　抗戰勝利後，日軍於 1945 年 8 月接受中國政府命令，撤至榆林港集中，候命遣返回日。8 月 26 日，日人完全退出南沙群島。但法屬安南當局乘機派少數法軍與越南人員占領南沙一些島嶼，西沙和南沙群

119　徐公肅：〈法國占領九小島事件〉，《外交評論》第 2 卷第 9 期，1933 年。

島周邊海面上常有法國軍艦巡邏。國民政府遂於1946年命令內政部會同海軍、聯勤各總部以及廣東省政府派員前往三沙群島接收，行使主權。同年10月2日，接收官員乘海軍艦船從南京出發，12月12日接收完畢，國民政府派海軍駐守西沙之永興島、南沙之太平島；內政部分別在西沙、南沙群島的各重要島嶼重建國碑，測繪詳圖，其行政仍歸屬廣東省政府管轄。1947年12月1日，內政部正式公布各該島所屬島嶼灘礁全部名稱，並刊載於當時的國內外報刊，昭告世人。從此，南海諸島之權正式回歸中國政府。

　　在得知中國政府派海軍前往南沙群島接收的情報後，法國安南殖民當局搶先派軍艦「西福維」號（F. S. Chevreud）於10月4日和5日先後侵入南威島和太平島，艦上人員5日登上太平島，並在日軍豎立的石碑上寫下一行法文：「法屬伊都阿巴島。法艦阿斯托洛拉巴號於1933年4月10日、西福維號於1946年10月5日抵此」〔France, Francaise Ile Itu Aba. Astrolabe (4-10-33), Chevreud (5-10-1946)〕。[120]

　　為維護中國在南海主權，國民政府先後於1946年10月、1947年1—4月同法國政府數度談判。接觸與談判相持一年之久，法國因提不出主權證據，更由於越南戰爭局勢緊張，最終自動放棄對南沙群島的主權要求。

120　以上兩段，分見張大軍編著《中越國界研究》，第194—195頁。

第二十九章　中央與地方關係的雙重奏—— 以雲南為例

一、雲南與中央關係的演進

　　長期以來，中國由於幅員廣大，中央與地方的關係不易調適得宜。一般而言，自秦統一天下以來，中國歷代王朝多採集權中央政策，並壓抑地方勢力，以免尾大不掉；然而，一旦中央權力衰微，地方勢力即趁勢而起，進而割據一方，如東漢末年的州牧及唐中葉後的藩鎮。此種政治向心力與離心力相互拉拒的結果，往往造成中國政局的動盪不安。因此，如何妥善處理中央與地方的關係，一直考驗著歷代主政者的政治智慧。自清中葉太平軍興後，中央權威開始衰弱，隨著地方督撫陸續取得政治、軍事、財政等項資源，權力大張，地區性軍政權力中心開始出現，地方主義抬頭，形成「外重內輕」現象。[1]及至 1911 年辛亥革命爆發，獨立各省多由本省軍人出任都督，更加速政權的地方化及地方政權的軍事化，這是民初軍閥政治出現的重要因素。[2]民國肇建後，基本上延續清季以來的政治結構，甚至演成中央與地方的權力衝突。袁世凱曾力謀擴大中央權力，扭轉「外重內輕」局面，並得到短暫的統一，最後卻因稱帝引發護國戰爭而告失敗。在當日體制崩解、政象混亂之際，軍人憑藉其手上軍力快速崛起。自 1916 年護國之役結束，至 1928 年北伐軍統一全國止，這

1　羅爾綱首先以「督撫專政」說明此種現象。見羅爾綱《湘軍新志》，「國防研究院」，1951，第 328—372 頁。劉廣京雖認為此情形主要是因為勇營及釐金的出現，但並不否認清末地方勢力的成長。見劉廣京〈晚清督撫權力問題商榷〉，《清華學報》新 10 卷第 2 期，1974，第 193 頁。
2　張玉法：《中國現代政治史論》，東華書局，1988，第 143 頁。

段時期中國無論南北均籠罩在軍人統治的陰影下，形成史家所謂「軍閥統治時期」。

在當日混沌的政局中，雖有部分人士鑒於統一暫時無望，主張聯省自治的呼聲甚囂塵上，但以孫中山為首的國民黨人仍不放棄國家統一的希望，積極推動護法及北伐。1925 年 7 月，國民政府（簡稱「國府」）在廣州成立，承繼孫中山統一遺志，掀起打倒軍閥的狂潮。1928 年北伐完成後，國府雖在形式上統一全國，結束軍閥統治，但仍殘存許多地方勢力，依舊擁兵自重，割據稱雄。[3] 抗戰前十年（1928—1937），南京國民政府從事國家再統一運動時，即不時遭遇來自地方勢力的抗拒，1930 年中原大戰以後，國內的兵連禍結，實不脫中央與地方權力爭鬥的軌跡。經多年努力，國府在抗戰前夕，已能有效管轄中國內地的多數省分，並控制 2/3 的人口，中央權威日趨鞏固。[4] 然而，隨著 1937 年中日戰爭全面爆發，中國東半部人口稠密、經濟發達的省市相繼淪陷，國府失去戰前最重要的立足之地，被迫退入控制力薄弱的西南、西北，必須尋求地方實力派的支持，中央領導地位及權威遭受地方勢力的牽制。另一方面，基於戰事不斷擴大，在「軍事第一，勝利第一」的訴求下，國府中央必須有效統整地方，並掌握更多的政治、軍事、經濟資源，以因應戰爭所需。如此一來，不論是考慮中央政權的穩定，抑或是因應戰事之需求，國府既須倚重地方，又要裁抑地方勢力，而在抗戰民族大義下，地方當局既要支持中央，又需防範中央兼併，中央與地方關係遂發生急劇的變化。此種「既聯合、又衝突」的現象，就成為中央與地方關係的主旋律。正因如此，中央與地方共信不立，互信不生，以致地方派系在面對國共內戰最後關頭時，多選擇倒向共方，從而結束與中央長年的恩怨情仇。

在民國時期（1912—1949）的地方勢力中，雲南是一個很值得研究的地區。由於滇省僻處西南，地勢阻隔，其歷史發展一直異於內地各省。最顯著的就是在政治發展上，雲南經常處於一種半獨立狀態，中央政府的力量很難滲

3　美國學者薛立敦（James E. Sheridan）乃以「殘餘的軍閥主義」（residual warlordism）指稱這些地方勢力。見 James E. Sheridan, *Chinese Warlord: The Career of Feng Yu-hsiang* (Stanford, California: Stanford University Press, 1973), pp.14-16.

4　Lloyd E. Eastman, "Regional Politics and the Central Government: Yunnan and Chungking," in Paul K. T. Sih ed., *Nationalist China During the Sino-Japanese War, 1937-1945* (Hicksville, New York: Exposition Press, 1977), p.329.

入，塑造了雲南較獨立自主的政治格局。這種特殊的政治現象，從雲南先後幾位主政者如唐繼堯、龍雲、盧漢等人的作為中即可看出。此種中央與地方關係「既聯合、又衝突」的雙重奏，不僅見於民國時期的雲南，更是中國當時政局的主流現象。有鑑於此，本章擬就民國時期雲南與中央關係進行個案研究，並聚焦於政治分合及財政梳理等狀況，以探討當日地方與中央既聯合又衝突的關係演變。由於民國時期雲南省政主要歷經蔡鍔、唐繼堯、龍雲、盧漢四人治理，因此，本章將下分四節，以究明各個階段雲南與中央關係的轉變。

二、翊贊中央：蔡鍔時期（1911—1913）

政治擁護中央

1911年10月辛亥革命爆發後，風聲所播，全國震動，以蔡鍔為首的雲南新軍軍官也亟謀回應，並於10月30日晚發動「重九起義」，經一晝夜激戰，終於推翻雲南清政權，宣告獨立，成立大中華國雲南軍都督府（又稱大漢雲南軍政府），公推蔡鍔為雲南軍都督。[5]雲南軍都督府成立後，制定政綱七條，規定：

> 一、定國名曰：中華國。二、定國體為民主共和國體。三、定本軍都督府印曰：大中華國雲南軍都督府之印。四、軍都督府內設參議院、參謀部、軍務部、軍政部……五、定國旗為赤旗，心用白色中字（後奉中央政府命令改用五色旗）。六、建設主義以聯合中國各民族構造統一之國家改良政治，發達民權，漢、回、蒙、滿、藏、夷、苗各族視同一體。七、建設次第，由軍政時代進於約法時代，遞進而為民主憲政時代。以上七條，係本軍都督府規定大綱，將來全國統一政府成立，須照政府統一之命令辦理。[6]

在政綱中，雲南軍都督府標舉要建設一個多民族的、統一的民主共和國體，並將循軍政、約法而遞進至憲政（與孫中山強調的「軍法之治、約法之治、憲法之治」建國程序相同，顯然受孫的影響），開啟雲南歷史的新頁。

5　詳見楊維真《唐繼堯與西南政局》，臺灣學生書局，1994，第32—42頁。此次舉事適逢農曆九月初九，又名重九，故稱「重九起義」。
6　雲南省歷史學會、雲南省中國近代史研究會編《雲南辛亥革命史》，雲南大學出版社，1991，第130—131頁。

在民初政局中，蔡鍔向來主張強化國權。他認為中國由於國勢太弱，國家因此衰微，所以，「苟國家能躋於強盛之林，得於各大國齊驅並駕，雖犧牲一部之利益，忍受暫時之苦痛，亦非所恤。國權大張，何患人權不伸！……故欲謀人民自由，須先謀國家之自由；欲謀個人之平等，須先謀國家之平等。國權為維護人權之保障」。[7] 甚至為了維護國權，不惜主張削弱省權。1911 年 11 月 18 日，就在辛亥革命後不久，蔡鍔即致電起義各省都督，倡議組織中央政府，並提出三點意見：「（一）定名為中華（國），定國體政體為民主立憲；（二）建設一強有力之統一政府，俟軍政撤銷，方為完全立憲；（三）擴張國防轄境，縮小行政區域，以期消融疆界。」[8] 次年 2 月 9 日，蔡鍔致電南京臨時大總統孫中山，建議亟圖統一之方，先將用人、財政、軍事等重要權力收歸中央，以免紛歧。[9] 及至袁世凱繼任臨時大總統後，蔡鍔又於同年 5 月 30 日上書主張破除行省制度，縮小行政區劃。[10] 蔡鍔反復強調：「吾國勢分力薄，積弱已久，全國士夫咸思建造一強固有力之國家，以驟躋諸強之列。然政權不能統一，則國家永無鞏固之期。在大總統維持全域，或不欲驟與紛更，然大權所在，不能不收集中央，以圖指臂相聯之效。」[11] 蔡鍔對於國家事務，極力主張維護國權，強化中央權力，並在幾次全國性政治爭議中，採取支持中央的立場。

這些爭議，首先是爆發於 1912 年的建都問題。當孫中山宣布辭去臨時大總統，並推薦袁世凱替代時，曾力主建都南京，但袁則堅持建都北京，遂引起兩派之爭。蔡鍔從國防形勢著眼，於 3 月 6 日通電各省，贊同國都應設於北京，他認為，若「建都南京後，北邊形勢當為之一變遷，恐遺孽有乘虛竊據之虞，而強鄰啟踏隙侵陵之漸，黃河以北，淪入膻裘，甚非國民之利。尚望早定大計，

7　蔡鍔：〈在統一共和黨雲南支部成立會上的演說詞〉，《華南新報》1912 年 5 月 6 日，轉引自《雲南辛亥革命史》，第 159—160 頁。蔡鍔強化國權的主張，應受乃師梁啟超影響，此外，蔡鍔是日本陸軍士官學校畢業生，在日本接受完整的軍事教育，日本軍事教育素重「忠君愛國」，並有濃厚的軍國主義思想；中國留日士官生受此思想薰陶，國家主義觀念特重，蔡鍔亦不例外，這也是他後來推動辛亥革命和護國之役的思想根源所在。

8　蔡鍔：〈致各省都督電〉（1911 年 11 月 18 日），曾業英編《蔡松坡集》，上海人民出版社，1984，第 83 頁。

9　蔡鍔：〈致孫大總統及各省電〉（1912 年 2 月 9 日），謝本書等編《雲南辛亥革命資料》，雲南人民出版社，1981，第 106 頁。

10　蔡鍔：〈為軍民分權事再通電〉（1912 年 5 月 30 日），謝本書等編《雲南辛亥革命資料》，第 195 頁。

11　蔡鍔：〈致袁世凱及各省都督電〉（1912 年 4 月 26 日），曾業英編《蔡松坡集》，第 436 頁。

建都燕京，可以控禦中外，統一南北，大局幸甚」。9天後，蔡鍔再電各省，以「共和成立，南北一致。惟建都之議未定，內則人心搖惑，外則強鄰窺視，岌岌可危」，再次呼籲各方速定大計，建都北京。[12] 最後因北京發生兵變，北方情勢不穩，需袁世凱坐鎮，南京臨時參議院乃允許袁在北京組織政府，結束了這場建都之爭。

建都問題之後，接著是借款問題。袁世凱當選臨時大總統後，為籌措軍費，曾與英美法德四國銀行團磋商，四國銀行團允於南北統一後提供，並應袁的要求，先行墊付若干，附帶條件為此後墊款及善後大借款，須由四國銀行團優先承擔。[13] 及至唐紹儀內閣成立後，再請墊款，四國銀行團又要求借款開支須經其批准，遣散軍隊須由外國武官監督，唐紹儀不接受。袁世凱對唐紹儀早已不滿，改命與唐不睦的財政總長熊希齡與銀行團交涉，借款雖仍未商定，墊款則已成交。當《暫時墊款合同》公布後，南京留守黃興連電責熊，要求廢約，以提倡國民捐等辦法代替借款。[14] 共和黨及統一黨則支持借款，並以此為藉口倒唐，欲擁立張謇（身兼共和、統一兩黨理事）組閣。蔡鍔對此則採調和折中的態度，於1913年5月拍發多封通電，認為中國因賠款、外債積欠甚鉅，「舍借債還債外，別無急則治標之方。政府此舉，凡在內外，當與寬諒」；「借款係政府目前萬不得已之舉，且條件已經前參議院通過，並非政府違法，無反對理由」。[15] 顯見蔡鍔對北京中央的支持。

借款問題之後，乃有二次革命。1913年7月，江西、南京等地宣布獨立，起兵討袁，是為二次革命。8月，川軍第五師師長兼重慶鎮守使熊克武在重慶起兵回應。袁世凱命滇黔兩省合組滇黔聯軍，並以貴州都督唐繼堯為聯軍總司令，入川討熊。[16] 蔡鍔奉命後，立即編組一混成旅，準備入川，並於8月17日電告袁世凱：「查滇軍會剿戡亂，已遵奉大總統命令，當飭軍隊進發」。26日，蔡鍔再電北京報告滇軍行止：「查滇軍混成旅前隊已過宣威，當飭冒雨兼程並進，並撥江防兩營星夜入敘，以為瀘防聲援。俟滇師抵瀘，即會同周

12　蔡鍔：〈致各省電〉（1912年3月6日）、〈通電各省〉（1912年3月15日），謝本書等編《雲南辛亥革命資料》，第136、146頁。
13　郭廷以：《近代中國史綱》，香港中文大學出版社，1980，第429頁。
14　參見楊維真《唐繼堯與西南政局》，第78頁。
15　蔡鍔：〈致參議院眾議院等電〉（1913年5月6日）、〈致參眾兩院及各都督各黨會電〉（1913年5月17日），曾業英編《蔡松坡集》，第684、696頁。
16　參見楊維真《唐繼堯與西南政局》，第79—80頁。

軍由瀘襲渝，與順慶之軍南北夾擊，渝亂當可速平。」[17] 此時獨立各省已紛告失敗，熊克武孤掌難鳴，滇黔聯軍入川後徑赴重慶，熊氏敗走，川中討袁之役遂告結束。

經過這幾次事件的表現，蔡鍔在某些程度上獲得北京中央的信任，並於1913 年 9 月內調中央，結束兩年的主滇歲月。

財政仰賴中央

蔡鍔主政期間，雲南除政治上支持中央外，財政方面也是高度仰賴中央。滇省遠居邊徼，山多地少，加以開發較晚，人口較少，農業產值不高；雖有豐富礦產，但因交通不便，出口不易，故向為財政貧瘠之區。又因其與英屬緬甸、法屬越南為鄰，國防形勢突出，自清季以來，邊、巡各防至關緊要，並籌議編練兩鎮新軍。由於雲南地瘠民貧，所需款項多不能自籌，除由戶部部庫撥款外，其常年餉項向來由中央指撥四川、湖北、湖南等省籌解，稱為「協餉」。滇省每年由中央及各省協濟的款項頗可觀，為數約銀 160 餘萬兩。此外，清季雲南因編練新軍，協餉又有增加。據《新纂雲南通志》記載，滇省新軍開辦經費除自籌外，由中央指撥各省籌解銀 250 萬兩；至於雲南新軍常年經費除自籌外，每年指撥協款 96.7 萬兩。[18] 由於歷年經費多須仰賴中央及他省協濟，滇省財政對中央有很高的依賴性。

辛亥革命後，各省協餉驟停，雲南財政立即陷入困境。蔡鍔為解決滇省財政問題，除釐剔冗費、極力樽節外，並多方籌措財源，甚至利用滇鹽侵銷黔岸，以擴大滇鹽銷路。貴州歷來均係川鹽主要銷岸，民初因滇軍將領唐繼堯率雲南北伐軍入主貴陽，擔任貴州都督，滇黔形成一體。[19] 緣此，滇鹽遂能打開貴州市場，雲南並對貴州煙土抽收過境稅，對其財政幫助甚大。[20] 惟滇省財政實難以自足，只有依賴中央協濟。為此，蔡鍔乃迭電中央，說明滇省財政困難：「民國二年雲南預算案，經常、臨時兩項歲出至不敷七百餘萬，迭經痛加核減，於應行政務之中，亦力求節裁之法，尚不敷三百餘萬元。凡此皆屬行政、司法、

17　蔡鍔：〈致袁世凱暨參謀部陸軍部電〉（1913 年 8 月 17 日）、〈致袁世凱暨參謀部陸軍部電〉（1913 年 8 月 26 日），曾業英編《蔡松坡集》，第 738、740 頁。

18　雲南省通志館編《新纂雲南通志》卷 153《財政考四‧歲入四》，雲南省地方誌編纂委員會辦公室，1988—1989，第 22、25—26 頁。

19　楊維真：《唐繼堯與西南政局》，第 68—72 頁。

20　〈政務會議紀錄〉（1912 年 5 月 11 日記事），謝本書編《雲南辛亥革命資料》，第 44 頁。

軍事、教育必需之費，實已減無可減」，[21] 籲請國務院撥濟協款。然此際北京政府亦自顧不暇，乃復電雲南，以中央財政艱窘，在對外借款未成立前，實難撥濟。蔡鍔本不贊同舉借外債，曾建議募集國民捐、愛國公債、華僑公債以替代外債。但因國民捐、愛國公債等金額既少，且緩不濟急，其對舉借外債態度開始有了轉變。

1913 年 1 月，北京工商部召集各省代表開工商會議，雲南特派實業司參事華封祝與會，並「提議請由六國借款（即後來的善後大借款）項內撥濟滇省開礦經費若干萬元，分期歸款」。[22] 蔡鍔在致財政部的電文中復補充說明：

> 該代表所請撥濟一千萬元，係恐此項借款不敷分配，第就最少者言之。
> 然得此一千萬元，以為張本，逐漸擴充後當較易。敬祈貴部俯念國計
> 維艱，滇省生計維艱，核准照數撥濟。[23]

正因雲南財政須仰賴中央，蔡鍔不但不再反對中央舉借外債，甚至在1913 年 5 月善後大借款爭議爆發時，採取支持北京中央的立場。而前清同為受協省分的貴州，也與雲南採同一政策。蓋因貴州都督唐繼堯曾以黔省財政困難，然議舉各種內外債皆無所成，只有依靠中央撥濟，除支援中央大借款外，並致電北京袁大總統「於借款成立，迅賜撥銀三百萬兩，以濟黔急」。[24] 足見袁世凱北京政府善後大借款告成，對地方當局政治動向的影響。

在民初政局中，蔡鍔主政下的雲南大體上採擁護中央立場，其原因雖多，但財政因素當是一重要考慮。由於滇省與中央關係良好，後來北京政府乃應允將滇省應行解部的鹽稅，撥為滇軍協餉。當時雲南全省陸軍經常費月支 18.5 萬元，即由此鹽稅項下提撥支付，總計一年共 222 萬元。後來此項費用逐年增加，1914 年追加至月支 25 萬元，嗣後增支至 30 萬元，歲計共 360 萬元。[25] 軍務費用向來是雲南財政支出的最大宗，如今得到北京中央協濟，裨益滇省財政匪淺，其與中央關係日趨緊密。

21　蔡鍔：〈呈袁世凱文〉（1912 年 12 月），曾業英編《蔡松坡集》，第 634 頁。
22　蔡鍔：〈致財政部電〉（1913 年 1 月 11 日），曾業英編《蔡松坡集》，第 642 頁。
23　蔡鍔：〈致財政部電〉（1913 年 1 月 11 日），曾業英編《蔡松坡集》，第 642 頁。
24　唐繼堯：〈呈覆大總統請撥款償還商款並準備銀行各款電〉，《會澤督黔文牘・電報》，
　　雲南督軍署祕書廳編印，1920，第 13 頁。
25　雲南通志館編《續雲南通志長編》卷 44〈財政二・地方歲出三・軍務費〉，雲南省志編
　　纂委員會辦公室，1985，第 636 頁。

三、獨立競逐：唐繼堯時期（1913—1927）

支持中央：政治關係的延續

1913 年 9 月 28 日，北京政府發布命令：「雲南都督蔡鍔，因病請假，酌給假三個月，來京調養。」[26] 10 月，蔡鍔解職入京，並推薦貴州都督唐繼堯繼任。自 1912 年 3 月唐率雲南北伐軍入主黔政以來，在政事上即以蔡鍔馬首是瞻，雙方密切合作，滇黔形同一體。由於受蔡鍔影響，唐繼堯主黔期間，也多採支持中央立場；袁世凱對唐氏早有印象，故對滇督繼任人選立即批可，雲南遂進入唐繼堯主政階段。[27]

自從蔡鍔以湘人督滇，雖悉心圖治，但難免引起雲南地方主義者的排斥，尤其是滇軍第一師師長李鴻祥（駐昆明）及第二師師長謝汝翼（駐蒙自），均有取蔡而代之的企圖。當李鴻祥獲悉蔡鍔打算推薦唐繼堯回任滇督時，即往見蔡鍔，反對唐繼堯回滇，認為滇省貧瘠，滇軍只有向外發展；唐在貴州很有前途，若帶兵回來則會增加雲南困難。話雖婉轉，意思卻很清楚，即是對唐繼堯擋駕，以便自取滇督。蔡鍔知道李的用意，遂嚴詞批評，兩人幾至發生衝突。[28]

1913 年 10 月，蔡鍔離滇，臨行前將都督事交謝汝翼代理，民政長由李鴻祥代理，拒唐與迎唐之爭開始明顯化。拒唐派是由三迤總會會長、司法司司長黃玉田領導，其中包括王秉鈞、李修家等中級軍官；迎唐派沒有公開的組織，主要由張子貞、劉祖武、孫永安等中級軍官組成。拒唐派每晚都在黃玉田家裡開會商討對策，並打電報、寫信給唐繼堯，勸他向外發展，勿庸回來；而迎唐派則暗中與唐通風報信，極力主張唐氏回滇。[29] 唐繼堯接奉中央督滇命令後，因得知李鴻祥、謝汝翼有反對之意，最初還有些躊躇，經雲南將校張子貞、孫永安等人連電表示歡迎，遂於 11 月初動身返滇。[30] 返滇途中，唐繼堯戒備森嚴，除帶回滇籍軍政人員外，並率兵一旅回滇。12 月初，唐氏安抵昆明，

26　《政府公報》第 504 期，1913 年。

27　參見楊維真《唐繼堯與西南政局》，第 72—80 頁。

28　趙鍾奇口述、張公達筆記〈雲南護國前後回憶〉，《雲南文史資料選輯》第 10 輯，昆明，1979，第 107 頁。

29　詹秉忠：〈護國戰役前後回憶〉，《雲南文史資料選輯》第 10 輯，第 161 頁。

30　孫永安口述、張公達筆記〈雲南護國起義的回憶〉，《雲南文史資料選輯》第 10 輯，第 55 頁。

正式就任雲南都督。[31]

　　此次唐繼堯能夠排除拒唐派的威脅，順利就職，除了迎唐派擁立之功外，最重要的是唐乃北京中央明令發布的雲南都督，李鴻祥、謝汝翼等人若真敢抗拒，實際上就是抗拒袁世凱的權威。在二次革命後袁勢力如日中天之時，抗拒袁氏權威，似乎是件不可思議之事，這或許是李、謝二人真正計慮所在。此時，北京中央仍是全國合法違法、有道無道的最高裁判所，這種情形一直要到袁世凱帝制自為後才有所改變。[32] 因此，唐繼堯返滇之初，勉力配合中央政策，除奉令將都督改稱將軍、另立巡按使以分其民政外，並遵奉中央號令裁撤軍隊、縮減軍費。滇軍幾經裁編，僅有陸軍兩師一混成旅，且因其編制較小，每師2旅，每旅2團，每團僅轄2營，每營4連，每連百人，一師僅3200人，尚不及北洋軍的1/3。故滇軍正規兵力雖號稱兩師一混成旅，但實際僅萬人左右。[33] 在軍費方面，1914年度滇省預算每月為32萬餘元，1915年度卻銳減為24萬餘元，削減幅度高達1/4，[34] 足見此時中央權威猶在，控制堪稱嚴密。

護國討袁：政治關係的轉變

　　1915年12月爆發的護國戰爭，是中央與地方關係劇變的轉振點。民初雲南雖由蔡鍔及唐繼堯相繼主政，但支持中央的態度始終不變，除因蔡、唐均抱持國權主義及雲南財政須仰賴中央外，北京政府的法統地位尤為關鍵。在護國戰爭之前，北京政府是唯一的正統所在。所以當二次革命爆發，北京中央正統地位並未動搖，滇黔聯軍奉中央號令入川「平亂」，是為「合法」行為。直到袁世凱私心自為，背叛民國，妄圖稱帝，其本身就已背離合法性與道德性，不再具有「合法有道」最高裁判所的地位，而雲南標舉護國旗幟起兵討袁，遂得以師出有名。

　　洪憲帝制是民國成立後一大政治危機，其原因不外乎時代背景、袁世凱個人意圖、野心政客推波助瀾，以及國際情勢的變化等。1915年帝制運動達到高潮，12月12日袁世凱接受所謂「推戴書」，承認帝位，並預備於1916

31　參見楊維真《唐繼堯與西南政局》，第89頁。
32　「合法有道」是陳志讓檢視民初軍閥政治的一個重要觀念，這個觀念和中國傳統政治中的「正統論」有相似處，而中央政府往往是「合法有道」的最高裁判所。詳見〔加〕陳志讓《軍紳政權——近代中國的軍閥時期》，三聯書店香港分店，1983。
33　沈雲龍訪問《戢翼翹先生訪問紀錄》，中研院近代史研究所，1985，第26頁。
34　庾恩暘：《雲南首義擁護共和始末記》上冊，雲南圖書館，1917，第133頁。

年元旦登基踐祚。就在洪憲帝制進入緊鑼密鼓時，各方反袁勢力已逐漸成形，其中最重要的就是雲南護國軍。

自二次革命後，袁世凱的勢力深入南方，雖然一時無法囊括整個西南，但卻借種種手段削弱西南各省勢力，以利其武力統一之意圖。1915 年 4 月，陳宧率北洋軍三旅入川，象徵北京中央勢力伸入四川，陳並於 6 月出任四川將軍，成為袁武力統一西南的執行者。袁世凱後來告知親信曹汝霖，派陳宧入川是因「川滇等省，向無中央軍，故派曹錕、張敬堯率師駐川邊，以備不虞。今又派陳二庵（宧）率三旅入川，西南軍力薄弱，有此勁旅，不足為慮」。[35]可見袁處心積慮圖謀西南。而「自陳宧率軍入川後，雲南全省大為震動，人們知道雲南已成為袁氏的眼中釘、俎上肉，危險萬狀，因此群情鼎沸，軍隊反袁的情緒更高」。[36]當時滇軍上級軍官多為留日士官生，中下級軍官則以雲南講武堂畢業生為主，他們大多原隸屬同盟會、國民黨，頗有革命傾向，加以滇軍經歷辛亥革命洗禮，有濃厚的愛國熱忱，不容艱苦締造的民國斷送在袁手中。[37]當籌安會成立的消息傳到雲南，滇軍軍官對袁帝制自為群情激憤，自行組成若干小組，無日不在祕密籌議之中，並推派代表伺機向唐建言。[38]蔡鍔致書其師梁啟超也說：「滇中級軍官健者，為鄧泰中、楊蓁、董鴻勳、黃永社等，自籌安會發生後憤慨異常，屢進言於莫督（唐繼堯），並探詢主張以定進止」。[39]因此，唐繼堯的態度，即為雲南討袁成敗之關鍵。

唐繼堯早年留日時，曾參加同盟會，受革命薰陶，返國後又參與雲南起事，推翻清廷，創建共和，其立身出處，當然自有打算。當時袁世凱對雲南採取兩面手法，一方面對唐繼堯大力拉攏，唐氏生辰時了大禮，又特給雲南一部分款項，以表示對唐繼堯的關注，[40]隨後更派其侍從何國華來滇，特授唐繼堯開武將軍證書，並封一等開武侯，每月津貼 3 萬元，其餘各將領均分封爵位。何氏並攜袁致唐親筆信，文長千餘字，極盡籠絡敷衍之能事。[41]但另一方面，

35　《曹汝霖一生之回憶》，傳記文學出版社，1980 年再版，第 120 頁。
36　孫永安口述、張公達筆記〈雲南護國起義的回憶〉，《雲南文史資料選輯》第 10 輯，第 56 頁。
37　謝本書等：《護國運動史》，貴州人民出版社，1984，第 116 頁。
38　李口垓：〈客問〉，雲南省社會科學院歷史研究所等編《護國文獻》下冊，貴州人民出版社，1985，第 677 頁。
39　蔡鍔：〈致梁新會函〉，《松坡軍中遺墨》，文海出版社，無出版時間，第 5—6 頁。
40　孫永安口述、張公達筆記〈雲南護國起義的回憶〉，第 56 頁。
41　董雨蒼：〈雲南護國歷史資料〉，詹秉忠、孫天霖：〈護國之役中的唐繼堯及與蔡鍔的

袁世凱也嚴密注意唐的動向，除在川湘部署重兵外，還委派密探入滇，充作中央耳目，暗中監視唐的一舉一動。唐繼堯對袁早有戒心，在回滇主政之初就曾表示：「如果袁世凱做皇帝，那是重害吾民，我們只有堅決反對。」[42] 1915年初，日本提出「二十一條」要求時，各省將軍幾乎一致遵從袁世凱命令「嚴防亂黨藉端破壞」，「靜候中央解決」，而唐繼堯卻在 2 月 25 日致電粵桂等六省，建議互相提挈，整理軍備，一旦中日交涉破裂，則秣馬厲兵，以抗日本侵略，隻字不提袁所謂「嚴防亂黨破壞」一事，說明唐並非全然同意袁的作為。[43]

及至 1915 年 8 月籌安會成立後，唐繼堯反袁之心更為堅定。曾任護國一軍梯團長的劉雲峰回憶，自籌安會成立，滇軍將領莫不義憤填膺，時常集議，咸欲舉兵討此叛逆。「會議後，即數陳於唐公，唐公也甚贊成，惟顧及雲南以一省之力，貧瘠之區，且止一師一旅兵力，而抗袁氏全國之師，眾寡懸殊，實有以卵擊石之慮。」[44] 但因軍中反袁思潮波濤洶湧，官兵反袁情緒激昂，唐若再不表明反袁心意，滇軍很可能生變，於是決定將長久鬱積心中的意念表明出來。據前同盟會雲南支部長呂志伊回憶說：「唐一日囑趙直齋約余前往磋商，謂反對帝制，早具決心，以雲南僅有兩師兵力，尚不及北洋十分之一，宜聯絡各省，多有回應者，始不致失敗。」[45]唐氏甚至還向駐省城連長以上軍官表示，對於國家大事，時機成熟自有決定；一旦國家有事，使用軍隊，「最低限度如投石入水，要激起一個波浪」，並要他們「好好練兵，好好掌握部隊」。[46]此後，軍中情緒逐漸穩定，討袁事宜則緊鑼密鼓地進行。

1915 年 12 月 19 日，蔡鍔自北京輾轉抵達昆明，滇省士氣大振。22 日夜，唐繼堯、蔡鍔召集外來同志、滇軍上校以上軍官及雲南各機關長官，舉行宣誓。23 日，唐繼堯與巡按使任可澄聯銜致電袁世凱，請其取消帝制，懲辦元兇，並限 25 日上午 10 時以前答覆，否則武力解決。電去後，袁氏期滿無覆，

關係〉，《雲南文史資料選輯》第 10 輯，第 258、339 頁。

42　孫永安口述、張公達筆記《雲南護國起義的回憶》，第 56、55 頁。

43　唐繼堯致西南各省密電，見《雲南檔案史料》第 1 期，雲南省檔案館編印，1983，第 1 頁。

44　劉雲峰：〈護國軍紀要〉，《雲南文史資料選輯》第 10 輯，第 87—88 頁。

45　何慧青：〈雲南起義與國民黨之關係〉，《南強月刊》第 1 卷第 3 期（雲南起義紀念專號），1936 年，第 22 頁。

46　楊如軒口述、胡彥筆記〈我知道的雲南護國起義經過〉，《雲南文史資料選輯》第 10 輯，第 50 頁。

唐、蔡諸人乃於 12 月 25 日通電全國，反對帝制，宣布雲南獨立。[47] 27 日，唐繼堯親到雲南省議會召開國民大會，宣布獨立，同時通告外交團，聲明維護共和宗旨，於是各國取善意中立，護國之役遂以展開。[48]

護國起義後，蔡鍔、李烈鈞率護國軍分入川桂，與北洋軍鏖戰，戰事膠著，及至貴州、廣西相繼宣告獨立，護國討袁聲勢日大。1916 年 3 月 22 日，袁世凱在內外情勢交迫下，正式宣布撤銷帝制，復稱總統，想謀妥協。但唐繼堯認為：「今日正當辦法，惟有三事：（一）袁氏即日退位，聽候組織特別法庭裁判。（二）援照約法，要請副總統黎公繼承大總統。（三）從速召集袁氏非法解散之國會議員，重謀建設。」[49] 非要袁退位不可。隨後，廣東、浙江也宣告獨立，反袁情勢愈演愈烈。5 月 8 日，滇、黔、桂、粵獨立省分在廣東肇慶成立軍務院，推唐繼堯為撫軍長。軍務院成立後，以袁世凱背叛民國，宣布否認袁的總統地位，要求依臨時約法由副總統繼任；但此時副總統黎元洪身陷北京，無法行使總統職權，乃暫設軍務院統籌全域，並規定軍務院至國務院依法成立時撤銷。其實，這就是根本否認袁政府正統性，為護國軍爭取了「合法有道」地位，使其師出有名。軍務院成立後，中國實際上分裂成兩個政府，這也是民國成立後第一次的南北分裂。因此，儘管軍務院在護國之役未起積極作用，但對國際視聽及國內反袁情勢仍有影響。此後，陝、川、湘相繼宣布獨立，袁世凱在眾叛親離下，於 6 月 6 日一病不起。次日，黎元洪繼任大總統，戰事停止。7 月 14 日，唐繼堯以軍務院撫軍長的名義，通電宣布撤銷軍務院，護國戰事告一段落，中國再度恢復統一。

南北對立下的自主地位

1916 年護國運動雖告結束，但不到一年，北方各種政潮潛生暗滋，終因對德宣戰案引發大總統黎元洪與國務總理段祺瑞的「府院之爭」，段氏雖被免職，但親段軍人組織「督軍團」抵制中央，最後釀成 1917 年 7 月復辟事件。當督軍團叛變時，唐繼堯即送電各方，呼籲維持共和，謂：「如有甘心破壞，

47　〈唐繼堯、任可澄、劉顯世、蔡鍔、戴戡通告全國宣布獨立請同申義舉電〉，《雲南檔案史料》第 1 期，第 18—19 頁。

48　白之瀚：《雲南護國簡史》，新雲南叢書社，1946，第 6 頁。

49　唐繼堯：〈為袁逆取消帝制致各省通電〉，《會澤首義文牘·電報》，前雲南都督府祕書廳編印，1917，第 40—41 頁。

危及元首國家者，義不共戴，惟有整率三軍，厲秣敬待。」[50] 及至復辟事起，唐繼堯聞訊後，隨即集中所部，宣布討伐復辟叛逆。復辟很快就被段祺瑞救平，段重任總理，卻藉口民國已被推翻，堅持不恢復舊國會，決意召集臨時參議院以代行國會立法權。此舉遭到孫中山強烈反對，指責段破壞約法，乃以護法為號召，率海軍及國會議員南下，在廣州另立軍政府，政局再次分裂。唐繼堯與孫中山取同一步驟，於 8 月 11 日通電擁護約法，開西南護法之先聲。不僅如此，唐更反對段祺瑞內閣，宣稱「自復辟事起以後，合法內閣未成立以前，所有非法內閣一切命令，概視為無效」，[51] 否認北京中央權威。此後，唐繼堯結好貴州、進圖四川，川省遂成為西南護法的主戰場。

關於四川戰場，當護國之役結束後，入川北洋軍陸續撤離，但滇軍不但未撤，反而有長駐打算。唐繼堯做此決定最主要因素，可能是財政問題。護國一役滇軍擴軍太速，一度擴編至 8 個軍。戰事結束後，雲南籌辦善後共需銀841 萬餘元，而北京政府僅給予 40 萬元，加上滇省自 1915 年 12 月至 1916年 6 月，共支出軍費七八百萬元，雲南財政困難已達極點。[52] 滇軍只好向外發展，以鄰為壑，就食外省。當然，這也符合唐繼堯及一般滇軍將領向外擴張的心理。唐繼堯向懷大志，自號「東大陸主人」，討袁成功更使其自我膨脹，從此屢次爭衡天下，滇軍擴張也達到頂點。不過，由於滇軍以鄰為壑，長期霸佔四川地盤，激起川軍仇恨。滇軍雖稱精練，但因師出無名，在與川軍長年鏖戰中漸居下風。入川滇軍久戍思鄉，軍心分裂，士氣低落，將領則對唐繼堯怨恨日深，遂有 1921 年顧品珍回師倒唐之舉。唐氏被迫出走香江，踏上流亡之途。

1922 年 3 月，唐繼堯糾合舊部，擊敗顧品珍，重掌滇政，是為唐的「二次回滇」。唐氏返滇之初，一方面由於滇軍經歷多次分裂，實力耗損太多，亟需休養生息；另一方面此時貴州由立場親北的袁祖銘主政，而四川各軍則借自治之名分占防區，很難再插手其中。唐乃採收縮政策，通電響應當時盛行的聯省自治運動，借推動省自治鞏固在滇地位。及至唐自覺實力已豐，又開始對黔川擴張，並於 1924 年借回應孫中山討伐曹錕賄選，大興北伐之師。無如四川

50　唐繼堯：〈呈北京大總統並分勸皖魯各省籌議解決電〉，《會澤靖國文牘》第 1 卷，前靖
　　國聯軍總司令部祕書廳編印，1923，第 9 頁。
51　唐繼堯：〈再以反對非法內閣通告告內外電〉，《會澤靖國文牘》第 1 卷，第 39 頁。
52　由雲龍：〈護國史稿〉，存萃學社編《護國運動》，香港崇文書店，1973，第 111—112 頁。

戰事並不順利，而第二次直奉戰爭直系戰敗，曹錕下臺，也使唐繼堯失去北伐藉口。唐於是命滇軍轉向廣西，並趁 1925 年 3 月孫中山病逝北京，通電就廣州政府副元帥職，企圖遞補孫大元帥的缺位。但廣州政府不但譴責唐的行徑，並通電討伐。唐繼堯合法入主粵省的企圖失敗，入桂滇軍又屢遭敗績，最後敗退回滇，造成滇軍將領的離心，引發唐的統治危機。1927 年 2 月，龍雲、胡若愚等四鎮守使發動倒唐政變，唐繼堯被迫下臺，結束其對雲南 14 年的統治。

財政獨立地位的建立

1913 年唐繼堯接掌滇政後，不改蔡鍔成規，樽節開支，復整頓礦業，開拓財源，故執政初期財政收支大致尚能平衡。[53] 此時滇錫出口極為重要，錫始終居雲南出口貨品第一位，年均輸出約占出口總額 80%；在全國出口錫中，滇錫更占 93% 以上。1910 年滇越鐵路通車後，滇錫出口由原先 7 萬餘擔（每擔為 100 斤）增至 102446 擔，此後以迄抗戰爆發，除 1911 年外，滇錫出口量一直保持在年 10 萬擔以上。[54] 由於滇錫出口增加，先前雲南每年都是入超，但 1910 年以後轉為出超，迄至 1918 年，除 1914 年外，均為貿易出超省。[55] 如此一來，不僅雲南財政收入增加，金融亦甚穩定。清季雲南流通貨幣為銀錠及銀元，辛亥革命後雲南都督府一切收支改兩為元，市面流通的銀錠由稅收機關收集，轉交省造幣廠鼓鑄銀元，省內銀元頗為充裕。當時雲南當局以協餉停止，省庫支絀，乃籌資 500 萬元，於 1912 年創設富滇銀行，並發行紙幣 100 萬元。由於富滇銀行基金充裕，採十足兌現，且紙幣便於攜帶，商人頗為樂用，信用很快就建立鞏固。加以 1919 年以前，雲南對外貿易尚屬以貨易貨性質，滇錫運香港銷售後，多購銀錠或銀幣回省，省內白銀量足，金融更為穩定。[56] 至護國之役前夕，雲南在唐繼堯力加整頓下，財政日趨自足，金融根基穩固，對於日後掀起護國運動狂潮，無疑起了相當的作用。

1915 年護國軍興後，餉糈浩繁，如何籌措充足軍餉以支應戰事所需，成為決定勝負的關鍵。滇省於舉事之初，除裁併閑冗機關、提取各機關存款外，並與雲南鹽務稽核分所協商，獲准截留應解中央鹽款，另將雲南中國銀行銀

53　萬湘澄：《雲南對外貿易概觀》，新雲南叢書社，1946，第 183 頁。
54　《續雲南通志長編》卷 75〈商業二‧主要出口貨錫〉下冊，第 600—605 頁。
55　《續雲南通志長編》卷 74〈商業一‧市場及貿易〉下冊，第 574 頁。
56　方際熙：〈解放前雲南金融變遷概況〉，《雲南文史資料選輯》第 29 輯，雲南人民出版社，1986，第 1 頁。

幣 200 萬元提作各軍軍費，護國軍初期餉糈多賴於此。[57] 隨後唐繼堯特別成立籌餉局，以勸募、彩票及抽收煙釐三途籌集軍費，其中尤以收取煙土釐金為大宗。[58] 透過上述方法，且護國軍入川後多就地籌餉，負擔不大，雲南財政尚稱穩定，使其得以在較長時期與北京中央對抗。

護法戰爭爆發後，唐繼堯多次向外用兵，以致軍用浩繁，支出驟增。然因戰爭主要在省外進行，出征滇軍又就食鄰省，雲南財政負擔不算太大。加以唐繼堯與貴州劉顯世關係良好，乃擴大滇鹽在黔銷路，對雲南財政及省民生計頗有幫助，而且此際正值歐戰爆發，國際市場對錫礦需求甚殷，滇錫出口大增。如此一來，雲南不但財源擴大，稅收增長，錫商在香港販錫後又多購銀錠、銀條回滇，省內白銀充斥，財政金融堪稱穩定。緣此，唐繼堯才能施展其大雲南主義，向外擴張，爭衡天下。

但自 1922 年 3 月唐繼堯二次回滇後，雲南財政狀況變化甚大。首先是四川地盤的丟失，使滇軍無法再像先前那樣就食鄰省，龐大的軍費全須自籌，成為雲南財政沉重負擔。其次是向來支持唐的貴州督軍劉顯世，也因 1920 年黔軍政變被迫出亡，袁祖銘出長黔政，結束「滇黔一體」的密切關係，滇鹽銷黔數量銳減。[59] 加以此時歐戰告終，錫價慘跌，出口滯銷，不但使雲南財政更為惡化，其對外貿易也從出超轉為入超，且每年逆差平均達銀 500 萬兩以上。[60] 雲南財政既已入不敷出，而唐繼堯此際又多次對外用兵，為籌措龐大軍費，除大開煙禁外，並濫發富滇銀行鈔票。截至 1927 年 2 月唐繼堯倒臺為止，據統計唐濫發不兌現的滇幣 5000 萬餘元，滇幣幣值由原先與國幣對等，跌落至每 10 元只抵國幣 1 元。[61] 由於唐繼堯始終無法解決雲南財政危機，不僅使後期對外爭戰屢遭挫敗，甚至埋下敗亡之機，其影響深遠。

57　庾恩暘：《雲南首義擁護共和始末記》上冊，第 139─142 頁。
58　李子輝：〈雲南禁煙概況〉，《雲南文史資料選輯》第 3 輯，雲南人民出版社，1963，第 74 頁。民初雲南曾厲行禁煙，但重點在禁止農民種煙及無業遊民開設煙館兩項，對於運售等項則未注意，是以此際方能抽取煙土釐金。然釐金票面上仍不寫煙土名稱，而以三七、蟲草、黃連等藥材名目代填。
59　林建曾：〈試論鹽務與川、滇、黔軍閥形成發展的關係〉，《西南軍閥史研究叢刊》第 2 輯，貴州人民出版社，1983，第 66 頁。滇鹽在貴州的銷量至 1929 年僅為 49 萬擔，較最盛時期銳減 35 萬擔。1931 年，黔西停止配屬滇鹽，及至 1936 年，滇鹽在貴州完全絕跡。
60　《續雲南通志長編》卷 74〈商業一‧市場及貿易〉下冊，第 575 頁。
61　龔自知：〈抗日戰爭前龍雲在雲南的統治概述〉，《雲南文史資料選輯》第 3 輯，第 42 頁。

四、羈縻控制：龍雲時期（1928—1945）

羈縻關係的建立

1928 年春，龍雲在雲南內戰中取得勝利，國民政府正式委任其為雲南省政府主席兼國民革命軍第十三路軍總指揮，中央與雲南關係進入另一新階段。由於滇省自護國運動以後連年征戰，再加上雲南內戰影響，以致財政貧乏、民生凋敝，龍雲乃於年 8 月派滇省耆老周鍾岳赴京通款，請求國府協助解決雲南財政金融等問題。9 月 23 日，周鍾岳進謁蔣介石，告以滇省軍事收束、整理內政及龍雲始終擁護之意，蔣態度甚殷勤，謂所提諸事皆可商辦，雙方關係有了了好的開始。28 日，周致函龍雲建議滇省今後方向：

> 中央局勢似已團結，而內面裂痕甚多……現桂方內則拉元老派、太子派、西山會議派以扶植政治勢力，外則統轄粵桂湘鄂，並以白崇禧軍進踞平津，以扶植軍事勢力，其用意殊未可測。而蔣則因北伐勳望，總攬中樞，頗得一般人心，又為各國重視。且其人力才力之精幹，思想之周密，亦足以防制反動之力而有餘。故現在雙方佈置，旗鼓相當，針鋒相對，毫不回護也。吾滇處此，以國家大計論，則當擁蔣；以地方利害論，則當聯桂。故弟意仍宜雙方兼顧，不宜忽略。[62]

龍雲對於周所提意見甚為重視，乃派其內弟李培天為雲南駐京辦事處處長，經多方活動，得任國民政府蒙藏委員會委員，專門負責與中央聯繫。[63] 此外，為兼顧地方利益，龍雲曾先後派人至廣西聯絡，表示西南鄰省唇齒相依，約定滇桂互相支持，以穩定西南局勢。[64] 然而，此一兼顧之策卻因桂系與中央反目決裂而告結束，龍雲經與部屬詳商，並多方考慮，最後為顧全大局及本身利益，決定全力擁蔣。所以抗戰前，龍雲在國內政治紛爭中，始終秉持擁護中央的立場。而此時南京國府困於內憂外患交相逼迫，自顧不暇，只要滇省服從中央，即對其不加過問，基本上雙方維持一種羈縻關係。但因龍雲始終擁護中央，蔣也對其寄予相當信任，除雲南省主席本職外，復加委滇黔綏靖公署主任

---

62 〈周鍾岳陳述會見蔣介石經過及奉商雲南軍事財政等情況函〉（1928 年 9 月 8 日），《雲南檔案史料》1988 年第 4 期，第 48—49 頁。

63 〈周鍾岳已由京赴滬電〉（1928 年 12 月 26 日），《雲南檔案史料》1988 年第 4 期，第 52 頁。

64 趙振鑾：〈龍雲與蔣介石的合與分之我見〉，《雲南省歷史研究所研究集刊》1983 年第 2 期，第 38 頁。

等要職以籠絡之。是以在抗戰前，龍雲與中央關係堪稱密切。

1935 年蔣介石來滇

　　雲南自 1928 年龍雲主政以後，即與中央維持良好關係，並屢次奉命興討桂之師，故蔣介石也刻意結好籠絡龍雲。如 1935 年 1 月 31 日，蔣介石在中央軍進入貴州追剿紅軍之初，即囑令追剿軍總指揮薛岳速與龍雲切實聯繫，事事表示敬意，受其指導為要。2 月 9 日，蔣介石派黃實赴雲南聯絡龍雲。4 月 5 日，為貴州軍政改組蔣致電黃實，要其轉達龍雲「如有得力人員，請其先行密示，以便保任省府委員，以資滇黔聯絡，俾得切實合作」，[65] 顯見其對龍雲籠絡之用心。不久蔣介石就有雲南之行。

　　1935 年 5 月 10 日，蔣介石偕宋美齡由黔飛滇，龍雲與其妻顧映秋親赴巫家壩機場候迎，到場歡迎者尚有雲南省政府各省委廳長、各指委及各機關首長，以及駐滇各國領事等。這是蔣介石第一次來滇，也是中央領袖首度蒞臨雲南，故雲南省府舉行盛大的歡迎儀式。據《大公報》記者報導：

> 學生民眾往歡迎者，由三元街到巫家壩列隊約十里之長，市內歡迎民眾塞滿街巷，家家張燈結綵，國旗飄揚，彩亭牌坊，奐美異常，歡聲雷動，為滇中從來所未有……由機場至城中沿途有軍警、童子軍及男女學生列隊歡迎。城中懸旗結彩，並張掛大紅燈多盞，街上紮有五色牌樓多座，人民均欲一瞻蔣氏丰采，城中幾萬人空巷，為昆明空前盛況。[66]

　　此情此景，令蔣留下深刻印象。翌日，《大公報》以《蔣委員長抵昆明》為題發表社評，稱「政府領袖入滇，此為第一次，象徵統一之完成，鼓舞邊省之進步，甚盛事也」。當晚，雲南省府舉行盛大歡宴，蔣介石致答詞時特別強調：「雲南是一個最重要的革命根據地，在革命歷史上是至有光彩的，中正久想來觀光，未能如願，今能與各同志見面，快樂心情不可以言語形容。中央與雲南，可以說是相依為命，中正個人與龍主席，亦是共甘苦、同患難，自從中正在中央負責以來，龍主席亦在雲南主持省政，中正與龍主席可說是同一個時代，共同擔負總理所遺交下來的革命責任。」[67] 蔣此席話極盡揄揚之能

65　高素蘭編注《蔣中正總統檔案·事略稿本》第 30 冊，「國史館」，2008，第 343—344 頁。
66　《大公報》1935 年 5 月 11 日。
67　《大公報》1935 年 5 月 14 日。

事，對龍雲頗收籠絡之效。

　　蔣介石來滇後，曾與龍雲多次晤談，深入瞭解雲南省政及工業推動成效。經多日相處，蔣對龍雲印象甚佳，謂「志舟明達精幹，深沈識時之人，而非驕矜放肆之流」。蔣介石於 5 月 21 日離滇飛黔，對此行甚為滿意：「滇行完成，實關乎國家之統一，剿匪之前途與個人之歷史，皆有莫大之益也。」[68] 6 月 1 日，龍雲在致李宗仁電文中稱：「介公在滇時，對於時局有所垂詢。盱衡大勢，國家地位危險如此，再不亟謀統一，結果國即滅亡；若不互見以誠，統一亦終難實現。瀝陳之餘，介公頗為動容，有極誠懇之表示。」[69] 顯見蔣介石人身領導有其一定功效。由於蔣刻意結好龍雲、爭取雲南支持，遂使中央得以在西南建立較穩定的基礎及支持力量，這是蔣此行最大的收穫之一。

雲南出兵抗戰

　　1937 年 7 月盧溝橋事變爆發後，在舉國一致的抗日聲中，蔣介石決定召開國防會議，商討抗戰大計，龍雲亦奉召前往。[70] 8 月 9 日，龍雲抵達南京，在機場受到軍政部部長何應欽等的迎接，隨即下榻北極閣前財政部部長宋子文寓。[71] 龍雲出長滇政將近十年，從未到過南京。此時，毅然赴京共赴國難，實為其對抗戰決策熱誠擁護的表現。[72] 由於此次係龍雲初次入京，故中央要人頗為重視。當時蔣介石因公外出，龍乃於 10 日先晉謁國民黨中央政治會議主席汪精衛，雙方暢談甚歡。由於龍、汪係屬初見，二人敘談達一小時之久。汪精衛對於龍雲治滇政績極表欽佩，亦曾論及滇緬勘界等事。11 日晨，龍雲列席中央政治會議，受到汪精衛及與會諸人熱烈歡迎。會後返邸，汪復回拜訪談半小時。[73] 適蔣介石於 11 日返抵南京，當此軍情緊張之際，蔣為歡迎龍雲到來，即於當晚邀宴龍氏，並由汪精衛、馮玉祥等要員作陪，足見其對龍之禮遇。及至淞滬戰役爆發，日機開始空襲南京，蔣介石以北極閣目標太大，恐遭敵機轟

68　高素蘭編注《蔣中正總統檔案・事略稿本》第 31 冊，「國史館」，2008，第 63、180 頁。
69　〈龍雲為蔣介石在滇有極謀統一的表示徵詢意見電〉（1935 年 6 月 1 日），雲南省檔案館編《國民黨軍追堵紅軍長征檔案史料選編（雲南部分）》，檔案出版社，1987，第 588—589 頁。
70　蔣介石於 1937 年 8 月 7 日邀集軍事各部會首長及奉召來京將領開國防會議，決定全面抗日方針，此即著名的「八七會議」。龍雲抵京時已是 8 月 9 日，未及參加 8 月 7 日當天會議。
71　龍雲：〈抗戰前後我的幾點回憶〉，《文史資料選輯》第 17 輯，中華書局，1961，第 53 頁。
72　謝本書：《龍雲傳》，四川民族出版社，1988，第 144—145 頁。
73　《申報》1937 年 8 月 11、12 日。

炸，乃要龍雲遷往城外湯山暫住。待龍雲復返南京，蔣親往探望，與其交談甚久，並希望雲南出兵兩軍抗日。龍雲允諾雲南可先出一軍，若戰事需要可再出一軍，蔣甚表滿意，雙方關係頗為融洽。[74] 及至龍雲結束在京公幹，束裝返滇時，蔣介石復親至機場送行，其禮遇不可謂不重。

　　8 月 22 日返抵昆明後，龍雲隨即召集軍政人員會議，傳達中央號令，並迅速編組軍隊，準備出師抗戰。滇軍經歷年整編，迄抗戰爆發前夕，共編成 6 個步兵旅、2 個直屬大隊、6 個直屬團、4 個獨立營及 1 個航空處，總兵力約 3.6 萬餘人，[75] 加上各縣常備隊統編的 21 個保安營，合計約 4 萬人，兵員不虞匱乏。[76] 同時龍雲在戰前曾撥款國幣 5000 萬元，向法國、比利時、捷克等國購買大批軍火，主要多為步兵用輕武器，計有七九步槍、各式輕重機槍，八二迫擊炮、六〇小炮及高射機槍等，數量足夠裝備 40 個步兵團。[77] 滇軍每個步兵團編制 9 個步兵連、3 個重機槍連、1 個迫擊炮連及 1 個高射機槍連。而每個步兵連配備七九步槍 60 支、輕機槍 6 挺；重機槍連配備重機槍 4 挺；迫擊炮連配備八二、六〇炮各 2 門；高射機槍連則有雙管高射機槍 2 挺，武器裝備堪稱精良。[78]

　　龍雲先前在京時，已與中央商定，將雲南現有軍隊編為一個軍，出滇參加抗戰。惟龍雲同時也要求出征部隊的指揮、人事、經理等權仍要由其掌握，且部隊出去後，仍准雲南繼續編練新軍。蔣介石為嘉勉雲南出兵，對此一概應允，並下令滇軍出征部隊自 1937 年 8 月起，其經費改歸軍政部發給。龍雲返滇後，命盧漢從速籌備出征軍部，並按照中央軍編制，就雲南原有 6 個步兵旅著手整編。[79] 整編就緒後，國府發布番號，編為陸軍第六十軍，軍長盧漢，下轄第一八二、第一八三、第一八四師 3 個師。9 月 9 日，第六十軍在昆明巫家壩舉行抗日誓師大會，各界人民獻旗歡送，場面熱烈異常。9 月底，第六十軍全部整編完成，待命出動。10 月 5 日，第六十軍舉行大校閱，軍長盧漢代

74　龍雲：〈抗戰前後我的幾點回憶〉，《文史資料選輯》第 17 輯，第 54、55 頁。
75　胡俊：〈近二十年來雲南地方軍隊概述〉，《雲南文史資料選輯》第 6 輯，第 11 頁。
76　龔自知：〈抗日戰爭前龍雲在雲南的統治概述〉，《雲南文史資料選輯》第 3 輯，第 40 頁。
77　該書編寫組：《雲南近代史》，雲南人民出版社，1993，第 429 頁。
78　胡俊：〈近二十年來雲南地方軍隊概述〉，《雲南文史資料選輯》第 6 輯，第 11 頁。
79　白肇學：〈六十軍的編成和參加魯南抗日戰役述略〉，《雲南文史資料選輯》第 2 輯，昆明，1963，第 161、162 頁；胡俊：〈近二十年來雲南地方軍隊概述〉，《雲南文史資料選輯》第 6 輯，第 12 頁。

表官兵宣誓殺敵；各界盛會歡送六十軍出征，並紛紛獻旗贈刀、贈送藥品等，以壯軍威。[80] 10 月 8 日起，部隊開始出發，揭開滇軍出師抗日之序幕。

第六十軍出征後，於 1938 年 4 月下旬參加徐州會戰第二階段戰事，以慘重犧牲堅守運河線，並掩護大軍撤離徐州。7 月，六十軍奉命參加武漢保衛戰。隨後，雲南又新編成第五十八軍及新三軍，同時開赴前線。滇軍隨即改編為第三十軍團，盧漢升任軍團長，下轄第六十軍、五十八軍及新三軍。12 月，第三十軍團奉令擴編為第一集團軍，總司令原由龍雲兼，後由盧漢升任，仍下轄第六十軍、五十八軍、新三軍，總兵力近 10 萬人。此外，雲南還徵送其他中央雜項部隊兵員約 5 萬人。抗戰初期，雲南出兵 10 餘萬人開赴前線，而且裝備、給養大半由地方自籌，這是滇省對抗戰的重大貢獻，龍雲也因此仍與中央維持密切關係。

衝突加劇

自 1937 年底國民政府內遷重慶後，雲南成為抗戰大後方，其重要性與日俱增，但為爭取龍雲支持，中央一直未派軍入駐。雲南先後派出三個軍開赴前線，蔣介石則允諾滇省可編練新軍，故龍雲仍維持相當的軍事實力。1939 年，日軍開始加緊在華南的行動，屢有進犯雲南的企圖。有鑑於此，蔣乃向龍雲表示希望抽調中央軍入滇，為減低龍的不安，特成立昆明行營，委龍雲為行營主任，統轄所有在滇部隊。[81] 及至 1940 年 9 月日軍進佔越北，西南震動，龍雲始同意中央軍入滇。不過，隨著中央力量進入雲南，威脅龍雲獨占地位，其與中央關係開始疏遠，最後甚至衝突迭生。

蔣介石對龍雲的疑慮 1938 年 12 月 18 日，汪精衛自重慶出走，道經昆明，停留一夜，轉赴越南，次年更轉往上海、南京，與日人接觸，建立傀儡政權，是為汪精衛出走事件。由於汪出走時途經雲南，外界皆不得其詳，遂使中央對龍雲的態度有些疑慮。12 月 22 日，龍雲致電蔣介石，報告汪來滇及出走經過，多少消除一些蔣的疑慮。蔣介石認為，龍雲態度「關係重大，今日抗戰，成敗存亡，全繫於雲南惟一之後方，不可不察也！」[82] 可見當時蔣介石對

80 〈抗日戰爭時期昆明大事記〉，《昆明文史資料選輯》第 6 輯，昆明政協文史資料委員會編印，1986，第 179、180 頁。
81 〈抗日戰爭時期昆明大事記〉，《昆明文史資料選輯》第 6 輯，第 201 頁。
82 黃自進、潘光哲編《蔣中正總統五記‧困勉記》下冊，「國史館」，2011，第 649 頁。

雲南和龍雲的看重。因龍雲態度攸關抗戰大局，蔣介石特派與滇省素有淵源的李烈鈞、唐生智等到雲南，借此聯絡龍雲。[83] 1939 年 4 月 13 日，龍雲主動致函蔣介石，明確表示「與汪氏素無往還，此次短期接觸，已稔知其為人，既不磊落光明，又不忠厚安分……滇省與我公同一命運，在此敵人力圖分化，汪氏被敵利用之時，吾輩軍人，不論何種職責，惟有立定腳跟，不為利害所動，恪遵既定國策」。[84] 龍雲既表明了自己的抗戰立場及對蔣的尊重，蔣對龍雲似也釋懷，予以關心。及至 1940 年，大量中央軍進入雲南佈防，滇局穩定，蔣介石也比較放心。但因為種種主客觀的原因，蔣介石在實際上對龍雲仍然很不滿意，這是他日後決定以武力解決龍雲的重要出發點。

　　龍雲結交中共與民盟　　戰前龍雲與中共毫無關係，甚至為鞏固其統治基礎，曾大力肅清雲南境內的中共地下黨員。及至 1937 年 8 月入京期間，龍雲始透過雲南講武堂同學朱德與中共取得聯繫，朱德並交予密碼本一本，龍雲返滇後即與延安開始聯絡。[85] 隨後中共開始注意雲南情勢的發展，除重建地下黨組織，成立雲南省工作委員會（簡稱「滇工委」）外，並力圖爭取龍雲的支持。[86] 龍雲此時因與中央產生矛盾，亦有意利用中共對抗中央，乃於 1943 年透過西南聯大教授羅隆基向中共提議，希望周恩來能赴昆晤面。後來雙方在重慶見面，周更派代表華崗赴滇，專門做雲南高層的工作。抵滇後，華崗以雲南大學教授身分作掩護，透過羅隆基拜會龍雲，龍雲建議重慶八路軍辦事處可在雲南設立電臺，以便華崗及龍雲與延安中共中央保持聯繫。隨後此電臺就設在滇黔綏靖公署，使昆明與延安、重慶中共南方局皆能直接聯繫，此無異公開掩護中共在滇活動。[87]

　　與此同時，龍雲為鞏固其權位，也利用昆明西南聯大等大學教授及左傾知識分子的力量牽制中央。1943 年 5 月，中國民主同盟（簡稱「民盟」）昆明支部成立，由羅隆基擔任主任委員，創辦機關報《民主週刊》，積極發展

83　楊維真：《從合作到決裂——論龍雲與中央的關係（1927—1949）》，「國史館」，2000，第 185—188 頁。
84　秦孝儀主編《中華民國重要史料初編——對日抗戰時期・第六編・傀儡組織》（3），中國國民黨黨史會，1981，第 115—116 頁。
85　龍雲：〈抗戰前後我的幾點回憶〉，《文史資料選輯》第 17 輯，第 54—55 頁。
86　李群傑：〈關於抗戰時期對雲南地方實力派部分統戰工作的回憶〉，《南方局黨史資料》1987 年第 3 期，第 49 頁。
87　孫代興、吳寶璋主編《雲南抗日戰爭史》，雲南大學出版社，1995，第 32 頁。

民盟組織，費孝通、吳晗、聞一多、李公樸等知名教授陸續加入，聲勢漸大。羅隆基並以昆明民盟負責人身分，與龍雲及滇省上層人士時相往來。由於雲南與中央發生摩擦，龍雲對民盟批評國府腐敗、蔣介石獨裁等言論持同情態度，不僅出錢出力支持民盟發展，甚至在民盟主席張瀾的介紹下，於 1944 年底祕密加入民盟，成為民盟祕密盟員，龍雲長子龍繩武及親信繆嘉銘亦祕密入盟。[88]龍雲雖不參加民盟公開活動，也不出席會議，但在經濟上予民盟很大的支持，人事上也給民盟相當的便利，並明令保障雲南人民的民主自由權利，允許學生遊行示威。[89] 同時，龍雲還憑藉其昆明行營主任身分，不准中央特工在昆明活動，昆明因政治空氣較自由，批評政府之風較盛，遂有後方「民主堡壘」之稱。[90]龍雲與中共、民盟的往來，以及其種種作為，當然引發蔣的關注與不滿，雙方關係持續惡化。

陸軍總司令部成立爭議 1944 年底，為配合盟軍反攻作戰，中國陸軍總司令部在昆明成立，由何應欽任總司令，並將盧漢所部滇軍納入，擴編為第一方面軍，不料卻引起龍雲不滿。蔣介石認為：「龍雲對敬之在昆明組織總司令部不予助理，反動分子公開詆毀中央不予制止，龍之叛跡益顯矣。」[91]龍與何原屬舊識，一直維持不錯的交情，此際卻因龍雲懷疑何意圖並編滇軍，且擔心其駐滇對己不利，對何異常冷淡。何應欽在昆明就職時，龍雲甚至禁止雲南軍政人員往賀，龍、何之間產生矛盾。[92]龍雲甚至公開說：「究竟是陸軍總司令大，還是我這位行營主任大；行營主任可以代表委員長，中國陸軍總司令部受委員長指揮，因此也要受我指揮。」雲南當地報紙也針對陸軍總司令和行營主任問題發表評論，何應欽乃將此一問題反映中央。此時雲南適發生陸總部衛生組上校組長著軍服在昆明被害事，係龍雲特務所為，屍體並棄置在陸總部前的水溝裡，目的是給中央一個下馬威，顯見問題嚴重性。[93] 因此，蔣介石乃請託考

88 楚圖南：〈抗戰期間雲南的民盟工作和民主活動〉，西南地區文史資料協作會議編《抗日民主統一戰線在西南》，四川人民出版社，1990，第 89 頁。

89 《黎明前後——馮素陶回憶錄》（《雲南文史資料選輯》第 31 輯），雲南人民出版社，1988，第 45—46 頁。

90 孫季康：〈蔣介石解決龍雲的經過〉，《雲南文史資料選輯》第 1 輯，雲南人民出版社，1962，第 26 頁。

91 葉惠芬編注《蔣中正總統檔案・事略稿本》第 59 冊，「國史館」，2011，第 352 頁。

92 范承樞：〈盧漢任雲南省主席經過〉，《雲南文史資料選輯》第 8 輯，雲南人民出版社，1989 年再版，第 29 頁。

93 劉鳳翰、何智霖、陳亦榮訪問，何智霖、陳亦榮紀錄整理《汪敬煦先生訪談錄》，「國史館」，1993，第 14 頁。汪敬煦時任何應欽侍從參謀。

試院副院長周鍾岳返滇調解。周鍾岳係滇省宿儒，曾任蔡鍔及唐繼堯祕書長，在雲南政界輩分極高，其後被中央延攬入京，歷任內政部部長、考試院副院長等職，實為調解龍、何矛盾的最佳人選。行前周氏向蔣建議任龍雲為陸軍副總司令，並攜蔣致龍親筆函返滇。[94]

周鍾岳此次返滇調解堪稱順利，最後龍雲接受陸軍副總司令一職，滿天陰霾，一時化去。然好景不長，不久龍雲又因昆明、滇西設立防守及警備司令部與中央爆發衝突。當時雲南大軍雲集，加上中印公路通車，中央乃於昆明、滇西分設防守及警備司令部，由中央軍將領出任司令，龍雲認為侵犯其職權。尤其昆明既有行營、滇黔綏靖公署、省政府及陸軍總司令部，盡可維持治安，今又命杜聿明出任昆明防守司令，所部第五軍分駐昆明附近，意將何為？且滇西警備司令部名為防護新修築之中印公路，但其管轄區域竟至昆明城郊西南30公里的安寧，龍雲懷疑中央對其不信任，乃要周鍾岳面陳蔣介石。[95] 5月初，當周鍾岳由滇飛渝覆命，並於6月12日向蔣介石報告返滇調解龍雲與何應欽之間摩擦經過時，發現蔣對龍雲已失去耐心，並厲辭指斥龍之種種行徑。周雖於其間力事彌縫，但雙方積疑愈隔愈深，倒龍行動勢不可免。

雲南財政自主爭議龍雲自1927年主政後，有鑒於唐繼堯統治時期的弊端，在省內進行一系列的整頓、改革，其中尤以經濟改革最具成效。由於先前唐繼堯屢次向外爭戰，軍費浩繁，加以濫發紙鈔，雲南財政已瀕臨破產邊緣。龍雲上臺後，花費極大心力加以改革，使滇省財政逐漸得以自足。不論是滇錫精煉技術的提升、鴉片貿易收歸省府掌控、徵收特種消費稅以擴大財源、創辦富滇新銀行發行新滇幣，抑或是推動雲南工業建設，俱可見其財經改革之苦心，也有效地鞏固了其統治基礎。[96] 據統計，1937年雲南地方企業收入已占全省總預算的35％，工業收入逐漸取代鴉片收入，健全雲南財經發展，這是滇省能在較長時期保持相對獨立的重要因素之一。[97] 及至抗戰爆發，中央力量進入西南，雲南財政半獨立地位開始受到衝擊，尤其是貨幣發行權。

1935年11月，國府施行法幣政策，採「集中發行」方式，規定法幣為

94　周鍾岳：〈惺庵回顧錄四編〉，《雲南文史資料選輯》第8輯，第163—165頁。
95　周鍾岳：〈惺庵回顧錄四編〉，《雲南文史資料選輯》第8輯，第166頁。
96　參見楊維真《從合作到決裂——論龍雲與中央的關係（1927—1949）》，第76—90頁。
97　參見謝本書《龍雲傳》，第108頁。

通行全國唯一合法貨幣，取消地方發行特權，此不啻截斷地方經濟命脈。過去地方勢力得以維持半獨立地位，其原因之一即在於擁有發行貨幣的特權，故各省都有自己的貨幣，如雲南即通行新滇幣。今法幣「集中發行」之原則，適足以致地方勢力於死地。故法幣政策催生者、財政部政務次長徐堪稱：「法幣實施後，其顯著之效果為達成國內政治上之真正統一與確定財政、經濟上之基礎。」[98]雲南雖在 1937 年 5 月開始使用法幣，但一方面滇省法幣流通係以一元以下小票為限，故發行總額不大；另一方面新滇幣以法幣輔幣身分繼續流通，故其在滇仍擁有絕對地位。及至抗戰軍興，中央銀行於 1937 年 12 月在昆明設立分行，並於次年開始在滇發行法幣，這就嚴重威脅雲南財政的獨立地位。本來在舉國對日抗戰情勢下，雲南經濟併入戰時國家經濟體系原是順理成章之事，但龍雲深恐此舉將影響其獨占地位，乃多方設法制止法幣流通。富滇新銀行設法操縱對法幣的兌換率，甚至一度完全拒絕接受法幣。不過這項企圖最後還是失敗，隨著中央機構、軍隊、人員大量進入雲南，加以中國、交通、農民三家國家銀行於 1938 年在昆明成立分行，發行法幣，代表國家財政力量的法幣，至 1939 年底已在雲南取得絕對優勢。富滇新銀行乃持續暗中大量增發新滇幣，以與中央爭奪通貨膨脹的利益。由於中央與地方競相增發貨幣，通貨惡性膨脹，貨幣貶值，物價飛漲，造成雲南嚴重的經濟問題。1942 年 7 月，財政部更廢除雲南富滇新銀行發行貨幣的權利，頒布《接收省鈔辦法》，要求滇省於兩年內將新滇幣收回，並將發行保證金交中央銀行保管。此舉對雲南財政獨立地位打擊甚大，龍雲不甘坐以待斃，於是一方面籌組雲南企業局，將歷年積存之現款、金銀、外匯等撥入企業局，以逃避中央監督；另一方面則遲遲不進行新滇幣收兌，一直到 1945 年龍雲下臺後，收兌工作才真正展開。[99]此外，在銀行設立及外貿管制上，雲南與中央也發生摩擦，雖然最後大多是在國府以巨額津貼補償雲南財政損失下而平息，但雲南已逐步納入戰時國家財經系統，喪失其經濟獨立自主的基礎。當然，在這個過程中，地方與中央之間都不可能有太好的感受。

---

98 徐堪：《徐可亭先生文存》，四川文獻社，1970，第 7 頁。
99 參見楊維真《從合作到決裂——論龍雲與中央的關係（1927—1949）》，第 199—201 頁。

改組滇府

1945 年 3 月 4 日，蔣介石認為雲南省政應設法解決，並研究解決之道：「甲、人選，乙、時期，丙、部署，丁、宣傳，戊、心理與社會關係，不能不密切注意」。顯見其已決心改組雲南省政。20 日，為一探滇省虛實，蔣與吳稚暉飛雲南巡視，留滇五日。蔣此行對龍雲印象頗惡，明言「龍雲之驕橫不道，殊非想像所能及，玀玀之終為玀玀，夜郎自大，乃意中事，無足為奇。彼行態實已自知其末日將至，橫豎終為時代所淘汰，故毫不有所顧忌，時時與中央以難堪，無論整編軍隊，或中央政策，彼必持反對態勢，特使外國軍官知中央不能統馭地方，以喪失國家威信為得計，蓋彼於此時只要中央動搖，抗戰失敗，使內外交迫，無法維持革命政權時，彼乃可以自保也」。[100] 4 月初，蔣召見昆明防守司令杜聿明，告以決定解決龍雲，令其回昆妥善佈置。

龍雲問題令蔣介石煩憂不止，6 月 30 日，蔣曰：「今晨醒後，思及雲南龍雲跋扈不法夜郎之徒恐無法使之就範矣。」7 月以後，隨著日軍敗局已定，戰局日趨明朗，為穩定戰後局勢，蔣解決龍雲的念頭愈發急切。7 月 19 日，蔣認為「滇龍之處置不可再緩，應速決定步驟」。21 日，蔣約見滇籍國民黨中央委員李宗黃談滇龍事，責以桑梓為念，準備回滇整理滇政。[101] 27 日晚，蔣再與杜聿明談滇事。8 月 2 日，蔣稱：「滇龍處置腹案，所部不慎，猶豫不決，又恐夜長夢多。」11 日，蔣與杜聿明商討昆明防範計畫，因抗戰勝利之故，蔣認為解決龍雲「又恐延遲時間」。15 日，第一集團軍副總司令高蔭槐函呈蔣介石，謂：「龍雲八年以來，國難愈嚴，則彼愈為欣喜。局勢每有好轉，則彼反多憤怒，無時無處莫不表現其叛黨誤國之態度。其與朱德早有往還，曾由羅炳輝、李日基二人代通消息，綏署取消，彼實不甘心，為以後軍隊不易借名保存其地方系統也。近由盧玉書（視察室主任）持函促職返滇，餌以保安等職，語次得知其擴張勢力，事屬必然。」[102] 此函對已嚴峻的中央與雲南關係，更為雪上加霜，蔣決定趁抗戰勝利之機解決龍雲，免貽後患。

100　王正華編注《蔣中正總統檔案・事略稿本》第 60 冊，「國史館」，2011，第 18、157—158 頁。

101　王正華編注《蔣中正總統檔案・事略稿本》第 61 冊，「國史館」，2011，第 239、580、585 頁。

102　王正華編注《蔣中正總統檔案・事略稿本》第 62 冊，「國史館」，2011，第 19、79、196—197 頁。

　　1945 年 9 月，杜聿明部署妥當，而盧漢所部滇軍又奉調入越受降，內方空虛，蔣介石決定實施解決龍雲計畫。當時重慶正舉行國共會談，各方人士齊集，蔣為避免政務纏身，乃決定以位處成都、重慶、昆明之間的寂靜山城西昌為指揮部，並以短期休養為由，囑西昌行轅主任張篤倫預做準備。25 日，張篤倫協同侍從室先遣人員由重慶飛抵西昌，並載來載波機一架，督令電報局漏夜安裝，以便蔣至西昌後與各地長途通話之用。[103] 27 日，蔣介石夫婦飛抵西昌，解決龍雲進入倒計時階段。同日，蔣命空軍第五路指揮部副司令王叔銘飛昆明，攜蔣親筆函密交杜聿明，說明日內即將內調龍雲任軍事參議院院長，要杜以長官之禮相待，照命令限期送龍雲到重慶。蔣強調最好一槍不發，並絕對保證龍雲生命安全，但若龍不接受命令，即以武力解決。[104]

　　9 月 30 日，蔣手書致陳誠、杜聿明、宋子文、蔣經國各函，指示準備處理要領。[105] 蔣致陳誠手諭稱：「川軍整編既畢，雲南問題應做第一步改造計畫，請參照致子文院長之函並與其面商一切，如期下令實施勿誤。至於雲南當地佈置與準備，克已完成，大體無容系慮，並望於二日上午仍派王叔銘同志飛來詳報為盼。但此時應極端機密。子文院長之函，最好於一日戌刻面交協商後，從速辦理一切手續為要！」至於蔣致宋子文函則云：

> 子文吾兄勛鑒：近日休養西昌，靜念國事，不勝憂慮，今後統一中國，必先以統一西南為本，而且非先鞏固雲南不可，否則建設將無從著手也。龍雲八年以來，違抗法令，破壞抗戰之事，實中外皆知，毋庸贅述。若長令其再駐滇中任職，不唯統一無望，而且勝利難保。其將何以對抗戰陣亡軍民之英靈！但吾人不能不本待人以寬厚之旨，自不願追咎既往。而且其在抗戰以前，對於擁護中央反對西南之非法組織，不無微勳，故仍令其供職中央，使之仍有保持晚節，予以自處之道。茲將處置如後：
>
> 一、雲南省政府委員兼主席、保安司令、軍管區司令、中國陸軍副總司令、軍事委員會委員長行營主任龍雲另有任用，著即免除本兼各職；
>
> 二、特派龍雲為軍事委員會委員兼軍事參議院院長；

103　參見謝本書《龍雲傳》，第 196 頁。

104　杜聿明：〈蔣介石解決龍雲的經過〉，《文史資料選輯》第 5 輯，第 41 頁。

105　王正華編注《蔣中正總統檔案・事略稿本》第 62 冊，第 732 頁。

三、軍事參議院院長李濟琛，准免院長兼職，專任軍事委員會委員；

四、雲南省政府委員兼民政廳廳長陸崇仁，准免本兼各職；

五、委員李宗黃為雲南省政府委員兼民政廳廳長；

六、雲南省政府委員盧漢，著兼省政府主席；

七、雲南省政府主席盧漢未到任以前，著派民政廳廳長李宗黃兼代主席。

以上為雲南省政府人員之調動令稿，惟龍雲兼職或不止此，尚希詳查補敍，凡其所兼職務，一律明令免除。又云南保安司令與軍管區司令是否為龍雲所兼任？亦請查明，如其未兼，則令稿內不必敍入為要。下令時期擬定十月三日晨見報，但事前應極端祕密，亦不必提出行政會議也。發表之時，兄如可以私人名義專函龍雲，令其立即遵令交代，並述明中擬派專機接其來渝，就軍事參議院院長新職，則不僅可保其生命與過去之功業，而且可保全其一切財產無恙。但必須限其於十月五日以前到渝就職也。此事若非從速解決，不唯不能保證抗戰之勝利，而且統一建國亦無從開始也。請兄同下決心，如期辦理勿延，為盼。[106]

此函中所示各點，即為日後處理雲南政局的原則。至於蔣要宋子文「同下決心，如期辦理」，係因宋與龍雲向來交好，蔣恐其以私誼延誤大局。

10月1日，蔣介石手書致龍雲函。2日，宋子文由重慶飛來，擬對撤換龍雲做最後努力，希望能有所轉圜，並主張暫緩發布命令，恐美國借款因之不成。但蔣稱：「余決心已定，若不於此時撤龍，則今後共毛如回延安叛變，或東北問題接收不順時，則更難撤換矣。要在乘此內政漸安時，先將西南基礎奠定，而後建國平亂、對內對外，皆有運用餘地。至於美國借款之事，與此相較，實不值一計，舍本圖末，非謀國之道。此事縱有危機，亦不能不冒險也。」[107]下午，蔣派遣王叔銘、李宗黃、關麟征等人飛昆明，面授軍政處置機宜。是日，國民政府明令，任命盧漢為雲南省政府主席。與此同時，蔣以軍事委員會委員長名義發表命令，撤銷昆明行營，調行營主任龍雲為軍事參議院上將院長，解決龍雲進入緊鑼密鼓階段。

106 《陳誠先生回憶錄——抗日戰爭》（上），「國史館」，2004，第208—210頁。
107 蔡盛琦編注《蔣中正總統檔案・事略稿本》第63冊，「國史館」，2012，第13頁。

10月3日凌晨，杜聿明所部第五軍開始行動，一時槍炮聲大作。當時滇軍幾乎全數隨盧漢赴越受降，僅龍雲次子龍繩祖暫編第二十四師留守昆明，其中一團放假離營，另一團駐北校場，裝備雖好，但缺乏戰鬥經驗。另有警衛營三個連，一連放假，僅有兩連駐守五華山省政府。其他還有雲南憲兵一團、員警數百人，均無戰鬥經驗。故中央軍與其稍一接火，迅即取得優勢。[108]稍後，除五華山仍有戰事外，第五軍已控制整個昆明，並宣布戒嚴。蔣對滇事極為關注，命杜「不可使龍離開昆明城」，同時，特電河內盧漢：「本日政府已明令改組雲南省政府，調志舟兄為軍事參議院院長，以兄為省政府主席，李宗黃為民政廳長，其餘各廳委照舊。在兄未到任以前，派李宗黃代理主席，余屬王叔銘副主任明日持函飛河內面達一切。」[109]以安盧漢及滇軍軍心。

就在杜聿明發動軍事行動之際，龍雲驚覺大事不妙，乃由一名副官扈從，由住宅後門出走。龍雲身著普通長衫，頭戴呢帽，利用熟悉地形的優勢，穿過複雜巷弄，突破第五軍封鎖線，脫身上了五華山省政府。[110]隨後龍雲親信張沖及次子龍繩祖也突圍來到五華山，指揮警衛部隊堅決抵抗，並發出「戡亂」電報，以杜聿明「稱兵叛亂」，命盧漢率部回攻。[111]由於龍雲負隅頑抗，滇事無法順利解決，如何收拾殘局頓成問題。

10月3日，宋子文電呈蔣介石：「職今晨抵渝，即邀周惺甫於本日午後詳談。據云，龍去無問題，惟李宗黃代理似未妥，暫不允行，嗣派昆明中國銀行經理於四時持函前往，但中航公司得訊昆明地方軍與中央軍發生衝突，客機停駛，故尚未成行。」4日，宋再電蔣曰：「滇局已定，應否再派人持函前往，催龍來渝就職，乞電示遵。」宋子文來電為滇局和平解決綻放一道曙光，蔣批示：「復請兄派員持函或由兄親飛滇接其來渝就職，保證其安全，使其安心也，中約下午回渝。」宋子文得蔣電令，以義不容辭，乃於5日攜周鍾岳函飛滇，隻身驅車上五華山，敦促龍雲赴渝就職。為打開僵局，蔣亦電何應欽：「到昆時，希即約志舟兄同機來渝，以正視聽，免除中央同志誤會，為志舟計，萬不可稍事遷徙，其行營職務，應即遵命移交杜總司令接管，是為至要。」[112]在宋

108　孫季康：〈蔣介石解決龍雲的經過〉，《雲南文史資料選輯》第1輯，第27頁。
109　蔡盛琦編注《蔣中正總統檔案・事略稿本》第63冊，第17頁。
110　孫季康：〈蔣介石解決龍雲的經過〉，《雲南文史資料選輯》第1輯，第30頁。
111　胡俊：《近二十年來雲南地方軍隊概述》，第29頁。
112　蔡盛琦編注《蔣中正總統檔案・事略稿本》第63冊，第21—22、35、41頁。

子文、何應欽等人努力下，龍雲最終接受中央命令，並在宋、何等人陪同下赴渝。至此，昆明事件終告和平收場，而龍雲在雲南的 18 年統治亦風流雲散。

五、決裂終結：盧漢時期（1945—1949）

當「十月三日事件」爆發之初，龍雲本要盧漢回師「勤王」，但中央早有防範，駐越中央軍對入越滇軍形成監視防堵的態勢，並在數量上佔優勢，盧漢歸路已斷。而且，1945 年 10 月 1—5 日，何應欽以視察受降為名親抵河內，盧漢隨侍左右，未得動彈。加以中央對盧漢也刻意籠絡，10 月 3 日事變當天，蔣介石派王叔銘持其親筆函飛河內，委盧漢為雲南省主席，「盼曉諭所屬，以安眾心。並望在越受降事竣，來渝一敘」。因此，盧漢遂按兵不動，中央軍乃得順利解決龍雲。此後，盧漢對入越滇軍加以整頓，撤換親龍將領，鞏固對滇軍的掌控。同年 11 月，盧漢赴重慶出席復員整軍會議，向中央深明一己之忠悃，允諾將滇軍調防北方；而中央為嘉勉盧漢，亦畀其主滇實權，盧漢仍享有對滇軍的人事權，並設立雲南省保安司令部歸其指揮。12 月 1 日，盧漢返滇就省主席職，並提出「保境安民」施政方針，宣稱目前最重要的工作，「首在如何維持地方治安，力求社會安定，使人民得以安居樂業」，揭開治滇序幕。[113] 至於所部滇軍則於 1946 年春開赴東北，參加國共內戰。

抗戰後各地方勢力均大為削弱，雲南因滇軍外調、龍雲被解決，情況尤為嚴重。盧漢雖出任民國時期滇省最後一任省主席，但手上無兵無財，且其主政僅短短四年，頗難有所興替。加以國共內戰瞬即爆發，勝負難定，政治情勢混沌不明，在在影響盧漢的政治判斷與作為。自盧漢出任雲南省主席後，頗受中央在滇人員掣肘。先是抗戰中期以後，中央軍雲集滇省，蔣介石特別成立雲南警備總司令部，由中央軍將領擔任總司令，以箝制地方勢力。1946 年 6 月，盧漢雖成立雲南省保安司令部，以省主席身分兼任保安司令，但中央仍保留警備總司令部（當時全國僅雲南及新疆設此機構），處處侵奪盧漢權力。[114] 同年 7 月，雲南警備司令部又製造「李、聞慘案」（暗殺李公樸、聞一多事件），激發昆明學潮，帶給盧漢極大困擾。而東北滇軍第六十軍所轄第一八四

113　范承樞：《盧漢任雲南省主席經過》，第 28、32 頁；謝本書、牛鴻賓：《盧漢傳》，四川民族出版社，1990，第 123 頁。

114　參見謝本書、牛鴻賓《盧漢傳》，第 124 頁。

師，於當年 5 月底在遼寧海城投降中共，此為東北戰場政府軍投共首例，予盧漢刺激頗深。1947 年 10 月，盧漢奉命至東北撫慰滇軍，見軍心渙散，東北局勢已難維持，更覺前途險惡。1948 年 12 月，遭中央軟禁三年的龍雲由南京出走香港，寓居香江期間，屢派舊屬返滇聯繫，要盧漢反蔣投共，也造成盧很大的困擾。[115] 此時政府軍在遼瀋、平津、淮海三大戰役皆告慘敗，蔣介石於 1949 年初自總統職引退，由與盧漢宿怨頗深的代總統李宗仁繼任，盧漢益覺無可作為，乃萌攜貳之心，開始與中共接觸。同年 4 月 20 日，國共談判破裂，中共軍隊渡江，南京於三天後政權易手，大局似已無可逆轉。7 月，盧漢派代表赴北平，謀與中共中央取得直接聯繫。12 月 9 日，盧漢扣押在昆明的西南軍政長官張群、第二十六軍軍長余程萬、第八軍軍長李彌等軍政要員，宣布雲南起義，從而結束民國時期雲南地方勢力的統治階段，中央與地方關係將進入另一新局。[116]

六、雲南所見之央地關係的意義

民國時期雲南先後由蔡鍔、唐繼堯、龍雲、盧漢四人治理，就中央與地方關係而言，也歷經幾個不同階段的發展。在蔡鍔及唐繼堯主政初期，一方面北京中央擁有正統性，也是全國「合法有道」的最高裁判所，雲南作為其轄下一省，自然服膺中央號令；另一方面，由於辛亥以後協餉停止，滇省財政困窘，急需中央撥助，這也是其擁護北京的重要因素。及至帝制事起，袁世凱自毀法統，雲南護國軍興，否認北京中央正統地位，中央地方關係發生急劇變化。此後孫中山發動護法運動，南北正式分裂，唐繼堯遂得以居間用權，以南制北，向外擴張；而此際雲南因錫礦出口旺盛，財政狀況良好，遂使其得以獨立自主發展。但至唐氏統治後期，情勢有了很大的改變。由於唐繼堯始終反對北洋政府，但對南方廣州政府又若即若離，一心想維持其獨立自主地位，結果反自外於南北政府，莫所依歸，造成其統治危機；加以滇錫出口銳減，省外地盤盡失，雲南財政艱窘，乃伏下唐氏敗亡之機。

事實上，地方勢力若欲長期存續、壯大發展，必須植基於軍隊、財政及

---

115 參見楊維真《從合作到決裂——論龍雲與中央的關係（1927—1949）》，第 286—290 頁。

116 盧漢於 1929 年與張群結識後，向來視其為在中央的靠山，而張群也盡力維護盧漢，兩人維持相當好的交情。此際張群雖被扣留，但最後盧漢還是因彼此私交，釋其離去。見林毓棠〈雲南起義經過紀實〉，《文史資料精選》第 16 冊，中國文史出版社，1990，第 95 頁。

人才三項礎石之上；而三者之中，尤以財政為樞紐，因其為養軍之資源，亦為招攬人才的憑藉。所以龍雲接掌滇政後，耗費極大心力整理財政，並獲致豐碩成果，從而鞏固統治基礎，維持其獨立自主地位。另外，此際國民政府因內憂外患紛至遝來，自顧尚且不暇，實無心於雲南，故對其採羈縻政策，戰前龍雲亦秉持擁護中央之立場，雙方得以維持不錯的關係。但抗戰爆發後，因國府內遷重慶，雲南成為後方要地，中央力量開始進入，影響龍雲獨占地位，雙方關係生變。此後衝突越演越烈，終至中央以武力結束龍雲政權。最後盧漢主政期間，情勢最為惡劣，無兵無權，很難有所作為。而國共內戰的發展，亦使盧漢必須在兩個政權之中做一抉擇。1949 年底盧漢投向中共，徹底斷絕與國民黨中央關係，而其對雲南地方統治亦已近尾聲。綜言之，民國時期雲南地方勢力與中央始終處於既合作又對抗的局面，這種中央地方關係的雙重奏不僅見諸雲南，亦為當日中國政局普遍之現象。

　　究其實，中央與地方是國家政治組成的兩大部分，其關係乃「合則兩利，分則兩害」，或謂「和則兩利，爭則兩害」。然而不幸的是，自民國肇建，除了袁世凱主政的短暫時間之外，中國政局始終是分裂多、統一少，地方與中央關係亦為對抗多而合作少。至於中央政府始終無法調和地方的因素，其根源在於權力結構。所謂權力結構，係指中央與地方無法在彼此權力衝突時，尋求一個適當的平衡點。政治的本質不外乎是對權力、資源的分配，而權力的爭奪是排他性的，中央多一分，則地方少一點，反之亦然。欲求中央與地方權限之合理，唯有訴諸國民公意，並以憲法來規範。辛亥革命後，中國至少有三次機會可以經由憲法的制定與運作，將中央與地方關係納入正軌：一為袁世凱當政時期，惜因國會議員囿於黨派私見，加以袁對共和制度大肆摧殘而未果；二為北伐完成之際，然因國民黨人堅持以黨治國，施行訓政，遂坐失良機；三為抗戰勝利之後，國人既望治心切，各黨派復有實施憲政的共識，不幸國共內戰瞬即爆發，一切均成幻影。由於國家根本大法未立，國人共識難存，加以內憂外患紛至遝來，中央與地方亦只有交相侵逼了。

　　實則憲法的制定不僅可徹底解決中央與地方權限問題，更能達到軍隊國家化之目的，減少政治的紛爭。近代中國的動盪不安，大半因素與晚清太平軍興以後，軍隊的地方化、私人化有密切關係。統一觀念之所以成為主導中國歷史發展的主流思想，除了傳統大一統思想的影響外，更與「統一帶來安定，

分裂衍生戰亂」的歷史現象有關。兩千年前孟子呼籲「定於一」的思想背景亦在於此，且其更強調的是「不嗜殺人者能一之」的和平統一。民國時期軍閥混戰，帶給黎民極大的痛苦，這是息兵、統一呼聲不斷的主要因素。國民政府承繼此種思潮，厲行武力統一政策，不料卻激起地方反抗，雙方兵戎相見，這是民國時期兵連禍結的主要原因。是以憲法若能順利實施，軍隊真能國家化，中央與地方縱有權力衝突，亦能經由釋憲等和平途徑解決，或不致戰亂連年。

第三十章　祖國去來：日本統治與光復初期臺灣人的兩岸往來

一、臺灣人往來兩岸的歷史背景

臺灣在 1895 年依《馬關條約》割讓給日本，此後半世紀的殖民統治（1895—1945）造成臺灣與大陸在政經環境、文化思想與社會生活等方面的分隔。依殖民政府規定兩年的國籍選擇期限，至 1897 年 5 月 8 日止，臺灣地區居民必須決定國籍，可以選擇留下來成為殖民地子民或回歸清國。有些人在 1895 乙未之役時到大陸避難，待時局穩定後回臺；亦有最終選擇回歸清國者。從統計資料來看，當時臺灣人口約 280 萬人，遷移的僅有 5460 人，實為九牛之一毛。[1] 雖然如此，遊移於兩岸間的臺灣人並沒有完全斷絕，甚至，某些有著「祖國經驗」人物的故事，為兩岸關係譜出複雜的歷史樂章。

20 世紀上半葉在大陸各地的臺灣人數字統計並不全面，但提供了臺灣人分布的地區與時段的梗概，有助我們察知臺灣人在大陸活動的輪廓。日本統治時期住居在臺灣以外，特別是在對岸的福建、廣東、上海、北京、東北或

---

* 本章由謝國興、林欣宜撰寫。

[1]　中村孝志分析，決定遷回中國大陸的臺灣人人數不多，也幾乎沒有因政治因素而選擇回歸者。然而，因為離去者多為在中國內地置產的富裕臺灣人，影響不可謂不大，後來臺灣總督府獎勵住居中國大陸且有財勢的臺灣人為日本效力，導致在中國大陸的臺灣籍民的活動變成複雜的政治與社會問題。見〔日〕中村孝志〈「臺灣籍民」諸問題〉，《中村孝志教授論文集——日本南進政策與臺灣》，卞鳳奎譯，稻鄉出版社，2002，第 79 頁。另外，有些 1897 年 5 月未回臺灣的原籍臺灣人民，在日本統治時期申請恢復臺籍；也有些人則以「華僑」身分在臺灣從事營商等活動。回大陸的臺灣人人數不多是事實，但中村孝志分析說「也幾乎沒有因政治因素而選擇回歸者」，雖有其理，但回歸者也有一些是求取科舉功名者，或已有功名者（如進士），這正是清廷使臺灣「內地化」的兩樣法寶之一的科舉制度所造成的。

東南亞等地，擁有日本國籍的臺灣人，泛稱為「臺灣籍民」。[2] 據日本官方統計，僅 1910 年於日本各地領事館登記的臺灣籍民，華南一帶就有 2000 多人；未登記者，連同其家族在內，推測不少於 6000 人。這些人中有不少趁日本接管臺灣戶籍未完備之際，陸續取得了日本籍。據報導，廈門的臺灣籍民僅1905—1910 年便激增兩倍。[3] 這主要是因為廈門和臺灣的關係親近，除了地緣關係外，臺灣人祖先大多來自漳州、泉州；而貿易關係亦密切，臺灣向華南輸出總額中，有一半經過廈門港。1929 年便有觀察者提到兩者關係密切，當時在廈門的臺灣籍民已近萬人，其中有不少因躲避戰亂至此而擁有雙重國籍的富裕人士，但一般說來住在廈門的部分臺灣人因其劣跡斑斑而「人緣很差」。[4]

日本統治時期臺灣人到大陸的人數，約略來說，至 1935 年為止，登記有案者總數已經突破萬人。雖然各時期統計有著標準不統一、未登記及冒籍者多等諸多問題，仍可概略歸納出前往福建者占臺灣人出境總數的七成。[5] 到了1930 年代中期至 1940 年代中期的戰爭時期，在大陸各地的臺灣人都有大幅增加。這是因為戰爭需要，日本從臺灣徵調了大批軍屬、工員、志願兵及醫療護理人員前往大陸戰場，亦即戰爭期間增加的臺灣人絕大多數並非一般百姓。[6]

2　日本統治時期臺灣人國籍問題的討論與政策的制定，可參考栗原純〈臺灣籍民與國籍問題〉，鐘淑敏譯，《臺灣文獻史料整理研究學術研討會論文集》，臺灣省文獻委員會，2000，同時收錄中文版（第 423—450 頁）與日文版（第 451—476 頁）。作者指出，是否給予殖民地住民本國國籍，為殖民統治的一大課題。臺灣住民之所以適用日本國籍法，是日本政府為了區別日本籍及「清國人」的考慮所致，並非完全依《馬關條約》進行國籍選擇的自然結果，因為日本的國籍法為 1899 年才制定，亦即至 1897 年臺灣人國籍選擇期限後，才正式宣布臺灣也施行國籍法；而清政府直到 1909 年才開始實施父系血統主義的國籍法，由於其施行細則第四條規定：實施國籍法以前未經許可而取得外國籍，但在清朝內地享有居住、營業或繼承擁有不動產等清國民特有之權利者，視同有清國籍。居住在大陸、土生土長而又保有土地屋舍的臺灣人中，有不少得以便宜獲取日本國籍，最後演變成令清政府頭痛的臺灣籍民問題。

3　取得臺灣籍民身分者有部分是為了免稅、免釐金（只納子口稅）、出租身分及身家財產受領事裁判權保護等好處，他們通過賄賂取得臺灣人在大陸活動時的身分證明「旅券」，或以非法手段渡臺取得日本國籍後再回大陸，又或者利用各種關係補辦入籍臺灣手續等。因為有種種好處，1909 年起假冒的臺灣籍民開始急速增加。見〔日〕中村孝志〈「臺灣籍民」諸問題〉，《中村孝志教授論文集——日本南進政策與臺灣》，第 75、79—87 頁。

4　謝南光著、郭平坦校訂〈第二編　新興中國見聞記〉（1929 年發表於《民報》），載《謝南光著作選》（上），海峽學術出版社，1999，第 255 頁。

5　鐘淑敏：〈日治時期臺灣人在廈門的活動及其相關問題〉，走向近代編輯小組編《走向近代：國史發展與區域動向》，東華書局，2004，第 410 頁。

6　據林德政對 1928—1937 年廣州、汕頭臺灣籍民統計的整理，中日戰爭開始的 1937 年，兩地各居 147 人及 605 人。然而，到了 1942 年，兩地人數分別暴增至 4149 人及 1749 人；到1945 年則再略增為 4510 人及 1282 人。見林德政《光復前臺籍抗日志士在閩粵的活動》，復文圖書出版社，1995，第 223—226 頁。

為了戰事需要，被日本政府動員到大陸的臺灣人之具體例證，在各式歷史記錄及口述訪問中被普遍地提及。[7] 而日本的另一個占領地中國東北，則同樣也是許多臺灣人前往的地點，這裡吸引臺灣人之處在於工作機會多，薪水又比在臺灣高得多。[8] 去東北做生意、前往培育偽滿洲國官員的「建國大學」及醫學校就讀的臺灣人也有不少。[9] 歸結來說，20 世紀上半葉在大陸的臺灣人有持續增加的趨勢，但進入日本統治中期及接下來的戰爭期，臺灣人在大陸活動的性質及目的與前期完全不同。

20 世紀上半葉前期在大陸臺灣人的故事，主要與日本殖民統治開始之後持日本國籍的臺灣籍民在對岸造成治安的問題有所糾葛；而後半期則是浸淫於各種新思想的新世代臺灣知識分子在海外留學、工作，回臺後影響了島上的政治生態與社會風氣，其中又有某些人隨著國民政府的腳步，在戰爭結束後接收臺灣，進一步對臺灣既有的權力結構與社會秩序產生衝擊。臺灣與大陸之間錯綜複雜的關係，是這百年來牽動兩岸人民糾結情緒的關鍵。

以往對於日本統治下臺灣歷史的研究，強調在政治上殖民者與殖民地百姓之間頡頏的關係，強調民族性或階級性的視角，以及支配與被支配的權力架構。但隨著歷史觀察的角度日趨多元，官方文獻以外的文學作品、日記、報刊、回憶錄與口述訪問等民間各式文書不斷面世，這些更為庶民化的材料不但提供了不少檯面下的重要資訊，更是近年來眾多具有相當學術貢獻的新穎研究的主題。對於本章而言，這些材料顯現了殖民的歷史不是只有壓制與反抗，臺灣的歷史也不僅僅只是關係到臺灣人自己的歷史而已。

隨著兩岸分隔日久，尤其當完全沒有祖國經驗的第一代殖民地世代成長以後，對中國的想像與知識的傳播，變成了他們心中一個既親近卻又遙遠的存在，這樣的距離感甚至可以成為抵禦殖民壓迫的精神寄託，此一現象在愈來愈多的非官方材料中愈來愈明顯。固然，殖民地的近代化建設、新世代的成長、新觀念的繁衍及海外留學與全球體驗的增加，使得臺灣人的集體經驗與記憶，

7　許雪姬訪問、蔡說麗紀錄〈李太平先生訪問紀錄〉，載《口述歷史（5）日據時期臺灣人赴大陸經驗》，中研院近代史研究所編印，1994，第 87—94 頁。
8　許雪姬訪問、吳美慧、曾金蘭紀錄〈楊蘭洲先生訪問紀錄〉，載《口述歷史（5）日據時期臺灣人赴大陸經驗》，第 146 頁。
9　許雪姬訪問、曾金蘭紀錄〈吳左金先生訪問紀錄〉，載《口述歷史（5）日據時期臺灣人赴大陸經驗》，第 95—120 頁。

與大陸同胞之間，在不同的社會發展脈絡下愈顯分歧，埋下了認同殊異的種子。然而，新時代的到來與新思潮的影響，並不限於殖民地臺灣，而是舉世皆然，甚至有不少乃透過在大陸活動的推波助瀾，而啟迪了臺灣精英發動政治抵抗與自決行動的動機。

　　本章討論殖民體驗與祖國想像如何刺激不少臺灣青年到大陸去，他們在大陸的體驗與領悟，克服了想像與實際的差距，進一步將思想化為行動，刺激某些人參與革命、抗戰，甚至促使某些人趨近無產階級專政的共產主義理念並為之而奮鬥；也有一部分文化人在接受了祖國文化、生活方式、他鄉體驗之後，回到臺灣來發揮文化上的影響力。待戰爭結束，部分來大陸的臺灣知識分子，隨著中華民國政府接收臺灣而返臺，被稱為「半山」，在政治舞臺上成為當局倚賴的重要角色，卻與當時臺灣的領導階層與社會產生矛盾。在戰後初期的復員與接收過程，及稍後的二二八事件，甚至到1950—1960年代的白色恐怖中，政治變成了少數人的舞臺。臺灣雖然重回祖國的懷抱，但付出了昂貴的代價。本章嘗試描繪這些日本統治時期往來兩岸臺灣人的故事，透過對他們生命歷程之探索，以便瞭解其祖國經驗如何影響臺灣的歷史發展。

二、殖民體驗與祖國想像

　　日本統治臺灣初期，當乙未武裝抗日的餘緒漸告平息後，統治架構與近代化建設逐步確立，而地方社會與新統治者之間的磨合也漸趨穩定。1920年代中期島上開始出現了要求政治權利的呼聲，以及要求自治、農民權益等改革運動，考其背景，乃肇基於1910年代末起以啟蒙思想和爭取近代政治權利的政治運動的風潮；日本本土的大正民主運動及第一次世界大戰後歐洲民主主義的昂揚，以及美國總統威爾遜大力提倡的民族自決主張在全世界的風行，使得眾多殖民地起而要求獨立自決。臺灣島內政治生態也開始發生變化，造成了臺灣近代民族主義的興起。[10] 殖民地內部政治生態的變化，是促使許多青年選擇走向島外，尤其是到大陸去的重要原因之一。

　　另一個同樣重要的原因，自然是臺灣人與中國情感上的聯繫。1910年代的斷髮風潮或許可以幫助我們想像臺灣人心目中的中國如何在他們的情感中生根。抗戰時期成為臺灣人參與抗戰要角的張深切在自傳《里程碑》中提到幼

10　周婉窈：《日據時代的臺灣議會設置請願運動》，自立報系文化出版社，1989，第10—11頁。

年（1913）和兄弟一起斷髮時的生動情狀：

> 在要剃髮當兒，我們一家人都哭了。跪在祖先神位前，痛哭流涕，懺
> 悔子孫不肖，未能盡節，今且剃頭受日本教育，權做日本國民，但願
> 將來逐出了日本鬼子，再留髮以報祖宗之靈。
>
> 跪拜後，仍跪著候剪，母親不忍下手，還是父親比較勇敢，橫著心腸，
> 咬牙切齒，抓起我的辮子，使勁地付之並州一剪，我感覺腦袋一輕，
> 知道髮已離頭，哇地一聲哭了，如喪考妣地哭得很慘。
>
> 父親好像殺了人，茫然自失，揮淚走出外面，母親代為料理「後
> 事」……[11]

　　張深切家庭的例子顯示出一般臺灣人認為改變長久以來習慣的外表服制，
象徵著失節與不孝，是對數百年來慣習價值觀之違悖，有如犯下大逆不道的罪
行般感到悵然失落。他們心中的懊悔，必須以跪對祖先牌位告罪的方式，才能
稍加緩解，而這一現象並非張深切家庭所獨有。[12]一般臺灣百姓真正在乎的或
許不完全是國族認同，因為這個巨大改變究竟是基於身分認同抑或是對文明、
進步、衛生的呼應，並不容易區辨，而臺灣人在經歷二百餘年的清代統治之
後，在日本統治期間雖也經歷了最終目標朝向同化成日本人的殖民統治，但殖
民的本質足以讓臺灣人意識到日本人實「非我族類」，相較之下，毋寧保有與
中國大陸相近的漢民族文化認同。在統治體制分隔的狀態下，不少臺灣人對祖
國固然懷抱著浪漫、純真、孺慕的親近情感，但與其說是對中國的國家認同，
不如說是基於原鄉文化認同而產生的民族熱情。[13]這樣的情感牽繫使大陸成為
許多臺灣人往外一展抱負的首選之地。

在殖民地生活

　　世界局勢的變化使臺灣人的思想為之激盪，特別是受殖民地教育成長的

11　陳芳明等編《張深切全集》第 1 卷〈里程碑〉（上），文經出版社，1998，第 84 頁。
12　類似的例子還可見臺中潭子櫟社要員傅錫祺的記載，當他的兒子們要斷髮時，傅妻「終夜
　　涕泣」；而其弟之斷髮，甚至引起「弟媳憤謀飲毒」之舉。見廖振富〈《傅錫祺日記》的
　　發現及其研究價值：以文學與文化議題為討論範圍〉，《臺灣史研究》第 18 卷第 4 期，
　　2011 年，第 222—223 頁。另外，吳文星的《日治時期臺灣的社會領導階層》（五南圖書
　　出版公司，2008）第五章「社會領導階層與社會文化變遷——以放足斷髮運動為例」，將
　　蓄髮與纏足這兩項臺灣社會根深砥固的風俗習慣自 1910 年代中期起的改變做了宏觀的梳
　　理。
13　謝國興：《府城紳士：辛文炳和他的志業（1912—1999）》，南天書局，2000，第 239 頁。

新一代知識分子，比起他們的祖父輩，更有機會出外生活、留學、工作、旅遊，返回後也往往是殖民地社會的領袖人物，1920 年代臺灣知識分子集結的政治行動以外出學生為主力，先是在東京的留學生，繼之為前往大陸讀書或就業的臺灣人，即可見其一端。

據《臺灣總督府員警沿革志》記載，臺灣人到日本留學的風氣可以追溯至 1901 年，1908 年東京的臺灣留學生有 60 名，到 1915 年已達 300 多名，1922 年再激增到 2400 餘名。[14] 臺灣留學生數目的增加與他們在臺灣殖民地爭取政治權利的運動強度成正比。1918 年起東京的臺灣留學生首先發起推動廢除臺灣總督府據之以差別（歧視）原則統治臺灣的「六三法」[15] 之運動。1920 年在日本的臺灣人成立「新民會」，由具有全臺聲望的霧峰林家家長林獻堂擔任會長，後來演變成 1921—1934 年推動建立屬於臺灣人議會的臺灣議會設置請願運動。[16]

除了海外東京的運動外，在島內則以 1921 年 10 月在臺北成立的文化協會最為重要，參加者以知識階層為主，也有一些當時被稱為御用紳士者加入。由於主要的宣導者蔣渭水等人的努力，請林獻堂擔任協會的總理至 1927 年為止。同年文化協會分裂後，舊幹部幾乎全部脫離，協會被無產階級青年派占據，而脫離的舊幹部則另組臺灣民眾黨。然而，一直到 1927 年，臺灣所有運動的源頭，幾乎都可追溯到文化協會。[17]

相對於此股島內政治理念較為右翼的地方精英推動的體制內政治改革，左翼的社會主義思想，以無產、集體、支持弱小和工農、全面改革的訴求席捲

14　臺灣總督府警務局編《臺灣總督府員警沿革志》第二篇中卷，南天書局，1995，第 23—24 頁。

15　係指 1896 年 3 月底經帝國議會通過之法律第 63 號〈有關應施行於臺灣之法令之件〉，簡稱為「六三法」，為日本統治時期臺灣總督所制定施行於臺灣的法律。該法最主要特色為委任立法，由帝國議會將其對臺灣的立法權力委託給臺灣總督得以制定具有與帝國議會之「法律」同等效力的「命令」，稱為「律令」。因此臺灣成為日本帝國領域的一個特別法域。而此一殖民地特別法一直施行至 1921 年，接續的是 1922 年施行以內地延長主義為原則的「法三號」。見王泰升《臺灣日治時期的法律改革》，聯經出版公司，1999，第 68—69、85—86 頁。

16　周婉窈：《日據時代的臺灣議會設置請願運動》，第 27—68 頁。周婉窈認為該運動的重要性在於：（1）臺灣武力抗日運動轉變為近代政治運動的首次運動；（2）臺灣民眾突破殖民地統治困局的一項自發性嘗試；（3）典型的以啟蒙思想與爭取政治權利為宗旨的近代政治運動；（4）日本統治期間規模最大、歷史最久的政治運動。（第 9 頁）

17　謝南光著、郭平坦校訂〈臺灣人的要求〉（1930 年著），《謝南光著作選》（下），第 291—292、306 頁。

了全世界，也衝擊了臺灣的知識分子，造成反殖民運動蜂起。但臺灣知識分子對種種運動的目標也在「同化」（變成日本人，享受與日本國民相同的待遇）與「特殊性」（強調臺灣人的舊慣、特殊，以便要求自治權）的兩端遊移，除此之外，當然也有完全不在這兩端脈絡之內的社會主義運動。[18]

　　總的來說，雖然臺灣島上的政治運動風潮始於東京的留學生，但他們的思緒卻往往與中國聯繫在一起。據葉榮鐘所述，在日本統治時期的臺灣，包括在東京的臺灣留學生以及島內的知識分子中，都有一群被泛稱為「祖國派」的人，他們受到辛亥革命的激勵，把個人的出路和同胞的解放寄託在祖國的未來之上，他們的共同想法是，如果中國強盛起來，就能解決殖民地臺灣的問題，因此主張畢業後投向祖國懷抱，為中華民國的建設出力。[19]

　　葉榮鐘的說法，言簡意賅地指出一部分臺灣知識分子的理想與作為如何與中國連在一起，他也特別舉了霧峰林家的林季商（林朝棟子、林文察孫）與清水人蔡惠如為例，說明祖國之所以能夠吸引當時的臺灣知識分子，是因為第一次世界大戰結束後，由美國流行起來的新自由主義與民族自決精神，尤其受到熱烈歡迎。也就是說，祖國派的興起與 1910 年代末至 1920 年代臺灣的民族解放運動脫不了關係。此時亦可見臺灣人到大陸求學的人數快速增加，由 1920 年全島 19 名至 1923 年增加到 273 名，以臺灣總督府警務局的看法做歸結，此一現象最大的原因乃「文化協會活動的結果，影響了民族的覺醒，使他們（指臺灣人——引者注）思慕中國，將之化為民族的祖國，以中國四千年之文化傳統為傲，且對之憧憬，期待文化協會、臺灣議會設置請願運動之發展與成功，並且普遍瀰漫著臺灣脫離日本統治之日將為期不遠的見解。此一情勢徵諸彼等之言動甚為明顯，而此風氣之抬頭為其最有力之原因」。[20]

　　島內知識分子到大陸的遊歷報導，在報刊等新興大眾媒體上傳播後，也助長了臺灣人對祖國的想像與期待，不但鼓舞了愈來愈多島上青年到大陸去，並讓臺灣讀者有機會反觀自身的殖民地處境。謝春木於 1929 年到大陸一行的記錄，指出了殖民地青年的困境：

18　見〔日〕若林正丈《臺灣抗日運動史研究》，臺灣史日文史料典籍研讀會譯，播種者，
　　2007，第 15—167 頁。
19　葉榮鐘：〈臺灣民族運動的鋪路人——蔡惠如〉（原刊於 1975），載李南衡編《臺灣人物
　　群像》，帕米爾出版社，1985，第 81—82 頁。
20　《臺灣總督府員警沿革志》第二編中卷，第 174 頁。

在沒有這些發展機會的臺灣，過著是死是活弄不清楚的臺灣青年，真是可憐！盼望工作、渴望工作的臺灣青年，在臺灣卻得不到工作。其悲哀和痛苦，不是臺灣青年是難以體會的。有志氣的臺灣青年紛紛跑到大陸。中國人或者臺灣鱸鰻（流氓——引者注）即使排斥他們，但有抱負的青年仍然活躍在各個方面。不用說，他們在多數場合下，不能告訴他人自己是臺灣人。如果自報家門，就很可能被日本政府拘捕，或被中國人排擠出來……由於中國人對臺匪的憎惡，自然會轉嫁為對臺灣人的憎惡，這種憎恨之情又是相當根深柢固的。[21]

另外，謝春木在 1930 年討論殖民地政治時，提到 1921 年向帝國議會提出設立臺灣議會的訴求，開始了持續十餘年的臺籍人士要求和平政治改革的運動，這種爭取權益運動，反映了臺灣大部分知識分子的共識，它不但是臺灣人要求改革殖民地不平等待遇的一個出口，也代表了一個新時代的開始。謝春木指出，臺灣議會的請求讓臺灣官方吃驚，「因為總督府一直是以懷柔土著資產階級作為其對土著人民政策的基礎；而土著資產階級卻改變態度，和新興知識階級聯合了起來。這時的無產階級還沒有進入運動圈子。無產階級的崛起使臺灣議會運動發生了重大變化」。謝春木指出，先是新興知識階級居然聯合官方以往成功懷柔的土著資產階級，接著是無產階級的勢力崛起，使官方不得不正視統治基礎被挑戰一事，進而造成 1920 年代中期以後臺灣總督府對臺灣島內左右翼的政治社會運動強力收編與鎮壓的情勢。在這種狀況下，臺灣的抗日運動必須走向實際行動。[22] 他的說法標示臺灣抗日運動由合法運動走向地下活動，或轉移為由島外「間接射擊」的轉振點，足以讓我們明瞭為何臺灣的抗日運動會轉向大陸，甚至吸引許多左翼臺灣人在二二八事件後投入中共政權。[23]

殖民地的經濟不景氣，投射到對大陸充滿「機會」的憧憬，加上年輕人開始思考殖民地的被壓抑處境，是促使殖民地年輕人走向大陸的重要導因。臺灣政治運動分子和大陸的接觸日益密切，不論想要在島外發展運動實力，或是想借助大陸反帝國主義運動之力，大抵是基於一種想要突破重圍的心態。

---

21 謝南光著、郭平坦校訂〈第二編 新興中國見聞記〉，《謝南光著作選》（上），第 262 頁。
22 謝南光著、郭平坦校訂〈臺灣人的要求〉，《謝南光著作選》（上），第 289、296—298 頁。
23 何義麟：〈被遺忘的半山——謝南光（上）〉，《臺灣史料研究》第 3 期，1994 年，第 154—158 頁。

新思想的刺激

1920 年代臺灣風起雲湧的政治運動風潮對年輕人的衝擊有多大？被譽為臺灣人喉舌的《臺灣民報》於 1925 年 3 月 21 日社論中指出：

> 原來時代的潮流是一種很普遍很偉大的東西，無論什麼山間僻處海外孤島，時潮的勢力都普及得到……臺灣雖是孤懸海外的小島，難道解放的鐘聲就喚不醒島人的迷夢嗎？所以這幾年來，受潮流的激動，文化運動、政治運動等也漸漸發生起來了。[24]

作家吳濁流在自傳體的《臺灣連翹》一書中便提到他開始到新竹鄉下的學校教書時，正值「第一次世界大戰後，民族自決、自由主義、民主主義的思潮澎湃，也湧到這個孤島，使本島的知識分子的血液沸騰起來。在東京，有了《臺灣青年》雜誌的發刊，也寄到我所在的分校來。我讀了之後，有不少的內容，頗引起我的共鳴，意識到所謂六三問題的無理，對差別待遇、不平等的意識尤其強烈」。[25]

新思潮無遠弗屆地流布到臺灣各個角落，使得即使不是種種政治運動中心人物的一般知識分子，即便在臺灣的窮鄉僻壤，也可以感受到新思潮風靡的魅力。領導臺灣共產黨的謝雪紅的境遇，可以更清楚地說明如她一般貧困出身、飽受命運捉弄的文盲，如何被這樣的旋風改變了一生。

謝雪紅在自述中描述，在接受新思想洗禮之前，自幼辛苦勞動，貧窮困苦，又是身分卑微的童養媳，雖然後來離開養父母，卻再度落入為人做妾的境地。奴隸般的工作及永不見天日的絕望，曾讓她兩度自殺未遂。她長期受限於「沒有文化」，特別是不識字，即使有學習動機，也往往因為沒有閒錢與餘力而不得不放棄。一直要到她學習裁縫，成為新時代職業婦女，並能稍有積蓄後，才開始有了改變。她在悲憐自己身世與殖民地的不平等待遇的同時，有機會到日本及大陸遊歷，開了眼界，激發了革命思想，此後改變了一生。謝雪紅初次到大陸，乃出於偶然，卻因在異鄉吸收到新的想法，使自己乖舛的命運得以扭轉，終於燃起了一線希望。她想盡辦法在 1924 年和後來同為臺灣共產黨重要幹部的林木順等人再度一起到了上海，隨後轉往莫斯科，開始了她與

24　〈不但共鳴更要合作才是〉（社論），《臺灣民報》第 3 卷第 9 號，1925 年，載吳密察、吳瑞雲編譯《臺灣民報社論》，稻鄉出版社，1992，第 197—198 頁。

25　吳濁流：《臺灣連翹》（1974 完稿），鍾肇政譯，臺灣文藝，1987，第 58—59 頁。

同伴組織臺灣共產黨的路途，也徹底地改變了她的人生。[26]

想像中的祖國

臺灣的殖民地青年與對岸的中國大陸雖然有著空間與統治體制的隔閡，但對於其實況並非毫無所悉。孺慕之情的浪漫情懷與其他已經前去的親朋好友的網路是驅使許多青年前往尋夢的動因。

吳濁流的自述足資說明一個殖民地知識分子如何想像祖國。吳濁流為新竹縣新埔的客家人，畢業於臺北的臺灣總督府國語學校師範部，隨後在家鄉附近的公學校分校場（即小學分校）擔任主任。他說：「眼不能見的祖國愛，固然只是觀念，但是卻非常微妙，經常像引力一樣吸引著我的心。正如離開了父母的孤兒思慕並不認識的父母一樣，那父母是怎樣的父母，是不去計較的。只是以懷戀的心情愛慕著，而自以為只要在父母的肢下便能過溫暖的生活。以一種近似本能的感情，愛戀著祖國，思慕著祖國。這種感情，是只有知道的人才知道，恐怕除非受過外族的統治的殖民地人民，是無法瞭解的。」[27] 隨著戰事進行，臺灣各地食米配給的供米運動使老百姓敢怒不敢言，在不滿情緒發酵下，吳濁流在 1941 年某次體育活動中與日籍督學發生衝突後便憤辭教職，下定決心前往大陸。[28]

吳濁流並未漠視大陸與臺灣社會間的巨大差別，卻因為對祖國的情感，而對其保持同情之理解。其記述中親眼見證的大陸，往往在與臺灣相互比較時，在理智上認同日本代表的文明進步，在情感上卻向血緣文化接近的祖國靠攏。在這種看似矛盾的心態下，吳濁流等人對中國大陸的記述與其說呈現當時中國的實況，還不如說是被殖民的臺灣人投射出來的中國民族主義情結之發酵。[29]

因此，葉榮鐘在光復後才會說出：「我們對於祖國只有觀念而沒有實

26　謝雪紅生平見謝雪紅口述（約成於 1970 年）、楊克煌筆錄、楊翠華編《我的半生記》，楊翠華出版，1997，第 13—230 頁。楊克煌與謝雪紅在 1947 年二二八事件後一同遠走大陸。編者為楊克煌之女，於 1992 年獲得其父為謝雪紅整理之口述遺稿後編輯付梓。

27　吳濁流：《無花果》，前衛出版社，1988，第 40 頁。

28　吳濁流：《臺灣連翹》，第 39—40 頁。

29　見陳翠蓮利用謝春木、黃旺成、吳濁流與鍾理和四人的遊記及文學作品所做之分析。陳翠蓮：《臺灣人的抵抗與認同（1920—1950）》，遠流出版公司、曹永和文教基金會，2008，第 220—221 頁。

感……我們觀念上的祖國，到底是怎樣的國家，我們對祖國的觀念，由歷史文字而構成的，當然占有相當的分量，但還不及由日本人的言動逼迫出來的切實。當我們抵抗日人的壓迫時，日人一句共通的恫嚇就是『你們若不願意做日本國民，返回支那去好了。』緣此日人的壓迫力愈大，臺人孺慕祖國的感情也就愈深切。」[30] 他的感歎是一種失落感的表現，是一種認知與經驗落差的哀悼。臺灣島上知識分子嚮往祖國生活，期待於異地大展宏圖的臺灣青年仍不絕如縷地往大陸前進。

三、來去祖國：知識分子的經歷與體悟

1910 年代至 1920 年代中期，正值大正民主時期，對臺灣來說，也是社會風氣相對活潑、自由的年代。年輕人不畏風險，加上學識遊歷與經驗的增長，有不少人萌生往外發展的企圖。到了 1930 年代初期，經濟的變化、不景氣的衝擊，加上幾十年和平的日子、突然爆發的霧社事件，[31] 再度提醒了安逸生活之下異民族統治桎梏的存在，也連帶影響到殖民統治開始後成長的新世代的想法。往中國大陸發展，依然成為他們的選擇之一。吳濁流的回憶中提到了這個現象：

> 1931 年 9 月 18 日，滿洲事件爆發了。之後滿洲國成立了，新竹人謝介石做了外務大臣。這對臺灣人的海外發展投下了一塊石頭。當時非常不景氣，失業的人到處都是，臺灣青年只求出國，不論好壞，總想從臺灣跳出去。[32]

偽滿洲國成立後，日本軍閥的氣焰直線上升，自由的氣氛受到打擊，而

30　引自葉榮鐘〈臺灣省光復前後的回憶〉（原刊於 1967 年），收入氏著《臺灣人物群像》，第 290—291 頁。

31　霧社事件為 1930 年 10 月塞德克族馬赫坡社頭目莫那‧魯道趁舉行聯合運動會時，號召發起反抗臺灣中部霧社地區的日本人之役，計有六個部落參與，攻擊日警駐在所、郵便局、日人宿舍等，並奪取霧社分社彈藥庫的彈藥。事件爆發後臺灣總督府下令調派各地員警隊及臺灣軍司令部所屬軍隊前往集結，最後以離間方式「以夷制夷」，導致蕃社間自相殘殺。長久以來和平、順從的原住民的反抗震撼了全臺及日本，使得臺灣總督府的統治機制遭到挑戰，蕃務行政更新成為當務之急，開始實施蕃社集團移住及教化種種措施，徹底改變了原住民原有的生產模式與社會結構等，員警機關得以更有效率地控制山地，而原住民變成了勞動力的來源，戰爭時期則成為志願兵的主要來源。見鄧相揚《霧社事件》，玉山社出版公司，1998，第 68—87 頁；近藤正己〈霧社事件後的「理蕃」政策〉，《當代》第 30 期，1988 年，第 40—55 頁。

32　吳濁流：《臺灣連翹》，第 99 頁。

日本一躍而成世界上的強大國家之一，日本人更加自負驕傲起來，開始做起征服世界的美夢。[33] 1920 年代末，由於第一次世界大戰後的經濟不景氣，海外發展成為許多臺灣人的選擇之一，前往大陸的人數也大增。[34] 對臺灣青年來說，東北雖然相距更遠，但也成為夢想之土。[35]

想像與實際的差距

到大陸發展的臺灣知識分子很快便發現，想像中的新天地與他們的期待或多或少出現了落差，不僅在生活方式、社會文化，也同時表現在當時政治環境下如何以臺灣人身分在大陸生活的矛盾處境上。

擔任臺灣第一個政黨臺灣民眾黨第一任祕書長的謝春木，於 1929 年代表該黨參加孫文改葬南京中山陵的奉安大典，在旅途中對大陸現況留下深刻的印象，也對其後來改名「謝南光」，遠走大陸發展，成為戰時在大陸的臺灣抗日團體臺灣革命同盟會主要領導人物的人生轉變，產生深遠的影響。[36] 謝春木 1929 年大陸一行的所見所聞，記載於《新興中國見聞記》一文，向臺灣同胞講述了北伐後統一的新中國的狀況，據說在當時廣為流傳。[37] 文中提到，雖然前往大陸之前便經常聽聞綁票、拐騙等令人不寒而慄的傳聞，並非完全子虛烏有，也認為大陸在各方面都有未盡如人意之處。然而，他卻經常透過個人經驗及與人交往談話的小故事，平實地進行臺灣、日本、中國大陸三地的比較，

33　吳濁流：《臺灣連翹》，第 107 頁。

34　據鐘淑敏的統計，1930 年至 1937 年盧溝橋事變後日本撤僑為止，前往上海的臺灣人突破萬人。見鐘淑敏《日治時期臺灣人在廈門的活動及其相關問題》，第 416 頁。

35　許雪姬認為，臺灣人為了求職、求學等，隨日本人的腳步前往東北發展，新竹人謝介石以偽滿洲國第一任外交部總長的身分，活躍於東北，「起了指標性作用，使臺灣青年興起『有為者亦若是』之慨，陸續前往滿洲」。見許雪姬《日治時期在「滿洲」的臺灣人》，中研院近代史研究所，2002，「序」，第 i 頁。

36　謝春木為彰化人，1925 年畢業於東京高等師範學校，進入高等科後，未畢業即回臺參加文化協會，並擔任《臺灣民報》編輯。他曾輔佐蔣渭水，創立臺灣民眾黨，並著有《臺灣人如是觀》（1930）、《臺灣人之要求》（1931），爭取臺灣民眾權益。據謝的女兒說，1931 年後由於日方對參與民族解放運動者拘捕日嚴，身為宣導者，又在報上揭露總督貪汙醜聞的謝春木，只好遠走大陸。1932—1936 年，他在上海組織華聯通訊社，以抗日訊息之發布為宗旨。由於派系鬥爭之故，戰後謝南光未回臺灣，而被派至東京擔任盟軍對日委員會中國代表團專門委員。因他 1952 年後選擇前往北京，於 1969 年病逝，他的事蹟在臺灣幾乎被抹消。見王曉波〈出版前言〉，載《謝南光著作選》（上），第 1—2 頁；謝秋涵〈我的父親謝南光〉，載中華全國臺灣同胞聯誼會編《不能遺忘的名單——臺灣抗日英雄榜》，海峽學術出版社，2001，第 85—87 頁；何義麟《被遺忘的半山——謝南光》（上），第 152—156 頁。

37　謝秋涵：〈我的父親謝南光〉，載《不能遺忘的名單——臺灣抗日英雄榜》，第 85 頁。

既能貼近人心，又能從旅遊生活的日常中論及對民族、殖民及資本主義等問題的看法。他舉出不少例子，說明不心存偏見的話，在大陸通行的方式，未嘗不是反能為人接受的結果。[38]

　　謝春木在大連行旅途中的記錄，對於夾在日本與中國之間謀生的臺灣同胞的觀察十分敏銳，尤其可以說明前往大陸的臺灣人對祖國的想像與實際落地生活後的落差所在。他說：

> 在中國謀生的臺灣同胞，事實上陷入悲慘的境地。華人罵他們是日本人的走狗，即使沒被罵，但一旦當利害關係發生衝突時，昨天還是親友，今天便成了日本的走狗，因此加以排擠。多年的辛勞被一槌子推翻的情況也並不少見。在中國的臺灣同胞今天面臨著十字路口的抉擇，改變日本國籍成為中國人？那妻子兒女及祖先的墳墓均在臺灣又如何是好？或作為日本臣民要求徹底的保護？事實上那也是非常困難的。對居住在海外的臺灣同胞，日本政府是或利用或監視。在外臺僑對此均深有體會。[39]

　　比起謝春木同情在大陸生活的臺灣人處境，吳濁流除了描述他對神州風土人情的憧憬外，更進一步提到，他未曾想到在大陸也會像在臺灣一樣，「也聞不到些微的自由氣息」，而他造訪的上海、南京等地，也充滿了戰爭破壞的陰影。前往大陸發展的吳濁流，在落地一開始便為與想像的落差及身分認同上的矛盾所苦，他以文學家的生花妙筆寫下深刻的感受：

> 我以為只要能夠走頒布灣，就和飛出籠中的鳥一樣自由，可是現在的大陸，竟和臺灣一樣，背後有日本憲兵的眼睛在閃爍。同時，在中國人這一邊，又把臺灣人視為日本間諜而不予信賴，處在這種境遇之下的臺灣人，決不願把自己的身分表露出來，往往說自己是福建人或廣東人，而在臺灣人同志之間卻用「蕃薯仔」這隱語。

他進一步說明：

> 現在的臺灣人，和失去父母的孤兒一樣，在重慶這一邊也好，汪氏政

38　謝南光著，郭平坦校訂〈第二編 新興中國見聞記〉，《謝南光著作選》（上），第 163—164 頁。
39　謝南光著，郭平坦校訂〈第二編 新興中國見聞記〉，《謝南光著作選》（上），第 235—236 頁。

權這一邊也好，都同樣被視為「異己分子」，不僅不信賴臺灣人，甚至視為間諜。這可以說是日本離間政策的結果。也就是說，在臺灣總督府的高等政策上，把臺灣的「鱸鰻」放在後門，仗恃著治外法權，保護那些無賴流氓，幹些走私、經營鴉片館、賭場等勾當。於是日本軍閥就把他們當做有利用價值的間諜而驅使他們在大肆活躍。

由於這批人存在的緣故，祖國的人們對一般臺灣人也就有了成見，成為憎惡的對象。在這種情況之下，臺灣人就不能不把自己的身分隱藏起來。

吳濁流以自身的經驗，把臺灣比成孤兒，用以形容臺灣人面臨猶如失去父母依靠的困境。他在南京度過一年又三個月，在 1941 年底美國參戰、第二次世界大戰席捲全球之際，眼看局勢愈來愈複雜，吳濁流決定於 1942 年 3 月回臺。[40] 吳濁流在戰事逼近的當下，或許能果斷抽身，然而，有愈來愈多的臺灣人在戰爭動員及視危機為機會等種種因素驅使之下，捲入了更加複雜的兩岸情勢。

參與革命、抗戰

1937 年中日戰爭全面爆發後，一些臺籍人士跟隨國民政府遷到重慶，陸續成立抗日團體。如前文述及的諸多統計觀察都指出，有愈來愈多的臺灣人加入了戰事，既有翼贊日本陣營者，也有參與抗日一方者。臺灣此僕彼起的各式政治運動，與在大陸的臺灣人參與的對日抗戰，看似沒有交集，然而時間愈往後，兩地的發展愈形密切關係。對國民黨的抗日活動而言，臺灣人的組織或許並非攸關大局的關鍵角色，但觀察上述各組織的運作、人事與活動，都不難發現中國國民黨在其中扮演的重要角色，以及在中國整體抗日運動中臺灣作為殖民地所發展的策略性抗日運動的地位，也對此後全國政治局勢的演變與臺灣的未來有著歷史性的意義。[41]

臺灣人的抗日組織中，最為人所知的莫過於李友邦帶領的臺灣義勇隊。它是在大陸的臺灣人抗戰四大組織——中國國民黨直屬臺灣黨部、三民主義青

40　以上分見吳濁流《臺灣連翹》，第 120—121、123、133—134 頁。
41　林德政：〈戰時中國大陸臺灣人的認同與紛爭：以親重慶國民政府的臺灣人為例〉，臺灣人的海外活動學術研討會論文，中研院臺灣史研究所，2011 年 8 月，第 25 頁。

年團中央直屬臺灣義勇隊分團部、臺灣革命同盟會及國民政府軍事委員會政治部臺灣義勇隊——之一，具有單獨建制、軍事化管理的性質，不但在四者中成立時間最早，參與的人數也是最多的，約有 400 多人。相較於更為人知的武裝游擊鬥爭，臺灣義勇隊其實是以政治工作、對敵宣傳及醫務診療為更重要的內容，其成立的目的在於「保衛祖國，收復臺灣」。[42]

　　臺灣義勇隊的成立與隊長李友邦的堅持有密切關係。李友邦為臺北蘆洲人，1918 年進入臺北師範學校就讀，後來參與臺灣文化協會，結識林木順、謝雪紅等人後，1924 年一起由高雄偷渡到上海，各自展開在大陸的精彩人生。李友邦進入廣州黃埔軍校第二期，林木順和謝雪紅則轉往蘇聯求學。[43] 1927 年，李友邦參與創立廣東臺灣革命青年團，創辦《臺灣先鋒》雜誌，並與他人聯名要求籌組國民黨臺灣總支部。[44]臺灣義勇隊籌備委員會在 1939 年初成立於浙江省金華縣，然而到 1940 年，國民黨中央黨部軍事委員會政治部才正式批准其成立，據說是因為國民政府懷疑李友邦的臺灣義勇隊為共產黨所滲透。李友邦在戰後曾出任三民主義青年團臺灣支團部幹事長、國民黨臺灣省黨部副主任委員。然而，正是因為與共產黨之間模糊的關係，1951 年其妻嚴秀峰以「匪諜罪」嫌被捕，判刑 15 年，李友邦也隨後被捕，並於次年遭槍殺，得年 46 歲。[45]

　　臺灣作為殖民地的角色，在這場中日持久戰中，被許多臺籍抗日知識分子類同於大陸，是受到日本帝國主義與殖民統治壓迫的一方，因而把中國的前途視為臺灣命運軛繫所在。1941 年 2 月成立的臺灣革命同盟會前身之一的臺灣革命團體聯合會（1940 年 3 月），其成立宣言中即明白宣示：中國抗戰與臺灣革命乃一體兩面。[46]臺灣革命同盟會之領袖張深切是將臺灣的獨立自主寄託於中國抗日成敗的一個例子。他在少年時代便受到林獻堂賞識，在其協助之

42　樓子芳：《抗日烽火中的臺灣義勇隊》，世界綜合出版社，2003，第 5—7 頁。

43　李友邦生平可參考嚴秀峰〈臺灣義勇隊與抗戰〉，載氏編《紀念李友邦先生論文集》，世界綜合出版社，2003，第 165—176 頁；王政文《臺灣義勇隊：臺灣抗日團體在大陸的活動（1937—1945）》，臺灣古籍出版社，2007，第 30—35 頁。

44　樓子芳：《抗日烽火中的臺灣義勇隊》，第 25 頁。

45　王政文：《臺灣義勇隊：臺灣抗日團體在大陸的活動（1937—1945）》，第 45—51、67、70 頁；李筱峰：〈半山中的孤臣孽子——李友邦〉，載張炎憲、李筱峰、莊永明編《臺灣近代名人志》第 5 冊，自立晚報社，1990，第 288—292 頁。

46　林德政：《戰時中國大陸臺灣人的認同與紛爭：以親重慶國民政府的臺灣人為例》，第 1—2 頁。

下，至日本留學，1923 年轉往上海求學，1924 年起在大陸各地參與抗日運動，
組織廣東臺灣革命青年團，並曾因此入獄服刑。1930 年起張深切轉向文化運
動，組織臺灣演劇研究會，1934 年擔任臺灣文藝聯盟委員長，發行《臺灣文
藝》。1945 年返臺後張就任臺中師範學校教務主任，兩年後二二八事件發生
時，因為被視為共產黨首腦而於山中避難，後雖證實無辜，然已無意仕宦，此
後遂致力於著述。[47]

　　1920 年代初期，張深切在日本留學時，便主張「臺灣是臺灣人的臺灣」
及「臺灣人應該爭取獨立自由」。[48] 他宣導臺灣獨立的政治主張，與他在大陸
各地參與抗日的行動，其實並不矛盾，他在《在廣東發動的臺灣革命運動史
略》中回憶道：

> 因為當時的革命同志，目睹祖國的革命尚未成功，做夢也想不到中國會
> 戰勝日本而收復臺灣。所以一般的革命同志提出這句口號（指《臺灣
> 先鋒》第一期提出「臺灣是臺灣人的臺灣」等口號——引者注）的目的，
> 第一是要順應民族自決的時潮，希求全世界的同情；第二是表示臺灣
> 人絕對不服從日本的統治，無論如何絕對要爭取到臺灣復歸於臺灣人
> 的臺灣而後已。[49]

　　在大陸參與抗戰的臺灣人士中，林祖密、翁俊明、柯台山、宋斐如、謝
南光（即謝春木）、李友邦、張深切、張邦傑等人為主要的領導者。他們大
部分在戰後回臺參與接收、復員，並被泛稱為「半山」，然而其內部的不合
成為戰後在臺「半山」集團之間派系鬥爭的重要導因。[50] 他們之間除了在人事
任命、資金分配、組織統屬上有紛爭外，在思想上也有對立。近似上述謝南光
的主張，同為臺灣革命同盟會成員的李友邦與宋斐如，便帶有較強的社會主義

47　見陳芳明等編《張深切全集》第 1 卷〈里程碑〉（上），巫永福、張孫煜及黃英哲序，第
　　15—46 頁。
48　蕭開元：〈張深切在中國〉，載林慶彰主編《日治時期臺灣知識分子在中國》，臺北市文
　　獻委員會，2004，第 158 頁。另外，吳叡人分析 1920 年代臺灣出現的種種抗日的反殖民政
　　治鬥爭，發現此時期的臺灣民族論述有一個共識，即臺灣人或臺灣民族是擁有民族自決權
　　的被壓迫民族或弱小民族，這是「臺灣是臺灣人的臺灣」自 1920 年代起被普遍接受的背
　　景。見氏著〈臺灣非是臺灣人的臺灣不可——反殖民鬥爭與臺灣民族國家的論述（1919—
　　1931）〉，載林佳龍、鄭永年主編《民族主義與兩岸關係》，新自然主義出版社，2001，
　　第 43—110 頁。
49　《張深切全集》第 4 卷〈在廣東發動的臺灣革命運動史略〉，第 95 頁。
50　林德政舉出不少關於翁俊明和柯台山、李友邦之間紛爭的事例，見氏著《戰時中國大陸臺
　　灣人的認同與紛爭：以親重慶國民政府的臺灣人為例》，第 14—22 頁。

思想，強調殖民地解放及自治的主張；而任職於國民黨臺灣黨部的劉啟光、林忠、謝東閔等人，則支持以黨領政的中央集權政體，反對前者幾近「臺人治臺」的自治想法。由於後來國民政府到臺以後採用後者主張，而抱持殖民地解放理念的謝南光則不見容於當局，宋斐如與李友邦更各喪命於二二八事件與「匪諜罪」嫌。[51]

　　戰爭時期除上述直接參加抗戰、與主政的國民政府及國民黨人士親近的一批臺灣人外，也有另外一群身處日方陣營的臺灣人士，到了戰後，命運迥然不同。1921 年出生於屏東的藍敏，為清初名士藍鼎元之後，其父藍高川為屏東大地主，與板橋林家的林熊徵以及鹿港出身的辜顯榮曾同時受明治天皇贈勳，之後曾任臺灣總督府評議會評議員。藍敏的二哥藍家精畢業於日本京都帝國大學，後於上海的日軍華中派遣軍總司令部任職，官拜中將，地位很高，成為當時在上海的臺灣人必訪之人物。然而，1940 年藍敏在上海時，接觸了來自重慶的國府人士，與其兄藍家精為日本工作的立場對立，導致兄妹間發生諸多衝突。然而，藍敏仍舊一心嚮往她心中的聖地重慶，甚至逃婚。在江西泰和國民黨中央黨部臺灣特別黨部籌備處，藍敏終於見到了主任翁俊明，透過他和重慶方面聯絡，聯繫上戴笠，經過年餘，1944 年再度回上海，隨後搭乘其二兄專機回臺。[52] 由於中日雙方敵對的立場，使得與大陸有血緣文化關係，卻是日本國籍的臺灣人，在中日交戰的中國戰場上成為特殊的存在，也時時遭受其可能是日本間諜的身分及其忠誠對象究竟為誰的質疑。藍敏的口述記錄透露出在戰時中國敵友難辨的狀況。隨著戰爭結束，藍敏及其家族因此而陷入多次政治生態丕變帶來的危難。

臺灣共產運動

　　1910 年代起隨著國際政治權益思潮的風起雲湧，海外臺灣人組織起種種爭取政治權益的運動，並對島內政治生態產生衝擊。對心生不滿的年輕人及社會中較為下層的百姓而言，其中尤為深入人心的是左翼政治運動。1917 年的十月革命與 1919 年共產國際的成立，伴隨著第一次世界大戰後的世界民族自

51　何義麟：《被遺忘的半山——謝南光（上）》，第 164—165 頁。

52　藍敏在臺北第一高等女學校畢業後，1939 年前往日本升學，1940 年轉赴上海，在聖約翰大學就讀，與戴笠關係良好，後嫁給徐永昌將軍次子，戰後回臺從商，成績傲人。見許雪姬訪問、曾金蘭紀錄〈藍敏女士訪問紀錄〉，載《口述歷史（5）日據時期臺灣人赴大陸經驗》，第 13—44 頁。

決的風潮、日本的大正民主與中國的國共合作及國民革命，加上共產主義在中國大陸及日本的發展（1921 年中國共產黨成立與 1922 年日本共產黨成立），社會主義思潮與組織化的共產勢力的衝擊，成為臺灣的社會主義思想興起的背景。[53]

在臺灣的左翼政治運動之中，以臺灣共產黨（1928—1931）最為引人矚目，影響臺灣共產黨的關鍵人物是出生於彰化的謝雪紅。她與林木順 1924 年在上海期間，受到列寧影響，萌發在莫斯科第三國際指導下進行殖民地革命與殖民地獨立的主張，以在臺灣建立一個共產黨組織為目標。[54] 謝雪紅和林木順於上海大學短暫就讀後，前往莫斯科，進入東方共產主義勞動大學就讀兩年。1927 年畢業後，共產國際決定讓兩人籌辦臺灣共產黨，受日共指導，為此，他們回到上海短暫停留後前往東京，研擬臺灣共產黨成立的總綱領及各種運動的提綱。1928 年 4 月他們回到上海法租界，成立了日本共產黨臺灣民族支部，然而，才不過 10 天，便被日本員警查獲，被捕者出獄後皆陸續回臺。隨後他們轉入地下工作，並以在臺北開設書店、經售進步書刊作掩護。[55]

因為臺共並非合法組織，此後以依附於其他政治團體的方式活動。[56] 如前所述，左翼分子的滲入加深了臺灣原有最大政治、文化運動組織文化協會的分裂，而諸多政治運動組織的人事關係也變得愈來愈複雜。依路線、主張與激進程度的不同，在日本統治時期的反殖民政治意識形態的光譜中，右翼路線與左翼陣營不斷分裂，由主張立即革命的最左的激進派，到走議會路線的極右派，蘇新、謝雪紅、連溫卿、蔣渭水、蔡培火等，各占有代表性地位。

臺共與第三國際、日共、中共之間糾結的指導關係，亦使其發展變得複雜。初期依據國別發展共產黨組織的原則，第三國際透過日共來指導臺共，但因日共在其國內遭到肅清，後來變成中共透過第三國際指揮臺共，進而造成臺共內部的分裂。1930 年謝雪紅面臨著黨內加劇的派系鬥爭，具有中國共產黨與臺灣共產黨雙重黨籍的翁澤生和第三國際積極聯繫，將謝雪紅孤立起來。[57]

53　邱士傑：《一九二四年以前臺灣社會主義運動的萌芽》，海峽學術出版社，2009，第 312 頁。
54　陳芳明：《殖民地臺灣：左翼政治運動史論》，麥田出版社，2006，第 54 頁。
55　謝雪紅口述，楊克煌筆錄、楊翠華編《我的半生記》，第 221—230、236、249—267、277 頁。
56　盧修一：《日據時代臺灣共產黨史（1928—1932）》，前衛出版社，1990，陳芳明序，第 10—11 頁。
57　郭傑、白安娜：《臺灣共產主義運動與共產國際（1924—1932）研究檔案》，李隨安、陳進盛譯，中研院臺灣史研究所，2010，第 141—203 頁。

到了 1930—1931 年，共產國際確認共產黨組織的建立是最重要的任務後，對亞洲的各殖民地採取了更激進的態度與策略。臺共雖於 1931 年重組，但黨內反謝雪紅的勢力已經團結壯大，顯然也未能成功帶領臺共抵禦外來的壓力，就在臺共臨時代表大會召開後，隨即為日本當局偵知並被完全摧毀。[58] 臺灣共產黨的歷史雖然短暫，但主要參與者都是在臺灣歷史中占有一席之地、持續發揮影響幾十年的重要人物。

臺共的理念受第三國際的影響甚深，他們將帝國主義對亞洲的控制和破壞殖民地可以解放亞洲兩件事，反映在自己的政治綱領中，並具體地表現在主張殖民地獨立的原則上，強調臺灣人民的獨立以及建立「臺灣共和國」。[59] 如果不考慮 1895 年為了反對臺灣割日而短暫出現的臺灣民主國的話，1920 年代臺灣政治運動領袖要求「臺灣是臺灣人的臺灣」及殖民地解放，進而獨立的主張，就臺灣的歷史來說，具有由臺灣人開始倡議的意義。[60]

文化人的活動

自 1920 年代始，越來越多的臺灣人前往日本東京、京都留學，到大陸的上海、北京各大都市落腳的臺灣人也絡繹不絕，其中包括不少受過近代新式教育的藝術家、文化人與學者等。到了戰爭期間，除了與軍隊及殖民地機構有關的臺灣人外，華北地區尤其是文化、新聞、教育事業及音樂、文學創作領域的臺灣人的主要聚集地，[61] 包括吳三連、楊肇嘉、張深切、張我軍、洪炎秋、蘇薌雨、江文也等人都活躍於此時，也常見其日記、信函中提及他們的活動。當時臺灣人的交往圖譜，到了戰後仍然在臺灣的文化及學術界產生重要影響。但是，他們中的大多數並非受到日本政府的戰爭動員而去大陸的，而是在 1930

58　盧修一：《日據時代臺灣共產黨史（1928—1932）》，第 150—151 頁。中共的重要成員中，林木順後來成為紅軍政委，在瑞金保衛戰中犧牲，而謝雪紅、王萬得、蘇新等人在二二八事件失敗後，遠走大陸，重新加入中國共產黨。見林江〈懷念父親翁澤生〉，載《不能遺忘的名單——臺灣抗日英雄榜》，第 99 頁。二二八事件後，謝雪紅和蘇新、楊克煌在香港組織臺灣民主自治同盟，謝任主席，同盟於 1948 年正式成立。1949 年謝參與中共主導的政治協商會議。謝雪紅與臺共在戰後的變化見陳芳明《謝雪紅評傳》，前衛出版社，1996，第 279—445 頁。

59　盧修一：《日據時代臺灣共產黨史（1928—1932）》，第 145—199 頁。

60　1895 年短暫出現的臺灣民主國，本質上是由清代省級大員與在臺官員聯合以外交手段試圖阻擋臺灣割日的嘗試。見吳密察〈一八九五年「臺灣民主國」的成立經過〉，《臺灣近代史研究》，稻鄉出版社，1990，第 1—51 頁。

61　參見許雪姬〈1937 年至 1947 年在北京的臺灣人〉，《長庚人文社會學報》第 1 卷第 1 期，2008 年，第 33—84 頁。

年代戰前便已自行前往，同國民政府也較少關係，與跟隨國民政府抗戰的臺灣人，或者是為日軍工作的臺籍人士相比較，各自在戰後有著明顯不同的發展。

在 1920 年代便前往大陸的臺灣文化人中，在上海的陳澄波（1895—1947）堪稱代表。出身嘉義的陳澄波，其父為前清秀才，他 13 歲才上學，後來考入總督府國語學校師範科，在那裡萌生了對現代美術的興趣，畢業後回鄉教了幾年小學，便毅然前往東京學習美術，主攻油畫。他是臺灣現代畫家中第一位以西洋（油）畫入選日本帝國美術展覽會（通稱「帝展」）的畫家（1926年第七回），當時他尚在東京美術學校就讀，年齡也已屆 32 歲。1927 年他的作品第二度入選「帝展」，1929 年畢業後，應上海著名畫家王濟遠之邀，前往上海新華藝專擔任西畫科主任。陳澄波在上海生活與工作期間，其名片上特別印有「福建漳州」的籍貫，但實際上卻是日本的臺灣籍民。1929 年在上海期間描繪西湖景致的〈早春〉畫作，讓他第三度入選日本「帝展」。1931年上海市以紀念「訓政」為名舉辦全國美展，陳澄波擔任審查委員，同時獲選為當時中國十二位代表畫家之一，其描繪西湖斷橋的作品〈清流〉代表中國參加了芝加哥博覽會。1932 年上海爆發「一‧二八」事變，在民族主義情緒高漲的氛圍下，陳澄波的臺灣籍民身分為他帶來不少困擾，他只好先將妻兒送回臺灣，1933 年 6 月他本人也返臺定居。[62] 陳澄波的創作靈感與得獎經歷，與他在臺灣、日本、中國大陸的生活體驗密切相關，但藝術與政治之間的糾結也影響了他後來從政的選擇及身分認同。

和陳澄波的經歷類似，但稍晚幾年到大陸發展的著名作曲家與聲樂家江文也的生命歷程，因為更接近戰時，更與臺灣、日本、中國大陸的歷史糾纏在一起，展現了一名臺灣出身的文化人處在複雜的局勢中遭遇的困境。他生於臺北州淡水郡三芝莊，據說其家族從事航運與對外貿易，家境優渥，1916 年即隨父母舉家移居廈門，就讀臺灣總督府在廈門創辦的旭瀛書院，13 歲赴日求學。江文也雖然在音樂領域大放光彩，但他並非音樂科班出身，在學校專攻的是電機，而音樂是經由自學及拜師訓練而成，他參與各式聲樂與作曲競賽，1932 年開始獲獎，在日本嶄露頭角，1936 年便以管弦樂曲〈臺灣舞曲〉成名，被譽為「用獎盃打下江山」。但在日本聲譽扶搖直上之際，他卻毅然離開熟悉

62　林育淳：《油彩‧熱情‧陳澄波》，雄獅圖書公司，1998，第 1—82 頁；謝裡法：〈學院中的素人畫家‧陳澄波〉，《雄獅美術》第 106 期，1979 年，第 16—33 頁。

的環境、家人，於 1938 年前往北平，於日本人控制下的北京師範學院音樂系教授作曲與聲樂，開始了另一段人生歷程。到北平以後的江文也，創作力十分旺盛，視北平為創作的源泉。然而，在其生產最豐盛的年代，也同樣是戰爭發展到最高潮的時點，江文也的北平教職突然不獲續聘，加上他在戰時的舉動，使其捲入政治旋渦，導致了後半生的不幸。[63] 雖然戰後他在北平藝專獲聘教職，1949 年以後又在中央音樂學院任教，但在 1957 年整風運動開始後，被打成右派，文化大革命時下放勞改，飽受折磨與屈辱。[64]

　　研究者對江文也離開日本到中國大陸定居的動機與選擇有種種臆測，至今尚無定見，有人認為江文也決定回歸祖國懷抱的浪漫決定，導致他晚年飽受折磨的命運。[65] 無可諱言，江文也的創作能量與種種才能令人印象深刻，與一般作曲家「由簡而繁、由本土而國際」的轉變背道而馳，江文也的音樂創作生命可以 1938 年作為分界，他放棄了國際性的作曲風格，轉向中國音樂傳統曲風，有人認為這是為了迎合中國人的口味，而將自己改造為較通俗溫和的作曲家，但反之亦能說明江文也個人對文化認同的探索。[66] 在音樂之外，江文也出色的文采及詩人的心靈，也同樣展現了在複雜局勢中摸索自我認同的心路歷程。[67] 然而，更不應該忽視的是戰爭時局的波瀾，可能反而是刺激作曲家表現及促使作品走向圓熟的一個轉捩點，若硬要辨明其政治立場，可能會以後見之明誤解了創作者的初衷。[68]

四、重回祖國懷抱：期待、實踐與挫折

　　1945 年 8 月 15 日戰爭結束，日皇宣布無條件投降，10 月 5 日臺灣行政長官公署祕書長兼臺灣省警備總司令部前進指揮所主任葛敬恩中將，率領幕僚一行 80 餘人飛抵臺北，在整整 50 天裡臺灣出現了政治上的真空。由於盟軍

63　張己任：《江文也——荊棘中的孤挺花》，傳藝中心，2002，第 14—60 頁。

64　張穗蘋：〈江文也在中國〉，載林慶彰主編《日治時期臺灣知識分子在中國》，第 73—78 頁。

65　張己任在《江文也——荊棘中的孤挺花》一書的前言「這只能算是略傳」中，詳細地說明了江文也的地位與評價之所以受爭議的原因。

66　張己任：〈江文也音樂創作的歷程——一個文化認同的探索〉，江文也先生逝世二十周年紀念學術研討會論文，中研院臺灣史研究所籌備處，2003 年 10 月，第 1—14 頁。

67　周婉窈：〈想像的民族風——試論江文也文字作品中的臺灣與中國〉，《臺大歷史學報》第 35 期，2005 年，第 127—180 頁；王德威：〈史詩時代的抒情聲音：江文也的音樂與詩歌〉，《臺灣文學研究集刊》第 3 期，2007 年，第 1—50 頁。

68　劉麟玉：〈日本戰時體制下的江文也之初探——以 1937—45 年間江文也音樂作品與時局關係為中心〉，江文也先生逝世二十周年紀念學術研討會論文，第 9—11 頁。

採跳板戰略，從菲律賓直跳沖繩登陸，臺灣島上準備應戰的日軍，武力絲毫未損，戰後失去集中統制又心理失衡的日本軍人以及臺人此際是否會報復以往欺侮他們的日人的種種不安，使得島上治安有可能一發不可收拾。但這些令人惶惶不安的結果終究並未發生。一方面，臺灣的日本殖民地當局準備在維持治安的前提下移交；另一方面，葉榮鐘也提到，林獻堂等人領導的民間歡迎國民政府籌備會及三民主義青年團，或發揮一些作用，使得治安仍得以維持。9月初確定由林獻堂、羅萬俥、林呈祿、陳炘、蔡培火、蘇維梁等 6 人到南京參加受降典禮的消息，讓一般人理解為祖國已經在歡迎臺灣，正因為這些組織是由過去民族解放運動領導人組成，「使臺灣民眾得到一種欣慰，而提高其返本歸宗的情緒」。[69] 除此之外，1946 年 3 月由中國國民黨臺灣省黨部執委及監察委員丘念台組成臺灣光復致敬團，邀集林獻堂等臺灣重要士紳參與，一方面意在向中央表達將臺灣「光復」的謝意，一方面也為了消弭臺灣與中央兩方日益加深的隔閡。參與者有林獻堂、李建興、葉榮鐘、陳逸松、陳炘等 10 人，並籌集了 5000 萬元匯票，9 月 30 日林獻堂與丘念台面見蔣介石，簡短地表達了臺灣同胞光復以來的狀況。[70] 雖然對林獻堂等人而言，可能並未達到原本的目的，但作為臺籍本島士紳與國民政府中央在光復初期少有的幾次正式接觸中，仍然具有表達臺人想法的象徵性意義。

　　對於大多數臺灣人而言，臺灣重新回到祖國懷抱，心中雖然有著未知茫然，但應該還是欣喜的。他們把矯正半個世紀以來殖民地不公作為的種種期待，寄託在國民政府身上。著名律師陳逸松回想起 1945 年 10 月 17 日首批國府軍隊乘坐美國運輸艦隊由基隆登陸時，他們一群人為迎王師，聚在臺北朋友餐廳的三樓俯看行進隊伍時的情景，眾人因光復的喜悅而無視穿著簡陋的軍隊，心中滿懷希望。陳逸松說：「以後每當我想起這一幕，我就覺得羞愧。我們臺灣人實在是太天真、太無知了，我們當時都不知道我們所期待的那個『祖國』根本還沒有誕生，也不知道與事實上存在的這個『祖國』有那樣大的差距，才會產生這樣荒腔走板的想法，撫今思昔淚自橫流。」[71]

69　葉榮鐘：《臺灣省光復前後的回憶》，第 281—282 頁；亦可參見陳逸松口述、吳君瑩記錄、林忠勝撰述《陳逸松回憶錄》，第 300、304 頁；吳濁流《臺灣連翹》，第 169 頁。
70　許雪姬：〈「臺灣光復致敬團」的任務及其影響〉，《臺灣史研究》第 18 卷第 2 期，2011年，第 97—145 頁。
71　陳逸松口述、吳君瑩記錄、林忠勝撰述《陳逸松回憶錄》，第 306—309 頁。

　　陳逸松的感歎是基於臺灣重回祖國懷抱時的雀躍之情，卻在戰後幾年國民政府接收、復員及 1949 年國共對峙戰敗撤退來臺後，發生的種種令人惆悵之事之間的巨大落差。導致這樣的結果，與戰後政府如何進行接收與復員有直接關係，而其中最重要的是被泛稱為「半山」的一群人，他們被認為是戰爭的受益者，而其素質參差不齊，如吳濁流評論說，在日本時代失蹤，跑到大陸去的人，在戰後都接踵回臺，但「這些人是否參加過抗日戰線，無從知道，不過一律當做民族英雄來歡迎」。[72]

　　上述戰後初期在臺灣統治當局中擔當要角的臺灣人，多為在抗戰時期參加重慶政府各項工作，而於 1945 年隨國民政府回臺，進入各公務部門者，被泛稱為「半山」，這是因為他們的祖國經驗對一般臺灣人而言有如「半個唐山（指中國）人」之故。由於許多「半山」負有接收的任務，加上其中很多人在 1949 年國民黨政府敗退來臺時，直接接收了戰前日本人的公私財產與職位，讓一般希望殖民統治時期不正當壓迫能得以紓解的臺人心願轉眼落空，因此對「半山」之稱呼，多半有著負面的意涵。[73] 對於接下來的苦難，歷史評判也普遍把「半山」視為矛頭之一。

　　戴國煇將「半山」分成三種類型：一是重慶方面回來的，他們或與國民黨 CC 派有關，或與情治系統的軍統有關，或者有國民政府背景；二是從淪陷區回來的，如吳三連在天津、楊肇嘉在上海、張我軍及洪炎秋在北平，他們雖非真正和日本人合作，但為了生存，多多少少還是與日本侵華勢力有過瓜葛；第三種類型則是在日本占領區特別是閩粵兩地假借日本淫威，作惡多端的「臺灣歹狗」。[74] 戴國煇的分類廣義地把具有戰時大陸經驗的臺灣人都視為「半山」，而吳濁流也認為「半山」各有系統，非常複雜，並將二二八事件前包含「半山」在內的臺灣民間政治團體更進一步地就其政治歸屬分為三類，並將「半山」局限為第一類：憲政協進會是所謂「半山」的集團，在日據時代參加祖國的抗日戰爭，擁護陳儀；政治建設協會是民眾黨和地方自治聯盟聯合

72　吳濁流：《臺灣連翹》，第 173 頁。
73　關於「半山」一詞的解釋、源流及轉變，請參考 J.Bruce Jacobs, "Taiwanese and the Chinese Nationalists, 1937-1945: The Origins of Taiwan's 'Half-Mountain People' (Banshan ren), " *Modern China*, vol.16, no.1, 1994, pp.84-118.
74　戴國煇、葉芸芸：《愛憎二‧二八——神話與史實：解開歷史之謎》，遠流出版公司，1998，第 23 頁。

而成，對長官公署極為反感；政治研究會則是資本家和地主的集團，以林獻堂、羅萬俥、杜聰明、陳逸松等人為首。[75]

在上述人等之中，可以看出依其在大陸經驗的脈絡，有的成為接收大員，分享戰爭勝利的成果，後來和外省官僚合作統治臺灣，如謝東閔、黃朝琴及連震東等人；有些人回臺後在地方行政系統工作，推動臺灣的地方自治，如楊肇嘉、吳三連、李萬居等。然而，還有另一群臺灣人，同樣具有大陸經驗，卻是抗戰期間在日本的種種軍事、占領、統治機構中任職的，在戰爭結束後，臺灣主權的轉換，使這些人中的一部分曾被視為「漢奸」，成為「戰犯」。

復員與接收

國民政府對於戰爭結束後如何處置臺灣並非毫無構想。早在 1940 年 10 月，國民黨國防最高委員會設立中央設計局，專門負責戰後各項制度與計畫的設計。然而，一直到 1943 年 12 月中美英開羅會議宣布臺灣、澎湖群島戰後應歸還中國後，有關收復臺澎的調查與研究工作才開始被認真對待。1944 年 4 月，中央設計局正式成立臺灣調查委員會，負責準備接收臺灣的全盤工作，並選派對臺灣事務有瞭解、曾任福建省主席的陳儀，擔任臺灣調查委員會主任委員。該會成立後陸續羅致多名臺籍人士，李友邦、李萬居、謝南光、劉啟光、宋斐如、丘念台、黃朝琴、柯台山、游彌堅、連震東等人被聘為調查委員會的委員或專、兼任專員。[76] 由於抗戰時期「收復臺灣」輿論的形成過程中，從醞釀、鼓吹到高潮，大致是由居留大陸的臺籍人士及上述各種抗日團體所發動，到了真正實踐「光復臺灣」之時，這群人便成為國民政府倚重的要角。[77] 然而，臺灣調查委員會由陳儀及政學系主掌，到此時在國民政府中負責臺灣工作的機關便不再是抗戰時期臺灣人主要活動的臺灣黨部或臺灣革命同盟會了。[78]

因此之故，不在臺灣調查委員會內的臺籍人士所提出的臺灣善後對策，往往無法被接納。即使在臺灣調查委員會內，其人事派系亦可以明顯分為陳儀集團與臺籍人士，而臺籍人士的要求與陳儀集團擬定的治臺政策有所差距，

75　吳濁流：《臺灣連翹》，第 205—206 頁。

76　〈中央設計局臺灣調查委員會一年來工作大事記〉，張瑞成編《光復臺灣之籌劃與受降接收》，中國國民黨黨史會，1990，第 44—47 頁。

77　見鄭梓《戰後臺灣的接收與重建：臺灣現代史研究論集》，新化圖書公司，1994，第 28 頁。

78　王政文：《臺灣義勇隊：臺灣抗日團體在大陸的活動（1937—1945）》，第 149 頁。

最大的不同在於前者只有統治政策如何制定的問題，而不考慮後者最為關心的殖民地解放的問題。[79] 陳儀帶領的行政長官公署，在接收之後，對各級的人事任用及對臺籍人士政治上的歧視十分明顯。到了 1946 年，臺灣社會隨著統治的危機開始有愈來愈多不滿，臺灣也有人提出各種調整的方案。然而，戰後初期這一段的「祖國體驗」卻讓臺灣人再度憶起被日本殖民與差別待遇的感受，反而激發了臺灣人共同體意識的凝聚。[80] 臺灣行政長官公署軍政一元化的統治體制，進行全面性經濟統制，歧視臺灣省籍的用人做法，造成臺灣人認為國民黨治臺簡直和臺灣總督府無異，形同另一個外來政權和殖民統治。[81] 更嚴重的是，抱持這種想法者並不在少數。[82]

戰後接收臺灣的設計與複雜的人事派系糾結，造成了接收臺灣時的混亂狀況。另一個具有迫切處理需求的則是臺灣人定位問題。戰爭結束後，滯留在大陸各地的臺灣人馬上面臨著處境上的困難，亦不局限於名望人士而已。在大陸的臺灣人被政府及百姓視為漢奸者為數眾多，他們或被逮捕，或遭搶劫毆辱，一時之間親仇莫辨。[83] 甚至，也有因島內政治鬥爭而使得在大陸的臺灣人要角蒙受漢奸罪名而被捕的例子。[84] 隨國民政府軍入廣州接收、負責處置廣州一帶居留臺胞的臺灣黨部粵東工作團廣州辦事處的團長丘念台便明白地指出，一般人咸認為被日本人徵用的「臺僑」皆為漢奸，使得他們的處境十分困難，而政府一時之間亦無適當處置辦法。[85] 即使日本戰敗後，依 1943 年 12 月 3 日公布的開羅宣言，東北與臺灣、澎湖歸還中國，日本因無統治管轄臺灣及臺灣人的權利，而數千滯留的臺灣人則形同被遺棄，一時間不知如何處理，他們的心情也必定茫然而不知所措。

1945 年戰爭結束至 8 月底，國民政府方面也陸續收到謝東閔、丘念台等

79　何義麟：《被遺忘的半山——謝南光（下）》，第 120—123 頁。

80　參見陳翠蓮《臺灣人的抵抗與認同（1920—1950）》，第 333—386 頁。

81　鄭梓：《戰後臺灣的接收與重建：臺灣現代史研究論集》，第 225 頁。

82　可參考臺南人國策顧問辛文炳及「臺獨理論家」廖文奎從祖國派轉變為主張臺灣自決的例子。見謝國興《府城紳士：辛文炳和他的志業（1912—1999）》，第 245—246、251—252 頁。

83　柯台山提到他在上海便聽到了這樣的例子，他尤其對臺灣自治運動要角楊肇嘉在上海於 1946 年 9 月以戰犯罪名被逮捕感到震驚。見許雪姬訪問、曾金蘭紀錄《柯台山先生訪問紀錄》，中研院近代史研究所，1997，第 63 頁。

84　如楊肇嘉之被捕乃由臺灣省行政長官公署主使。見許雪姬〈「臺灣光復致敬團」的任務及其影響〉，《臺灣史研究》第 18 卷第 2 期，2011 年，第 121、133 頁。

85　丘念台：《嶺海微飆》，中華日報社，1962，第 242 頁。

在大陸發展的臺籍人士，在國民黨全國代表大會等場合提出的治臺建議，並要求盡速確定臺灣法律地位與正視臺灣人權益的提案。他們主張對於在淪陷區約 25 萬以上的臺灣人，應妥善處理，應諒解之，並勿視為日俘及應多聘用臺人等。[86] 自 1945 年 9 月 28 日參政會對有關處置傀儡政權相關人員草擬 13 點原則以作論罪標準起，國民政府方面持續地修訂關於漢奸如何界定及懲治的標準，對臺灣人是否適用則一直有爭議，亦有認為應另行集中管理者。次年 1 月 25 日司法院做出解釋，臺灣人民終於不適用於懲治漢奸條例。[87] 幾乎同時，臺灣人的國籍的法律根據於 1946 年 1 月 12 日經行政院訓令明定：「查臺灣人民原係我國國民，以受敵人侵略，致喪失國籍，茲國土重光，其原有我國國籍之人民，自三十四年十月二十五日起，應即一律恢復我國國籍」。然而，此距離日本投降，已經有整整 5 個月。而到 1946 年 11 月國民政府正式通令對於戰時被日人徵用的臺胞，不能治以漢奸之罪，距離戰爭結束，已經 15 個月了。[88]

此期間在柯台山建議下，在上海的楊肇嘉、吳三連成立臺灣重建協會上海分會，處理有關臺灣人財產的處置及等待返臺人士的集中、救濟等事項，以便妥善處置善後事宜。1946 年 3 月底，柯台山籌組重建協會臺灣分會。在民間團體的主動斡旋下，在華北的臺灣人最早回臺，接著的則是廣東、海南島等地的臺灣人。而當時臺灣的最高行政機構行政長官公署對其行政建置、各項接收事宜，並未介入太多，卻對柯台山、丘念台等人協助臺胞回臺一事，要求他們不要插手，並稱長官公署會注意。[89]

可以想見的是，行政長官公署處置臺胞回臺一事十分消極，致使在大陸的臺灣人在這期間所受的痛苦難以言喻。在偽滿洲國任職的吳左金便被國民政府以漢奸的名義扣留，在濟南的監獄待了近 10 個月後，1946 年底才以不起訴處分無罪開釋。[90] 藍敏的哥哥藍家精亦是如此，在危機四伏的處境中，只能

86 張瑞成編《臺籍志士在祖國的復臺努力》，中國國民黨黨史會，1990，第 401—405 頁。

87 許雪姬：〈「臺灣光復致敬團」的任務及其影響〉，《臺灣史研究》第 18 卷第 2 期，2011年，第 121—122 頁。

88 林德政：《光復前臺籍抗日志士在閩粵的活動》，第 230—234 頁。

89 許雪姬訪問、曾金蘭紀錄《柯台山先生訪問紀錄》，第 60、67、68 頁；楊肇嘉在回憶錄中也提及了戰爭結束，他在上海及其他朋友組織同鄉會及三民主義青年團等協助臺胞回臺，並提出治臺建議的情形。見《楊肇嘉回憶錄》（1968 年），三民書局，2004，第 339—349 頁；還可參見吳三連口述、吳豐山撰記《吳三連回憶錄》，自立晚報社，1991，第 102—108 頁。

90 許雪姬訪問、曾金蘭紀錄〈吳左金先生訪問紀錄〉，載《口述歷史（5）日據時期臺灣人

四處躲藏，甚而遠赴南京，終於在二二八事件後，在與魏道明省主席交好的陸軍大學校長，亦是藍敏公公的徐永昌排解下，解除戰犯通緝令。即使如此，在臺灣愈來愈險峻的情勢下，1950 年藍家精再次選擇由屏東里港偷渡日本，到 1960 年才回臺，最後在 1980 年赴日期間病逝。[91]

相較於戰犯的頭號目標藍家精，對一般在大陸日資企業、日本占領區偽政府機構及各式軍事設施工作的臺灣人來說，「光復」並沒有讓他們好過一點。在東北、華北一帶工作的臺中清水人楊基振，自早稻田大學畢業後，先在滿鐵（南滿鐵道株式會社）、戰爭期間則於華北交通株式會社任職，戰後返臺，1947 年起任職於臺灣省政府，直到退休。據其日記所載，楊基振戰後滯留華北一年，陷入家財盡失、被指為漢奸、元配又病逝的困境，因而決定舉家返臺。[92] 在日記中，楊基振記載著：「啊！當中國人竟是如此悲慘。想到光復時還歡天喜地成為中國人，更毋寧令人覺得可笑又瘋狂。成為中國人所帶來的現實苦惱，竟是如此深痛。」[93]

楊基振發出如此悲鳴，自然與戰後臺灣自日本統治轉變為中華民國政府治理的變化有關，臺灣人的國籍，從與中國交戰的日本人變成中華民國國民，然而戰前中日敵對的狀態卻在某種程度上延續到戰後，並深刻地影響了臺灣人的生活。如楊基振的例子所示，「成為中國人所帶來的現實苦惱」指的是因為他在日資企業工作而被視為漢奸，企業資產在戰後充公，個人私產也以敵偽產業辦法被接收保管，使其遭受莫大損失。

此期間復員與接收的諸多不公義作為，使復員復的是戰後中國大陸來臺人士，而接收則為政府及外省籍官員接收了日產。臺灣百姓期待的落空，新政治局勢下權力、利益分贓的戲碼，以及愈來愈緊張的經濟局勢，導致新移民與臺灣人之間無法彌平的隔閡。據梅貽琦的日記，他在 1957 年 10 月 12 日記載著當日和友人與許振幹、黃旺成等新竹要人聚餐，飯後「請黃旺成君講述光復前後之經歷。黃君語多涵蓄，然亦可見戰後來臺接收人員之輕浮躁進，僨事甚

　　　赴大陸經驗》，第 116—117 頁。
91　許雪姬訪問、曾金蘭紀錄〈藍敏先生訪問紀錄〉，載《口述歷史（5）日據日期臺灣人赴大陸經驗》，第 85—106 頁。
92　楊基振履歷整理自黃英哲〈楊基振日記的史料價值〉，載許雪姬總編輯《日記與臺灣史研究：林獻堂先生逝世 50 周年紀念論文集》，中研院臺灣史研究所，2008，第 89—122 頁。
93　見楊基振回顧 1946 年的日記內文，載黃英哲、許時嘉編譯《楊基振日記：附書簡・詩文》（上），「國史館」，2007，第 241—246 頁。

多矣」。[94] 梅貽琦的感歎呼應了藍敏的指責，她直指某些「半山」在此時期分贓的作為，是使來臺的外省人有樣學樣，進而導致二二八事件的原因。[95]

無可奈何花落去

戰後臺灣人對於接收以來積累的不滿情緒在 1947 年 2 月 27 及 28 兩日的二二八事件爆發，從查緝私菸的警民衝突血案開始引爆，蔓延成全臺的大型動亂，經歷 3 月 8 日國府軍隊增援，到 5 月 15 日清鄉工作結束，是臺灣戰後史上衝突最嚴重、影響最深遠的一次事件。臺灣人原來期待接替日本殖民政府統治臺灣的國民政府，會以同文同種之親及反抗日本的立場，趁機為臺灣同胞撥亂反正，但是，國民政府期待的卻是讓臺灣扮演支持國共鬥爭的角色，加上對被日本統治五十年的臺灣人（被「奴化」）的不完全信任，兩方面期待的落差，使得臺灣人對於「祖國」的態度，開始由歡迎轉向不滿甚至敵視。[96]一談到二二八為何爆發，一般都認為是戰後接收以來政府不公造成的，許多人甚至歸咎於行政長官公署及其長官陳儀的處置不當。[97] 二二八前夕，柯台山在上海所寫的《重建之路》（1947 年 3 月）便已經就自己的經驗說明他在臺灣一年間（1946.3—1947.3）遇到各式各樣不合理的狀況，並提到臺灣百姓很明顯地從積極提供治臺建議，轉變為懷疑、消沉，到絕望。[98]

陳澄波的例子說明了一名具有祖國經驗的優秀文化人在戰後臺灣與大陸的磨擦之間無奈犧牲的悲劇。陳澄波於 1933 年返臺後，除了繼續繪畫創作之外，基於對藝術、鄉土與家國的熱情關愛，致力於與畫友籌組美術繪畫團體，最著名的是 1934 年成立的臺陽美術協會。光復初期，陳澄波以畫家身分參與社會各界組織的歡迎國民政府籌備委員會，由於他能講「國語」（普通話）而

---

94 楊儒賓、陳華主編《梅貽琦文集 2・日記（1958—1960）》，新竹清華大學，2007，第 253 頁。
95 許雪姬訪問、曾金蘭紀錄〈藍敏先生訪問紀錄〉，載《口述歷史（5）日據時期臺灣人赴大陸經驗》，第 117 頁。
96 二二八事件的發生經過及原因分析，可參見陳翠蓮《派系鬥爭與權謀政治：二二八悲劇的另一面相》，時報文化出版公司，1995，第 133—207 頁；賴澤涵總主筆、黃富三等執筆《「二二八事件」研究報告》，時報出版社，1994；賴澤涵、馬若孟、魏萼《悲劇性的開端——臺灣二二八事變》（羅珞珈譯，時報出版社，1993）則深入討論普遍被視為此事件導因的七種解釋及其重要性。見該書第 16—36 頁。
97 二二八事件後，柯台山與楊肇嘉在南京會見國民黨吳鐵城祕書長時，便提到陳儀一定要撤換，因為他被認為是使國民政府在光復臺灣後無法收復民心的重要因素。見許雪姬訪問、曾金蘭紀錄《柯台山先生訪問紀錄》，第 73—74 頁。
98 許雪姬訪問、曾金蘭紀錄《柯台山先生訪問紀錄》，附錄柯台山〈重建之路〉（1947 年 3 月），第 209 頁。

被推舉為副委員長；不久，加入三民主義青年團，當選為嘉義市第一屆參議會議員，並且向中國國民黨臺灣省黨部申請入黨，其心向祖國的熱切心情可見一斑。他在 1946 年撰寫的一份建言書中，回顧日據時期臺灣美術發展的概況，希望政府儘快設立美術團體與美術學校，其中寫道：「我不幸生於前清，而今能死於漢室，實是我平生最感欣慰的事啊！」[99] 然而 1947 年二二八事件發生，3 月初嘉義地區軍民之間衝突劇烈，3 月 12 日陳澄波被嘉義市參議會委派為民間八位和平代表之一，前往水上機場與軍方溝通，希望和平解決，減少傷亡，卻反遭軍方扣押，3 月 25 日被綁赴嘉義市區遊街後當眾槍殺。[100] 類似陳澄波的臺灣精英在二二八事件期間死於非命者為數不少，對臺灣社會心理造成重大而長久的衝擊與傷害，對比日本統治時期及戰後初期臺灣人對祖國寄予「解放」角色的期待，反差太大。自此之後，臺灣人心目中的祖國印象再一次翻轉。[101]

　　省籍間的不平等一般咸被認為是二二八事件導因之一。在戰後凋敝的臺灣，原來日本對臺灣歧視與壓榨的不平沒有得到平反，新統治政權反而加重了不公平的狀況，造成了人心的浮動與怨懟的情緒。曾目睹當時查緝私菸專員與中年婦女爭執，導致本省與外省人此後嚴重衝突的藍敏，便在回憶中將愈演愈烈的、蔓延日廣的抗爭事件的原因歸結為：「1945 年 8 月 15 日後，大批自大陸來臺的外省人與臺灣人，把臺灣人辛辛苦苦經營的成果當成敵產強制接收、強行霸佔，民怨鬱積至今已十六個月，臺灣人再也無法忍耐，遂因此事件而爆發出來。所以這次事件，是臺灣人和外省人衝突後必然的結果，只是不知道在哪一天發生而已；同時，這次事件完全不是計劃性或是有什麼陰謀，也不是躲在阿里山上日本軍人的煽動，這些理由都是後來的人為了掩飾自己的罪過而編出來的故事。」[102]

　　臺灣民眾情緒的不滿，導致了二二八事件，成為此後臺灣人思想與社會轉向的一個分界點。二二八事件後，為處置各地動亂而由民意代表組織的二二八

99　陳澄波：〈日據時代臺灣藝術之回顧〉，《雄獅美術》第 106 期，1979 年，第 69—72 頁。

100　許雪姬、江淑玲訪問〈陳重光先生訪問紀錄〉，載《口述歷史（4）二二八事件專號》，中研院近代史研究所編印，1993，第 317—319 頁。

101　對雙方期待的落差之分析，見賴澤涵、馬若孟、魏萼《悲劇性的開端——臺灣二二八事變》，第 281—320 頁。

102　許雪姬訪問、曾金蘭紀錄〈藍敏先生訪問紀錄〉，載《口述歷史（5）日據時期臺灣人赴大陸經驗》，第 114—115 頁。

事件處理委員會，初以善後協調的角色存在，後來則逐漸發展成要求政治改革的團體，終於引起長官公署及國民政府的反感，而要求解散，3月中旬國府軍隊已經駐防全臺各縣市，至5月15日國民政府撤銷臺灣省行政長官公署，成立臺灣省政府，由魏道明接替陳儀成為省主席，一直到1949年1月5日再由陳誠繼任，其間軍隊的鎮壓已經造成許多傷亡。[103] 為了處置二二八之後的臺灣民心及政局不穩的情勢，長官公署撤廢，設立臺灣省政府，並開始由部分具有聲望的臺灣人任職省政府機關。[104] 即便如此，二二八的傷害已經造成，種種彌補的措施能夠修復受傷的人心的效果有限。

　　對於臺灣人心向背而言，二二八事件是一個重要的轉捩點。在1951年臺灣開始實施地方自治之前新體制與舊環境交替過渡的時期中，二二八之前臺灣領袖參與選舉及自治活動十分踴躍，這是因為對祖國政治抱持著期待所致；而民意代表劇烈的流動性顯示了初期政治體制仍在緩步調適；另外，「半山」與本地民間領袖之間則出現對峙的端倪，無疑為大陸政治體系的政治文化與臺灣本地的地方政治文化兩者之間的調和過程。[105] 然而，等到二二八事件處置時，據說有臺籍特權人士為求保全權位，與外省官僚設計構陷民眾暴動，並將二二八事件後被逮捕的數百名臺灣人黑名單擬具之責歸咎某些「半山」身上。雖然事實的真假仍然莫衷一是，臺灣人在遭遇此事後，開始對國民黨政府持排拒態度，對「半山」亦無法諒解。對比日本統治中期至戰爭結束初期對祖國的期待，這種情感上的傷害使臺灣人對政治抱持退縮，對祖國的期待也不復先前。[106] 最具體的轉變是在戰後短短四年期間，當時臺灣與大陸的國民黨統治體制磨合關鍵時期所發生的種種令人不盡滿意的現象，在形塑臺灣人的國家意識與民族文化認同上起了重要的負面影響，即從懷抱「中國意識」變成了「臺灣意識」。[107] 對臺灣而言，二二八事件更加深刻的負面影響是一個世代重要精英的消逝。在二二八事件中消失的臺灣社會精英，暗示了二二八事件如何使得臺灣社會領導階層出現斷層。[108]

103　李筱峰：《臺灣戰後初期的民意代表》，自立晚報社，1986，第181—238、278—279頁。
104　許雪姬訪問、曾金蘭紀錄《柯台山先生訪問紀錄》，第76—77頁。
105　李筱峰：《臺灣戰後初期的民意代表》，第271—280頁。
106　陳翠蓮：《派系鬥爭與權謀政治：二二八悲劇的另一面相》，第282—283頁。
107　謝國興：《府城紳士：辛文炳和他的志業（1912—1999）》，第251頁。
108　參考李筱峰〈二二八消失的臺灣精英〉，自立晚報社，1990。

　　日本統治臺灣的五十年間，也正好是清末轉向民國建立的主軸時期，臺灣人在大陸的發展，有同文同種之親，也有語言文化相近的便利，但是，在政治與認同上卻難以逃脫國籍他屬與身分認同的隔閡，對於有心為祖國盡心力或者在大陸開創事業、大展宏圖的有志之士來說，不啻是一大挑戰。即使如此，我們仍看到為數不少的臺灣青年知識分子前仆後繼，有的為了就學，有的為了工作，也有為了實現理想而去。這些在大陸奮鬥的臺灣人的經驗，從中可以約略看頒布灣人對祖國的情感與認知，從 1895 年的國家分離，到為求殖民地解放而產生了反日與抗日的共同目標，一度提升臺灣人對祖國大陸的孺慕之情，光復初期對重回祖國的高度興奮與期待，乃至二二八事件造成的省籍情結與祖國認同的中挫，這期間的臺灣人隨著其政治主張的不同、歸屬團體的你消我長，在回臺後各有不同的命運，也影響了一般臺灣人對祖國的重新認知與想像。

　　或可稍微粗略的總結，日本統治臺灣的早期，在福州、廈門一帶，不少臺灣人因利用臺灣籍民的身分為惡，導致在這些地方臺灣人的名聲相當不好。而隨著民智漸開、西方思潮湧現，島上青年受到啟發後，前往東京、上海、北京等地求學、就業的人數漸漸增加。1920 年代之後中國的政治局勢隨著共產勢力崛起，以及 1930 年代之後與日本之間的戰事糾結，大量臺灣人除了被日本政府動員到中國戰場之外，為了逃避本島的經濟蕭條及實踐夢想，前往大陸謀求生路及就學者，人數直線上升。在東北，同樣以殖民地之故，有許多臺灣人在該地營生，事業相當成功，其中多為醫生，也有商人或記者。[109] 在北平、天津一帶，臺灣的文化人與知識分子眾多，也大致是 1920 年代以後之事。在上海，則特別多從事政治運動的臺灣人，尤其是具有左翼傾向的活動組織在此陸續建立。[110]

　　從日本統治時代起被泛稱為「祖國派」——既熟悉也樂意為祖國建設出力，並將臺灣的前途寄託在祖國強大之上——的人士，臺灣人將其中曾在大陸參與抗戰、戰後隨國民政府回臺接收的臺籍人士，泛稱為「半山」，臺灣社會對於他們的批判與歷史評價多半並不寬容，這是因為其中有些人被認為以

109　謝南光著、郭平坦校訂〈第二編 新興中國見聞記〉，《謝南光著作選》（上），第 236 頁。
110　亦可參考楊肇嘉回憶臺灣青年在祖國大陸的活動情形，他描述了在上海、北平及廣東等地活動的臺灣人及其組織。見《楊肇嘉回憶錄》，第 188—190 頁。

不公義的做法介入了戰後復員與接收的過程，造成臺灣人對祖國期待的落空。種種不盡如人意的結果衝擊下，一方面，自大陸歸來的臺籍人士即使原本不在戰後臺灣政治權力核心中的人，在二二八事件爆發、「半山」變成蔑稱之詞時，也遭受池魚之殃；另一方面，在戰後大陸的國民黨統治架構與臺灣社會磨合過程中，更加深刻的影響是造成了此後臺灣人對於祖國觀感的轉變，使臺灣人之中懷抱「祖國意識」者漸減，而「臺灣意識」者則日漸凝聚，這個結果可謂始料未及，也埋下了臺灣社會中反抗威權壓制及要求民主化的種子，並部分演化成為「臺灣（主體意識）認同」與「中國（中華民族）認同」糾葛的長期對立，和主張「臺灣民族」與「獨立建國」的聲音始終或隱或顯的存在。

　　釐清「祖國」與臺灣在 20 世紀前半期歷史互動的歷程，並進而理解臺灣人的中國想像與歧異認同的根源及其轉折，將是兩岸人民彼此之間進一步相處的重要課題。

參考文獻

一、檔案（以檔案全宗名拼音或西文字母排序）

北平市警察局檔案，北京市檔案館，北京

財政部檔案、輸出入委員會檔案、監察院檔案、交通銀行檔案、經濟部檔案、中國建設銀公司檔案、國民政府蒙藏委員會檔案，中國第二歷史檔案館，南京

陳光甫私人文書，哥倫比亞大學珍本與手稿圖書館，紐約

東方會議關係、機密送，日本外務省外交史料館，東京

傅斯年檔案，中研院歷史語言研究所，臺北

國防最高會議檔案、吳稚暉檔案、中日調整邦交會議記錄、五部檔，中國國民黨黨史會，臺北

蔣介石日記、黃郛檔案，斯坦福大學胡佛研究所檔案館，加利福尼亞

蔣中正檔案、蔣中正文物、陳誠檔案、國民政府檔案、革命文獻、閻錫山檔案，「國史館」，臺北

上海檔案，蘇州市檔案館，蘇州

四明商業儲蓄銀行檔案、中國通商銀行檔案、商民協會檔案，上海市檔案館，上海

外交部檔案、全國經濟委員會檔案、行政院水利委員會檔案、朱家驊檔案，中研院近代史研究所檔案館，臺北

亞洲基督教高等教育聯合董事會檔案，縮微膠捲

宗教檔案，山東省檔案館，濟南

二、報紙（以報紙名拼音排序）

《長江日報》，武漢

《晨報》，北京

《大剛報》，鄭州、衡陽、漢口、南京

《大公報》，天津、漢口、重慶、上海

《大晚報》，上海

《民國日報》，上海、廣州、長沙、漢口、南昌、昆明

《華商報》，香港

《江西日報》，南昌

《解放日報》，上海

《民立報》，上海

《人民日報》，北京

《申報》，上海

《盛京時報》，奉天（瀋陽）

《時報》，上海

《時事新報》，上海、重慶

《世界日報》，洛杉磯

《順天時報》，北京

《文匯報》，上海、香港

《新華日報》，漢口、重慶

《新中華報》，延安

《益世報》，天津

《中央日報》，南京、漢口、重慶、上海、臺北

三、期刊（以期刊名拼音排序）

《北京大學日刊》，北京

《財經研究》，上海

《晨報副鐫》，北京

《出版史料》，北京

《傳記文學》，臺北

《春秋》，香港

《大學院公報》，南京

《大中華》，上海

《當代》，臺北

《檔案與歷史》，上海

《道路月刊》，上海

《東方雜誌》，上海、重慶

《鬥爭》，瑞金、上海、延安

《獨立評論》，北平

《二十一世紀》，香港

《福建縣政》，福州

《婦女週報》，上海

《改造》，上海

《贛縣縣政府公報》，贛州

《革命文獻叢刊》，重慶、南京

《工商半月刊》，南京

《觀察》，上海

《廣東社會科學》，廣州

《廣州大學學報》，廣州

《國父紀念館館刊》，臺北

《國民報》，東京

《國民政府公報》，南京、漢口、重慶

《國史館館刊》，臺北

《國史館學術集刊》，臺北

《國聞週報》，上海

《汗血月刊》，上海

《行政院公報》，南京、漢口、重慶

《河南師範大學學報》，新鄉

《黑龍江社會科學》，哈爾濱

《紅色中華》，瑞金、延安

《華南新報》，昆明

《華年週刊》，上海

《建設》，上海

《江漢論壇》，武漢

《江蘇黨務週刊》，鎮江

《江蘇省政府公報》，鎮江

《江西廣播電視大學學報》，南昌

《江西教育》，南昌

《江西教育旬刊》，南昌

《江西社會科學》，南昌

《教學與研究》，北京

《教育部公報》，南京、漢口、重慶

《教育通訊》，上海

《教育通訊週刊》，上海

《教育與民眾》，蘇州、無錫

《教育雜誌》，上海

《解放與改造》，上海

《金融科學：中國金融學院學報》，北京

《近代史研究》，北京

《近代史資料》，北京

《近代中國》，臺北

《經濟彙報》，上海、重慶

《經濟研究》，北京

《軍事歷史研究》，南京

《軍事雜誌》，南京

《軍需學校第七期學生班通訊》，南京

《軍政旬刊》，南昌

《抗日戰爭研究》，北京

《勞工月刊》，南京

《歷史檔案》，北京

《歷史研究》，北京

《立法院公報》，南京、漢口、重慶

《臨時政府公報》，南京

《每週評論》，北京

《美國研究》，北京

《民報》，東京

《民國檔案》，南京

《民國研究》，北京

《民間》，北京

《民俗研究》，北京

《南方局黨史資料》，重慶

《南京社會科學》，南京

《南開經濟研究》，天津

《南強月刊》，南京

《內政調查統計表》，南京

《農情報告》，南京

《努力週報》，北京

《前鋒》，上海

《錢業月報》，上海

《清華學報》，新竹

《清華週刊》，北京

《人間世》，上海

《三民主義月刊》，廣州

《三峽大學學報》，宜昌

《山西省新生活運動促進會會刊》，太原

《山西師大學報》，臨汾

《商務日報》，重慶

《上海黨史資料通訊》，上海

《少年中國》，北京

《社會半月刊》，上海

《社會科學》，上海

《社會科學研究》，成都

《社會新聞》，上海

《社會月刊》，上海

《申報月刊》，上海

《生活週刊》，上海

《聖教會報》，上海

《聖教雜誌》，上海

《時代漫畫》，上海

《史林》，上海

《史學理論研究》，北京

《史學月刊》，開封

《史學雜誌》，南京、重慶

《世紀評論》，南京

《世界宗教研究》，北京

《市政評論》，上海

《書摘》，北京

《思想理論教育導刊》，北京

《思與言》，臺北

《四川大學學報》，成都

《四十年代》，上海

《蘇州明報》，蘇州

《臺大歷史學報》，臺北

《臺灣師大歷史學報》，臺北

《臺灣史料研究》，出版地不明

《臺灣史研究》，臺北

《臺灣文學研究集刊》，臺北

《談鹽叢報》，上海

《統計月刊》，出版地不明

《圖畫日報》，上海

《土改通訊》，出版地不明

《外交部公報》，南京、漢口、重慶

《外交評論》，南京

《現代評論》，北京

《鄉村建設》，濟南

《鄉村院刊》，出版地不明

《鄉教叢訊》，南京

《嚮導》，上海

《小日報》，上海

《辛亥革命史研究會通訊》，武漢

《新潮》，北京

《新建設》，北京

《新民叢報》，橫濱

《新青年》，北京、上海

《新社會》，出版地不明

《新史學》，臺北

《新文化史料》，北京

《新中華雜誌》，上海

《雄獅美術》，臺北

《學人》，南京

《學術月刊》，上海

《銀行生活》，上海

《銀行雜誌》，上海

《銀行週報》，上海

《庸言》，天津

《雲南檔案史料》，昆明

《雲南省歷史研究所研究集刊》，昆明

《長庚人文社會學報》，新北

《浙江黨務》，杭州

《真光》，上海

《震旦》，上海

《政府公報》，北京、南京、漢口、重慶

《政友》，出版地不明

《政治大學歷史學報》，臺北

《政治生活》，北京

《知識分子論叢》，南京

《中共黨史研究》，北京

《中共中央黨校學報》，北京

《中國經濟》，出版地不明

《中國經濟史研究》，北京

《中國農村》，上海

《中國農民》，廣州

《中國青年》，上海

《中國社會科學》，北京

《中國新書月報》，上海

《中國學術》，北京

《中行月刊》，上海

《中華教育界》，上海

《中華軍史學會會刊》，臺北

《中華聖公會報》，武昌

《中南土改簡報》，武漢

《中央半月刊》，上海

《中央黨務月刊》，南京

《中央研究院近代史研究所集刊》，臺北

《中央銀行月報》，上海

《中央週報》，南京

《中州學刊》，鄭州

《總統府公報》，南京

四、外文期刊（以期刊名字母排序）

《アヅア経済》，千葉

American Historical Review, Bloomington

Asia Quarterly, Cambridge, Boston

Bulletin of the School of Oriental and African Studies, Cambridge, England

China Quarterly, London

Economic History Review. New Jersey

Modern China, California

Republican China, Columbus, Ohio

The Chinese Recorder, Shanghai

The Journal of Asian Studies, Cambridge, England

五、資料、論著（以資料、論著名拼音排序）

《150 年中美關係史著作目錄（1923—1990）》，汪熙主編，復旦大學
出版社，2005。

《1901—1920年中國基督教調查資料》，中華續行委辦會調查特委會編，
　　蔡詠春等譯，中國社會科學出版社，1987。

《1911：辛亥》，陸建國著，知識出版社，2011。

《1930年代中國的經濟恐慌論：分歧與演變》，李宇平著，臺灣師範大
　　學歷史研究所博士學位論文，1996。

《1945—1949：國共政爭與中國命運》，汪朝光著，社會科學文獻出版社，
　　2010。

《20世紀30年代的北平城市管理》，杜麗紅著，中國社科院研究生院博
　　士學位論文，2002。

《20世紀南匯農村社會變遷》，李學昌主編，華東師範大學出版社，
　　2001。

《愛憎二二八——神話與史實：解開歷史之謎》，戴國煇、葉芸芸著，
　　遠流出版公司，1998。

《安徽早期黨團組織史料選》，中共安徽省黨史工作委員會、安徽省檔
　　案館編印，1987。

《八年抗戰之經過》，何應欽編著，黎明文化有限公司，1970。

《八五自述》（《上海文史資料選輯》第72輯），徐國懋著，上海市政
　　協文史資料編輯部印行，1992。

《巴黎和會與中國外交》，廖敏淑著，臺中中興大學歷史研究所碩士學
　　位論文，1998。

《白崇禧先生訪問紀錄》，賈廷詩等訪問紀錄，中研院近代史研究所，
　　1984。

《百年老店國民黨滄桑史》，蔣永敬著，傳記文學出版社，1993。

《鮑羅廷——史達林派到中國的人》，〔美〕丹尼爾・雅各斯著，殷罡譯，
　　世界知識出版社 ，1989。

《悲劇性的開端——臺灣二二八事變》，賴澤涵、馬若孟、魏萼著，羅
　　珞珈譯，時報出版社，1993。

《北大歲月》，羅榮渠著，商務印書館，2006。

《北伐前的黃埔軍校》，王肇宏著，東大途圖書公司，1987。

《北伐前後的「革命外交」（1925—1931）》，李恩涵著，中研院近代
　　史研究所，1993。

《北伐時期的政治史料》，蔣永敬編，正中書局，1981。

《北京電車公司檔案史料》，北京市檔案館編，北京燕山出版社，
　　1988。

《北京革命歷史文件彙集》，中央檔案館、北京市檔案館編印，1991。

《北京金融史料‧銀行篇》（3），中國人民銀行北京市分行金融研究
　　所編印，1990。

《北京政府與國際聯盟（1919—1928）》，唐啟華著，東大圖書公司，
　　1998。

《北洋軍閥史話》，丁中江著，中國友誼出版社，1996。

《北洋時期的中國外交》，金光耀、王建朗主編，復旦大學出版社，
　　2006。

《北洋政府時期的新聞業及其現代化（1916—1928）》，王潤澤著，中
　　國人民大學出版社，2010。

《北一輝的革命情結：在中日兩國從事革命的歷程》，黃自進著，中研
　　院近代史研究所，2001。

《被「廢除不平等條約」遮蔽的北洋修約史（1912—1928）》，唐啟華著，
　　社會科學文獻出版社，2010。

《比較憲法》，王世杰、錢端升著，中國政法大學出版社，2004。

《變革社會中的政治秩序》，〔美〕亨廷頓著，王冠華等譯，三聯書店，
　　1988。

《變俗與變政：上海市政府民俗變革研究（1927—1937）》，艾萍著，
　　華東師範大學博士學位論文，2007。

《不可忽視的戰場：抗戰時期的軍統局》，吳淑鳳等編，「國史館」，
　　2012。

《不能遺忘的名單——臺灣抗日英雄榜》，中華全國臺灣同胞聯誼會編，
　　海峽學術出版社，2001。

《財政金融資料輯要》，「財政部」編印，1952。

《財政年鑑續編》，財政部年鑑編纂處編，商務印書館，1943。

《蔡成勳禍贛痛史》，旅滬贛民自治促進會編印，1924。

《蔡松坡集》，曾業英編，上海人民出版社，1984。

《蔡元培教育論集》，高平叔編，湖南教育出版社，1987。

《蔡元培全集》，高叔平編，中華書局，1984。

《曹汝霖一生之回憶》，傳記文學出版社，1980 年再版；中國大百科全書出版社，2009。

《常德城市現代化進程研究（1840—1949）》，管宏平著，湘潭大學碩士學位論文，2010。

《潮流與點滴》，陶希聖著，傳記文學出版社，1970。

《陳布雷先生從政日記稿樣》，東南印務出版社承印，時間不詳。

《陳誠先生回憶錄——國共戰爭》，「國史館」，2005。

《陳誠先生回憶錄——建設臺灣》，「國史館」，2005。

《陳誠先生回憶錄——抗日戰爭》，「國史館」，2004。

《陳誠先生書信集》，「國史館」，2006。

《陳獨秀年譜》，唐寶林、林茂生編，上海人民出版社，1988。

《陳獨秀著作選》，上海人民出版社，1984。

《陳光甫日記》，上海市檔案館編，上海書店出版社，2002。

《陳光甫先生傳略》，張壽賢著，上海銀行，1977。

《陳光甫先生言論集》，上海商業銀行編印，1970。

《陳蓮笙文集》，上海辭書出版社，2009。

《陳逆公博罪行錄》，時事新報出版部，1946。

《陳攖寧與道教文化的現代轉型》，劉延剛著，巴蜀書社，2006。

《陳垣全集》，陳智超主編，安徽大學出版社，2009。

《成敗之鑒——陳立夫回憶錄》，陳立夫著，正中書局，1994。

《城市建設經濟學》，黃士誠著，中國建築工業出版社，1987。

《程天固回憶錄》，龍文出版社，1993。

《重游贛南記》，王澄霄著，廣州宏藝公司印行，1927。

《籌辦夷務始末（同治朝）》，國風出版社影印版，1963。

《出版界二十年——張靜廬自傳》，張靜廬著，上海雜誌公司，1938。

《出賣上海灘》，〔美〕霍塞著，越裔譯，上海書店出版社，2000。

《傳統佛教與中國近代化》，鄧子美著，華東師範大學出版社，1994。

《釧影樓回憶錄》，包天笑著，大華出版社，1971。

《從大歷史的角度讀蔣介石日記》，黃仁宇著，時報文化出版公司，
　　1994。

《從合作到決裂——論龍雲與中央的關係（1927—1949）》，楊維真著，
　　「國史館」，2000。

《從軍報國記》，鄧文儀著，學生書局，1979。

《從容共到清黨》，李雲漢著，東吳大學，1966；及人書局，1987。

《從上海市長到「臺灣省」主席（1946—1953年）——吳國楨口述
　　回憶》，裴斐、韋慕庭訪問整理，吳修垣譯，上海人民出版社，
　　1999。

《從投資公司到「官辦商行」：中國建設銀公司的創立及其經營活動》，
　　鄭會欣著，香港中文大學出版社，200。

《從望廈條約到克林頓訪華》，胡禮忠、金光耀、顧關林著，福建人民
　　出版社，1996。

《從自由到壟斷：中國貨幣經濟兩千年》，朱嘉明著，遠流出版社，
　　2012。

《大東亞戰爭全史》，〔日〕服部卓四郎著，張玉祥等譯，商務印書館，
　　1984；軍事譯粹社，1978。

《大都市之一：上海》，朱璟編，新生命書局，1935。

《大革命時期長沙農民運動》，中共長沙縣委黨史辦等編，湖南人民出
　　版社，1989。

《大過渡——時代變局中的中國商人》，李培德編著，商務印書館（香港）
　　有限公司，2013。

《大學院之工作報告與決算》，中華民國大學院編印，1928。

《大戰與中立國》，〔英〕阿諾德‧托因比等編，上海電機廠職工大學譯，
　　上海譯文出版社，1981。

《戴季陶先生編年傳記》，陳天錫著，文海出版社，1967。

《戴笠傳》，良雄著，傳記文學出版社，1982。

《戴笠先生與抗戰史料彙編‧經濟作戰》，「國史館」，2011。

《戴笠與抗戰》，張霈芝著，「國史館」，1999。

《彈火餘生錄》第 2 冊，張贛萍著，香港文史出版社，1968。

《當代中國基督教發展史》，趙天恩、莊婉芳著，中福出版有限公司，1997。

《黨化教育下各科教學法綱要》，張九如著，新時代教育社，1927。

《黨史概要》，張其昀著，中央文物供應社，1979。

《黨員、黨權與黨爭：1924—1949 年中國國民黨的組織形態》，王奇生著，上海書店出版社，2003；修訂增補本，華文出版社，2011。

《德黑蘭、雅爾達、波茨坦會議記錄摘編》，上海人民出版社編，上海人民出版社，1974。

《鄧中夏文集》，人民出版社，1983。

《第二次世界大戰回憶錄——勝利與悲劇》，〔英〕溫斯頓‧邱吉爾著，斯祝等譯，商務出版社，1995。

《第二次中日戰爭史》，吳相湘著，綜合月刊社，1974。

《第三次全國財政會議彙編》，第三次全國財政會議祕書處編，學海出版社影印版，1971。

《第一、二次國內革命戰爭時期土地鬥爭史料選編》，中國社會科學院經濟研究所中國現代經濟史組編，人民出版社，1981。

《第一次國內革命戰爭時期農民運動史》，曾憲林、譚克繩主編，山東人民出版社，1990。

《第一回中國年鑒》，阮湘等編，商務印書館，1924。

《第一屆國民大會實錄》，國民大會祕書處編印，1947。

《定縣平民教育運動考察記》，毛應章著，南京，1932。

《東北抗日聯軍史料》，東北抗日聯軍史料編寫組編，中共黨史資料出版社，1987。

《東京審判》（張憲文主編《南京大屠殺史料集》7），楊夏鳴編，江蘇人民出版社，2005。

《動盪轉型中的民國教育》，申曉雲著，河南人民出版社，1994。

《動員農民：廣東農民運動之研究（1922—1927）》，鄭建生著，臺灣師範大學歷史研究所碩士學位學位論文，1992。

《〈獨立評論〉的民主思想》，陳儀深著，聯經出版公司，1989。

《鄂豫皖革命根據地》，《鄂豫皖革命根據地》編委會編，河南人民出版社，1989。

《鄂豫皖蘇區革命歷史文件彙集》，中央檔案館等編印，1986。

《鄂州血史》，蔡寄鷗著，龍門聯合書局，1958。

《「二二八事件」研究報告》，賴澤涵總主筆，黃富三等執筆，時報出版社，1994。

《二二八消失的臺灣精英》，李筱峰著，自立晚報社，1990。

《二十世紀中國佛教》，陳兵、鄧子美著，民族出版社，2000。

《法幣、金圓券與黃金風潮》，中國人民政治協商會議全國委員會文史資料研究委員會編，文史資料出版社，1985/1991。

《翻身》，〔美〕韓丁著，北京出版社，1980。

《反法西斯戰爭文獻》，世界知識出版社編印，1955。

《費正清對華回憶錄》，陸惠勤等譯，上海新華書局，1991。

《奮進的歷史——中國基督教的本色化》，段琦著，商務印書館，2004。

《風狂霜峭錄》，許滌新著，三聯書店，1989。

《奉直戰雲錄》，陳冠雄著，中華書局，2007。

《佛教與現代化》，覺醒主編，宗教文化出版社，2008。

《浮生九四：雪林回憶錄》，蘇雪林著，三民書局，1991。

《浮世萬象》，孫曜東口述、宋路霞整理，上海教育出版社，2005。

《福建革命歷史文件彙集》，中央檔案館、福建檔案館編印，1986。

《福建文史資料選輯》第 35 輯，福建人民出版社，1996。

《府城紳士：辛文炳和他的志業（1912—1999）》，謝國興著，南天書局，2000。

《傅秉常先生訪問紀錄》，沈雲龍、謝文孫訪問紀錄，中研院近代史研究所，1993。

《傅孟真先生集》，傅孟真先生遺著編輯委員會編印，1952。

《傅斯年全集》，聯經出版公司，1980。

《富國島留越國軍——史料彙編（3）》，「國史館」，2007。

《改革與困擾——三十年代國民政府的嘗試》，鄭會欣著，香港教育圖書公司，1998。

《贛縣七鯉鄉社會調查》，李柳溪著，江西省地方行政幹部訓練團印行，1941。

《剛恆毅與中國天主教的本土化》，劉國鵬著，社會科學文獻出版社，2011。

《高翔文存》，川康渝文物館，1983。

《革命軍》，鄒容著，華夏出版社，2002。

《革命文獻》，中國國民黨黨史會，陸續出版。

《革命逸史》，馮自由著，中華書局，1981。

《革命與血緣、地緣：由糾葛到消解》，何朝銀著，中國社會科學出版社，2009。

《革命之再起——中國國民黨改組前對新思潮的回應（1914—1924）》，呂芳上著，中研院近代史研究所，1989。

《革命中的中國：延安道路》，〔美〕馬克‧賽爾登著，魏曉明等譯，社會科學文獻出版社，2002。

《各國教育制度》，常導之著，中華書局，1936。

《各省市實施失學民眾補習教育計畫彙編》，教育部社會教育司編印，1937。

《各蘇區土地問題——1944年3月在延安楊家嶺學習會上的報告》，李六如著，中共中央黨校黨史教研室編印，時間不詳。

《公共領域的結構轉型》，〔德〕哈貝馬斯著，曹衛東等譯，上海學林出版社，1999。

《公私觀念與中國社會》，劉澤華主編，中國人民大學出版社，2003。

《龔德柏回憶錄》，龍文出版社，1989。

《共產革命七十年：從革命奪權到告別革命》，陳永發著，聯經出版公司，1988。

《共產國際、聯共（布）與中國革命資料檔案叢書》，中共中央黨史研究室第一研究部譯，北京圖書館出版社，1997。

《顧維鈞回憶錄》，中華書局，1985。

《關山奪路》，王鼎鈞著，爾雅出版社，2005。

《關於汪精衛叛國》，新新出版社，1939。

《官僚資本論》，許滌新著，海燕書店，1951。

《光復前臺籍抗日志士在閩粵的活動》，林德政著，復文圖書出版社，
　　1995。

《光復臺灣之籌劃與受降接收》，張瑞成編，中國國民黨黨史會，
　　1990。

《光緒朝東華錄》，中華書局，1958。

《光緒三十三年分第一次教育統計圖表》，學部總務司編，中國出版社。

《廣東革命歷史文件彙集》，中央檔案館、廣東省檔案館編印，1982。

《廣東農民運動資料選編》，廣州農民運動講習所舊址紀念館編，人民
　　出版社，1987。

《廣東區黨、團研究史料（1921─1926）》，廣東省檔案館等編，廣東
　　人民出版社，1983。

《廣東書院制度》，劉伯驥著，「國立編譯館中華叢書編審委員會」，
　　1978。

《廣州農民運動講習所資料選編》，廣東農民運動講習所舊址紀念館編，
　　人民出版社，1987。

《廣州文史資料》第 10 輯，廣州市政協文史研究委員會，1963。

《郭汝瑰回憶錄》，四川人民出版社，1987。

《國恥史》，蔣恭晟著，中華書局，1929。

《國防部情報局史要彙編》，「國防部情報局」編印，1962。

《國父全集》，秦孝儀主編，中國國民黨黨史會，1973。

《國共內戰中的東北戰場》，程嘉文著，臺灣大學歷史研究所碩士學位
　　論文，1997。

《國會政體：美國政治研究》，〔美〕威爾遜著，熊希齡 、呂德本譯，
　　商務印書館，1989。

《國際關係史》，王繩組主編，世界知識出版社，1995。

《國際聯合會調查團報告書》，中華民國國民政府外交部譯製，1932。

《國際條約集（1934─1944）》，世界知識出版社編，編者出版，1961。

《國際條約集（1945—1947）》，世界知識出版社編，編者出版，1959。

《國家圖書館藏民國稅收稅務檔案史料彙編》，全國圖書館文獻縮微複製中心，2008。

《國家主義的教育》，余家菊、李璜著，冬青出版社，1974。

《國軍後勤史》，「國防部史政編譯局」編印，1991。

《國民黨的「聯共」與「反共」》，楊奎松著，社會科學文獻出版社，2008。

《國民黨高層的派系政治》，金以林著，社會科學文獻出版社，2009。

《國民黨軍追堵紅軍長征檔案史料選編（雲南部分）》，雲南省檔案館編，檔案出版社，1987。

《國民黨政府政治制度檔案史料選編》，孔慶泰編，安徽教育出版社，1994。

《國民革命軍戰役史第五部——戡亂》，「三軍大學」編，「國防部史政編譯局」，1989。

《國民政府建制職名錄》，許師慎編，「國史館」，1984。

《國民政府考試院研究》，肖如平著，社會科學文獻出版社，2008。

《國民政府外交史》，洪鈞培著，華通書局，1930；文海出版社翻印，1968。

《國民政府戰時統制經濟與貿易研究（1937—1945）》，鄭會欣著，上海社會科學院出版社，2009。

《國民政府之建立與初期成就》，王正華著，臺灣商務印書館，1986。

《國難期間應變圖存問題之研究——從九一八到七七》，劉維開著，「國史館」，1995。

《國內近十年來之宗教思潮——燕京華文學校研究參考資料》，張欽士選輯，京華印書局，1927。

《國外中國近代史研究》，中國社會科學院近代史研究所編，中國社會科學出版社，1983—1994。

《（國聞週報）評壇、社論、時評》，文海出版社，1985。

《過渡時代之思想與教育》，蔣夢麟著，商務印書館，1932。

《海陸豐革命史料（1920—1927）》第1輯，中共海豐縣委黨史辦公室、

中共陸豐縣委黨史辦公室編，廣東人民出版社，1986。

《海錄注》，謝清高口述、楊炳南筆記、馮承鈞校注，臺灣商務印書館，1970。

《海南文史資料》第6輯，南海出版公司，1993。

《海桑集——熊式輝回憶錄》，熊式輝著，明鏡出版社，2008。

《韓戰救臺灣？解讀美國對臺政策》，張淑雅著，衛城出版社，2011。

《寒風集》，陳公博著，地方行政社，1945。

《郝柏村解讀蔣公日記》，天下出版社，2011。

《何炳松論文集》，劉寅生等編校，商務印書館，1990。

《何廉回憶錄》，朱佑慈等譯，中國文史出版社，1988。

《何應欽將軍九五紀事長編》，何應欽將軍九五紀事長編編纂委員會編，黎明文化，1984。

《河北文史資料》第11輯，河北人民出版社，1983。

《河內汪案始末》，陳恭澍著，傳記文學出版社，1983。

《賀昌文集》，中共黨史出版社，2006。

《赫遜河畔談中國歷史》，黃仁宇著，時報文化出版公司，1989。

《紅檔雜誌有關中國交涉史料選譯》，張蓉初譯，三聯書店，1957。

《胡適的日記》，遠流出版公司，1990。

《胡適來往書信選》，中國社會科學院近代史研究所中華民國史研究室編，中華書局，1979；社會科學文獻出版社，2013。

《胡適秘藏書信選》，梁錫華選注，遠景出版事業公司，1982。

《胡適任駐美大使期間往來電稿》，中國社會科學院近代史研究所中華民國史組編，中華書局，1978。

《胡適文集》第3卷，歐陽哲生編，北京大學出版社，1998。

《胡適早年文存》，周質平主編，遠流出版公司，1995。

《胡適之先生年譜長篇初稿》，胡頌平編，聯經出版公司，1984。

《湖北革命知之錄》，張難先著，商務印書館，1946。

《湖南大公報十稘紀念冊》，湖南大公報編輯部輯印，1925。

《湖南農民運動資料彙編》，中國革命博物館、湖南省博物館編，人民

出版社，1988。

《湖南文史資料》，湖南人民出版社，1963—1983。

《護國文獻》，雲南省社會科學院歷史研究所等編，貴州人民出版社，1985。

《護國運動》，存萃學社編，香港崇文書店，1973。

《護國運動史》，謝本書等著，貴州人民出版社，1984。

《滬上往事》，萬墨林著，中外雜誌社，1977。

《華北村治——晚清和民國時期的國家與鄉村》，〔美〕李懷印著，歲有生、王士皓譯，中華書局，2008。

《淮海戰役》，中共中央黨史資料徵集委員會編，黨史資料出版社，1988。

《淮海戰役親歷記》，淮海戰役親歷記編審組編，文史資料出版社，1988。

《黃河青山》，黃仁宇著，張逸安譯，三聯書店，2001。

《黃麻起義》，郭家齊主編，武漢大學出版社，1987。

《黃慕松吳忠信趙守鈺戴傳賢奉使辦理藏事報告書》，中國第二歷史檔案館、中國藏學研究中心合編，中國藏學出版社，1993。

《黃埔建校六十周年論文集》，「國防部史政編譯局」編印，1984。

《黃埔軍校史叢書》，廣州市社會科學院歷史研究所主編，廣東人民出版社，2006年起陸續出版。

《黃埔軍校之成立其初期發展》，黃振涼著，正中書局，1993。

《黃興集》，湖南省社會科學院編，中華書局，1981。

《黃炎培年譜》，許漢三著，文史資料出版社，1985。

《黃膺白先生年譜長編》，沈雲龍編，聯經出版公司，1976。

《回顧錄》，鄒魯著，三民書局，1976。

《回憶國民黨政府資源委員會》，中國人民政治協商會議全國委員會資料研究委員會工商經濟組編，中國文史出版社，1988。

《回憶衛立煌先生》，趙榮聲著，文史資料出版社，1985。

《回憶辛亥革命》，中國人民政治協商會議全國委員會文史資料研究委員會編，文史資料出版社，1981。

《回憶與研究》，李維漢著，中共黨史資料出版社，1986。

《會昌縣誌》，新華出版社，1993。

《會澤督黔文牘‧電報》，雲南督軍署祕書廳編印，1920。

《會澤靖國文牘》，前靖國聯軍總司令部祕書廳編印，1923。

《會澤首義文牘‧電報》，前雲南都督府祕書廳編印，1917。

《基督教會與近代山東社會》，陶飛亞、劉天路著，山東大學出版社，1994。

《基督教會與民初憲法上的信教自由——以定孔教為國教之爭為中心（1912—1917）》，劉義著，上海大學碩士學位論文，2005。

《基督教青年會在中國：本土和現代的探索》，趙曉陽著，社會科學文獻出版社，2008。

《基督教學》，段琦、陳東風、文庸著，當代世界出版社，2000。

《戢翼翹先生訪問紀錄》，沈雲龍訪問，中研院近代史研究所，1985。

《紀念李友邦先生論文集》，嚴秀峰編，世界綜合出版社，2003。

《紀念七七抗戰六十周年學術研討會論文集》，「國史館」編印，1998。

《紀念七七抗戰六十周年學術研討會論文集》，中國歷史學會等，1997。

《艱苦建國的十年》，薛光前編，正中書局，1971。

《簡明伊斯蘭史》，馬明良著，經濟日報出版社，2001。

《建寧縣誌》，新華出版社，1995。

《江村經濟》，費孝通著，戴可景譯，江蘇人民出版社，1986。

《江寧縣政概況‧建設》，江寧實驗縣縣政府編印，1934。

《江蘇省農村調查》，國民政府行政院農村復興委員會編，商務印書館，1935。

《江文也——荊棘中的孤挺花》，張己任著，傳藝中心，2002。

《江文也先生逝世二十周年紀念學術研討會論文集》，中研院臺灣史研究所籌備處，2003。

《江西革命歷史文件彙集》，中央檔案館、江西省檔案館編印，1987。

《江西省糧食志資料長編》，江西省糧食局編印，1991。

《江西省土地改革重要文獻彙編》，江西省土地改革委員會編印，1954。

《江西田賦問題》，熊漱冰著，新記合群印刷公司印製，1932。

《蔣公與我：見證中華民國關鍵變局》，周宏濤口述、汪士淳撰寫，天下遠見出版公司，2003。

《蔣介石大傳》，劉紅著，團結出版社，2001。

《蔣介石的親情、愛情與友情》，呂芳上策劃，時報出版公司，2011。

《蔣介石的人際網路》，汪朝光主編，社會科學文獻出版社，2011。

《蔣介石年譜初稿》，中國第二歷史檔案館編，檔案出版社，1992。

《蔣介石評傳》，汪榮祖、李敖著，商周文化出版社，1995。

《蔣介石全傳》上冊，張憲文、方慶秋主編，河南人民出版社，1996。

《蔣介石與我——張發奎上將回憶錄》，香港文化藝術出版社，2008。

《蔣介石與現代中國再評價國際學術研討會論文集》，中研院近代史研究所，2011。

《蔣經國自述》，湖南人民出版社，1988。

《蔣氏密檔與蔣介石真相》，楊天石著，社會科學文獻出版社，2002。

《蔣廷黻回憶錄》，嶽麓書社，2003。

《蔣中正日記與民國史研究》上冊，呂芳上主編，世界大同出版社，2011。

《蔣中正先生對日言論選集》，黃自進主編，中正文教基金會，2004。

《蔣中正與近代中日關係》，黃自進編，稻香出版社，2006。

《蔣中正總統檔案·事略稿本》，「國史館」，陸續出版。

《蔣中正總統五記》，黃自進、潘光哲編輯，「國史館」，2011。

《蔣總統傳》，董顯光著，中華文化出版事業委員會，1952。

《蔣總統秘錄》，〔日〕古屋奎二著，中央日報社譯印，1978。

《交通銀行史料》，交通銀行總行編，中國金融出版社，1995。

《教案與晚清社會》，趙樹好著，中國文聯出版社，2001。

《教育方針與政策資料》，「教育部」編，中央文物供應社，1951。

《今井武夫回憶錄》，天津市政協編譯委員會譯，中國文史出版社，1987。

《金城銀行史料》，中國人民銀行上海市分行金融研究室編，上海人民

出版社，1983。

《金融法規彙編》，中央銀行經濟研究處編，商務印書館，1937。

《金融線上——上海金融從業員徵文集》，文藝習作社編，文藝習作社，
　　1941。

《金三角血淚史》，覃怡輝著，聯經出版公司，2009。

《金圓券幣史》，季常佑著，江蘇古籍出版社，2001。

《近代稗海》，榮孟源等主編，四川人民出版社，1985。

《近代中國大學研究（1895—1949）》，金以林著，中央文獻出版社，
　　2000。

《近代中國價格結構研究》，王玉茹著，陝西人民出版社，1997。

《近代中國教育史》，陳啟天著，中華書局，1969。

《近代中國教育史料》，舒新城編，中華書局，1933。

《近代中國教育史資料・清末篇》，多賀秋五郎編，文海出版社，
　　1976。

《近代中國歷史人物論文集》，中研院近代史研究所編印，1993。

《近代中國立法史》，楊幼炯著，商務印書館，1936。

《近代中國民間武器》，邱捷著，社會科學文獻出版社，2012。

《近代中國民主政治發展史》，張玉法著，東大圖書公司，1999。

《近代中國史綱》，郭廷以著，南天書局，1980；香港中文大學出版社，
　　1980；曉園出版社，1994。

《近代中國外交與國際法》，程道德主編，現代出版社，1993。

《晉察冀抗日根據地史料選編》上冊，河北省社會科學院歷史研究所等
　　編，河北人民出版社，1983。

《九一八後國難痛史》，遼寧教育出版社，1991。

《九一八事變與抗日戰爭——第三屆海峽兩岸抗日戰爭史學術研討會論
　　文集》，中正文教基金會，2011。

《舊制度與大革命》，〔法〕托克維爾著，馮棠譯，商務印書館，
　　1992。

《舊中國的買辦階級》，黃逸峰、姜鐸著，上海人民出版社，1982。

《舊中國的通貨膨脹》，楊培新著，上海三聯書店，1963。

《舊中國的資源委員會——史實與評價》，鄭友揆、程麟蓀、張傳洪著，上海社會科學院出版社，1991。

《軍紳政權——近代中國的軍閥時期》，〔加〕陳志讓著，三聯書店香港分店，1983；三聯書店，1980。

《軍事教育會議紀錄》，軍事委員會軍訓部編印，1939。

《軍政十五年》，「國防部史政編譯局」編印，1981。

《軍政十五年》，何應欽著，「國防部史政編譯局」，1981。

《開國第一任央行行長南漢宸》，鄧加榮著，中國金融出版社，2006。

《開羅會議與中國》，梁敬錞著，香港亞洲出版公司，1962。

《康澤自述》，團結出版社，2012。

《抗日烽火中的臺灣義勇隊》，樓子芳著，世界綜合出版社，2003。

《抗日民主統一戰線在西南》，西南地區文史資料協作會議編，四川人民出版社，1990。

《抗日戰爭》，章伯鋒、莊建平主編，四川大學出版社，1997。

《抗日戰爭的正面戰場》，張憲文主編，河南人民出版社，1987。

《抗日戰爭時期國共關係記事（1931.9—1945.9）》，黃修榮著，中共黨史出版社，1995。

《抗日戰爭時期國民政府財政經濟戰略措施研究》，抗戰時期政府財經戰略研究組編著，西南財經大學出版社，1988。

《抗日戰爭時期重要資料統計集》，強重華編，北京出版社，1997。

《抗日戰爭史》，軍事科學院軍事歷史研究部著，解放軍出版社，2005。

《抗日戰爭正面戰場》，中國第二歷史檔案館編，江蘇古籍出版社，1987。

《抗戰教育的理論與實踐》，李公樸著，讀書生活出版社，1938。

《抗戰前教育政策之研究》，陳進金著，近代中國出版社，1997。

《抗戰前十年貨幣史資料》，卓遵巨集編，「國史館」，1985。

《抗戰時期的國軍人事》，張瑞德著，中研院近代史研究所，1993。

《抗戰時期的貨幣戰爭》，林美莉著，臺灣師範大學歷史研究所，1996。

《抗戰文選》，清岑編，拔提書局，1938。

《柯台山先生訪問紀錄》，許雪姬訪問，曾金蘭紀錄，中研院近代史研究所，1997。

《孔祥熙》，瑜亮著，臺灣省政府，1958。

《孔祥熙其人其事》，壽充一編，中國文史出版社，1987。

《口述歷史（4）二二八事件專號》，中研院近代史研究所口述歷史編輯委員會編，中研院近代史研究所，1993。

《口述歷史（5）日據時期臺灣人赴大陸經驗》，中研院近代史研究所口述歷史編輯委員會編，中研院近代史研究所，1994。

《昆明文史資料選輯》第6輯，昆明政協文史資料研究委員會編印，1986。

《藍衣社復興社力行社》，干國勳等著，傳記文學出版社，1984。

《懶尋舊夢錄》，夏衍著，三聯書店，1986。

《老殘遊記》，劉鶚著，陳翔鶴校、戴鴻森注，人民文學出版社，1979。

《老圃遺文輯》，楊蔭杭著，長江文藝出版社，1993。

《了了人生》，廖明哲著，文史哲出版社，2002。

《雷震全集・雷震日記》，傅正主編，桂冠圖書公司，1989。

《李品仙回憶錄》，中外圖書出版社，無出版時間。

《李宗仁回憶錄》，李宗仁口述、唐德剛撰寫，南粵出版社，1987。

《李宗仁先生晚年》，程思遠著，文史資料出版社，1980。

《聯俄容共與西山會議》，謝幼田著，集成圖書有限公司，2001。

《聯共（布）、共產國際與中國國民革命運動（1920—1925）》，中共中央黨史研究室譯，北京圖書館出版社，1997。

《聯共（布）、共產國際與中國國民革命運動（1926—1927）》，中共中央黨史研究室第一研究部譯，北京圖書館出版社，1998。

《戀愛破滅論》，盧劍波編，泰東書局，1928。

《梁啟超・明治日本・西方——日本京都大學人文科學研究所共同研究報告》，〔日〕狹間直樹編，社會科學文獻出版社，2001。

《梁啟超年譜長編》，丁文江、趙豐田編，上海人民出版社，1983。

《梁啟超與中國思想的過渡》（1890—1907），〔美〕張灝著，崔志海、葛夫平譯，江蘇人民出版社，1997。

《梁漱溟全集》，山東人民出版社，1990—1993。

《梁漱溟問答錄》，汪東林著，香港三聯書店，1998。

《梁漱溟與山東鄉村建設》，山東省政協文史資料委員會編，山東人民
　　出版社，1991。

《列寧史達林論中國》，人民出版社，1965。

《列寧選集》，人民出版社，1976。

《嶺海微飆》，丘念台著，中華日報社，1962。

《劉少奇論工人運動》，中共中央文獻研究室等編，中央文獻出版社，
　　1988。

《龍岩之土地問題》，林詩旦、屠劍臣著，龍岩縣政府編印，1943。

《龍岩縣誌》，成文出版社，1967。

《龍雲傳》，謝本書著，四川民族出版社，1988。

《盧溝橋事變前後的中日外交關係》，「中華民國外交問題研究會」編，
　　臺北，1964。

《盧漢傳》，謝本書、牛鴻賓著，四川民族出版社，1990。

《魯迅全集》，人民文學出版社，1989。

《陸海空軍校閱手簿》，軍事委員會校閱委員會編，出版時地不詳。

《亂世潛流：民族主義與民國政治》，羅志田著，上海古籍出版社，
　　2001。

《論語譯注》，楊伯峻著，明倫出版社，1971。

《羅家倫先生文存》，羅家倫先生文存編輯委員會編，中國國民黨黨史
　　會等，1976。

《羅斯福選集》，關在漢譯，商務印書館，1982。

《羅運炎論道文選》，上海廣學會，1931。

《駱寶善點評袁世凱函牘》，嶽麓書社，2005。

《駱駝祥子・離婚》，老舍著，人民文學出版社，1994。

《呂思勉論學叢稿》，上海古籍出版社，2006。

《馬克思恩格斯全集》第25卷，人民出版社，1974。

《馬克思恩格斯選集》，人民出版社，1995。

《馬林與第一次國共合作》，李玉貞主編，光明日報出版社，1991。

《馬歇爾使華報告書箋注》，梁敬錞著，中研院近代史研究所，1994。

《馬寅初抨官僚資本》，周永林、張廷鈺編，重慶出版社，1983。

《馬寅初演講集》，北京晨報社，1926。

《馬占山將軍抗日戰》，徐榮葆編，出版者不詳，1933。

《毛澤東軍事文集》，軍事科學出版社、中央文獻出版社，1993。

《毛澤東農村調查文集》，人民出版社，1982。

《毛澤東文集》，人民出版社，1993—1996。

《毛澤東選集》，人民出版社，1991。

《毛澤東與莫斯科的恩恩怨怨》，楊奎松著，江西人民出版社，1999。

《毛澤東在七大的報告和講話集》，中央文獻出版社，1995。

《梅貽琦文集2·日記（1958—1960）》，楊儒賓、陳華主編，（新竹）
　　清華大學，2007。

《美國傳教士與晚清中國現代化》，王立新著，天津人民出版社，
　　2008。

《美國大企業與近代中國的國際化》，吳翎君著，聯經出版公司，
　　2012。

《美國對華政策的緣起和發展（1945—1950）》，資中筠著，重慶出版社，
　　1987。

《美國教育》，呂俊甫著，商務印書館，1967。

《美國外交文件》，中國社會科學出版社，1998。

《美日「帕奈號」事件與中美關係（1937—1938）》，楊凡逸著，政治
　　大學歷史學系碩士學位論文，2002。

《民初列強對華貸款之聯合控制——兩次善後大借款之研究》，王綱領
　　著，東吳大學，1982。

《民初政爭與二次革命》，朱宗震、楊光輝編，上海人民出版社，
　　1983。

《民初之國會》，李守孔著，正中書局，1977。

《民國百人傳》，傳記文學出版社，1982。

《民國財政經濟史》，董長芝、馬東玉編，遼寧師範大學出版社，

1997。

《民國財政史續編》，賈士毅著，臺灣商務印書館，1962。

《民國初年的政黨》，張玉法著，嶽麓書社，2004。

《民國檔案與民國史學術討論會論文集》，張憲文、陳興唐、鄭會欣編，檔案出版社，1988。

《民國二十年代中國大陸土地問題資料》，蕭錚主編，成文出版社，1977。

《民國胡展堂先生漢民年譜》，蔣永敬著，臺灣商務印書館，1981。

《民國經濟史》，朱斯煌編，銀行週報社，1947。

《民國社會經濟史》，陸仰淵、方慶秋主編，中國經濟出版社，1991。

《民國十五年前之蔣介石先生》，毛思誠編，龍門書局，1965。

《民國時期社會調查叢編》，李文海、夏明方、黃興濤編，福建教育出版社，2009。

《民國時期中央國家機關組織概述》，韓文昌、邵玲主編，中國檔案出版社，1994。

《民國史料叢刊》，張研、孫燕京主編，大象出版社，2009。

《民國史事與人物論叢》，沈雲龍著，傳記文學出版社，1981。

《民國四十年來之財政》，關吉玉著，經濟研究社，1976。

《民國新疆史》，陳慧生、陳超著，新疆人民出版社，1999。

《民國閻伯川先生年譜長編初稿》，閻伯川先生紀念會編，臺灣商務印書館，1988。

《民國政府的宗教政策研究》，馬莉著，中央民族大學博士學位論文，2007。

《民國政史拾遺》，劉以芬著，上海書店出版社，1998。

《民國職官年表》，劉壽林、萬仁元等編，中華書局，1995。

《民元藏事電稿 · 藏亂始末見聞記四種》，憂患餘生等著，西藏人民出版社，1983。

《民眾教育》，高踐四著，商務印書館，1934。

《民族主義與兩岸關係》，林佳龍、鄭永年主編，新自然主義出版社，2001。

《民族資本主義與舊中國政府（1840─1937）》，杜恂誠著，上海社會
　　科學院出版社，1991。

《閩西革命史文獻資料》第1輯，中共龍岩地委黨史資料徵集領導小組
　　編印，1981。

《閩浙皖贛革命根據地》，中共福建省委黨史研究等編，中共黨史出版
　　社，1991。

《南京大屠殺史料集》，張憲文主編，江蘇人民出版社，2006。

《南京臨時政府財政問題之研究：中山先生辭讓臨時大總統的金錢因
　　素》，朱志騫著，知音出版社，1992。

《南京臨時政府遺存珍檔》，中國第二歷史檔案館編，鳳凰出版社，
　　2011。

《南京時期國民政府的中央政制（一九二七─一九三七）》，王正華著，
　　政治大學歷史系研究部博士學位論文，1997。

《南康縣誌》，1936。

《倪煥之》，葉聖陶著，人民文學出版社，1982。

《霓虹燈外──20世紀初日常生活中的上海》，盧漢超著，上海古籍出
　　版社，2004。

《農村調查資料之一‧奉天屯的調查》，東北軍政大學總校編印，
　　1947。

《歐美政教關係研究》，張訓謀著，宗教文化出版社，2002。

《派系鬥爭與權謀政治：二二八悲劇的另一面相》，陳翠蓮著，時報文化，
　　1995。

《平凡平淡平實的蔣經國先生》，李元平著，中國出版社，1988。

《評孔紀年（1911─1949）》，韓達編，山東教育出版社，1985。

《岐海商濤──中山工商經濟史專輯》，政協廣東省中山市委員會文史
　　委員會編印，1994。

《遷臺初期的蔣中正》，黃克武編，中正紀念堂，2011。

《錢昌照回憶錄》，中國文史出版社，1998。

《錢穆與中國文化》，余英時著，上海遠東出版社，1994。

《清代貨幣金融史稿》，楊端六著，三聯書店，1962。

《清德宗（光緒）皇帝實錄》，華聯書局，1964。

《清末籌備立憲檔案史料》，故宮博物院明清檔案部編，中華書局，1979。

《清末的下層社會啟蒙運動：1901—1911》，李孝悌著，河北教育出版社，2001。

《清末教育思潮》，瞿立鶴著，中國學術著作協會，1971。

《清末民初政情內幕——〈泰晤士報〉駐北京記者袁世凱政治顧問喬·厄·莫里循書信集》，〔澳〕駱惠敏編，劉桂梁等譯，知識出版社，1986。

《清末現代企業與官商關係》，〔美〕陳錦江著，王笛、張箭譯，中國社會科學出版社，1997。

《清實錄·宣統政紀》，中華書局，1986。

《清宣統朝外交史料》，王彥威輯，北平外交史料編纂處，1932。

《慶祝抗戰勝利五十周年兩岸學術研討會論文集》，慶祝抗戰勝利五十周年兩岸學術研討會籌備委員會編，中國近代史學會、聯合報系文化基金會，1996。

《瞿秋白文集》，人民出版社，1988。

《瞿秋白文集》，人民文學出版社，1985。

《權勢轉移：近代中國的思想、社會與學術》，羅志田著，湖北人民出版社，1998。

《全國經濟會議專刊》，全國經濟會議祕書處編，學海出版社，1972。

《任弼時年譜》，中共中央文獻研究室編，中央文獻出版社，2004。

《日本帝國主義侵華檔案資料選編·九一八事變》，中央檔案館等編，中華書局，1988。

《日本軍國主義侵華資料長編——「大本營陸軍部」摘譯》（中），日本防衛廳戰史室編撰，天津市政協編譯委員會譯，四川人民出版社，1987。

《日本軍國主義侵華資料長編》，天津市政協編譯委員會摘譯，四川人民出版社，1987。

《日本外交文書選譯——關於辛亥革命》，鄒念之編譯，中國社會科學出版社，1980。

《日本之動亂》，〔日〕重光葵著，徐義宗、邵友保譯，南風出版社，
　　1954。

《日記與臺灣史研究：林獻堂先生逝世50周年紀念論文集》，許雪姬總
　　編輯，中研院臺灣史研究所，2008。

《日據時代的臺灣議會設置請願運動》，周婉窈著，自立報系文化出版
　　社，1989。

《日據時代臺灣共產黨史（1928—1932）》，盧修一著，前衛出版社，
　　1990。

《日治時期臺灣的社會領導階層》，吳文星著，五南圖書出版公司，
　　2008。

《日治時期臺灣知識分子在中國》，林慶彰主編，臺北市文獻委員會，
　　2004。

《日治時期在「滿洲」的臺灣人》，許雪姬著，中研院近代史研究所，
　　2002。

《戎馬瑣憶》，譚繼禹著，出版時地不詳。

《儒教問題爭論集》，任繼愈主編，宗教文化出版社，2000。

《瑞金縣誌》，中央文獻出版社，1993。

《三民主義教育學》，張九如著，商務印書館，1928。

《三十年來黨政軍關係之回顧》，張群講著，革命實踐研究院，1954。

《三元集——馮今源宗教學術論著文選》（上），宗教文化出版社，
　　2002。

《山東革命歷史檔案資料選編》，山東革命歷史檔案館編，山東人民出
　　版社，1984。

《山東省志‧少數民族志‧宗教志》，山東人民出版社，1998。

《山東鄉村建設研究院概覽》，山東鄉村建設研究院編印，1934。

《陝甘寧邊區成立50周年論文選編》，齊心等編，三秦出版社，1988。

《商務印書館九十年》，商務印書館，1987。

《商務印書館志略》，商務印書館，1929。

《商戰觀念與重商思想》，《中國近代思想史論》，王爾敏著，社會科
　　學文獻出版社，2003。

《上海「銀聯」十三年（1936—1949）》，中共上海市委黨史資料徵集
　　委員會編印，1986。

《上海產業與上海職工》，胡林閣、朱邦興、徐聲合編，遠東出版社，
　　1939。

《上海城市娛樂研究（1930—1939）》，樓嘉軍著，文匯出版社，
　　2008。

《上海春秋》，曹聚仁著，上海人民出版社，1996。

《上海解放前後物價資料彙編》，中國科學院上海經濟研究所等編，上
　　海人民出版社，1958。

《上海摩登——一種新都市文化在中國》，李歐梵著，北京大學出版社，
　　2001。

《上海七百個乞丐的社會調查》（未刊稿），吳元淑、蔣思壹著，
　　1933。

《上海商務印書館（1897—1949）》，〔法〕戴仁著，李桐實譯，商務
　　印書館，2000。

《上海商業儲蓄銀行八十年》，周慶雄編，上海商業儲蓄銀行，1995。

《上海商業儲蓄銀行史料》，中國人民銀行上海市分行金融研究所編，
　　上海人民出版社，1990。

《上海市年鑒》（1935年），上海市年鑒編纂委員會編纂，上海市通志館，
　　1935。

《上海四行二局職工運動史料》，中共上海市委黨史資料徵集委員會編
　　印，1987。

《上海文史資料》第60輯，上海人民出版社，1988。

《上海文史資料存稿彙編》，上海古籍出版社，2001。

《上海永安公司職工運動史》，上海華聯商廈黨委、上海永安公司職工
　　運動史編審組編，中共黨史出版社，1991。

《上杭人民革命史》，中共上杭縣委黨史工作委員會編，廈門大學出版
　　社，1989。

《邵元沖日記》，王仰清、許映湖標注，上海人民出版社，1990。

《社會經濟史的傳承與創新——王樹槐教授八秩榮慶祝壽論文集》，侯
　　坤宏、林蘭芳編，稻鄉出版社，2009。

《社會與政治運動講義》，趙鼎新著，社會科學文獻出版社，2006。

《申報年鑒》，上海申報館，1933。

《沈定一集》，陶水木編，國家圖書館出版社，2010。

《省港大罷工、封鎖及抵制英貨運動之研究》，劉明憲著，中國文化大學史學研究所碩士學位論文，1994。

《聖諭廣訓》，周振鶴撰集、顧美華點校，上海書店出版社，2006。

《使德回憶錄》，程天放著，正中書局，1979。

《市場・近代化・經濟史論》，吳承明著，雲南大學出版社，1996。

《「市政改革」與中國城市早期現代化——以 20 世紀二三十年代漢口為中心》，塗文學著，華中師範大學博士學位論文，2006。

《漱溟卅前文錄》，梁漱溟著，商務印書館，1926。

《雙清文集》，廖仲愷著，尚明軒、余炎光編，人民出版社，1985。

《司徒雷登回憶錄》，李宜培等譯，中央日報社，1955。

《四川軍閥與國民政府》，〔美〕羅伯特・柯白著，四川人民出版社，1985。

《四分溪論學集：慶祝李遠哲先生七十壽辰》上冊，劉翠溶主編，允晨文化公司，2006。

《四聯總處史料》，重慶市檔案館、重慶市人民銀行金融研究所編，檔案出版社，1993。

《松坡軍中遺墨》，文海出版社，無出版時間。

《宋教仁集》，陳旭麓主編，中華書局，1981。

《蘇俄在中國》，蔣中正著，中央文物供應社，1992。

《粟裕軍事文集》，粟裕軍事文集編寫組編，解放軍出版社，1991。

《孫文與陳炯明史事編年》，段雲章等編，廣東人民出版社，2003。

《孫中山藏檔選編——辛亥革命前後》，黃彥、李伯新編，中華書局，1986。

《孫中山集外集》，陳旭麓主編，上海人民出版社，1990。

《孫中山集外集補編》，郝盛潮編，上海人民出版社，1994。

《孫中山廖仲愷與中國革命》，〔美〕陳福霖著，中山大學出版社，1990。

《孫中山全集》，中國社會科學院近代史研究所等編，中華書局，
　　1981—1986。

《孫中山生平事業追憶錄》，尚明軒、王學莊、陳崧編，人民出版社，
　　1986。

《孫中山與共產國際》，李玉貞著，中研院近代史研究所，1996。

《臺籍志士在祖國的復臺努力》，張瑞成編，中國國民黨黨史會，
　　1990。

《臺灣共產主義運動與共產國際（1924—1932）研究檔案》，郭傑、白
　　安娜著，李隨安、陳進盛譯，中研院臺灣史研究史所，2010。

《臺灣光復前後史料概述》，林忠著，皇極出版社，1983。

《臺灣近代名人志》，張炎憲、李筱峰、莊永明編，自立晚報社，
　　1990。

《臺灣近代史研究》，稻鄉出版社，1990。

《臺灣抗日運動史研究》，〔日〕若林正丈著，臺灣史日文史料典籍研
　　讀會譯，播種者，2007。

《臺灣連翹》，吳濁流著，鐘肇政譯，臺灣文藝，1987。

《臺灣民報社論》，吳密察、吳瑞雲編譯，稻鄉出版社，1992。

《臺灣人的抵抗與認同（1920—1950）》，陳翠蓮著，遠流出版公司、
　　曹永和文教基金會，2008。

《臺灣人的海外活動學術研討會論文集》，中研院臺灣史研究所，
　　2011。

《臺灣人物群像》，李南衡編，帕米爾出版社，1985。

《臺灣日治時期的法律改革》，王泰升著，聯經出版公司，1999。

《臺灣文獻史料整理研究學術研討會論文集》，臺灣省文獻委員會編印，
　　2000。

《臺灣義勇隊：臺灣抗日團體在大陸的活動（1937—1945）》，王政文著，
　　臺灣古籍出版社，2007。

《臺灣戰後初期的民意代表》，李筱峰著，自立晚報社，1986。

《臺灣總督府員警沿革志》，臺灣總督府警務局編，南天書局，1995。

《湯恩伯先生紀念集》，湯故上將恩伯逝世十周年籌備委員會編印，

1964。

《唐繼堯與西南政局》，楊維真著，臺灣學生書局，1994。

《唐縱失落在大陸的日記》，傳記文學出版社，1998。

《滕傑先生訪問記錄》，近代中國出版社，1993。

《天津文史資料選輯》第 5 輯，天津人民出版社，1979。

《天津指南》，孫學謙著，中華書局，1924。

《通貨膨脹論》，王璧岑著，商務印書館，1948。

《通貨外匯與物價》，趙蘭坪著，作者自印，1944。

《統計表中之上海》，羅志如著，上海，1932。

《外交部檔案叢書——界務類》，「外交部」編印，2001。

《晚近中國思想界的剖視》，曹亮著，青年協會書局，1934。

《晚清的士人與世相》，三聯書店，2008。

《晚清三十五年來（1897—1931）之中國教育》，蔡元培等著，龍門書
　　店影印版，1969。

《晚清學部研究》，關曉紅著，廣東教育出版社，2000。

《晚清政治思想研究》，〔日〕小野川秀美著，林明德、黃福慶譯，時
　　報文化出版公司，1982。

《萬安軍事會議要錄》，第三戰區司令長官部編印，出版時間不詳。

《萬耀煌將軍日記》，湖北文獻社，1978。

《汪精衛國民政府成立》，黃美真、張雲編，上海人民出版社，1984。

《汪精衛國民政府清鄉運動》，余子道、劉其奎、曹振威編，人民出版社，
　　1985。

《汪精衛漢奸政權的興亡——汪偽政權史研究論集》，復旦大學歷史系
　　中國現代史研究室編，復旦大學出版社，1987。

《汪精衛集》第 3 卷，光明書局，1930。

《汪精衛集團投敵》，黃美真、張雲編，上海人民出版社，1987。

《汪精衛罵汪兆銘》，徐達人著，嶺南出版社，1939。

《汪精衛評傳》，蔡德金著，四川人民出版社，1988。

《汪精衛生平紀事》，蔡德金、王升著，中國文史出版社，1993。

《汪精衛偽國民政府紀事》，蔡德金、李惠賢編，中國社會科學出版社，
　　1982。

《汪敬煦先生訪談錄》，劉鳳翰、何智霖、陳亦榮訪問，何智霖、陳亦
　　榮紀錄整理，「國史館」，1993。

《汪日密約》，汪大義編撰，嶺南出版社，出版時間不詳。

《汪偽十漢奸》，黃美真主編，上海人民出版社，1986。

《汪偽政權全史》，余子道等著，上海人民出版社，2006。

《汪偽政權與日本關係之研究》，吳學誠著，中國文化學院碩士學位論
　　文，1980。

《汪政權的開場與收場》，朱子家著，春秋雜誌社，1960。

《汪主席和平建國言論選集》，中央電訊社編印，1944。

《王寵惠先生文集》，中國國民黨黨史會，1981。

《王寵惠與近代中國》，余偉雄著，臺北，1987。

《王國維文集》，中國文史出版社，1997。

《王世杰日記》，中研院近代史研究所，2012。

《王子壯日記》，中研院近代史研究所，2001。

《忘山廬日記》，孫寶瑄著，上海古籍出版社，1983。

《偉大的人民教育家陶行知》，袁振國、張欒編著，江蘇教育出版社，
　　1991。

《偽軍——強權競逐下的卒子（1937—1949）》，劉熙明著，稻鄉出版社，
　　1992。

《文化的傳遞與嬗變：中國文化與教育》，丁鋼主編，上海教育出版社，
　　1992。

《文史資料存稿選編》，中國文史出版社，2002。

《文史資料選輯》，中華書局、中國文史出版社，陸續出版。

《文學社武昌首義紀實》，章裕昆著，三聯書店，1952。

《翁文灝日記》，中華書局，2010。

《我的半生記》，楊克煌筆錄、楊翠華編，楊翠華出版，1997。

《我的父親》，蔣經國著，正中書局，1988。

《我的回憶》，張國燾著，明報月刊出版社，1973；東方出版社，
　　2004。

《我的生活浪花》，王廉善編著，私人出版，2005。

《我國銀行會計制度》，李耀祖著，商務印書館，1938。

《我所認識的蔣介石》，馮玉祥著，新潮社文化事業公司，2012。

《我所知道的湯恩伯》，文強編，中國文史出版社，2004。

《烏江鄉村建設研究》，蔣傑著，金陵大學農學院農村新報社，1935。

《無花果》，吳濁流著，前衛出版社，1988。

《吳敬恆選集・序跋遊記雜文》，吳稚暉著，文星書店，1967。

《吳三連回憶錄》，吳三連口述、吳豐山撰記，自立晚報社，1991。

《吳鐵城回憶錄》，三民書局，1968。

《吳虞日記》，中國革命博物館整理，四川人民出版社，1984。

《五卅運動史料》，上海社會科學院歷史研究所編，上海人民出版社，
　　1981。

《五十年來之中國經濟》，中國通商銀行編印，1947。

《五四與中國》，周策縱等著，時報出版公司，1980。

《五四運動八十周年學術研討會論文集》，政治大學文學院編印，
　　1999。

《五四運動與中國文化建設——五四運動七十周年學術討論會論文選》，
　　中國社會科學院科研局等編，中國社會科學出版社，1989。

《武昌革命真史》，曹亞伯著，中華書局，1930。

《武昌開國實錄》，胡祖舜著，武昌久華印書館，1948。

《武漢國民政府史料》，武漢地方誌編纂委員會辦公室編，武漢出版社，
　　2005。

《戊戌政變記》，梁啟超著，文海出版社，1964。

《霧社事件》，鄧相揚著，玉山社出版公司，1998。

《西安事變新探：張學良與中共關係之研究》，楊奎松著，東大圖書公司，
　　1995。

《西北視察記》，陳賡雅著，甘肅人民出版社，2002。

《西藏地方與中央政府關係史》，黃玉生等編著，西藏人民出版社，1995。

《西藏六十年大事記》，朱繡著，西藏藏文古籍出版社，2010。

《西方漢學家論中國》，傅偉勳、周陽山主編，正中書局，1993。

《西南軍閥史研究叢刊》第 2 輯，貴州人民出版社，1983。

《西俗東漸記——中國近代社會風俗的演變》，嚴昌洪著，湖南出版社，1991。

《細菌戰與毒氣戰》，中央檔案館等編，中華書局，1989。

《細說中統與軍統》，徐恩曾等著，傳記文學出版社，1992。

《先總統蔣公全集》，中國文化大學等編，中國文化大學出版部，1984。

《先總統蔣公全集》，張其昀編，中國文化大學，1984。

《先總統蔣公思想言論總集》，秦孝儀主編，中國國民黨黨史會，1984。

《現代華北祕密宗教》，李世瑜著，上海文藝出版社影印本，1990。

《現代中國貨幣制度》，趙蘭坪著，中華文化出版委員會，1955。

《現代中國政府》，陳瑞雲著，吉林文史出版社，1988。

《憲政救國之夢：張耀曾先生文存》，楊琥編，法律出版社，2004。

《鄉村建設實驗》，章元善等編，中華書局，1934—1937。

《鄉村教育》，古楳著，長沙商務印書館，1939。

《鄉村教育綱要》，北平輔仁大學 1934 年夏令講習會印。

《湘鄂贛革命根據地文獻資料》，人民出版社，1985。

《湘軍新志》，羅爾綱著，「國防研究院」，1951。

《想像的共同體：民族主義的起源與散佈》，〔美〕安德森著，吳叡人譯，上海人民出版社，2005。

《謝覺哉日記》，人民出版社，1984。

《謝南光著作選》，海峽學術出版社，1999。

《謝雪紅評傳》，陳芳明著，前衛出版社，1996。

《辛亥革命貨幣》，吳籌中等編著，寧夏人民出版社，1986。

《辛亥革命前後》（盛宣懷檔案資料選輯之一），陳旭麓等主編，上海
　　人民出版社，1982。

《辛亥革命時期期刊介紹》，丁守和主編，人民出版社，1987。

《辛亥革命史料》，張國淦編，龍門聯合書局，1958。

《辛亥革命始末記》，渤海壽臣輯，五族民報社，1912。

《辛亥革命首義記》，李廉方著，湖北通志館，1947。

《辛亥革命先著記》，楊玉茹著，科學出版社，1958。

《辛亥革命在上海史料選輯》，上海社會科學院歷史研究所編，上海人
　　民出版社，1981。

《辛亥革命資料類編》，中國社會科學院近代史研究所近代史資料編輯
　　組編，中國社會科學出版社，1981。

《辛亥首義回憶錄》，中國人民政治協商會議湖北省委員會編，湖北人
　　民出版社，1957—1961。

《新貨幣政府實錄》，王世鼎著，財政建設學會，1937。

《新區土地改革前的農村》，人民日報編輯部編，人民出版社，1951。

《新纂雲南通志》，雲南省通志館編，雲南省地方誌編纂委員會辦公室，
　　1985—1989。

《熊希齡先生遺稿》，上海書店出版社，1998。

《岫廬八十自述》，王雲五著，商務印書館，1967。

《徐公橋》，江恆源著，中華職業教育社，1929。

《徐可亭先生文存》，徐堪著，四川文獻社，1970。

《徐永昌日記》，中研院近代史研究所，1991。

《學科・知識・權力》，〔美〕華勒斯坦等著，劉健芝等譯，三聯書店，
　　1999。

《血路——革命中國中的沈定一（玄廬）傳奇》，〔美〕蕭邦奇著，周
　　武彪譯，江蘇人民出版社，1999。

《血戰餘生》，張晴光著，臺灣商務印書館，1985。

《衙前農民運動》，中共浙江省黨史資料徵集研究委員會等編，中共黨
　　史資料出版社，1987。

《雅爾達密約與中蘇日蘇關係》，王永祥著，東大圖書公司，2003。

《亞東圖書館與陳獨秀》，汪原放著，學林出版社，2006。

《嚴復集》，王栻主編，中華書局，1986。

《晏陽初全集》，湖南教育出版社，1989。

《晏陽初與定縣平民教育》，李濟東主編，河北教育出版社，1990。

《楊度集》，劉晴波主編，湖南人民出版社，2008。

《楊基振日記》，黃英哲、許時嘉編譯，「國史館」，2007。

《楊天石文集》，上海辭書出版社，2005。

《楊肇嘉回憶錄》，三民書局，2004。

《一個被拘傳教士的自述》，〔瑞士〕薄復禮著，張國琦譯，昆侖出版社，
　　1989。

《一九二〇年代的中國》，中國社會科學院近代史研究所民國史研究室
　　等編，社會科學文獻出版社，2005。

《一九二七——一九三七年中國財政經濟情況》，〔美〕楊格著，除澤憲、
　　陳霞飛譯，中國社會科學出版社。

《一九二四年以前臺灣社會主義運動的萌芽》，邱士傑著，海峽學術出
　　版社，2009。

《一九三〇年代的中國》，中國社會科學院近代史研究所民國史研究室
　　等編，社會科學文獻出版社，2006。

《一戰時期河南農民運動》，中共河南省委黨史工作委員會編，河南人
　　民出版社，1987。

《伊斯蘭教在中國》，周燮藩、沙秋真著，華文出版社，2002。

《伊斯蘭教志》，秦惠彬著，上海人民出版社，1998。

《伊斯蘭文化》，丁士任主編，甘肅人民出版社，2010。

《以軍令興內政——徵兵制與國府建國之策略與實際》，汪正晟著，臺
　　灣大學文學院，2007。

《義和團檔案史料》，故宮博物院明清檔案部編，中華書局，1959。

《議會制度》，邱昌渭著，上海書店出版社據世界書局 1933 本影印。

《亦雲回憶》，沈亦雲著，傳記文學出版社，1968。

《飲冰室合集》，梁啟超著，中華書局，1989。

《英帝國與中國西南邊疆（1911—1947）》，呂昭義著，中國藏學出版社，

2001。

《英國藍皮書有關辛亥革命資料選譯》，胡濱譯，中華書局，1984。

《英國與中日戰爭（1931—1941）》，徐藍著，北京師範學院出版社，1991。

《油彩・熱情・陳澄波》，林育淳著，雄獅圖書公司，1998。

《于達先生訪問紀錄》，張朋園、林泉、張俊宏等訪問，張俊巨集紀錄，中研院近代史研究所，1989。

《獄中人語》，羅文幹著，沈雲龍主編《近代中國史料叢刊》正編第16冊，文海出版社，出版時間不詳。

《元以來西藏地方與中央政府關係檔案史料彙編》，中國藏學研究中心等合編，中國藏學出版社，1994。

《袁世凱家書》，中研院近代史研究所編印，1990。

《遠生遺著》，林志鈞編，商務印書館，1984。

《月牙集》，老舍著，河北人民出版社，1981。

《雲南對外貿易概觀》，萬湘澄著，新雲南叢書社，1946。

《雲南護國簡史》，白之瀚著，新雲南叢書社，1946。

《雲南近代史》，《雲南近代史》編寫組著，雲南人民出版社，1993。

《雲南抗日戰爭史》，孫代興、吳寶璋主編，雲南大學出版社，1995。

《雲南文史資料選輯》，雲南人民出版社，陸續出版。

《雲南辛亥革命史》，雲南省歷史學會、雲南省中國近代史研究會編，雲南大學出版社，1991。

《雲南辛亥革命資料》，謝本書等編，雲南人民出版社，1981。

《惲代英日記》，中央檔案館等編，中共中央黨校出版社，1981。

《惲代英文集》，人民出版社，1984。

《在蔣介石身邊八年——侍從室高級幕僚唐縱日記》，唐縱著，群眾出版社，1991。

《戰後世界歷史長編》第1編第2分冊，《戰後世界歷史長編》編委會編，上海人民出版社，1976。

《戰後臺灣的接收與重建：臺灣現代史研究論集》，鄭梓著，新化圖書公司，1994。

《戰時教育行政回憶》，陳立夫著，臺灣商務印書館，1973。

《戰爭與革命中的西南聯大》，〔美〕易社強著，饒佳榮譯，傳記文學出版社，2010。

《張公權先生年譜初稿》，姚崧齡編著，傳記文學出版社，1982。

《張國淦文集》，杜春和編，北京燕山出版社，2000。

《張季子九錄‧政聞錄》，中華書局，1931。

《張謇傳記》，劉厚生著，上海書店出版社，1985。

《張力與限界：中央蘇區的革命（1933—1934）》，黃道炫著，社會科學文獻出版社，2011。

《張申府文集》，河北人民出版社，2005。

《張深切全集》，陳芳明等編，文經出版社，1998。

《張文襄公全集》，文海出版社，1963。

《張學良在臺灣》，郭冠英著，中國友誼出版公司，1994。

《張元濟年譜長編》，張人鳳、柳和成編著，上海交通大學出版社，2011。

《張元濟日記》，張人鳳整理，河北教育出版社，2001。

《張震回憶錄》，解放軍出版社，2003。

《張之洞與湖北教育改革》，蘇雲峰著，中研院近代史研究所，1976。

《章士釗全集》，文匯出版社，2000。

《章太炎書信集》，馬勇編，河北人民出版社，2003。

《章太炎政論選集》，中華書局，1977。

《長汀縣誌》，三聯書店，1993。

《找尋真實的蔣介石——蔣介石日記解讀》，楊天石著，香港三聯書店，2008。

《政壇回憶》，程思遠著，廣西人民出版社，1983。

《知堂回想錄》，周作人著，三育圖書公司，1980。

《直系軍閥私人經濟活動研究》，王秋華著，河北大學歷史系碩士學位論文，2006。

《殖民地臺灣：左翼政治運動史論》，陳芳明著，麥田出版，2006。

《中村孝志教授論文集——日本南進政策與臺灣》，〔日〕中村孝志著，卞鳳奎譯，稻鄉出版社，2002。

《中俄外蒙交涉始末》，呂秋文著，成文出版社，1976。

《中共黨史參考資料》，中國人民解放軍政治學院黨史教研室編印，1979。

《中共黨史暨文獻選粹》，司馬璐編著，翻印本，時地不詳。

《中共抗日部隊發展史略》，張廷貴、袁偉、陳浩良著，解放軍出版社，1990。

《中共中央第一次國內革命戰爭時期統一戰線檔選編》，中央統戰部、中央檔案館編，檔案出版社，1991。

《中共中央華南分局文件彙集》，中央檔案館、廣東省檔案館編印，1989。

《中共中央文件選集》，中共中央黨校出版社，1991。

《中共中央香港分局文件彙集》，葉金蓉、陳揚和、許振詠編，中央檔案館、廣東省檔案館，1989。

《中共中央政治報告選輯（1922—1926）》，中央檔案館編，中共中央黨史出版社，1981。

《〈中國農村〉論文選》，人民出版社，1983。

《中國報學史》，戈公振著，三聯書店，1955。

《中國城鎮體系——歷史、現狀、展望》，顧朝林著，商務印書館，1996。

《中國出版界簡史》，楊濤清著，永祥印書館，1946。

《中國出版史料補編》張靜廬輯注，中華書局，1957。

《中國大革命武漢時期見聞錄——1925—1927年中國大革命簡記》，〔蘇〕A. B. 巴庫林著，鄭厚安等譯，中國社會科學出版社，1985。

《中國道教簡史》，唐大潮編著，宗教文化出版社，2001。

《中國道教史》，卿希泰著，四川人民出版社，1996。

《中國的大企業：煙草工業中的中外競爭》，〔美〕高家龍著，樊書華、程麟蓀譯，商務印書館，2001。

《中國的文化與宗教》，〔美〕J. L. 斯圖爾特著，閔甲等譯，吉林文史
　　出版社，1991。

《中國紡織建設公司研究》，金志煥著，復旦大學出版社，2006。

《中國革命史》，蘇生著，出版者不詳，辛亥年九月。

《中國工人運動史》，曾成貴著，廣東人民出版社，1998。

《中國公共衛生之建設》，胡宣明著，東亞圖書館，1928。

《中國共產黨廣東省組織史資料》，中共廣東省委組織部等編，中共黨
　　史出版社，1994。

《中國共產黨歷史》上卷，中共中央黨史研究室著，人民出版社，
　　1991。

《中國共產黨上海市組織史資料》，中共上海市委組織部等編，上海人
　　民出版社，1991。

《中國共產黨組織史資料》，中共中央組織部等編，中共黨史出版社，
　　2000。

《中國國民黨黨務發展史料：組織工作》，李雲漢主編，中國國民黨黨
　　史會出版，1993。

《中國國民黨黨章政綱集（增訂本）》，蕭繼宗主編，中國國民黨黨史會，
　　1976。

《中國國民黨第二次全國代表大會會議記錄》，中國國民黨中央執行委
　　員會印行，1926。

《中國國民黨第六屆中央執行委員會常務委員會議紀錄彙編》，中國國
　　民黨中央委員會祕書處編印，1954。

《中國國民黨第五屆中央執行委員會常務委員會會議紀錄彙編》，中國
　　國民黨中央委員會祕書處編印，時間不詳。

《中國國民黨第一、二次全國代表大會會議史料》，中國第二歷史檔案
　　館編，江蘇古籍出版社，1986。

《中國國民黨教育政策》，朱子爽著，國民圖書出版社，1941。

《中國國民黨歷次代表大會及中央全會資料》，榮孟源主編，光明日報
　　出版社，1985。

《中國國民黨歷次會議宣言及重要決議案彙編》，中國國民黨中執會訓
　　委會編印，1941。

《中國國民黨歷次全國代表大會重要決議案彙編》，秦孝儀主編，中國國民黨黨史會，1978。

《中國國民黨歷屆歷次中全會重要決議案彙編》，秦孝儀主編，中國國民黨黨史會，1979。

《中國國民黨臨時全國代表大會史料專輯》，林泉編，中國國民黨黨史會，1991。

《中國國民黨史述》，李雲漢著，中國國民黨黨史會，1994。

《中國國民黨題名錄》，李雲漢主編，中國國民黨黨史會，1994。

《中國國民黨之沿革與組織》，陳昧涼著，世界書局，1927。

《中國國民黨職名錄》，劉維開編，中國國民黨黨史會，1994。

《中國國民革命軍的北伐——一個駐華軍事顧問的箚記》，〔蘇〕亞·伊·切列潘諾夫著，中國社會科學院近代史研究所翻譯室譯，中國社會科學出版社，1981。

《中國回教史》，傅統先著，寧夏人民出版社，2000。

《中國回憶錄》，〔蘇〕達林著，侯均初等譯，中國社會科學出版社，1981。

《中國貨幣金融史略》，石毓符著，天津人民出版社，1984。

《中國教育史》，陳青之著，臺灣商務印書館，1963。

《中國教育思想史》，任時先著，臺灣商務印書館，1968。

《中國教育之改進——國聯教育考察團報告書》，宗青圖書出版公司影印版，1990。

《中國金融舊事》，朱鎮華著，中國國際廣播出版社，1991。

《中國金融年鑒》，沈雷春著，文海出版社，1979。

《中國金融史》，洪葭管著，西南財經大學出版社，2001。

《中國金融通史》，張國輝、洪葭管等著，中國金融出版社，2003—2008。

《中國近百年政治史（1840—1926）》，李劍農著，臺灣商務印書館，1982；復旦大學出版社，2002。

《中國近代對外關係史資料選輯》，復旦大學歷史系中國近代史教研組編，上海人民出版社，1977、1978。

《中國近代工業史資料》，陳真、姚洛主編，三聯書店，1960。

《中國近代貨幣史資料》，中國人民銀行總行參事室編，中華書局，1964、1986。

《中國近代教育史》，陳景磐著，人民教育出版社，1983。

《中國近代民主思想史（修訂本）》，熊月之著，上海社會科學院出版社，2002。

《中國近代史料叢刊・洋務運動》，中國史學會編，人民出版社，1961。

《中國近代史資料叢刊・戊戌變法》，中國史學會編，人民出版社，1953。

《中國近代史資料叢刊・辛亥革命》，中國史學會編，上海人民出版社，1957。

《中國近代文化問題》，中華近代文化史叢書編委會編，中華書局，1989。

《中國近現代史論文集》第24編，中華文化復興運動委員會主編，臺灣商務印書館，1986。

《中國經濟年鑒・1947》，狄超白主編，太平洋經濟研究社，1947。

《中國經濟史論文集》，孫健編，中國人民大學出版社，1987。

《中國經濟研究》，方顯廷著，商務印書館，1938。

《中國經濟原論》，王亞南著，香港生活書店，1947。

《中國軍事史》，中國軍事史編纂組編，解放軍出版社，1983。

《中國軍用鈔票史略》，丁張弓良著，浙江大學出版社，2003。

《中國歷代政權與伊斯蘭教》，吳振貴著，寧夏人民出版社，1996。

《中國立憲史》，荊知仁著，聯經出版公司，1984。

《中國祕密宗教史研究》，劉平著，北京大學出版社，2010。

《中國民主社會黨》，方慶秋編，檔案出版社，1988。

《中國農村問題》，李景漢著，商務印書館，1937。

《中國農民銀行》，中國人民銀行金融研究所編，中國財政經濟出版社，1980。

《中國農民運動紀事》，高熙編，求實出版社，1988。

《中國農民運動近況》，中國國民黨中央執行委員會農民部編印，
　　1926。

《中國青年運動歷史資料》，中國新民主主義青年團中央委員會辦公廳
　　編印，1957。

《中國人民解放軍全國解放戰爭史》，軍事科學院軍事歷史研究部編，
　　軍事科學出版社，1997。

《中國社會教育概況》，教育部社會教育司編印，1939。

《中國書院制度》，盛朗西著，中華書局，1934。

《中國四大家族》，陳伯達著，長江出版社，1947。

《中國天主教編年史》，顧衛民著，上海書店出版社，2003。

《中國天主教簡史》，晏可佳著，宗教文化出版社，2001。

《中國通商銀行》，謝俊美編，上海人民出版社，2000。

《中國現代化區域研究：山東省，1860—1916》，張玉法著，中研院近
　　代史研究所，1982。

《中國現代教育大事記（1919—1949）》，中央教育科學研究所著，教
　　育科學出版社，1988。

《中國現代史》，張玉法著，東華書局，1983。

《中國現代史叢書 8》，張玉法主編，東大圖書公司，1996。

《中國現代史想史論》，李澤厚著，三民書局，1996。

《中國現代史學會 30 周年慶典與學術研討會論文集》，鄭州，2010。

《中國現代政治史論》，張玉法著，東華書局，1988。

《中國憲法類編》，陳荷夫編，中國社會科學出版社，1980。

《中國心靈》，〔德〕衛禮賢著，王宇潔等譯，國際文化出版公司，
　　1998。

《中國新貨幣政策》，余捷瓊著，商務印書館，1937。

《中國新民主主義革命時期根據地法制文獻選編》，韓延龍、常兆儒編，
　　中國社會科學出版社，1981。

《中國新文學大系 （1927—1937）》，上海文藝出版社，1987。

《中國新聞發達史》，蔣國珍著，上海世界書局，1927。

《中國伊斯蘭教派門宦溯源》，馬通著，寧夏人民出版社，2000。

《中國銀行愛國愛行事例選編》，中國銀行精神文明建設和思想政治工作辦公室編，中國經濟出版社，1997。

《中國銀行行史（1912—1949 年）》，中國銀行行史編輯委員會編著，中國金融出版社，1995。

《中國銀行行史（1949—1992 年）》，中國銀行行史編輯委員會編著，中國金融出版社，2001。

《中國銀行行史資料彙編》，中國銀行總行、中國第二歷史檔案館合編，檔案出版社，1991。

《中國與羅馬教廷關係史略》，顧衛民著，東方出版社，2000。

《中國早期工業化：盛宣懷和官督商辦企業》，〔美〕費維愷著，虞和平譯，中國社會科學出版社，2002。

《中國戰區中國陸軍總司令部處理日軍投降文件彙編》，中國陸軍總司令部編印，1945。

《中國政府》，陳之邁著，商務印書館，1945。

《中國政府》，董霖著，世界書局，1941。

《中國知識分子與西方》，汪一駒著，楓城出版社，1978。

《中國資本主義發展史》，許滌新、吳承明主編，人民出版社，1985、1990。

《中國資產階級的黃金時代》，〔法〕白吉爾著，張富強、許世芬譯，上海人民出版社，1994。

《中國宗教通史》，牟鐘鑒、張踐著，社會科學文獻出版社，2003。

《中行服務記》，姚崧齡著，傳記文學出版社，1968。

《中華帝國晚期的城市》，施堅雅主編，葉光庭等譯，中華書局，2000。

《中華帝國晚期的叛亂及其敵人》，〔美〕孔飛力著，謝亮生等譯，中國社會科學出版社，1990。

《中華歸主：中國基督教事業統計》，中國社會科學院世界宗教研究所編，中國社會科學出版社，1987。

《中華民國大學院之研究》，陳哲三著，臺灣商務印書館，1976。

《中華民國國父實錄》，羅剛編著，財團法人羅剛先生三民主義獎學金

基金會，1988。

《中華民國貨幣史資料》，中國人民銀行總行參事室編，上海人民出版
　　社，1986、1991。

《中華民國建國史》，「教育部建國史編委會」主編，「國立編譯館」，
　　1990。

《中華民國教育史》，熊明安著，重慶出版社，1990。

《中華民國教育政策發展史：國民政府時期（1925—1940）》，吳家瑩著，
　　五南圖書出版公司，1990。

《中華民國金融法規檔案資料選編》，中國第二歷史檔案館等編，檔案
　　出版社，1989。

《中華民國經濟發展史》，秦孝儀主編，近代中國社，1983。

《中華民國開國前革命史》，馮自由著，世界書局，1971。

《中華民國開國史》，谷鐘秀著，文星書店，1962。

《中華民國陸軍大學沿革史》，楊學房、朱秉一主編，「三軍大學」，
　　1990。

《中華民國名人傳》，近代中國社，1988。

《中華民國南海四大群島節略》，「內政部地政司」，1974。

《中華民國商業檔案資料彙編》，江蘇省商業廳、中國第二歷史檔案館
　　編，中國商業出版社，1991。

《中華民國時期中央政府與西藏地方的關係》，祝啟源、喜饒尼瑪著，
　　中國藏學出版社，1991。

《中華民國史》，張憲文等著，南京大學出版社，2006。

《中華民國史檔案資料彙編》，江蘇人民出版社，陸續出版。

《中華民國史稿》，張玉法著，聯經出版公司，1998。

《中華民國史事紀要》，「中華民國史事紀要」編輯委員會編，「國史
　　館」，陸續出版。

《中華民國史事日誌》，郭廷以編著，中研院近代史研究所，1979、
　　1984。

《中華民國史研究三十年》，中國社會科學院近代史研究所編，社會科
　　學文獻出版社，2008。

《中華民國史研究述略》，曾景忠編，中國社會科學出版社，1992。

《中華民國史專題論文集》，「中華民國史專題討論會」祕書處編，「國史館」，1994、1996。

《中華民國史資料叢稿》增刊第 5 輯，中國社會科學院近代史研究所中華民國史研究室編，中華書局，1979。

《中華民國史資料叢稿·大事記》第 12 輯，中國社會科學院近代史研究所中華民國史研究室編，中華書局，1982。

《中華民國外交史》，張忠紱編著，正中書局，1943。

《中華民國外交史資料選編》，程道德等編，北京大學出版社，1985、1988。

《中華民國與聯合國史料彙編——籌設篇》，葉惠芬編，「國史館」，2001。

《中華民國政治發展史》，秦孝儀主編，近代中國出版社，1985。

《中華民國政治制度史》，林炯如、傅紹昌、虞寶棠著，華東師範大學出版社，1995。

《中華民國重要史料初編》，秦孝儀主編，中央文物供應社，1981。

《中華文史資料文庫》，中國文史出版社，1996。

《「中間地帶」的革命：國際背景下看中共成功之道》，楊奎松著，山西人民出版社，2010。

《中美關係研究叢書 7》，汪熙主編，復旦大學出版社，1987。

《中美關係資料彙編》，世界知識出版社編印，1960。

《中美經濟關係研究（1927—1937）》，仇華飛著，人民出版社，2002。

《中緬疆界研究》，柳長勳編著，「光復大陸設計委員會」，1977。

《中山先生墨蹟選萃》，香港中原出版社，1986。

《中蘇關係》，孫科著，中華書局，1946。

《中蘇關係史（1917—1926）》，李嘉穀著，社會科學文獻出版社，1996。

《中蘇國家關係史資料彙編（1917—1924）》，薛銜天編譯，中國社會科學出版社，1993。

《中外舊約章彙編》，王鐵崖編，三聯書店，1982。

《中外條約彙編》，黃月波、於能模、鮑釐人編，商務印書館，1935。

《中央革命根據地史料選編》，江西省檔案館等編，江西人民出版社，1982。

《中央陸軍軍官學校史稿》，中央陸軍軍官學校編印，1936。

《中央銀行史話》，壽充一、壽樂英編，中國文史出版社，1987。

《中央銀行史料》，洪葭管編，中國金融出版社，2005。

《中印國界研究》，「光復大陸設計研究委員會」編印，1977。

《周恩來一九四六年談判文選》，中央文獻出版社，1996。

《周佛海日記》，蔡德金注，中國社會科學出版社，1986。

《周作民與金城銀行》，許家駿等編，中國文史出版社，1993。

《朱家驊先生言論集》，中研院近代史研究所，1977。

《諸蕃志》，嘉靖十四年重校萬卷樓本。

《竺可楨全集（10）‧竺可楨日記》，上海科學教育出版社，2004。

《轉折年代——中國的 1947 年》，金冲及著，三聯書店，2002。

《追憶蔡元培》，陳平原、鄭勇編，中國廣播電視出版社，1997。

《宗教社會學》，戴康生、彭耀主編，社會科學文獻出版社，2000。

《總統蔣公大事長編初稿》，秦孝儀總編纂，中國國民黨黨史會，1978。

《總統蔣公思想言論總集》，秦孝儀編，中央文物供應社，1984。

《走到出版界》，高長虹著，上海泰東圖書局，1929。

《走向近代：國史發展與區域動向》，「走向近代」編輯小組編，東華書局，2004。

《走向近代化的北京城——城市建設與社會變革》，史明正著，北京大學出版社，1995。

《最近三十年中國政治史》，李劍農著，太平洋書局，1931。

六、外文資料、論著

1. 日文（以資料、論著名漢字拼音排序）

《ソビエト外交史》，尾上正男著，東京：有信堂，1969。

《北一輝著作集》，北輝次郎編，東京：みすず書房，1968。

《北支の治安戦》，防衛庁防衛研究所戦史室著，東京：朝雲新聞社，1971。

《変動期における東アヅア日本：その史的考察》，日本國際政治學會編，東京：有斐閣，1980。

《大東亜戦爭全史》，服部卓四郎著，東京：原書房，1996。

《東アヅア政治史研究》，衛藤瀋吉著，東京：東京大學出版會，1968。

《福澤諭吉全集》，東京：岩波書店，1970。

《橘樸と中國》，山本秀夫編，東京：勁草書房，1990。

《立憲政友會史》，菊池悟郎著，東京：日本圖書センター，1990。

《満州事変作戦経過の概要・満州事変史》，參謀本部編，稲葉正夫解説，巖南堂，1972。

《秘録土肥原賢二》，土肥原賢二刊行會，東京：芙蓉書房，1972。

《慶應の政治學：地域研究》，應義塾大學法學部著，東京：慶應義塾大學出版社，2008。

《日本外交年表主要文書（1840—1945）》，外務省編，原書房，2007。

《日本外交史〈24〉大東亜戦爭・戦時外交》，鹿島平和研究所編，東京：鹿島研究所出版會，1974。

《日本外交史概說（増補版）》，池井優著，東京：慶応通信，1982。

《日本外交文書》，外務省編，東京：外務省，陸續出版。

《日本政治史：外交と権力》，北岡伸一著，東京：日本放送出版會，1990。

《上海テロ工作76號》，晴氣慶胤著，東京：毎日新聞社，1980。

《我は苦難の道行く：汪兆銘の真實》，上阪冬子著，東京：講談社，1999。

《現代史資料》（13）日中戰爭（5），臼井勝美編，東京：みすず書房，
　　1966。

《現代史資料 7・満州事変》，小林龍夫，島田俊彦編，みすず書房，
　　1964。

《揚子江は今もれている》，犬養健著，東京：中央公論社，1984。

《昭和の動亂》，重光葵著，中央公論社，1952。

《浙江財閥論—その基本的考察》，山上金男著，東京：日本評論社，
　　1938。

《支那事変陸軍作戦》，防衛庁防衛研究所戦史室著，東京：朝雲新聞社，
　　1975—1983。

《支那事變戰爭指導史》，崛場一雄著，東京：時事通信社，1962。

《中華民國幣制と金融》，財団法人金融研究會著，東京：金融研究會，
　　1936。

2. 西文（以作者姓氏西文字母排序，無作者的以資料、論著名西文字母
　　排序）

Aldrich, Richard J., *Intelligence and the War against Japan: Britain, America
　　and the Politics of Secret Service*, Cambridge: Cambridge University Press,
　　2008.

Barnett, A. Doak, *China on the Eve of Communist Takeover*, New York:
　　Frederick A Praeger,1963.

Bau, Mingchien Joshua, *Modern Democracy in China*, Shanghai: The Commercial
　　Press Limited, 1927.

Bays, Daniel H.and Widmer, Ellen eds., *China's Christian College: Cross-Cultural
　　Connections*, 1900-1950, California: Stanford University Press, 2009.

Bays, Daniel H. *A New History of Christianity in China*, Wiley-Blackwell, 2011.

Bergère, Marie-Claire, *The Golden Age of the Chinese Bourgeoisie, 1911-1937*,
　　Cambridge & New York: Cambridge University Press, 1989.

Blum, John Morton, *From the Morgenthau Diaries*, Boston: Houghton Mifflin,
　　1959.

Borthwick, Sally, *Education and Social change in China: The Beginnings of* the Modern Era, California: Hoover Institution Press, Stanford University, 1983.

Borg, Dorothy, The United States and the Far Eastern Crisis of 1933-1938: From the Manchurian Incident through the Initial Stage of the Undeclared Sino-Japanese War, Cambridge, Mass.: Harvard University Press, 1964.

Boyle, John Hunter, China and Japan at War 1937-1945: The Politics of Collaboration, California: Stanford University Press, 1972.

Chen, Yung-fa, Making Revolution: The Communist Movement in Eastern and Central China, 1937-1945, Berkeley: University of California Press, 1986.

Cheng, Linsun, Banking in Modern China: Entrepreneurs, Professional Managers, and the Development of Chinese Banks, 1897-1937, Cambridge & New York: Cambridge University Press, 2003.

Ch'I, Hsi-sheng, Nationalist China at War: Military Defeats and Political Collapse, 1937-1945, Ann Arbor: University of Michigan Press, 1982.

Chu, C. Y. Y. & Mak, R. K. S. eds., China Reconstructs, Lanham, Md.: University Press of America, 2003.

Coble, Parks M., Chinese Capitalists in Japan's New Order: the Occupied Lower Yangzi, 1937-1945, Berkeley: University of California Press, 2003.

Coble, Parks M., The Shanghai Capitalists and the Nationalist Government, 1927-1937, Cambridge, MA: Council on East Asian Studies, Harvard University, 1980.

Cochran, Sherman ed., The Capitalist Dilemma in the China's Communist Revolution, Ithaca: Cornell University East Asia Program, 2014.

Coleman, James S., Education and Political Development, New Jersey: Princeton University Press, 1965.

Documents on Communism Nationalism and Soviet Advisers in China 1918-1927, New York, Columbia University Press, 1956.

Documents on German Foreign Policy, 1918-1945, London, 1949.

Emily S. Rosenberg, Spreading the American Dream, American Economic and Cultural Expansion, 1890-1945, New York: Hill and Wang, 1982.

Everset, Allan Seymour, Mongenthau, the New Deal and Silver: A Story of

Pressure Political, New York: King's Crown Press, 1950.

Fewsmith, Joseph, *Party, State, and Local Elites in Republican China: Merchant Organizations and Politics in Shanghai, 1890-1930*, Honolulu: University of Hawaii Press, 1985.

Foreign Relations of the United States, Washington D. C.: U. S. Department of States, Official Print.

Fung, Edmund S. K., *The Diplomacy of Imperial Retreat: Britain's South China Policy, 1924-1931*, Hong Kong & New York: Oxford University, 1991.

Griswold, Whitney A., *Far Eastern Policy of the United States*, New York: Harcourt, Brace & Company, Inc., 1938.

Hausman, William J., Hertner, Peter, & Wilkins, Mira, *Global Electrification: Multinational Enterprise and International Finance in the History of Light and Power, 1878-2007*, Cambridge University Press, 2008.

Henriot, Christian & Yeh, Wen-hsin eds., *In the Shadow of the Rising Sun: Shanghai under Japanese Occupation*, Cambridge: Cambridge University Press, 2004.

Hitchcock, Walter T. ed., *The Intelligence Revolution: A Historical Perspective*, Washington D. C.: U. S. Government Printing Office, 1991.

Hou, Chi-ming, *Foreign Investment and Economic Development in China, 1840-1933*, Cambridge, Mass.: Harvard University Press, 1965.

Iriye, Akira & Cohen, Warren eds., *American, Chinese and Japanese Perspectives on Wartime Asia, 1931-1949*, Wilmington, Del.,: SR Books, 1990.

Iriye, Akira, *Across the pacific, An Inners History of American-East Asian Relation*, Harcourt, Brace & World, Inc., New York, 1967.

Iriye, Akira, *The Cambridge History of American Foreign Relations*, vol. Ⅲ , *The Globalizing of America, 1913-1945*, Cambridge University Press, 1993.

Kalyagin, Aleksandr Ya, Along Alien Roads, New York: East Asian Institute, Columbia University, 1983.

Kapp, Robert A., *Szechwan and the Chinese Republic: Provincial Militarism and Central Power, 1911-1938*, New Haven and London, Yale University Press,

1973.

Kirby, William C., *Germany and Republican China*, California: Stanford University Press, 1984.

Lin, W. Y., *The New Monetary System of China*, Chicago: The University of Chicago Press, 1936.

Liu, F. F., *A Military History of Modern China, 1924-1949*, New Jersey: Princeton Universuty Press, 1956.

Lutz, Jessie G., *China and the Christian Colleges, 1850-1950*, Ithaca: Cornell University Press, 1966.

Lu, Xiaobo & Perry, Elizabeth eds., *Danwei: The Changing Chinese Workplace in Historical and Comparative Perspective*, New York: M. E. Sharpe, 1997.

May, Ernest R. & Thomson Jr., James C. eds., *American-East Asian Relation: A Survey*, Cambridge, Mass.: Harvard University Press, 1972/1986.

Millett, Allan R. & Murray, Williamson eds., *Military Effectiveness*, vol.3, *The Second World War*, Boston: Unwin Hyman, 1988.

Nathan, Andrew J., *Peking Politics, 1918-1923: Factionalism and the Failure of Constitutionalism*, Berkeley: University of California Press, 1976.

Nelson T., *Johnson and American Policy Toward China, 1925-1941*, East Lansing: Michigan State University, 1968.

Nixon, Edgar B.ed., *Franklin D. Roosevelt and Foreign Affairs*, vol.2, 1935, Cambrideg, Mass: Harvard University Press, 1969.

Palmer, David A., Shive, Glenn and Wickeri, Philip L. ed., *Chinese Religious Life*, Oxford: Oxford University Press, 2011.

Pollard, Robert T., *China's Foreign Relations, 1917-1931*, New York, 1933.

Pye, Lucian W., *The Spirit of Chinese Politics: A Psychocultural Study of the Authority Crisis in Political Development*, Cambridge, Mass.: M. I. T. Press, 1968.

Pye, Lucian W., *Warlord Politics: Coalition in Modernization of Republican China*, New York: Praeger, 1971.

Romanus, Charles F., & Sunderland, Riley, *Stilwell's Command Problems*, Washington D. C.: Office of the Chief of Military History, Department of the Army, 1953.

Romanus, Charles F. & Sunderland, Riley, *Stilwell's Mission to China*, Washington D. C.: Office of the Military History, Department of the Army, 1953.

Roosevelt, Elliott, *As He Saw It*, New York: Duell Sloan and Pearce, 1946.

Rosenberg, Emily S., *Financial Missionaries to the World: the Politics and Culture of Dollar Diplomacy, 1900-1930*, Cambridge, Mass.: Harvard University Press, 1999.

Schaller, Michael, *The U. S. Crusade in China, 1938-1945*, New York: Columbia University Press, 1971.

Shen, L. Y., *China's Currency Reform*, Shanghai: The Mercury Press, 1941.

Sheridan, James E., *Chinese Warlord*, Feng Yu-hsiang, California, Stanford University Press, 1966.

Sheridan, James E., *Chinese Warlord: The Career of Feng Yu-hsiang*, California: Stanford University Press, 1973.

Sherwood, Robert E., *Roosevelt and Hopkins.An Intimate History*, New York: Harpers and Brothers, 1948.

Shiroyama, Tomoko, *China during the Great Depression: Market, State, and the World Economy, 1929-1937*, Cambridge, Mass: Harvard University Press, 2008.

Sih, Paul K. T. ed., *Nationalist China During the Sino-Japanese War, 1937-1945*, Hicksville, New York: Exposition Press, 1977.

Sih, Paul K. T. ed., *The Strenuous Decade: China; Nation-building Efforts, 1927-1937*, N.Y.: St.John's University Press, 1976.

So, Wai-chor, *The Kuomintang Left in the National Revolution, 1924-1931*, Oxford & New York: Oxford University Press, 1991.

Teitler, Ger & Radtke, Kurt W. eds., *A Dutch Spy in China: Reports on the First Phase of the Sino-Japanese War, 1937-1939*, Leiden: Brill, 1999.

Trotter, Ann, *Britain and East Asia, 1933-1937*, LSE Monographs in International Studies.

U. S. Military Intelligence Report: China, 1911-1941, Reel V.

Waldron, Arthur, *From War to Nationalism: China's Turning Point, 1924-1925*, New York: Cambridge University Press, 1995.

Wedemeyer, Albert C., *Wedemeyer Report*, New York: Henry Holt & Company, 1958.

Wei, Wen-pin, *The Curreney Problems in China*, New York: Columbia University Press, 1914.

Wells, Sumner, *Seven Decisions That Shaped History*, New York: Harper and Brothers, 1951.

Wested, Odd Arne, *Decisive Encounters: the Chinese Civil War, 1946-1950*, California: Stanford University Press, 2003.

White, Theodore H. ed., *The Stilwell Papers*, New York: Schocken Books, 1948.

Wilbur, C.Martin, *The Nationalist Revolution in China,1923-1928*, Cambridge: Cambridge University Press, 1984.

Woodhead, H. G. W. edited, *The China Year Book, 1923*, The Tientsin Press, Ltd., 1923.

Woodman, *Himalayan Frontiers*, New York, 1969.

Wou, Odoric Y. K., *Militarism in Modern China: the Career of Wu P'ei-fu, 1916-1939*, Studies of the East Asian Institute, Columbia University, 1978.

Young, Arthur N., *China's Nation-Building Effort, 1927-1937*, California: Hoover Institution Press, 1971.

Young, Arthur N., *China and the Helping Hand, 1937-1945*, Cambridge, Mass: Harvard University Press, 1963.

Young, C. K., *Religion in Chinese Society*, Berkley & Los Angeles: University of California Press, 1961.

Yu, Maochun, *The Dragon's War: Allied Operations and the Fate of Modern China, 1937-1947*, Annapolis: Naval Institute Press, 2006 .

Zhang, Yongjin, *China in the International System, 1918-1920*, London, Macmillan, 1991.

人名索引¹

1　本索引收入書中出現的人名，中國、日本、朝鮮等人名以其漢字的音序排列，其他國家的
　　人名以其譯音漢字的音序排列，並附其原文，少數不知原文者暫付闕如。

後記

　　晚近以來的中國近代史，是中國歷史長河中的重要時段，包含著多重的政治、經濟、軍事、外交、思想、文化、社會等方面的內容，不僅具有歷史的意義，更因其與現實密切關聯，而引起學界和社會各界的廣泛關注。近代史研究一向是中國史學研究中最為活躍的領域之一。自 1930 年代初期中國學者明確提出「中國近代史」的概念及開展相關研究，至今已近百年，其間有關研究成果數量豐碩，涉及的主題包括了中國近代史的方方面面，成績斐然。1980年代以來，隨著大量過去深藏不露的檔案文獻的開放，隨著時代環境的變化及學術潮流的衍變，隨著學術交流的廣泛進行和研究的深入及認知的變化，海內外的中國近代史研究亦在不斷發展、深化、創新，成果迭出。

　　為了進一步推動中國近代史研究，尤其是促進海峽兩岸學者對中國近代史的共同研究，2010 年 10 月，中國社會科學院近代史研究所發起「兩岸新編中國近代史」研究計畫，約請大陸及海峽對岸的臺灣各大學和研究機構的同仁共同參與，並得到他們的積極回應。其後，該項計畫進入實質性研究階段，其研究宗旨為：

　　1. 以專題研究的框架，展現中國近代史研究的廣度與深度，尤其著重展現 1980 年代以來中國近代史研究在史料運用、研究方法、個案解讀、歷史詮釋等方面的新進展與新趨向，注重其學術性與前沿性。

　　2. 面向學界同行，具有國際視野，體現全球化時代學術研究的新特點。同時，亦考慮到大學本科以上學生及社會大眾讀者的學習需要和閱讀興趣，力求有更廣大的讀者面。

3.在注重學界過往比較重視的政治、經濟、外交史研究的同時，也注重體現近年來學術研究的新視角與新趨向，在思想、文化、社會史研究等方面，亦有充分的寫作與討論空間。

4.各章節以專題和專論為中心，不求面面俱到，但求有感而發，內容詳略得當，文字通暢可讀，書後附參考文獻和人名索引。

考慮到學術研究的百家爭鳴特性，以及本研究計畫的參加者來自不同地域、不同機構，具有或同或異的學術背景和研究經歷，我們不要求以同一視角和話語系統從事研究與寫作，而是充分尊重作者個人的研究興趣、學術見解與表述方式，本著文責自負的原則，在自由討論切磋的基礎上，以客觀真實、實事求是為本，既凸顯學術共識，又保留表述差異，最終形成在中國近代史各個不同論述主題之下的異彩紛呈的學術研究精品。

參加本研究計畫的學者共有57位，其中大陸學者34位、臺灣學者21位、香港學者2位，每位學者就其所擅長之研究主題各撰寫一章。北京近代史研究所所長王建朗研究員統籌主持研究計畫，臺北近代史研究所時任所長黃克武研究員在聯絡臺灣學者參與研究並提出撰寫意見方面貢獻良多。王建朗、黃克武研究員慨允共同主編本書並為序。

自2013年起，本書作者陸續完成並提交了書稿初稿。2013年8月，在北京召開了書稿討論會，參加者有北京近代史所王建朗、汪朝光、金以林、杜繼東研究員，北京大學王奇生教授，中山大學桑兵教授，臺北近代史所黃克武研究員，臺灣東海大學唐啟華教授，以及本書出版方社會科學文獻出版社的楊群、徐思彥編審。本次會議討論了書稿審閱定稿過程中若干需要解決的問題，確定了書名，並對全書的體例統一、章節安排、參考文獻、文字表述等技術性問題，明確了修改原則。會後，我們將書稿先行發給相關主題的作者互審，收穫了許多很好的意見。自2015年起，我們又集中對書稿進行了統一審閱和編輯校訂，汪朝光研究員承擔了其中不少工作。前後歷時五年，終竟全功。

在《兩岸新編中國近代史》的研究、撰寫、編輯、定稿的全過程中，我們得到各位作者包括大陸和臺灣諸多學界同仁的大力支持。我們向他們表示衷心的感謝！感謝他們對學術的認真負責及對我們工作的寬厚包容！

本研究自最初發端到完成出版，始終得到社會科學文獻出版社的大力支

持。社會科學文獻出版社的領導和近代史編輯室宋榮欣、趙薇、李麗麗等編輯，在書稿編輯出版過程中盡心盡力，排憂解難，為書稿最終以這樣的方式呈現給讀者貢獻多多。我們亦向他們表示衷心的感謝！感謝他們多年來對學術研究和出版的無私支持！

學術研究的健康發展不僅在於學者自身的努力，也在於有關各方的關心支持，形成良好的百家爭鳴、百花齊放式的研究氛圍，以有利於真正優秀的科研成果脫穎而出。本研究進行過程中，得到中國社會科學院科研局領導及「創新工程」專案的支援，得到「國家出版基金」的出版經費支持，我們也向他們表示衷心的感謝！感謝他們為學術研究和成果出版創造的良好環境！

《兩岸新編中國近代史》完成出版，是兩岸學者合作共同研究中國近代史的良好開端，並提供了成功的經驗。在中國近代史研究領域，未來兩岸合作研究具有無限廣闊的空間。我們期待兩岸學者有更多的合作，在全球化的時代，建立我們對中國歷史的主體性詮釋，留下我們這一代學者的學術印跡！

中國社會科學院近代史研究所

二〇一六年四月

國家圖書館出版品預行編目資料

兩岸新編中國近代史—民國卷 / 王建朗、黃克武 編-- 初版.
-- 臺北市：蘭臺出版社, 2021.11
　　冊；　公分. --（中國近代史研究叢書；2）
ISBN 978-986-06430-6-0(全套：平裝)

1.民國史

628　　　　　　　　　　　　　　　　110008814

中國近代史研究叢書2

兩岸新編中國近代史—民國卷（下）

作　　者：王建朗、黃克武 編
編　　輯：張加君
美　　編：沈彥伶
校　　對：楊容容、古佳雯
封面設計：塗宇樵
出 版 者：蘭臺出版社
發　　行：蘭臺出版社
地　　址：台北市中正區重慶南路1段121號8樓之14
電　　話：(02)2331-1675或(02)2331-1691
傳　　真：(02)2382-6225
E—MAIL：books5w@gmail.com或books5w@yahoo.com.tw
網路書店：http://5w.com.tw/
　　　　　https://www.pcstore.com.tw/yesbooks/
　　　　　https://shopee.tw/books5w
　　　　　博客來網路書店、博客思網路書店
　　　　　三民書局、金石堂書店
經　　銷：聯合發行股份有限公司
電　　話：(02) 2917-8022　　傳　真：(02) 2915-7212
劃撥戶名：蘭臺出版社 帳號：18995335
香港代理：香港聯合零售有限公司
電　　話：(852)2150-2100　　傳　真：(852)2356-0735
出版日期：2021年11月 初版
定　　價：新臺幣2000元整（平裝，套書不零售）
ISBN：978-986-06430-6-0

原出版單位中國社會科學院社會科學文獻出版社，
授權臺灣大通書局發行繁體版，
臺灣大通書局再授權蘭臺出版社出版發行。